Die Geschichte der Philosophie
für Dummies

Christian Godin

Die Geschichte der Philosophie für Dummies

Übersetzung aus dem Amerikanischen
von Katrin Krips-Schmidt

WILEY-VCH

WILEY-VCH Verlag GmbH & Co. KGaA

Bibliografische Information Der Deutschen Nationalbibliothek
Die Deutsche Nationalbibliothek verzeichnet diese Publikation in der Deutschen Nationalbibliografie; detaillierte bibliografische Daten sind im Internet über http://dnb.d-nb.de abrufbar.

1. Auflage 2008

Printed in Italy

Gedruckt auf säurefreiem Papier

Korrektur Harriet Gehring, Köln
Lektorat Uli Wetz
Satz Lieselotte und Conrad Neumann, München
Druck und Bindung Legoprint S.p.A., Trento
Cover-Illustration © Mauritius images/Pixtal
Fachkorrektur Christoph Dittrich, M.A.

ISBN 978-3-527-70328-9

Über den Autor

Christian Godin lehrt an der Universität Clermont-Ferrand Philosophie. Er ist Autor zahlreicher Bücher. Zu seinen bedeutendsten Werken zählen: *La Totalité* (7 Bände, erschienen zwischen 1997 und 2003), *Au bazar du vivant* (in Zusammenarbeit mit Jacques Testart, erschienen 2001), das *Dictionnaire de philosophie* (2004) und *Le Nouveau Cours de philosophie* (2004).

Widmung

Da ich Widmungen im Allgemeinen für künstlich und überflüssig halte, habe ich mich mit dieser Gattung noch nie anfreunden können. Dieses Mal mache ich jedoch eine Ausnahme.

So widme ich dieses Werk meiner geliebten Schwester Marie-Christine, die im vergangenen Jahr unbegreiflicherweise an Krebs gestorben ist. Sie, die an kritischem und heiterem Denken großen Gefallen fand, hätte auf dieses Werk ihren wohlwollenden Blick geworfen, der mir nun fehlt.

Danksagungen

An dieser Stelle möchte ich Benjamin Arranger von den Éditions générales First Dank sagen, der mich davon überzeugen konnte, dieses Buchprojekt zu einem guten Ende zu bringen. Mit seiner unaufdringlichen Beharrlichkeit half er mir, die Schranken, die ich mir selbst errichtet hatte, eine nach der anderen einzureißen.

Mein Dank gilt auch einem langjährigen Freund, der mich als Ersatzautor vorgeschlagen hat, nachdem er selbst das Angebot, die » Die Geschichte der Philosophie für Dummies« zu schreiben, abgelehnt hatte.

Dank sagen möchte ich auch allen bekannten und unbekannten, momentanen, früheren und zukünftigen »Dummies«, denn schließlich habe ich an sie beziehungsweise Sie alle gedacht, als ich diese Geschichte der Philosophie verfasste – ein Abenteuer, in das ich mich ohne sie (Sie!) niemals gestürzt hätte.

Schließlich sei allen gestrengen Zensoren der Philosophie – den wahren Ayatollahs des Denkens – gedankt: Die Vorstellung, sie in Rage zu bringen, hat in mir ein köstliches Wohlbehagen ausgelöst.

Cartoons im Überblick

von Marc Chalvin

Seite 39

Seite 173

Seite 235

Seite 369

Seite 433

Seite 507

Inhaltsverzeichnis

Kapitel 6
Bedeutende philosophische Strömungen während der hellenistischen Epoche 125

Teil III
Das klassische Zeitalter (17. bis 18. Jahrhundert) 235

Kapitel 11
Die Morgenröte der Moderne: Bacon, Hobbes, Descartes 237

Kapitel 12
Die unendliche Vernunft: Spinoza oder Leibniz 257

Kapitel 14
Der Empirismus: die Rückkehr zur gemeinsamen Realität 287

Kapitel 15
Die Philosophie der Aufklärung: Erleuchtung, Illuminismus oder Blendung? 303

Kapitel 25
Die Entdeckung des Unbewussten 445

Kapitel 26
Bewusstsein, Sein, Existenz 463

Einführung

Stellen wir uns einen Mann in einem Restaurant vor. Man bringt ihm die Speisekarte. Er fängt an zu lesen und stellt fest, dass in der Zeile mit den Hühnerfiletröllchen das Wort »Broccoli« falsch geschrieben ist, nämlich nur mit einem »c«, und überlegt, ob es sich um einen Rechtschreibfehler oder nur um einen Tippfehler handele. Dann betrachtet er aufmerksam die Schrift und ihre Farbe, denkt nach über die Magie der Speisenbezeichnungen, die ihm das Wasser im Munde zusammenlaufen lassen, blättert hin und her, und schließlich sinnt er über die Bedeutung des schönen Wortes »Menü« nach, das auf dem Kunstleder eingeprägt ist. Als der Kellner die Bestellung aufnehmen möchte, bleibt unser Denker stumm, weil es ihm die Sprache verschlagen hat und er während seiner Betrachtungen und Reflexionen über die Speisekartengestaltung und ihren symbolischen Gehalt ganz vergessen hat, dass er eigentlich zum Essen hier ist.

Glauben wir nur nicht, dass dieser Gast ein Einzelfall seiner Spezies ist. Er ähnelt sehr unseren Philosophieprofessoren, die nichts lieber tun, als eine Sache an und für sich zu vergessen zugunsten einer Betrachtung ihrer jeweiligen Umstände und Bedingungen. Es ist einfach zu sagen, dass ihre Gedanken weder sie noch uns sattmachen und sie damit unsere Erwartungen enttäuschen (manche glauben ja, dass sie sich aus der Affäre ziehen können, indem sie uns damit auf die Nerven gehen ...). Die große Schar der Neugierigen hat ein Bedürfnis nach Philosophie, das die Kenner der Materie nicht gestillt haben.

Platon glaubte, dass der Geist jedes Menschen, sei er auch Sklave, bereits das gesamte mögliche Wissen enthalte und die Mühe des Dialogs darin bestehe, dieses Wissen zu aktualisieren (ans Tageslicht zu bringen). Descartes verfasste seinen Discours de la méthode (Von der Methode des richtigen Vernunftgebrauchs und der wissenschaftlichen Forschung) auf Französisch und nicht auf Latein, der Sprache der Gelehrten in dieser Epoche, damit sein Werk sogar von Frauen gelesen und verstanden werden konnte. Leibniz, der neben Newton zusammen der produktivste Geist seiner Zeit war, traute sich zu, die wichtigsten Züge seines Denkens (obgleich sie durchaus komplex waren) jedem aufnahmebereiten Zuhörer in einer Viertelstunde zu erläutern.

Das vergangene Jahrhundert scheint den folgenden Merksatz vergessen zu haben: Ein Gedanke kann nur dann wirklich existieren, wenn er auch verstanden worden ist. Da die Naturwissenschaft der Philosophie nach und nach all jene Wissensbereiche abnahm, die diese seit den Griechen zur Wissenschaft der Erkenntnis par excellence gemacht hatten, reagierte sie häufig mit einer Flucht in das Dunkel der Abstraktionen. Mit einer ganz besonderen Sorgfalt kultivierte sie geradezu die Sucht nach dem Negativen. Das Unmögliche in all seinen Erscheinungsformen (das Unverständliche, das Unvermittelbare, das Unübersetzbare ...) wurde zu ihrem Leitmotiv, zu dem Ziel, das den Gedanken zu Grunde liegt.

Doch muss man gegen diese Bevorzugung des Unmöglichen (die ja wie die unerbittlichste Zensur überhaupt wirkt, denn auch in totalitären Regimes wird das freie Denken unmöglich gemacht) immer wieder ins Felde führen, dass die Philosophie – wie im Übrigen auch die Musik und die Liebe, mit denen sie so viel gemeinsam hat – alle Menschen etwas angeht. Die Erkenntnis, der Genuss, der Sinn des Lebens, die politische Gemeinschaft, die Schönheit des Lebendigen, die Unvorhersehbarkeit der Ereignisse, das Scheitern, der Tod und die Hoffnung:

Man muss nicht unbedingt zehn Jahre lang studiert haben und auch nicht Französisch oder Griechisch sprechen können, um eine Vorstellung von dem zu bekommen, was uns die bedeutendsten Philosophen der Geschichte über all diese Themen sagen und schreiben konnten.

Das Universum der Philosophie, dessen Urknall sich vor 2500 Jahren fast zur gleichen Zeit sowohl in Griechenland wie auch in Indien und China ereignete, ist weit davon entfernt, eine geschlossene Einheit zu bilden. Wenn es auch mit dem physikalischen Universum die Eigenschaft des Sichausbreitens gemeinsam hat, so verteilt sich das Universum der Philosophie jedoch rasch auf voneinander abgegrenzte Stätten, die praktisch nicht miteinander im Austausch sind. Menschen und Lehrsätze unterscheiden sich nicht nur: Sie widersprechen sich sogar. Wer wird wohl jemals die Wahrheit über die Kunst, die Gefühle, die Herrschaftsform der Menschen oder den religiösen Glauben aussprechen? All dies betrifft Fragen, die der Mensch sich immer stellen wird, auch wenn er sie nicht definitiv beantworten kann – und hier sind wir auch schon im Raum des Symbolischen, in den sich die Welt der Philosophie sich tief hineinbegibt.

Über dieses Buch

Wir laden Sie ein, sich auf dieses großartige Abenteuer »Philosophie« einzulassen, das von grundlegender Bedeutung für den Gang der Weltgeschichte war und ist. Dieses Buch erhebt nicht den Anspruch, eine ganz persönliche oder gar originelle Sicht auf die Philosophie und ihre Geschichte vorzulegen. Denn es existieren bereits viele Arbeiten namhafter Fachleute, die eine solche Aufgabe mehr oder weniger gut bewältigt haben.

Die Geschichte der Philosophie für Dummies hat den Ehrgeiz, dem Leser in einer allgemeinverständlichen Sprache einen Zugang zur Philosophie zu verschaffen, indem sie ihn auf eine Reise durch ihre Geschichte mitnimmt. Sie weist, zumindest hoffe ich das, alle Vorzüge eines panoramahaften Überblicks auf (die weitreichende Sicht und die Freude am kurzen Verweilen), aber auch seine Grenzen, die sich im Verallgemeinern der wichtigsten Aspekte zeigen, wodurch die Details ein wenig in den Hintergrund treten.

Wir werden daher zweieinhalbtausend Jahre der Geschichte des philosophischen Denkens durchschreiten – jedoch nicht, wie es die vielen auf ihr eigenes Gebiet spezialisierten Forscher tun, die sich jeweils nur mit einem einzigen Philosophen befassen und denen die jeweiligen Vorläufer und Nachfolger gleichgültig sind. Aber auch nicht wie jene, die mit Lichtgeschwindigkeit ihre Themen nur überfliegen und dabei so tun, als beantworteten sie sämtliche Fragen mit ihren oberflächlichen Kurzinformationen. Wir werden vielmehr versuchen, die großen philosophischen Denkrichtungen von ihrem Ursprung her zu beleuchten und möglichst einfach darzustellen.

In dieser Geschichte der Philosophie für Dummies spielen Bilder und Vergleiche eine wichtige Rolle: Mit ihrer Hilfe gewinnen die philosophischen Ideen an Konturen. Deshalb sollte man sich nicht wundern, wenn man hier Buridans Esel wirklich »Iah« krächzen hört oder wenn man Kants Taube tatsächlich wegfliegen sieht. Und weil Philosophen keine reinen Geister ohne Körper sind und es häufig lehrreich oder amüsant ist, sich das eine oder andere Detail ihres

Lebensweges oder ihres Charakters zu vergegenwärtigen, haben wir außerdem den Porträts der Denker einen wichtigen Platz eingeräumt.

Wie dieses Buch aufgebaut ist

Dieses Buch besteht aus 31 Kapiteln. Es ist in sechs Teile gegliedert, von denen die ersten fünf chronologisch geordnet sind und mit dem Neandertaler beginnen, mit einem Menschen also, der zwar schon denkt, jedoch noch nicht daran denkt, das, was er denkt, aufzuschreiben. Den Schluss bilden die Philosophen von heute und von morgen, für die es noch vieles zu tun gibt, wie wir gleich sehen werden.

Teil I: Die Antike (6. Jahrhundert v. Chr. bis 4. Jahrhundert n. Chr.)

Ein ganzes Jahrtausend auf einen Blick! Natürlich werden wir dieses Tempo nicht in allen Teilen bis zum Ende durchhalten! Doch die Philosophen der Antike lebten ja auch nicht in derselben Zeit wie die späteren Denker: Ein zehn Jahre alter Computer ist schon sehr alt, ein Gedanke, der 250 oder 2500 Jahre alt ist, kann dagegen äußerst aktuell sein!

Die ersten Philosophen – übrigens jene, die den Begriff Philosophie prägten – sind die Vorsokratiker, die man deshalb so nennt, weil sie vor Sokrates gelebt haben. Sokrates stellt einen Wendepunkt in der Art des Denkens dar: Er war es nämlich, der seine Reflexion auf die praktischen Probleme des Guten und der Gerechtigkeit lenkte und der sich damit von den kosmologischen Spekulationen löste, denen sich all seine Vorläufer gewidmet hatten.

Teil II: Das Mittelalter (5. bis 15. Jahrhundert) und die Renaissance (15. bis 16. Jahrhundert)

Die Geschichtswissenschaftler setzen das Ende der Antike und den Beginn des Mittelalters mit dem Niedergang Roms an. Der Fall von Byzanz im Jahre 1453 stellt für sie den Endpunkt des Mittelalters dar. Anfang und Ende des tausendjährigen Mittelalters werden also vom Zusammenbruch der jeweiligen Hauptstadt des Imperiums begrenzt. Die zeitliche Einteilung der Philosophen behält zwar diese Epochenbezeichnungen bei (Antike, Mittelalter usw.), orientiert sich jedoch auch noch an anderen Ereignissen. Für die Philosophen sind es nicht die sogenannten Barbaren, die der Antike ein Ende setzten, sondern … die Christen! Natürlich schlug das philosophische Denken mit der Existenz eines Schöpfergottes, mit dem Glauben, der Hoffnung, der Nächstenliebe, der Sünde und der Erlösung eine neue Richtung ein. Denn dabei handelt es sich um Begrifflichkeiten, für die man schwerlich genaue Entsprechungen bei Platon oder Aristoteles finden dürfte.

Bei der Philosophie des Mittelalters handelt es sich aber auch um ein ganzes Bündel philosophischer Reflexionen, die keinen direkten Zusammenhang mit religiösen Anschauungen oder Dogmen erkennen lassen: Die bedeutenden christlichen, jüdischen und muslimischen Philosophen waren Männer, die sich für buchstäblich alles interessierten und die auch fast alles wussten, was man zu ihrer Zeit wissen konnte. Übrigens hatten sie fast alle Ärger mit den religiösen Autoritäten. Kurz gesagt: Wir sollten nicht meinen, dass diese zehn Jahrhunderte, die das Ende der Antike vom Beginn der Renaissance trennen, ein einziger langer, dunkler Tunnel seien – es war, vielleicht verständlicherweise, erst das Jahrhundert der Aufklärung, das diesen Mythos von einem finsteren Mittelalter prägte und in die Welt setzte.

Wir haben uns dazu entschieden, die beiden Jahrhunderte der Renaissance (15. und 16. Jahrhundert) dem Mittelalter anzugliedern. Natürlich ist eine solche Entscheidung anfechtbar, eben weil sie den von der Renaissance herbeigeführten Bruch ein wenig unterbewertet – doch die Philosophie, die ja im Verhältnis zu anderen Bereichen stets im Rückstand ist (diese Bemerkung stammt übrigens von Hegel), vollzieht ihre Revolution eben erst zu Beginn des 17. Jahrhunderts. So originell die Philosophen der Renaissance auch waren, sie verlängerten mit ihrem Denken dennoch eher das Mittelalter, als dass sie mit ihm brachen.

Teil III: Das klassische Zeitalter (17. bis 18. Jahrhundert)

Drei Männer prägen den Einstieg der Philosophie in die Neuzeit, die die Renaissance abschließt – Descartes, ein Franzose, und Francis Bacon und Thomas Hobbes, zwei Engländer. Aus historischer Sicht sind sie die Zeugen von Umbrüchen, die sie zum Teil (nur zum Teil, weil man sich in Bezug auf die Ideengeschichte vor zu starken Vereinfachungen hüten muss) in ihre Philosophie übersetzten: das Auftreten des freien Individuums, das Aufkommen echter Naturwissenschaften, die auf der Beobachtung und dem Experiment beruhen (und nicht nur auf Spekulation), die Souveränität des Staates und der Aufbau einer Gesellschaft auf anderen als religiösen Fundamenten … also die allgemeinen Rahmenbedingungen, die auch heute noch für unsere Welt gelten. Dieses klassische Zeitalter, das man oft ein wenig zu schnell mit der unveränderlichen Ordnung der königlichen Schlösser und Gärten in Zusammenhang bringt, ist auch das der Revolutionen auf den Gebieten der Wissenschaften, der Moral, der Politik. Es ist schließlich kein Zufall, dass die Revolutionäre von 1789 in Descartes und Bacon ihre Brüder wiedererkannten.

Teil IV: Die moderne Philosophie (19. Jahrhundert)

Vor ungefähr hundert Jahren schrieb ein Schriftsteller ein Buch über das »dumme 19. Jahrhundert«, wie er es nannte. Für Philosophen ist dieses Jahrhundert jedoch eines der bedeutendsten überhaupt. Es reicht von Hegel über Auguste Comte, Kierkegaard, Marx und Schopenhauer bis zu Nietzsche. Offensichtlich haben diese Denker unsere Zeit weitaus unmittelbarer geprägt als ihre Vorgänger. Bezeichnenderweise sind dies auch die ersten Philosophen, von denen Fotos (und nicht nur gemalte Porträts) existieren. Diese Philosophen sind schon fast unsere Zeitgenossen. Wenn man genau hinschaut, hat kein einziger Philosoph des 20. Jahrhunderts, sei er noch so bedeutend wie Bergson oder Husserl, einen so großen Einfluss ausgeübt wie Auguste Comte, Marx oder Nietzsche. Ein geniales 19. Jahrhundert!

Teil V: Die zeitgenössische Philosophie (20. bis 21. Jahrhundert)

Ein Zeitgenosse ist jemand, den man sehen und hören kann. Doch wird er uns durch seine zeitliche Nähe nicht unbedingt vertrauter. Auch wenn es noch zu früh sein sollte, eine abschließende Bilanz aus dem schrecklichen 20. Jahrhundert zu ziehen, so ist es doch zumindest möglich, eine Vorstellung von der Ideenwelt zu vermitteln, die Philosophen wie Bergson, Husserl, Sartre, Merleau-Ponty oder Derrida bewegte. Doch alles in allem gibt es keinen Fortschritt: Die Philosophie ist kein Marsch durch die Wüste, und an ihrem Ende erwartet uns auch keine Oase.

Unsere Philosophiegeschichte läuft daher nicht auf eine Erleuchtung, sondern auf eine Fragestellung hinaus: Passt unsere Zeit noch zur Philosophie? Soll man dieses Abenteuer, das mit den Weisen Griechenlands, Indiens und Palästinas seinen Anfang nahm, als eine bereits abgeschlossene Geschichte auffassen, soll man es wie ein Museum, wie ein Erbe bewundern, oder kann es vielleicht in uns, und vor allen Dingen durch uns, weiterleben? Entscheiden Sie selbst!

Teil VI: Der Top-Ten-Teil

Die Leser, die mit unserer Reihe bereits vertraut und verrückt nach ihr sind, kennen diesen Top-Ten-Teil schon recht gut, denn er ist ja sozusagen das Markenzeichen der Dummies-Reihe. Es handelt sich dabei nicht um eine Zusammenfassung des bis dahin Gesagten, sondern eher um eine Art des Wiederaufgreifens: Es werden darin Namen und Ideen behandelt, die in den vorhergehenden Kapiteln keinen Platz fanden. Wissen Sie, was das Strohmann-Argument oder das Zwillingsparadoxon von Langevin ist? Nein? Nun gut, aber bald, denn dieses Buch wird Ihnen eine Antwort darauf geben.

Symbole, die in diesem Buch verwendet werden

In der Philosophie geht es nicht wie in einem Slapstickfilm zu, wir bewerfen uns hier nicht mit Sahnetorten, sondern höchstens mit Argumenten. Die Philosophie ist aber auch keine trostlose und karge Hochebene, wie uns manche mit ihren trockenen Schriften zuweilen glauben machen wollen. Ganz im Gegenteil: Thales fällt in einen Brunnen, Sokrates lehnt es ab, aus dem Gefängnis zu entkommen, und Aristoteles reitet auf einer Prostituierten – und das sind nur einige der vielen Anekdoten, die uns die Geschichte der Philosophie zu unserer Überraschung bereithält.

Eine Schildkröte, ein Esel, eine Lerche, eine Taube, ein Löwe –es könnte die Philosophie fast schon als ein kompletter Zoo auftreten. Glauben Sie nicht, dass die Philosophen nur mit abstrakten Vorstellungen umgehen: Gerne nehmen sie Symbole zu Hilfe, um ihre Ideen etwas zugänglicher zu gestalten. Verwenden wir also ihre Symbole ebenfalls, und machen wir sie uns zunutze!

Man sagt, Zitate seien wie die Diamanten in einer Krone. Wer hat noch nie Lust verspürt, kluge Aussprüche zu zitieren? Wir haben die schönsten und repräsentativsten Zitate herausgesucht: Sie sind zwar nicht immer unbedingt die bekanntesten, aber Sie werden dabei sicher auf den einen oder anderen berühmten Ausspruch stoßen. Vielleicht möchten Sie auch gerne manche Zitate auswendig lernen. Unsere Kultur ist zwar nicht mehr eine reine Buchkultur, trotzdem verfehlt ein passendes Zitat, geschickt in einem geschriebenen Text oder einem gepflegten Gespräch platziert, gewiss nicht seine Wirkung! Haben Sie keine falsche Scham! Plündern Sie dieses Buch ruhig geistig aus!

Wussten Sie, dass es Aristoteles war, von dem uns das Sprichwort von der Schwalbe, die noch keinen Sommer macht, überliefert ist? Dass der Apfel durch ein reines Wortspiel zur Sündenfrucht geworden ist? Dass Kant der Urheber des Ausdrucks »Völkerbund« war? Und dass Auguste Comte den Begriff der Soziologie erfunden hat? Man findet die Philosophie oft auch dort, wo man sie eigentlich gar nicht erwartet!

Die theologische Summe des Thomas von Aquin, Kants *Kritik der reinen Vernunft*, Nietzsches *Zur Genealogie der Moral* – die großen Klassiker der Philosophie sind oft dicke Wälzer, die auch noch schwer verständlich und schwer verdaulich sind. Doch dank der *Geschichte der Philosophie für Dummies* lichtet sich das Dunkel! Wir garantieren Ihnen ein großes und langanhaltendes Vergnügen: das Vergnügen durchzublicken!

Möchten Sie wissen, wie Sokrates aussah? Und weshalb Spinoza sein Leben damit zubrachte, Gläser zu polieren? Sind die Philosophen wirklich so verrückt, wie man immer sagt? Hier erfahren Sie mehr!

Geduld und Zähigkeit helfen uns in schlimmen Tagen viel mehr als Kraft und Raserei, sagte einmal ein berühmter Fabeldichter, der für seine Weisheit bekannt ist: La Fontaine. Gegenüber der Mathematik wie auch gegenüber Romanen und Filmen besitzt die Philosophie den Vorteil, dass man ruhig auch einmal ein Kapitel auslassen kann, ohne gleich den Faden der ganzen Geschichte zu verlieren. Erstens, weil es keine durchgehende Geschichte, und zweitens, weil es viele einzelne Fäden gibt (Sie können aber sicher sein, immer mindestens einen in der Hand zu halten). Neben diesem Symbol finden Sie weiter gehende Informationen zum Thema, die vielleicht mancher Dummy lieber überspringt. Wenn Sie also nicht unbedingt etwas über den Unterschied zwischen bestimmender und reflektierender Urteilskraft erfahren möchten, dann lassen Sie diesen Abschnitt einfach aus! Doch wenn Sie mehr wissen wollen, dann lesen Sie auch diese Abschnitte. Denn so leicht werden Sie uns nicht davonkommen! Diese Anmerkungen führen Sie jedenfalls noch tiefer in das philosophische Geschehen hinein, aber es ist auch keine Schande, wenn Sie erst einmal darüber hinweglesen und vielleicht zu einem späteren Zeitpunkt wieder dorthin zurückkehren.

Wie es weitergeht

Eine chronologische Ordnung schien uns für diese Geschichte der Philosophie für Dummies die eingängigste Darstellung zu sein: Sie können dadurch die Ideen der Philosophiegeschichte so wie in einer großen Galerie der Denker nacheinander abschreiten. Doch der rote Faden, dem Sie dabei folgen, ist weder besonders straff gespannt, noch verläuft er durchgehend, so dass Sie sich von Anfang bis Ende an ihm festklammern könnten. Ihnen wird die Freiheit gelassen, eine Reise durch diese Philosophiegeschichte zu unternehmen. Dabei können Sie durchaus auch ein wenig von der Reiseroute abweichen und vagabundieren.

Um das Bild eines Mahls vom Beginn dieser Einleitung noch einmal aufzugreifen: Alle Speisen werden wie bei einem großen Buffet, von dem Sie sich ganz nach Lust und Laune bedienen können, präsentiert. Sie können gleich zum Fisch greifen und die Vorspeise auslassen. Die Philosophiegeschichte ähnelt einer Partie Schach: Man kann an irgendeiner Stelle des Spiels dazukommen und es verstehen, es reicht dabei aus, das Schachfeld anzuschauen und die Regeln zu beherrschen.

Teil I

Die Antike: (6. Jahrhundert v. Chr. bis 4. Jahrhundert n. Chr.)

In diesem Teil ...

werden Sie die Geburtsstunde der Philosophie unmittelbar miterleben und sie dann während ihrer Kindheit – die bereits bemerkenswerte Zeichen der Reife aufweist – begleiten. Die Realität bewirkt einen Schockzustand im Gehirn des Menschen, ein Funke glimmt heftig auf: das Denken. Und seit diesem Augenblick, in dem dieses Denken – vor allem dank der Erfindung der Schrift, die den Ideen zugleich Leben und Unsterblichkeit verleiht – ein zusammenhängendes Ensemble bildet, kann man von der Philosophie sprechen. Dieses Wunder vollzieht sich gleich viermal, in Griechenland, Indien, China und Palästina. In diesem Buch beschäftigen wir uns hauptsächlich mit dem Ursprung der Philosophie des Abendlandes, doch ist die Weisheit das Leitmotiv aller Philosophien des Altertums, die sich über ein ganzes Jahrtausend erstrecken. Viele Wege führen zu ihr, viele Wege vermischen sich in ihr. Und dies dauert so lange an, bis die Vorstellung eines einzigen und absoluten Gottes das Nachdenken auf andere Wege führt ...

Die Anfänge der Philosophie

1

In diesem Kapitel

- Die Geburtsstunde der Philosophie
- Das Denken kommt in Bewegung
- Die große Bedeutung von Tod und Traum

Trieb der Neandertaler schon Philosophie? Von dieser Frage wird die Definition abhängen, mit der man den Begriff Philosophie erklärt.

Wenn die Formulierung »Philosophie treiben« bedeutet, in den Schulen oder an der Universität Philosophie nach Plan zu lehren, Aufsätze oder Bücher wie *Die Geschichte der Philosophie für Dummies* zu schreiben oder auch, von seiner eigenen Existenz ausgehend, zur Auslegung der großen alten Denker (Platon, Descartes, Kant) vorzudringen, dann muss man natürlich sagen, dass der Neandertaler noch keine Philosophie trieb.

Wenn »Philosophie treiben« jedoch darin besteht, über die großen Probleme des Daseins, über das Leben und das Jenseits, das Tier und den Menschen, über die Geburt und den Schmerz nachzudenken, ja dann gibt es natürlich keinen Grund, einem Menschen, der seine Toten in Gräbern bestattete und sich als ein großer Künstler entpuppte, die Fähigkeit abzusprechen, »Philosophie zu treiben«.

Strenger Lehrer und allzu gutmütiger Lehrer

Jede Definition der Philosophie schwankt zwischen einer strengen Richtung (Strenge, die Gefahr läuft, zur Rigidität zu werden) und einer offenen Richtung (Toleranz, die Gefahr läuft, zur Gleichgültigkeit zu werden). Die meisten Philosophieexperten wenden sich heute eher der strengen Richtung zu: Für sie ist die Philosophie des Cafés eine Philosophie der Straße. Stellen Sie sich dann einmal eine Philosophie aus der Zeit der Vorgeschichte vor! Einer Zeit also, in der es noch nicht einmal Cafés gab!

Schon seit langem bezeichnet man die Griechen im 7. und 6. Jahrhundert v. Chr. als die Erfinder der Philosophie, und zwar, weil man ihnen die Erfindung der Rationalität zuschrieb. Im Gegensatz zum Mythos, der sich in das Universum des Wunderbaren und Nichtnachprüfbaren stürzt und lediglich den Glauben daran voraussetzt, analysiert und kritisiert die Vernunft, versucht sie, zu überzeugen und nicht bloß zu überreden. Nach einer fortschrittlichen Auffassung der Geschichte fängt der Mensch bei den Mythen an und landet schließlich bei der vernunftgemäßen Erkenntnis. Ist dies nicht auch der Weg, den das Individuum von der Kindheit bis ins Erwachsenenalter einschlägt? Es beginnt mit den Ammenmärchen und endet bei der Differential- und Integralrechnung.

Wenn man bei diesem Bild der »Wanderung«, die zu mehr Vernunft hinführt, bleibt, werden das Kind und der prähistorische Mensch analog zum heutigen sogenannten primitiven Menschen gesehen: Noch vor kurzem hielt man die Ureinwohner von Neuguinea oder von Amazonien sowohl für »Kinder« als auch, weil in der Entwicklung stark »zurückgeblieben«, für Repräsentanten der Steinzeitmenschen. Die Philosophie ist eine zu ernste und zu komplexe Angelegenheit, als dass sie von denjenigen kultiviert werden könnte, die man eben für kulturlos hielt. Doch dieses Argument, dass die Menschen der Vorgeschichte keine Philosophie trieben, weil sie noch nicht die Stufe des vernünftigen Denkens erlangt hätten, ist heutzutage nicht mehr zulässig. Es scheint nur ein Vorurteil zu sein.

Wer hat recht?

Zunächst sollte man dem Mythos ein echtes Denken zubilligen und die Mythologien als echte Denksysteme betrachten. Ein Mythos ist in der Tat ein fruchtbares Chaos, wie Ernst Cassirer meint, aus dem sich nach und nach die Sprache, die Magie, die Kunst, die Wissenschaft, die Medizin, die Sitten und Gebräuche, die Moral und die Religionen herauskristallisieren. Er ist sozusagen eine Art symbolische Ursuppe, wie es eine Ursuppe des Universums gab, aus der seine Strukturen hervorgegangen sind.

Muss man denn nicht schon seinen Verstand benutzen, um Gruppenjagden zu organisieren, selbst mit geringen Verständigungsmöglichkeiten zusammenzuleben, sich gegenseitig verständlich zu machen und zu erraten, was der andere gerade im Sinn hat? Kann man sich überhaupt ausmalen, wie viel Intelligenz es bereits darstellt, unter Hunderten meist giftiger Pflanzen die wenigen ess- und genießbaren auszuwählen? Die Erfindung der Nadel mit Nadelöhr vor ungefähr 20.000 Jahren war außer eine der wichtigsten zugleich eine der fabelhaftesten der Menschheitsgeschichte. In der täglichen Erfahrung des Menschen gab es nichts, was ein Vorläufer zu dieser Erfindung hätte sein können. Dieser Genius, der typisch für den Menschen ist, ist das Werk des Denkens.

Seit einem Jahrhundert zeigt die Anthropologie(Die Wissenschaft vom Menschen), dass die Menschen überall auf der Welt, sogar an den abgelegensten und verstecktesten Orten der Erde, die Dinge und die Lebewesen nach logischen Prinzipien (Gott/Mensch, Mann/Frau, Natur/Kultur, Himmel/Erde usw.) eingeteilt und in eine Rangordnung gebracht haben und dass sie überall versucht haben, sich in ihren Mythen und ihren Ritualen der Gesamtheit des Existierenden bewusst zu werden. Es ist nicht übertrieben, wenn man von ihrer geistigen Verfassung als System spricht, da man bei ihr bereits zwei Charakterzüge der Philosophie wiederfindet: die Kategorisierung (die Zusammenfassung der unendlichen Verschiedenheit der Lebewesen und Dinge in bestimmten voneinander getrennten Klassen) und den Wille nzur Ganzheit.

Natürlich sind die Eingeborenen keine Steinzeitmenschen, dennoch muss es bestimmte Charakterzüge der Erstgenannten auch bei den Letzteren gegeben haben.

Kopf und Beine

Nach einer heute unter Fachleuten allgemein akzeptierten Vorstellung sind die gesprochene Sprache und das damit verbundene Denken aus einer spezifischen Entwicklung des Gehirns hervorgegangen, das selbst wiederum zum großen Teil eine indirekte Folge des vom Homo erectus – einem unserer entfernten Vorfahren – übernommenen aufrechten Ganges ist. Der aufrechte Gang nun, den der Mensch als Einziges aller Säugetiere dauerhaft erworben hat, ist daher möglicherweise jene körperliche Besonderheit, die letztlich dazu geführt hat, dass aus einem bestimmten Primaten ein sprechendes, intelligentes und somit philosophierendes Wesen geworden ist.

Säugetiere leben nicht nur in der Nähe des Erdbodens, sie sind ihm quasi verhaftet. Nur der Mensch wendet sein Antlitz der Welt um ihn herum zu und kann sie wie einen Gegenstand betrachten, den er als Herausforderung annehmen und zu verstehen versuchen kann. Die artikulierte Sprache – das heißt die Fähigkeit, Laute auszusenden, welche Vokale und Konsonanten derart miteinander kombinieren, dass aus ihnen die Wörter eines Satzes und die Sätze einer Rede gebildet werden – ist eine Fähigkeit, die einzig der Mensch beherrscht. Sie wäre wahrscheinlich niemals in Erscheinung getreten, wenn das Gehirn nicht bestimmte spezialisierte Bereiche dafür freigehalten hätte. Nun ist diese Spezialisierung das Ergebnis einer ganzen Reihe von physiologischen Mechanismen, deren Nutznießer, aber natürlich nicht deren Urheber der Mensch gewesen ist.

Handarbeit setzt die Gedanken frei

Der aufrechte Gang hat nicht nur den Kopf freigesetzt, sondern auch die Hand freigegeben. Der vorsokratische Anaxagoras sagte, der Mensch sei das intelligenteste Tier, weil er über eine Hand verfügt. Worauf Aristoteles, stets darauf bedacht, Phänomene von ihrem Zweck her zu erklären, erwiderte, dass der Mensch deshalb eine Hand habe, weil er das intelligenteste Tier sei. Heutige Forscher würden dagegen eher Anaxagoras recht geben als Aristoteles. Die Intelligenz ist ein allgemeiner und abstrakter Begriff, den man nicht an einer spezifischen Tätigkeit festmachen kann.

Dagegen ist die Hand ein Organ, das Arbeit und Technik symbolisiert, weil sie dafür das unmittelbare Instrument ist. Die Hand mit dem den übrigen Fingern gegenüberliegenden Daumen (die Affen besitzen zwar auch Hände, jedoch ohne gegenüberliegenden Daumen) ist ein vielseitiges Werkzeug, das sowohl schlagen als auch streicheln, bohren und polieren, ausreißen und eingraben usw. kann. Künstliche Werkzeuge werden zunächst als Verlängerungen der Hand oder als Prothesen entwickelt, die mit mehr Kraft, Wirksamkeit oder Genauigkeit arbeiten. Zwischen dem Denken und dem Tun des Körpers besteht ein Verhältnis, das man als dialektisch, das heißt als bilateral bezeichnen kann: Ohne vorheriges Denken gibt es kein Tun, und das Denken wird, sozusagen als logische Umkehrung, im und durch Tun angeregt.

Die Philosophie als Tochter des Staunens

Sokrates, sein Schüler Platon und später auch dessen Schüler Aristoteles sagten mehrfach, die Philosophie sei die *Tochter des Staunens*. Es ist bezeichnend, dass die Bücher und Filme, die sich bemühen – gewiss in betont schematischer Weise –, das Leben unserer prähistorischen Vorfahren darzustellen, deren Erstaunen aufzeigen, weil dieses Erstaunen einen spektakulären und pathetischen Charakter hat (in der klassischen Sprache bezeichnete der Begriff »Staunen« einen radikalen Umbruch), und dies war eben ihre grundsätzliche geistige Erfahrung: Staunen vor dem brennenden Feuer, Staunen vor dem Wechsel von Tag und Nacht, Staunen vor Geburt und Tod (die Leiche, die sich nicht mehr bewegt) usw. Das Tun bringt die Reflexion in Gang. Was ist hier los? Warum passiert das? Hier und jetzt?

Das Bewusstsein des Todes

Eines der grundsätzlichsten Kennzeichen der Menschheit – und auch eines der ältesten – ist ihr Verhalten im Angesicht des Todes. »Tod« ist ein recht allgemeiner und recht abstrakter Begriff, und es ist gar nicht einmal so sicher, dass der Homo sapiens sapiens, der letzte Abkömmling der Familie Homo, sich bereits umfassend eine Vorstellung vom »Tod« gemacht hatte. Sicher wissen wir jedoch – dank der Gräber, deren Überreste aufgefunden werden konnten –, dass der Homo sapiens sapiens vor ungefähr 100.000 Jahren der Erste war, der sich ganz besonders um die Körper der Verstorbenen kümmerte.

Diese Fürsorge und Sorgfalt finden wir bei den Tieren nicht. Die »Friedhöfe« der Elefanten gehören wahrscheinlich in das Reich der Legende.Eine Haltung der Ehrfurcht und des Respekts angesichts der Leichen (wie sollte man sonst Begräbnisrituale deuten?) ist wahrscheinlich mit metaphysischen Glaubensvorstellungen verbunden, über die wir, mangels schriftlicher Hinterlassenschaften, nichts Genaues wissen können. So ist die Annahme, dass der Mensch vor ungefähr 100.000 Jahren an eine unsichtbare Welt glaubte, durchaus plausibel.

Martin Heidegger sagte, der Mensch sei das Wesen der Weiten: der Weiten im Raum (unsere Vorfahren legten beträchtliche Entfernungen zurück: Tausende, ja sogar Zehntausende von Kilometern), der Weiten in der Zeit (er kann dank des Gedächtnisses rückwirkend in die Vergangenheit und dank der Vorstellungskraft an die Zukunft denken). Im Unterschied zum Tier ist der Mensch tatsächlich dasjenige Lebewesen, das sich nicht damit zufriedengibt, dem Augenblick an Ort und Stelle verhaftet zu bleiben.

Das Reich der Träume

Auch hier sind wir auf Vermutungen angewiesen. Denn stellen wir uns einmal das Erstaunen unserer Vorfahren angesichts des Phänomens der Träume vor, von dem wir wissen, dass es bei allen Menschen auftritt. Eine Spaltung der Realität, die aus der Welt der Nacht, wenn der Schlafende in sie abtaucht, eine ebenso wirklich existierende entstehen lässt wie jene, die er im Moment des Einschlummerns verlassen hat. Die Paradoxien der Dichter und die Argumente der Philosophen (da wir den Traum als Realität erleben, könnte es gut sein, dass unsere Realität nur ein Traum ist) waren wahrscheinlich auch schon im Geiste unserer Vorfahren, der Bisonjäger, präsent. Die Frage nach der Wirklichkeit, nach der wahren Natur der Dinge, ist die Frage, die bei der Philosophie an erster Stelle steht. Es ist daher anzunehmen, dass sich die Angehörigen der Spezies Homo sapiens sapiens, die sich so sehr mit dem Phänomen des Todes beschäftigten und mit einer derart großen künstlerischen Begabung zeichnen konnten, auch diese Frage gestellt haben.

Wagen wir noch zwei sinnvolle Annahmen. Es ist gut möglich, dass die Erfahrung des Träumens den Menschen zu der letztlich erstaunlichen Vorstellung geführt hat, dass diese Welt nicht die einzige sei und vielleicht auch nicht die »realste«. Es ist außerdem möglich, dass diese Erfahrung die Idee der Existenz der Seele befördert hat – der Seele, die sowohl einem Lebensprinzip als auch einer unteilbaren Zweiheit entspricht. Von einem Verstorbenen zu träumen bedeutet ja, dass man ihn wahrhaft sieht in seiner körperlichen Präsenz, obwohl sie immateriell ist. Es muss sich dabei also um etwas anderes handeln als um seinen realen Körper, von dem man ja weiß, dass er bereits unter der Erde ist, wenn er nicht von einem wilden Tier längst aufgefressen wurde.

Die Magie der Kunst

Den Begriff der Kunst gab es in prähistorischen Zeiten noch nicht.

Neben materiellen Überresten (Skeletten und vor allem Knochenfragmenten) sind Zeichnungen, Wandgemälde und Skulpturen die einzigen Zeitzeugen, die uns die Menschen der Vorzeit hinterließen. Die Fachleute stellten zahlreiche Hypothesen darüber auf, welche Bedeutung diese Gegenstände und Kunstwerke haben könnten. Dabei ist es gar nicht notwendig, eine Auswahl unter diesen Hypothesen zu treffen. Verschiedene Theorien können durchaus nebeneinander stehenbleiben und sich ergänzen, statt sich auszuschließen.

Schon sehr früh, nämlich zu Beginn des 20. Jahrhunderts und damit ungefähr 50 Jahre nach ersten archäologischen Funden, wurden diese ältesten Zeugnisse der ästhetischen Genialität der Menschheit im Zusammenhang mit mutmaßlichen Glaubensvorstellungen und magischen Praktiken gedeutet. Die an Felswände gemalten Pferde, Bisons und Mammuts wurden als Ausdruck einer Art von Bannungs- und Zauberritual begriffen: So wie ein Voodoo-Zauberer eine den Feind darstellende Puppe mit Nadeln durchbohrt, um den Tod des Feindes herbeizubeschwören, so glaubten auch die Steinzeitjäger, ihre Beute zum Stehen bringen zu können, indem sie sie an den Innenwänden ihrer Höhlen festhielten. Somit erklärt sich auch, dass etliche dieser Abbildungen mit Strichen gespickt sind.

Eine weitere Theorie deutet diese Bilder nicht als Zauber, der Jagdglück bringen soll, sondern als Apotropäum, als Abwehrzauber, nach einer bereits vollendeten Jagd. Einen Bison oder ein Pferd zu töten war für die Jäger sicher kein harmloses Unterfangen, nicht nur wegen der Gefährlichkeit der Aktion selbst, sondern vor allem wegen der geheimnisumwitterten und gleichsam heiligen Macht, die man dem wilden Tier zuschrieb. Insofern hätten die Zeichnungen und Malereien Mittel dafür sein können, sich auf magische Weise gegen die möglicherweise noch immer selbst vom toten Tier – das heißt von seinem Geist – ausgehende Rache zu schützen.

Eine dritte Theorie bewahrt eine magische und religiöse Bedeutung dieser Abbildungen, interpretiert sie jedoch im Zusammenhang eines Initiationsrituals. Die Innenwand der Höhle musste diesen Menschen wie eine Scheidewand zwischen den beiden Welten (nennen wir sie die sichtbare und die unsichtbare Welt) vorkommen und zugleich aber auch wie eine Membran, die den Übergang von der einen zur anderen Welt erlaubte. Die mit Zeichnungen geschmückten Teile der Grotte waren tatsächlich nie mit den Wohnbereichen identisch, sie lagen stets am weitesten vom Eingang entfernt. Daher stammt die Vorstellung, dass diese Stellen Heiligtümer waren, zu denen ausschließlich die Schamanen Zutritt hatten, die geweihten »Priester«, die die Fähigkeit besaßen, die Reise in die andere Welt zu vollziehen.

Bloße Darstellung oder wirkliche Präsenz?

Wie auch immer es sich mit diesen unterschiedlichen Theorien verhalten sollte, sie stimmen doch alle zumindest darin überein, dass sie in diesen Bildern nicht nur bloße Darstellungen erkennen – was für uns »realistische« Bilder wären –, sondern wirkliche Präsenzen. Das charakteristische Kennzeichen heiliger Kunst, wie es die Kunst der Vorzeit gewesen sein muss, war, dass sie eine Kunst der wirklichen Anwesenheit des Dargestellten war und nicht nur eine bloß äußere Darstellung. In Indien besitzt eine Gottesstatue dieselbe Funktion und dieselbe Macht: Sie stellt Gott nicht einfach nur da, sie *ist* Gott – unter dieser jeweiligen Erscheinungsform.

Eine sehr lange Geschichte

Die größte Revolution in der Geschichte der Menschheit ist die, die niemand als solche bezeichnen würde. Denn noch mehr als die durch die in der Renaissance entwickelten Naturwissenschaften und modernen Techniken vorbereitete industrielle Revolution und noch mehr als die Revolution der Demokratie, deren Vorläufer man in der Antike finden kann, führte die neolithische Revolution zu einem Umbruch in der Geschichte des Homo sapiens sapiens, dessen Ergebnis die gesamte spätere Geschichte war.

Gewiss haben die Erfindung des ersten Werkzeuges, die Entdeckung des Feuers, das erste ausgesprochene Wort, der erste bestattete Leichnam, das erste an die Wand gemalte Tier Wandlungen dargestellt, die den Menschen immer weiter vom Tier und von der Natur entfernt haben. Dennoch war es die neolithische Revolution, die die Grundlagen für das gelegt hat, was wir unter Kultur oder Zivilisation verstehen.

Vor etwas mehr als 10.000 Jahren ermöglichte das Ende der letzten Eiszeit dem Menschen, sich in das Abenteuer der Viehzucht und der Landwirtschaft zu stürzen. Dadurch kam es zu vielen Umwälzungen: Der Mensch ging von einer nomadischen zu einer sesshaften Lebensweise über, bald tauchten Städte auf. Mit der Landwirtschaft waren die Erfindung des Töpferns und der Metallherstellung verbunden und somit auch die Bildung von Kapital sowie, Rousseau hat es ganz richtig vermutet, die Entstehung der ersten Kriege. Die Philosophie ist nicht nur die Tochter des Staunens und des Träumens, sie ist auch die Tochter dieser Tätigkeiten und der Gewalt, die aus ihnen folgt.

Die Geburt der griechischen Philosophie: die Vorsokratiker

2

In diesem Kapitel

- Griechenland, die Wiege der Philosophie
- Allseitig gebildete Männer
- Thales, Pythagoras, Heraklit und weitere
- Die rehabilitierten Sophisten

Eine recht schöne Morgenröte

Auch wenn die Frühgeschichte trotz ihrer Aufbruchsstimmung, die sie zu vielen Entdeckungen führte, noch in einer Art Dämmerzustand verharrt, so erscheinen die beiden Jahrhunderte, die sich von Thales bis Sokrates erstrecken, doch wie eine Morgenröte. Zu dieser Zeit gab es bereits eine Schar einzigartiger Denker, die zugleich Philosophen und Dichter, Gelehrte und Sektenanführer waren. Sie waren es, die in Europa die ersten Schriften über ihre persönlichen Reflexionen verfassten, sie waren es auch, die als Erste den Versuch unternahmen, eine Antwort zu geben auf die zugleich banale wie auch tiefsinnige Frage: Was ist das Wesen der Dinge?

Alle Menschen machen sich Gedanken, alle Menschen haben bestimmte Vorstellungen vom Leben und vom Tod, von der Freiheit und vom Glück, von der Wahrheit und vom Irrtum usw. Doch damit all diese Vorstellungen verschmelzen zu der einen Vorstellung von der Welt (wir sagen dazu auch Weltanschauung) und die Form einer Philosophie annehmen, müssen besondere Voraussetzungen zusammentreffen. So wie die Kunst die Formgebung bestimmter Empfindungen ist, so ist die Philosophie die Formgebung bestimmter Gedanken. Die notwendigen Voraussetzungen einer solchen Formgebung sind die Schrift sowie die Arbeitsteilung in einer Gesellschaft.

Wozu braucht man philosophisches Denken?

Die Schrift

Philosophie kann man, wie auch die Mathematik (oder jede andere Wissenschaft), nicht mit einfachen Worten betreiben und beschreiben. Auch wenn die Philosophie aus dem Dialog erwachsen ist, fängt sie in Wirklichkeit erst mit schriftlichen Texten an.

Gewiss kann man gegen diese Behauptung den Einwand vorbringen, dass Sokrates, der ja seit der Antike als der wahre Vater der Philosophie betrachtet wird, keine einzige Zeile geschrieben hat. Doch dagegen könnte man nun wiederum einwenden, dass wir Sokrates als Philosophen nur durch seine in schriftlicher Form dargelegten Dialoge kennen, die sein Schüler Platon aufgezeichnet hat. Ebenso lassen erst die von Diogenes Laertios schriftlich fixierten Bonmots und die Anekdoten über das Stadtstreicherleben des Kynikers Diogenes dessen philosophisches Denken vor unseren Augen lebendig werden.

Weshalb braucht die Philosophie die Schrift? Weil der Gedanke der Gefangene des Wortes ist, dessen Zufälligkeit, dessen Umwegen und dessen Verschwommenheit. Ebenso ist er der Gefangene der emotionalen Dimension des Austauschs: Eine angeregte Diskussion lässt manchmal die Klarheit und Schärfe der Argumentation vermissen, die eigentlich unerlässlich ist. Entweder möchte man dem Gesprächspartner gefallen oder ihn, umgekehrt, mundtot machen. Die schriftliche Fixierung hingegen verleiht dem Gedanken eine objektive (die daher auch jenseits des Hier und Jetzt vermittelbar ist) und endgültige Form. Das Wort trägt dagegen, selbst wenn es gebändigt ist, nicht das gleiche Maß an Verantwortung. Zudem kann einzig die Schrift dem Gedanken diese systematische Struktur geben, ohne die es keine wirkliche Philosophie geben könnte. Denn auch wenn es Philosophien gegen das System an sich gibt (den Skeptizismus und den Empirismus), so gibt es doch keine außerhalb des Systems.

Was ist ein System?

Ein System ist eine Zusammenstellung von Ideen oder von Fakten, die untereinander in einem Abhängigkeitsverhältnis stehen. Das philosophische System gehorcht drei grundlegenden Forderungen: der Widerspruchsfreiheit der Gedanken, der Einheit des Denkens sowie dem Wunsch, mit Hilfe des Verstandes die Gesamtheit der Wirklichkeit zu überblicken.

Die Arbeitsteilung

Die soziale Arbeitsteilung, die bestimmte Gesellschaftsschichten mit körperlicher Arbeit betraut (in Griechenland die Sklaven) und andere mit den würdevollen Aufgaben der Reflexion und der Führung, ist eine weitere fundamentale Voraussetzung der Philosophie. In diesem Sinne lässt sich von der Philosophie sagen, dass sie sowohl Tochter der Sklaverei als auch Tochter der Freiheit ist, denn um sich ganz dem Nachdenken über das Wesen der Dinge widmen zu können, mussten bestimmte Einzelpersonen von der Sorge um ihren persönlichen Lebensunterhalt befreit werden. In der Tat ist die Philosophie ja eine ganz individuelle, persönliche Angelegenheit, die ihre Vorstellungen nicht aus der gesellschaftlichen und religiösen Tradition bezieht. Die traditionellen Gesellschaften haben ein derart starkes Machtgefüge und starke Gesetze, dass die Entwicklung eines freien Denkens unterbunden wird.

Selbst die bedeutendsten Denker des Islam (Averroes, Avicenna und Ibn Arabi) oder der indischen Philosophie (Shankara, Madhva) sind nicht unabhängig von ihrem sozialen und religiösen Umfeld.

Während sich die meisten Menschen damit zufriedengeben zu glauben, möchten die Philosophen wissen. Doch um zu wissen, muss man urteilen, Kritik üben, abwägen, ausschließen, sich etwas vorstellen können. Kurz, man muss geistige Arbeit leisten, die sich die Religionen und die Ideologien ersparen.

Die Philosophie: ein Unternehmen, das nicht ohne Risiko war!

Man kann nur erahnen, welch großen Mut Anaxagoras gehabt haben muss, als sagte, dass die Sonne nur ein Feuer (und keine Gottheit, wie die Griechen es glaubten) sei. Der Philosoph musste auswandern, um einer sicheren Verurteilung zu entgehen. Man weiß, dass Sokrates mit seinem Leben für seine provokante Kühnheit bezahlte, die er unter Beweis stellte, als er seinen Mitbürgern ihre Ignoranz und seinen Richtern ihre Widersprüche vorhielt.

Die Originalität und die Vielfalt der Philosophie

Von Anfang an verfügte die Philosophie über bestimmte Kennzeichen, die sie bis heute bewahrt hat.

Die Vielfalt der Philosophie lässt uns an die Welt der Kunst denken – ein Merkmal, das die Philosophie schon recht früh von der Wissenschaft trennt. Während die (Einzel-)Wissenschaft versucht, eine gemeinsame, allgemeingültige Lösung für jedes einzelne Problem herauszufinden (denn bei bestimmten Fragestellungen kann es nur eine einzige Wahrheit geben), splittert sich die Philosophie in eine Vielzahl verschiedener, sogar widersprüchlicher Schulen und Strömungen auf. Jeder Philosoph steht für einen einzelnen Standpunkt. Wenn auch eine Statue nur aus einer einzigen Masse besteht, gibt es doch tausend verschiedene Möglichkeiten, sie zu betrachten: Während die Wissenschaft sie ausmisst, schaut die Philosophie sie an. Das Maß, mit dem gemessen wird, hängt vom Messinstrument ab, der Blick, mit dem geschaut wird, vom Standpunkt des Betrachters.

Das Wissen um seiner selbst willen

Die Philosophie ist eine Praxis des Wissens und eine Liebe zum Wissen und der Theorie um ihrer selbst willen. Die ersten Philosophen betrieben eine ganz selbstlose Suche nach der Erkenntnis, die weder technischen oder wirtschaftlichen Geboten der Stunde noch einer religiösen Macht unterworfen war.

Die Einfachheit

Es gibt in der Philosophie ein Bestreben, die bunte Bemalung der Dinge und Lebewesen auf die Einfachheit der dahinterstehenden Idee zurückzuführen. Es gibt nur wenige Philosophen, die nicht von dem Wunsch nach totaler Einheit und Gesamtheit beseelt sind. Die ersten griechischen Philosophen dehnten ihre Nachforschungen auf die Gesamtheit der Wirklichkeit (die sie »Natur« nannten) aus.

Während der Techniker der Mann für ein einziges Handwerk ist (der Schmied befasst sich nicht mit dem Nähen, der Schneider bearbeitet kein Eisen ...), stellt der Philosoph eine allgemeingültige Theorie auf. So suchten die ältesten Philosophen nach dem entscheidenden Urstoff aller Dinge, und zwar nach jenem, der hinter den Erscheinungen verschwindet, aber dennoch in der Wirklichkeit durch diese seinen Ausdruck findet und der an ihrem Ursprung steht (bei Thales war es das Wasser, bei Anaximenes die Luft, bei Heraklit das Feuer, bei Anaximander das Unbegrenzte, bei Anaxagoras der Geist, bei Demokrit das Atom, bei Empedokles das Element, bei Parmenides das Sein).

Eine Tätigkeit der Vernunft

Die Philosophie ist eine Tätigkeit der Vernunft (logos im Griechischen). Deren Kritik unterwirft man die üblichen, vom jeweiligen Zeitgeist als wahr anerkannten Meinungen. Die Vorsokratiker waren es, die für den Bruch zwischen Mythos und Wahrheit, zwischen Meinung und Wissen verantwortlich sind. Die Philosophie zielt auf den Zusammenhang der Darstellung ab (durch eine Beweisführung), indem sie den untersuchten Phänomenen ein Ordnungsprinzip zu Grunde legt. Die Vernunft der Griechen ist tatsächlich weniger eine persönliche Fähigkeit als vielmehr ein objektives Ordnungsprinzip, das an den Phänomenen, den Planeten oder Lebewesen festgemacht werden kann.

Alternativen

Philosophische Fragen lassen sich als Alternativfragen formulieren: Ist die Wirklichkeit materiell oder ideell? Ist Bewegung Realität oder Schein? Existiert das Nichtsein, oder existiert es nicht?

Philosophische Schulen behandeln häufig jeweils Gegensätzliches, in der Tat gibt es kein Denken ohne Dialektik, also ohne das Spiel des Gegensatzes zwischen den einzelnen Modellen, den Worten und den sich widersprechenden Thesen.

Die Männer der Kunst

Wer sind die Vorsokratiker?

Mit diesem Begriff bezeichnet man die griechischen Philosophen, die vor Sokrates lebten. Die Periode der Vorsokratiker erstreckt sich über zwei Jahrhunderte (6. und 5. Jahrhundert v. Chr.), und ihre Zentren liegen rund um den vorderasiatischen Teil des Mittelmeeres.

Leider ist uns kaum eine ihrer Schriften erhalten geblieben, abgesehen von einigen Fragmenten. Von Anaximander beispielsweise verfügen wir lediglich über einen einzigen Abschnitt von drei oder vier Zeilen, der als »Spruch des Anaximander« bezeichnet wird. Die Schriften der Vorsokratiker wurden bei den mehrfach hintereinander auftretenden Brandkatastrophen der Bibliothek von Alexandria, in der fast das gesamte antike Wissen versammelt war, vernichtet. Stellen Sie sich einmal vor, dass sämtliche Bücher von Montaigne verbrannt wären und dass außer seinem Namen und die um sein Leben kreisenden Gerüchte nur noch die ihn betreffenden Zitate Pascals, Voltaires und Balzacs übriggeblieben wären ... Das wären dann Fragmente von Montaigne. Und so ähnlich ist es nun mit den Fragmenten der Vorsokratiker: Es sind Zitate aus dem Munde ihrer Nachfolger.

Das Unbekannte führt zur Legendenbildung. Diese Männer, die an den Grenzen der griechischen Welt lebten – Thales in Ionien (in Kleinasien, in der heutigen Türkei), Pythagoras auf der Insel Samos, Empedokles auf Sizilien, Parmenides in Süditalien –, wurden in den Augen der Griechen schnell selbst zu übernatürlichen Wesen, ausgestattet mit göttlicher Weisheit und Zauberkräften. Aristoteles sagt über sie, dass sie wie betrunkene Männer redeten. Heraklit gab man den Beinamen »der Dunkle«, weil seine Schriften oft rätselhaft und unverständlich waren.

Universal gebildete Männer

Diese Männer waren sowohl Philosophen und Dichter wie auch Gelehrte und religiöse Geistesgrößen. Heutzutage kann man sich gar nicht vorstellen, dass ein und derselbe Mensch eine Medientheorie in Alexandrinern gereimt verfassen, eine Sekte gründen und auch noch einen wichtigen mathematischen Lehrsatz entdecken kann. Denn unsere Gesellschaft liebt und kultiviert das Einordnen in Schubladen. Sie trennt buchstäblich alles fein säuberlich voneinander, insbesondere das Denken von der Dichtung, die Reflexion von der Religion und die Philosophie von der Wissenschaft. Bei den Vorsokratikern ist alles miteinander vermengt. Daher rührt auch die Ehrfurcht, die uns erfasst, wenn wir diesen legendären Gestalten begegnen.

Dichter

Die Poesie ist eine Zauberschrift, denn durch sie wird uns die Gegenwart bestimmter Dinge vor Augen geführt, und ihre Schönheit scheint von woanders herzurühren. Später versuchte das philosophische Denken, diese Gegenwart durch ihren Widerschein als Idee zu ersetzen. Gewiss hatte die Poesie auch in jener Epoche eine ästhetische Bedeutung und eine praktische Funktion (und sei es auch nur, weil es einfacher ist, einen gereimten Text auswendig zu lernen als einen Prosatext). Doch sollte die magische und religiöse Dimension nicht unterschätzt werden, sei es nun in Indien oder in Europa, denn wenn die Götter den Menschen die Wahrheit sagen sollen, dann tun sie das in Versen. Die Vorsokratiker sind inspirierte, ja sogar erleuchtete Geister.

Der Ursprung der Dinge ist das Grenzenlose. Woraus sie entstehen, darein vergehen sie auch mit Notwendigkeit. Denn sie leisten einander Buße und Vergeltung für ihr Unrecht nach der Ordnung der Zeit.

Anaximander

Aufgeklärte Geister? Erleuchtete Geister? Oder entfachte Geister?

Philosoph, Mathematiker und Guru: Das alles ist Pythagoras, der bekannteste, aber auch der geheimnisvollste unter den Vorsokratikern. Er gründete eine Schule, die zugleich eine Sekte war (wenn es nicht sogar umgekehrt war ...), er erlegte den Neuankömmlingen ein mehrmonatiges Schweigen auf und sprach nur hinter einem Vorhang zu ihnen. Weil er sich als ein Gott ausgab, hielt man ihn auch für einen. Man glaubte tatsächlich, er habe einen goldenen Schenkel. Stellen Sie sich einmal einen Professor in Oxford oder in Berlin vor, der seinen Studenten erzählt, er habe unter seiner Hose einen goldenen Schenkel. Niemand würde ihm glauben – Nerven aus Stahl oder ein Herz aus Gold, nun gut, das kann man sich im äußersten Falle noch vorstellen, aber gewiss keinen Schenkel aus Gold!

Eine andere Geschichte, hart an der Grenze zum Schwindel, betrifft Empedokles. Auch er hatte eine Gemeinschaft gegründet, die, wie wir heute sagen würden, politischer ausgerichtet war als die Gemeinschaft des Pythagoras. Die Legende besagt, dass er sich in den Krater des Ätna geworfen und dass der Vulkan eine seiner Sandalen wieder ausgespuckt habe. Man könnte dies leicht als einen Selbstmord aus Verzweiflung deuten.

Doch zunächst existiert der Selbstmord aus Verzweiflung in der Antike praktisch überhaupt nicht (ein verzweifelter ist ein sentimentaler Mensch, das heißt jemand, der sich seinen persönlichen Gefühlen ausliefert, und das tun die Griechen nicht und sind somit auch nicht sentimental). Außerdem ist ein Opfer nicht das Gleiche wie ein Selbstmord. Möglicherweise wollte Empedokles seinen Schülern und den Mitgliedern seiner Gemeinschaft durch seinen Sturz in die Gluthitze des Ätna seine Göttlichkeit beweisen.

Ein Toter ohne Leichnam beeindruckt die Menschen noch immer mehr als ein Toter mit Leichnam. Ein Gott stirbt nicht in seinem Bett. Eine der Legenden deutet das Detail der vom Feuer wieder ausgespuckten Sandale als ein Zeichen dafür, dass Empedokles eben doch ein Mensch und kein Gott war. Der Schriftsteller Hölderlin, der aus dem Tod des Empedokles eine Tragödie machte, sah in diesem Sterben den Wunsch des Dichterphilosophen, die intime Einheit des Lebens und der Natur wiederzufinden – jede Trennung dieser beiden würde als Leiden und Niederlage empfunden werden.

Thales, der Mann der Lehrsätze

Der erste bekannte Philosoph

Die Ionier (Thales, Anaximander und Anaximenes) sind die Ersten, die sich in ihren Überlegungen der Ontologie (der philosophischen Disziplin, die sich mit dem Sein befasst) zugewandt haben. Sie stellten sich die Frage, welches wohl das Sein hinter der Erscheinung ist. Sie suchten nach der ersten ursprünglichen Materie, die eine Ordnung und Grenzen voraussetzt.

Gewiss verzichteten die Philosophen, angefangen bei Platon, nicht darauf, von Mythen zu erzählen und den Göttern einen wichtigen Platz einzuräumen. Doch etablierte sich die Philosophie als autonome Disziplin mit ihrem Willen, an denjenigen Stellen vernünftige Antworten zu suchen, an denen die Überlieferung lediglich offensichtliche »Wahrheiten« zu bieten hatte. Mit anderen Worten: Als Thales auf die Frage, woraus die Natur der Dinge bestehe, »Aus Wasser« antwortete, so war dies eine wundervolle Infragestellung eines bisherigen vom Religiösen beherrschten Weltbildes. Aus dieser Zäsur heraus wurde die Philosophie geboren. Als ein anderer Vorsokratiker, nämlich Anaxagoras, sagte, die Sonne sei eine Feuerkugel, sollte diese Äußerung bedeuten: Die Sonne ist keine Gottheit (Helios, die griechische Bezeichnung für die Sonne, ist der Name des Sonnengottes).

Und Thales hatte recht. Ohne Wasser gibt es kein Leben, und ohne Leben gibt es kein Denken. Wenn heute Raumsonden Gesteinsproben auf fernen Planeten entnehmen und dort Messungen durchführen, so zunächst deshalb, um festzustellen, ob es auf diesen Himmelskörpern Wasser gibt.

Von Thales stammt die Aussage »Alles ist beseelt« – und das bedeutet: Die Natur lebt.

Für die Griechen ist die Seele zunächst nicht das Prinzip der persönlichen Unsterblichkeit, zu dem es die Christen gemacht haben, sondern sie ist das Lebensprinzip überhaupt, und in diesem Sinne ist sie in jeder Art von Bewegung gegenwärtig (so glaubten die Griechen, die Sterne seien Götter, weil sie sich am Himmel bewegten).

Doch die Intuition des Thales, dass das Wasser das vorrangige Element in der Natur sei, war auch auf einer anderen Ebene richtig: Das Leben ist im Wasser und zusammen mit dem Wasser auf der Erde, und vielleicht auch anderswo, aufgetreten. Natürlich kann Thales nicht als ein Vorläufer der Evolutionstheorie angesehen werden. Dennoch existiert bei ihm, wie auch bei den anderen Vorsokratikern, dieses Denken auf den Ursprung aller Dinge hin.

Die Macht der Gedanken

Schüler kennen Thales eher als Verursacher von Problemen denn als Entdecker von Lösungen. Der Satz des Thales behandelt gleichschenklige Dreiecke (bei gleichschenkligen Dreiecken sind zwei Seiten gleich lang und die ihnen gegenüberliegenden Winkel gleich groß). Es wird berichtet, dass Thales bei einer Reise nach Ägypten seine Gastgeber damit verblüffte, dass er die Höhe der Cheops-Pyramide lediglich mit einer Rechnung abschätzen konnte, ohne sie auszumessen. Dazu steckte der gelehrte Philosoph einen Stock so in den Sand, dass dessen oberes Ende das Schattendreieck ereichte, das die Sonne von der Spitze des Gebäudes aus warf.

Das kleine Dreieck A'B'C (die Seite A'B' entspricht der Höhe des Stockes) ist dem großen Dreieck ABC ähnlich, wobei die Strecke AB die Höhe der Pyramide darstellt. Das Verhältnis zwischen der Höhe des Stockes und der der Pyramide ist dasselbe wie zwischen der Basis B'C und der Basis BC. Da diese beiden Maße sowie die Höhe des Stockes bekannt waren, leitete Thales daraus die Höhe der Pyramide ab.

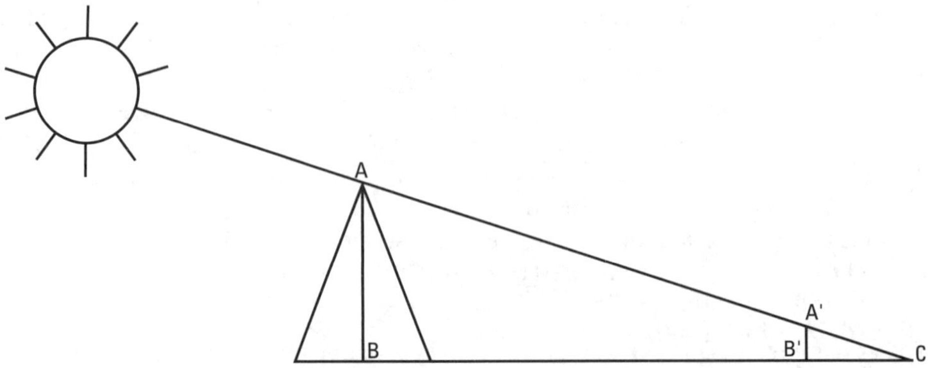

Abbildung 2.1: Die Höhenberechnung der Cheops-Pyramide

Diese Anekdote diente lange Zeit dazu, zwei entgegengesetzte Vorstellungen der Mathematiker zu veranschaulichen. Die Ägypter waren hervorragende Landvermesser. Nach den Überschwemmungen des Nils mussten die bepflanzten Landparzellen neu ausgemessen werden, und die gigantischen Baukonstruktionen, von denen die Pyramide die bekannteste ist, erforderten etliche Berechnungen, die zuweilen ausgesprochen anspruchsvoll waren. Die Ägypter verfügten über Zahlentafeln, die ihnen bei ihren Arbeiten halfen. Sie hatten eine gebrauchsorientierte Vorstellung von der Mathematik. Sie kümmerten sich nur wenig um Genauigkeit. Wenn die Sache funktionierte, waren sie zufrieden. So begnügten sie sich zum Beispiel bei der Zahl Pi, die das Verhältnis des Umfangs eines Kreises zu seinem Durchmesser angibt, mit einem Näherungswert von 3 (in Wirklichkeit ist der Wert 3,1415…).

Was bei den Griechen neu war, war die Idee einer wahren Aussage, die zu jeder Zeit, an jedem Ort wahr ist ohne Rücksicht auf die jeweiligen Anwendungen: die Idee der allgemeingültigen Aussage, die deshalb wahr ist, weil sie bewiesen wurde. Dabei wird der Bereich des Empirischen überschritten. Für die Ägypter bedeutete das Ausmessen der Pyramidenhöhe, dass man auf sie hinaufklettert und das Bauwerk eben mit einer Messlatte ausmisst – ein mühsames Unterfangen. Für einen Mathematiker wie Thales dagegen bedeutete es hingegen, dass mit Hilfe des Denkens ein bereits bekanntes Verhältnis Anwendung findet. Man muss also den Gipfel einer Pyramide nicht besteigen, um ihre Höhe herauszufinden, ihr Schatten und ein Stock reichen vollkommen aus.

Eine von Platon erzählte Anekdote berichtet, wie Thales eines Tages so versunken in die Betrachtung des Himmels war, dass er einen Brunnen auf dem Weg nicht bemerkte und hineinfiel. Eine Sklavin aus Thrakien, die sich in der Nähe aufhielt, brach in Gelächter aus: »Das sind also unsere Philosophen, die behaupten, die Sterne am Himmel zu kennen, und noch nicht einmal wissen, wo sie ihre Füße aufsetzen sollen!« Diese Aussage ist wohlbekannt. Sie taucht seit 2600 Jahren immer wieder in diversen Variationen auf. Wenn man von einer Aufgabe besonders in Anspruch genommen wird, konzentriert sich der ganze Geist auf sie, auf alles Übrige gibt man dann nicht mehr acht.

Keine Aufmerksamkeit ohne Zerstreuung!

Die Zerstreuung des Denkenden ist die Kehrseite, aber nicht das Gegenteil seiner Aufmerksamkeit. So wie der Schatten die Kehrseite, aber nicht das Gegenteil des Lichtes ist (es gibt kein Licht ohne Schatten). Hegel war böse über die Anekdote vom in den Brunnen gefallenen Thales. Die Sklavin habe gut lachen über den Philosophen. In Wirklichkeit ist sei sich gar nicht im Klaren darüber, dass sie selbst es sei, die sich wie alle Unwissenden ihres Schlages bereits im Brunnen befindet.

Die erste bekannte Spekulation

»Wozu dienen die Philosophie, die Wissenschaft, das Denken?«

»Zu gar nichts!«

Wer hat das nicht schon einmal gehört? So argumentieren oft diejenigen, die auf halbem Wege stehenbleiben. Fragen wir sie: Wozu dient das Nützliche? Wozu dient das, was zu etwas gut ist? Was heißt das überhaupt: zu etwas dienen, zu etwas gut sein?

Es ist amüsant und interessant, zu sehen, wie die Denker der Antike diesem Vorwurf der Nutzlosigkeit ausgesetzt waren. Die Sophisten gingen sogar so weit, sich über die Albernheiten des Sokrates lustig zu machen, der »sich amüsiert«, seine Gesprächspartner mit Zwischenbemerkungen und ständigen Fragen in die Enge zu treiben. Auch Thales kannte diese abgedroschenen Phrasen. Man kann sich vorstellen, dass das Abtauchen auf den Grund von Brunnen nicht gerade dazu angetan war, den Kritikern der Philosophie die Argumente aus der Hand zu nehmen. Um nun zu beweisen, dass die Wissenschaft sehr wohl praktische Ergebnisse haben konnte, lieferte er das, was gerne als das erste Beispiel einer ökonomischen Spekulation betrachtet wird.

Nachdem er die Natur lange beobachtet hatte, sagte er eine schwere Trockenheit und damit eine schlechte Olivenernte in Ionien voraus. Er kaufte sämtliche Olivenpressen der Region auf bzw. mietete sie. Die Dürre trat ein, die sich in Schwierigkeiten befindenden Ölerzeuger mussten – um nicht völlig ruiniert zu werden – zu den Pressen des Thales laufen, der sich damit ein Monopol erworben hatte. Und so verdiente unser mathematischer Philosoph viel Geld – das er schnell wieder zurückgab, weil es ja sein Ziel nur gewesen war, Einsichten zu gewinnen.

Die Kraft des Denkens

Gewiss enthält die Geschichte von der Spekulation des Thales einen fiktiven Anteil. Thales verfügte natürlich nicht über die Fähigkeit, eine Dürreperiode mehrere Monate im Voraus vorherzusagen. Er zog eben seinen Nutzen aus dem glücklichen Zusammentreffen von Umweltbedingungen. Immerhin illustriert diese Anekdote die Macht, die das Denken über die Wirklichkeit haben kann, wie auch in der Geschichte über die Berechnung der Pyramidenhöhe. Wozu also denjenigen widersprechen, die auf die Nützlichkeit pochen und die der Meinung sind, dass die einzige Möglichkeit, auf die Dinge Einfluss zu nehmen, deren Manipulation ist?

Pythagoras, der Mathematiker mit dem goldenen Schenkel

Die Erfindung des Wortes »Philosophie«

Pythagoras kommt in der Geschichte der Philosophie eine ganz besondere Bedeutung zu, auch wenn sein Leben und seine Persönlichkeit durch Legendenbildung verschleiert sind. Laut Überlieferung war er es, der das Wort »Philosophie« erfand, indem er sagte, dass einzig die Götter Anspruch auf die schöne Bezeichnung des Weisen (*sophos* im Griechischen) hätten, der Mensch die Weisheit jedoch nur lieben (das griechische *philo* bedeutet »lieben«, und *sophia* bedeutet »Weisheit«) könne und sich deshalb anstrenge, sie zu erreichen.

Hinter dieser Demut der Weisheitsliebe versteckt sich dennoch ein großer Hochmut. Denn die Weisheit hatte in Griechenland noch nicht ihre abgeschwächte Bedeutung. Sie umfasste sowohl eine theoretische Dimension (das Denken, das Wissen) als auch eine praktische Dimension (das Handeln, das Verhalten) der Existenz und überdies sämtliche Modalitäten der Theorie (der griechische Philosoph interessiert sich buchstäblich für alles) und der Praxis (der griechische Philosoph trennt das Denken nicht von der Ethik, die Ethik nicht von der Politik). Die Weisheit verbindet das absolute Wissen mit dem vollendeten Handeln. Pythagoras war zugleich Mathematiker (jeder kennt den Satz des Pythagoras über das Hypotenusenquadrat eines rechtwinkligen Dreiecks), Physiker, Musikwissenschaftler (wir verdanken Pythagoras eine Tonleiter, die seinen Namen trägt) und außerdem Schulleiter und Sektenführer. Mit seinem Ausspruch »Alles ist Zahl« befreite er das Sein (entweder die Natur oder das Ganze) aus seiner Materialität und entwarf eine Theorie der unendlichen Folgen.

Zahlen regieren die Welt

Wenn es heutzutage möglich ist, derart komplexe Phänomene wie einen Ton oder ein Bild zu digitalisieren (elektronisch als eine Folge von 1 und 0 zu übersetzen), so kann man sagen, dass dies dank einer ganzen Reihe von technischen und wissenschaftlichen Entwicklungen geschieht, deren erste Keime von der pythagoreischen Schule gelegt wurden. Zufälligerweise bedeutet das griechische Wort *logos* sowohl »Zahl« als auch »Vernunft«, so dass die Pythagoreer mit der Formulierung »Die Zahlen regieren die Welt« pointiert zum Ausdruck brachten, dass die Zahlen die Vernunft der Dinge sind. Darüber hinaus sollte man vorsichtig sein, wenn man von Vernunft spricht, und zwar sowohl speziell bei den Pythagoreern als auch in der griechischen Philosophie insgesamt.

Man schrieb Pythagoras wie einem Propheten oder einem Gott zahlreiche Wunder zu. Seine Zahlenphilosophie zählt nicht nur zur Mathematik, sie ist eher eine Arithmosophie (heute würde man Numerologie dazu sagen) als eine Arithmetik. Pythagoras glaubte an die symbolische Bedeutung und damit an eine magische Kraft bestimmter Zahlen, insbesondere der vier ersten (ganzen positiven) Zahlen, deren Summe 10 (1+2+3+4) ist, was auch als Tetraktys bezeichnet wird.

Die Grenzen der Vernunft der Zahlen

Die intellektuelle Krise, die durch die Entdeckung der Irrationalität der Wurzel aus der Zahl 2 hervorgerufen wurde (wie kann eine etwas mathematisch Endliches – die Diagonale eines Quadrats mit der Seitenlänge 1 – keinen endlichen mathematischen Ausdruck haben? sie ist weder ein Ganzes noch ein Bruch), ist kennzeichnend für die Begrenztheit der Vernunft. Für eine Philosophie des Endlichen, wie es jene des Pythagoras ja war, nistete dieses Unendliche in der Tiefe der Wirklichkeit, so wie eine Schlange unter einem Stein eine unbegreifliche Ungeheuerlichkeit war.

Die Legende sagt, dass sich ein pythagoreischer Philosoph ins Meer stürzte, nachdem er etwas entdeckt hatte, was in seiner Vorstellung eigentlich unbeschreiblich war: die Existenz irrationaler Zahlen. Eine andere Überlieferung spricht davon, dass er ins Meer geworfen wurde, weil er das Geheimnis, diese unerträgliche Entdeckung gemacht zu haben, preisgegeben hatte … Selbstmord oder Hinrichtung: In jedem Fall verursachte die Entdeckung der irrationalen Zahlen einen ganz schönen Aufruhr.

Die Harmonie des Ganzen

Der Begriff der Harmonie hat eine umfangreiche Bedeutung: Er verweist auf die mathematische Idee der Berechenbarkeit wie auch auf die unmittelbare Erfahrung der Schönheit. Pythagoras hat nicht nur den Ausdruck »Philosophie« erfunden. Er war auch der Erste, der den Einfall hatte, den Terminus kosmos auf die Welt zu beziehen. Der griechische Begriff kosmos verwies auf die Vorstellung von Ordnung und Schönheit und bezeichnete die gute Aufstellung von Soldaten auf dem Schlachtplatz. In den nachfolgenden Jahrhunderten wurde der Kosmos zur harmonischen Ordnung der Welt, die den mathematischen Gesetzen gehorcht.

Die Welt ist schön, die Schönheit ist kosmisch. Das deutsche Wort »Kosmetik« leitet sich von dieser Bedeutung der »Schönheit« ab, wie sie in dem griechischen Wort *kosmos* enthalten ist.

Es wird erzählt, dass Pythagoras eines Tages von den Klängen überrascht war, die von den Schlägen eines Schmiedes auf unterschiedlich große Ambosse herrührten. Zu Hause wiederholte er das Experiment mit gespannten Seilen unterschiedlicher Länge, wobei die längsten – wie die größten Ambosse – die tiefsten Töne lieferten. Pythagoras bemerkte dabei, dass die Notenhöhen dem Gesetz der mathematischen Proportionalität entsprachen. So entstand die sogenannte pythagoreische Tonleiter.

Die im Takt schwingende Welt

Die Vorstellung einer Sphärenmusik erwuchs aus der Übertragung der harmonischen Beziehungen, die zwischen den Tönen der Tonleiter bestehen, auf den Weltraum, als ob die Planeten auf den Umlaufbahnen, den Sphären, auf denen sie kreisten, Noten einer kosmischen Partitur seien. Die Tonleiter ist ein klingendes Universum, das Universum ist eine himmlische Musik.

Der zugleich magische wie auch poetische Charakter dieser Vorstellung übt in der folgenden Zeit einen großen Einfluss aus. Man findet noch Spuren davon in Johannes Keplers *Harmonici mundi* (»Weltharmonik«), das an der Schwelle der Renaissance zur Neuzeit geschrieben wurde.

Die Einheit der lebendigen Welt

Pythagoras glaubte nicht nur an die Harmonie der Welt. Er war dermaßen von der Einheit der Welt des Lebendigen überzeugt, dass er an Seelenwanderung glaubte und sich ausschließlich vegetarisch ernährte. Mit Seelenwanderung ist ein Kreislauf der Seelen von Körper zu Körper gemeint, eine Folge von Reinkarnationen. Das Fehlen einer Schranke zwischen Mensch und Tier oder zwischen den einzelnen Spezies kann zu einem völligen Verbot des Fleischkonsums führen, wie es sich auch in Indien zeigt: Wer möchte wohl beim Verzehr von Rindfleisch das Risiko eingehen, die Seele seiner Großmutter zu essen?

Als Pythagoras einmal am Strand entlangging, traf er auf Fischer, die gerade einen reichen Fang gemacht hatten. Pythagoras konnte die genaue Anzahl der gefangenen Fische angeben, kaufte sie alle und warf sie zurück ins Meer.

Heraklit, der Philosoph mit der laufenden Nase

Offensichtlich stammt dieser Ausdruck weder von einem seiner Schüler noch von einem seiner Anhänger. Da Heraklit der Philosoph par excellence für das Werden und den Widerspruch war, sah Hegel in ihm den Vater der Dialektik.

Der Herrscher, dem das Orakel in Delphi gehört, verkündet nichts und verbirgt nichts, sondern deutet nur an.

Die Natur liebt es, sich zu verbergen.

Heraklit

Das universelle Werden

»Man kann nicht zweimal in denselben Fluss steigen«, sagte Heraklit, denn von einem Augenblick zum nächsten ersetzt neues Wasser das vorige. Dieser Satz beschreibt das Problem der Identität: Muss ein Ding, um zu existieren, ewig das bleiben, was es ist? Wenn ja, wie muss man sich dann die Bewegung und das Werden vorstellen?

Heraklit glaubte, dass ein Ding zu keinem Zeitpunkt identisch mit sich selbst blieb: Seine Identität besteht infolgedessen darin, sich stetig zu ändern. So ist es auch immer eine neue Sonne, die jeden Tag aufgeht, sagte der Philosoph, dem man den Beinamen »der Dunkle« gab und der als Erleuchteter galt. Ein Satz, den man in seiner ganzen Radikalität verstehen sollte: Die Sonne von heute ist eine andere als die von gestern. Die moderne Wissenschaft bestätigt diese Vermutung: In jedem Augenblick löst sich eine riesige Menge an Sonnenmaterie in Licht- und Wärmeenergie auf.

Die Zeit ist ein Kind, das in einem Brettspiel Steine hin- und herschiebt: Königliche Macht eines Kindes!

Heraklit

Die ewige Wiederkehr: Alles geschieht, aber alles wiederholt sich

Wenn man sagt, alles fließt, bedeutet dies dann, dass das Ganze mit allem fließt? Denn wenn es stimmt, dass das Wasser des Flusses immer weiterfließt, so sorgt doch die Unbeweglichkeit der Flussufer für eine gewisse Beständigkeit. Wenn wirklich alles in einem unaufhörlichen Fließen unterginge, könnten wir sogar am Grenzübergang keinen Termin ausmachen. Damit sich etwas ändern kann, muss es etwas geben, was sich nicht ändert. Darauf machte uns später Bergson aufmerksam. Wenn sich alles verändert, gibt es zwar eine Substitution, aber keine Veränderung. Wenn sich unser Freund 20 Jahre, nachdem wir ihn zum letzten Mal gesehen haben, gewaltig verändert hat, muss er doch der Gleiche geblieben sein (nicht dass er beispielsweise nur die äußere Hülle eines Außerirdischen ist). Wenn sich ein Mann und eine Frau im Bordrestaurant des Intercity treffen, können sie sich eine Stunde später am gleichen Ort wieder treffen, obgleich sie mehr als 200 Stundenkilometer schnell fahren.

Das Spiel der Gegensätze

Wenn die Dinge in ihrem Zustand verblieben – der Fluss, die Sonne –, bliebe alles unbeweglich. Wenn alles in Bewegung ist und sich nicht nur von einer Stelle zur nächsten fortbewegt, sondern sich tatsächlich ändert (für die Griechen war es in der Tat nicht so sehr die Fortbewegung, sondern die Veränderung, die die Bewegung ausmacht), dann deshalb, weil alles Teil eines ewigen Spiels der Gegensätze ist. Heraklit führte in diesen Gedanken das Verhältnis der Gegensätze zueinander ein, was Hegel die Affirmation der Negation nannte.

»Der Krieg ist der Vater aller Dinge«, schrieb Heraklit außerdem. In den Augen seiner Zeitgenossen galt er als spröder und unzugänglicher Charakter, dessen Ruf im Laufe der späteren Jahrhunderte immer schlimmer wurde. Im Gegensatz zur harmonischen Sichtweise des Pythagoras, dessen »Polymathie« – also enzyklopädischen Anspruch – er verspottete, hatte er eine polemische und sogar, wie Nietzsche als Erster betonte, eine *tragische* Auffassung der Dinge. Leben und Tod sind bei ihm nicht nur Gegensätze, sondern Geschwister – daher auch seine oxymorischen (sich widersprechenden) Formulierungen, die er so gerne in seine Sprache schmiedet: Man stirbt das Leben, wie man den Tod lebt. Die Dinge hören nicht auf, sich in einer unaufhörlichen Wipp-Aktion in ihr Gegenteil zu verkehren. Der Weg auf und ab ist ein und derselbe.

Das Universum des Heraklit kann man sich wie eine Art festen Rahmens vorstellen, in dessen Inneren die Bewegungen unaufhörlich weitergehen. Außerdem kennt dieses Universum eine gewisse Ordnung: Unter der Einwirkung des Feuers, das in den Augen Heraklits sein vorrangiges und konstitutives Element ist, wird das Leben des Universums durch Umwälzungen rhythmisch gestaltet, die jeweils zu seiner Erneuerung führen.

Die Stoiker ließen sich später von dieser Vorstellung einer durch das universale Feuer beherrschten ewigen Wiederkehr inspirieren.

Wie die Spinne, die in der Mitte ihres Netzes sitzt, merkt, wenn eine Fliege irgendeinen Faden ihres Netzes zerstört und darum aus Verärgerung über die Zerstörung schnell dahin eilt, so wandert des Menschen Seele bei der Verletzung irgendeines Körperteils rasch dahin, als ob sie über die Verletzung des Körpers, mit dem sie nach einem bestimmten Verhältnis fest verbunden ist, ungehalten sei.

Heraklit

Aus Allem Eins und aus Einem Alles!

Unter den von Heraklit geprägten Formulierungen finden sich solche, die das Eine mit Allem verbinden. Dieses Alles-in-Einem-Motiv wurde später durch die ägyptische Schlange Ouroboros symbolisiert und damit zu einem der zentralen Zeichen der Alchemie: Es repräsentiert die tiefe Einheit aller Dinge. Diese Einheit von Allem, obgleich oder auch weil sie von den Gegensätzen durchdrungen wird, hat bei Heraklit mehrere Namen: Natur, Feuer, logos, Zeus, Gerechtigkeit. Jedes dieser Wörter kann jeweils für ein anderes von ihnen stehen. Alle besitzen sie einen kosmischen, universalen Sinn. Selbst die Gerechtigkeit, die ja Ausdruck einer nicht vom Menschen abhängigen Ordnung ist: Wenn sich Heraklit beispielsweise in seiner Einbildungskraft ausmalte, wie die Sonne außerhalb ihrer gewohnten Umlaufbahn spazieren ginge, so würde die Gerechtigkeit den Schlingel ganz schnell wieder auf den richtigen Weg geleiten.

Was all diesen Wörtern ihre umfassende Bedeutung verleiht, ist die Tatsache, dass sie im Unterschied zu den sichtbaren Phänomenen unseres täglichen Lebens keine Gegensätze haben.

Parmenides und die Wahrheit im schönen Runden

Im Unterschied zu Heraklit, der in der Koexistenz oder der Abfolge von Gegensätzen die Struktur selbst der Natur erkannte, stellt Parmenides von Elea, Gründer der sogenannten eleatischen Schule, die Existenz des einzigen, unbeweglichen, absoluten Seins und die Nichtexistenz des Nichtseins auf.

Das Sein ist, das Nichtsein ist nicht

Scheinbar ist diese Formulierung nur eine doppelte Tautologie, das heißt eine unnötige Wiederholung. Gehen Sie doch einmal zu den Arbeitern auf einer Baustelle und sagen: »Das Sein ist, das Nichtsein ist nicht!« – Sie werden schon merken, was dann passiert! Die Sache ist jedoch viel ernster und tiefgründiger, als es zunächst scheint. Sie bedeutet nichts weniger als die Relativierung der Bewegung als Scheinwirklichkeit und den Vorrang der Beständigkeit vor dem Werden, also der Ewigkeit vor der Zeit.

Erinnern wir uns: Damit es eine Veränderung geben kann, muss eine Spannung zwischen den Gegensätzen bestehen. Der Mensch beispielsweise verändert sich Tag für Tag – was bedeutet, dass er das ist, was er noch nicht war, und dass er nicht mehr das ist, was er einmal war. Seine Identität hat sich durch die Aufhebung seiner Identität hindurch erhalten. Das ist das, was Heraklit sagte: Der Tod ist im Leben, und das Leben ist im Tod. Ein Denken des Ausschließens muss durch ein Denken des Einbeziehens ersetzt werden. Parmenides widersetzt sich dieser Sichtweise radikal. Das Negative – das heißt der Gegensatz, der Tod, die Zeit, die alle Dinge letztendlich zersetzt – hat keinen Platz mehr im Schoße eines vollkommenen, unbeweglichen Seins, das so rein wie ein Sphärenkristall ist.

Schaue jedoch mit dem Geist, wie durch den Geist das Abwesende anwesend ist mit Sicherheit.

Parmenides

Das Sein ist rund und der Denker betrunken

Die Sphäre ist das Symbol, das die Totalität oder Ganzheit mit dem Endlichen vereint. Parmenides bezeichnete mit dem Wort »Sphäre« das Sein oder die Natur. Für ihn war die Vollkommenheit, wie für alle Griechen, eine endliche, keine unendliche. Anaximander, ein Philosoph der ionischen Schule, hatte aus dem Unendlichen oder der Unbegrenztheit die Materie des Universums gemacht. Im Gegensatz dazu ist das Sein für Parmenides begrenzt, daher auch das Bild (das mehr als ein Bild ist) der Sphäre.

In dieser Wirklichkeit ohne Riss und ohne Tragödie existieren keine Gegensätze mehr, oder sie existieren wohl noch nicht. »Denken und Sein ist dasselbe«, sagt Parmenides in einem seiner rätselhaften Fragmente. Manche erkannten später darin den vollkommenen, weil sehr einfachen Ausdruck von Idealismus – als ob Parmenides unter Denken das Denken eines Menschen verstünde, der gerade denkt. So ähnlich wie beim Denken von Descartes, als er sagte: »Ich denke.« Dabei wird vergessen, dass für die Vorsokratiker die persönliche Subjektivität des armen und hochmütigen Ich – die uns immerhin seit einigen Jahrhunderten zu eigen ist – genauso wenig bekannt war wie das Trägheitsmoment oder die Weltraumphysik. Das Denken lag für die Griechen nicht innerhalb des menschlichen Geistes, sondern außerhalb, und deshalb nahmen sie es auch so ernst.

Zenon von Elea und das Paradox ohne Komplex

Zenon von Elea war ein Schüler des Parmenides. Er ist dafür bekannt, dass er eine Reihe von paradoxen Argumenten ersann, die dazu bestimmt waren, die zentrale These seines Lehrers zu stärken, nämlich dass die Bewegung nur ein Betrug der Sinne ist.

Achilles und die Schildkröte: Überholen unmöglich

Das berühmteste dieser Argumente ist das von Achilles und der Schildkröte. Achilles, der Held der Ilias, wird von Homer als »leichtfüßig« bezeichnet. Von allen griechischen Kriegern war er der schnellste. Die Schildkröte brauchen wir nicht extra vorzustellen.

Zenon stellt sich folgende Situation vor: Die Schildkröte kriecht vor Achilles, und dieser läuft, um sie einzuholen. Wenn man sich die Etappen vergegenwärtigt, die unser Held hinter sich bringen muss, ist abzusehen, dass er das gepanzerte Tier niemals einholen wird. Wie kann so etwas Verrücktes überhaupt möglich sein?

Zenon argumentiert dabei so: Damit Achilles die Schildkröte erreicht, muss er zunächst jene Stelle erreichen, von der aus sie gestartet ist, doch während dieses Laufs wird das Tier schon die nächste Strecke weitergelaufen sein. Damit Achilles nun auch an diesen Punkt gelangt, benötigt er wiederum eine gewisse Zeitspanne, während die Schildkröte schon wieder weiterlaufen konnte. Und so geht das weiter bis in alle Ewigkeit. Gewiss, der Abstand, der den Schnellläufer von dem Meister im Langsamlaufen trennt, wird sich zwar stets weiter verringern, dennoch wird er immer bestehen bleiben. Und das ist auch der entscheidende Punkt in der Argumentation Zenons: Zwischen Achilles und der Schildkröte wird es ewig einen Abstand geben, der verhindert, dass unser mythischer Held vor dem Reptil ins Ziel gelangt.

Der Pfeil, der sich nie bewegt

Die zweite Beweisführung Zenons wird das Pfeil-Paradoxon genannt. Sie ähnelt der obigen Argumentation: Damit ein Pfeil sein Ziel erreichen kann, muss er zunächst die Hälfte des Abstands durchfliegen, den ihn von diesem trennt, danach die Hälfte der Hälfte des Abstands, dann die Hälfte der Hälfte der Hälfte dieses Abstands und so weiter bis ins Unendliche. Da es dem Pfeil jedoch unmöglich ist, eine Endlosigkeit an Intervallen in einer endlichen Zeitspanne zu durchfliegen, müssen wir daraus folgern, dass der Pfeil gar nicht fliegt!

Muss man die Paradoxa Zenons ernst nehmen?

Wenn ein Mensch von heute, ein guter Familienvater, ein aufmerksamer Ehemann und ehrbarer Steuerzahler zudem, dies liest, wird er sich sicher fragen, ob man sich nicht lustig über ihn macht. Diese Reaktion ist jedoch nicht neu.

Es wird berichtet, dass Diogenes, der Kyniker, dermaßen genervt von den Argumenten Zenons gegen die Bewegung gewesen war, dass er um seine Behausung herumschritt, um die Nichtigkeit der Gedanken Zenons und darüber hinaus die Inhaltsleere aller Philosophie mit Beispielen zu belegen. Aus dieser Anekdote stammt die folgende Redewendung: »die Bewegung im Laufen beweisen«.

Man sollte sich also von den Absichten des Schülers Parmenides' nicht in die Irre führen lassen. Zenon wusste sehr wohl, dass der Pfeil schließlich doch sein Ziel erreichen und dass Achilles es letztlich doch schaffen würde, die Schildkröte zu überholen (bevor man sich über Philosophen lustig macht, sollte man ihnen doch ein Minimum gesunden Menschenverstandes zubilligen). Er wollte mit seiner Argumentation lediglich ausdrücken, dass die vorgestellte Sache (das Überholen) schlicht und einfach undenkbar ist. Die Bewegung existiert ganz offensichtlich, kann jedoch nicht vom Denken erfasst werden.

Zenons Paradoxa offenbaren außerdem einen typisch griechischen Charakterzug. Wir sind seit der Schule an die Vorstellung gewöhnt, dass eine unendliche Reihe von Elementen am Ende der Rechnung zu einer endlichen Menge führt. Wenn man also zu einer Hälfte ein Viertel addiert, dann ein Achtel und ein Sechzehntel, darauf ein Zweiunddreißigstel und so weiter, indem man jeweils den Nenner verdoppelt, so erhält man eine endliche Menge, die gleich $\pi/4$ ist. Für die Griechen, die die Idee der konvergenten Reihe noch nicht kannten, konnte eine unendliche Reihe von Elementen niemals eine endliche Summe ergeben. Zenons Paradoxa hielten an dieser Unmöglichkeit fest.

Xenophanes von Kolophon und die Götter, die nicht muhen

Parmenides hatte einen weiteren Schüler, er hieß Xenophanes von Kolophon. Wir wissen sehr wenig über ihn, eigentlich fast gar nichts. Immerhin ist uns ein hübscher Satz von ihm überliefert, der, wie so viele der anderen vorsokratischen Fragmente, die Geister buchstäblich erschüttert hat: Wenn, wie er sagte, die Kühe und Pferde Götter hätten, so würden sie sich diese in der Erscheinungsform von Kühen und Pferden vorstellen. Eine amüsante Ausdrucksweise dafür, dass sich die Menschen ihre Götter so, wie sie selbst sind, vorstellen und nicht so, wie die Götter wirklich sind.

Zum ersten Mal kritisierte man damit mit durchschlagender Wirkung den Anthropomorphismus, also die allgemeine Neigung der Menschen, sich das Nichtmenschliche (das Göttliche oder das Tierische) unter menschlichen Erscheinungsformen und mit menschlichen Charakterzügen vorzustellen – so beispielsweise einen Gott mit Bart oder einen Gott, der furchtbar zornig werden kann.

Überdies ist Xenophanes dafür bekannt, dass er die Einzigartigkeit Gottes postuliert (eine Lehre, die er aus dem Sein des Parmenides zieht) und somit gegen den Polytheismus der griechischen Gesellschaft argumentiert hat, um der Erste zu sein, der sich zum Monotheismus bekennt.

Empedokles, der Erfinder der vier Elemente

Dieser Philosoph aus Agrigent mit einem wahrhaft überschäumenden Temperament hat die abendländische Philosophie nachhaltig geprägt, indem er in seiner Dichtung die vier Elemente aufzählte, die sich seiner Meinung nach die Natur teilen: Erde, Wasser, Luft und Feuer. Im Unterschied zu seinen Vorläufern lehnt Empedokles es ab, die unendliche Vielfältigkeit der Natur auf einen einzigen Stoff zu reduzieren. Im Gegensatz zu den Atomisten weigert er sich aber, auch die Elemente, aus denen die Dinge bestehen, bis ins Unendliche zu zerkrümeln. Seine Vier-Elemente-Lehre ist ein Mittelweg zwischen dem Denkansatz des Einen (die Ionier, Heraklit) und dem des Vielen (die Atomisten).

Ich war ja einst schon Knabe, Mädchen, Strauch, Vogel und aus dem Meere emportauchender stummer Fisch.

Empedokles

Die Chemie hat die vier Elemente nicht abgeschafft

In den Jahren zwischen 1930 und 1950 unternimmt Gaston Bachelard eine philosophische Analyse des Poetisch-Imaginären, ausgehend von dem Sinnbild des Wassers (*L'Eau et les Rêves.* »Das Wasser und die Träume«), der Luft (*L'Air et les Songes.* »Die Luft und die Traumbilder«), der Erde (*La Terre et les Rêveries de la Volonté.* »Die Erde und die Träumereien des Willens«, *La Terre et les Rêveries du Repos.* »Die Erde und die Träumereien der Ruhe«) und des Feuers (*La Psychoanalyse du Feu.* »Die Psychoanalyse des Feuers«). Die Brücken und Übergänge zwischen den Träumen des Einzelnen und der kollektiven Mythen sind zahlreich, und es wird nicht allzu schwierig sein, in den anderen Kulturen, selbst den am weitestentfernten, die Anwesenheit dessen festzustellen, was gerne als universelle Struktur (oder Schema) des Denkens dargestellt wird.

Eine Lehre, die 2000 Jahre überdauerte

Die Vier-Elemente-Lehre hat eine beachtliche Wirkung entfaltet. Sie prägte mehr als 2000 Jahre – nämlich bis ins 18. Jahrhundert hinein, als die moderne Chemie ihr ein Ende bereitete – nicht nur die theoretische Spekulation über die Dinge, sondern auch okkultistische und poetische Vorstellungswelten. Praktisch alle Philosophen nach Empedokles griffen diese Einteilung in vier Bereiche wieder auf. Die Elemente wurden in je zwei trockene Elemente (Luft und Feuer) und zwei feuchte Elemente (Erde und Wasser) zusammengefasst. Aristoteles hierarchisierte sie nach absteigendem Gewicht: ganz unten die Erde, darüber das Meer (das Meer ist ja schließlich auf der Erde), dann die Luft und schließlich, ganz oben, das Feuer. Diese Stufung sollte der physikalischen Struktur des Universums entsprechen.

Die Alchemie gründet sich größtenteils auf diese Einteilung. Zahlreiche Autoren erstellten, von dieser Vierergruppe ausgehend, endlose analoge Reihen: Die Vier war die Zahl des Raums und der Erde (wegen der vier Himmelrichtungen) und des Menschen (wegen der vier Buchstaben des hebräischen Alphabets, die man brauchte, um den Namen des ersten Menschen, »Adam«, zu schreiben, was im Hebräischen »Mensch« bedeutete), so dass diese Lehre zum Angelpunkt der systematisch angelegten Enzyklopädien wurde.

Freundschaft und Hass als kosmische Kräfte

Die Elemente verbinden sich mit- oder trennen sich voneinander. Körper bilden sich oder lösen sich auf. Empedokles bezeichnet mit Freundschaft und Hass die beiden entgegengesetzten Urkräfte, die sich die Natur teilen.

Die Griechen waren nicht sentimental. Natürlich empfanden sie auch Gefühle, bezogen sie aber nicht, wie wir es heute tun, auf ein vertrautes Ich, einfach deswegen, weil sie dieses Ich noch nicht kannten. Bei ihnen, und das gilt für sämtliche alten und traditionellen Kulturen, ist alles außerhalb des Selbst angesiedelt, alles nimmt die Erscheinung einer objektiven Form oder Kraft an.

Selbst ein Geheimnis: Gewiss, es gibt politische, militärische und Wirtschaftsgeheimnisse, heute vor allem die Letzteren, doch wenn wir von einem »Geheimnis« reden, dann meinen wir damit zunächst die verborgene Dimension unseres Ich, auf die wir uns beziehen. Die Geheimnisse – wenn man hierbei an die religiösen Mysterien denkt, die zu enthüllen unter Todesstrafe verboten war – wurden nicht von einem bestimmten Ich geheim gehalten, sondern stellten ein heiliges, göttliches Wissen dar, das über den Menschen stand.

Doch kehren wir zu Empedokles zurück. Natürlich waren Gefühle wie Freundschaft und Hass bekannt (man muss nur die tragische Literatur lesen), doch sie bezogen sich auf äußere Mächte, auf Naturkräfte. Man könnte fast sagen, dass diese Gefühle als eine besondere Ausdrucksform dieser Kräfte verstanden wurden – wohingegen wir heutzutage in dieser Vorstellung einer kosmischen Macht der Freundschaft (Vereinigung) und des Hasses (Trennung) eine (unbewusste) Projektion des erlebten Gefühls sehen.

Die Freundschaft und der Hass müssen daher als Symbole der beiden entgegengesetzten Tendenzen verstanden werden, die sich die Natur teilen: Verbindung und Trennung, Ordnung und Chaos, Organisation und Auflösung.

Empedokles als Ideengeber für Freud

Am Ende seines Lebens besann sich Freud auf den alten Empedokles. Da er den Sexualtrieb (die Libido) und den Todestrieb als die beiden fundamentalen Triebkräfte, die sich nach seiner Meinung den Bereich der menschlichen Psyche teilten, bezeichnete, bezog er sie namentlich auf die Freundschaft und den Hass. Auch wenn diese Triebe der Psychoanalyse keine kosmischen Kräfte sind (dennoch wird Wilhelm Reich nicht zögern, zu diesem Bereich der Mythologie zurückzukehren), sind sie trotzdem in den Augen Freuds objektive Wahrheiten und nicht bloße persönliche Vorstellungen.

Die geistigen Erben von Freundschaft und Hass

In der zweiten Hälfte des 18. Jahrhunderts, in die der Anfang der Geschichte der Chemie als Wissenschaft fällt, entdeckten die Gelehrten erneut diesen Dualismus der Anziehungs- und Abstoßungskräfte, wie das Phänomen des Magnetismus, das ja bereits seit der Antike bekannt war, unmittelbar veranschaulichen konnte. Bestimmte Körper ziehen sich an, andere stoßen sich ab. Die Literatur hat diese Metapher beim Wort genommen: Körper und Seelen der Menschen ziehen sich an und stoßen sich ab. Deshalb greift Goethe in seinem Roman Die Wahlverwandtschaften dieses Bild der Chemie wieder auf und überträgt es auf den menschlichen Bereich.

Anaxagoras und das heimliche Schwarz des Schnees

Aristoteles berichtet, dass man Anaxagoras von Klazomenai eines Tages fragte, aus welchen Gründen man es vorziehen solle, lieber geboren als nicht geboren zu werden, worauf der Philosoph antwortete: »Um den Himmel und die Ordnung des gesamten Universums zu erkunden.«

Ein anderer fragte ihn: »Hast du denn gar kein Herz für dein Vaterland?« »Du hättest es nicht besser sagen können: Nichts liegt mir mehr am Herzen als mein Vaterland!«, erwiderte der Philosoph und zeigte dabei in den Himmel.

Dies war also Anaxagoras, der als Erster den Geist von der Materie trennte und der auch als der erste dualistische Philosoph bezeichnet wird. Der Geist, den Anaxagoras in den Mittelpunkt der Natur stellt, war der erste philosophische Antrieb des Sokrates. Diese Intelligenz ist weder der Gott des Xenophanes noch das Sein des Parmenides, weil sie handelt und sich nicht damit begnügt zu sein.

Alles ist in allem, sagte Anaxagoras, und umgekehrt, wie Pierre Dac schelmisch hinzufügen wird. Der Philosoph aus Klazomenai konnte die Vorstellung, dass sich eine Ursubstanz wie das Wasser in Erde oder Feuer verwandeln könne, nicht anerkennen. Eine Vorstellung, die, wie man weiß, eine notwendige Folgerung derjenigen war, die wie Thales aus dem Wasser das vorrangige Urelement machten. Er nahm als notwendiges Prinzip an, dass alles in allem sei. Vier Elemente (Empedokles) reichen nicht aus, um die Vielfalt der Dinge und des Seins zu erklären, es muss demnach die Existenz einer unbegrenzten Anzahl verschiedener Keime bezüglich Form, Farbe und Vorliebe vorausgesetzt werden. Aristoteles nannte sie Homeomere, das heißt ähnliche Teile. Sie waren nach Anaxagoras unendlich klein und zu Anfang alle miteinander vermischt. Der Geist nun war es, der Ordnung in diesem Chaos geschaffen hat. Doch alle Dinge müssen alle anderen Dinge enthalten, auch wenn sie nicht wahrnehmbar sind. Deshalb muss es eben auch die Nacht im Schnee und Gold im Schmutz geben. Jede Sache wird nach dem benannt, was vorherrschend bei ihr ist. Dennoch ist die unendliche Fülle der anderen Eigenschaften dort vorhanden, wenn auch undeutlich.

Demokrit und die Fröhlichkeit der Atome

Wenn die Schriften des Aristoteles verlorengegangen und wenn die des Demokrit erhalten geblieben wären, dann wäre Aristoteles nicht bekannter als Demokrit, und Demokrit wäre genauso berühmt wie Aristoteles. Wenn die Dummköpfe, die die Bibliothek von Alexandria in Brand gesteckt haben, gewusst hätten, dass sie damit die Geschichte der Philosophie in eine bestimmte Richtung drängten!

Endlich mal ein Spaßvogel als Philosoph!

Im Zeitalter der griechischen Klassik stellten die Maler nach antiker Tradition gerne zwei ganz gegensätzliche Philosophentypen dar: den einen vergnügt und heiter, den anderen düster und in Tränen aufgelöst. Der heitere ist Demokrit, der traurige ist Heraklit.

Wir sollten uns diesen Kontrast einmal näher betrachten. Wie kann uns die Philosophie zum Lachen bringen? Wie kann sie uns zum Weinen bringen? Muss man darin zwei voneinander abweichende Auswirkungen ein und derselben Einstellung sehen oder eher zwei verschiedene Möglichkeiten, Philosophie zu verstehen oder zu praktizieren? Spinoza stellte sagte dazu, dass man weder lachen noch weinen müsse, sondern verstehen …

Wenn Heraklit weint, dann deshalb, weil er ein tragischer Philosoph ist, das heißt – wir erinnern uns – ein Philosoph des Werdens und des Krieges. Vielleicht hat ihm ja sein kosmisches Feuer die Augen verbrannt, vielleicht hat ihm auch der Rauch, der es unmöglich macht, die wahren Umrisse der Dinge zu erkennen, diese ganz aus seinem Gesichtsfeld vertrieben? All das kann möglich sein.

Dagegen ist es gar nicht einfach, aus dem Erfinder der Atome einen komischen Philosophen zu machen. Wie lässt sich dann das Lächeln des Demokrit erklären? Ein Fachmann schlug vor, dass es der kompensatorische Effekt einer tiefen philosophischen Angst sein könnte: Das Atom löst den Sinn des Lebens auf. Und wir, die wir Zeitgenossen der Atomwaffen sind, können sogar behaupten, dass das Leben, die Welt, selbst durch das Atom aufgelöst werden kann. So könnte es sein, dass das Lachen des Demokrit seine Nervosität zum Ausdruck bringt.

Der Jubel des Allwissenden

Wir glauben jedoch an eine andere Erklärung: Demokrit war ein enzyklopädischer Gelehrter, er wusste alles, was man zu seiner Zeit überhaupt wissen konnte. In der ganzen Geschichte der Philosophie gibt es gar nicht einmal so viele Gestalten, von denen man das wirklich behaupten könnte: Aristoteles, Leibniz ... Es wird berichtet, Demokrit habe Hippokrates, den Vater der Medizin, persönlich konsultiert. Dessen Diagnose lautete, Demokrit leide an einem Übermaß an Wissenschaft! Eines Tages behauptete er keck: »Ich möchte lieber ein einziges Naturgesetz finden, als König von Persien zu werden!« Demokrit hätte wahrscheinlich nicht an die Worte des biblischen Buches der Prediger geglaubt: Wer sein Wissen mehrt, der mehrt seinen Schmerz. Es war sein Wissen, das ihn so erfreute. Glückliche Zeit, in der das Wissen einen noch zum Lachen brachte! Laut Überlieferung verhungerte Demokrit mit 109 Jahren freiwillig. Das bedeutet wahrscheinlich, dass er gesättigt war!

Die Atome mit der Leere drum herum

Mit Demokrit zerfällt die Natur oder das Eine zu Staub. Das Atom – im Griechischen »das, was nicht weiter geteilt werden kann« – ist das feste Korn, zu dem man schließlich vordringt, wenn man ein Stück Materie immer weiter zerbricht, bis es nicht mehr weitergeht. Es ist so klein, dass man es weder sehen noch berühren kann. Für das Denken ergibt sich daraus folgendes Paradoxon: Wie können sicht- und berührbare Dinge aus Elementen zusammengesetzt sein, die selbst nicht wahrnehmbar sind? Das Ganze hat demnach Eigenschaften, die seine Einzelbestandteile nicht aufweisen.

Außerdem ist davon auszugehen, dass zwischen den Atomen Leere herrscht. In der Ideengeschichte wird dies zu einer wahren Revolution – die aus der Atomtheorie eine explosive Theorie macht: Die Natur ist gelöchert, zerfressen, weniger literarisch würden wir von einer diskontinuierlichen Struktur sprechen. Parmenides dachte, dass das Nichtsein nicht existiert, dass es also nur das Sein gibt. Mit Demokrit existiert das Nichtsein: Die Leere trennt die Atome voneinander. Die Leere ist nicht nichts (falls Sie zufällig einen Fachmann für Quantenphysik an der Hand haben sollten, so wird er bzw. sie Ihnen bestätigen, dass die Leere über eine entsetzliche Energie verfügt).

Die Atome fügen sich in ihrer unendlichen Menge zu Körpern zusammen. Die Natur ist eine Ansammlung von Aggregaten und eine Aufeinanderfolge des Zusammensetzens und Auseinanderfallens. Offenbar verschwinden damit die Götter des Geistes in der Versenkung. Für einen Materialisten ist damit schon viel gewonnen.

Mit einer solchen Anschauung ist man weit entfernt von der einzigartigen Sphäre, die für Parmenides das absolute Sein darstellte. Für Demokrit bilden die in unendlicher Anzahl vorhandenen Atome selbst kleine Welten in unendlicher Anzahl.

Die Erfindung des Mikrokosmos

Demokrit haben wir den Begriff des *Mikrokosmos* zu verdanken, der aus dem Griechischen kommt und »kleine Welt« bedeutet. Mit ihm bezeichnet der Philosoph den Menschen, der im Gegensatz zur großen Welt (Makrokosmos) steht. Mit diesem Makrokosmos befasste sich Leukipp, der andere materialistische Philosoph dieser Zeit, der allerdings nicht so bekannt wie Demokrit war. Die Bezeichnung des Menschen als Mikrokosmos bedeutet, dass dieser in die Welt integriert ist und nicht losgelöst von ihr existiert. Doch in einem tieferen Sinne verweist dieser Begriff auf die Tatsache, dass der Mensch aus den gleichen Elementen wie die gesamte Natur besteht (wenn gerade ein Biologe oder ein Chemiker in Ihrer Nähe ist, fragen Sie einmal danach; er oder sie wird es Ihnen bestätigen).

Doch war Demokrits Denken in dieser Hinsicht gar nicht einmal besonders innovativ: Insgesamt betrachtet, hatten die anderen Vorsokratiker bereits erkannt, dass im Menschen die gleichen Elemente vorkommen wie in der Natur (das Feuer ist die Wärme des Blutes, die Luft ist die Atmung, die Erde die Knochen und das Fleisch, das Wasser sind die Körperflüssigkeiten). Neu bei Demokrit ist die Stellung des Menschen angesichts eines objektivierten, bekannten (und nicht nur gedachten), von den Göttern befreiten Universums – und das Auftauchen ethischer Fragestellungen. Genau das war es, was den jungen Marx dazu animierte, seine Doktorarbeit über Demokrit zu schreiben: die Objektivierung der Wirklichkeit und die Beschäftigung mit ethischen Aspekten. Es ist von entscheidender Bedeutung, dass dieses Behandeln ethischer Probleme direkt im Anschluss an die Auslöschung des Göttlichen folgt.

Demokrit war daher der erste Philosoph, der sich für das Problem der Erziehung interessierte: Der Mikrokosmos ist nicht einfach schon da, er muss erst dazu gemacht werden. Von Anfang an gibt es beim Materialismus, wie man sieht, eine prometheische Dimension, die man sehr viel später bei den französischen Materialisten des 18. Jahrhunderts und, selbstverständlich, bei Marx wiederfindet.

Dem weisen Mann steht die ganze Erde offen; das Universum ist das Vaterland der guten Seele.

Demokrit

Die Sophisten sind besser als ihr Ruf

Normalerweise ordnet man in einer Geschichte der Philosophie die Sophisten nicht in die Gruppe der Vorsokratiker ein. Einerseits deswegen nicht, weil die Mehrheit derer, die man so bezeichnet, Zeitgenossen des Sokrates sind und eben nicht seine Vorläufer. Andererseits betreten wir mit den Sophisten ein Universum des Denkens, das im Vergleich zu dem der Vorsokratiker radikal die Tonlage wechselt. Wenn wir nun die Sophisten trotzdem der vorsokratischen Gruppe zuschlagen, so geschieht dies deshalb, weil der von Sokrates verursachte Bruch im philosophischen Denken gegenüber den Sophisten ebenso radikal war wie jener, den er in Bezug auf die Vorsokratiker vollzog.

Platons Kunstgriff gegen die Sophisten

Die Bezeichnung »Sophist« war ein Kunstgriff Platons, der besonders gut gelungen ist, denn er funktioniert ja auch noch heute. Im Griechischen ist der Begriff »Sophist« ein Ausdruck, der sich von dem der Weisheit ableitet (sophos steckt auch noch in dem Wort philosophos), was ungefähr dasselbe bedeutet. Heutzutage ist ein *Sophist* jemand, der mit seinen Worten und Schriften die anderen zu täuschen versucht, um einen moralischen oder materiellen Vorteil daraus zu ziehen. Ein *Sophismus* ist ein absichtlicher, das heißt ein bewusster *Paralogismus* (ein logischer Scheinbeweis). Der Sophismus verhält sich zum Paralogismus wie die Lüge zum Irrtum. Wir verschieben das aber auf Kapitel 30 dieses Buches, wo wir die zehn bekanntesten Sophismen kennenlernen.

Wie wird man vom Weisen zum Schwindler? Die Schuld daran trägt Platon, der die Sophisten wahrhaft hasserfüllt verfolgte. Diese Männer waren in der Geschichte des Altertums die ersten Lehrer der Redekunst und der Philosophie. Manche von ihnen haben sich einen ansehnlichen Ruf und viel Vermögen erworben. Heute wird dieser Platz von den Sängern und Sportlern eingenommen. Früher kam man von weit her, um die Veranstaltungen der Sophisten zu verfolgen.

Platons Vorurteile

Platon ist ein Aristokrat mit einer inspirierten, quasimystischen Sicht auf die Philosophie. Für ihn stellt es eine Demütigung dar, ja sogar ein wahres Verbrechen gegen den Geist, aus der Philosophie einen – zudem bezahlten – Unterrichtsgegenstand zu machen. Die Debatte – das wissen wir – ist längst noch nicht zu Ende. Sie wird noch immer zwischen jenen geführt, die die Philosophie für eine unabgegoltene Übung des Geistes halten, und jenen, die in ihr einen Beruf sehen. Es gibt zum Beispiel Leute, die vor 500 Zuhörern für 3000 Euro einen Vortrag über das Glück halten, während andere kostenlos vor ihren Kollegen über den transzendentalen Idealismus sprechen.

Für die Sophisten sind Reden und Denken Praktiken, die man mit einer geeigneten Technik regelrecht trainieren kann, wobei man diesen Begriff durchaus im sportlichen Sinne nehmen kann. Zudem verfügen diese Männer – Protagoras, Gorgias, Hippias und Prodicos –, die Platon in seinen Dialogen in Szene setzt und deren Züge er bis zur Karikatur verzeichnet, über äußerstes rhetorisches Geschick und exorbitante Kenntnisse. So prahlt beispielsweise Hippias, alles zu können und alles zu wissen.

Doch hatte Platon noch einen anderen Grund zur Klage über die Sophisten, und vielleicht war das auch der wichtigste: Politisch gesehen, gehörten die Sophisten zum Lager der Demokraten. Sie glaubten ernsthaft daran, dass jeder Bürger die höchsten Staatsämter wie auch das anspruchsvollste Wissen erlangen könnte. Platon hingegen vertrat eine – wie wir heute sagen würden – elitistische und hierarchische Auffassung von Wissen und Macht. Für ihn ist ein Demokrat zwangsläufig ein Demagoge, und einzig ein Philosoph ist würdig, den Staat zu regieren.

Schließlich muss Platon, der in seinen Dialogen Sokrates nicht nur als die zentrale Persönlichkeit, sondern sogar als seinen Fürsprecher darstellt, aus Gründen einer zweckmäßigen Strukturierung seines eigenen Denkens seinen Meister Sokrates radikal von der Gruppe der Sophisten abheben, mit denen seine Zeitgenossen ihn ja mühelos gleichsetzten. Im Übrigen existiert zwischen dem wenn auch idealisierten Sokrates, den Platon in seinen Dialogen inszeniert, und den als Schreckgespenster, als Leitbilder einer Anti- und Nichtphilosophie präsentierten Sophisten mehr als eine Gemeinsamkeit.

Die rehabilitierten Sophisten

Später widerfuhr den Sophisten Gerechtigkeit. Für die Moderne waren sie die Ersten überhaupt, die das Denken als einen Akt der Sprache und eben nicht als eine metaphysische Kraft betrachteten, deren man sich in einem Augenblick der Erleuchtung bedienen müsse. Der Relativismus und der Skeptizismus der Sophisten, gegen die Platon mit aller Energie kämpfte, machen sie in unseren Augen zu unseren Zeitgenossen.

Zwei Ideen sind es, die sie besonders aktuell werden lassen: die Idee der Trennung von Menschen- und Naturgesetz und die des vertragsgemäßen Charakters des Gesetzes. Hat man darüber eigentlich schon ausreichend nachgedacht? Bei den Sophisten dienen die Mythen nur noch dazu, philosophische Vorstellungen zu veranschaulichen, Letztere sind nicht mehr einfach mit Ersteren gleichzusetzen.

Protagoras, bei dem der Mensch das Maß aller Dinge ist

Es war Platon, der uns mit diesem Zitat (dass der Mensch das Maß aller Dinge sei) bekanntgemacht hat, das von Jahrhundert zu Jahrhundert überliefert und bis heute noch nicht so recht begriffen wurde. Platon erkannte darin den auf den Punkt gebrachten Ausdruck des Relativismus, der sämtliche Werte auflöst: die Wahrheit, das Gute, die Gerechtigkeit … Mit Protagoras, der von Heraklit die Vorstellung einer sich verflüchtigenden Welt übernimmt, gäbe es keine Wissenschaft, sondern ausschließlich subjektive Meinungen und Verfahrensweisen.

Doch letztlich verbergen sich in diesem Satz zwei gefährliche Fallen: Was ist der Mensch? Was sind die Dinge? Ist der Mensch nun ein Einzelwesen (wie Sie oder ich) oder eher ein Mensch im allgemeinen Sinne? Für Platon spielt eine solche Unterscheidung überhaupt keine Rolle, denn im Rahmen einer (seiner) Philosophie, die aus der Wahrheit ein Absolutum macht, hieße es, dieses Absolutum gleichzeitig zu vernichten, wenn man sagte, die Dinge seien relativ bezüglich eines Menschen bzw. sie seien relativ hinsichtlich der menschlichen Besonderheit. In den Augen Platons existierte die Wahrheit an sich oder überhaupt nicht.

Für uns hingegen ist es nicht das Gleiche zu sagen, alles ist relativ in Bezug auf jeden Einzelnen von uns, und zu sagen, alles ist relativ in Bezug auf den Menschen im Allgemeinen. Nehmen wir einmal das Beispiel des »Beobachters«, wie ihn die Experimentalwissenschaften nennen. Dieser Beobachter ist irgendjemand oder irgendetwas, ja, es kann sogar zumindest zu Beginn die elektronische Linse einer Digitalkamera sein. Doch die Aussage – wie sie von der Relativitätstheorie vorgebracht wird –, die Zeitmessung sei relativ zum »Beobachter«, bedeutet nicht, dass jeder seine eigene Zeitmessung hat, so wie jeder einen ganz individuellen Schlafrhythmus hat. Objektivität existiert nur – und seit Kant ist das für uns offensichtlich – in Bezug auf ein Subjekt, das nur ein Mensch sein kann und eben nicht irgendetwas anderes. Protagoras ist nicht subjektivistisch, für ihn ist es der Mensch im Allgemeinen, der das Maß aller Dinge ist.

Doch was sind eigentlich »alle Dinge«? Platon deutet sie als die Gesamtheit der Wirklichkeit. Nun verweist aber das von Protagoras verwendete griechische Wort eher auf menschliche Handlungen und Werke, also auf den praktischen Bereich. Nach dieser Lesart ist etwa die Sonne gar kein Bestandteil der »Dinge«, wohl aber ist die Entscheidung, einen Krieg zu führen, ein Ding. Wir finden hier eine der grundlegenden Vorstellungen der Sophisten wieder: Der praktische Bereich ist ein menschlicher, ein ausschließlich menschlicher, er ist weder dem Naturgesetz noch dem göttlichen Gesetz unterworfen, allein der Mensch ist Richter über das, was er tut.

Der Mythos des Prometheus

Im Dialog des Protagoras lässt Platon seinen Protagonisten den berühmten Mythos des Prometheus erzählen.

Die Götter beauftragten zwei Titanen, die Brüder Epimetheus und Prometheus, damit, den neu aus der Erde hervorgegangenen Lebewesen besondere Eigenschaften zu verleihen, die sie zum Leben befähigen sollten. Epimetheus schenkte den Vögeln die Gabe des Fliegens, den Löwen die Krallen, den Pferden die Geschwindigkeit beim Laufen usw. Blieb noch der Mensch übrig, ganz nackt und hilflos, doch alle Gaben waren bereits vergeben. Für den Spätankömmling blieb nichts mehr übrig. Als Prometheus den groben Fehler seines Bruders bemerkte, entschloss er sich, dem Menschen zum Ausgleich ein Gut zu verleihen, das ihm das Überleben ermöglichte (schwach und nackt, wie er war, hätte der Mensch das nicht schaffen können, und außerdem wären die Götter mit ihrem Werk unzufrieden gewesen). Doch womit könnte man den Menschen bedenken, wenn die Tiere doch schon alles bekommen hatten?

Nun hatte Prometheus die Idee, das Feuer aus dem Himmel, der Bleibe der Götter, zu stehlen. Dank des Feuers würde sich der Mensch nicht nur vor Kälte und wilden Tieren schützen, sondern auch noch viele Werkzeuge und nützliche Dinge herstellen können, die ihn endgültig über die animalische Ebene hinauswachsen ließen (man kann die Art und Weise, wie die Griechen, die ja nicht die geringsten Kenntnisse der Frühgeschichte besaßen, die zivilisatorische Rolle des Feuers erahnten, nur bewundern – man denke an Küche, Geschirr, Hausbau, Metallverarbeitung …).

So wurde Prometheus später zum Helden der menschlichen Kultur. Er symbolisiert den Willen der Menschen, die Macht der Götter herauszufordern – so sind die Begriffe »Prometheismus« und »prometheisch« entstanden. Es ist bezeichnend, dass Platon diesen Mythos dem Protagoras in den Mund legt. Wenn man keine Angst vor Anachronismen hat, so könnte man sagen, dass mit den Sophisten der Humanismus Eingang in die Geschichte der Philosophie fand. Ein Antihumanist (ein weiterer Anachronismus) wie Platon konnte daher gar nicht anders, als gegen diese Art zu denken und zu fühlen zu rebellieren.

Es kam vor, dass der Meister der schönen Reden und der scharfsinnigen Argumentationen in Verlegenheit geriet. Protagoras gab Unterricht, den er sich teuer bezahlen ließ. Einmal war er damit einverstanden, dass einer seiner Schüler – der zu arm war, um gleich zu bezahlen – seine Schulden erst dann beglich, wenn er seinen ersten Prozess gewonnen hätte. Protagoras war sich der Vortrefflichkeit seiner Lehrtätigkeit so sicher, dass er nicht daran zweifelte, dass seine Schüler – die ja in der Überzeugungskunst der schönen Rede geschult waren – stets in allen Prozessen, die sie führten, ihre Gegner ausschalteten. Doch diesmal war der Schüler durchtriebener als sein Meister: Er hatte nämlich überhaupt nicht die Absicht zu zahlen. So beschloss Protagoras, ihn gerichtlich zu belangen: »Du wirst mich auf alle Fälle bezahlen müssen!«, schrie er ihn an. »Denn auch wenn du diesen Prozess gewinnst, wirst du mich auf Grund unserer getroffenen Abmachung bezahlen müssen. Wir hatten vereinbart, dass du mich nach deinem ersten gewonnenen Prozess bezahlen würdest. Aber auch wenn du diesen Prozess verlierst, wirst du mich bezahlen müssen, und zwar kraft des Richterspruchs, der mir recht geben wird.« »Ganz und gar nicht!«, erwiderte der Schüler. »Ich werde dich in keinem Fall bezahlen! Denn entweder ich gewinne diesen Prozess und der Richter wird mich von der Zahlungspflicht befreien, oder ich verliere. Doch in diesem Falle zahle ich laut unserer früheren Abmachung gar nichts, denn wir hatten ja vereinbart, dass ich dich erst nach meinem ersten erfolgreichen Plädoyer bezahle!«

Es kommt also tatsächlich vor, dass sich das Wort des Sophisten in seinen eigenen Netzen verfängt.

Gorgias, das nächste Schreckgespenst

Im platonischen Dialog des Gorgias erscheint dieser als eine reichlich lächerliche Figur, die Platon Dummheiten und Banalitäten verkünden lässt. Es fällt schwer, hierin diesen unerhört bekannten Mann wiederzuerkennen, dem man schon zu Lebzeiten ein Denkmal errichtete und von dem die Legende erzählt, dass er mit 109 Jahren freiwillig verhungerte (wie Demokrit), wobei er den Schlaf darum bat, dass er ihn der Fürsorge seines Bruders anvertraue (bei den Griechen war Hypnos, der Schlaf, der Bruder des Thanatos, des Todes).

In einem Werk, das Gorgias dem Nichtsein widmete, nahm er die genaue Gegenposition zur eleatischen Lehre ein (das Sein ist, das Nichtsein ist nicht). Selbst wenn etwas existierte, so wäre es nicht erkennbar, selbst wenn etwas erkennbar wäre, so könnte es nicht mitgeteilt werden. Wenn die absolute Singularität oder Einzigartigkeit des Seins weggefallen ist, dann kann sich die unendliche Vielfalt des Seienden vermehren. So erklärt sich wahrscheinlich die Verbindung zwischen der These, dass das Nichtsein sei, und dem Enzyklopädismus, der von Gorgias, wie von allen Sophisten, gepflegt wurde.

Hippias, das Allround-Talent

Lange Zeit kannte man Hippias nur durch die lächerliche Beschreibung, die uns sein schlimmster Feind Platon hinterlassen hat. Es gibt zwei Dialoge, die den Namen des Hippias tragen. Das eine Gespräch handelt von dem Schönen, und Hippias verkündet den offensichtlichen Unsinn: »Ein schönes Mädchen ist schön!« Worauf Sokrates mit seiner Antwort natürlich leichtes Spiel hat, dass auch eine schöne Kanne schön sein kann! Platon wollte damit zeigen, dass die törichte Gelehrsamkeit des Sophisten diesen daran hinderte, das Wesen eines Phänomens in seiner Gesamtheit zu erfassen (hier: die Schönheit an sich).

Um die universalen Fähigkeiten der Sophisten noch weiter herabzuwürdigen, an die er im Übrigen nicht eine Sekunde lang glaubt, stellt Platon einen grotesken Hippias zur Schau, der sich in Olympia damit brüstet, nur das auf der Haut zu tragen, was das Werk seiner eigenen Hände sei: Seine Tunika hat er selbst gewebt, seine Schuhe selbst geschustert, seinen Ring selbst geschmiedet. Nicht zu vergessen seine geistigen Produkte: die Gedichte sowie die Prosagespräche. Doch Platon sagt nicht alles: Hippias war vielleicht auch noch Maler und Bildhauer. Ein solch universales technisches Können kann für die Vorstellung einer Arbeitsteilung, wie sie Platon in *Der Staat* rechtfertigte, nur eine Gefahr darstellen. Nicht genug damit, dass Hippias Demokrat ist, nein, er behauptet sogar, dass ein einziger Mensch für sich selbst eine ganze Gesellschaft verkörpern könne. Für einen Aristokraten wie Platon, der bedacht auf Ordnung und Hierarchie ist, ist dies unerträglich.

Mit einem fabelhaften Gedächtnis ausgestattet, das er ständig trainierte (so rühmte er sich damit, 50 Namen im Gedächtnis behalten zu können, nachdem er sie nur ein einziges Mal gehört hätte), war Hippias nicht der von Platon karikierte belesene Dummkopf. Er war ein wirklicher Gelehrter, der sogar in der Mathematik den Wissenszugewinn förderte. Die Softwareentwickler des 20. Jahrhunderts waren gut beraten, eine der wichtigsten Philosophie-Suchmaschinen im Internet nach ihm zu benennen.

Die Feindseligkeit Platons war nicht nur auf eine Frage der Definition zurückzuführen. In Dingen der Moral bekannte sich Hippias zu einer Art »Zurück zur Natur«. Der Engherzigkeit der Staatsbürger stellte er die natürliche Verwandtschaft aller Menschen gegenüber und dem Hochmut der führenden Gesellschaftsschicht die soziale Gleichheit aller. Er empfahl den Menschen, sich von ihrem Verlangen nach Luxus freizumachen und selbstgenügsam zu werden, eine Haltung, die bereits den Kosmopolitismus sowie das Autarkie-Ideal der Stoa vorwegnahm.

Gleich weit entfernt vom Relativismus des Protagoras sowie vom Skeptizismus des Gorgias, hielt Hippias – der seine Ideen und Kenntnisse in einem Werk mit dem simplen Titel »Summe« versammelte – das Wissen über die Natur aller Dinge nicht nur für möglich, sondern für geboten, und nicht nur für geboten, sondern für verwirklicht.

Sokrates: Das Modell wird zum Vorbild

3

In diesem Kapitel

- Der Vater der Philosophie
- Seine Herausforderungen und seine Feinde
- Legendenbildung

Der Vater der Philosophie

Sokrates ist ein absoluter Einzelfall in der Geschichte der Philosophie: Er ist der Einzige unter den bekanntesten Philosophen, der überhaupt nichts Schriftliches hinterlassen hat. Darin ist er mit Buddha und Jesus verwandt, die jedoch keine Philosophen waren. Platon war der Evangelist des Sokrates. Tatsächlich war er es, der aus Sokrates seinen Lehrer und den Vater der griechischen Philosophie machte.

Weshalb nun diese besondere Stellung des Sokrates? Einfach deshalb, weil Sokrates der Erste war, der sein Denken auf das Menschliche und nur auf das Menschliche konzentrierte: Nichts Menschliches war ihm fremd. In diesem Sinne ist es wohl Sokrates – und sind es eben nicht die Vorsokratiker –, der die Philosophie in den Rahmen des abendländischen Denkens gespannt hat: Die Philosophie ist weniger eine Antwort auf die Frage nach der Natur der Dinge (mit dieser »Physik« wird sich die Naturwissenschaft befassen) als vielmehr auf jene nach dem guten Leben. Wenn die Herstellung eines Gurkencarpaccios mit Flusskrebsen und Senfvinaigrette keine philosophische Fragestellung darstellt, dann deshalb, weil dieses Phänomen für die Existenz des Menschen einfach keinerlei Bedeutung hat.

Wie später die Kyniker (die im Übrigen ohne ihn undenkbar sind), so setzte auch Sokrates die allgemeine Kultur im Namen der Philosophie in ihrer Bedeutung herab. Er glaubte, dass die Spekulationen über die Natur unnütz seien, denn nach seiner Auffassung war die Seele gar nicht fähig dazu, die Art der Dinge zu begreifen. Mit Sokrates erfuhr der Bereich der Philosophie daher eine radikale Verengung, er reduzierte sich seitdem auf rein praktische Fragen (aus den Bereichen der Ethik und der Politik, die hierbei nicht weiter unterschieden werden). Sokrates ist der erste Denker, der auf kosmologische Reflexionen verzichtet.

Mein Charakter ist derart geschaffen, dass ich mich nur der Vernunft hingebe.

Sokrates

Ein geistiger Geburtshelfer

Sokrates behauptete, nichts zu wissen, er lief durch die Straßen Athens, seiner Heimatstadt, auf der Suche nach der Wahrheit und befragte die unterschiedlichen Fachleute über ihr jeweiliges Spezialgebiet: einen General über den Krieg und den Mut, einen Dichter über die Poesie, einen Politiker über das Allgemeinwohl usw. Diese Art des Fragens, der Erwiderung, des Einwandes, des Widerspruchs, kurz: diese Technik des Dialogs, sich mit Worten in eine Fragestellung hineinzuwinden, bezeichnet man als Mäeutik. Im Griechischen bedeutet dieser Ausdruck »Hebammenkunst«. Sokrates wies gerne darauf hin, dass seine Mutter Hebamme war, dass sie den Leib zur Welt gebracht hatte, während er dem Geist zum Leben verhalf.

Die sokratische Ironie

Diese Art der Dialogführung nennt man deshalb Ironie, weil Sokrates vorgibt, der Unwissende zu sein, und Fragen stellt, in denen die Antwort schon enthalten ist.

»Das Einzige, was ich weiß, ist, dass ich nichts weiß! Doch es gibt viele, die zwar vorgeben etwas zu wissen, aber dennoch weniger wissen als ich, weil sie noch nicht einmal wissen, dass sie nichts wissen!«, sagte Sokrates. Mit anderen Worten: Jemand, der meint zu wissen, weiß nichts, während jemand, der meint, nichts zu wissen, wenigstens das weiß. Dies ist nur eines der Paradoxa, die die Werke Platons schmücken, die fast sämtlich Sokrates zum Hauptprotagonisten haben.

Eigenartigerweise kann ein Mann immer sagen, wie viele Schafe er besitzt, aber er kann nicht sagen, wie viele Freunde er hat, so gering ist der Wert, den wir ihnen beimessen.

Sokrates

Die sokratischen Paradoxa

Um zu lernen, muss man schon wissen

Wie kann nun derjenige, der überhaupt nichts weiß, das zu erkennen suchen, was er noch nicht weiß? Die Berechtigung einer solchen Frage lässt sich durch unsere Erfahrung mit Wörterbüchern bestätigen: Um die Definition eines unbekannten Wortes zu verstehen, muss man die Bedeutung der Wörter kennen, die das unbekannte Wort erklären (wenn ich beispielsweise kein Chinesisch spreche, dann kann ich keine einzige Begriffserklärung in dieser Sprache verstehen).

Es ist besser, Unrecht zu leiden, als Unrecht zu tun

Die Sophisten als Gesprächspartner des Sokrates glaubten, dass dieser sich mit einer solchen Aussage (über das Unrecht) über sie lustig machen wollte. Natürlich hängt das davon ab, welche Bedeutung man dem Adjektiv »besser« zuweist. Will man damit das bezeichnen, was einem persönlich am vorteilhaftesten zu sein scheint, oder meint man damit dasjenige, das am ehesten dem moralischen Ideal des Guten entspricht? Sokrates entschied sich für die zweite Bedeutung des »besser«.

Der Tyrann ist der unfreieste Mensch aller Menschen

Für Sokrates' Gesprächspartner wie auch in der öffentlichen Meinung besteht die Freiheit darin, das zu tun, was man will und was einem gefällt. Daher ist der Tyrann, der jeden x-beliebigen mit einer Handbewegung in den Tod oder ins Exil schicken kann, der Freieste unter den Menschen. Gegen diese Ansicht wendet sich Sokrates, wenn er sagt, dass der Tyrann der Sklave seiner Leidenschaften sei: Er ist demnach buchstäblich noch nicht einmal Herr seiner selbst. Demzufolge ist er der Unfreieste aller Menschen.

Menon, der Protagonist im gleichnamigen Platon-Dialog, vergleicht Sokrates mit einem Zitterrochen. Sokrates selbst vergleicht sich bei seinem Prozess mit einer Pferdebremse. Beide Tiere haben entgegengesetzte Wirkungen bei den Lebewesen, die mit ihnen in Berührung kommen. Der Zitterrochen betäubt und lähmt sie, die Bremse beflügelt sie dagegen und regt sie dazu an, sich zu bewegen. Dies sind auch die beiden gleichzeitig auftretenden Wirkungen der sokratischen Ironie: Wenn man sich seiner Unwissenheit bewusst wird, beginnt man nach echtem Wissen zu suchen. Angesichts der offensichtlichen Dummheit seiner ersten Antwort ist Sokrates' Gesprächspartner zunächst wie gelähmt, als ob er von einem Zitterrochen betäubt worden wäre, bevor er im wahrsten Sinne des Wortes angestachelt wird, eine zweite Antwort vorzuschlagen, gerade so, als ob ihn eine Bremse gestochen hätte.

Der Philosoph und die Essenz der Dinge

Sokrates sucht in allem die Essenz, das heißt die wahre Natur der Dinge, die jenseits ihrer Erscheinungsformen liegt: Was ist Schönheit? Was ist Gerechtigkeit? Hinter dem besonderen Fall – dem zufälligen Beispiel – muss man das zu Grunde liegende Konzept finden: Wenn man von einem Körper und einer Vase sagen kann, sie seien schön, dann deshalb, weil sie beide über ein gemeinsames Element verfügen, nämlich über die Eigenschaft, schön zu sein, die man demnach näher definieren muss. Sokrates war der Erste, der sowohl eindeutig als auch systematisch das Wahre mit dem Allgemeinen verbunden hat: Wenn eine Idee wahr ist, muss sie in gleichgearteten Kontexten immer sein.

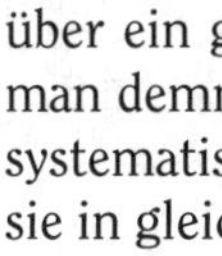

Als er den Sophisten Hippias fragte, was denn das Schöne sei, so antwortete dieser: »Ein schönes Mädchen ist schön.« Anstatt die allgemeine Bedeutung des Schönen zu ermitteln, nannte Hippias nur ein Beispiel. Doch dieses Beispiel selbst ist ja unverständlich, wenn man nicht weiß, was das Schöne ist. Es ist ja nicht der Sachverhalt, der die Idee näher bestimmt, sondern im Gegensatz dazu ist es die Idee, die den Sachverhalt bestimmt. Man muss also schon vorher wissen, was das Schöne ist (was seine Essenz, seine Idee ist), um in einer bestimmten Frau eine schöne Frau zu erkennen. Die Mitglieder der Jury bei der Wahl zur Miss Universum, die extra dafür ausgewählt wurden, müssen wohl über die entsprechenden Kriterien verfügen, um richtig zu entscheiden. So werden sie beispielsweise zugeben, dass eine gerade Nase schöner als eine krumme ist und wohlgeformte Beine schöner als O-Beine sind.

Niemand ist freiwillig böse

Einer der scharfen Aussprüche des Sokrates, von denen sein Schüler Platon berichtet, bildet vielleicht das Zentrum oder die Seele seines Denkens: Es existiert eine derart starke Verbindung zwischen dem Denken und dem Handeln, zwischen Theorie und Praxis, dass die Tatsache, das Gute nicht zu kennen, gleichbedeutend damit wäre, schlecht zu handeln. Das Gute zu kennen heißt, es zu tun. »Niemand ist freiwillig böse« bedeutet nicht, dass man den Kriminellen oder Verbrecher rechtfertigen muss, sondern dass das schlechte Handeln nicht boshaft ist. Im Grunde genommen glaubt Sokrates nicht, dass man das Böse um des Bösen willen tun kann. Nach seiner Ansicht dominiert das Gute, das immer die Oberhand gewinnen wird: Man handelt also tatsächlich stets, um das Gute zu tun, und sei es auch nur zu seinem eigenen Vorteil.

Der lateinische Dichter Ovid teilt diesen Optimismus nicht, wenn er sagt, dass er das Gute sieht und ihm zustimmt, aber dennoch das Böse tut. Noch tragischer klingt das beim heiligen Paulus, dem Gründerapostel des Christentums, wenn er klagt: »Denn das Gute, das ich will, das tue ich nicht; sondern das Böse, das ich nicht will, das tue ich.«

Die Einheit der Werte

Für Sokrates standen wie für alle Griechen die idealen Werte auf derselben Stufe: Das Gute, das Schöne und das Wahre waren austauschbar. Es gibt also keine Ungleichheit zwischen dem Erfolghaben, dem Glücklichsein und dem guten Handeln, was eine griechische Redewendung zum Ausdruck bringt, in der diese drei Dinge tatsächlich gleichzeitig dasselbe bedeuten. Die Ironie des Schicksals lässt jedoch ausgerechnet denjenigen, der beständig die Einheit der moralischen, theoretischen und ästhetischen Werte beschwört, in seiner äußerlichen Erscheinung das genaue Gegenteil verkörpern.

Es gibt eine griechische Formulierung, die die beiden Adjektive »schön« und »gut« so eng miteinander kombiniert und vereint, dass man dies im Deutschen mit dem Wort »schönundgut« wiedergeben könnte. Das Griechische war von der Vorstellung durchdrungen, dass die Schönheit notwendigerweise eine äußere Form haben müsse und, umgekehrt, dass eine sichtbare Schönheit notwendigerweise eine innere Schönheit demonstriere. Die Hässlichkeit des Sokrates, die bereits zu seinen Lebzeiten legendär war, war eine Art Skandal aus Fleisch und Blut: Wie kann der weiseste Mann überhaupt von so abstoßendem Äußeren sein (er hatte hervortretende Augen, eine platte Nase und einen Stiernacken)?

Platon, der seine Philosophie auf der widersprüchlichen Dualität (»Doppelheit, Zweiheit«) des sinnlich Erfahrbaren und des vom Intellekt Verstehbaren – des Sensiblen und des Intelligiblen – aufbaut, hat keine Probleme damit, Sokrates' Hässlichkeit in den Aufbau seines Denkens zu integrieren. Er vergleicht sie mit den Skulpturen der Silenen, die unter einem wenig appetitlichen Äußeren wahre Schätze an Schönheit und Weisheit in sich bergen (die in den Ateliers der Bildhauer aufgestellten Statuen ließen sich in der Mitte öffnen und enthielten Götterfiguren). Rabelais erwähnt diese Passage, als er den burlesken Charakter seiner Schriften rechtfertigte, und forderte seine Leser dazu auf, bis ins »innere Mark«, bis zur »Quintessenz« vorzudringen.

Nietzsche, der aus Sokrates eine Art persönlichen Feind macht (was ja offensichtlich voraussetzt, dass er insgeheim fasziniert von ihm ist), ist auf diesem Ohr taub. Sokrates sei, wie der Verfasser von Also sprach Zarathustra diagnostiziert, für den Tod der griechischen Tragödie verantwortlich, und seine Haarspaltereien hätten die schöne, trunkene und verträumte Inspiration seiner Vorgänger, der Vorsokratiker, zunichtegemacht. Von Empedokles und Heraklit zu Sokrates zu gelangen ist für Nietzsche gleichbedeutend mit dem Übergang von der großen, ungebundenen, fröhlichen, grausamen und unschuldigen Kultur zur berechnenden Pedanterie. Sokrates oder der kleine Verkäufer hinter dem philosophischen Tresen. Kleine Zwischenbemerkung: Der Tresen ist heutzutage die Theke in einem Café. Und stehen die heutigen Philosophencafés nicht unter dem Patronat des Sokrates? Sokrates als Patronatsphilosoph!

Ist Sokrates so vernünftig, wie man sagt?

Lange Zeit hieß es: Wenn Sokrates das für die Philosophie gewesen ist, was Hippokrates für die Medizin und Herodot für die Geschichtsschreibung waren, nämlich der Vater, dann deshalb, weil er – als Echo auf die halluzinierte Stimme seiner großen Vorläufer – der Erste war, der die Stimme der Vernunft verlauten ließ.

Dennoch: Es gäbe eine ganze Menge über diesen feurigen Geist zu berichten, den die Überlieferung für einen Erleuchteten hielt. Machte Sokrates als junger Mann nicht diese Reise nach Delphi, um das Orakel zu befragen? Das Orakel war eine Frau, die auf einem Holzhocker saß, den ganzen Tag lang aufputschende, ja sogar halluzinogene Pflanzen kaute und die Stimme eines Gottes sein sollte. Sie empfing all die, die in der griechischen Welt zu Gelehrsamkeit, Macht und Ruhm gekommen waren. Sokrates nun wollte von dem Orakel wissen, wer der Weiseste aller Menschen sei, und er hörte, wie erhofft, das Orakel verkünden, dass er der weiseste aller Menschen sei. Dies hat vielleicht sein Schicksal als Philosoph besiegelt und konsequenterweise auch das weitere Schicksal der Philosophie selbst.

Eine solche Ankündigung hätte wohl viele erschüttert – denn schließlich befragt man nicht das Orakel, ohne daran zu glauben. Doch der eigentliche Sinn von Ankündigungen (die Amerikaner sprechen diesbezüglich übrigens von selffulfilling prophecy, von einer sich selbst erfüllenden Prophezeiung) besteht ja darin, dass sie letztlich zu dem führen, was sie vorhersagen. Eine betont vorgebrachte Ankündigung ruft tatsächlich eine so mächtige Suggestionskraft hervor, dass jemand, der daran glaubt, alles tun wird, um sie zu erfüllen. Man kann daher durchaus der Meinung sein, dass Sokrates deshalb der weiseste aller Menschen geworden ist, weil er seit seiner Jugend davon überzeugt war, dass es einen Gott gab, der das glaubte.

Ausgestattet mit diesem übernatürlichen Selbstvertrauen, verbrachte Sokrates sein gesamtes Dasein damit, auf der Straße Jagd auf die Berühmtheiten Athens zu machen, auf die Männer der Weisheit wie Gorgias und Protagoras sowie auf die Männer der Macht wie Alkibiades und Laches. Er befragte diese Gelehrten und Mächtigen unablässig nach der Bedeutung dessen, was sie zu wissen und zu tun glauben. Das Ergebnis blieb stets gleich: Die Fragen des Sokrates und dann die Nachfragen auf die erteilten Antworten konfrontierten die Gesprächspartner mit ihrer eigenen Dummheit.

Offensichtlich macht man sich, wenn man sich durch Nachdenken, durch Zweifel und Kritik mit den Leuten anlegt, keine Freunde. Athen ist um 400 v. Chr. sehr viel kleiner als das heutige Würzburg, besonders wenn man sich vor Augen hält, dass 90 Prozent seiner Bevölkerung (die Sklaven, die Frauen, die Kinder und die Ausländer) in einer der chauvinistischsten Gesellschaften der Geschichte nicht zählen. Wenn Sokrates nun eine ganze Gruppe von Freunden und Schülern mitzieht, die vor Bewunderung außer sich sind, so macht er sich gleichzeitig viele Feinde, die seinen Untergang verursachen.

Der Prozess des Sokrates

Am Ende des 5. Jahrhunderts v. Chr. macht Athen eine tiefe Krise durch, von der sich die Stadt nie mehr wirklich erholen wird. Der Krieg gegen Sparta (der sogenannte Peloponnesische Krieg) bedeutet den Ruin. Die demokratische Partei, die der Korruption angeklagt ist und beschuldigt wird, die Niederlage verursacht zu haben, wird schnurstracks von einer Schar von Adeligen verjagt, mit denen Sokrates einige Kontakte pflegt. Als nun diese Regierung wiederum abgesetzt wird und die demokratische Partei erneut an die Macht kommt, rechnet man mit Sokrates ab und nimmt ihn gefangen, wobei sich politische Motive mit moralischen und religiösen Motiven vermengen. Ankläger treten auf dem öffentlichen Platz gegen ihn auf. Drei Hauptanklagen werden vorgetragen:

- ✔ Sokrates erkennt die Götter der Stadt nicht an.
- ✔ Er will neue Götter einführen.
- ✔ Er verdirbt die Jugend.

In den Augen eines modernen Historikers ist der Prozess des Sokrates fraglos ein politischer: Der Philosoph bezahlt für seinen Einfluss und für seine Beziehungen zu den Adligen. Doch die gegen ihn vorgetragenen Hauptanklagen sind moralischer und religiöser Natur. Die Anklage, dass er die Jugend verderbe, zielt unmittelbar auf den für schädlich erachteten Einfluss des Philosophen auf einige junge Leute aus reichen Familien. Was die beiden Hauptanklagen religiösen Inhalts angeht, so spielen sie auf den »Dämon« an, den Sokrates zu hören glaubt (siehe unten).

Meine Ankläger können mich zwar töten; schaden aber können sie mir nicht.

Ich werde die Verleumder zum Schweigen bringen, indem ich weiter gut lebe; das ist das Beste, was wir aus der Verleumdung machen können.

Sokrates

Der Dämon des Sokrates

Sokrates sagte, er habe die Stimme eines Dämons in sich gehört, das heißt die Stimme einer höheren Macht (dieses Wort hatte in Griechenland nicht die geringste diabolische Bedeutung), als er versucht war, eine schlechte Handlung zu begehen. Die klassische Psychologie würde den Dämon des Sokrates mit dem Begriff »moralisches Gewissen« übersetzen, die Psychoanalyse würde vom »Über-Ich« sprechen.

Man sollte diesen Dämon jedoch nicht »überpsychologisieren«. Der Begriff des moralischen Gewissens, der ja erst mit dem Christentum auftaucht, war den Griechen fremd, die ja – erinnern wir uns – nichts von der Innerlichkeit des Subjekts, von der Tiefgründigkeit und der Intimität des »Ich« wussten. Die inneren Regungen des Denkens und des Willens wurden daher prinzipiell (doch dies gilt für jede andere frühere und traditionelle Gesellschaft auch) auf äußere Kräfte bezogen, die in der Form oder der Gestalt von Göttern personifiziert wurden. Die »Erkenne dich selbst«-Inschrift auf dem Giebel des Apollon-Tempels in Delphi, die Sokrates zu seiner Devise machte, hatte noch nicht die moderne Bedeutung der inneren Selbstbetrachtung (»Betrachte dich selbst, damit du weißt, wer du bist«), doch mahnte sie die Menschen, nicht zu vergessen, dass sie keine Götter, sondern dem Tod geweiht sind, ganz im Gegensatz eben zu den Göttern.

Immerhin musste dieser sokratische Dämon manchen Zeitgenossen so beunruhigend erscheinen, dass sie darin etwas Gottloses zu erkennen glaubten.

Der Tod des Sokrates

Der ergreifende Bericht, den uns Platon im Phaidon über die letzten Minuten seines Meisters hinterlassen hat, beweist, dass man in der Antike ein Genie und ein Held sein und noch immer ein Weiser bleiben konnte. Jahrhunderte später wird das Christentum in Sokrates eine Art heiligen Heiden oder Laien sehen, und man wird oft einen Vergleich mit Jesus ziehen: Hier haben wir also zwei Männer, die nichts Schriftliches hinterlassen haben und die dennoch mit ihren Worten und Lehren die Geschichte aufwirbelten. Zwei vollkommene Persönlichkeiten, die durch ihren ungerechten Tod in den Augen aller noch gewachsen sind. Mit Sokrates bekam die Philosophie ihren Märtyrer.

Wie auch im Falle Jesu ist es einfach zu sagen, dass Sokrates ja gar nichts unternommen habe, um dem Tode zu entgehen: Seine stolze Haltung vor den Richtern spielte sogar eine große Rolle für das abschließende Urteil. Nachdem er (mit einer schwachen Mehrheit) für schuldig befunden worden war, forderte man ihn dazu auf, seine Strafe selbst zu bestimmen. Daraufhin antwortete er keck, dass er gerne wie die *Prytanen* verpflegt würde, das heißt wie die führenden Mitglieder der Ratsversammlung, die nur das Beste verdient hätten!

Im Gefängnis kündigen ihm Freunde einige Tage vor seinem Tod an, dass seine Flucht bis ins kleinste Detail vorbereitet sei. Doch Sokrates lehnt ab und hält ihnen eine schöne Ansprache, die Platon in seinem Kriton protokolliert (aber offensichtlich auch redigiert) hat: In diesem Bravourstück sinniert Sokrates über den Vorwurf, der ihm aus den Gesetzen der Polis erwachsen würden, wenn er, ihr Sohn, ihnen nicht gehorchte. Ein Mann unterliegt buchstäblich den Gesetzen der Polis. Infolgedessen muss er ihnen gehorchen, koste es, was es wolle. Getreu dem Prinzip, dass es besser sei, Unrecht zu erleiden, als es zu begehen, trinkt Sokrates den Schierlingsbecher (die damalige Art der Hinrichtung) ganz ruhig und zuversichtlich vor den Augen seiner untröstlichen Freunde aus. Für ihn ist der Tod eine Erlösung.

Den Tod fürchten ist nichts anderes als sich dünken, man wäre weise, und es doch nicht sein.

Sokrates

»Einen Hahn für Asklepios«

Die letzten Worte des Sokrates, »Wir sind dem Asklepios einen Hahn schuldig«, sind vielfältig interpretiert worden. Dieser Ausspruch kurz vor seinem Tod beweist jedenfalls seine Ergebenheit gegenüber den Göttern und zeigt damit, wie ungerecht doch die Anklage der Gottlosigkeit war, die seinen Prozess und damit sein Todesurteil verschuldet hatte.

Nietzsche legte diesen Satz völlig anders aus. Asklepios ist der griechische Gott der Medizin. Sokrates, der die theoretische Ablehnung der Lebensinstinkte und das Denken, das sich gegen das Leben richtet, verkörpert (jedenfalls nach Ansicht Nietzsches), musste das Leben wie eine Krankheit betrachten, von der er durch den Tod endlich geheilt würde. Daher auch diese Geste der Anerkennung gegenüber Asklepios.

Platon, der Mann der sanften Worte

4

In diesem Kapitel

- Der am wenigsten greifbare Philosoph
- Das Höhlengleichnis
- Seele und Körper als zwei voneinander getrennte Einheiten
- Der Ring von Gyges
- Das Gute und nichts anderes
- Die Welt der Ideen

Kunst und Ideen im Galopp

Der am wenigsten greifbare Philosoph

Platon gibt den Lesern und den Exegeten (Interpreten) ein Rätsel auf, das auch nach zweieinhalbtausend Jahren noch immer nicht gelöst ist. So schön, so literarisch, so klar seine Werke auch sind, kennen wir doch nicht genau ihren eigentlichen Standpunkt. Der Mensch Platon versteckt sein Denken in den Gesprächspartnern der Dialoge, vor allem in Sokrates. Niemals spricht er in seinem eigenen Namen, ausgenommen in den Briefen, deren Echtheit jedoch angezweifelt wurde. In der Geschichte der Philosophie ist dieser Fall einzigartig: Als Descartes den Discours de la méthode (»Von der Methode des richtigen Vernunftgebrauchs und der wissenschaftlichen Forschung«), Kant die Kritik der reinen Vernunft und Nietzsche die Geburt der Tragödie verfassten, wusste man, dass diese Autoren in ihrem eigenen Namen sprachen und dass sie hinter jedem ihrer in den Werken zum Ausdruck gebrachten Gedanken auch wirklich stehen. Bei Platon verhält es sich nicht so.

Er liebte die Imitation und gefiel sich darin, die Reden all derer zu karikieren, die er als Feinde der Weisheit, als wahre Antiphilosophen (als »Phobosophen«, wenn uns diese Neuschöpfung gestattet sei), ansah.

Ein Historiker – Fachmann für das antike Griechenland – hat ein Buch mit dem Titel Glaubten die Griechen an ihre Mythen? geschrieben. Dies ist eine heikle Angelegenheit, genauso wie die Frage, inwieweit sich ein Bewusstsein mit seinen jeweiligen Vorstellungen identifiziert: Wie hoch ist dabei der Anteil des Spielerischen, des Experimentellen? Und wie hoch ist der des Ernsthaften, des Ernstgemeinten? In unserem alltäglichen Leben glauben wir, diese Frage beantworten zu können, indem wir Mimik und Körpersprache unseres Gegenübers beobachten, wenn wir auf den Ton der Stimme achtgeben und dabei den allgemeinen Kontext berücksichtigen (schließlich misst man dem, was während einer feuchtfröhlichen Abendgesellschaft gesagt wird, nicht die gleiche Bedeutung bei wie dem, was auf einer hochoffiziellen Betriebsversammlung besprochen wird). Doch wie kann man vergleichbare Informationen einem geschriebenen Text entnehmen? Zumal sich Platon selbst gegen Schrift und Schriftlichkeit ausgesprochen hat: Im Gegensatz zur lebendigen Sprache, die sich verteidigen kann, seien Schriften etwas Lebloses – eine Art Leiche.

Wie viele andere Griechen wusste Platon, dass die älteste Schrift die ägyptische war. Ägypten ist jedoch das Land des Todes, eine Kultur, die sich ganz dem Todesgedanken zuwendet. Daher auch dieser Vorwurf: Die Schrift ist eine Art Mumie, mit der Schrift ruht das Denken in einem Sarkophag.

Die Legende berichtet, dass sich bei Platons Tod Bienen auf seinen Lippen niederließen – eine poetische Art auszudrücken, dass seine Worte mild wie Honig sein mussten … Wenn die Schriften Mumien der Gedanken sind, dann fliegen die Worte wie die Bienen davon.

Platons Esoterik

Viele Schulleiter im antiken Griechenland, angefangen mit Pythagoras (der auf Platon einen entscheidenden Einfluss ausübte), erteilten zwei Arten von Unterricht: die eine, die sogenannte exoterische, war für alle bestimmt, die zweite, die sogenannte esoterische, wandte sich an die Eingeweihten.

Manche Interpreten der platonschen Werke brachten die These vor, dass das wahre Denken des Philosophen uns nicht bekannt sei, weil er es ausschließlich mündlich weitergab. Platons Schriften seien lediglich von diesem Unterricht ausgehende Spielwiesen. Heutzutage pflichtet kein Kommentator mehr einer solchen Auslegung bei. Dennoch stimmt es, dass wir bei Platon ständig über dieses Paradoxon eines Autors stolpern, der sich hinter seinem Text verbirgt, ohne ein Bedürfnis zu verspüren, ein Pseudonym anzunehmen.

Ein verhinderter Schriftsteller

So wie man, zumindest ein wenig, an Gott glauben muss, wenn man ihn verflucht (ein Athener hat nicht das Bedürfnis, Gott zu verdammen), so muss man auch von sexuellen Begierden gequält werden, wenn man sie durch Askese überwinden will. So musste Platon wohl ein passionierter Schreiber sein, um das Schreiben derart zurückzuweisen.

Die Begegnung mit Sokrates wird zu seinem Schicksal. Der junge Platon aristokratischer Herkunft verbrannte daraufhin die von ihm verfassten Tragödien. Die Philosophie wird zu seinem Weg und zu seinem Leben. Doch auch wenn der Umgang mit dem Meister den jungen Platon von einer Karriere als tragischer Schriftsteller abbringt, so sollten wir deshalb nicht glauben, dass seine Berufung zur Dramaturgie zur Gänze erstickt war. Die von Platon verfassten Dialoge sind bewundernswerte dramatische Inszenierungen an diesem anderen Theater, an dem der philosophischen Kontroverse – mit genialen (Sokrates) oder lächerlichen (Hippias) Figuren, mit einer einzigartigen Porträtgalerie von Berühmtheiten dieser Epoche, sogar von fiktiven Personen (zum Beispiel in Gestalt des Sophisten Kallikles).

Platon ist erst ungefähr 20 Jahre alt, als sein vielgeliebter Lehrer zum Tode verurteilt wird. Er ist dermaßen krank, dass er dem Weisen in seinem Gefängnis in dessen letzten erhabenen Lebensstunden nicht beistehen kann, was er selbst im *Phaidon* berichtet. Diese Verurteilung und Sokrates' Tod waren für Platon ein regelrechtes Trauma, das vielleicht über sein ganzes Denken entschied. Was muss man tun, damit ein solcher Skandal (der weiseste und ehrenwerteste Mann der Gesetze wird von den Gesetzen der Polis ermordet) nicht noch einmal passiert?

Ein verhinderter Politiker

Wie Pythagoras und Empedokles denkt Platon, dass die Philosophie nur in einer gutgelenkten menschlichen Gemeinschaft bestehen kann. Es ist nicht unmöglich, Platon als einen im Wesentlichen politischen Philosophen zu lesen, denn wenn es um so theoretische Fragen wie das Wesen der Schönheit oder die Möglichkeit des Irrtums geht, dann ist auch eine politische Dimension zugegen, die die Organisation der Polis berührt. Die beharrliche, radikale persönliche Opposition Platons gegenüber den Sophisten – diesen »Phobosophen« – ist vielleicht zunächst und vor allem politischer Art: Die Sophisten sind Demokraten, wobei die Demokratie in den Augen Platons diejenige Regierungsform ist, die die Unwissenden an die Macht bringt. Die Regierung ist für ihn eine reine Scheinregierung (eine amerikanische Wahlkampagne wäre für Platon keine Überraschung gewesen!).

Platon kokettierte mit einem Traum: mit dem Traum, der Ratgeber des Prinzen zu werden und aus dem Prinzen einen Philosophen zu machen. Der Zufall wollte es, dass Platon über einen Tyrannen, nämlich Dionysius von Syrakus, stolperte. Enttäuschungen von Philosophen in der Politik sind eine bittere Erfahrung (hier die erste einer langen Serie): Platon wurde von demjenigen als Sklaven verkauft, den er zum Weisen verwandeln wollte! Viele Jahrhunderte später wird sich Voltaire darüber beklagen, dass er vom preußischen König wie ein Dienstbote behandelt wird. Die Philosophen waren sich nie im Klaren darüber, bis zu welchem Punkt sie die jeweiligen Machthaber reizen konnten!

Platon hatte Glück im Unglück. Er wurde von einem seiner eigenen Schüler wieder freigekauft. Das waren noch Zeiten, als das Philosophieren noch mit Risiken verbunden war!

Rückkehr zur Totalität: Ein guter Schüler ist stets ein Verräter (1)

In einem Punkt ist Platon seinem Lehrer allerdings untreu geworden: Während Sokrates jene Spekulationen verachtet, die keine unmittelbar praktische Bedeutung haben (also Moral oder Politik betreffen), knüpft Platon wieder an eine kosmische Dimension des Denkens an. Der Timaios, der die Entstehung der Welt durch einen Demiurgen (ein oberstes Wesen göttlicher Natur) beschreibt, verweist Sokrates deutlich an die zweite Stelle. Die Theorie der Ideen, die Platon buchstäblich Sokrates in den Mund legt, sind von ihm und nicht von seinem Lehrer. Der beeindruckende theoretische Aufbau der Politeia, der durchgehend von Sokrates getragen wird, stammt ebenfalls von Platon. Während sich Sokrates ausschließlich mit praktischen Belangen befasste, ist die Philosophie Platons untrennbar metaphysisch, ethisch, politisch und kosmologisch.

Die Entdeckungen Platons

Die Sonne ist unbeweglich, doch das Wasser fließt

Parmenides hatte gesagt: »Das Sein ist, das Nichtsein ist nicht«, was auf die Behauptung hinauslief, dass Bewegung nur eine illusorische Erscheinung sei. Heraklit hatte hingegen gesagt, dass man nicht zweimal in denselben Fluss steigen könne und dass jeden Morgen eine neue Sonne aufgehe, was auf die Behauptung hinauslief, dass die Unbeweglichkeit der Lebewesen und der Dinge nur eine illusorische Erscheinung sei. Einerseits ist alles von Grund auf stabil, andererseits ist alles von Grund auf beweglich. Platon steht an der Stelle, an der beide Denkströmungen zusammenfließen.

Er integriert die statische Ontologie des Parmenides und den Mobilismus des Heraklit. Doch wie schafft er das ohne Widerspruch? Indem er die Wirklichkeit auf radikale Weise in zwei Realitäten spaltet: Auf der einen Seite gibt es eine sinnlich wahrnehmbare Welt, in der sich alles verändert und alles entflieht. Diese Welt ist so verschwommen wie die Wellen im Wasser oder Bilder in einem trüben Spiegel. Auf der anderen Seite oder, besser gesagt: darüber, unendlich über der anderen Welt stehend, existiert eine ihr überlagerte, intelligible (geistig erkennbare) Welt, die sich der Zeit und der Bewegung entzieht und die aus stabilen Formen besteht.

Nehmen wir als Beispiel den Unterschied zwischen etwas Kreisförmigem und einem Kreis. Das Kreisförmige (sensibel) ist dennoch kein Kreis (intelligibel): Die von einem ins Wasser geworfenen Stein hervorgerufene kreisförmige Wellenbewegung oder der kreisförmige Rauchkringel, der aus dem Mund entweicht, werden bald verschwinden. Der Jahresring eines gefällten Baumes ist weniger flüchtig, er wird einige Zeit lang bestehen bleiben, aber eben nicht ewig. Selbst der Sonnenkreis, der am Himmel steht, wird eines Tages in fernen Milliarden Jahren verschwinden, wie uns die Wissenschaft heute lehrt. Der Kreis als geometrische Figur jedoch ist unzerstörbar. Keine Atombombe wird jemals den Kreis als solchen vernichten können. Es gibt sogar Mathematiker (und Platon, der ja ebenfalls Mathematiker war, gehörte offensichtlich zu ihnen), die glauben, dass der Kreis auch dann weiterexistierte, wenn es sogar keinen einzigen Geist mehr geben würde, der sich ihn vorstellen könnte. Denn, und das ist der springende Punkt bei dieser heiklen Angelegenheit, die Form oder die Idee (wie Platon sagt) steht nicht nur unbegrenzt oberhalb der (sinnlich wahrnehmbaren) Gestalt oder der Sache, sondern sie determiniert den Gedanken – anstatt selbst durch diesen determiniert zu sein.

Mit anderen Worten: Nach Platon existiert die Idee nicht deshalb, weil wir sie denken, sondern wir denken, weil die Idee bereits existiert.

Das Höhlengleichnis

Im 7. Buch vom Staat erzählt Platon eine fantastische Geschichte, um seine Ideenlehre zu veranschaulichen. In einer Höhle sitzen seit ihrer Geburt angekettete Gefangene. Hinter ihnen brennt ein Feuer. Zwischen ihnen und dem Feuer laufen Menschen entlang, die über sich wie Marionettenspieler Bilder von Gegenständen halten. Die Gefangenen sehen die Schatten dieser Gegenstände, wie sie auf die Innenwand der Höhle projiziert werden, und sie geben ihnen

Namen: So nennen sie beispielsweise den Schatten des an die Wand geworfenen Pferdes »Pferd«. Da diese Gefangenen noch niemals anders als hier in dieser Höhle gelebt haben, ist das, was sie sehen, ihre Welt, das, was sie leben und sehen, ist für sie die Welt.

Einer von ihnen wird nun von seinen Fesseln befreit. Er richtet sich auf, dreht sich um und schaut sich das leuchtende Feuer an. Dann geht er einen Weg hinauf (was offensichtlich von symbolhafter Bedeutung ist) und nimmt etwas Helles wahr, das ihn anzieht: das Tageslicht, das er bis jetzt noch nicht kannte. Der ehemalige Gefangene erklimmt den Weg weiter und findet sich schließlich im Freien wieder.

Zunächst blendet ihn das Tageslicht, bevor es ihn erhellt. Platons Gefangener richtet nun seine Augen, um sie nach und nach an die Helligkeit zu gewöhnen, auf die Spiegelbilder, die die Dinge und die Lebewesen im Wasser hervorrufen, dann aber doch auch auf die Dinge und die Lebewesen selbst. So erkennt unser Held bald die äußere Gestalt des Pferdes, von dem er bisher ja nur das Schattenbild in der Höhle kannte. Dieses Pferd läuft, wiehert, und seine Mähne flattert im Wind. Es ist ein echtes Pferd und somit nicht wie die anderen, die man nicht besteigen konnte. Endlich hebt er nach und nach seine Augen zu der Quelle hin, die dieses ganze Licht verströmt, das den Lebewesen und den Dingen ihre erkennbare Gestalt verleiht, und so entdeckt unser Held die Sonne, von der kein Bild uns irgendeine Vorstellung oder Idee hätte geben können.

Trunken vor Glück über seine Entdeckung läuft der ehemals Gefangene wieder zu seinen früheren Leidensgenossen zurück, um ihnen die glückliche Nachricht zu verkünden: Oberhalb der Höhle existiert eine echte Welt aus Konturen, Farben und Tönen. Doch anstatt ihren Kameraden freudig und dankbar zu empfangen, beschließen seine Gefährten, ihn zu töten, denn das, was ihnen mitgeteilt wurde, ist für sie einfach unerträglich.

Dieses tragische Ende liefert uns den Schlüssel zum gesamten Höhlengleichnis, das sich Platon erdacht hat. Man sagt, völlig zu Recht, dass es sich dabei eher um eine Allegorie als um einen Mythos handelt (obwohl es zuweilen auch als Höhlenmythos bezeichnet wird). Eine Allegorie ist eine bildliche Darstellung, die sich aus mehreren symbolischen Elementen zusammensetzt. So verknüpft die Allegorie der Zeit die Todessymbole miteinander (Skelett, Sanduhr, Sense). In der Allegorie von der Höhle besitzen alle Elemente eine symbolische Bedeutung:

- ✔ Die Höhle symbolisiert die sinnlich wahrnehmbare Welt, die Welt des Tageslichtes soll die intelligible Welt sein.
- ✔ Die Gefangenen stehen für die Menschen, die von der Meinung gefangen gehalten werden, die nur eine Erscheinungsform der Idee ist.
- ✔ Der befreite Gefangene symbolisiert den Philosophen – und ganz besonders Sokrates –, der gleichfalls wegen seiner Weisheit ermordet wurde.
- ✔ Der Aufstieg aus der Höhle stellt die Dialektik der Seele dar, die die Welt der Erscheinungen verlässt, um jene der Wirklichkeit zu erreichen.
- ✔ Die Bilder und die Schatten an der Höhlenwand symbolisieren die täuschenden Erscheinungen der Sinneswelt.

- Die Lebewesen und die Dinge der Welt des Tageslichtes symbolisieren die Ideen.
- Die Sonne steht für das, was in den Augen Platons die erste, die wichtigste der Ideen darstellt: die Idee des Guten.

Man schläft nur in einem von drei Betten

Wenn ein Tischler ein Bett herstellt, so schreinert er es nach einem Modell, das er in seinem Kopf hat. Nach Platon ist dieses intelligible Modell eine Idee: Es ist die Idee vom Bett.

Wenn ein Maler ein Bett malt, so tut er dies ebenfalls nach einem Modell, aber dieses Modell ist das Bett des Tischlers. Das Bett des Tischlers verhält sich zum Bett des Malers wie das Modell des Tischlers (= Idee vom Bett) zum Modell des Malers (= Bett des Tischlers). (Können Sie folgen? Wir möchten Sie jetzt nicht in den Schlaf wiegen, doch sind wir jetzt im Zentrum des platonischen Denkens angelangt.) Man schläft nicht im Bett des Malers (daher übrigens der burleske Charakter der Szene bei den Marx Brothers, als sich Harpo eine Malerleinwand schnappt und sie als Zudecke zum Schlafen benutzt). Man schläft auch nicht in der Idee vom Bett. Man schläft in dem materiellen, soliden Bett des Schreiners – das heißt also, im Bett der Mitte, das weder eine Idee noch ein Gemälde, sondern ein Ding, ein Gegenstand, ist.

Für Platon ist ein Gegenstand, ein Ding, wie ein Bett, in dem man schläft, das Bild der Idee, so wie das Gemälde des Bettes das Bild dieses Gegenstandes, dieses Dinges, ist. Spielt nicht die Idee die grundlegende Rolle, das heißt, dient diese nicht als Modell, nach dem der Tischler das Bett herstellt, in dem man schlafen kann?

Es gibt daher drei Betten: das ideelle Bett, das sinnlich wahrnehmbare Bett und das gemalte Bett. Man schläft nur in dem in der Mitte, doch nach Platon würde dieses niemals existieren, wenn ihm nicht das ideelle, intelligible Bett vorangegangen wäre, das ja das Modell für das hölzerne Bett ist. Das wahrnehmbare Bett ist ein Bild des intelligiblen Bettes, so wie das gemalte Bett ein Bild des wahrnehmbaren Bettes ist. Infolgedessen ist das gemalte Bett ein Bild des Bildes.

Für Platon ist die Wirklichkeit oder die Wahrheit (das ist für ihn ein und dasselbe) in der Idee, der Form, dem Modell, dem Paradigma enthalten und nicht in den sinnlich wahrnehmbaren Dingen und Wesen, die man im Alltagsleben sieht, berührt und hört. Was die Menschen als »Wirklichkeit« bezeichnen, ist daher lediglich ihre Meinung, ist eine äußere Erscheinung, ein Trug, eine Illusion, ein Schein: Das wirkliche Pferd ist nicht dasjenige, das man auf der Wiese weiden und seine Pferdeäpfel fallenlassen sieht, sondern es ist das Modell, das dem treuen Gaul sein Dasein verleiht. So wie der Kreis nicht die runde Wellenbewegung im Wasser ist, die ich dadurch verursache, dass ich ein Steinchen auf die Wasseroberfläche werfe, sondern der wirkliche Kreis eine ewige Idee ist, die mich umgekehrt dazu führt, jene Gegenstände als rund zu erkennen, die ihm ähneln.

Was die Kunst betrifft, die sich bemüht, die wahrnehmbare Wirklichkeit so getreu wie nur irgend möglich zu imitieren, so ist sie eine Lüge, die umso gefährlicher ist, je größer ihre verführerische Wirkung ist. Platon plant daher auch, die Dichter aus seinem idealen Staat zu verbannen. Wie die Sophisten sind auch sie »Phobosophen«.

Der Staat ist ein Werk, das in zehn Bücher unterteilt ist und in dem es um die Gerechtigkeit geht. Doch da bei Platon alle Ebenen miteinander verbunden sind, schließt er darin auch eine metaphysische Dimension mit ein und nicht nur, wie man es eigentlich hätte erwarten können, eine moralische und politische.

Platon ist ein Aristokrat, der die Demokratie für Anzeichen und Ursache der Dekadenz der Athener hält. Ist es nicht die Demokratie, die für den Tod des weisesten Mannes verantwortlich ist? Für den Tod des Sokrates? Der Staat zeichnet in großen Umrissen den Plan eines idealen Staates, des schönsten Staates (Callipolis), in der die Gerechtigkeit letztlich verwirklicht sein wird.

Die empirischen Vorstellungen der Gerechtigkeit (jedem das Seine zu geben, das Recht des Stärkeren usw.) werden ausgebreitet. Im 2. Buch zeigt Glaukon, der Widersacher des Sokrates, mit einer mythologischen Erzählung (es handelt sich um den Mythos von Gyges), dass die Gerechtigkeit ohne die Furcht vor Strafe nicht existieren würde.

Der Mythos von Gyges

An einem Gewittertag bemerkt der Schäfer Gyges, wie sich vor seinen Füßen die Erde öffnet. Er steigt in die Erdspalte und entdeckt ein hohles Pferd aus Bronze und in diesem wiederum einen menschlichen Leichnam mit einem Ring am Finger. Er zieht den Ring ab und steigt wieder hinauf. Wenig später, als er sich inmitten einer Versammlung befindet, stellt er fest, dass er unsichtbar wird, sobald er an diesem Ring dreht. Ganz begeistert von dieser magischen Macht, nutzt er sie aus, in dem die Königin verführt und den König tötet, um dessen Platz einzunehmen. Die übernatürliche Gabe sichert Gyges Straffreiheit (da er sich ja jederzeit unsichtbar machen kann). So wird der Schäfer also zum Verbrecher. Glaukon suggeriert damit, dass wir nur auf Grund unseres Unvermögens, ungestraft Ungerechtigkeiten zu begehen, »gerechte« Handlungen begehen. Niemand sei freiwillig gerecht.

Die fiktive Erzählung des unsichtbaren Mannes ist für diejenigen, die glauben, der Mensch sei von Natur aus gerecht, ein zweifelhafter Gegenbeweis. Um die These zu verteidigen, dass die Gerechtigkeit eine Wirklichkeit an sich sei, beschreibt Platon sie auf der Ebene des gesamten Staates. Dieser umfasst drei Gruppen:

- ✔ Die Gewerbetreibenden, die sich um die materielle Seite des Gemeinschaftslebens kümmern.
- ✔ Die Wächter, die die Verteidigung des Staates sicherstellen.
- ✔ Die Regenten, die die Herrschaft ausüben.

Die Gerechtigkeit nun ist die Ordnung des Ganzen, und sie besteht, wenn jedes Element seine eigene Funktion erfüllt. Im Gegensatz zu unserer demokratischen, egalitären Vorstellung von der Gerechtigkeit verteidigt Platon eine streng hierarchische Theorie (die Gerechtigkeit ist die Ordnung, die Ungerechtigkeit die Unordnung), zumal diese Dreiteilung in Herrscher, Krieger und Gewerbetreibende bei Platon den drei Teilen der Seele entspricht – der Vernunft, die befiehlt, dem »Herzen« (*thumos*), das dem Mut und der Kraft entspricht, und der Begierde.

So wie die gerechte Seele jene ist, bei der der vernunftgemäße Teil den anderen Teilen befiehlt, so ist der gerechte Staat jener, bei dem die Herrscher ihre Aufgabe erfüllen und die beiden anderen Gruppen die ihren.

Die ideale Regierung

Dann behandelt Platon die Ausbildung der Herrscher, die Philosophen sein müssen, das heißt, das Gute kennen müssen. So läuft die politische Abhandlung im 7. Buch mit Hilfe des berühmten Höhlengleichnisses auf eine Theorie des veranschaulichten Wissens und gleichzeitig auf eine Metaphysik hinaus.

Die ideale Regierung ist in den Augen Platons eine aristokratische (»Aristokratie« bedeutet etymologisch »Herrschaft der Besten«) und monarchische (der Philosophenkönig regiert den Staat, wie die Vernunft die Seele beherrscht). Da sie die Macht denjenigen vorbehält, die weise sind, kann das platonische politische Denken als Vorläufer der modernen technokratischen Ideologie betrachtet werden.

Es gibt vier Formen korrupter Herrschaft, die den Staat bedrohen:

- ✔ Die Timokratie, bei der die Herrschaft von den Besitzenden ausgeübt wird, deren politische Rechte nach ihrem Vermögen vergeben werden.
- ✔ Die Oligarchie, die eine abgestufte Aristokratie ist: Die wenigen, die regieren, setzen sich nicht mehr aus den Besten, sondern aus den Reichsten zusammen.
- ✔ Die Demokratie, die (nach Platon) stets demagogischer Natur ist, ist die Herrschaft des unwissenden Volkes.
- ✔ Die Tyrannei, bei der die Laune und Willkür eines Einzelnen die Macht ausüben.

Ein Übermaß an Freiheit schlägt beim Einzelnen wie beim Staat in Knechtschaft um.

Platon

Platon analysiert, wie sich die einzelnen Regierungsformen in jeweils andere umwandeln. Weil die Demokratie, die ja selbst aus einer Reaktion gegen die Oligarchie heraus entstanden ist, in der Anarchie versinkt, läuft sie letztendlich auf die Tyrannei hinaus, bei der das Volk von der Unordnung zur Knechtschaft gelangt.

Diesen vier Antithesen der Callipolis ordnet Platon vier Typen ungerechter Männer zu; es sind:

- ✔ Der Timokrat, der von seinem Streben nach Ruhm und Ehre angetrieben wird.
- ✔ Der Oligarch, der nur das Geld liebt.
- ✔ Der Demokrat, der von der Unvernunft seiner Begierden beherrscht wird.
- ✔ Der Tyrann, der gewalttätig ist und zwischen seinen ungezügelten Leidenschaften hin und her gerissen wird.

Es gibt das ideale objektiv Gute, das der Philosophenkönig in seinem Staat verwirklichen wird. Doch dieser Staat muss die Illusionen und die Lügen der Künste und der Dichtung verbannen, die lediglich die Erscheinungsformen der Dinge imitieren und somit deren wahre Natur vergessen lassen.

Wenn nicht entweder die Philosophen Könige werden oder die, die man heute Könige nennt, echte und gründliche Philosophen werden, so wird es mit dem Elend in der Stadt kein Ende haben.

Platon

Der Êr-Mythos

Der Staat endet mit einem dritten Mythos, mit dem Êr-Mythos, der die Idee der Wahl und der Verantwortung veranschaulicht.

Der Pamphylier Êr stirbt in einer Schlacht und darf miterleben, wie die Seelen im Jenseits ihr zukünftiges Schicksal erwählen. Wenn der Augenblick einer Neuinkarnation gekommen ist, hat die Seele die Macht, die Existenz ihrer Wahl einzunehmen, sie kann also beispielsweise zwischen einem kurzen, doch ruhmvollen Leben, wie jenem des Achilles, und einem langen, doch bescheidenen Leben wählen.

Das Wahre, das Wirkliche, das Gute

Das Wirkliche ist das Wahre, das Wahre ist das Wirkliche

Der Platonismus ist das Vorbild für alle philosophischen Dualismen: Die Welt ist in zwei ungleiche Teile zerbrochen: auf der einen Seite das Sein, auf der anderen die bloße Erscheinung; auf der einen Seite die Wirklichkeit, auf der anderen die Illusion; auf der einen Seite die Wahrheit, auf der anderen die Lüge.

Bei Platon gibt es einen exakten Parallelismus zwischen der Ordnung der Wirklichkeit und der des Wissens, und deshalb sind das Wirkliche und das Wahre bei ihm auch identisch. Der Kreis ist wahr, und er ist wirklich, das Kreisförmige ist falsch und nur äußere Erscheinung.

Unsere Alltagssprache ist da ganz naiv platonisch. Wenn wir etwa von Politikern oder Journalisten sagen, dass sie vor uns »die Wahrheit verbergen«, dann meinen wir damit eigentlich, dass sie vor uns die Wirklichkeit verbergen. Wenn wir von einem »unechten Picasso« oder von »unechten Brüsten« sprechen, so führen wir diesen Charakter des Unechten nicht auf Urteile zurück, die aus unserer Art des Denkens hervorgehen, sondern auf – von uns unabhängige – Realitäten. Wenn wir nämlich die Bedeutung dieser Formulierungen näher untersuchen, dann stellen wir sehr wohl fest, dass sie sich auf Urteile und nicht auf Dinge beziehen.

»Ein unechter Picasso« bedeutet: Ich sehe ein Gemälde, das im Stil Picassos gemalt ist und mit »Picasso« signiert ist. Wenn ich glaube, dieses Gemälde sei von Picasso, dann täusche ich mich. Das Unechte, der Irrtum, liegt dabei nicht bei der Leinwand, sondern in meinem Urteil, das ich mir über sie bilden kann. Ebenso bedeutet ein »unechter Busen«: Ich sehe Erhebungen der Brust, die normalerweise der Busen sind. Wenn ich nun meine, diese Brüste (die aber in Wirklichkeit aus Silikon bestehen oder mit einem Gelkissen im BH ausgepolstert sind) seien so, wie der genetische Zufall sie dieser Person verliehen hat, dann täusche ich mich (das Unechte, der Irrtum, liegt dann nicht beim Busen, sondern in meinem eigenen unvernünftigen Urteil). Gewiss, Platon kannte Picasso nicht, und die Büstenhalter seiner Zeit waren noch nicht so perfektioniert wie heutzutage, dennoch veranschaulichen diese Beispiele sein Denken.

Eine junge, nackte Frau: ein verführerisches Bild der Wahrheit

Die Werte, die unsere Kultur begründen – Liebe, Gerechtigkeit, Freiheit, Demokratie –, wurden von jungen Frauen symbolisiert und repräsentiert. Platon war der Erste, der in seinem Gastmahl eine enge Verbindung zwischen intellektueller Neugier und Liebesverlangen hergestellt hat. Freud bestärkt diese Idee, indem er in der sexuellen Neugier des Kindes den Prototypus (das anfängliche Beispiel) und den Archetypus (das Modell) der Neugierde im Allgemeinen sieht. Alle Menschen suchen theoretisch nach der Wahrheit, die Wahrheit ist das Wunschobjekt. Die Einsicht in die Erkenntnis (die Wahrheit besitzen) und das Bild der sexuellen Vereinigung (eine Frau besitzen) sind durch das gleiche Vokabular geprägt: In der Bibel bedeutet erkennen »sich mit einer Frau vereinigen« (»Adam erkannte Eva«).

Die Nacktheit der jungen Frau steht nicht nur für Erotik. Seit den Griechen existiert in der philosophischen Tradition eine reichhaltige Symbolik des Verschleierns und Entschleierns, die auf die Suche nach der Wahrheit verweist. Es ist üblich, von der *nackten* Realität oder der *nackten* Wahrheit zu reden (dieser Ausdruck erweist sich sogar als Pleonasmus). Ebenso erinnert man an den Schleier der äußeren Erscheinung, um auszudrücken, dass sich die Wahrheit dahinter verbirgt. Im Griechischen heißt die Wahrheit *alèthéia*, was »Entschleierung« bedeutet.

Das Gute ist die Sonne, der man nicht entkommt

Man kennt das schöne Sprichwort von La Rochefoucauld: »Die Heuchelei ist eine Huldigung, die das Laster der Tugend darbringt.« Die Heuchelei bewegt sich in der Tat in einer Einbahnstraße, wobei sie von dem Schlechten als ihrer Quelle ausgeht und in das Gute einmündet, aber niemals umgekehrt. Man hat noch nie erlebt, außer vielleicht im provozierenden Spiel, dass sich Ehrlichkeit als Unehrlichkeit ausgibt. Wenn sich in der heutigen Welt selbst Diktaturen dazu gezwungen fühlen, sich als Demokratien auszugeben, dann deshalb, weil die Werte der Freiheit zumindest schon in den Reden, wenn auch noch nicht in den Taten die Oberhand über Unterdrückung und Knechtschaft gewonnen haben. Zwischen Gut und Böse gibt es keine Symmetrie: Es gibt kein Gleichgewicht zwischen den beiden.

In diesem Zusammenhang lässt sich auch das sokratische Paradoxon nachvollziehen, das von Platon übernommen wird: Niemand ist freiwillig böse. Genau genommen, tut man also immer nur das Gute – in dem Sinne, dass man immer nur das tut, was man für sich für etwas Gutes hält. Der Dieb beispielsweise tut etwas, von dem er meint, dass es ihm etwas Gutes beschert, etwas, das ihm guttut. Indem er das tut, gibt er sich aber einer Täuschung hin. Für Platon ist ein Bösewicht in Wirklichkeit ein Ignorant, ein Unwissender.

Im Höhlengleichnis wird die Idee des Guten durch die Sonne symbolisiert, die der Welt Licht und Wärme schenkt. So wie die Sonne den Lebewesen und Dingen durch ihr Licht Konturen verleiht (die wir in der Dunkelheit nicht mehr wahrnehmen), ist die Idee des Guten die höchste Idee, die den ihr untergeordneten Ideen ihre Konturen gibt.

Für Platon sind alle idealen Werte (das Wahre, das Schöne, das Gute, das Gerechte …) miteinander vergleichbar: Was schön ist, ist auch gut und gerecht; was gerecht ist, ist auch schön und gut; usw. Ein tugendhafter Mensch muss alle Tugenden besitzen. Diese Theorie der Einheit der Tugenden wird später von Aristoteles bestritten werden: Ein Mann kann zwar mutig, aber trotzdem trunksüchtig sein. Mut und Mäßigung gehören also nicht notwendigerweise zusammen.

Allerdings gibt die Umgangssprache eher Platon recht. Der einzigartige und universale Charakter des Guten findet seine Übersetzung in folgenden geläufigen Redewendungen: Das Gute kann technischer Art sein (»gut laufen« sagt man bei einer Maschine), ästhetischer Art (»Der war gut«, wenn es sich etwa um einen Film handelt) oder auch moralischer Art (»ein guter Mensch«).

Das Erbe Platons

Der Platonismus ist realistisch!

Der Widerspruch von Realismus und Idealismus bildete sich erst später in der Geschichte der Philosophie heraus, als die Vorstellung vom Bewusstsein als Repräsentationskraft auftauchte. Der Realismus ist die Philosophie, nach der eine Realität an sich existiert, und zwar unabhängig vom Subjekt, von dem sie vergegenwärtigt wird. Für einen Realisten gab es den Planeten Neptun bereits, lange bevor Le Verrier seine Existenz durch Berechnungen herleitete, und das Element Uran existierte für ihn, bevor die Physik es entdeckte.

Im Gegensatz dazu ist der Idealismus die Philosophie, nach der es keine Realität an sich gibt, die unabhängig vom Subjekt ist. Ein Idealist kann nicht sagen, dass der Neptun und das Uran schon vor ihrer jeweiligen Entdeckung *existierten*. Für einen Idealisten muss die Wirklichkeit regelrecht *er-* und *gefunden* werden – so wie man sagt, dass ein Schatz, den man entdeckt, *gefunden* wird. Das führt dann dazu, dass für einen konsequenten Idealisten Stühle und Tische eines Versammlungssaales in dem Moment völlig von der Bildfläche verschwinden, sobald das letzte Bewusstsein (auch dann, wenn es ein wenig einschläft) den Raum verlässt: Es gibt niemanden mehr, der diese Stühle und Tische sehen kann, also gibt es auch niemanden mehr, der sie existieren lässt!

Allerdings haben die Begriffe »Idealismus« und »Realismus« in der Umgangssprache eine andere Bedeutung, nämlich eine moralische, praktische. Ein Realist ist jemand, der ausschließlich an unmittelbare Dinge des Alltagslebens glaubt – an Zinsen, Geld und Nahrung ... Im Gegensatz dazu ist ein Idealist jemand, der an große Werte glaubt – an die Liebe, an die Gerechtigkeit und an die Freiheit mit den großen Flügeln ... In diesem zweiten Sinne ist Platon ein Idealist: Für ihn ist das Gute eine Realität und keine naive Illusion. Die Wahrheit existiert. Doch nach der ersten Bedeutung, die ja die eigentliche der Philosophie darstellt, ist Platon ein Realist: Die Idee ist ewig (sie entgleitet der Zeit), objektiv (sie ist völlig unabhängig von den »Vorstellungen«, die man sich von ihr macht) und transzendent (sie übersteigt in unendlichem Maße den Bereich der sinnlichen Natur). Wobei man hier unterscheiden muss einerseits zwischen einer Idee – also einem Einfall, einem Plan, einem Vorhaben, etwas zu tun – , die einem in den Sinn kommt, die man »hat«, und andererseits der Idee als philosophischem Begriff von einem Urbild, das einer individuellen Wirklichkeit zu Grunde liegt. Eine solche Idee »haben« wir nicht, sondern wir »betrachten« oder »kontemplieren« sie, so ähnlich wie wir den Sternenhimmel betrachten.

Jahrhunderte später fällt es christlichen und muslimischen Denkern und Autoren nicht besonders leicht, eine solche Philosophie mit ihren eigenen monotheistischen Überzeugungen zu vereinbaren. Manch einer geht sogar so weit, das Gute Platons mit dem Schöpfergott des Universums gleichzusetzen.

Philosophieren heißt, sterben lernen

Mit der Abänderung dieses Satzes Platons verlieh ihm Montaigne eine eher stoische Bedeutung, die er ursprünglich nicht – zumindest nicht ausschließlich – hatte. Die einfachste Deutung lautet: Wenn man klug ist, wenn man Weisheit besitzt, dann gewöhnt man sich an den Gedanken des Todes, um ihn nicht mehr fürchten zu müssen. Doch eigentlich lernt man niemals wirklich zu sterben.

Platon wollte damit jedoch tiefsinniger Folgendes zum Ausdruck bringen: So wie es zwei Welten außerhalb des Menschen gibt (die intelligible und die sensible Welt), gibt es auch innerhalb des Menschen zwei unterscheidbare Welten: die Seele, deren wahrer Aufenthaltsort die intelligible Welt der Ideen ist, wohingegen der Körper als äußere physische Gestalt dem Untergang geweiht ist. Die Seele ist dagegen wie die Ideen ewig und kennt diese von Natur aus. Doch sie ist mit dem Körper verbunden (Inkarnation), sie ist durch ihn verdunkelt. Der Körper ist ein Nebel, der die Seele daran hindert, das Universum der Ideen klar und deutlich wahrzunehmen. Platon verwendet sogar zwei besonders pathetische Bilder dafür: Der Körper ist ein Gefängnis, der Körper ist ein Grab. Daher ist der Tod eine Erlösung: eine Befreiung aus dem Gefängnis, eine Wiedergeburt aus dem Grab.

Doch was heißt es nun zu philosophieren? Es bedeutet, die Kümmernisse des Körpers zu vergessen, um sich jenen der Seele zuzuwenden. Es bedeutet, den Körper in Klammern zu setzen, um der dadurch befreiten Seele zu erlauben, sich den Ideen zu widmen und zu ihnen zu gelangen. Es bedeutet daher, eine Arbeit zu leisten, die der Trennung der Seele vom Körper entspricht, wenn sie ihn dereinst zum Zeitpunkt des Todes verlassen wird. Philosophieren heißt also, den Tod nachzuahmen. Der weise Mann spielt den Tod, um ihn zu überlisten.

Den Tod fürchten ist nichts anderes als sich dünken, man wäre weise, und es doch nicht sein. Denn es ist ein Dünkel, etwas zu wissen, was man nicht weiß. Denn niemand weiß, was der Tod ist, nicht einmal, ob er nicht für den Menschen das größte ist unter allen Gütern. Sie fürchten ihn aber, als wüssten sie gewiss, dass er das größte Übel ist.

Platon

Ein Gastmahl für die Liebe

In Platons *Das Gastmahl* (Symposion) sitzt (oder besser gesagt: liegt) eine Gruppe von Freunden beim Dichter Agathon, um dessen Sieg bei einem Tragödienwettbewerb zu feiern (in der griechisch-römischen Antike aß man im Liegen und nicht im Sitzen). Die Gefährten beschließen, dem Gott Amor (Eros) ein Lob darzubringen. Nacheinander folgen sechs Reden, angefangen von der banalsten bis hin zur erhabensten Rede.

Phaidros sieht in der Liebe einen moralischen Gott, der den Liebenden sämtliche Tugenden zuteil werden lässt. Pausanias unterscheidet zwei Arten der Liebe, die eine untersteht der himmlischen Aphrodite und richtet sich gen Himmel, die andere untersteht der irdischen Aphrodite, sie ist eher physischer Art. Der von Empedokles inspirierte Arzt Eryximachos versteht die Liebe als kosmische Anziehungskraft. Aristophanes kommt als Vierter an die Reihe. Er ist ein berühmter Komödiendichter, der sich in einem seiner Stücke, Die Wolken, über Sokrates lustig gemacht hat. In dieser Komödie zeigt er Sokrates in einer Gondel buchstäblich in der Luft, verloren zwischen den Wolken hängend. Als Aristophanes seine Erzählung vorträgt, ist er schon reichlich beschwipst. Doch die Bedeutung dieser burlesken Geschichte von zweigeteilten Individuen ist sehr ernst: Liebe ist Begehren, und Begehren ist die Suche nach einer ursprünglichen Einheit, die verlorengegangen ist. Darauf folgt Agathon, der Held des Tages: Er erkennt in der Liebe eine ganze Reihe von Vorzügen.

Als Letzter spricht Sokrates. Er nimmt die Gegenposition zu seinem Gastgeber ein: Die Liebe ist kein Besitz, sondern ein Mangel. Um seinen Worten dann noch zusätzliches Gewicht zu verleihen und um zudem nicht den Eindruck zu erwecken, er greife die Ideen des Gastgebers (Agathon) frontal an, berichtet er von den Reden einer gewissen Diotima, einer Priesterin, von der er einst die Initiation erhalten hat (Platon liebt diese Art der Verschachtelungen: Das Gastmahl ist bereits der Bericht eines Zeugen, die Erzählungen im Gastmahl sind Erzählungen in einer Erzählung, die Rede Diotimas ist eine Erzählung in der Erzählung der Erzählung ...).

Die Liebe ist weder gut noch schlecht, sagt Diotima, sie ist weder schön noch hässlich, sondern ein Mischwesen, dessen Mutter die Armut und dessen Vater der Reichtum ist – und damit buchstäblich ein Dämon (dieser Begriff ist nicht in einem diabolischen Sinn zu verstehen, der ihm erst vom Christentum verliehen wurde: Ein Dämon ist bei den Griechen ein Mittler zwischen dem Menschlichen und dem Göttlichen). Die Liebe ist es, die in den Menschen das Verlangen nach Unsterblichkeit erzeugt. Stets auf der Suche nach dem Wahren, Schönen und Guten, ist sie eigentlich philosophisch.

So wird eine Gleichbedeutung hergestellt: Die Liebe ist Philosophie, die Philosophie ist Liebe. Diotima legt das dar, was man als »aufsteigende Dialektik« bezeichnen wird: Die Liebe bezieht sich zunächst auf einen schönen Körper, dann auf die physische Schönheit im Allgemeinen, danach auf die Schönheit der unsterblichen Seele, dann auf die der Ideen, schließlich auf die Idee des Schönen. Diese Passage des *Gastmahls* wird nicht nur die Philosophen, sondern auch die Dichter und Künstler des klassischen Zeitalters auf ihrer Suche nach der idealen Schönheit inspirieren (wir erinnern uns – wir nennen das 18. und 19. Jahrhundert das klassische Zeitalter der nachantiken Philosophie, dessen drei herausragende Vertreter René Descartes, Francis Bacon und Thomas Hobbes sind).

Am Ende des Gesprächs platzt der völlig betrunkene Alkibiades herein und verfasst in Form einer Allegorie ein Loblied auf Sokrates: Er vergleicht ihn mit jenen Statuen von Silena, die die Figuren der Götter enthalten, von außen grotesk anzuschauen, im Inneren jedoch äußerst erhaben.

Vom *Gastmahl* leitet sich übrigens die Formulierung »sokratische Liebe« ab, die die homosexuelle Liebe bezeichnet: Sokrates und Alkibiades werden als Geliebte dargestellt, und Pausanias, der zweite Schwätzer aus der Gruppe, erkennt in der Liebe zwischen Männern sogar eine höhere Form der Liebe, die den anderen Spielarten überlegen sei (da ja der Mann der Frau überlegen sei, sei eine Mann-Mann-Paarbeziehung höher zu werten als eine Beziehung zwischen Frau und Mann). Der Ausdruck »platonische Liebe«, der eine Liebe ohne Geschlechtsverkehr bezeichnet, stammt aus einer etwas schrägen Lesart des letzten Teils des *Gastmahls*. Platon lehnt, wie wir gesehen haben, die körperliche Liebe nicht ab. Er meint nur, dass sie lediglich eine erste Etappe auf einem langen Weg darstelle, dessen Ziel die Liebe des Guten sei.

Erkennen heißt, sich zu erinnern

Die platonische Gnoseologie (Erkenntnistheorie) ist keine Gnoseologie des Erfindens, sondern des Entdeckens, da die Ideen schon von Ewigkeit her vorhanden sind und nicht neu erschaffen werden. Auch heute noch spricht man vom mathematischen Platonismus, um damit das realistische Konzept bestimmter Mathematiker zu bezeichnen (sie meinen, die Zahl π existierte bereits vor ihrer Entdeckung).

Platon glaubte wie die Pythagoreer an die Seelenwanderung. Nach ihm durchlebt die Seele eine Reihe von Inkarnationen, die von Phasen unterbrochen werden, in denen sie keinen Körper hat. Wenn man geboren wird, wird man inkarniert, wenn man stirbt, löst man seine materielle Existenz auf. Doch entspricht der physische Tod einer tatsächlichen Wiedergeburt (in der Welt der Ideen, die ja die naturgegebene Welt der Seele ist). Umgekehrt bedeutet das, was wir als Geburt bezeichnen, einen Tod der Seele, die nun buchstäblich in diesem Gefängnis des Körpers eingesperrt wird. Das folgende Schema veranschaulicht die platonische Lehre der Seelenwanderung:

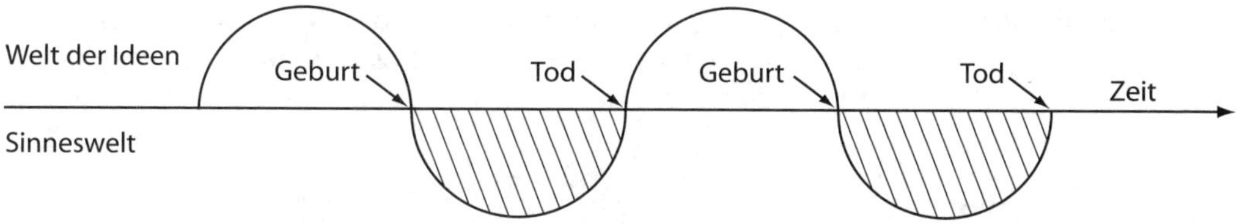

Abbildung 4.1: Der Kreislauf der Seele bei Platon

Die Sinuskurve stellt die Seele dar, die bald frei und ungebunden im Himmel der Ideen schwebt, bald sich in der Sinneswelt inkarniert (die schraffierten Flächen auf der Abbildung). Die Geburt in der intelligiblen Welt bedeutet gleichzeitig den Tod in der sensiblen (sinnlich wahrnehmbaren) Welt, und umgekehrt wird der Tod in der intelligiblen Welt zur Geburt in der sensiblen Welt.

Nun versteht man, warum Platon behauptet, zu erkennen bedeute, sich zu erinnern (die sogenannte Theorie der Erinnerung). Wenn sich die Seele wieder inkarniert, kennt sie ja bereits die Ideen, die sie in Ruhe betrachten konnte, als sie sich in der höhergelegenen Welt befand. Ihre Aufgabe besteht nun darin, die Schranken des Fleisches zu überwinden, die das Gefängnis des Körpers ständig neu zwischen der Seele und den Ideen errichtet. Diese Reminiszenz oder auch Anamnese, wenn man gleich den griechischen Begriff wählt, wird in einem kleinen Dialog mit dem Titel Menon anschaulich dargestellt. In diesem will Sokrates seinem zweifelnden Gesprächspartner zeigen, dass ein junger, ungebildeter Sklave durchaus in der Lage ist, ein mathematisches Problem wie das der Flächenverdopplung eines Quadrates zu lösen. Ausgehend von einem in den Sand gezeichneten Quadrat, bringt Sokrates den jungen Sklaven zu der Erkenntnis, dass seine auf die Frage gegebene Antwort falsch ist – man muss den Flächeninhalt eines Quadrats nämlich vervierfachen und nicht verdoppeln, wenn man die Seitenlänge verdoppelt:

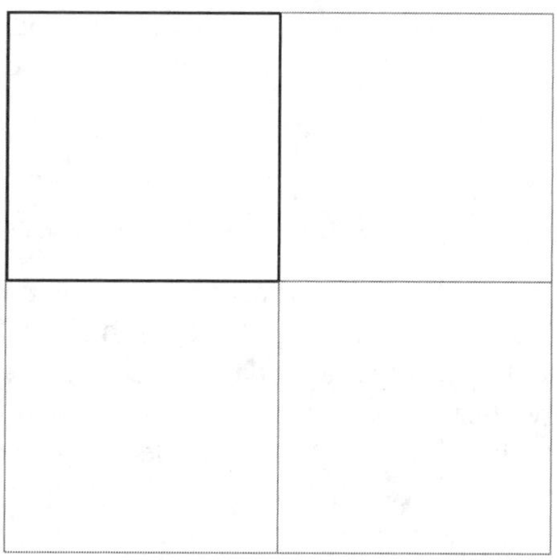

Abbildung 4.2: Die falsche Antwort

Wenn man dagegen die Diagonale des Quadrats als Ausgangspunkt für die Seitenlänge des zweiten Quadrats wählt, so hat dieses sehr wohl den doppelten Flächeninhalt des ersten:

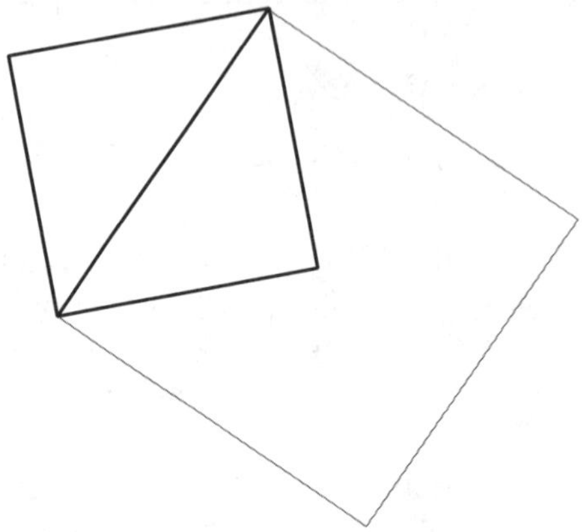

Abbildung 4.3: Die richtige Antwort

Gewiss, Sokrates manipuliert dabei ein bisschen (eigentlich sogar sehr stark), und niemand muss heute mehr an die Seelenwanderung glauben. Dennoch stimmt es, dass die Theorie der Erinnerung den Vorteil hat, dass man die Aufmerksamkeit auf eine essentielle Frage in der Lernpsychologie richten kann: Wenn man nämlich von einem Nichts an Wissen ausginge, könnte man nie etwas wissen oder zusätzlich erfahren. Doch Platon ging noch weiter, denn für ihn bedeutet erkennen »wiedererkennen«.

Im *Phaidron* vergleicht Platon die Seele mit einem himmlischen Gespann: Die Vernunft ist der Kutscher, der die Richtung bestimmt, das Herz ist das gehorchende Pferd, die Begierden sind das störrische Pferd. Dabei kommt es vor, dass sich die Seele vom bösen Pferd leiten lässt, was den unvermeidlichen Sturz in die sensible (wahrnehmbare) Welt zur Folge hat. Ein böser Mensch ist dann jemand, der auf das böse Pferd gesetzt hat.

Frei zu sein bedeutet, das zu tun, was uns nicht gefällt

Am schlechtesten definiert man Freiheit, wenn man sagt, sie bestehe darin, das tun zu können, was uns gefällt. Platon stellt fest, dass der Tyrann nicht frei ist, wenn er Menschen verbannt, ins Gefängnis steckt oder tötet, denn dann ist er Sklave seiner Leidenschaften. Was man heutzutage als »Süchte« bezeichnet, zeigt zur Genüge, dass Genuss und Vergnügen im Widerspruch zur Freiheit stehen können. Sagt man denn, der sadistische Folterknecht ist »frei«, wenn er foltert, weil er das, was er tut, doch schließlich sehr gerne macht? Oder dass der Junkie frei ist, wenn er sich die Spritze setzt? Nicht nur, dass die Freiheit eben nicht darin besteht, das zu tun, was uns gefällt – sie liegt gerade darin, genau das auszuführen, was uns nicht gefällt. Die größte Freiheit, die ein Alkoholiker ausleben könnte, wäre es, wenn er zu dem Laster, das ihn ins Unglück stürzt, nein sagen würde. Man kann ja, wie André Gide einmal sagte, seiner Neigung gerne folgen, doch nur unter der Bedingung, dass sie nach oben führt.

Der Erfinder des Kommunismus

Im politischen Bereich stellt das platonische Denken einen stark antidemokratischen Konservatismus dar. Der Tod des Sokrates (es sei daran erinnert, dass dieser von einer gewählten Versammlung und nicht von irgendeinem Tyrannen beschlossen wurde) zeigt für Platon ganz offensichtlich, dass das Volk lediglich ein »großes Tier« (so seine eigene Formulierung) ist, das keine Ahnung hat, und dass die einzig richtige Politik darin besteht, es von Regierungschefs leiten zu lassen, die zudem Philosophen sein müssten. Zwischen der Gerechtigkeit im ethischen Sinn (der Ordnung in der Seele) und der Gerechtigkeit im politischen Sinn (der Ordnung im Staat, in der Polis) besteht nach Auffassung des Autors von *Der Staat* ein Zusammenhang. So wie ein gerechter Mann vom vernunftgemäßen Teil seiner Seele geleitet wird, wenn er seine Begierden unter Kontrolle hält, so unterdrückt auch die gerechte Polis die Ambitionen und Wutausbrüche der produktiven und für den Kriegsdienst zuständigen Klassen und wird von den Philosophenkönigen regiert, die unter den Mitgliedern einer Gesellschaft die einzigen Repräsentanten des Guten sind.

Der Staat sieht für die Wächter eine Gütergemeinschaft vor, zu denen auch Frauen und Kinder zählen. So ist Platon der Erste in einer langen Reihe von Utopisten, die, wie Thomas Morus (16. Jahrhundert), der Erfinder des Begriffs »Utopie«, mit allen Mitteln versuchen, alles Gefühlsmäßige und jegliches Eigeninteresse im Namen des Gemeinwohls auszuschalten. Familie und Privateigentum werden verurteilt, weil sie den Egoismus zu Lasten des allgemeinen Interesses förderten. In den Augen Platons muss sich ein Wächter für den Dienst am Staat vollkommen aufopfern. Er gehört nicht sich selbst, er gehört dem Staat.

Liberale wie Karl Popper versäumen es nicht, in Platon wegen dieser Passage in *Der Staat* einen Vorfahren des Totalitarismus zu sehen. Denn zeichnet sich dieser nicht gerade durch die vollständige Ausrottung jeglicher Individualität zugunsten einer politischen und sozialen Gesamtheit und Gleichheit aus, die als Absolutum betrachtet werden? Gewiss, in seinem Werk *Die Gesetze*, das Platon nach *Der Staat* verfasste, mildert er in gewisser Weise seine radikalen politischen Vorstellungen etwas ab – dennoch wiederholt er in dieser Schrift seine gnadenlose Verurteilung von Handel und Gewinn, die in seinen Augen Korruptionsfaktoren darstellen. Außerdem soll die vollkommene Polis im Inneren des Landes errichtet werden, fern der Küste, das heißt fern von jedem korrupten und korrumpierenden Einfluss von Händlern.

In dem kleinen Dialog *Kritias* erwähnt Platon die bewundernswerte Kultur von Atlantis, der Stadt, die wegen einer Naturkatastrophe im Meer versank. Dies bietet dem Philosophen die Gelegenheit aufzuzeigen, dass die politischen Entwürfe aus *Der Staat* nicht unverwirklichbar sind, da sie bereits 9000 Jahre zuvor realisiert worden seien! Atlantis wurde lange Zeit als Mythos angesehen, wird zurzeit jedoch – durch archäologische Funde gestützt – für möglicherweise historisch belegt gehalten.

Philosophenkönig oder königlicher Teppichknüpfer?

In *Der Staat* erklärt Platon den Philosophen zum einzigen Mann, der tatsächlich würdig ist, die Polis zu regieren, weil er als Einziger das Privileg hat, über die Ideen nachzudenken, zu kontemplieren. Doch später löst Platon die Politik von der Erkenntnis des höchsten Guten ab und macht daraus eine regelrechte Technik, die eher dem Nähen als der Philosophie ähnelt. Der königliche Teppichknüpfer verwendet die natürlichen Gaben der Menschen, die sich dem Eifer zuneigen, als Kettfäden der Polis, und diejenigen, die eher zur Ordnung und zur Besonnenheit tendieren, als Schussfäden. Der gute Politiker wäre dann derjenige, um es in unserer modernen Sprache auszudrücken, der die Falken und die Tauben dazu brächte, gemeinsame Werte zu teilen.

Gibt es nun einen Richtungswechsel im Denken Platons je nach Alter, oder gilt es, ein Spannungsverhältnis, wenn nicht gar einen Widerspruch zwischen zwei Polen seiner Philosophie auszumachen? Diese Frage entzweit die Fachleute noch immer.

Es ist seltsam zu sehen, wie Platon, der ja als erstes Beispiel für einen dogmatischen Philosophen gilt, in einem skeptischen Sinne gelesen und verstanden wird. Doch sollte dies zu seinem Schicksal in der Geschichte werden. Die Akademie, also die Schule, die er begründet hat – von diesem Wort leiten sich all unsere »Akademien« ab –, hatte in der Folgezeit skeptische Philosophen als Schulleiter: Sie übernahmen von ihrem Meister einerseits die Aporien, das heißt die Unmöglichkeit, philosophische Fragen zu lösen, die sich in den Dialogen oft zeigt. Andererseits übernahmen sie die Theorie, dass nichts in der sensiblen (wahrnehmbaren) Welt stabil, also definierbar ist.

»Nur ein Geometer hat Zutritt«

Dies war die Inschrift, die Platons Schüler über der Eingangspforte der Akademie lesen konnten. Die Geometrie war bei Platon eine Übung des reinen Denkens: Messinstrumente wie Lineal und Zirkel waren dabei untersagt.

Wie Pythagoras war Platon Mathematiker. Wir verdanken ihm eine Entdeckung von großer Bedeutung: die der fünf konvexen regelmäßigen Polyeder, die folgerichtig die platonischen Körper heißen. Ein Polyeder, ein geometrischer Körper mit ebenen Oberflächen, ist konvex, wenn es keine Löcher hat, und regelmäßig, wenn seine Flächen alle gleich sind. In einem dreidimensionalen Raum gibt es nur fünf konvexe, regelmäßige Polyeder, es kann nicht mehr geben (man kann das heute mathematisch auch beweisen, was die Griechen allerdings noch nicht konnten). Der bekannteste davon ist der Würfel (er besitzt sechs quadratische Flächen); es gibt aber auch noch das Tetraeder (vier gleichseitige Dreiecke), das Oktaeder (acht gleichseitige Dreiecke), das Dodekaeder (zwölf Fünfecke) und das Ikosaeder (20 gleichseitige Dreiecke).

Im Timaios macht Platon diese geometrischen Körper zu den Symbolen der Elemente:

- ✔ Der Tetraeder repräsentiert die Erde.
- ✔ Der Würfel steht für das Wasser.

- ✔ Das Oktaeder stellt die Luft dar.
- ✔ Das Dodekaeder repräsentiert das Feuer.
- ✔ Und das Ikosaeder steht für das Universum in seiner Gesamtheit.

Platon, der Vatermörder!

In einem seiner letzten Werke, in Der Sophist, hält Platon den geistigen Vatermord an »unserem Vater Parmenides« für geboten: Man sollte in der Tat die Existenz des Nichtseins zulassen, zumindest in gewisser Hinsicht. Anderenfalls würden Wirklichkeiten wie die Bewegung und der Irrtum unverständlich.

Was ist denn die Bewegung anderes als eine Mischung von Sein und Nichtsein? (Es sei daran erinnert, dass die Bewegung für die Griechen eher eine Alteration als ein Ortswechsel war.) In einem Film von Laurel und Hardy mit dem Titel Die Doppelgänger sagt Laurel zu seinem Zwillingsbruder, den er seit der Kindheit nicht mehr gesehen hatte: »Du hast dich sehr verändert, doch du wirst immer derselbe bleiben!« Derselbe sein und doch ein anderer, derselbe sein und nicht sein – das ist hier die Frage für Platon. Indem Parmenides sagte, dass das Nichtsein nicht ist, erklärte er kurzerhand ein Verstehen der Bewegung für unmöglich.

Und was ist der Irrtum denn anderes als die Tatsache, dass man etwas sagt, was nicht ist? Wenn das, was nicht ist, nicht ist, wie könnte man sich dann noch irren? Platon kam nicht umhin, bestimmte Kontrahenten zu geißeln, die so weit gingen zu behaupten, dass es keinen Irrtum gebe, dass der Irrtum nicht existiere – dass demzufolge alles wahr sei!

Platon im Zwiespalt: Auf der einen Seite hält er nur die Ideen für Wirklichkeit, die objektive Substanzen sind, doch auf der anderen Seite sieht er sich dazu gezwungen, Lücken, Leerstellen und Abwesenheiten zu dulden, in die der Geist abtauchen kann. Die »Phobosophen« sind unerträglich: Sie geben sich nicht damit zufrieden, die zerbrechlichen Seelen zu verführen, sie drängen auch noch den Prinzen der Philosophen dazu, einen Vatermord an der Person des Parmenides zu begehen.

Eins, zwei, eins, zwei: der Marsch der Metaphysik

So ist es mit dem Denken: Kaum hat es die Einheit einer Sache erfasst, beginnt diese sich auch schon wieder zu verbergen. Die letzten Lebensjahre Platons waren dem folgenden aufreibenden Problem gewidmet: Das Eine (das Erbe der Vorsokratiker) ist die Eigenschaft des Seins, des Absoluten. Plotin, der Begründer des Neuplatonismus sieben Jahrhunderte später, wird daraus die Grundlage für sein Denksystem machen. Doch für Platon gibt es nicht das *Eine* ohne das *Andere*. Wenn man sagt: Das Eine ist, hat man eigentlich schon zwei Dinge – das Eine und das Sein. Diese äußerst abstrakten Spekulationen, die einem recht überdreht vorkommen könnten, übten einen enormen Einfluss auf das spätere, insbesondere christliche und arabische, Denken aus. Denn das Sein und das Eine finden, wie Sie sich sicher denken können, großes Interesse bei den Denkern, die sich bemühen, die

> Offenbarung ihrer heiligen Bücher (Bibel und Koran) in vernünftige philosophische Begriffe zu übersetzen. Kein anderer Philosoph nach Platon nahm in dieser Hinsicht die erstaunliche Vermischung der Logik mit der mystischen Erhebung der Seele in diesem Maße wahr.

Man versteht nun, warum Whitehead sagen konnte, dass alle Philosophen, die nach Platon kamen, nur noch Fußnoten zu dessen Arbeiten anfügen konnten. Wenn Sokrates als Vater der Philosophie bezeichnet werden konnte, so ist das Werk Platons wohl das große philosophische Quelle, von der sämtliche Strömungen des Denkens ausgehen.

Aristoteles, der beste Feind seines Lehrers

5

In diesem Kapitel

- Aristoteles als Erbauer des ersten Gymnasiums
- Intelligent untreu sein
- Einer der gelehrtesten Köpfe der Geschichte
- Die Philosophie des Mittelweges bei allem

Das erste Gymnasium

Geboren in Stageira in Mazedonien – daher auch sein Spitzname Stagirit – kommt Aristoteles nach Athen, um sich dort niederzulassen und 20 Jahre lang die Vorlesungen Platons zu verfolgen. Dort gründet er auch seine eigene Schule, das Gymnasium, benannt nach der gleichnamigen Sportstätte, die sich im selben Viertel befindet. Zuvor war er Hauslehrer bei seinem Landsmann Alexander, dem Sohn König Philipps von Mazedonien, der weltbekannt unter dem Namen Alexander der Große wurde, als er weite Teile der (aus unserer Sicht) antiken Welt eroberte. Diese Beziehung zu einem großen Feldherrn brachte Aristoteles später übrigens Ärger ein: Da er befürchtete, das gleiche Schicksal wie Sokrates zu erleiden, zog er sich nach Alexanders Tod auf eine Insel zurück, um, wie er sagte, den Athenern ein zweites Attentat auf die Philosophie zu ersparen. Übrigens verurteilte ihn die Ratsversammlung in Abwesenheit ebenfalls zum Tod.

Ein guter Schüler verrät stets seinen Lehrer (Teil 2)

Platon ist Sokrates untreu geworden und brachte ihm dennoch während seines ganzen Lebens eine unerschütterliche Bewunderung entgegen. Aristoteles, der zunächst Platons Schüler war, wird später übrigens auch von seinem Lehrer abrücken. Sein gesunder Menschenverstand entfernte ihn von der Liebe zu den Extremen – sei es auf der metaphysischen oder der politischen Ebene –, eine Neigung, die charakteristisch für Platon gewesen war. »Sowohl die Wahrheit als auch die Freundschaft sind mir wichtig«, schrieb Aristoteles in Anspielung auf Platon, »doch ist es für uns eine heilige Aufgabe, die Vorliebe mit der Wahrheit zu versöhnen.«

Ein enzyklopädischer Geist

Platon misstraute dem enzyklopädischen Wissen, dieser Polymathie, die Heraklit bereits dem Pythagoras zum Vorwurf gemacht hatte. Er hielt es für unerreichbar, doch vor allem für wertlos: Das einzige Wissen, das wirklich zählte, war das der Idee. Die Totalität, das Gesamte, fällt angesichts des Absoluten nicht ins Gewicht. In den Augen Platons ist das totale Wissen, dessen sich der Sophist Hippias rühmt, einfach lächerlich und zwangsläufig eine Irreführung.

Dies war jedoch nicht die Sichtweise des Aristoteles, den Dante im Mittelalter den Lehrer all derer nennen wird, die wissen. Für ihn ist jedes Wissen gut und sollte aufgegriffen und übernommen werden. Und in der Tat gibt es keinen einzigen Bereich, für den sich der Philosoph nicht interessiert hätte. Die Antike schrieb ihm 400 Traktate zu, die sich mit allen möglichen Themen befassten – die Wechselfälle der Geschichte hinterließen uns davon nur ungefähr 50 einigermaßen vollständige Schriften. Lediglich Demokrit (von dem praktisch so gut wie gar nichts schriftlich überliefert ist) bewies vor ihm eine ebenso große Neugier.

Mit Aristoteles hält ein philosophisches Genre Einzug in die Geschichte, dem viel Erfolg beschieden sein wird: die Vorlesungsmitschriften. Unter den Werken des Aristoteles spielen tatsächlich eine ganze Reihe von Werken eine große Rolle, die nicht von ihm selbst verfasst, sondern anhand der Notizen zusammengestellt wurden, die seine Schüler während des Unterrichts angefertigt hatten. Daher auch die paradoxe Kluft zwischen einem verlorengegangenen veröffentlichten Werk und einem noch vorhandenen unveröffentlichten Werk.

Aristoteles, der sich für praktisch alles interessierte, wurde der erste Denker, der sich eine Privatbibliothek einrichtete. Im Gymnasium gab es Sammlungen von Handschriften und Karten, von Gemälden, Bildtafeln und Werken zur Naturgeschichte. Als Alexander seinen Feldzug nach Asien unternahm, schickte ließ er dem Philosophen, seinem Hauslehrer, eine Auswahl an Meerestieren, die an den griechischen Küsten unbekannt waren. Dieses Interesse für die Erscheinungsformen der Natur ist etwas absolut Neues. Manche Schriften über die Naturgeschichte waren sogar mit Zeichnungen illustriert (leider sind sie alle untergegangen).

Aristoteles führte die Beobachtung in das Denken ein, etwas, das sich doch sehr von der Betrachtung, von der Kontemplation, unterscheidet. Dies ist es, was durch die Geste der Hand – durch die der Erde zugeneigte Handfläche – in dem Fresko Raffaels symbolisiert wird.

Außer der Mathematik (Aristoteles spricht zwar oft davon, beschäftigt sich damit jedoch nicht in origineller Weise; zu seiner Zeit treten übrigens treten zum ersten Mal Mathematiker auf, die keine Philosophen sind: Mathematiker also, die nur Mathematiker sind) – außer der Mathematik also werden sämtliche Fragen, die den Denkern der Antike zugänglich waren, in dem gewaltigen Werk des Stagiriten bearbeitet. Auf ein ebenso gigantisches Unternehmen wird man in der abendländischen Philosophie nur noch bei Leibniz und Hegel stoßen.

Dem von Aristoteles beeinflussten Staatsmann und Redner Demetrius von Phaleron schreibt man die Gründung des Museions und der Bibliothek von Alexandria zu – dort wird in den folgenden drei Jahrhunderten (während der sogenannten hellenistischen Epoche) das gesamte Wissen der antiken Welt gesammelt: Es ist nicht vermessen, darin den enormen Einfluss und sogar die Weiterführung der Schule des Aristoteles wiederzuerkennen.

Als Erstes nehmen wir an, dass ein Weiser – soweit das möglich ist – alles wisse, ohne über die Wissenschaft vom Einzelnen zu verfügen.

Aristoteles

Auf seinem berühmten Fresko *Die Schule von Athen*, auf dem der Maler Raffael alle bekannten Philosophen der Antike in einem großen Gebäude versammelt darstellt, zeigt er im geometrischen Zentrum seiner Bildkomposition Platon und Aristoteles, wie sie miteinander plaudern. Während der eine mit dem Zeigefinger gen Himmel weist, senkt der andere den Arm und zeigt mit der Handfläche in Richtung der Erde. Platon hält in der anderen Hand ein Buch mit dem Titel *Timaios*, Aristoteles hält in seiner anderen Hand ein Buch mit dem Titel *Nikomachische Ethik*. So hat Raffael die beiden großen Lehrer der antiken Philosophie einander gegenübergestellt: den Philosophen des Himmels auf der einen, den Philosophen der Erde auf der anderen Seite.

Das Gymnasium als Forschungszentrum

Noch mehr als die Akademie Platons funktionierte das Gymnasium des Aristoteles wie ein regelrechtes Forschungs- und Informationszentrum: So hatte Aristoteles beispielsweise die Idee, die 158 Verfassungen der griechischen Städte schriftlich niederzulegen. Diese Arbeit erforderte eine riesige Anzahl an Mitarbeitern. Es ist nicht übertrieben, dies als die erste Abhandlung über das allgemeine Recht aufzufassen. Und da es kein enzyklopädisches Verlangen ohne einen gewissen Eklektizismus gibt, ging das Gymnasium sogar so weit, eine Liste aller Sieger bei den Pythischen Spielen (neben den Olympischen Spielen die anderen großen sportlichen Wettkämpfe der Griechen) anzufertigen. Diese Gemeinschaftsarbeit ist selbst für uns heute bewundernswert.

Der erste Philosoph ohne Mythos

Auch wenn Aristoteles der öffentlichen Meinung und der Sophistik einen Platz im philosophischen Denken einräumt, so zerbricht er dennoch die antike Allianz, die von Thales (dem allerersten Philosophen) bis Platon (seinem Lehrer und unmittelbaren Vorgänger) zwischen dem Logos – das heißt dem vernunftgemäßen Denken – und dem Mythos bestanden hatte. Der Mythos existierte bereits seit Menschengedenken als Sinngeber, doch bei Aristoteles findet man ihn nicht mehr. Er wird durch Beobachtungen des Alltagslebens und Ausdrücke der Umgangssprache ersetzt.

Um die Notwendigkeit der Philosophie zu beweisen, stellt Aristoteles folgende Überlegung an: Entweder wir müssen philosophieren, oder wir müssen nicht philosophieren. Wenn wir philosophieren müssen, so lasst es uns tun! Doch wenn wir nicht philosophieren müssen, so müssen wir herausfinden, warum nicht. Also müssen wir doch philosophieren. Infolgedessen werden wir auf jeden Fall philosophieren.

Die Meinungen der anderen tolerieren

Es ist gerecht, so sagte Aristoteles, nicht nur denjenigen seine Anerkennung zu zeigen, deren Grundsätze man teilt, sondern auch denjenigen, die oberflächliche Erklärungen vorschlagen.

Hier erkennen wir also einen klaren Bruch mit Platon. Dieser hatte ja die Philosophie als im direkten Gegensatz zur öffentlichen Meinung stehend definiert. Der Freund der Meinung, der Philodoxe, ist ein Antiphilosoph. Die doxa (die Meinung) ist für Platon eine Nacht, aus der sich die Seele losreißen muss, wenn sie denken will. Die Gefangenen des Höhlengleichnisses in seinem Werk Der Staat, die nichts wissen wollen und ihren freigelassenen Gefährten töten wollen, sind die Männer der Meinung. Platon arbeitet mit aufeinanderfolgenden Negierungen: Die ersten Antworten, die in den Dialogen über das Wesen dieser oder jener Sache gegeben werden, sind Dummheiten, die zu verwerfen sind.

Aristoteles geht ganz anders vor: Die allgemeinen Vorstellungen und die Worte der Alltagssprache sind durchaus nützliche Ausgangspunkte. In der Tat ist Aristoteles als guter Enzyklopädist ein pragmatischer Philosoph: Er freut sich, wenn er auf Erkenntnisse stößt, egal woher sie kommen.

Die Rehabilitierung der Sophisten

Auf ähnliche Weise finden wir bei dem Stagiriten eine gewisse Rehabilitierung der Sophisten, die Platon mal wie Teufel, mal wie Clowns vorkamen. Aristoteles nimmt wie die Sophisten die Redekunst äußerst ernst. Er glaubt nicht wie Platon, dass die Sprache im ausschließlichen Dienst der demagogischen Lüge steht. Aristoteles nimmt auf sehr moderne Weise die Erkenntis des Parallelismus vorweg, der zwischen der Grammatik (der Ordnung der Sprache) und der Logik (der Ordnung des Denkens) bestehen kann. Seine Abhandlung über die Rhetorik wird zum Vorbild für all jene, die sich nach ihm mit den sprachlichen Möglichkeiten der guten Rede befassen werden.

Das Sein ist vielfältig

Das Sein hat nicht nur eine einzige Bedeutung, es lässt sich vielfältig deuten, sagt Aristoteles. Dies gilt übrigens für alle Seinsformen. Während Platon wie die meisten Vorsokratiker versuchte, die Vielfalt der Wesen und der Dinge auf ein einziges Prinzip zurückzuführen, nimmt Aristoteles im Gegensatz dazu ihre Verschiedenartigkeit zur Kenntnis. Während Platon im Diesseits jeglicher Determinierung (in der Gerechtigkeit, im Mut, in der Mäßigung usw.) die Essenz der Tugend an sich, das Wesen der Tugend als solcher, sucht, legt Aristoteles den Unterschied zwischen den Tugenden als unüberwindbar fest. Im Grunde genommen denkt Aristoteles wie die Sophisten – über die sich Platon ja lustig macht –, nämlich dass es, anstatt zu definieren, was die Tugend ist, besser sei, erst einmal zu sagen, welche Tugenden es überhaupt gibt.

Die Wissenschaft ist vielfältig

Da das Sein vielfältig ist, wird es auch die Wissenschaft sein. Es gibt daher nicht nur eine einzige Wissenschaft, auch wenn es eine höchste Wissenschaft gibt, die des Seins, die von Aristoteles als erste Philosophie bezeichnet wird (und die später zur Metaphysik wird).

Aristoteles teilt den Bereich der Erkenntnis in drei Gruppen ein:

- ✔ Die theoretische Wissenschaft, die die reine Erkenntnis behandelt, wie die erste Philosophie, die Logik oder die Physik
- ✔ Die praktische Wissenschaft, die das (moralische und politische) Handeln betrifft
- ✔ Die poietische Wissenschaft, die die (technische und künstlerische) Produktion berührt

Aristoteles verzichtet also auf die Einheit der Wahrheit, die noch Platons Philosophie kennzeichnete: Man kann keine Kriterien und Merkmale der Wahrheit festlegen, die universal gültig sind. Man muss sich daher beispielsweise in manchen Bereichen mit Wahrscheinlichkeiten zufriedengeben.

Aristoteles nennt die Logik der Wahrscheinlichkeit Dialektik, im Gegensatz zu der Logik, die sich mit der sicheren Wahrheit befasst. Der Begriff erfährt daher eine entscheidende Modifizierung im Vergleich zu seiner platonischen Bedeutung. Während die Dialektik bei Platon den Aufstieg der Seele zu den Ideen bezeichnet, also eine spirituelle Erhöhung, erhält sie bei Aristoteles eine abgeschwächte Bedeutung (der Gegensatz zwischen starker Logik und schwacher Dialektik wird später von Kant wieder aufgenommen werden).

Ein Denken, das unterscheidet

Die Kategorien: Das Denken kommt nicht darum herum

Man muss das Sein nach den jeweiligen Attributen, die ihm gegeben werden können, definieren. Aristoteles unterscheidet dabei zehn Bereiche. In sich selbst bedeuten sie nichts, sie müssen erst in Bezug zu anderen treten, um einen Sinn zu erlangen. Kant wird Aristoteles später dessen ungeordnete Darlegung vorwerfen. Doch in den Augen des griechischen Philosophen muss die Liste der Kategorien weniger dem Anspruch auf Vollständigkeit genügen als dem unabdingbar fragmentarischen Charakter unseres Diskurses über das Sein.

Die Liste der zehn Kategorien baut sich wie folgt auf:

- ✔ **Die Substanz:** Die Statue ist aus Marmor.
- ✔ **Die Quantität (Größe):** Dieser Hals ist besonders dick.
- ✔ **Die Qualität (Beschaffenheit):** Sokrates ist weise.
- ✔ **Die Relation (die Beziehung):** Karl der Große ist der Sohn von Pippin dem Kurzen (ein Beispiel, das Aristoteles nicht vorgesehen hatte).
- ✔ **Der Ort:** Aristoteles ist in Stageira geboren.
- ✔ **Die Zeit:** Dieser Mann ist am 15. August gestorben, wie Napoleon.
- ✔ **Die Lage:** Diese junge Frau sitzt schlecht.

- **Das Anhaben oder Innehaben:** Dieses Feuerzeug gehört mir.
- **Die Tätigkeit:** Die Katze ist gerade dabei, mit einer Feldmaus zu spielen.
- **Das Leiden:** Die Feldmaus wird von der Katze gequält.

Die Kategorien entsprechen demnach den elementaren Fragen, die man sich über ein Sein, über ein Wesen stellen kann, also: Wer? Was? Wie? Wie viel? Womit? Wo? Wann? Auf welche Weise? Woraus? Wodurch?

Der Sprachwissenschaftler Émile Benveniste stellte folgende bereits klassische Theorie auf: Die Logik des Aristoteles, wie sie in den folgenden 2000 Jahren als Ausdruck des universellen Denkens überall und überzeitlich gültig präsentiert wurde, sei in Wirklichkeit nur die Nachahmung der grammatikalischen Struktur des griechischen Satzes – Subjekt, Prädikat (Verb) und Objekt –, einer Struktur, wie sie auch in den anderen indoeuropäischen Sprachen zu finden ist. Die Sprachen, die zu anderen Sprachfamilien gehören, kennen diese Einteilung nicht, so dass sich die Logik der Völker, die diese Sprachen sprechen, zwangsläufig in einer ganz anderen Art präsentieren müsste. Anders formuliert: Man spricht nicht, wie man denkt, sondern man denkt, wie man spricht. Die griechische Philosophie wäre dann nicht das zeitlose, vom Himmel der Ideen herabgefallene Denken, sondern die Tochter der griechischen Sprache.

Wo man erfährt, dass Sokrates gut und schön gestorben ist

Die *Deduktion* ist ein Denkverfahren (oder eine logische Schlussfolgerung), das darin besteht, aus einem oder mehreren gegebenen allgemeinen Sätzen (Beobachtungen in den experimentellen Wissenschaften, Axiomen in der Mathematik) einen weiteren Satz aufzustellen, der daraus die notwendige Schlussfolgerung ist. Eine solche Deduktion ist ein Übergang vom Impliziten zum Expliziten, ihre gebräuchlichste Form ist der *Syllogismus*, der aus drei logisch miteinander verknüpften Elementen besteht: der *Ersten Prämisse* (Obersatz), der *Zweiten Prämisse* (Untersatz) und der *Schlussfolgerung*. Die Deduktion (bzw. der Syllogismus) führt vom Allgemeinen zum Besonderen. Aristoteles gibt dafür das klassisch gewordene Beispiel: »Alle Menschen sind sterblich. Sokrates ist ein Mensch. Also ist Sokrates sterblich.«

Man sieht, wie der Syllogismus einen Bezug zwischen zwei Begriffen herstellt (»Sokrates« und »sterblich«), die das Subjekt und das Attribut in der Schlussfolgerung bilden – unter Zuhilfenahme eines vermittelnden Begriffs (»Mensch«), der das Subjekt der Ersten Prämisse und das Attribut (oder das Prädikat) der Zweiten Prämisse ist.

Die Konsequenz ist ein Begriff der Vernunft – man verwechsle die Konsequenz nicht mit der Wirkung, die ein objektives Phänomen ist: So sagt man, dass die Vergrößerung des Penis die Wirkung und nicht die Konsequenz seiner Erregung ist. Eine Deduktion kann einer langen »Kette von Gründen« (der Ausdruck stammt von Descartes) folgen, wie in der berühmten Fabel vom Fuchs. Der Fuchs möchte im Winter einen Fluss überqueren, doch vorher überlegt er sich Folgendes: Dieser Fluss gibt Geräusche von sich; das, was Geräusche von sich gibt, bewegt sich; das, was sich bewegt, ist nicht gefroren; das, was nicht gefroren ist, trägt nicht. Also trägt dieser Fluss nicht.

Die *Induktion* ist eine vernunftgemäße Verallgemeinerung: Sie besteht darin, vom Besonderen zum Allgemeinen zu gelangen. Wenn ein Physiker Experimente macht, kann er nicht sämtliche Versuche machen, die überhaupt möglich sind (da es eine unendliche Zahl an Möglichkeiten gibt). Er gibt sich daher mit einigen wenigen zufrieden. Wenn er meint, dass diese korrekt ausgeführt wurden und dass seine Messungen richtig sind, wird er diese Ergebnisse verallgemeinern und diesen den Anschein von Gesetzmäßigkeit, im Sinne eines Naturgesetzes, geben. Dieses Naturgesetz in der experimentellen Wissenschaft ist das Ergebnis einer Induktion. Galileo musste die Holzkugel nicht tausend Mal auf der geneigten Ebene rollen lassen, um das Proportionalitätsgesetz zwischen der Zeit und der zurückgelegten Entfernung aufzustellen. Einige Male reichten aus.

Der dritte Mann

Um zu zeigen, dass die platonische Theorie der getrennten Ideen logisch betrachtet unmöglich ist, reaktiviert Aristoteles ein Argument, an das Platon übrigens schon selbst gedacht hat und das unter dem Namen »Argument des dritten Mannes« bekannt ist.

Wenn die Platoniker recht haben, dann existiert einerseits ein Mann als Teil der intelligiblen Welt, und andererseits gibt es in den Niederungen der wahrnehmbaren Welt einen empirischen Mann, der sich zum Erstgenannten so verhält wie ein Stadtstreicher zu einem Multimillionär. Doch um eine Verbindung zwischen dem Mann (der Idee) und dem Mann (der Realität) herzustellen, müsste das Denken einen gemeinsamen Anknüpfungspunkt bei beiden finden: Um sagen zu können, dass jener Mann ohne festen Wohnsitz ein Mann sei, müsste man hinter dem Straßenstaub des Wahrnehmbaren das erkennen, was aus ihm einen Mann macht. Anders formuliert: Man müsste das festlegen, was es an Gemeinsamem zwischen der intelligiblen Idee und dem wahrnehmbaren Wesen geben kann. Dieses Gemeinsame wäre ein dritter Mann, der es erlaubte, eine Verbindung zwischen den beiden vorher Genannten herzustellen.

Doch dieser dritte Mann wird bald um sich herum eine Vielzahl an zwielichtigen Gestalten herumlungern sehen, die die Bezeichnung »Mann« für sich reklamieren. Denn um herauszufinden, dass der dritte Mann ein Mann ist, muss man ihn noch zu der Idee des Mannes in Bezug setzen, die – nach Auffassung der Platoniker – als einzige dazu berechtigt ist, der Realität, die man für die menschliche hält, als Vorbild zu dienen. Doch um diesen Übergang zu schaffen, die den dritten Mann mit dem Mann (der Idee) verbinden soll, müsste man sich zuvor im Geiste eine geeignete Vorstellung machen, um genau diesen Vergleich zu begründen – mit anderen Worten: Man bräuchte einen vierten Mann ... Und so geht das weiter bis ins Unendliche.

Letztendlich hat Platon einen so tiefen Graben zwischen der (vollkommenen, ewigen) Idee und dem (wahrnehmbaren) Sein und Wesen ausgehoben, dass die Ewigkeit nicht ausreichte, um ihn zu füllen.

Nicht die Form, sondern die Formen

Aristoteles verwirft die Ideenlehre seines Lehrers Platon. Die Hypothese einer Form, die vom wahrnehmbaren Sein getrennt vorliegen soll, erscheint ihm übertrieben. Die existierenden Wesen bestehen aus einer Materie und einer Form. Die Form ist dabei nicht außerhalb des Wesens, sondern mit ihm verhaftet. Im Himmel der Ideen gibt es daher auch nicht etwas Pferdiges, das nicht wiehert und von dem aus dann alle Pferde der Erde heruntergaloppieren. In den Augen Aristoteles' ist das Bett als Idee, als Modell aller wahrnehmbaren Betten, ein Ammenmärchen.

Potenz und Akt, wie das Korn und die Frucht

Aristoteles ist der Philosoph der Bildung, und deshalb erkennt Hegel in ihm seinen geistigen Bruder. Nach Aristoteles gibt es keine ewigen Formen, sondern potentielle Formen, Formen im Werden und vollendete Formen.

»Potenz« ist dabei eine Übersetzung des griechischen Wortes, das für »Dynamik« steht. Wenn wir in unserer Alltagssprache sagen, dass eine Sache potentiell existiere, dann wollen wir damit ausdrücken, dass sie erst virtuell existiert: Ihr Anfang ist bereits gemacht, und wenn nichts dazwischenkommt, wird sie nach einer gewissen Zeitspanne zu ihrer vollendeten Form gelangen. So können wir sagen, dass ein Mensch bereits potentiell als Embryo existiert. Die Vorstellung einer potentiellen Person, wie sie von der französischen Ethikkommission entworfen wurde, um dieses Zwischenstadium des Embryos (weder Person noch Sache) zu bezeichnen, illustriert diese Idee recht gut.

»Akt« ist die Übersetzung des griechischen Wortes, das für die »Energie« steht. Er stellt das erreichte Ziel dar, die Vollendung der Potenz. Zum wiederholten Male gibt Aristoteles folgendes Beispiel: Die Statue existiert als Potenz im Marmorblock, sie existiert als Akt dann, wenn sie vom Bildhauer vollendet wurde.

Der Übergang von der Potenz zum Akt bildet das Zentrum einer echten Informationstheorie, wobei dieses Wort in seiner etymologischen Bedeutung zu verstehen ist: Man meint damit den Prozess, bei dem etwas *in die Form gesetzt* wird. Dieser Prozess kann sowohl natürlich sein (der Vogel existiert potentiell im Ei, er ist der Akt des Eis) als auch künstlich (die Statue existiert potentiell im Marmorblock, sie ist der Akt des Marmorblocks). Die Materie ist nach Ansicht Aristoteles' nur Potenz. In sich selbst ist sie formlos, chaotisch. Erst die Form macht aus ihr die richtige Substanz.

Der erste Theoretiker der Abstraktion

Für Aristoteles spaziert die Idee oder die Form nicht ganz alleine im Himmel zwischen all den Göttern entlang, sondern wohnt dem Wesen, dem Sein selbst inne und bestimmt seine Art (im Griechischen bezeichnet ein und dasselbe Wort die Idee, die Form und die Art im naturalistischen Sinne, als biologischer Begriff).

Denken und erkennen bedeutet, die Form zu enthüllen und zu befreien, die allen Wesen und allen Dingen eigen ist, und nicht (wie bei Platon), sich ihrer zu entledigen, um sich dadurch zu einer vorgeblichen Welt der Ideen zu erheben. Zwischen den Lebewesen einer gleichen Art (zum Beispiel zwischen den Menschen) existiert eine gemeinsame Form, die das Denken, nachdem es sie erkannt hat, enthüllen kann.

Das Wichtigste ist der Zweck!

Die Philosophie des Aristoteles ist zweckorientiert, der Zweck rechtfertigt die Mittel. Aristoteles beachtet bei allen Dingen den Zweck. Wie erklärt man das, was der Bildhauer tut? Jedenfalls nicht, indem man seine Armbewegung, sondern indem man das verfolgte Ziel beschreibt (die Fertigstellung einer Statue). Wie erklärt man die Flügel eines Vogels? Nicht, indem man die verschiedenen Knochen analysiert, sondern durch die Funktion, die die Flügel erfüllen, nämlich das Fliegen zu ermöglichen. Die Natur, schreibt Aristoteles, tut nichts umsonst.

Anaxagoras sagte, der Mensch denkt, weil er eine Hand hat. Aristoteles dagegen meint, der Mensch hat eine Hand, weil er denkt.

Innerhalb der Zwecke gibt es eine Hierarchie. Was für das eine Mittel ein Zweck ist, wird seinerseits zu einem Mittel für einen anderen Zweck: So ist die Arbeit (dieses Beispiel stammt nicht von Aristoteles) ein Mittel, um Geld zu verdienen (das ist ein Zweck), doch das Geld ist ein Mittel, um Konsumgüter zu kaufen (der nächste Zweck), die uns wiederum zu einem Mittel dafür werden, glücklich zu sein (der finale Zweck: Wir finden hier eine Idee wieder, die Aristoteles sehr wichtig war).

Ein finaler Zweck

Die vollkommene Vollendung nennt Aristoteles »Entelechie«. Viele seiner Leser bekamen fast eine Glatze (weil sie sich so viele Haare ausrissen) wegen dieses Begriffs. *Entelechie* ist eine von Aristoteles erfundene Bezeichnung, die wörtlich Folgendes bedeutet: das, was seinen eigenen Zweck in sich selbst besitzt. Aristoteles verwendet diese Formulierung bezüglich einer Idee unter dem Gesichtspunkt der Erfüllung ihres Zwecks.

Und wo bleibt Gott?

Aristoteles glaubt wie Platon und die meisten Vorsokratiker nicht mehr an Dionysos und Apollon. Wenigstens glaubt er nicht, dass es sich dabei um reale Lebewesen handle, die das tun, was die Mythen ihnen zuschreiben. Seine Metaphysik spricht von Gott (im Singular), den er mit drei recht rätselhaften Formeln definiert: unbewegter Beweger, sich selbst denkendes Denken und reiner Akt (reine, aktuale Verstandestätigkeit).

Doch auch wenn Aristoteles kein Polytheist wie die große Mehrheit seiner Zeitgenossen war, kann man trotzdem nicht sagen, dass er Monotheist wie die Juden war, selbst wenn er von einem einzigen Gott spricht. Dieser Gott ist nämlich für ihn keine Person, und er besitzt auch keinerlei moralische Dimension, geschweige denn eine Schöpfermacht – eine solche Vorstellung lehnen die Griechen generell ab.

Dennoch besitzt er eine kosmologische Bedeutung und wird zunächst als eine Notwendigkeit des Denkens angesetzt: All die Dinge in unserer Welt sind in Bewegung, sie empfangen die Bewegung und geben sie weiter. Die Kausalkette (Was ist die Ursache dieser Sache? Was ist die Ursache der Ursache?) kann nicht unendlich sein, behauptet Aristoteles. Irgendwo muss alles seinen Anfang genommen haben. Jede Bewegung wird durch einen Beweger (das heißt durch eine Sache, die die Bewegung weitergibt) verursacht, dieser Beweger wird selbst durch einen anderen Beweger in Bewegung gesetzt usw. Der Anfangspunkt muss jedoch ein erster Beweger sein, der Bewegung gibt, aber selbst nicht empfängt. Dieser unbewegte Beweger ist Gott, der wie ein riesiger Magnet wirkt.

Dieser Gott ist kein Körper, sondern ein Gedanke. Eine Sache, die ihren Zweck in sich selbst hat, ist vollkommener als eine Sache, die ihren Zweck in einer anderen Sache hat, weil sie nicht mehr als Mittel für eine höhere Sache dienen kann. Deshalb ist dieses Denken, das Gott ist, sich selbst denkendes Denken. Eine analoge Überlegung führt dazu, dass in Gott alles Akt ist und nichts Potenz – weil die Potenz Unvollkommenheit, Unvollständigkeit, Unvollendung ist. Daher auch die Bezeichnung »reiner Akt«. Die christlichen Philosophen werden diese Idee wiederaufnehmen, wenn sie feststellen, dass Gott nach nichts Verlangen haben könnte, da das Verlangen der Ausdruck eines Mangels, einer Unvollkommenheit ist.

Die beiden Welten

Wie Platon unterscheidet Aristoteles zwei Welten und stellt sie gegenüber, doch im Gegensatz zu Platon gehören diese Welten beide der physikalischen Realität an.

Der Kreis, den der Mond um die Erde beschreibt, legt die Grenze zwischen diesen beiden Welten fest. Oberhalb dieses Kreises befindet sich die supralunare Welt der vollkommenen zirkulären Bewegungen, deren ständige Wiederholung ein Bild für die Ewigkeit ist. Dort sind Altern und Verfall (was Aristoteles als Korruption bezeichnet) unbekannt. Darunter befindet sich die sublunare Welt der Körper und der unvollkommenen Bewegungen, die der Zeit und damit der Korruption unterworfen sind.

Auch da betreibt das Christentum eine wahre Erbschleicherei: Es bezeichnet die supralunare Welt als göttlichen Himmel und die sublunare Welt als Erde der Menschen, um den Gegensatz zwischen der Ewigkeit und der Zeit zu erklären.

Eine vollkommene Welt

Die aristotelische Vorstellung von der physikalischen Welt basiert auf der Sphärenlehre des Mathematikers Eudoxus: Das Universum ist eine Sphäre, die andere kleinere Sphären umfasst, an deren Oberfläche die himmlischen Objekte kreisen, wobei die Erde das Zentrum der Konstellation besetzt.

Von Platon und Parmenides übernimmt Aristoteles das Modell eines sphärischen Universums, denn die Sphäre ist sowohl die Form der Ganzheit (sie enthält alle Körper) als auch der Vollkommenheit (ein Symbol, das sie mit dem Kreis teilt, von dem sie in gewisser Weise ein Vielfaches darstellt; während an einem Kreissegment etwas fehlt, denn man kann es stets verlängern, fehlt an einer geschlossenen Kurve nichts).

Auch wenn das Universum des Aristoteles im Raum begrenzt und geschlossen ist, ist es dennoch ewig, offen in der Zeit. Es hat weder Anfang noch Ende.

Die Erde ist in ihrer Gesamtheit ein kleiner Erdklumpen.

Aristoteles

Die Metaphysik

Woher stammt eigentlich der Begriff der *Metaphysik*? Ganz einfach: von einem Buchtitel des Aristoteles. Sein Werk Die Metaphysik war der Namengeber für jene philosophische Gattung, die man auch als »erste Philosophie« bezeichnet und die die Essenzen im Allgemeinen oder das Sein als solches (in der Ontologie) abhandelt. Dieser Name ist jedoch aus Zufall entstanden: Andronikos von Rhodos, der Aristoteles' Arbeiten drei Jahrhunderte nach dessen Tod klassifizierte, konnte für diejenigen Bücher, die sich mit Vorstellungen bezüglich des Seins, des Einen und der Wissenschaft befassen, keinen geeigneten Titel finden. So ordnete er sie »Nach der Physik« ein – meta ta phusika im Griechischen, daher die Bezeichnung Metaphysik. Nun traf es sich, dass das Wort »nach«, das ursprünglich nur einen räumlichen oder logischen Sinn besaß, zufällig mit der Bedeutung des »Jenseitigen« zusammenfiel – seitdem verweist die Metaphysik auf sämtliche Fragen, die sich auf Dinge jenseits, also außerhalb des physikalischen Bereichs der wahrnehmbaren Erfahrung beziehen (die Existenz und der Tod, das Sein und Gott usw.).

Das Werk beginnt mit der Untersuchung der Natur der Philosophie, die aus dem Staunen geboren worden sei. Danach gelangt Aristoteles zur Kritik der Ideenlehre, wie sie von seinem Lehrer Platon vertreten wurde: Eine Trennung der wahrnehmbaren Dinge von den Ideen ist unvorstellbar, eine solche würde uns in einen unendlichen Prozess eintreten lassen. Denn um zu erkennen, dass die wahrnehmbare Sache das Bild des realen Wesens sei (das runde Ding ist für Platon deswegen rund, weil es sich von der ewigen Idee des Kreises ableitet), müsste man über eine dritte Idee verfügen können, die die Verbindung zwischen dem Wahrnehmbaren und dem Intelligiblen knüpfte. Doch dann müsste diese dritte Idee wiederum dadurch bestimmt werden, was sie mit der eigentlichen Idee und dem Ding gemeinsam hätte; usw.

Nach Aristoteles existiert eine erste Philosophie, die sich nicht mit diesem oder jenem Wesen beschäftigt, sondern mit dem Sein als Sein, mit dem Sein im Allgemeinen. Diese Untersuchung beinhaltet die Beobachtung der Prinzipien der einzelnen Überlegungen, die zwar selbst unbeweisbar sind, die dennoch die Basis jedes Denkens bilden: der Satz des (zu vermeidenden) Widerspruchs (es ist unmöglich, dass dieselbe Eigenschaft zur selben Zeit und im selben Bezug zum selben Subjekt gehört und nicht gehört: Sokrates kann beispielsweise nicht zum gleichen Zeitpunkt weiß und nichtweiß sein) und das Prinzip vom ausgeschlossenen Dritten (von zwei sich widersprechenden Annahmen ist die eine wahr und die andere unwahr: Wenn der Bundespräsident ein ehrenhafter Mann ist, dann ist es unwahr, dass er unehrenhaft ist; entweder er ist ehrenhaft, oder er ist es nicht, es gibt keine dritte Möglichkeit).

Das Buch *Lambda* (die Kapitel dieses Werkes werden mit Buchstaben des griechischen Alphabets bezeichnet) bildet den krönenden Höhepunkt der Metaphysik. Es wird auf die mittelalterliche Theologie sowohl der Araber (Averroes) als auch der Christen (Thomas von Aquin) den allergrößten Einfluss ausüben. Dieses Buch befasst sich mit Gott als dem ersten Beweger und als reinem Akt (siehe oben). Außerdem wird Gott als vollkommen dargestellt (doch nicht als unendlich, denn das Unendliche ist für die Griechen unvollkommen). Die Denker des Mittelalters lassen sich von diesen Vorstellungen inspirieren und integrieren die Metaphysik des Aristoteles in ihre Theologie.

Die drei Seelen

Die Unterscheidung, die Aristoteles zwischen drei Typen der Seele vornimmt, folgt der biologischen Einteilung in Pflanzen, Tiere und Menschen:

- ✔ Die vegetative oder sensitive Seele gehört zu den Pflanzen.
- ✔ Die Triebseele gehört zu den Tieren.
- ✔ Die Verstandesseele gehört zu den Menschen.

Die Tiere sind vollkommener als die Pflanzen, weil sie außer der vegetativen Seele, die ihnen Wachstum und Fortpflanzung erlaubt, auch noch die Triebseele besitzen, die ihnen die Fortbewegung ermöglicht. Wenn der Mensch das vollkommenste aller Lebewesen ist, dann deshalb, weil er außer der vegetativen und der Triebseele auch noch die Verstandesseele besitzt, die es ihm erlaubt, zu denken und zu erkennen.

Nur die eine Hand bewegt sich

Es kommt häufig vor, dass eine Philosophie von einer bestimmten Modellvorstellung, einem wissenschaftlichen Paradigma, beherrscht wird. Bei Platon (wie später bei Spinoza) ist das Paradigma die Mathematik. Bei Aristoteles (wie später bei Nietzsche) ist es ein biologisches Paradigma. Aristoteles ist ein Philosoph des Lebens, der prozessualen Entwicklung. Die Form bei ihm ist nicht, wie bei Platon, ein ewiges Schema, an das sich die Lebewesen, um zu existieren, anpassen müssen, sondern das Ergebnis von Formation, von Bildung, von Werden und sogar von Information. Der Embryo beispielsweise hat noch keine Form, in ihm herrscht die Materie vor. Doch die Form ordnet diese Materie, um daraus ein spezifisches Individuum, versehen mit seinen Körperteilen und Organen, zu schaffen.

Ein Organ (das Wort kommt aus dem Griechischen und bedeutet auch »Werkzeug«) ist nur dann wirklich Organ, wenn es seine Funktion erfüllt. Aristoteles vergleicht die Hand eines lebenden Menschen mit der eines Leichnams und mit der einer Statue. In allen drei Fällen haben wir es, wie es scheint, mit einer Hand zu tun. Die Form ist die gleiche, man erkennt in jedem Fall die fünf Finger mit ihren Fingernägeln und ihren einzelnen Fingergliedern. Dennoch ist nur die lebende Hand eine echte Hand, weil sie greifen, kneifen, streicheln, also die Funktionen einer Hand ausüben kann, wozu weder die Hand der Leiche noch die der Statue in der Lage ist.

Das Ganze ist mehr als die Summe seiner Teile

Aristoteles unterscheidet die Summe, bei der die Teile einfach zusammengezählt werden, von dem Ganzen, bei dem die Teile integriert sind. Ein Haufen Steine ist eine Summe, wohingegen ein Haus ein Ganzes ist. Ein Ganzes kann natürlich oder künstlich sein. Ein lebendiger Körper ist ein natürliches Ganzes, eine Statue ein künstliches Ganzes.

Aristoteles sagt nun, dass ein natürliches Ganzes mehr ein Ganzes ist als ein künstliches Ganzes: Eine Statue ohne Kopf bleibt eine Statue, während ein Mensch ohne Kopf nur noch ein Leichnam ist. Das natürliche Ganze ist so geschaffen, dass ihm kein Teil weggenommen werden kann, ohne dass es als Ganzes verschwinden würde.

Für Aristoteles wie auch für die Griechen ganz allgemein ist (besonders in der Kunstepoche, die man später als die klassische griechische bezeichnete) ein Kunstwerk nur in dem Maße schön, in dem es ein Ganzes bildet. Das Unvollendete oder das Verstümmelte gilt als hässlich, es ruft in uns ein gewisses Leiden hervor. Es bedeutet eine große ästhetische Revolution, als man lernte, in der Nichtvollendung und im Fragmentarischen mögliche Schönheiten zu entdecken.

Die Lehre von den vier Ursachen

Aristoteles unterscheidet vier Ursachen:

- ✔ Causa finalis (die Finalursache): das Projekt der vollendeten Statue
- ✔ Causa materialis (die Materialursache): der Marmor der Statue
- ✔ Causa efficiens (die Wirkursache): die Hand des Bildhauers
- ✔ Causa formalis (die Formalursache): die Form der Statue

In unserer Alltagsvorstellung ist die Wirkursache die eigentliche Ursache (auch wenn uns der Ausdruck »Wirkursache« wie ein Pleonasmus – Ausdruck, der Überflüssiges enthält, zum Beispiel »der weiße Schimmel« – vorkommt), die anderen Ursachen werden eher als »Bedingungen« bezeichnet. Doch für Aristoteles ist die wichtigste Ursache die Finalursache. Außerdem werden die Materie und die Form deshalb Ursachen genannt, weil die Ursache dasjenige ist, ohne das ein Ding nicht existieren könnte, und ohne Materie und Form gäbe es auch keine Statue.

Es ergibt sich so, dass »unbegrenzt« das Gegenteil von dem bedeutet, was man dafür erklärt: Nicht, »was nichts außerhalb seiner hat«, sondern »wozu es immer ein Äußeres gibt«, das ist unbegrenzt.

Aristoteles

Es gibt keine reale Unendlichkeit

Aristoteles ist auch der Erfinder einer Unterscheidung, die wesentlichen Einfluss haben wird: die Unterscheidung zwischen dem potentiellen Unendlichen und dem tatsächlichen Unendlichen. In seinen Augen existiert nur das potentielle Unendliche, es gibt keine tatsächliche Unendlichkeit. Dahinter erkennen wir erneut den Gegensatz zwischen Potenz und Akt. Das potentielle Unendliche ist das Produkt einer Handlung: Es existiert sowohl durch Addition (man kann stets irgendeiner Anzahl eine weitere Einheit hinzufügen) als auch durch Division (man kann irgendeine Menge stets zum Beispiel durch zwei teilen).

Im Gegensatz zu den Atomisten, die die Teilung der Materie beim Atom (dieser Begriff bedeutet »Unteilbares«) zum Stillstand kommen lassen, glaubt Aristoteles, dass die Materie, wie ein geometrisches Segment, bis ins Unendliche teilbar ist. Doch macht diese Operation aus dem Unendlichen immer noch keinen realen Zustand. Die tatsächliche Unendlichkeit (oder das Unendliche in actu, um damit die Formulierung der scholastischen Philosophen aufzugreifen, die die griechischen Begriffe des Aristoteles ins Lateinische übersetzten) wäre eine vollständig determinierte und berechnete, eine Unendlichkeit, die man mit beiden Armen umfassen könnte, eine irgendwie endliche Unendlichkeit, was nach der Ansicht Aristoteles' und all jener Philosophen und Mathematiker, die ihm bis Cantor (Ende des 19. Jahrhunderts) folgten, einen Widerspruch in der Begrifflichkeit darstellt.

In der Physik wie auch in der Biologie und der Ästhetik ist Aristoteles ein Philosoph des Endlichen, des Vollendeten, des Vollkommenen. Das Unendliche klafft weit auseinander, sein Abgrund ist schwindelerregend. Die griechischen Philosophen beugen sich lieber nicht zu weit vor.

Moral und Politik: der gesunde Mittelweg

Wir wollen Glück und nichts weiter!

Das moralische Denken des Aristoteles beginnt bei den beiden folgenden Feststellungen: Alle Menschen erstreben den Zustand des Glücks, doch sie sind sich nicht einig über die Wege und Mittel, die man benötigt, um dorthin zu gelangen. Manche denken, man müsse sich aktiv in der Polis betätigen, während andere glauben, es sei besser, im Verborgenen zu leben. Manche wiederum setzen Vergnügen mit Glück gleich, während andere dies als schlecht verdammen usw. Aristoteles hat keine mystische Ader wie Platon. Sein Realismus bringt ihn dazu, sich eine

Moral des Möglichen zu überlegen, ausgehend vom Streben nach Glück, das er für universell hält.

Das Vergnügen verhält sich zum Akt wie die Blume zur Jugend.

Das wahre Glück besteht darin, sein Talent frei zu gebrauchen.

Aristoteles

Eine Moral des gesunden Mittelweges

Ganz schön weit entfernt von jener heroischen Moral, die schon an Heiligkeit grenzt, beruht die Moral des Aristoteles auf der Idee des gesunden Mittelweges, der sich in der Mitte zwischen Übertreibung und Mangel bewegt. So vermeidet der Mut, der ja eine Tugend ist, sowohl die Tollkühnheit (die eine Übertreibung ist) als auch die Feigheit (die ein Mangel ist), die Großzügigkeit (Tugend) ist weder Verschwendungssucht (Übertreibung) noch Geiz (Mangel) usw.

Doch dieser gesunde Mittelweg ist keine Schwäche, sondern etwas Herausragendes. Das griechische Wort für »Tugend« bedeutet im Übrigen zunächst »Vorzüglichkeit«.

»Eine Schwalbe macht noch keinen Sommer« ist ein Sprichwort aus Aristoteles' *Nikomachischer Ethik*. Ebenso wie eine einzige Tugend nicht die gesamte Moralität ausmacht und eine einzige gute Tat nicht dafür ausreicht, aus ihrem Urheber einen guten Menschen zu machen, macht auch eine Schwalbe noch keinen Sommer. Man darf nicht vom Einzelfall auf die Gesamtheit schließen.

Selbst Räuber haben einen Sinn für Gerechtigkeit

Selbst Räuber haben einen Sinn für Gerechtigkeit, wenn es um das Teilen der Beute geht. Selbst ein Dieb würde keine ungleiche Aufteilung akzeptieren, die ihm zum Nachteil gereichen würde. Daraus folgert Aristoteles, dass es eine gewisse Notwendigkeit zur Tugend und zum Guten gibt.

Doch der Sinn für die Gerechtigkeit geht stets mit einem Sinn für Gleichheit einher, deshalb sollte man zwischen zwei Arten der Gleichheit unterscheiden: der *arithmetischen Gleichheit* (jeder bekommt das Gleiche) und der *geometrischen* oder *proportionalen Gleichheit* (jeder bekommt seinen Anteil nach seinem Verdienst). Die scholastischen Philosophen werden diese Unterscheidung mit den Begriffen der kommutativen – »wechselseitigen, austauschbaren« – Gerechtigkeit (absolute Gleichheit) und der distributiven – »ungleich verteilten« – Gerechtigkeit (relative Gleichheit) bezeichnen.

Vielfalt und Widersprüchlichkeit der Tugenden

Im Gegensatz zu seinem Lehrer Platon, der an die Einheit der Tugenden – des Schönen, Nützlichen, Wahren und Guten – glaubte in der Einmaligkeit ebendieser Idee des Guten (nach

Platon der höchsten Idee überhaupt), stellte Aristoteles eine mögliche Widersprüchlichkeit zwischen den verschiedenen Werten fest: Ein Gut kann eine Quelle für Schäden sein, wie es jene Menschen beweisen, die ihren Verlust ihrem Mut oder ihrem Reichtum zu verdanken haben.

Selbst Banditen haben, wie wir gesehen haben, einen Sinn für Gerechtigkeit. Wenn man eine Tugend hat, hat man noch lange nicht alle Tugenden, und es ist sinnlos, wie Platon es versuchte, nach der einen Tugend zu suchen, die alle anderen ebenfalls hervorruft. So sind die US-Amerikaner, die nicht glauben, man könne gleichzeitig ein ehrenwerter Politiker und ein untreuer Ehemann sein, Platoniker, während die Franzosen, die das sehr wohl glauben, Aristoteliker sind.

Platon war Prinzipalist: Für ihn steht das Gute von Anfang an fest, es ist der Ursprung guter Handlungen. Aristoteles ist Konsequenzialist: Er beurteilt Handlungen nach den jeweiligen Zwecken, die sie erfüllen. Diejenigen, die heutzutage aus Prinzip gegen das Klonen von Menschen sind, weil es die menschliche Würde zerstöre, sind Platoniker. Diejenigen, die sich hingegen dafür aussprechen oder das Ganze pragmatisch sehen (versuchen wir es und schauen wir eben, ob die Nachteile oder die Vorteile überwiegen ...), sind Aristoteliker.

Moral und Politik der Freundschaft

Während die Liebe so gut wie gar keinen Platz in der Philosophie des Aristoteles einnimmt, wird die Freundschaft als Tugend dargestellt, als ein Wert, der moralisch und zugleich politisch ist. Und tatsächlich erlaubt die Freundschaft die Ausübung verschiedener Tugenden wie beispielsweise der Großzügigkeit: Sie ist eine Möglichkeit, zu geben und zu schenken. Gewiss, sie vereint nur die Menschen, die gleich und frei sind. In den Augen Aristoteles' ist sie das Höchste an menschlichen Beziehungen.

Der ist kein Freund, der jedermanns Freund ist.

Aristoteles

Gemäßigtes politisches Denken: Aristoteles wählt die Mitte

Auch auf der politischen Ebene ist Aristoteles der Philosoph des gesunden Mittelweges. Im Gegensatz zu Platon glaubt er nicht, dass eine vollkommene politische Regierungsform existiert, die allen anderen unendlich überlegen ist. Jede der drei Regierungsformen (Monarchie, Aristokratie, Republik) besitzt Tugenden. So wäre die beste Form diejenige, die die Vorteile der einen mit jenen der beiden anderen vereinte. Später nimmt der bedeutende griechische Historiker Polybios, Zeuge der römischen Hegemonie (er wird der Erste sein, der eine universalistische Sicht der Geschichte entwickelt), diese Vorstellung von der Überlegenheit der Mischform gegenüber einfachen Regierungsformen wieder auf und schreibt ihr die Macht zu, die Rom zur Siegerin über Karthago werden ließ (die Konsuln repräsentierten das monarchische Element, der Senat das aristokratische und die Volkstribunen das demokratische Element).

Wie Platon unterscheidet Aristoteles drei korrupte politische Regierungsformen, die jeweils die Verfallsstadien der drei Typen sind (wir erinnern uns: „Korruption" kann ganz allgemein „Verfall" bedeuten):

✔ Die *Tyrannei* ist der Verfall der Monarchie.

✔ Die *Oligarchie* ist der Verfall der Aristokratie.

✔ Die *Demokratie* ist der Verfall der Republik.

Das von Aristoteles angewandte Kriterium dafür, die reine Form von der korrupten Form zu unterscheiden, besteht darin, welchen Platz das Gemeinwohl gegenüber dem Partikularinteresse einnimmt. Dominiert das Gemeinwohl, liegt noch die reine Form vor (Monarchie/Aristokratie/Republik), dominiert jedoch das Partikularinteresse, so haben wir es mit der korrupten Form zu tun (Tyrannei/Oligarchie/Demokratie). Den darin enthaltenen Gegensatz zwischen Demokratie und Republik werden Sie bemerken (Kant wird ihn wiederaufnehmen und ihm eine wichtige politische Bedeutung verleihen): Wenn die Demokratie nach Ansicht Aristoteles' eine korrupte Form ist, dann deshalb, weil sie der Ausdruck eines Eigeninteresses (jenes der Mehrheit) gegenüber dem Gemeinwohl der Polis ist, und das Gemeinwohl bildet für Aristoteles ein Ganzes.

Weder Gott noch Tier: das von Natur aus soziale Verhalten des Menschen

Der Mensch ist, wie Aristoteles sagt, von Natur aus ein soziales Wesen, und derjenige, der abseits von der Gesellschaft lebt, weil er unfähig ist, mit den anderen zusammenzuleben, oder weil er nicht das geringste Bedürfnis dazu verspürt, ist nicht wirklich ein Mensch, sondern entweder ein Tier oder ein Gott.

Diese Lehre von der natürlichen Grundlage der menschlichen Gesellschaft wird von entscheidendem Einfluss sein. Alle Philosophen, die sich über die Gesellschaft und die politische Organisation äußern, werden sich auf diese Theorie beziehen müssen, sei es, um sie für sich selbst zu übernehmen, sei es, um sie zurückzuweisen, wie es bei den Theoretikern des Gesellschaftsvertrages der Fall war.

Eine unerschütterliche Bindung an die Polis

Aristoteles erlebte den historischen Augenblick der Dekadenz und darauffolgend den des Verschwindens der griechischen Polis, doch blieb er verstandes- und gefühlsmäßig stets mit diesem politischen Rahmen verbunden. Nach seiner Auffassung kann der Mensch nur in der Polis sein Ziel verwirklichen, das Glück in Freiheit zu erreichen.

Diese politische Position stellt Aristoteles in einen totalen Gegensatz zu seinem ehemaligen Schüler Alexander, der ein Imperium errichtete und dabei die Polis unterdrückte, zunächst durch die mazedonische Hegemonie über ganz Griechenland und später durch die Eroberung Asiens, wodurch die Griechen zu Herrschern über die antike Welt wurden.

Diese radikale Unvereinbarkeit des aristotelischen Patriotismus mit dem alexandrinischen Kosmopolitismus wird nicht verhindern, dass der Philosoph nach dem Tode Alexanders in Bedrängnis gerät und verurteilt wird. Wie Sokrates wird auch er zum Sündenbock.

Die Rechtfertigung der Sklaverei: Aristoteles ist politisch nicht korrekt

Aristoteles ist in der Politik ein Gemäßigter und in sozialen Belangen ein Konservativer. Dieser Aspekt trägt nicht wenig zu seiner zukünftigen Rezeption durch die Philosophen der nachfolgenden Jahrhunderte bei.

Von Natur aus gibt es, wie er sagte, Leute, die befehlen, und andere, die gehorchen. Es gibt eben Herren und Sklaven. Und Aristoteles fügt noch folgende fantastische Theorie hinzu: Wenn die Maschinen imstande wären – auf einen einfachen Knopfdruck hin oder sogar dadurch, dass sie bereits ahnten, was man ihnen zu tun befehlen wird –, ihre Aufgaben so zu erfüllen, wie die Statuen des Dädalus nach der Legende, als sie sich von ganz alleine zur Ratsversammlung der Götter begaben, wenn auf diese Art und Weise die Webschiffchen selbst den Stoff weben könnten – ja dann würde es weder Herren noch Sklaven mehr geben.

Über diese schon materialistisch zu nennende Geschichtsdeutung wird Marx im 19. Jahrhundert ungeheuer erstaunt sein. Gewiss, als Aristoteles sich diese Szenerie ausdachte, hielt er sie dennoch keine Sekunde lang für realisierbar, und deshalb ist die Sklaverei nach seiner Auffassung auch ein unabwendbares Schicksal. Es wird immer Sklaven geben, weil es immer die Notwendigkeit geben wird, die Maschinen in Gang zu setzen. Die Philosophen sollten sich daher vorsehen, wenn sie Erfordernisse und Bedingungen schildern, die keiner strengen Logik folgen.

Ein bedeutsames Erbe

Der allererste Theoretiker des Geldes

Aristoteles ist der erste Philosoph, der sich für die Bedeutung der Wirtschaft und des Geldes interessiert. Platon hatte zwar bereits vor ihm davon gesprochen, doch die damit zusammenhängenden philosophischen Probleme wurden in seinen utopischen Werken eher verschwommen als wirklich ausgearbeitet dargelegt.

Aristoteles sieht sehr wohl, dass Geld (das zur Ordnung des Gesetzes und nicht zur Ordnung der Natur gehört), das den Tauschhandel ersetzt, die Regelmäßigkeit und die Buchführung des Austauschs erlaubt. Dank des Geldes werden die Handelswaren gemessen und gezählt, was die Vereinbarungen zwischen Käufern und Verkäufern erleichtert. Im Gegensatz zu Platon rechtfertigt Aristoteles den Reichtum aus moralischen Gründen: Die Armut gibt sich nicht nur damit zufrieden, die Ausbildung der Tugend zu unterdrücken (denn wie könnte jemand einem anderen helfen, wenn er selbst nichts besitzt?), nein, sie bringt sogar sämtliche Laster hervor.

Doch Aristoteles geht sogar so weit – und seine Argumentationsführung nimmt hier einen Verlauf, wie er aktueller gar nicht sein könnte –, das Geld dem Reichtum gegenüberzustellen. Man kann gleichzeitig viel Geld besitzen und dennoch nicht reich sein, wie es die Fabel von König Midas lehrt.

Midas, König von Phrygien, wurde wegen seiner großen Dummheit zur Legende. Der griechische Gott Dionysos gewährte ihm zur Belohnung für einen geleisteten Dienst die Erfüllung eines Wunsches. Der König bat nun darum, dass alles, was er berührte, sich zu Gold verwandelt. Dieser Wunsch wurde ihm prompt erfüllt, so dass der arme König (er war so reich, dass er davon arm wurde) sogar nicht mehr trinken und essen konnte, da seine Speisen und Getränke sofort zu Gold wurden, sobald er sie nur berührte. Da er nun zu verhungern und zu verdursten drohte, bat er Dionysos, dem Zauber ein Ende zu bereiten und die Gabe zurückzunehmen. Hocherfreut über die gelungene Lektion, die er dem König erteilt hatte, wies ihn der Gott einfach nur an, sich im Flusse Paktolos zu baden. Seit dieser Zeit schwimmen in diesem Fluss Goldklumpen, so dass er zum Symbol für unermesslichen Reichtum wurde.

Das Geld muss ein Mittel bleiben

Aristoteles stellt der Ökonomie das gegenüber, was er als *Chrematistik* bezeichnet. Hinter dieser Unterscheidung werden zahlreiche moderne Ökonomen den Unterschied zwischen Gebrauchswert und Tauschwert ausmachen. Die Chrematistik ist eine Perversion der Ökonomie: Sie macht aus dem Geld einen Selbstzweck, anstatt es als das zu betrachten, was es von seinem eigentlichen Wesen her ist: ein Mittel. Es ist unnötig, darauf aufmerksam zu machen, wie ungeheuer aktuell und sogar vorzeichenhaft in unserer Zeit der Spekulationen – die eben nicht auf philosophischem Gebiet liegen – eine derartige Analyse sein kann.

Nachahmung ist gut und kann schön sein

Platon hatte die Nachahmung als eine Zerstörung der Wahrheit verurteilt. Die Erscheinung ist weniger als die reale Sache, Nachahmung oder Imitation ist lediglich ein Werk von Erscheinungen. Deshalb muss die Kunst, die ja die Nachahmung kultiviert, aus der idealen Polis verbannt werden: Dichter sind Lügner.

Im Gegensatz dazu rechtfertigt Aristoteles in seiner Poetik die Nachahmung und mit ihr die darstellenden Künste. Die Nachahmung entfernt uns nicht im Geringsten von der Realität, so argumentiert er, sondern sie erlaubt, dass wir uns der Wirklichkeit nähern und sie so kennenlernen und meistern. Der Mensch ist der größte Nachahmer aller Tiere, die ja über den Instinkt verfügen. Kinder lernen durch Nachahmung.

Aristoteles stellt sich nun folgende Frage: Wie kann es sein, dass wir Vergnügen empfinden, wenn wir bei einer Theaterszene Dinge sehen, die uns im alltäglichen Leben in Schrecken versetzen? Die Darstellung auf der Bühne ermöglicht uns, unsere Gefühle zu beherrschen. So gewöhnt uns ein Schauspiel über den Tod bereits an unseren eigenen Tod, und wir können uns somit von dem Schrecken befreien, den er normalerweise in uns hervorruft.

Der Schrecken und das Mitleid

In Aristoteles' Augen sind dies (die Befähigung zur Meisterung der Realität und die Befreiung von Schrecken) die beiden Aufgabenbereiche der Tragödie – die, wie wir wissen, im antiken Griechenland von beherrschender kultureller Bedeutung war. Es handelte sich dabei sozusagen um eine totale gesellschaftliche Tätigkeit, wie es der französische Ethnologe Marcel Mauss formuliert hätte, natürlich in ihrer ästhetischen und philosophischen, aber auch ihrer sozialen, politischen und vor allem religiösen Dimension. Auf der Bühne ein so erschreckendes wie mitleiderregendes Schauspiel zu erleben wie die Geschichte des Ödipus, der seinen Vater tötet, mit seiner Mutter schläft, sich die Augen aussticht, als er die entsetzliche Wahrheit erfährt, ist, wie Aristoteles meint, ein wirksames Mittel, um sich von all den heftigen Emotionen zu läutern, die in uns wohnen. Am Ende der Theateraufführung fühle sich der Zuschauer wie befreit.

Auf diese aristotelische Vorstellung der Katharsis (»Reinigung« im Griechischen) wird man im Zeitalter der Klassik (also im 17. und 18. Jahrhundert) wieder zurückgreifen. So unterlegt beispielsweise Molière seinen Komödien eine moralische Bedeutung und betont damit, dass die Zuschauer dadurch dazu gebracht werden, sich von ihren Lastern oder ihren Versuchungen zu befreien, wenn sie diese auf der Bühne derartig bloßgestellt sähen. Doch Rousseau wird damit, wie wir noch sehen werden, nicht einverstanden sein.

Die drei Einheiten

Die Italiener der Renaissance entnehmen aus einer sehr kurzen Passage der aristotelischen Poetik das berühmte Gesetz der drei Einheiten, das das klassische Theater im Europa des 17. Jahrhunderts regeln soll:

- ✔ **Einheit der Zeit:** Die dramatische Handlung muss sich an einem einzigen Tag ereignen.
- ✔ **Einheit des Ortes:** Die dramatische Handlung muss an einem einzigen Ort spielen.
- ✔ **Einheit der Handlung:** Die dramatische Handlung muss einheitlich sein.

Aristoteles war eigentlich gar nicht so dogmatisch, und das klassische neuzeitliche Theater selbst liebte es geradezu, seine Zuschauer durch Zeiten und Räume sowie durch ganz unterschiedliche Intrigen spazieren zu führen. Doch für die Romantik – die »seine« (des Aristoteles) Gesetze für zu künstlich und widersprüchlich hält – wird es noch immer Aristoteles sein, den es als Feind zu bekämpfen gilt.

Die außergewöhnliche Nachwelt des Aristoteles

Ein großer Philosoph lebt nicht nur in seiner eigenen Epoche. Die Bedeutung seines Werkes wird sich auch in den nachfolgenden Zeitaltern ständig weiterentfalten. Wie Platons, so weist auch die Rezeption Aristoteles' eine fast 2000-jährige Geschichte auf und ist noch lange nicht abgeschlossen.

Das Ende der Antike erlebt den Triumph Platons: Der heilige Augustinus, der erste bedeutende christliche Philosoph, und Plotin, der letzte bedeutende pagane (heidnische) Philosoph (und Gründer der zu Recht sogenannten neuplatonischen Schule), wurden hauptsächlich durch Platon geprägt.

Das Mittelalter erlebt die Wiederkehr des Aristoteles, zunächst durch die Übersetzungsarbeit und gleichzeitige Anpassung an veränderte Verhältnisse durch arabische Philosophen, von denen Averroes der bedeutendste war. Durch die Araber wurden die griechischen Philosophen in Europa bekanntgemacht. Die christliche Scholastik wird im Wesentlichen eine Synthese zwischen Aristotelismus und monotheistischer Offenbarung sein.

Thomas von Aquin bezeichnet Aristoteles einfach nur als »den Philosophen«, ohne nähere Umschreibung. Für die Scholastiker ist Aristoteles der Philosoph par excellence. Das berühmte lateinische »Aristoteles dixit« (»Aristoteles sagte«) wird zum Symbol einer Zeit, die in diesem Philosophen ihren unübertroffenen Lehrmeister gefunden hat: nämlich denjenigen, der ohne die Hilfe der Offenbarung der heiligen Schriften die rationale Reflexion am weitesten vorangetrieben hat.

Die Renaissance erlebt eine eindeutige Rückkehr zu Platon und Abkehr von Aristoteles, dessen Name seitdem mit einer für seelenlos und obskur gehaltenen Scholastik verknüpft ist und insofern als Symbol des dunklen Zeitalters des Denkens betrachtet wird. Francis Bacon beschimpft ihn, Descartes behandelt ihn kaum besser. Im 17. Jahrhundert findet einzig Leibniz, der Eklektiker, der großzügige Leibniz, das aristotelische Denken großartig und edel. Im darauffolgenden Jahrhundert der Aufklärung wird Aristoteles in der Versenkung verschwinden, aus der er erst wieder im 19. Jahrhundert auferstehen wird.

Bedeutende philosophische Strömungen während der hellenistischen Epoche

6

In diesem Kapitel

- Jahrhunderte voller Diskussionen
- An erster Stelle: der Zweifel
- Der Kynismus, ein Hundeleben
- Blumenpflücken oder der Epikureismus
- Die Ordnung der Dinge nach der Stoa

Der Zitterrochen Sokrates hinterlässt tiefe Spuren in den verschiedenen Richtungen der griechischen Philosophie. Das hohe Ansehen Platons soll jedoch nicht all die anderen philosophischen Strömungen und Schulen und all die anderen Männer vergessen lassen, die sich seit dem 4. Jahrhundert vor Christus viele Gedanken um Wörter und Ideen gemacht haben.

Die Megariker: Streithähne zwar, doch gute Fragesteller

Die megarischen Sophismen

Sophismen sind Paralogismen, also logische Scheinbeweise, die absichtlich eingesetzt werden mit dem Ziel, den Gesprächspartner in Verlegenheit zu bringen oder ihn zu täuschen. Der Sophismus verhält sich zum Paralogismus wie die Lüge zum Irrtum. Er zielt auf den eigenen Vorteil ab und ist ein Machtmittel zur Beherrschung des anderen.

Sophismen geben sich wie Lügen den Anschein der Wahrheit. So treten sie gerne in Form des *Syllogismus* auf, dem Grundmodell der deduktiven Argumentation. Im folgenden Beispiel entspringt der Sophismus einer falschen Prämisse, die dennoch als wahr anerkannt wird: »Alles, was selten ist, ist teuer. Ein preiswertes Pferd ist selten. Also ist ein preiswertes Pferd teuer.« Falsch daran ist, dass alles was selten ist, auch wirklich teuer ist (der Beweis dafür wird durch dasselbe Beispiel gegeben), doch dadurch, dass dies mit unserer alltäglichen Erfahrung in Einklang zu stehen scheint, stimmt man diesem Satz unvorsichtigerweise zu, ohne nähere Überprüfung des tatsächlichen Sachverhalts.

Die berühmtesten Sophismen wurden von Eubulides von Milet ersonnen, einem Schüler des Euklid von Megara, dem Gründer der deshalb so genannten megarischen Schule (er hat jedoch nichts mit dem Mathematiker Euklid zu tun). Die Kunst des Streitens und Debattierens wurde von den Griechen als »Eristik« bezeichnet. Man nennt die Megariker auch »Eristiker«.

Der Name des Eubulides von Milet bleibt mit einem der ältesten Sophismen der griechischen Antike verbunden: »Du besitzt einen Hund, der Junge hat. Dieser Hund ist demnach Vater. Du hast also einen Vater, dessen Junge Hunde sind. Daher bist du selbst ein Bruder dieser Hunde, also bist du ein Hund.« Gegen Ende dieses Buches finden Sie vier weitere megarische Sophismen (siehe Kapitel 30).

Aus Spaß

Der Sophismus kann aber auch durch eine unmerkliche Änderung des Standpunkts entstehen und sich hinter einer gleichbleibenden Formulierung verbergen: »Je mehr Emmentaler es gibt, desto mehr Löcher gibt es. Je mehr Löcher es gibt, desto weniger Emmentaler gibt es. Wenn es daher mehr Emmentaler gibt, gibt es weniger Emmentaler.« Dabei werden die Löcher im Emmentaler einmal als proportionale Anteile des Emmentalers angesehen, einmal als absolute Leerstellen, das heißt als Zeichen der Abwesenheit von Käse.

Der Sophismus kann aber auch einer unmerklichen Änderung der Bedeutung eines Wortes entspringen und sich auch hier hinter einer gleichbleibenden Formulierung verbergen: »Ein Mann ist auf dem Mond herumspaziert. Ich bin ein Mann. Also bin ich auf dem Mond herumspaziert.« Dieser Sophismus spielt mit der Zweideutigkeit des Wortes »ein« im Deutschen. Einmal bezeichnet es etwas Bestimmtes, etwas Einmaliges, etwas genau Definiertes, einmal etwas Undefiniertes, etwas x-Beliebiges: »In New York wird alle 30 Sekunden ein Mann überfahren. Der Arme!«

Ein Lügner kann nicht lügen

Doch der berühmteste seiner Sophismen (oder Paradoxa) ist der Sophismus vom Lügner: Wenn ein Lügner sagt, dass er lügt, dann bedeutet das, dass er sowohl lügt als auch die Wahrheit spricht, denn wenn er die Wahrheit sagt, so lügt er, und wenn er lügt, so hat er gelogen und sagt damit die Wahrheit.

Dieses Argument finden wir variiert bei Epimenides, dem Kreter. Er sagt: »Alle Kreter sind Lügner.« Wenn Epimenides die Wahrheit sagt, dann lügt er ja mit seiner Aussage, dass alle Kreter lügen, doch wenn er lügt, dann sagt er die Wahrheit, obwohl er dasselbe sagt …

Das Paradoxon wird in den Arbeiten der modernen Logiker, die sich zu Beginn des 20. Jahrhunderts mit dem Problem der Selbstreferenz befassen werden, große Bedeutung erlangen.

Der Ernst des Spiels

Die Sophismen und Paradoxa der Megariker gehen weit über das Spiel mit Worten hinaus. Es gibt im Übrigen nichts Ernsthafteres als Wortspiele, wie uns sowohl die Logik als auch die Psychoanalyse lehrt – ernsthaft dort, wo dieses Vergnügen am Wortspiel tiefgründige Probleme bewusst macht.

Die Aporie des Kyrieuon logos

Ein weiterer Anhänger dieser Schule, Diodoros von Kronos, hat sich ebenfalls einen Platz in der Geschichte des Denkens verdient, weil er eine besonders handfeste Argumentation ersann. Laut Legende verstarb er aus lauter Scham, weil er einen bestimmten eristischen Gedankengang nicht klären konnte, der ihm von einem anderen Angehörigen seiner Schule vorgelegt worden war. Die Philosophen denken sich schon manchmal merkwürdige Todesarten aus!

Der Beweisgang des Diodoros von Kronos wird die Aporie des *Kyrieuon logos* genannt, die in der Folge von den Anhängern eines besonders strengen Fatalismus verwendet wurde (Aporie bedeutet etwa »Ratlosigkeit« und bezeichnet die Unmöglichkeit, eine philosophische Frage zu lösen). Dabei handelt es sich um die Gleichsetzung dreier Modalitäten (des Möglichen, des Realen und des Notwendigen) mit dem Notwendigen.

Lassen Sie mich dazu kurz Folgendes erläutern: Von einer Sache, die ist, sagen wir, dass sie real ist. Doch bevor diese Sache ist, sagen wir von ihr, dass sie möglich ist. Wenn beispielsweise momentan Regen fällt, dann ist er real. Vor dem Fallen war er möglich (es war möglich, dass es regnete). In diesem Sinne ist das Mögliche weniger als das Sein.

Wenn wir nun sagen, dass eine Sache notwendig ist, so sagen wir damit hingegen mehr, als wenn wir uns damit begnügten zu sagen, dass diese Sache ist. Was wir darüber hinaus damit ausdrücken wollen, ist: Es ist unmöglich, dass diese Sache nicht ist. Möglichkeit, Sein, Notwendigkeit – und deren drei Gegensätze: Unmöglichkeit, Nichtsein und Kontingenz – sind Modalitäten, das heißt Ausdrucksweisen, bezogen auf die Realität von etwas. Die Logik, die sich mit ihnen befasst, heißt modale Logik (Modus heißt allgemein »Art und Weise«).

Aristoteles definierte das Mögliche (die »Potenz«) als etwas in Erwartung des Seins: Bevor die Statue aus dem Marmorblock herausgehauen wird, ist sie möglich. Das bedeutet allerdings auch, dass sie sehr gut gar nicht existieren wird (es genügt, sich vorzustellen, dass der Bildhauer stirbt, bevor er sich an die Arbeit macht, oder dass der Marmor in zwei Teile zerbricht).

Für die Megariker ist im Gegensatz dazu nur das möglich, was tatsächlich auch real sein wird: Ich kann von einer Sache, die nicht vorkommt, nicht sagen, dass sie möglich wäre. Nur das, was wirklich existiert, könnte möglich sein. Das, was nicht existiert, war unmöglich. Wenn man einräumt, dass eine mögliche Sache niemals vorkommt, gibt man damit auch zu, dass das Unmögliche aus dem Möglichen hervorgeht, man akzeptiert damit einen Widerspruch.

Zunächst fragen wir uns, ob zwischen dem Denken und der Sprache, also zwischen den Ideen und den Wörtern, eine direkte Beziehung besteht oder nicht. Im Griechischen bezeichnet der Ausdruck *logos* sowohl das »Wort« als auch die »Vernunft«. Die Megariker, die sich mit den Dialogen des Sokrates befassen, beharren auf dem prinzipiellen Gegensatz, der zwischen den Dingen und den Wörtern, zwischen den Dingen und den Ideen und zwischen den Ideen und den Wörtern besteht. Das aus der Wirklichkeit, der Sprache und dem Denken gebildete gleichseitige Dreieck ist zerbrochen. Außerhalb der reinen Identität ist kein wahrer Bezugspunkt möglich: Ein Ding ist das, was es ist. Sobald man ihm ein äußeres Attribut zuweist (was man in der Logik als Prädikat bezeichnet), verwickelt man sich in Widersprüche.

Das Denken der Megariker ist ein eleatisches (so genannt nach der um 500 v. Chr. im unteritalienischen Elea gegründeten griechischen Philosophenschule). Das Sein ist. Abseits dieses Satzes verfallen wir in Inkohärenz. Das Pferd ist also ein Pferd, der Galopp ist ein Galopp. Die Aussage, dass das Pferd galoppiert, würde bedeuten, zwei Wörter, zwei Ideen miteinander zu verbinden, die in Wirklichkeit nichts miteinander zu tun haben. Das, was die Megariker mit ihren Wortspielereien zu Grunde richten, ist nichts mehr und nichts weniger als die aristotelische Logik, die die Eigenschaften (die Attribute) mit dem jeweiligen Subjekt vereint, um sich ein Urteil und Urteile über das Urteil zu bilden, um daraus wiederum zu einem Gedankengang zu gelangen. Es gibt kein Urteil und kein Denken ohne Widerspruch, da wir, ausgehend vom Identitätsprinzip (A = A) von einem Ding sagen, dass es nicht das ist, was es ist, und dass es das ist, was es nicht ist.

Nehmen wir ein Beispiel aus der Geschichte (ich sehe schon das Flattern in Ihren Augen und in Ihren kleinen, grauen Zellen): War es möglich, dass Hitler bei einem Attentat vor 1939, also bevor er den Zweiten Weltkrieg in Gang gesetzt hat, hätte umkommen können? Aristoteles hätte dies bejaht: Hitler ist mehreren Attentaten entkommen, es wäre durchaus möglich gewesen, dass eines davon erfolgreich verlaufen wäre. Wenn man nun berücksichtigt, dass Hitler, zurückhaltend formuliert, als Hauptauslösungsfaktor des Zweiten Weltkrieges in Betracht kommt, so würden wir damit zugeben, dass es möglich war, dass der Zweite Weltkrieg gar nicht stattgefunden hätte. Für Diodoros Kronos hingegen bedeutete dies – da Hitler ja sämtlichen gegen ihn gerichteten Attentaten entkommen war –, dass ein erfolgreiches Attentat in Wirklichkeit unmöglich war: Die Realität geht nur aus dem Möglichen hervor, und es gibt nur das Mögliche, das auch notwendigerweise eintrifft.

Daraus ergibt sich, dass die drei Modalitäten (Möglichkeit, Sein – oder Existenz – und Notwendigkeit) bei den Megarikern zu der einzigen Modalität Notwendigkeit werden: Die Ereignisse, die eintreten, waren notwendig (es war unmöglich, dass sie nicht eintraten). Die Haltung des Fatalismus, nach der all das, was geschieht, auch geschehen musste, stützt sich auf diese logische Argumentation der Megariker.

Die Kyrenaiker: sich lieber arrangieren als sein Leben verlieren

Aristippos von Kyrene, der Begründer der kyrenäischen Schule (Kyrene ist eine Stadt in Libyen) hat – wie Sokrates – erneut die moralischen Belange in den Vordergrund der philosophischen Überlegung gestellt. Mal wurde er als skrupelloser Wüstling hingestellt (es heißt, er habe, weil seine Besuche bei Prostituierten schließlich zu einem großen Loch in seinem Geldbeutel führten, einen großen

Teil seiner Zeit damit verbracht, Tyrannen zu umschmeicheln, um zu Geld zu kommen), mal als Kyniker (er entgegnete jenen, die ihm seine Besuche bei der Kurtisane Laïs, einer Prostituierten der höheren Gesellschaftsschichten, vorwarfen, die berühmten Worte »Ich besitze, ich werde nicht besessen« und fügte hinzu, dass man, wenn man Fisch liebe, ja auch nicht frage, ob man vom Fisch wiedergeliebt werde …).

Die kyrenäische Philosophie ist eine Form des *Hedonismus*, eine Moral des Genusses: Das Gute ist das, was Genuss verschafft, das Übel das, was Unbehagen verursacht. Hierbei sind wir auch schon bei den Antipoden (hier übersetzbar mit »Gegenspielern«) Platons – der aus dem Guten eine Idee zur Betrachtung und eine absolute Realität macht. Wir sind aber auch sehr nahe an Epikur und damit auch bei dem, was ihn von den Kyrenaikern unterscheidet: Epikur bevorzugt all das, was er als Vergnügen in Ruhe bezeichnet, also beispielsweise die Abwesenheit von Schmerz, wohingegen die Kyrenaiker die Vergnügen in Bewegung rühmten, das heißt die realen, die dynamischen Genüsse.

Nachfolger sind stets Verräter, dies gilt besonders in der Philosophie. Unter den Nachfolgern des Aristippos wird ein gewisser Hegesias auffallen, dessen philosophisches Denken sich zum radikalsten Pessimismus überhaupt auswuchs: Das Glück ist unmöglich, der Tod ist das Leben wert, das Leben ist den Tod wert, der Weise ist derjenige, der die geniale Idee hat, zu verhungern. Man sagt, dass die Vorträge des Hegesias seine Schüler derart überzeugt hätten, dass er bei ihnen eine wahre Epidemie an Selbstmorden auslöste …

Die Kyniker: ein Hundeleben

Antisthenes ist zwar der Gründer der kynischen Schule, doch Diogenes von Sinope ist ihr bekanntester Vertreter. Bei den klassischen Philosophen galten diese Denker ernsthaft als schamlose und provokante Clochards. Von Diogenes sagte Platon, dass er ein verrückt gewordener Sokrates sei.

Die Bezeichnung »Kyniker« leitet sich vom griechischen Ausdruck für »Hund« ab: Warum Hund? Es gibt mindestens drei unterschiedliche Erklärungen, die die Anhänger dieser Philosophie für sich reklamieren:

- ✔ Die Kyniker trafen sich in einer Sporthalle, deren Namen auf Griechisch »der flinke Hund« bedeutete.
- ✔ Vom Hund hatten sie die bissige Wachsamkeit, weil sie denen, die ihnen etwas schenkten, schmeichelten, jene jedoch anbellten, die ihnen nichts gaben, und andere sogar bissen, die böse zu ihnen waren.
- ✔ Sie lebten wie die Hunde, befreit von jeglicher gesellschaftlichen Konvention und zögerten beispielsweise nicht, in aller Öffentlichkeit ihre Notdurft zu verrichten.

Es gibt Kynismus und Zynismus

Beide Begriffe haben nahezu eine gegensätzliche Bedeutung. Heutzutage ist ein Zyniker zum Beispiel ein Minister, der sich über die Gesetze lustig macht, oder der Chef eines Unternehmens, der seinen Angestellten kündigt, um den Aktionären zu gefallen. Kurz gesagt: Heute liegt der Zynismus auf der Seite des Stärkeren. Im antiken Griechenland war ein Zyniker (oder eben auch Kyniker zu dieser Zeit) ein freier Mensch, der außerhalb der gesellschaftlichen Konventionen lebte (die er für absurd hielt) und sich über die Reichen und Mächtigen lustig machte. Es wird berichtet, dass eines Tages Alexander, der große Alexander, Diogenes kommen sah und ihm antrug, ihm, dem Diogenes, alles zu geben, was er nur wolle. Die einzige Antwort, die er daraufhin von dem landstreichenden Philosophen erhielt, war: »Geh mir aus der Sonne!« Man stelle sich nur einmal vor, dass heutzutage ein Philosoph einem Fernsehproduzenten oder einem Programmdirektor derart antwortete. Man schreibt Alexander folgenden Spruch zu: »Wenn ich nicht Alexander wär', möcht' ich Diogenes sein!« Und der mazedonische König war beileibe nicht der Einzige, den die Worte und die Haltung des Rüpels beeindruckten.

Als ein junger Mann sein Schüler werden wollte, forderte Diogenes ihn auf, ihm mit einem Hering an einer Schnur zu folgen. Vor lauter Scham ließ der Philosophenlehrling den Hering blitzschnell fallen und machte sich davon: »Ein Hering hat unsere Freundschaft zerstört«, stellte Diogenes daraufhin lächelnd fest.

Der Philosoph in der Tonne

Eine leere, auf der Erde liegende Tonne, eine Art Höhle aus Holz, eine Hundehütte: Das war der ständige Aufenthaltsort des Diogenes. Autarkie und Selbstgenügsamkeit sind Ideale, die von zahlreichen Weisen und Philosophen der Antike geteilt wurden: sich selbst zu genügen, nicht von anderen abzuhängen, auch nicht von den Reichsten und Mächtigsten, vor allem nicht von den Reichsten und Mächtigsten.

Nieder mit dem Gesetz! Zurück zur Natur!

Sokrates' Mutter war Hebamme, und wir erinnern uns an die philosophische Bedeutung, die man mit einer solchen Abstammung verbinden sollte. Diogenes' Vater war Geldfälscher, und man könnte sagen, dass Diogenes den gleichen Beruf hatte wie er. Was ist ein Geldfälscher? Jemand, der Geld nachmacht, also die künstlichste aller Konventionen imitiert, setzt sich den schlimmsten Verdächtigungen aus. Wenn man bekanntgäbe, es seien falsche 50-Euro-Scheine im Umlauf, versuchten wir dann nicht auch, uns ihrer zu entledigen? In seinem Leben und mit seinen Worten entwertet Diogenes das soziale Geld, diese Zeichen des gesellschaftlichen Austauschs, all die Höflichkeiten, Scheinheiligkeiten und zusammenhanglosen Gesten, auf denen die Gesellschaft beruht. Wie die Sophisten glauben auch die Kyniker, dass das von Menschen gemachte Gesetz nichts mit der Natur der Dinge zu tun habe. Nieder mit dem Gesetz! Zurück zur Natur!

Eines Tages sah Diogenes, wie ein Kind aus der hohlen Hand Wasser trank. Daraufhin warf er seinen Becher weg, weil ihm klar, dass er noch Überflüssiges bei sich trug. Als er sich einmal auf der Straße selbst befriedigte, bedauerte er, dass es nicht auch ein so einfaches Mittel gebe, sich den Hunger zu vertreiben, indem man sich einfach den Bauch reibt.

Ein freier Denker, der sagt, was er denkt

Diogenes machte sich über alles und jeden lustig. Er nannte die Wettbewerbe zu Ehren des Gottes Dionysos »große Wunder für Verrückte« und die Redner die »Knechte des Volkes«. Einmal, als er über wichtige Themen sprach und keiner ihm zuhörte, fing er wie ein Vogel an zu zwitschern, und so scharten sich die Menschen um ihn. Daraufhin beleidigte er die Schaulustigen, indem er ihnen sagte, dass sie sich drängten, um sich Dummheiten anzuhören, während sie von den wirklich wichtigen Dingen unberührt blieben.

Eines Tages ließ man ihn in ein reiches Haus ein und sagte zu ihm: »Spuck vor allem nicht auf den Boden!« Diogenes, der gerade Lust zum Spucken hatte, spie seinem Gegenüber geradewegs ins Gesicht und brüllte ihn an, dies sei der einzige schmutzige Ort, den er gefunden habe. Als er sah, wie sich eine Frau vor den Statuen der Götter tief verneigte und dabei ihr Hinterteil zeigte, machte er sich über ihren Aberglauben lustig: »Fürchtest du nicht, liebe Frau, dass der Gott zufälligerweise hinter dir stehen könnte (weil ja der ganze Raum von seiner Anwesenheit erfüllt ist) und du ihm auf diese Weise ein äußerst unschickliches Schauspiel bietest?«

Wenn Platon und Aristoteles recht haben und die Philosophie die Tochter des Staunens ist, dann allerdings hört Diogenes nicht auf, mit seinen ständigen Provokationen und seinen Aussprüchen zu philosophieren. Davon noch einige mehr:

Denjenigen, die sich vor ihren Träumen fürchteten, sagte er: »Ihr macht euch keine Sorgen über das, was ihr am Abend seht, warum beunruhigen euch dann imaginäre Dinge, die euch im Schlaf erscheinen?«

Als er eines Tages beobachtete, wie die Wachmänner der Schatzhäuser einen Mann ins Gefängnis abführten, der einen Kelch gestohlen hatte, rief er aus: »Seht euch die großen Diebe an, wie sie einen kleinen Dieb abführen!« Als er einmal Geld brauchte und sich an seine Freunde wandte, bat er sie nicht, ihm etwas zu geben, sondern ihm sein Geld wieder zurückzugeben.

Eines Tages schrieb man an den Eingang eines Hauses folgendes Motto: »Böse haben keinen Zutritt!« Diogenes fragte: »Doch wie kommt dann der Hausherr in seine Wohnung?«

Diogenes nahm an einem Wettkampf im Bogenschießen teil: Einer der Teilnehmer war dermaßen ungeschickt, dass seine Pfeile, statt die Zielscheibe zu erreichen, in die Menschenmenge trafen. So beobachteten die Zuschauer die Bewegungen des schlechten Schützen und liefen bald nach rechts und bald nach links, um nicht getroffen zu werden. Diogenes entfernte sich aus dem Gedränge und pflanzte sich genau vor der Zielscheibe auf, weil er sich dort, wie er sagte, noch am sichersten fühle.

Er lobte einen kräftigen Burschen, der grässlich Zither spielte und über den sich alle lustig machten. Als man ihn nach dem Grund für sein Lob fragte, antwortete er: »Weil er während des Zitherspiels nicht daran denkt, Leute auszurauben.«

Als man ihn gefangen nahm und auf einem Sklavenmarkt zum Kauf anbot, entgegnete er einem potentiellen Käufer auf die Frage, was er denn alles könne: »Befehlen! Wer will einen Gebieter kaufen?«

Diogenes contra Platon

Diogenes griff Platon mehr als einmal an. Als er eines Tages trockene Feigen aß, begegnete er Platon auf der Straße und sagte: »Du kannst dir davon nehmen.« Platon nahm also einige von den Feigen und aß sie auf, woraufhin ihm Diogenes Vorwürfe machte: »Ich sagte, du könnest davon nehmen, aber ich habe nicht vom Essen gesprochen!«

Platon behauptete, die Arten und Gattungen der Lebewesen durch eine Folge logischer Divisionen bestimmen zu können und gelangte dadurch zu folgender Definition des Menschen: ein Zweibeiner ohne Federn (im Unterschied zu den Vögeln). Eines Tages warf Diogenes ein gerupftes Huhn zwischen Platons Schüler, die ihrem Meister atemlos zuhörten, und rief dabei aus: »Hier habt ihr den Menschen Platons!« Platon erkannte, was geschehen war, und fügte seiner Definition hinzu: »Und ohne Krallen.«

Ein anderes Mal ging Diogenes am helllichten Tage mit einer Laterne auf dem Marktplatz spazieren: »Ich suche den Menschen«, sagte er. Den Menschen kann man offenbar nicht auf der Straße treffen. Wem man dort ständig begegnet, das sind Menschen, aber eben nicht *der* Mensch. Eine direkte Art, um zu signalisieren, dass die platonischen Ideen nichts als Wind sind.

Die Eitelkeit der Philosophen

Wie die Megariker glaubten auch die Kyniker, dass man bei einem Urteil nicht um den Identitätsbezug herumkommt. Die Kyniker mokierten sich ganz besonders über die Lehre Platons: »Ich sehe wohl ein Pferd«, sagte Antisthenes, »aber ich sehe nicht das Pferdige.« Womit er auf die Lehre der Ideen anspielte, wie sie Platon als Grundlage selbst der wahrnehmbaren Dinge konzipierte.

Die Formulierung »Im Laufen die Bewegung beweisen« stammt aus einer Episode aus dem Leben des Diogenes. Als eines Tages ein Schüler der Schule von Elea die Realität der Bewegung nach der Argumentation Zenons (siehe Kapitel 2) leugnete, erhob sich Diogenes und marschierte um den unklugen Philosophen herum.

Die Natur, nichts als die Natur!

Der Hund ist nicht das einzige Tier, das eine wichtige Rolle bei den Kynikern spielt. Das Leben des Diogenes wird von einem wahrhaften Bestiarium begleitet. Als er einmal eine Maus sah, die völlig unbekümmert nach einem Unterschlupf suchte, ohne Furcht vor der Dunkelheit und ohne irgendein Verlangen nach all dem, was das Leben ein wenig angenehmer machen könnte, nahm er sie sich zum Vorbild und fand so das Heilmittel für seine Armut. Er lief barfuß durch den Schnee und härtete sich auch während der Hundstage ab.

Auch die Umstände seines Todes haben eine philosophische Bedeutung. Diogenes starb, wie man meinte, weil er sich mit Hunden um ein Stück rohen Tintenfisch gestritten hatte. Das Rohe der kynischen Worte spiegelt sich in der Rohkost beim Speiseplan der Kyniker wider: Kochen ist eine unnütze Konvention, ein überflüssiger Luxus.

Diogenes sagte, er sei dank seiner Verbannung zum Philosophen geworden. Tatsächlich lässt einen die Verbannung die Relativität aller Dinge erkennen. Antisthenes meinte, wenn es stimmt, dass man, um Bürger zu sein, einer Polis seit der Geburt angehören müsse, dann seien auch die Frösche und Grashüpfer Bürger. Diogenes wird übrigens auch die Erfindung der besonders gloriosen Formulierung »Weltbürger« zugeschrieben.

Trotz seiner ungeheuren Provokationen, aber vielleicht auch gerade deswegen, brachten die Athener Diogenes eine gewisse Zuneigung entgegen. Eines Tages verprügelten sie einen jungen Mann, der die Tonne des Philosophen zerstört hatte, und sie schenkten Diogenes eine neue dafür.

Der Skeptizismus: Alles ist relativ

Pyrrhon, der Begründer des antiken Skeptizismus, war lange Zeit der Namengeber seiner philosophischen Schule (Montaigne und Pascal sprachen vom Pyrrhonismus). Wie Sokrates hat auch Pyrrhon nichts Schriftliches hinterlassen, außer einem Gedicht, das Alexander gewidmet war. Das einschneidende Erlebnis in seinem Leben war seine Teilnahme am Feldzug Alexanders. Dieser ermöglichte es ihm, bis nach Indien zu gelangen und dort den »Gymnosophisten« zu begegnen, diesen unbekleideten Weisen, das heißt den Asketen, die die Griechen durch die Beherrschung ihres eigenen Körpers und die Härte ihrer Übungen verblüfften. Dieser Kontakt zwischen der griechischen und der indischen Welt trug wahrscheinlich nichts zum Inhalt des Skeptizismus bei, kann jedoch zumindest teilweise den Relativismus erklären, der im Zentrum dieser Art des Denkens steht.

Das plötzliche Aufeinandertreffen zweier bislang fremder Kulturen kann zwei entgegengesetzte Wirkungen hervorrufen: entweder eine Abkapselung und damit das Ignorieren des Anderen oder auch ein Verständnis für das Fremde und damit einen toleranten Relativismus.

Von Pyrrhon werden zahlreiche Anekdoten erzählt, die seine Art des Denkens veranschaulichen sollen. Eines Tages lief er, ohne mit der Wimper zu zucken, nahe an einem Sumpf vorbei, in dem gerade einer seiner Schüler versank. An einem anderen Tag fuhr Pyrrhon bei starkem Wellengang mit einem Schiff übers Meer. Seine Gefährten hatten schreckliche Angst, und so zeigte er ihnen ein Schwein, das ganz ruhig in einer Ecke auf dem Deck stand. Dann sagte er zu ihnen, dass ein wahrer Weiser sich ähnlich ruhig zu verhalten habe.

Gleichgültigkeit ist der Leitbegriff des Skeptizismus, sowohl in moralischer Hinsicht als auch vom Standpunkt der Erkenntnis aus.

Gleichgültigkeit und die Zurückhaltung des Urteils

Keinen Unterschied zwischen diesem (was als »gut« oder »wahr« bezeichnet wird) und jenem (was als »schlecht« und »falsch« bezeichnet wird) zu machen, ist die Grundeinstellung der Skeptiker. Dieser Zustand der Gleichgültigkeit ist gleichzeitig die Definition ihrer Weisheit. Sie ist gleichbedeutend mit der Ruhe der Seele und des Geistes. Man solle unter allen Umständen Zurückhaltung bei seinem Urteil (épokhè im Griechischen, ein Begriff, den Husserl in abgeschwächter Weise wieder aufnehmen wird) üben. Im positiven Sinne wird diese Zurückhaltung mit der Unvoreingenommenheit, mit der Objektivität, gleichgesetzt. Negativ gesehen, kann man diese Gleichgültigkeit als ein Zeichen von Nihilismus anprangern. Durch den Skeptizismus wird jede Festlegung zur Unmöglichkeit, egal, ob man nun eine solche Festlegung in ihrer subjektiven Bedeutung nimmt, wie etwa die Fähigkeit zur Entscheidung, oder in einem objektiven Sinne betrachtet, wie etwa bei der Definition eines Begriffs oder einer Sachlage.

Folgende Allegorie bringt es gut zum Ausdruck: So verführerisch die Wahrheit auch sein mag, ist es doch schwer, sich ihr zu nähern. Und so finden sich eine ganze Reihe enttäuschter Liebhaber, die sich für ihr fehlendes Glück rächen, indem sie das Gerücht in Umlauf setzen, die Wahrheit existiere gar nicht. Eine radikale und praktische Lösung, gewiss: Warum sollte man dann überhaupt nach etwas suchen, das es gar nicht gibt?

Es gibt solchen und solchen Zweifel

Man nennt die Skeptiker auch *Ephektiker*, weil sie sich mit einem Urteil zurückhalten. In der Geschichte des Denkens gab es sehr wohl einen fruchtbaren kritischen Zweifel (bei Descartes), der weit davon entfernt war, die Existenz der Wahrheit zu leugnen, und der danach strebte, für diese gegenüber allen Unsicherheiten einzustehen, die die sie schwächen könnten. Ganz anders verhält es sich jedoch beim skeptischen Zweifel, der radikal und zerstörerisch ist.

Kleine Argumentationshilfe für den Skeptiker

Es gibt insgesamt vier grundlegende skeptische Argumente.

Die Widersprüchlichkeit von Meinungen

Keine Idee ist jemals unwidersprochen geblieben. Sobald eine neue Vorstellung auftaucht, stellt sich ihr eine gegenteilige Behauptung entgegen. Es gibt nichts, was nicht anzufechten oder zurückzuweisen wäre. Es gibt also keinen Grund, sich hinter der angeblich siegreichen Vernunft einzureihen: Die Stärke des Denkens ist kein Kriterium für die Wahrheit. Wie kann man sich in einem Tohuwabohu der Ideen zurechtfinden, die sich regelrecht widersprechen? Im Krieg der Theorien hält sich der Skeptiker vornehm abseits und lehnt es ab, die Verwundeten zu pflegen. Mit siegesgewissem Jubel zählt er lediglich die Toten.

Der unendliche Regress

Wer von uns hat nicht zumindest einmal in seinem Leben diese Erfahrung gemacht? Da ist man in Eile, muss in irgendein Amt, um etwas zu regeln, klopft an eine Tür, doch der dort sitzende Beamte verweist einen in das Nebenbüro. Man klopft also dort an, doch dieses zweite Büro schickt einen zum nächsten, und so geht das immer weiter, so dass es den Anschein hat, es werde niemals aufhören. Oder jemand sucht in einem Wörterbuch nach einer Definition eines Wortes, doch innerhalb dieser Definition gibt es einen Begriff, dessen Bedeutung man nicht kennt. Man schlägt also diesen unbekannten Begriff nach, der wiederum ein unbekanntes Wort enthält; usw.

Die griechischen Skeptiker, die weder unsere Verwaltungsapparate noch Wörterbücher kannten, hatten diesen Mechanismus bereits begriffen: In einer Gesamtheit ewiger Verweise kann der Geist nirgendwo verweilen, und so gelangt er buchstäblich auch zu rein gar nichts. Das Argument vom unendlichen Regress besagt, dass eine Aussage nur durch eine frühere Aussage bewiesen werden kann, die wiederum auf eine frühere Aussage verweist usw. Wird man dann sagen, dass die ganze Aussagenkette letztendlich bei einer undiskutierbaren Wahrheit stehenbleibt? Die Skeptiker glauben nicht daran: Eine Aussage kann ohne Beweis nicht akzeptiert werden, denn es existiert, wie sie sagen, kein wirkliches Zeichen für das Wahre, das in etwa vergleichbar wäre mit der eingebrannten Markierung auf dem Körper von Sklaven, die es ermöglichen soll, diese nach einer Flucht wiederzuerkennen. Dennoch legt man einen Orientierungspunkt, ein Markierungszeichen, fest: die Prämisse. Doch leider ist auch die Prämisse, per definitionem, nicht beweisbar.

Die Notwendigkeit unbeweisbarer Prämissen

Eine Argumentationskette kann in der Theorie unendlich sein, dennoch muss man irgendwo einen Anknüpfungspunkt finden. Die Reihe der Argumente oder der Beweise verhält sich analog zu jener der Ursachen: Man braucht einen Anfangsbegriff, von dem aus sich alles Weitere ergibt. So wie man auch, von einer Ursache ausgehend, die Ursache der Ursache, dann die Ursache der Ursache der Ursache (Rückschreiten bis ins Unendliche) sucht und schließlich zu der Vorstellung einer ersten Ursache gelangt, die selbst die Konsequenz von nichts ist (so arbeiten die Theologen des Mittelalters mit der Idee, dass Gott, der die Ursache des Universums ist, ja selbst durch nichts verursacht wurde). Um die Wahrheit einer Aussage zu beweisen, benötigt man einen nicht zu diskutierenden Beweis, einen Satz, der selbst nicht mehr zu diskutieren ist (dieser Satz wird als evident, doch unbeweisbar, angesehen, und man nennt ihn *Prämisse, was so viel heißt wie »Voraussetzung«*).

Doch nichts sichert tatsächlich die Solidität der Prämisse selbst. Als die Logiker und Mathematiker zu Beginn des 20. Jahrhunderts die Grundlagen der Mathematik untersuchten, mussten sie feststellen, dass diese längst nicht die Solidität besaßen, die man ihnen zuerkannt hatte. Diese Entdeckung rief eine tiefe Krise hervor, die »Krise der Grundlagen«. Dieses Problem wurde schließlich gelöst (Mathematiker lösen schlussendlich immer die Probleme, die sie sich selbst stellen), doch letztlich um den Preis zahlreicher Abstriche.

Der Teufelskreis

Das vierte skeptische Argument ist in der Fachsprache bekannt unter der Bezeichnung der *Diallele (sich im Kreis bewegende Art des Denkens)*. Kommen wir zu den Beispielen mit der Verwaltung und dem Wörterbuch zurück. Wenn Büro A auf Büro B verweist, Büro B auf Büro C und wenn dann Büro C den Antragsteller wieder auf Büro A zurückverweist, dann wurde ein Kreislauf geschlossen, der Ausgangspunkt ist der gleiche wie der Endpunkt. Auch ein Wörterbuch, selbst ein gutes, kann logische Fehler dieser Art manchmal nicht vermeiden. So zum Beispiel, wenn in einem Wörterbuch als Definition der Wahrheit steht: »Charakteristikum dessen, was wahr ist«. Mit der Wahrheit dreht man sich also zuweilen im Kreise. Heißt das, man sollte auf sie verzichten?

Jeder Überlegung lässt sich eine Überlegung gleicher Kraft entgegenstellen.

Sextus Empiricus

Antworten auf den Skeptizismus

Dadurch, dass die Skeptiker ihren Akzent auf den Widerspruch legen, den sie sogar zum Gesetz des Denkens machen, begehen sie einen zweifachen Fehler: Einerseits verwechseln sie unlösbare Widersprüche mit solchen, die nur vorläufig bestehen (der Gegensatz zwischen zwei Theorien existiert nur, solange der Geist noch nicht über alle nötigen Angaben verfügt; der Gegensatz ist durchaus fruchtbar und ist dann überwunden, wenn die Wahrheit eben endlich herausgefunden wird). Andererseits setzen die Skeptiker illegitimerweise das Wissen mit der Meinung gleich. Nicht alles ist eine Sache der Meinung. Wenn Galileo seiner Theorie abgeschworen hat, um seinen Kopf zu retten, so ist das in Ordnung, weil er davon überzeugt war, dass die wissenschaftliche Wahrheit, im Gegensatz zum religiösen Glauben oder zur politischen Überzeugung, keine Märtyrer nötig habe. Die Existenz der Wissenschaften werde ganz allein als Einwand gegen den Skeptizismus ausreichen.

Außerdem könnte man gegen die Vorstellung, nach der alles lediglich eine Angelegenheit der persönlichen Meinung und keine Meinung besser als eine andere sei, die Argumentation wieder aufnehmen, die Platon gegenüber Protagoras anwandte: Wenn man glaube, alle Meinungen seien gleich gültig, müsse man auch der Auffassung zustimmen, dass alle Meinungen eben nicht gleich gültig sind, denn auch das ist ja eine Meinung!

Dem Argument des unendlichen Regresses könnte man entgegnen, dass es nur ein theoretisches Argument sei, denn faktisch bildet das System aus Wörtern und Ideen ein endliches Ensemble. Zerstört die Existenz von Prämissen als Ausgangspunkte der Wissenschaft deren Ziel, zur Wahrheit zu gelangen? Nein. Die mathematischen Axiome und die physikalischen Gesetze bilden einen logischen Rahmen, in dessen Innerem sich die Wissenschaften frei entfalten können.

Und was den Teufelskreis betrifft: Er wird ja gerade durch diese Ausgangsaussagen verhindert. Es gibt eine ganze Kette an Überlegungen, das Wissen ist kein Glücksrad. Das heißt, wenn man das Wissen in seiner Gesamtheit nimmt – was selbstverständlich nur eine Geistesidee sein kann –, dann stößt man auf eine gewisse Zirkularität, was sehr schön in der griechischen Etymologie unserer Enzyklopädie (zusammengesetzt aus den Bestandteilen »kreisförmig« und »Lehre, Bildung«) zum Ausdruck kommt.

Ist der Skeptizismus überhaupt möglich?

Der Skeptizismus wurde nicht gegründet zu dem Zweck, die Existenz der Wahrheit zu leugnen. Kann er das übrigens wirklich? Ein konsequenter Skeptiker müsste alles bezweifeln und so auch seinen eigenen Skeptizismus! Denn wenn er das nicht tut (und kein einziger Skeptiker hat das getan), akzeptiert er stillschweigend diese Wahrheit, die er ja vorgibt zu leugnen. Zu sagen: »Die Wahrheit existiert nicht«, bedeutet, dass man das, was man sagt, auch für wahr hält – wenn man denn wirklich das sagt, was man meint: »Die Wahrheit ist, dass die Wahrheit nicht existiert.« Die Grundaussage des Skeptizismus wäre deshalb logisch unmöglich, denn die sprachliche Darlegung dieser Aussage widerspricht ja der Aussage selbst.

Man kennt die Geschichte dieses Redners, der lange Reden hielt, um damit die Nutzlosigkeit langer Reden zu beweisen – oder auch das Buch *Memoiren eines Gedächtnislosen*. Dabei handelt es sich um Beispiele, die von den angelsächsischen Logikern als *performative Widersprüche* bezeichnet werden (»performativ« meint, dass die in einer sprachlichen Äußerung beschriebene Handlung zugleich vollzogen wird, zum Beispiel »Ich gratulierde dir …«). Abschließend kann man festhalten: Der Skeptizismus, zumindest der absolute Skeptizismus, ist unmöglich, genauso unmöglich wie der absolute Pessimismus. Pascal bemerkte einmal, dass der verzweifelte Mensch, der sich erhängen will, noch nicht alle Hoffnung aufgegeben habe, da er ja glaubt, dass sich sein Schicksal mit seinem Tod wenden möge. So ist es auch mit der Wahrheit: Man wird sie nicht so einfach los.

Der Epikureismus: Pflücke den Tag

Der lateinische Dichter Horaz aus der epikureischen Denkrichtung der Philosophie erfand den mittlerweile allseits bekannten Ausspruch *Carpe diem!*, »Pflücke den Tag!« (im Sinne von »Nutze den Tag!« oder auch »Genieße den Tag!«), in dem ein großer Teil der epikureischen Weisheit zusammengefasst ist.

Sind die Epikureer Schweine?

Von Cicero stammt folgende Formulierung: »die Schweine Epikurs«. Dieser brillante und kultivierte, äußerst eklektische Redner und Politiker erlebte sämtliche Philosophien (Platon, Aristoteles, die Stoa ...), wirklich sämtliche, bis auf Materialismus und Skeptizismus (dazu werden auch die Unmöglichkeiten von Leibniz, dem anderen genialen Eklektiker, gehören; ein Eklektiker ist jemand, der kein eigenes – philosophisches – System entwirft, sondern sich auf vorhandene, voneinander verschiedene Systeme stützt).

Bisher sind alle Idealismen und Spiritualismen in den gleichen Fehler abgeglitten: Sobald ihre Vertreter das Wort »Vergnügen« hören, stellen sie sich wahre Orgien vor. Epikur führte nicht nur ein einfaches und sogar reichlich frustriertes Leben, sondern predigte auch stets Mäßigung. Denn bevor man genießt, sollte man zunächst einmal nicht leiden. Doch der Mensch kann in seinem Wahn seinen Schmerz nicht beherrschen, überdies vervielfacht er auch noch die Gelegenheiten zum Leiden. Wenn wir unsere Begierden mäßigen, so lehrt uns Epikur, dann leiden wir auch nicht darunter, nicht alle Befriedigungen erlangt zu haben – dies mag schon gebug »Vergnügen« sein.

Ein für alle offener Garten

Platon lehrte in der Akademie, Aristoteles im Gymnasium, die Stoiker in der Säulenhalle und Epikur im Garten. Dieser Garten, der zum Symbol der Schule wurde (man sagt auch die *Philosophie des Gartens* oder einfach nur der Garten, wenn man vom Epikureismus spricht), hat außerdem die symbolische Bedeutung als Refugium, als Rückzugsort, in einer rastlosen Welt. Epikur ließ ihn für jedermann öffnen, sogar für Frauen, Hetären (Prostituierte) und für Sklaven. Dieser Sinn für die menschliche Universalität ist absolut neu und revolutionär: Platon und Aristoteles richteten sich ausschließlich an junge Freie aus reichen Familien.

Die Atomlehre

Epikur übernimmt von Demokrit die Vorstellung, nach der die Materie zwar nicht bis ins Unendliche teilbar ist (wie Aristoteles dachte), sich aber aus unteilbaren Teilchen, den Atomen, zusammensetzt, zwischen denen sich ein leerer Raum befindet.

Ursprünglich fielen die Atome nach Epikurs Vorstellungen in einer parallelen Fallbewegung in den leeren Raum. Durch einen Zufall wurden einige dieser Teilchen aus ihrer Fallbahn abgelenkt. Dank dieses unvorhersehbaren Ereignisses, das die Kette des Determinismus zerreißt, konnten sich die Körper bilden: Eine erste Abweichung von ihrer ursprünglichen Bahn führte zu einer unendlichen Anzahl weiterer Ablenkungen der Atome – man denke dabei an die Kettenreaktion bei einer Kernexplosion.

Epikur verwendet Aristoteles' Bild: Die Atome gruppieren sich jeweils in unterschiedlichen Anordnungen, wie die Buchstaben, die ja – sogar obwohl es nur relativ wenige gibt – dennoch unzählige Wörter ergeben können, je nachdem, wie sie sich in einem Wort zusammensetzen.

Diese ursprüngliche Abweichung von der Fallbahn wurde häufig als ein Zeichen und eine Garantie für die Freiheit in der physikalischen Welt interpretiert. Im Gegensatz zu ihren stoischen Zeitgenossen messen die Epikureer dem Zufall eine zentrale Bedeutung bei. Bei ihnen gibt es weder das Schicksal noch die Vorsehung, alles ist eine Sache von Zufall und Notwendigkeit.

Die Stofflichkeit der Seele, der Götter, des Universums und der Empfindungen

Platon hatte aus der Seele ein immaterielles Prinzip gemacht, das dem Körper absolut fremd ist. Für Epikur besteht die Seele selbst aus Materie, sie ist einfach nur leichter und feiner gebaut als der Körper. Beim Tod löst sie sich so auf, wie sich eine Tonform im Wasser auflösen kann. Dieses Verschwinden muss es dem Menschen ermöglichen, die hartnäckigste seiner Ängste zu besiegen, nämlich die Angst vor dem Tod (oder auch vor nach dem Tod).

Der Epikureismus ist und bleibt die einzige materialistische Philosophie, die die Existenz von Göttern nicht leugnet. Die Götter stellt man sich körperlich vor, nur dass ihre Körper eben aus einer sehr leichten Materie bestehen und dass sie vor allem ihre Tage friedlich in weit entfernten Welten verbringen, ohne sich um unsere Ängste und Nöte zu kümmern. Für Epikur hat der Mensch genauso wenig mit den Göttern wie mit dem Tod zu tun: Zwischen den Menschen und den Göttern hat noch nie eine Begegnung stattgefunden, genauso wie zwischen den Menschen und ihrem Tod nicht.

Epikur glaubt nicht an die Existenz einer Sphäre, in die Aristoteles und Platon, später auch Parmenides, das Universum einsperren wollten. Da die Atome unbegrenzt in ihrer Anzahl sind, sind auch die Welten, die sich aus ihnen zusammensetzen, unbegrenzt. Das Universum, das eine solche Unendlichkeit an Welten beherbergt, ist von einem unendlichen leeren Raum umgeben.

Für Epikur entspringt jede Idee einer Empfindung. Auch dies ist ein fundamentaler Gegensatz zu Platon. In jedem Augenblick lösen sich feine Schichten der Dinge, die wir wahrnehmen, wie Geister von diesen ab und treffen auf unser Empfindungsvermögen. Hören und Sehen bedeutet, von diesen Unkörperlichen berührt zu werden, durch die wir uns dann eine gewisse Vorstellung von der Welt machen können. So ähnlich müssen wir uns das mit der Lehre von den Abbildern oder Simulakren vorstellen, mit der Epikur das Empfinden und das Denken erklärt. Träume werden durch Täuschungen in uns hervorgerufen, es sind eben keine bedrohlichen oder ermutigenden Botschaften, die uns die Götter schicken, indem sie unseren Schlaf ausnutzen (als ob sie nichts anderes zu tun hätten!).

Was unsere Sinne anbelangt, so glaubt Epikur nicht, dass sie uns täuschen. Von weitem sehe ich einen runden Turm. Ich komme näher und erkenne, dass er eckig ist. Bedeutet das nun, dass mich mein Auge getäuscht hat? Nein, antwortet Epikur. Unsere Sinne trügen uns nicht, sondern es ist das von Gewohnheiten hervorgerufene überstürzte Urteil, das uns in den Irrtum versetzt. Urteilen heißt interpretieren. An sich ist die Empfindung, die Wahrnehmung, stets wahrheitsgetreu. Wenn das Wasser einen Stock verbiegt, so richtet meine Vernunft ihn wieder auf, wird La Fontaine sagen. Für Epikur sind selbst die Ideen Verrückter und selbst die Träume wahr, weil sie Spuren sind, die in unserem Geist hinterlassen wurden.

Eine Moral des Glücks

Abgesehen von Konfuzius, ist Epikur vielleicht der erste Philosoph, der über einen integralen Humanismus nachgesonnen hat, das heißt, über eine Konzeption des menschlichen Seins ohne andere als menschliche Postulate. Seine Moral ist ein Eudämonismus, das heißt eine Moral des Glücks. Und so ist das ideale Gute in der Tat nicht Ziel und Sinn der Existenz für Epikur (wie es ja bei Platon der Fall ist), sondern das Glück. Die Weisheit ist zugleich Ergebnis wie auch Bedingung eines glücklichen Lebens.

Der Epikureismus ist zudem ein Hedonismus, das heißt, eine Moral des Vergnügens, und dieser Aspekt seiner Philosophie ist es auch, der ihn bekannt werden ließ und der verurteilt wurde. Auch heute noch ist ein Epikureer nicht etwa jemand, der sich mit den Briefen an Pythokles und an Menoikeus befasst (zwei Texte, die uns von Epikur überliefert sind), sondern jemand, der sich gerne am Tisch und im Bett vergnügt.

Die »Vier Heilmittel« (die man in keiner Apotheke findet) bezeichnen die vier Thesen, die die hedonistische Moral Epikurs zusammenfassen:

✔ Vor den Göttern brauchen wir keine Angst zu haben.

✔ Der Tod bedeutet Empfindungslosigkeit, wir müssen ihn nicht fürchten.

✔ Das Gute ist leicht zu beschaffen.

✔ Das Schlechte ist leicht zu ertragen.

Es gibt einmal diese und einmal jene Vergnügen

Doch Epikur betreibt keine Apologie (Verteidigung, Rechtfertigung) der Lust als Selbstzweck, sondern bemüht sich um klare Unterscheidungen. Zunächst differenziert er die Lust in Ruhe (katastematische Lust) von jener in Bewegung (kinetische Lust). Die katastematische Lust gilt als die bessere: Sie entspricht einem Zustand des Wohlbefindens, das sich unmittelbar durch die Abwesenheit von Leiden bemerkbar macht. Diese katastematische Lust ermöglicht, die Ataraxie zu leben, diese heitere Seelenruhe, mit der Epikur das Ideal der Weisheit definiert. Die kinetische Lust kann gesucht und ausgekostet werden, schafft jedoch ein gewisses Ungleichgewicht, das dem Zustand innerer Ruhe schadet. Diese Vorstellung sowie auch jene, dass die Lust der Seele der Lust des Körpers überlegen sei, setzt Epikur deutlich von den Kyrenaikern ab.

Zweitens unterscheidet Epikur drei Arten der Bedürfnisse:

✔ **Die natürlichen und notwendigen Bedürfnisse (trinken, wenn man Durst hat, essen, wenn man Hunger hat):** Dies sind die wichtigsten, man sollte sie befriedigen.

✔ **Die natürlichen und nicht notwendigen Bedürfnisse (genussvoll essen und trinken oder auch dann, wenn man keinen Hunger oder Durst hat):** Sie zu befriedigen ist zwar noch nicht schlecht an sich, dennoch sollte sich der Weise davor hüten und immer nur maßvoll genießen.

✔ **Die nichtnatürlichen und nichtnotwendigen Bedürfnisse (Ehrgeiz, Liebe zu Reichtum und Ansehen):** Sie entstehen aus falschen Vorstellungen wie beispielsweise aus der Lust nach Veränderung oder die Sucht zu gefallen und zu herrschen. Deshalb muss der Weise sie unbedingt vermeiden, weil sie Verursacher von Unruhe sind.

Die Griechen im Allgemeinen und Epikur im Besonderen ahnten bereits den Abhängigkeitszustand voraus, in den uns künstliche Begierden stürzen können – das, was man heutzutage gemeinhin als Sucht bezeichnet. Die Lust ist ein Anzeichen von Glück, doch sie kann auch eine regelrechte Kettenreaktion auslösen. So ist Epikur einer der Ersten, wenn nicht der Erste überhaupt, der zwischen Bedürfnis und Begierde, zwischen realem Bedürfnis und reiner Imagination eines Bedürfnisses unterscheidet.

Dank sei der gepriesenen Walterin Natur, dass sie das Notwendige leicht erreichbar schuf, das Schwererreichbare aber als nicht notwendig.

Epikur

Die Macht des Denkens

Was die Menschen in Unruhe versetzt, sind nicht die Dinge, bemerkt Epikur, sondern die Urteile, die sie sich über die Dinge bilden. Der Philosoph argumentiert folgendermaßen: Der Tod betrifft uns nicht, wir haben nichts mit ihm zu tun, weil er, solange wir leben, noch nicht da ist, und wenn er denn da ist, dann sind wir nicht mehr da. Zwischen ihm und uns gibt es keine mögliche Begegnung: Entweder er ist da, oder wir sind da.

Warum ziehst du dich nicht vom Leben wie ein satter Gast zurück, und warum ergibst du dich nicht, dumm wie du bist, der Ruhe ohne Sorgen?

Epikur

Der Hedonismus als Lustmoral enthält zwei Aspekte: die Suche nach der Lust und die Beherrschung des Schmerzes (wenn dieser nicht umgangen werden kann). Mehr als ein Genießer, ist der epikureische Weise doch eher jemand, der seinen Schmerz beherrscht. Die Macht des Denkens des Weisen würde vermutlich dazu führen, dass dieser sogar im Leib des Stieres von Phalaris noch glücklich wäre.

Phalaris war ein Tyrann von Akragas auf Sizilien (4. Jahrhundert v. Chr.), der ein Folterinstrument entwerfen ließ, das aufsässige Bürger abwechselnd zum Reden und zum Schweigen bringen sollte: ein im Innern hohler Stier aus Bronze, unter dessen Bauch man ein Feuer entzünden konnte. Phalaris vergnügte sich damit, die Schreie der im Tierkörper eingeschlossen unglücklichen Gefolterten anzuhören, die sich dank des geöffneten Stiermaules in bombastisches Getöse wandelten. Kierkegaard deutete den Bronzestier als Symbol für die Metamorphose des Leidens in Schönheit.

Weise, aber dafür einsam?

Vom christlichen Standpunkt aus warf man der Moral Epikurs Egoismus vor. Seelenruhe, na schön, doch was ist mit den anderen Menschen? Wenn Epikur uns sagt, wir begegneten niemals dem Tod und dass wir verrückt seien, wenn wir ihn fürchteten, so gilt dieses Argument ja nur für den eigenen, den persönlichen Tod. Diese Ansicht gerät ins Schwanken vor der Erfahrung der Trauer. So lässt uns der Tod des anderen leiden und nicht der eigene und auch nicht der Tod im Allgemeinen, im Abstrakten.

Ist der epikureische Weise nun einer radikalen Einsamkeit geweiht? Nicht, wenn man die Hauptrolle, die in dieser Philosophie der Freundschaft zugewiesen wird, mit berücksichtigt (es zeigt sich wieder einmal, dass in der Kultur des Abendlandes Paarbeziehungen nicht zu existieren scheinen, im Gegensatz zu unserer modernen Zeit, in der sie von großer Bedeutung sind).

De rerum natura (»Über die Natur [der Dinge]«) von Lukrez ist das einzige philosophische Gedicht der gesamten abendländischen Geschichte, das sowohl ein poetisches als auch ein philosophisches Meisterwerk darstellt (die vorgeblich philosophischen Gedichte Voltaires setzen die Ideen eines Friseurlehrlings in Trötenverse um). Es handelt sich dabei um eine vollständige Darlegung der epikureischen Philosophie, verfasst vom lateinischen Dichter Lukrez, von dem man so gut wie nichts weiß. Der heilige Hieronymus wird später das Gerücht in die Welt setzen, dieser Dichter, den er wegen dessen Materialismus nicht ausstehen konnte, sei nach dem Trunk eines Aphrodisiakums wahnsinnig geworden und habe Selbstmord begangen.

Wie bei Epikur wird die materialistische Physik als das sicherste Mittel dafür vorgestellt, zur *Ataraxie* zu gelangen, zum Frieden der Seele, der sie von ihren Qualen und vor allem von den wichtigsten dieser Plagen, nämlich vor der Angst vor den Göttern und der vor dem Tod, befreie. Nach Lukrez' Ansicht ist die Religion ein Aberglaube, der den Menschen in Angst und Verzweiflung treibt. Daher kommt der Philosophie eine befreiende Funktion zu.

In der Natur gibt es außer den Atomen und dem leeren Raum nichts anderes (Buch I). Lukrez gibt geniale Beispiele zur Unterstützung seiner These: Die Abnutzung von Münzen und der Wind, der durch die Bäume fegt, beweisen, dass es eine unsichtbare Materie gibt, aus denen sich die sichtbaren Körper zusammensetzen (die Natur ist die Bühne unaufhörlicher Bewegungen und Änderungen, aus nichts wird nichts, nichts führt zu nichts und alles verwandelt sich).

Die Seele besteht wie alles andere aus Atomen, bei ihrem Tod löst sie sich auf – dieser muss nicht gefürchtet werden, da in ihm jegliche Empfindung aufgehoben sein wird. Die Leiden der Hölle sind nichts als Belanglosigkeiten. Das Denken rührt von Sinneseindrücken her, die aus atomaren, sich von den Dingen ablösenden Abbildern entstehen, die die Lebewesen und die Dinge ständig durcheinanderbringen (Lukrez fertigt eine stichhaltige Analyse nächtlicher Samenergüsse an, wie sie durch erotische Bilder im Schlaf hervorgerufen werden). Die von den Philosophen wie beispielsweise Platon gepflegten Illusionen (wie die ideale Liebe) gehören hierzu. Die Welt ist nicht von dieser Perfektion, wie sie sich die Pythagoreer und die Platoniker vorgestellt haben: Sie ist ein Produkt des zufälligen Aufeinandertreffens von Atomen.

Lukrez und die Vorgeschichte der Menschheit

Im fünften Buch seiner Dichtung entwirft Lukrez ein eindringliches Bild der Urzeit des Menschen: Im Gegensatz zum Mythos vom Goldenen Zeitalter, wie er in der Antike weit verbreitet war, stellt er sich bereits Menschen vor, die mehr tierische als menschliche Züge trugen und die ein wildes und gefährliches Leben in den Wäldern führten. Dieser Text ist deshalb bemerkenswert und einzigartig für seine Zeit, da er bereits Ideen und Erkenntnisse vorwegnimmt, die erst fast 2000 Jahre später auftauchen!

Im sechsten und letzten Buch (oder Gesang) seiner Dichtung bringt Lukrez die Naturereignisse zur Sprache, die sich durch die Ahnungslosigkeit der Menschen noch verschlimmern, weil sie die Götter dafür zuständig halten: Donner, Blitz und andere Erscheinungen sind Ereignisse, die ganz natürliche Ursachen haben. Daher führt uns eine wahre Erkenntnis der Natur der Dinge zu diesem Seelenfrieden, der zugleich Freiheit als auch Glück bedeutet.

Kein Unglück kann mehr den erreichen, der nicht mehr ist; es ist dann so, als wäre er niemals geboren, da sein sterbliches Leben ihn durch einen unsterblichen Tod erfreut.

Lukrez

Die Stoa: der Ordnung der Dinge folgen

Die Stoa ist eine philosophische Schule, die sich in der griechisch-römischen Antike lange Zeit halten konnte. Nämlich vom 4. Jahrhundert vor Chr. bis ins 6. nachchristliche Jahrhundert hinein, als der Kaiser von Byzanz in einem Anfall christlicher Bigotterie die philosophischen Schulen Athens schließt.

Die Geschichtsschreiber unterscheiden drei Phasen der Stoa: die alte Stoa ihrer Gründungsväter (Zenon von Kition, Chrysippos und Kleanthes), die mittlere Stoa (Panaitios, Poseidionos), die sich durch einen gewissen Eklektizismus auszeichnet (man findet dort platonische, aristotelische und epikureische Themen wieder), sowie die jüngere Stoa oder Stoa der Kaiserzeit (Epiktet, Seneca und Marc Aurel).

Die großen Ideen der Stoa sind uns nur indirekt bekanntgeworden: Die Werke der alten Stoa sind verlorengegangen (es sind lediglich Fragmente erhalten), dagegen blieben die Schriften Epiktets, Senecas und Marc Aurels glücklicherweise erhalten, doch vermittelt ihre ausschließlich ethische Thematik kein vollständiges Bild vom Gesamtcharakter dieser großartigen Philosophie.

Der Begriff *Stoa* leitet sich vom griechischen Wort für »Säulenhalle« ab, weil Zenon von Kition, der Begründer der Schule, in einer Säulenhalle lehrte. Man sagt auch *die Säulenhalle*, um die Schule der Stoa zu bezeichnen.

Die ganze Philosophie in einem Ei

Die Stoiker verglichen die Philosophie mit einem Ei:

- ✔ Die Logik ist die Schale.
- ✔ Die Physik ist das Eiweiß.
- ✔ Die Ethik ist der Dotter.

Sie verglichen sie auch mit dem menschlichen Körper:

- ✔ Die Logik ist das Skelett, sie behandelt das gute Denken.
- ✔ Die Physik ist das Fleisch, sie behandelt das gute Ordnen.
- ✔ Die Ethik ist die Seele, sie behandelt das gute Leben.

Die Stoiker waren die Ersten, die den Begriff des *Systems* auf die Philosophie als einen Gesamtorganismus anwandten. Zuvor bezeichnete dieses Wort die Gesamtheit im Allgemeinen oder, spezieller, eine Kompanie, eine Truppe. Niemals dachten Platon oder Aristoteles daran, dass ihre Philosophie ein System bilde: Erst von unserem heutigen Standpunkt als moderne Leser aus erkennen wir, dass es sich um ein platonisches oder ein aristotelisches System handelt. Mit der Stoa wird sich die Philosophie durch ihre Dreiteilung in Logik, Physik und Ethik ihrer selbst als ein System bewusst.

Die Logik der Stoa

Die stoische Logik umfasst die Rhetorik, die Grammatik (von Chrysippos in unserer heutigen Bedeutung eingeführt) und die Logik in ihrem eigentlichen Sinn. Daher befasst sie sich mit Elementen und Regeln der Sprache und des Denkens.

Im Unterschied zur aristotelischen Logik, die auf den Begriffen basiert, die einer realistischen Sicht der Metaphysik entsprechen (wenn ich sage, dass Sokrates im Gefängnis ist, so bezeichne ich damit ein Lebewesen, das sich an einem konkreten Ort befindet), stützt sich die stoische Logik auf eine Metaphysik der Veränderung, daher auch die zentrale Bedeutung, die man der Proposition beimisst.

Jede Proposition besteht aus drei Elementen, diese sind:

- ✔ Das Wort (als Laut)
- ✔ Die bezeichnete Sache (der Referent)
- ✔ Das Ausgesagte, das heißt, der Inhalt des durch das Wort induzierten Gedankens

Während das Wort und die Sache Körper sind (physikalische Realitäten), ist das Ausgesagte etwas Unkörperliches. Nur das Ausgesagte kann als wahr oder falsch eingestuft werden. Ein Wort ist weder wahr noch falsch, bei einer Sache verhält es sich ebenso. Die Stoiker waren die

Ersten, die klar und deutlich die Begrifflichkeiten dieser Dreiteilung herausgearbeitet haben, die im Mittelalter den Rahmen für den berühmten Universalienstreit bilden werden.

Das Universum ist ein großes Tier, aber keine Bestie

Das Universum der Stoiker ist keine aus Materie und Bewegung konstruierte Maschinerie – dies ist ja das Bild, das uns die moderne Physik vermittelt –, sondern ein großer, lebendiger Organismus, den man mit einem riesigen Tier vergleichen könnte. In diesem universalen Körper ist alles miteinander vermischt, entweder wie bei einer relativen Mischung (wie ein gemischter Salat, bei dem man die Gurken, Tomaten und Zwiebeln noch voneinander unterscheiden kann – der Vergleich stammt nicht von den Stoikern) oder wie bei einer totalen Mischung (wie beim Milchkaffee, wo man die beiden Zutaten nicht mehr voneinander unterscheiden kann – auch dieser Vergleich stammt nicht von den Stoikern).

Feuer und Geist erfüllen das Universum, so wie in einem Glas Wein mit Wasser vermischt ist (dieses Mal ist es jedoch ein stoischer Vergleich). Die Seele des Menschen ist ein Funke des allgegenwärtigen göttlichen Feuers. Daher gibt es im Menschen etwas Göttliches, aber nicht nur in ihm, sondern in jedem anderen Bereich der Natur ebenfalls.

So ist die stoische Vorstellung des Universums sowohl hylozoistisch (die Materie des Weltalls lebt) als auch pantheistisch (es ist göttlicher Natur). Diese Kosmologie und diese Physik eines universalen Zusammenhalts bilden die Grundlagen für eine Ethik und eine Politik, die ebenfalls universal sind.

Die universelle Sympathie

Die Stoiker nehmen den Ausspruch des Hippokrates wieder auf, den später wiederum Leibniz übernehmen wird: »Alles wirkt.« Dieser Zustand der *Sympathie* (das griechische Wort wird hier in seiner exakten Bedeutung einer *gemeinsamen Affektion* verwendet) verbindet die Menschen mit dem gesamten Universum. Mit den Stoikern sind wir beim genauen Gegenteil eines von Platon und Aristoteles hierarchisierten Weltalls angelangt. In diesem Zusammenhang muss man auch den Glauben der Stoa an die Astrologie verstehen, der den Philosophen doch seltsam vorkommt und bei ihnen recht selten anzutreffen ist. Wenn es tatsächlich einen Zusammenhang, eine Sympathie zwischen Universum und Mensch gibt, so müssen die Sterne Einfluss auf die Erdbewohner haben.

Unter den Kynikern gab es einige recht provokante Gestalten, die wirklich sämtliche gesellschaftlichen Regelungen ablehnten – sogar solche Konventionen, die die sexuelle Promiskuität innerhalb der Familie und den Verzehr von Menschenfleisch zurückweisen. Der Stoiker Chrysippos rechtfertigt ebenfalls Inzest und Kannibalismus, allerdings aus einem anderen Grund: Da das Gemisch (siehe oben) ein universales Gesetz der Natur ist, kann keine von ihm ausgehende Handlung schlecht sein … Im Grunde genommen ist jede menschliche Vereinigung inzestuös, wenn die gesamte Menschheit eine einzige große Familie bildet. Und der

Konsum von Menschenfleisch ist eine Art der Wiederverwertung, bei der der Körper eben nur von dem einen in den anderen übergeht.

Das Ende der Welten: das ewige Rad der Zeit

Da die einzelnen Bestandteile der Welt (die Lebewesen und die Dinge) schließlich vergehen, muss auch die Gesamtheit der Welt letztlich vergehen und sich auflösen. So argumentierten die Stoiker. Am Ende einer bestimmten Zeitperiode verbrennt die Welt schließlich, und an ihrer Stelle erscheint eine ähnliche, wenn nicht gar identische Welt. Heraklit war der Initiator dieser Lehre von der ewigen Wiederkehr, die man bildlich als Symbol für die Beständigkeit der Natur durch die Zeiten hindurch interpretieren kann oder auch wörtlich als Ausdruck der Wiederholung, die als ewiges Gesetz gilt.

Seneca sagt, dass sich Zeus (der universelle Gott) nach der großen Umwälzung seinen eigenen Gedanken ausgeliefert sieht (da die Welt augenblicklich aufhört zu existieren), was der Tatsache gleichkommt, eine der Welt gegenüber unabhängige Existenz Gottes anzuerkennen. Diese Vorstellung tritt in ein Spannungsverhältnis mit dem stoischen Pantheismus, der aus Gott einen Feuerkünstler macht, der den von ihm erschaffenen Dingen innewohnt. Über diesen Punkt sind sich die stoischen Autoren nicht einig und vertreten diesbezüglich keine homogene und einheitliche Lehre.

Alles ist seit aller Ewigkeit identisch in der Erscheinungsform und wiederholt sich in ständigen Kreisläufen.

Marc Aurel

Schicksal und Vorsehung

Im Gegensatz zum vom Zufall beherrschten epikureischen Universum wird das stoische durch Schicksal und Vorsehung regiert. Das Schicksal ist blind, es hat weder Gesicht noch Absicht, kein einziger Tempel wurde ihm jemals geweiht, keine Bitte ihm vorgetragen. Die Vorsehung hingegen ist intelligent und gnädig. Nicht sie biss sich – wie es das Schicksal tat – an dem unglücklichen Ödipus fest, durch den das erste Verbrechen in die Welt kam, das all die darauffolgenden auslöste. Das Schicksal ist unpersönlich, die Vorsehung ist persönlich. Gewiss doch, das Christentum wird die Vorstellung der Vorsehung übernehmen und jene des Schicksals verwerfen. Doch bei den Stoikern bestehen beide friedlich nebeneinander, manche Autoren setzen ihren Akzent mehr auf den einen und manche mehr auf den anderen Begriff.

Den Willigen führt das Schicksal, den Widerstrebenden schleppt es mit.

Seneca

Einen Sklaven, der ihn bestohlen hatte, bestrafte Zenon mit Peitschenschlägen (was ja doch beweist, dass auch ein Philosoph, dessen Beruf die Seelenruhe ist, einmal die Nerven verlieren kann). »Mein Schicksal war es, das mich zu dem Diebstahl trieb«, entgegnete daraufhin der freche Sklave, der die philosophischen Vorstellungen seines Meisters nur allzu gut kannte.»Und dein Schicksal ist es auch, geschlagen zu werden!«, erwiderte Zenon.

Zwischen Vernunft und Vernunft

Das Universum ist durchdrungen von der Vernunft, die gut ist. Deshalb gibt es auch kein absolutes Böses, kein objektives Böses in Bezug auf das Ganze. Leibniz wird in seiner *Theodizee* dieses Argument übernehmen. Das, was wir böse nennen oder für böse halten, ist es nur aus unserer eigenen unbedeutenden Sicht heraus. Auf das Ganze bezogen, ist jede Sache gut.

Der stoische Finalismus (alles Geschehen ist von Zwecken bestimmt), der sich als Providentialismus (alles Geschehen ist von der Vorsehung bestimmt) präsentiert, konnte gewisse Übertreibungen nicht vermeiden: So gehen manche Autoren sogar so weit, die kolossale Nützlichkeit von Flöhen zu betonen, deren Aufgabe es ist, uns aus unserem Schlaf zu erwecken, der ohne diese kleinen Quälgeister sonst wohl zu lange dauern könnte. Auch die Nützlichkeit von Mäusen wird hervorgehoben, die uns durch ihre bloße Gegenwart dazu veranlassen, unsere Sachen in Ordnung zu halten.

Der stoische Wahlspruch »Nach der Natur leben« ist nicht so simpel, wie er zunächst scheinen mag. Auch im Griechischen ist dieser Ausdruck mehrdeutig: Um welche Natur handelt es sich? Um das große Ganze (der kosmischen Ordnung) oder eher um den eigenen Charakter? Es ist ja nun wirklich nicht dasselbe, ob ich nach der kosmischen Ordnung der Dinge lebe oder nach meiner eigenen inneren Verfassung (die durchaus etwas merkwürdig sein kann).

Auf einer höher gelegenen Ebene fügen sich diese beiden Lesarten schließlich wieder zusammen. Denn die Natur des Menschen ist die Vernunft. Und die kosmische Ordnung ist die Vernunft. Die Natur, die in uns wohnt, ist ein Funken dieses Urfeuers, das die Gesamtheit der Lebewesen und der Dinge erfasst. Daher besteht eben doch kein Widerspruch darin, seiner eigenen Natur (die ja vernünftig ist) und der Natur insgesamt zu folgen (die ja ebenfalls vernünftig ist).

Willst du dir alles unterwerfen, so unterwirf dich selbst der Vernunft.

Seneca

Was in unserer Gewalt steht und was nicht

Die stoische Moral beruht auf einer ersten Unterscheidung zwischen dem, was in unserer eigenen Gewalt steht, und dem, was nicht in unserer Macht liegt. Sämtliche äußeren Gegebenheiten, das heißt alles, was in den Bereich des Schicksals, der Gesellschaft und des Körpers gehört, hängen nicht von uns ab. Was von uns jedoch abhängt, das sind die Vorstellungen, die wir uns selbst machen. Die Tatsache, dass wir alle sterben müssen, hängt beispielsweise nicht von uns ab. Die Art und Weise hingegen, wie wir sterben werden, und unsere Haltung gegenüber dem Tod hängen sehr wohl von uns ab.

Von den vorhandenen Dingen sind die einen in unserer Gewalt, die anderen nicht. In unserer Gewalt sind Vorstellung, Trieb, Begierde und Abneigung, kurz: alles, was unser eigenes Werk ist. Nicht in unserer Gewalt sind Leib, Besitztum, Ansehen und Stellung, kurz: alles, was nicht unser eigenes Werk ist.

Epiktet

Epiktet war Sklave, Marc Aurel war Kaiser: Ihre jeweiligen objektiven Lebensumstände standen nicht in ihrer eigenen Macht. Doch die Art und Weise, wie Epiktet seine Knechtschaft lebte, und die Art und Weise, wie Marc Aurel seine kaiserliche Bürde ertrug, all dies war in ihrer Gewalt. Auch wenn wir nicht Herr der Lage sind, die von äußeren Faktoren verursacht wird, so sind wir doch frei darin, ihr unsere Zustimmung zu geben oder sie zu verweigern. Leiden hängt beispielsweise nicht von uns selbst ab, doch die Bedeutung, die wir ihm geben, schon. In diesem Punkt steht der Stoizismus dem Epikureismus recht nah: Es ist verrückt, über Dinge zu weinen oder zu lachen, die nicht in unserer Macht stehen. Im Grunde genommen können wir nur über uns selbst weinen und lachen.

Verlange nicht, dass das, was geschieht, so geschieht, wie du es wünschst, sondern wünsche, dass die Dinge so geschehen, wie sie geschehen, und du (das heißt dein Leben) wirst glücklich dahinströmen.

Epiktet

Typologie der Handlungen

Handlungen sind entweder gut oder schlecht oder keines von beidem. Der Weise wird sich bemühen, die guten Taten auszuführen und die schlechten zu meiden. Was die indifferenten Handlungen anbetrifft, so wird er diesen gegenüber ebenfalls eine gleichgültige Haltung einnehmen.

Epiktet sagte, dass die Stoffe indifferent sind, doch die Art und Weise, von ihnen Gebrauch zu machen, ist es nicht. Das Ziel eines Bogenschützen ist die Zielscheibe (das Symbol materieller Werte), die er trifft oder verfehlt, je nachdem. Doch das wahre Ziel des Bogenschützen – und das wird immer erreicht – ist die Absicht selbst, die Handlung: auf die Zielscheibe zu zielen.

Der Weg ist das Ziel

Es ist schon paradox, dass ausgerechnet diejenige Philosophie, die dem Schicksal eine derartige Bedeutung einräumt, den Weg bzw. das Bemühen an sich zum Zentrum ihrer Ethik macht. Und genau diese Arbeit an sich selbst ist es, die manchmal bis zur Askese geht (im Griechischen bedeutet dieses Wort »Übung«) und die den

Stoizismus insofern popularisiert hat, als stoisch gleichbedeutend ist mit »geduldig« und »leidenschaftslos« (eine stoische Haltung an den Tag legen).

Man wird verstehen, dass dieser Aspekt der stoischen Moral später auf viele Christen verführerisch wirken konnte.

Eines Tages wurde Epiktet von seinem Herrn, der ausgesprochen wütend auf ihn war, heftig mit dem Stock geschlagen: »Hör auf«, sagte Epiktet, »wenn du mich weiterhin so schlägst, wirst du mir das Bein brechen!« Doch der Herr machte weiter. Er schlug so heftig weiter drauflos, dass Epiktets Bein tatsächlich brach. »Siehst du«, sagte er nun, »du hast mir das Bein gebrochen! Wie kann ich jetzt für dich arbeiten?«

Der Lobgesang auf die Apathie

In der Charakterologie von Le Senne ist das Apathische (die Gleichgültigkeit) das Nichtaktive, das Nichtfeinfühlige. Es unterscheidet sich vom Amorphen (dem Gestaltlosen) dadurch, dass es eher primär (es reagiert sofort) als sekundär ist (reagiert mit einer gewissen Zeitverzögerung).

Der Begriff der Apathie besaß im Griechischen keine negative Bedeutung. Er meinte das »Fehlen von Leidenschaft«, wobei »Leidenschaft« all das bezeichnet, durch das der Mensch berührt und emotional getroffen wird. Die Apathie ist für den Stoizismus das, was die Ataraxie für den Epikureismus ist: ein Ideal an innerer Ruhe, das Synonym für erworbene Weisheit.

Die Beherrschung des Todes

Der Tod ist Teil des menschlichen Schicksals, doch hat der Mensch es in seiner Hand, ihm einen würdigen Empfang zu bereiten. Die Epikureer hatten schon oft gesagt, dass die Furcht vor dem Tode eine Torheit sei. Die Stoiker gehen sogar noch weiter und singen den Lobgesang auf den freiwilligen Tod. Der Selbstmord, den Römer später begehen, ist die pathetische und spektakuläre Ausführung dieses Arbeitens an sich selbst, die ganz charakteristisch für die stoische Moral ist.

Was ist der Tod? Ein Schreckgespenst. Dreh es um, und du wirst sehen und erkennen, dass es nicht beißt.

Epiktet

Das Besondere an Seneca war, dass er sowohl ein außergewöhnlich großer Philosoph als auch ein ausgesprochen großartiger Dramatiker war. Zwar war er der Hauslehrer Neros war, man kann aber nicht behaupten, dass er es geschafft habe, in seinem Schüler auch nur einen Funken an Weisheit zu entzünden. Als Nero der wahnsinnige Kaiser war, als den wir ihn kennen, verdächtigte er seinen ehemaligen Lehrer, in eine Verschwörung gegen ihn verwickelt gewesen zu sein, und so befahl er ihm, Selbstmord zu begehen. Seneca schnitt sich die Pulsadern auf. Auf gewisse

Weise beherrschte er zwar seinen eigenen Tod, aber kann man darin tatsächlich eine stoische Handlung erkennen?

Der Weltbürger findet eine Stadt nach seinem Geschmack

Die Einsamkeit des Weisen bedeutet nicht seine Isolation. Im Unterschied zum Epikureer, der verborgen und abseits des geschäftigen weltlichen Treibens, vor allem abseits des politischen Geschehens lebte, fühlt sich der Stoiker fest mit der Welt der Natur und der des Menschen verbunden. Er sieht sich als Weltbürger (Kosmopoliten) – ein Ausdruck, der bereits von den Kynikern verwendet wurde, doch hier in diesem Zusammenhang eine deutlich positivere Bedeutung annimmt.

Der Stoizismus tauchte in hellenistischer Zeit auf, als der ehemals strenge und schützende Verband der griechischen Stadt, der Polis, sich zugunsten von mächtigeren König- und Kaiserreichen aufgelöst hatte. Jenseits der Gesetze des jeweiligen Landes existiert ein natürliches Gesetz, das allen Menschen gemeinsam ist, die alle gleichermaßen vernünftige Tiere sind (diese Definition des Menschen als vernünftiges Tier stammt von den Stoikern). Zum allerersten Mal taucht hier die Vorstellung eines Naturrechts auf (Cicero), die schon bald vom christlichen Denken aufgenommen wird. Die Tatsache, dass sowohl ein Sklave (Epiktet) als auch ein Kaiser (Marc Aurel) die Schule der Stoa repräsentieren, ist das deutlichste Symbol für diese objektive Solidarität unter allen denkenden Wesen, und dies ist in der Antike einzigartig.

Das Römische Imperium bildete einen politischen Rahmen, der diesem Denken ganz besonders gut angepasst war. Umgekehrt war der Stoizismus ein wichtiges Rädchen im Räderwerk der imperialen Ideologie. Die ganze Welt ist wie eine Stadt, schrieb Marc Aurel, der stoische Kaiser.

Mark Aurel war der einzige Philosophenkönig. Auch wenn es in der Geschichte der Philosophie Philosophen gab, die wichtige politische Funktionen ausübten (Boethius, Thomas Morus und Francis Bacon bekleideten politische Ämter, die vergleichbar mit dem Amt des Premierministers in einem modernen Staat sind), war Marc Aurel als Einziger das (höchste) Staatsoberhaupt. Und in seinem Fall hatte das etwas zu bedeuten: Schließlich war er Kaiser von Rom zu einer Zeit, als das Römische Reich die gesamte damals bekannte Welt beherrschte (2. Jahrhundert nach Chr.)!

Und Mark Aurel war nicht nur ein einfacher Sympathisant der Stoa: Die Gedanken, die er tagtäglich verfasste und die wir unter dem Titel Selbstbetrachtungen kennen, sind ein Kunstwerk der allgemeinen philosophischen Literatur. Sie zeugen von der Größe einer außergewöhnlichen Seele.

Der von vielen gefürchtet wird, muss notwendigerweise selbst vieles fürchten.

Großes Glück, große Knechtschaft.

Seneca

Von der Theorie zur Praxis

Lässt sich diese Philosophie auch im politischen Handeln erkennen? Die Antwort auf eine solche Frage ist nicht eindeutig: Einerseits bewies Marc Aurel fraglos weises Handeln bei der Verwaltung seines Imperiums, doch hinderte ihn dies nicht daran, Kriege zu führen und die Christen in seinem Reich zu verfolgen. Doch vor allem: Marc Aurel übergab die Macht an seinen Sohn Commodus – einen rabiaten Verrückten, der noch schlimmer als Nero war. – Schon für Platon war dies eine schwere Gewissensfrage: Wenn es tatsächlich eine Wissenschaft der Machtausübung gibt, wie erklärt es sich dann, dass sie nicht vom Lehrer auf den Schüler oder vom Vater auf den Sohn übergeben werden kann?

Das Ende der Antike und der Beginn des Mittelalters

7

In diesem Kapitel

- Jerusalem statt Athen
- Die Narren Gottes: Sekten und Häresien im Schlepptau der christlichen Revolution
- Plotin, der letzte pagane (heidnische) Philosoph
- Der heilige Augustinus und die Erfindung des Ich

Die christliche Revolution

Die Philosophiehistoriker halten sich nicht lange damit auf, den Einfluss zu erwähnen, den das Aufkommen und später die Dominanz der christlichen Religion auf die abendländische Philosophie ausüben konnten. Dennoch wird es in Europa ab dem heiligen Augustinus kein einziges Denken von Format mehr geben, das nicht an den Wert- und Glaubensvorstellungen festhält, die durch das Christentum repräsentiert werden. Die gesamte Philosophie des Mittelalters ist von religiösem Dogma und Geist durchtränkt. Und auch wenn die Renaissance den Schraubstock lockert, muss man dennoch erst das 17. Jahrhundert abwarten, bis Philosophen auftreten, die wirklich unabhängig von christlichen Vorstellungen sind.

Das Unendliche wird vollkommen: Der griechische Geist ist überwunden!

Die Griechen hatten das Vollkommene mit dem Endlichen gleichgesetzt. Das Unendliche hat im Griechischen und im Lateinischen eine negative Bedeutung: Es steht für das Unvollkommene.

Der christliche Monotheismus (Monotheismus ist der Glaube an einen einzigen Gott) dreht dies um: Es ist das Unendliche, das mit dem allmächtigen und allwissenden Gott, dem Schöpfer des Himmels und der Erde, gleichgesetzt wird und das nun zur Vollkommenheit wird. Das Endliche wird auf einen untergeordneten Rang der Begrenzung herabgestuft.

Das Wort als Kraft des Geistes

Am Anfang, sagt der Evangelist, war das Wort, und das Wort war Gott. Durch das Wort hat Gott tatsächlich erschaffen (Gott sagt). Dieser Schöpfergott spricht zu seinen Kreaturen: Apollon und Aphrodite sind stumm, sie haben den Menschen nichts zu sagen. Das aus dem Judentum hervorgegangene Christentum führt einen Dialog ein, wie es ihn bisher noch nie gegeben hat: Gott spricht zu den Menschen, die Menschen wenden sich an Gott. Jesus ist die Inkarnation, die Fleischwerdung Gottes: Um zu den Menschen zu sprechen, ist er zu ihnen gekommen, und nicht um Wunder zu wirken (er wurde auf der Hochzeit zu Kana nicht erwartet, weil dort Wein trinken sollte).

Der Geist ist willig, doch das Fleisch ist schwach.

Ich bin der Weg, die Wahrheit und das Leben.

Jesus

Der bezwungene Tod

Bei seiner ersten Rede auf dem Areopag (dem »Hügel des Ares«, auf dem der höchste Gerichtshof tagte) in Athen bringt der heilige Paulus, der wahre Gründer des Christentums und sein Platon (Jesus war dann der Sokrates des Christentums), seine wenigen Zuhörer zum Lachen, als er die Auferstehung Christi ankündigt.

In der griechischen Mythologie wurde einzig Herakles die Ehre zuteil, nach seinem Tode in den Rang der Götter erhoben zu werden – wobei man sagen muss, dass er schon etwas dafür geleistet hat (die zwölf Aufgaben, genannt »die zwölf Arbeiten des Herakles«, das Martyrium zum Schluss …) und von Geburt an ein Halbgott war. Für die Griechen gab es zwar die Unsterblichkeit, doch steht sie nur denen zu, die sich in diesem Leben Ruhm erworben haben. Es ist eine Unsterblichkeit im Angedenken. Gewiss, es gibt schon ein Leben nach dem Tod, doch ist dieses Leben eigentlich gar kein richtiges, es ist eine Schatten-, eine Phantomexistenz im Totenreich, eine fahle und traurige Kopie des ersten Lebens.

Die neue Religion beruht auf einer unglaublichen Vorstellung: Jedem Menschen – selbst dem allerniedrigsten – wird die Auferstehung versprochen. Die Auferstehung Christi ist das Vorbild dafür. Man versteht, wie dies den heiligen Paulus mit Enthusiasmus erfüllt: »Tod, wo ist dein Sieg? Tod, wo ist dein Stachel?«

Voll Glauben sind diese alle gestorben, ohne das Verheißene erlangt zu haben; nur von fern haben sie es geschaut und gegrüßt und haben bekannt, dass sie Fremde und Gäste auf Erden sind.

Heiliger Paulus

Die Ewigkeit jenseits aller Zeiten

Das christliche Denken betrachtet die Zeit als ein vorläufiges und unvollkommenes Abbild der Ewigkeit, die die Zeit Gottes ist, die Zeit des Himmels, die Zeit außerhalb der Zeit. Die Griechen kannten keine solche transzendente (jenseits der Erfahrung liegende) Dimension: Für sie war die Ewigkeit lediglich eine in die Vergangenheit und in die Zukunft verlängerte Zeit.

Mit dem Christentum entflieht die Ewigkeit der Zeit, selbst die Unsterblichkeit gibt davon nur eine annähernde Vorstellung.

Wenn in der Genesis davon gesprochen wird, dass Gott am Anfang den Himmel und die Erde schuf, so darf man diesen Anfang nicht als ein historisches Datum deuten, so wie wir etwa sagen, dass der Zweite Weltkrieg am 1. September 1939 begonnen habe. Der heilige Augustinus wird darauf bestehen, dass die Welt nicht in der Zeit erschaffen wurde, da die Zeit die Veränderung impliziert und sich nur bereits erschaffene Dinge ändern. Gott bleibt stets derselbe (weil er ewig ist), und so muss man davon ausgehen, dass die Welt und die Zeit einen gemeinsamen Anfangspunkt haben. Als Gott die Welt schuf, schuf er auch die Zeit.

Auch die ausführlich beschriebene sechstägige Schöpfungsgeschichte darf nicht wortwörtlich verstanden werden. Denken wir also nicht, dass Gott wie ein Büroangestellter am Montag sein Tagewerk begonnen und seine Arbeitswoche mit dem Samstagabend beendet habe (damals kannte man noch nicht die Fünf-Tage-Woche, und auch der Begriff des Wochenendes war noch unbekannt). Die Welt, so sagt der heilige Augustinus, wurde an einem Stück erschaffen. Auch die Reihenfolge der Darstellung sollte nicht mit einer tatsächlich chronologischen Abfolge verwechselt werden.

Zum ersten Mal taucht die Liebe auf

Es gibt ein christliches Pathos beziehungsweise eine gewisse christliche Neigung zum Pathos. Die Liebe Gottes kann auf zweierlei Weise verstanden werden: Sie kann die Liebe sein, die die Menschen für Gott empfinden (»Gottes« ist grammatisch ein Genitivus obiectivues, objektiver Genitiv), oder es handelt sich um die Liebe Gottes zu den Menschen (»Gottes« ist grammatisch ein Genitivus subiectivus, subjektiver Genitiv). Diese beiden Dimensionen entsprechen einander. Man muss sogar noch eine dritte hinzufügen: die Liebe der Menschen untereinander.

Die Caritas (Nächstenliebe) hat in zwei Richtungen: die horizontale (die Nächstenliebe) und die vertikale (die Anbetung Gottes). Mit der Caritas findet ein neuer Wert Eingang in den Himmel des Denkens. Die Griechen kannten die Freundschaft und die Philanthropie (Menschenliebe), aber sie wussten nichts von der Caritas.

Die Moral ersetzt die Ethik

Seit ihren Ursprüngen hat die Philosophie das Ideal der Humanität fast immer im Rahmen eines besonders vereinfachten Elitismus entworfen. Der Philosoph, der Bürger, ist ein Mann (keine Frau) und ein Einheimischer (kein Fremder). Das Kind als Mensch existiert praktisch überhaupt nicht (ein Vater hat sogar das Recht auf Leben und Tod seiner Kinder).

Mit dem Christentum ändert sich die Bedeutung der Vorstellungen von der menschlichen Seele radikal: Ihre physische, vitale Dimension wird seither dem metaphysischen Prinzip unterworfen, das als solches zu jedem Menschen gehört (die Debatte über die Seele der Frau ist nicht repräsentativ für die rechtgläubige christliche Lehre). Als etwas Besonderes von Gott erschaffen (die Eltern begnügen sich damit, wenn man das so sagen darf, ihrem Kind den Leib zu geben), ist die Seele zur Unsterblichkeit berufen.

Die christliche Philosophie ist die Erbin des stoischen und römischen Universalismus. In den Augen Gottes, sagt der heilige Augustinus, gibt es weder Männer noch Frauen und weder Juden noch Griechen mehr, sondern nur noch Menschen, die allesamt Brüder (und, wie wir heute sagen würden, Schwestern) sind. Die Vorschriften, wie man sich zu verhalten und zu leben habe, sollen von allen befolgt werden. Wir befinden uns hier noch im diametralen Gegensatz zur griechischen Ethik, die ein ganz besonderes und sogar singuläres (einzigartiges) Herausgehobensein im Auge hatte (die Sorge um sich). Nicht jeder konnte weise werden, aber jeder konnte ein guter Christ werden.

Die Grenzen der Vernunft

»Ich glaube, weil es widersinnig ist«, sagte Tertullian und bezog sich damit auf die Geheimnisse der christlichen Religion, die dem Licht des Verstandes unbegreiflich waren: die Wunder (auf dem Wasser gehen), die Trinität (Gott in drei Personen), die Inkarnation oder Fleischwerdung (Gott wird Mensch) und die Auferstehung (nach dem Tode wieder zum Leben erweckt). Dieser Satz wurde zum Symbol für die religiöse Verdummung. Doch man kann ihn auch anders interpretieren: Nicht das Absurde an sich ist die Ursache für den Glauben (nach dem Motto: e verrückter es ist, umso mehr glaube ich daran), sondern das Absurde kann nur Gegenstand des Glaubens sein (das Übrige, was nicht widersinnig ist, kann erkannt und verstanden werden, es muss deshalb nicht Gegenstand des Glaubens sein, so wie man beispielsweise ja auch nicht sagt: *Ich glaube*, dass der Mensch stirbt oder dass bestimmte Bäume im Herbst ihre Blätter verlieren).

Der christliche Pessimismus

Die Religion mit der größten Hoffnung ist zugleich diejenige mit der größten Verzweiflung. Mit dem Christentum hält das Böse einen aufsehenerregenden Einzug in die Welt.

Die Griechen kannten den logischen Irrtum und das soziale Vergehen. Sie kannten jedoch nicht die Sünde, die die Christen einführen werden und die von Nietzsche mit einem Gift für die Seele gleichgesetzt wird. Die Sünde ist ein Überschreiten des göttlichen Gesetzes durch den Menschen, doch ist sie auch viel mehr als eine Privatangelegenheit: das Anzeichen – der Beweis – für eine Art existentielle Unwürdigkeit, die den Menschen unendlich vom vollkommenen Gott entfernt. Das Christentum kultiviert, ohne es zu sagen, das schlechte Gewissen.

»Niemand ist freiwillig böse«, sagte Sokrates. »Mein Gott, vergib ihnen, denn sie wissen nicht, was sie tun«, rief Jesus am Kreuz aus. Der heilige Paulus antwortete als Echo: »Denn das Gute, das ich will, das tue ich nicht; sondern das Böse, das ich nicht will, das tue ich.« Das christliche Gewissen ist ein zerrüttetes Gewissen. Natürlich kannten auch die Griechen das Tragische, doch bei ihnen verlief die Kluft zwischen dem Menschen und dem Schicksal. Mit dem Christentum wurde der Gegensatz ein innerer: Der Mensch ist und lebt in sich selbst zerrissen. Die großen christlichen Philosophen, der heilige Augustinus, Pascal und Kierkegaard, werden deshalb zu den eigentlichen Erfindern des Existentialismus. Mit ihnen findet eine neue Richtung Eingang in die Geschichte des Denkens.

Denn ich weiß, dass in mir, das heißt in meinem Fleisch, nichts Gutes wohnt. Wollen habe ich wohl, aber das Gute vollbringen kann ich nicht. Denn das Gute, das ich will, das tue ich nicht; sondern das Böse, das ich nicht will, das tue ich.

Heiliger Paulus

Gott und der Kaiser: verschiedene Kragenweiten

Die Antike vermengte Religion und Politik: Fast immer und fast überall war die Macht eine theologische und zugleich eine politische, eine heilige und zugleich eine profane, eine himmlische und zugleich irdische. Der römische Kaiser musste wie ein Gott verehrt werden, und die Tempel wurden ihm geweiht. Die Christenverfolgungen hatten eigentlich keine rein religiösen Ursachen: Die Römer integrierten mit einer unbewussten Toleranz nahezu alle fremden Kulte. Was sie jedoch nicht tolerieren und *a fortiori* (erst recht) nicht integrieren konnten, war das Verhalten jener, die nur an einen einzigen Gott glaubten und damit jede andere Macht ausschlossen.

»Gebt dem Kaiser, was des Kaisers ist, und Gott, was Gottes ist«, entgegnete Jesus all jenen, die ihn mit der Frage in Schwierigkeiten bringen wollten, ob man Rom, der Besatzungsmacht, Steuern zahlen sollte. Die Trennung der beiden Mächte, der politischen und der religiösen, wird zur offiziellen Lehre der Kirche (faktisch wird es jedoch ganz anders sein, denn schon recht früh wird auch die Kirche sich nach Herzenslust des Schwertes bedienen).

Hätte Jesus damit die Laizität erfunden? Mit dem Christentum sind philosophische Vorstellungen niemals einfach. Autorität kommt ausschließlich von Gott, sagt der heilige Paulus. Ein Satz mit unvorhersehbaren Folgen. Die Päpste stützen sich auf diesen Satz des Apostels, wenn sie vorgeben, ihr Gesetz den Königen, Prinzen und Kaisern zu diktieren. Die 1000 Jahre des Mittelalters werden immer wieder durch solche Streitigkeiten durcheinandergebracht. Das Missverständnis ist, wie man sieht, seit den Anfängen im Neuen Testament präsent.

Der große Pan ist tot

Der Dichter Plutarch berichtet uns von einem Verzweiflungsschrei, den man an den italienischen Küsten vernahm: Die Götter Roms sind nicht mehr da! Der große Pan ist tot – dies bedeutet den Tod der Götter zu Gunsten eines einzigen Gottes, der in ein kleines Volk in Palästina hineingeboren wurde, das in seiner langen und dramatischen Geschichte schon oftmals erschüttert wurde. Gleichzeitig bedeutet es die Entheiligung der Natur, ihre Herabwürdigung auf die Stufe eines Gegenstandes, einer leblosen Sache und ihr Abtauchen in den Bereich der Materie, die der Geist zu beherrschen und zu erkennen sucht.

Eine Religion der Desillusionierung

Der Soziologe Max Weber wird zu Beginn des 20. Jahrhunderts eine paradoxe Theorie aufstellen, die sehr viel Erfolg haben wird: Das Judenchristentum (das Christentum lässt sich nicht vom Judaismus trennen) hat in der Realität den Menschen eine säkularisierte Welt beschert. Bei den Griechen und den Römern wie auch allen anderen antiken Völkern (und erst recht bei den Völkern, die man für primitiv hielt) galt die gesamte Natur als heilig, die Wälder wie die Flüsse, die Quellen wie die Sterne. Mit der Vorstellung einer einzigartigen, absoluten Schöpfung durch einen höheren Geist verschwindet all dies: Das Christentum entzaubert die Welt und bereitet sie damit auf die Beherrschung der Technik, die wissenschaftliche Erkenntnis und die ökonomische Ausbeutung vor.

Die ersten christlichen Salven

Die Apologeten und die Kirchenväter

In den ersten Jahrhunderten unserer Zeitrechnung etabliert sich das christliche Denken. Römische Autoren, durchdrungen von der griechischen Kultur, lesen die Bibel im Licht philosophischer Vorstellungen oder weisen jene im Licht der Bibel zurück. Besonders repräsentativ für diese Apologeten, für die die wahre Weisheit im Gottesglauben liegt, ist der Priester Laktanz. Er wird zur idealen Inkarnation des Weisen.

Während dieser ersten Jahrhunderte des Christentums, die ja die letzten der Antike sind, entsteht eine großartige intellektuelle Baustelle. Aus Jerusalem kam die zweifache Offenbarung: die eine, die im Alten Testament aufgeschrieben wurde und die das Gerüst des jüdischen Gesetzes bildet, und die andere des Neuen Testamentes, die vorgibt, das Alte zu überschreiten. Aus Athen sind Logik und Grammatik hervorgegangen, die es ermöglichen, über die Welt nachzudenken und über sie zu sprechen. In vielerlei Hinsicht stoßen sich diese beiden Traditionen geradezu ab. Aus ihrem Zusammenstoß wird die christliche Philosophie geboren werden.

Es gibt Religion in der Weisheit und Weisheit in der Religion.

Laktanz

Glaube, und du wirst verstehen; der Glaube geht voran, der Verstand folgt.

Heiliger Augustinus

Das rasche Wachstum der Sekten

Die ersten Jahrhunderte unserer Zeitrechnung waren in religiöser und philosophischer Hinsicht besonders reich. Innerhalb des Christentums, aber auch von außerhalb und im Widerspruch zu den christlichen Lehren, tauchten eine Vielzahl an Strömungen auf, die die damalige Welt bewegten und die fast zu Universalreligionen geworden wären. Was ist denn eine Religion tatsächlich anderes als eine Sekte, die Erfolg hat? Umgekehrt ist eine Sekte eine misslungene Religion. Ursprünglich war der Buddhismus eine Sekte des Brahmanismus und das Christentum eine Sekte des Judentums – da beide letztlich triumphiert haben, wurden aus ihnen Religionen. Umgekehrt ist der Nestorianismus (eine christologische Lehre, nachdem er sogar bis nach China vordringen konnte, eine Sekte geblieben. Wenn er es geschafft hätte, das Christentum zu ersetzen, wäre er zur Religion geworden.

Die Zeit der Häresien

Aus dem riesigen Lehrgebäude einer Religion wählen sich manche Gläubige aus unterschiedlichen Beweggründen den einen oder anderen Gesichtspunkt heraus und rücken ihn in den Vordergrund. Die Häresie (»Irrlehre, Ketzerei«) hebt einen Teil aus dem Gesamtgut des Denkens hervor und weist ihm eine herausragende symbolische Bedeutung zu. So gibt es beispielsweise Meinungsunterschiede bei der Frage nach der Natur Christi: Während die Orthodoxie (Orthodoxie im Sinne von Rechtgläubigkeit, der traditionellen Lehre folgend) bekräftigt, die beiden Naturen Christi, die göttliche und die menschliche, seien in seiner Person miteinander vermischt (das Geheimnis oder Mysterium der Inkarnation, der Fleischwerdung), behaupten einige Häresien entweder, dass beide Naturen getrennt voneinander vorliegen oder dass Christus nur eine einzige Natur besaß (wobei es wiederum zwei verschiedene Möglichkeiten gibt: nur eine göttliche oder nur eine menschliche Natur):

- ✔ Der *Nestorianismus* unterscheidet in der Person Christi dessen zwei Naturen.
- ✔ Der *Monophysitismus* erkennt in Christus nur dessen göttliche Natur.
- ✔ Der *Arianismus* leugnet wegen der absoluten Einzigartigkeit Gottes den göttlichen Charakter des Sohnes und des Wortes, die nach dieser Häresie die ersten Geschöpfe Gottes waren (diese Sekte war fast einflussreich genug, um eine eigene Religion zu begründen).

Die meisten Sekten allerdings sprechen sich entweder für oder gegen die Trinität (die Dreifaltigkeit) aus. Ihre unglaublich große Anzahl nimmt schon fast pathologische Ausmaße an:

- ✔ Der *Subordinatianismus* führt die Trinität auf eine Abfolge von Erscheinungen zurück und ordnet somit »Gott Sohn« im Sinne eines geschöpflichen Ursprunges »Gott Vater« unter.
- ✔ Der *Monarchianismus*, der jede noch vorhandene Spur des Polytheismus bekämpfte, leugnet die vom Heiligen Geist unabhängige Existenz von »Gott Sohn«.
- ✔ Der *Adoptianismus* schwächt die Intensität des göttlichen Charakters Jesu ab, der nach dieser Anschauung zu Beginn rein menschlich war und letztendlich von Gott als Sohn angenommen wurde.
- ✔ Der *Modalismus* denkt, dass Vater, Sohn und Heiliger Geist nicht drei unterschiedliche Personen, sondern drei Aspekte, Modalitäten oder Namen desselben einzigartigen Wesens repräsentieren, das nach seinen jeweiligen Handlungen betrachtet wird: Vater als Schöpfer der Welt, Sohn als inkarnierter Erlöser, Heiliger Geist als Heiligmacher der Seele.

Verrückte Gottes: die Gnostiker

Die Gnosis, deren Bezeichnung sich aus einem griechischen Wort für »Erkenntnis« ableitet, ist eine religiöse Bewegung mit einer Neigung zum Mystischen hin, die sich am Rande der monotheistischen Religionen entwickelt hat (so gibt es eine christliche Gnosis, eine jüdische Gnosis, die in der Kabbala (Geheimlehre und Mystik) zum Ausdruck kommt, und eine muslimische Gnosis). Zuweilen unterscheidet man zwischen dem *häretischen Gnostizismus* und der *orthodoxen Gnosis*, doch der Begriff der Gnosis (und das daraus abgeleitete Adjektiv »gnostisch«) umfasst sämtliche Strömungen.

Die Gnostiker verbinden große Eingebungen mit den alltäglichsten Vorstellungen und Praktiken. Gewiss wäre heutzutage der eine Teil der Gnostiker im Gefängnis, und die übrigen Anhänger dieser Sekte wären Patienten in einer psychiatrischen Anstalt. Dennoch muss sich die Philosophie auch mit gnostischen Exzessen und Wahnvorstellungen befassen, wie sie sich ja auch von den Übertreibungen der griechischen Kyniker betroffen fühlen musste.

Die ekelhafte Welt

Für die Gnostiker ist unsere Welt derart schlecht, dass sie nicht von einem guten Gott erschaffen worden sein konnte. Tatsächlich ist sie die Schöpfung eines von Grund auf bösen Geistes, eines Teufels, eines Antigottes (der zuweilen mit dem Gott des Alten Testamentes identifiziert wird), der sich an die Stelle des wahren Gottes gesetzt hat. In dieser dem Bösen und dem Leiden geweihten Welt hat Gott nichts zu sagen.

Bei den Gnostikern ist die Seele wie bei Platon nicht nur im Körper inkarniert, sie ist in ihn regelrecht eingekerkert. Daher finden die Gnostiker die christliche Glaubensvorstellung von der Auferstehung des Leibes ganz besonders widersinnig. Zwischen Gott und den Menschen tritt eine große Anzahl himmlischer Mächte, die Äonen, die eine Hierarchie der Geister bilden, die selbst das oberste Prinzip darstellen: Der Schöpfergott der Bibel und Christus selbst stehen tiefer und sind ihnen untergeordnet. An der Spitze der Pyramide steht das *Plerom* – die ganze »Fülle« –, das die Anhänger der Gnosis zu erreichen versuchen. Solche schwer durchschaubaren Systeme sind charakteristisch für die gnostischen Strömungen. Viele der späteren esoterischen Bewegungen schöpfen aus ihnen ihre Begrifflichkeiten und ihre Ideen.

Seltsame Gemeindemitglieder

Die Gnostiker betrachten sich als ein Volk, das abgesondert von den anderen Menschen lebt – und somit eine Art leuchtende Insel in diesem Ozean (unserer Welt) der Finsternis darstellt. Im totalen Gegensatz zu den Stoikern, die sich ja als Weltbürger definierten, die also immer irgendwo zu Hause sind, fühlen sich die Gnostiker als Fremde in der Welt: Die Welt – rief einer von ihnen aus – ist der Aufenthaltsort wilder Tiere. Ich bin in der Welt, aber ich bin nicht von der Welt, sagten die Gnostiker. Es hat keinen Zweck, sich in die Wüste zu flüchten wie die Anachoreten (»zurückgezogen Lebende«), denn man muss der gesamten Welt, die sämtlich Abfall ist, entfliehen.

Die Gnostiker verteilen sich auf viele verschiedene Sekten, was ein unglaubliches Chaos bedeutet. Die Sekte der *Ophiten* nahm die Schlange als Emblem, denn die sich in den Schwanz beißende Schlange (das ägyptische *Ouroboros*, das später von den Alchemisten übernommen wurde) symbolisiert das Werden des Universums, den kontinuierlichen Kreislauf, der die Elemente ständig durcheinanderwirft. Eine andere Sekte, die *Sethianer*, sah in dem runden Bauch einer schwangeren Frau das verkleinerte Abbild des Universums.

Die ersten Satanisten

Die Kainiten, eine weitere gnostische Sekte, machten den ersten Mörder der Geschichte zu ihrem Helden. Wahrscheinlich liefert uns die Gnosis den vollständigsten Katalog menschlicher Perversionen (von de Sade einmal abgesehen): Bei den geheimen rituellen Versammlungen verwendeten die Sektenmitglieder Sperma und Menstrualblut zur Kommunion. Die Barbelo-Gnostiker gingen sogar noch weiter: Aus dem Körper einer schwangeren Frau wurde ein Embryo (offensichtlich mit den Fingern) herausgerissen, dann wurde dieser in einem Mörser zusammen mit Honig, Pfeffer und diversen anderen Zutaten zerstoßen. Diese Paste wurde dann bei der Kommunion verzehrt.

Allerdings könnte es sich hierbei durchaus um Fantasievorstellungen gehandelt haben, zumal Zeugenberichte für solche und ähnliche Szenen rar sind und allesamt auf eine bestimmte Wirkung abzielen. Allerlei Abscheulichkeiten sagte man schon immer gerne Gruppen nach, von denen man nicht viel weiß. Ähnliches wurde auch über die Christen und die Juden behauptet, aber beide Religionen existieren noch und hatten so Gelegenheit diese Vorurteile aus der Welt zu schaffen.

Der Manichäismus: der Kampf zwischen Gut und Böse

Die manichäische Religion verdankt ihren Namen und ihre Existenz ihrem Propheten Mani. Sie vereint persische (Mazdaismus), christliche und sogar indische Elemente in sich. Wie Zarathustra, der Gründer des Mazdaismus, war auch Mani Perser, und wie Zarathustra verstand auch er die Welt als Schlachtfeld, auf dem sich zwei Prinzipien gegenseitig bekämpfen: das gute Prinzip, das durch das Licht symbolisiert wird, und das böse, das durch die Finsternis versinnbildlicht wird. Das gute Prinzip wird mit dem Geist gleichgesetzt, das böse mit der Materie: Die Aufspaltung des Menschen in Körper und Geist bildet die Zerrissenheit der Welt ab.

Gewiss, auch das Christentum räumt dem Bösen eine zentrale Stellung ein. Das Böse wird hier durch den Satan, den Teufel, verkörpert. Doch im Christentum ist der Teufel ursprünglich ein guter Geist, der sich in sein Gegenteil verwandelt hat, und eben keine Macht, die von Anfang an unabhängig von Gott existierte. Nach christlicher Überlieferung war der Teufel (dessen lateinischer Name, »Luzifer«, »Lichtträger« bedeutet) ein Engel, der sich gegen Gott auflehnte. Sein Sturz in die Hölle stellt im Großen und Ganzen den Fall des Menschen dar und nimmt ihn geradezu vorweg. Im Manichäismus bestehen sowohl Ahriman, die böse Macht, als auch Ormuzd, die gute Macht, bereits von Anfang an.

Der Krieg zwischen den beiden Mächten brach an dem Tag aus, als die Materie unter dem Einfluss der Strahlung des Lichtes derart trunken wurde, dass sie sich zu ihm erheben wollte. Um sich dieser Versuchung entgegenzustellen, schuf der gute Gott den ersten Menschen. Doch dieser wurde von den Mächten der Finsternis besiegt und von ihnen in der Materie eingesperrt. Der heutige Mensch ist daher eine Schöpfung des bösen Gottes.

Ebenso wie das Christentum hielt sich der Manichäismus für eine Universalreligion und war als Kirche organisiert. Bevor sich der heilige Augustinus zum Christentum bekehrte, übte der Manichäismus einen großen Reiz auf ihn aus. Im Mittelalter werden sich die Katharer von ihm beeinflussen lassen.

Heutzutage ist von diesem Denken nur noch ein Schimpfwort geblieben: Ein manichäischer Geist ist jemand, der unfähig ist, die Realität anders als in den Dimensionen von Gut und Böse zu begreifen, kurz gesagt, ein beschränkter Geist.

Das letzte heidnische Zucken: Plotin und der Neuplatonismus

Bevor die antike Philosophie ganz verschwand, tauchte eine bedeutende eklektische Strömung auf, die unter dem Namen des Neuplatonismus berühmt wurde, der auf den platonischen Geist anspielt, der dort zu dominieren schien. Tatsächlich ließ sich der Gründer dieser Schule, Plotin, von einer Vielzahl an Denktraditionen inspirieren: außer von Platon auch noch vom Pythagoreismus, von Aristoteles, von der Stoa und – nicht zu vergessen – von den orientalischen Vorstellungen, die er anscheinend ebenfalls kannte.

Plotin stammte aus dem alexandrinischen Milieu, das dem Kosmopolitismus gegenüber offen eingestellt war, und so unternahm er zahlreiche Reisen nach Asien und in das Mittelmeergebiet. Er plante die Gründung einer philosophischen Polis mit Namen Platonopolis, zu Ehren seines Vorbildes Platon, doch der Kaiser verweigerte seine Zustimmung. Sein Schüler Porphyrios ordnete seine Texte in sechs Neunergruppen an (daher auch deren Bezeichnung *Enneaden*, ein Wort, das aus dem Griechischen stammt und *»neun«* bedeutet). Als Platon starb, sagte man, seien Bienen gekommen, um sich auf seinen Lippen niederzulassen. Als Plotin starb, so sagte man, sei eine Schlange aus seinem Mund entwichen. Schlangen symbolisierten damals die Weisheit.

Sterben ist, als ob man den Körper wechselt, so wie ein Schauspieler das Kostüm wechselt.

Plotin

Über allem: das Eine!

Die neuplatonische Philosophie ist eine Philosophie des Einen, weil sie alles Existierende von diesem Einen ableitet.

Doch was ist das Eine? Die Idee des Einen geht auf die Vorsokratiker zurück, also bis auf den Ursprung der Philosophie. Was ist denn die Suche nach der Natur der Dinge anderes als der Versuch, eine Vielheit (die Wesen, die Elemente) auf die Einheit eines Prinzips (das Wasser bei Thales, das Feuer bei Heraklit) zurückzuführen? Im Grunde genommen (man muss es wohl so sagen) bedeutet das Denken: die Einheit finden. Ein Begriff, wie beispielsweise der des Ohres, ist ein einzelnes Element, das auf eine unendliche Anzahl wahrnehmbarer Ohren verweisen kann (das Wort »Ohr«, die Idee vom Ohr verweist auf alle anderen Ohren, egal, ob sie nun vom Esel, vom Kaninchen oder vom Menschen sind).

Man kann dem Einen eine davon getrennte Existenz verleihen, wie es die Neuplatoniker tun. Man kann in ihm eine transzendente Idee sehen. Es ist dann ein wenig so wie der Gott der monotheistischen Religionen – mit dem wesentlichen Unterschied, dass das Eine keine Person, sondern ein Prinzip ist.

Nach Auffassung Plotins gibt es mehr Sein in der Einheit als in der Trennung. Der Grad an Realität ist abhängig vom Grad an Integration: So hat ein Haus beispielsweise eine höhere Existenz als ein einfacher Steinhaufen, weil seine Steine eine deutlich integrierte Einheit bilden. Ein tierischer Organismus ist mit einer höheren Existenz ausgestattet als ein Haus, weil seine unterschiedlichen Körperteile durch Bindungen der Notwendigkeit miteinander verknüpft sind (man kann zwar eine Mauer durchbrechen, ohne ein Haus zu zerstören, man kann jedoch nicht einen Kopf abschlagen, ohne den lebenden Organismus zu töten).

Für Plotin ist die Einheit, die in den spirituellen Dingen besteht, eine viel stärkere als jene, die in den materiellen Dingen besteht: Ein mathematischer Satz beinhaltet beispielsweise virtuell auch die anderen. So gibt es eine Hierarchie, die von der Materie aufwärts zum Leben und vom Leben weiter zum Denken geht – und diese Hierarchie folgt dem immer weiter ansteigenden Grad an Integration. Die Einheit eines Körpers setzt dessen oberes Prinzip, die Seele, voraus, die Einheit einer Wissenschaft setzt ein oberes Prinzip dieser Wissenschaft, nämlich die Intelligenz, voraus. Von Einheit zu Einheit, von Prinzip zu Prinzip gelangt man zu einem letzten Begriff (bei unserer Suche ist es der letzte, doch in Wirklichkeit ist es der erste in einer ontologischen Ordnung, in der Ordnung des Seins), zu dem des Einen.

Von dem Einen leitet sich alles ab, doch es selbst leitet sich von nichts anderem ab. Ohne das Eine gäbe es nichts, durch das Eine gibt es alles. Das Eine ist ein Absolutum. Es hat alles von Gott – außer, dass es nicht Gott ist.

Emanation, nicht Kreation!

Wie die Griechen der Antike lehnen die Neuplatoniker die Vorstellung einer Schöpfung im Namen der Logik ab (aus nichts hätte nichts entstehen können). Doch ihr Hauptargument ist metaphysisch: Wenn Gott die Welt zu einem gegebenen Zeitpunkt erschafft, so setzt dies voraus, dass sie eine Ewigkeit inaktiv bleibt. Das läuft darauf hinaus, dass sie nicht vollkommen ist (einem Gott, der in der Unendlichkeit der Zeiten faulenzt, fehlt es an Ernsthaftigkeit).

Die Emanationslehre bewahrt hingegen die Vollkommenheit des Absoluten: Die Schaffung der Welt ist ein notwendiges und ewiges Resultat der göttlichen Natur. Die Welt strömt aus ihr heraus (»emaniert«), wie das Licht der Sonne durch diese verbreitet wird: fortwährend.

Die drei Hypostasen

Aus dem Einen muss etwas ausfließen, was nicht es selbst ist, damit sich der ganze Reichtum der Welt entfalten kann. Eine *Hypostase* ist ein metaphysisches Prinzip, das die Grundlage jeder Realität bildet. Im Griechischen bedeutet dieses Wort das, was einer Sache unterlegt ist, also die Existenz einer Substanz oder einer Person (in der christlichen Theologie bezeichnet die Hypostase jede einzelne der drei göttlichen Personen, die wesenhaft voneinander unterschieden werden; in Gott gibt es demnach drei Hypostasen: den Vater, den Sohn und den Heiligen Geist).

Plotin erkennt drei Hypostasen an. Das *Eine*, die erste Hypostase, steht über allen anderen Dingen, und man kann von ihm nur sagen, dass es existiert. Es begrifflich zu beschreiben würde bedeuten, es zu differenzieren. Das ist aber nicht möglich, weil man es sonst in einer Teilung zerstört. Der *Geist* ist die zweite Hypostase. Sie fließt aus der ersten Hypostase aus, geht aus ihr hervor. In ihr sind all die ewigen Formen enthalten, die Ideen in dem Sinne, wie Platon sie verstand. Danach geht die *Seele* aus dem Geist hervor und ist damit die dritte Hypostase. Sie schafft die wahrnehmbare Welt nach den Ideen der zweiten Hypostase, des Geistes, und mit Hilfe der Weltseele und der individuellen Einzelseelen. Alle drei Hypostasen zusammen bilden die intelligible Welt.

Zugegeben, diese ganze Konstruktion sieht doch etwas künstlich aus, aber Plotin ging es darum, sowohl eine Vorstellung von der Einheit der Welt als auch von ihrer Vielfalt und der Hierarchie ihrer Bestandteile zu bekommen. Die Philosophie muss sich über alles Gedanken machen. Deshalb entsteht auch dieser Eindruck, es handele sich dabei um konzeptuelle Mythologie, deren Wesenheiten die mythischen Götter und Helden ersetzten.

Es wird noch komplizierter

Für die Neuplatoniker existiert ein Urzustand, von dem aus jede Entwicklung und jede Entfaltung ihren Anfang nimmt. Die Komplikation (»Zusammenfaltung«) umhüllt das Vielfältige im Einen und bekräftigt die Einheit des Vielen. So erscheint die Ewigkeit nicht mehr als die Abwesenheit von Veränderungen und auch nicht als die Verlängerung einer Existenz bis ins Unendliche, sondern wie der komplizierte Zustand der Zeit selbst, so ähnlich wie die Origami-Faltblätter, derer sich Proust bedient, um die Funktion der Erinnerung zu veranschaulichen, und die sich – zu winzigen Gebilden zusammengefaltet – beim Kontakt mit Wasser wieder entfalten und sich stern- oder rosettenförmig ausbreiten.

Die universale Sympathie, wie sie Plotin bei der Stoa vorfindet, erklärt nach seiner Ansicht die Wirksamkeit des Gebetes und magischer Praktiken, die er mit dem Vibrieren der Saite einer Lyra vergleicht, das sich auf die anderen Saiten überträgt und sich so im gesamten Universum ausbreitet.

Von dem Einen zum Anderen: hin und zurück

Der Übergang des Einen zum Geist und vom Geist zur Seele ist eine Bewegung, die letztlich die wahrnehmbare Welt erreicht, in der wir leben. Als Gegenbewegung setzt ein Prozess der Reinigung, als Aufstieg zum Einen, ein.

Plotin lässt sich hierbei unmittelbar von der von Platon ausgehenden Dialektik inspirieren, wie sie im *Gastmahl* zur Sprache gebracht wurde. Von der wahrnehmbaren Welt aus erhebt sich die Seele zum Absoluten der Idee. Doch für Plotin ist das Eine noch jenseits der Idee, sei sie auch die Idee des Guten, denn diese ist das Absolutum ohne Begrenzung. Zahlreiche Gelehrte (und wahrscheinlich auch die meisten von Ihnen) erkennen darin eine Parallele zum Brahmanismus der *Upanishaden* Indiens.

Ein Schuss Mystik: der Baum des Porphyrios

Plotin sagte, er bemühe sich darum, das Göttliche, das in uns steckt, wieder zu dem Göttlichen emporsteigen zu lassen, das im Ganzen enthalten ist. Die Originalität seines Denkens besteht in der paradoxen Verbindung zwischen dem Pantheismus stoischer Provenienz und der platonischen Transzendenz, in der sich nicht wenige christliche oder islamische Autoren wiedererkennen werden.

In einem Text des Porphyrios, eines Schülers Plotins, entdecken die Philosophen des Mittelalters den Baum des Porphyrios. Er ist eine grafische Darstellung der dichotomischen (zweigeteilten) Einteilung der logischen Aufeinanderfolge der Gattungen und Arten, ausgehend von der obersten Gattung (der Substanz) bis zum Individuum (dem Mann auf der Straße).

Die Idee dazu stammt von Platon, der diesen logischen Aufbau in seinen letzten Dialogen skizziert hatte. Wir erinnern uns vielleicht daran, dass Platon mit Hilfe dieses Schemas zu folgender verblüffenden Einsicht gelangt ist: Der Mensch ist ein Zweifüßler ohne Federn. Die Idee dazu stammt aber auch von Aristoteles, der die Hierarchie der Gattungen und Arten in einer absteigenden Reihenfolge aufgestellt hatte.

Der erste und allgemeinste Begriff ist der der *Substanz* (das könnte das Wesen oder die Realität sein). Eine Substanz kann körperlich oder nicht-körperlich sein (es gibt keine dritte Möglichkeit: Die Dichotomie beruht auf dem Prinzip des Ausschließens einer dritten Möglichkeit). Offenbar ist der Mann von der Straße eine körperliche Substanz. Eine körperliche Substanz kann entweder beseelt, also belebt, oder eben nichtbeseelt sein: Der Mann von der Straße ist also zunächst einmal eine beseelte körperliche Substanz. Das Beseelte, Lebende, kann wiederum zweifach aufgespalten werden: Einerseits gibt es das Empfindende (das Tier), andererseits gibt es das Nichtempfindende (die Pflanze). Der einfache Mann nun ist empfindend (zumindest hoffen wir das). Schließlich existiert noch eine letzte Dichotomie: Das Empfindende (das »Tier«) kann entweder vernünftig oder nichtvernünftig sein. Unser Mann von der Straße ist vernünftig (nun, das können wir herausfinden). So sind wir also von der obersten Gattung (das

Wesen, die Substanz) bis zum Individuum (dem Mann von der Straße) durch eine Reihe von Festlegungen gelangt, die so viel wie Attribute oder Eigenschaften des Individuums sind.

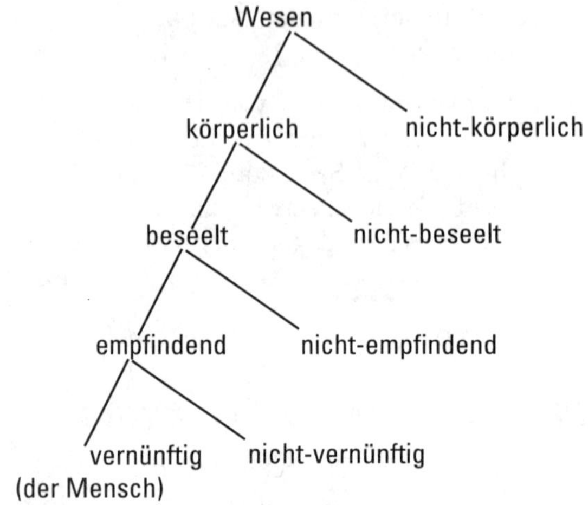

Abbildung 7.1: Der Baum des Porphyrios

Der erste Begriff – das Wesen, die Substanz – ist der umfassendste (man kann ihn auf alles anwenden), aber auch der am wenigsten verständliche (er lässt sich schlecht näher definieren). Umgekehrt ist der letzte Begriff – vernünftig – am meisten eingeengt (es gibt relativ wenige vernünftige Wesen im Vergleich zur Gesamtheit aller Wesen), doch am leichtesten verständlich (denn um vernünftig zu sein, muss man zugleich empfindend, beseelt und körperlich sein).

Die Ausdehnung eines Begriffs (»Substanz«, »körperlich«, »beseelt« usw. sind Begriffe) betrifft die Gesamtheit der Wesen, auf die der Begriff angewandt wird: Die Ausdehnung des Tieres betrifft alle Tiere (von der Fliege bis zum Wal). Die Verständlichkeit eines Begriffs ergibt sich aus der Gesamtheit der Eigenschaften, durch die er definiert wird (ein Mensch hat die Eigenschaften, vernünftig, empfindend, beseelt und körperlich zu sein). Im 17. Jahrhundert werden Arnauld und Nicole das berühmte logische Gesetz von Port-Royal verkünden: Die Verständlichkeit und die Ausdehnung eines Begriffs stehen in einem umgekehrten Verhältnis zueinander, je größer das eine ist, umso kleiner ist das andere und umgekehrt.

Der Baum des Porphyrios ermöglicht es zudem unmittelbar, die Beziehung einer Unterordnung von Gattungen und Arten zu visualisieren: Innerhalb der Gattung des Körperlichen gibt es die beseelte Art und die nichtbeseelte Art. Als logische Folge ergibt sich daraus, dass der beseelte Körper die Art in Bezug zur Gattung der Substanz ist.

Der heilige Augustinus, der Erfinder des Ich

Glauben, um zu verstehen, verstehen, um zu glauben. Mit dem Christentum verändert sich die Bedeutung des Glaubens und gewinnt ungeheuer an Intensität: Der Glauben wird zu dem Glauben überhaupt, zu einer inneren Erfahrung, wie sie bei den Griechen und den Römern unbekannt war. Glauben kann man tatsächlich nur im Rahmen einer transzendenten Religion (man kann nicht behaupten, die Griechen hätten wirklich an Apollon geglaubt). Mit dem Glauben ändert sich auch die Weisheit und damit ihre Bedeutung. Sie wird zum Verstand des Glaubens. Nun wandelt sich auch die Unruhe, die die Epikureer und die Stoiker wie ein Unheil verjagen wollten, zur Tugend.

Die Bedeutung der Sünde

Auf Grund dieser zweifachen Erfahrung der Zerrissenheit und des Niedergeschlagenseins kehrt nun das Ich in das philosophische Denken ein. Das »Erkenne dich selbst« des Sokrates war keine Aufforderung zu einer Innenschau. Mit dem heiligen Augustinus findet das Intime, das Innerste eines Menschen, Eingang in die Literatur. Das Intime ist, wie uns die lateinische Etymologie verrät, das Innerste überhaupt. Wenn die Griechen uns also nicht an ihrer Intimität teilhaben ließen, so einfach deshalb, weil sie keine hatten.

Es ist äußerst bedeutungsvoll, dass die Prüfung des Gewissens einerseits durch das Sündenbewusstsein geschieht, andererseits in der Art einer Beichte stattfindet. »Noch liebte ich nicht, doch ich sehnte mich zu lieben«, schrieb der heilige Augustinus. »Liebesdurstig im tiefsten Herzen, hasste ich mich selbst, weil ich so wenig liebesdurstig war. Das Maß der Liebe bedeutet: ohne Maß zu lieben.«

Zum ersten Mal in der Geschichte des Denkens wird sexuelles Vergnügen mit Verfehlung und Schuld assoziiert. Dies nun gibt den Ausschlag, denn der heilige Augustinus, der die Erbsünde buchstäblich erfindet (denn diesen Begriff sucht man vergeblich in der Heiligen Schrift), durchschaut die sexuelle Dimension der allerersten Sünde, die Adam und Eva im Paradies begingen.

Warum sollte Sex Scham hervorrufen?

Der heilige Augustinus dachte, dass die Scham in sexueller Hinsicht (zusammen mit dem Wunsch nach Verheimlichung, der sie begleitet) der Tatsache zu verdanken ist, dass die Begehrlichkeit des Fleisches derart unabhängig vom menschlichen Willen ist, dass der Mensch ihr nicht zustimmt. Unser Körper agiert und reagiert ohne unser Wissen, er schürt unsere Begierden, ohne uns vorher zu warnen, und wickelt uns manchmal ganz schön ein. Gewiss, manchmal beziehen wir daraus unser Selbstwertgefühl, doch das führt uns wahrscheinlich in die falsche Richtung.

Die ungehorsame Seele

Der heilige Augustinus stolpert über folgende Paradoxie: Die Seele erteilt dem Körper ihre Befehle, und dieser gehorcht ihr aufs Wort – der Einfall, den Arm zu heben, reicht, dies auch zu tun. Doch wenn sich die Seele selbst Befehle gibt, trifft sie sofort auf Widerstand. Es reicht nicht aus, ein mathematisches Problem verstehen zu wollen, um es tatsächlich zu verstehen, es reicht nicht aus, die schwersten Abschnitte dieser Geschichte der Philosophie für Dummies verstehen zu wollen, um es tatsächlich auch zu schaffen. Der Seele gehorcht das am ehesten, was ihr von Natur aus völlig entgegengesetzt ist, sie ist aber unfähig, sich selbst zu befehlen. Woher kommt dieses Wunder?

Die Seele ist in sich selbst zerrissen. Wenn sie etwas will, dann will sie es nicht mit Absolutheit: Was gleichzeitig bedeutet, dass es – wenn sie denn etwas will – eine Kraft in ihr gibt, die nicht will. Eine solche Vorstellung ist neu in dieser Zeit. Natürlich machten die Griechen einen Unterschied zwischen dem, was »gerne«, und dem, was »trotzdem« getan wird, doch fehlte ihnen noch die Vorstellung von einem Willen als Entscheidungskraft, die im Inneren des Ich ihren Platz hat. Übrigens hatten sie auch noch kein Wort dafür. Erst viel später wird die Psychoanalyse die Bedeutung der tiefgründigen Lehre des heiligen Augustin wieder aufspüren. Der erste Philosoph des Willens ist gleichzeitig der erste Philosoph des Widerstands.

Die augustinsche Moral geht von der Unterscheidung aus zwischen dem, woran man sich erfreuen muss, und dem, was man gebrauchen muss. Man muss alle Dinge im Hinblick darauf gebrauchen, sich an der ewigen Glückseligkeit, das heißt an Gott, zu erfreuen. Diejenigen, die sich nur an dem erfreuen, was man nicht anwenden oder gebrauchen muss, sind verloren. Die Seele liebt das Böse.

Eine berühmte Episode aus den *Bekenntnissen* des Augustinus berichtet, mit welch großem Vergnügen eines Tages der junge Augustinus mit gleichaltrigen Bengeln Birnen stahl. Der Sinn dieser Aktion lag nicht darin, wie der Autor – der in der Zwischenzeit Bischof geworden war – darlegt, diese schönen Früchte genussvoll zu verzehren, sondern einfach nur in der Freude am Stehlen, in der Freude, etwas Böses zu tun. Es ist die Seele, die sündigt, und nicht der Körper. (Eine psychologische Deutung dieses Geschehens wird sicher ergeben, dass das alles ganz harmlos ist.)

In den *Bekenntnissen* Rousseaus – der offensichtlich den Titel des heiligen Augustinus wieder aufnimmt – ereignet sich etwas Ähnliches: die Episode des gestohlenen Turbans. Freud wird von Projektionsflächen sprechen: Bestimmte Erinnerungen haben die Funktion, gewisse Vorstellungen zu maskieren, die ansonsten äußerst unangenehm für das Gewissen wären. So sind die schwersten Verfehlungen, die wir uns vorwerfen und die uns unser ganzes Leben lang verfolgen, niemals wirklich die Fehler, die objektiv betrachtet die schlimmsten sind. Umgekehrt verzeihen wir uns großzügig mehr als einmal in unserem Inneren wirklich schwere Fehltritte (wahrscheinlich haben wir sie sogar alle schon regelrecht ausgelöscht, wissen es aber nur noch nicht, weil wir es einfach nicht wissen wollen).

Die Macht des Neides

Der heilige Augustinus erzählt, wie er als kleines Kind neidisch seinen kleinen Bruder betrachtete, der an der Brust seiner Mutter trank. Die Kraft des Neides ist im Laufe der Jahrhunderte ein wenig schwächer geworden – jedenfalls so sehr, dass der Neid schließlich fast schon zu einem positiven Wert geworden ist, wie übrigens alles, was die christliche Tradition unter der Bezeichnung der Sünde einst verdammte (die sieben Hauptsünden sind ganz fabelhafte Wachstumsfaktoren in kapitalistischen Systemen und ein mächtiger Ansporn zum Konsum).

Das lateinische Wort für den Neid bedeutet *in etwas hineinschauen*, nicht nur mit einem verstohlenen Blick, sondern mit seiner ganzen Aufmerksamkeit – mit einer konfusen, unbewussten Todesvorstellung. Der Neid des jungen Augustinus war tödlich: Er wünschte sich den Tod des Bruders, weil dieser Rivale die Mutter in Beschlag nahm.

Daraus erklärt sich auch die dahinterstehende Fragestellung: Was muss eigentlich passiert sein, damit ein kleiner Junge derart boshafte Gedanken haben kann? Die Vorstellung von der Erbsünde, die der heilige Augustinus in das christliche Denken einführt und darüber hinaus auch in die ganze abendländische Kultur, muss im Zusammenhang mit dieser Erfahrung des Bösen beim Kind Augustinus gesehen und verstanden werden und nicht allein mit der in der Schöpfungsgeschichte berichteten Erzählung (Sündenfall).

Der Vorläufer Descartes'

Manche Gelehrten sahen im heiligen Augustinus den Erfinder des *cogito*. Entgegen den Platonikern meinte der heilige Augustinus in der Tat, dass die Wahrnehmung der äußeren Erscheinung durchaus einen Anhaltspunkt für die Gewissheit liefern könne (wohingegen die Platoniker diese Wahrnehmung als eine Illusion betrachten): Ich kann nicht daran zweifeln, argumentiert der heilige Augustinus, dass ich wahrnehme – auch wenn ich einer Illusion oder Lüge unterliege, muss ich doch existieren, um ihr unterliegen zu können. Ich werde getäuscht, also denke ich.

Die Trinität in uns

In unserer Seele wiederholt sich die göttliche Trinität. So wie Gott eine Dreiheit bildet und doch einer bleibt, ist auch die Seele dreigestaltig und bleibt doch eine. Wenn sie liebt, sagt der heilige Augustinus, ist die Seele zwei Dinge: sie selbst und die Liebe. Wenn sie sich erkennt, ist die Seele zwei Dinge: sie selbst und ihre Erkenntnis. So sind also die Seele selbst, ihre Liebe und ihre Erkenntnis drei Dinge, und diese drei Dinge sind eins.

Zu dieser inneren Dreiheit kommt eine weitere hinzu: das Gedächtnis/die Erinnerung (memoria), der Verstand (intelligentia) und der Wille (voluntas) – eine Dreiteilung der Fähigkeiten, die die meisten Philosophen in den folgenden Jahrhunderten beibehalten werden (einige ersetzen dabei den Willen durch die Einbildungskraft). Diese Trilogie lässt sich im Zusammenhang mit den drei Dimensionen der Zeit verstehen: Der Verstand begreift die Gegenwart, das Gedächtnis erinnert sich an die Vergangenheit, während der Wille auf die Zukunft ausgerichtet ist.

Der Gedächtnispalast

Der heilige Augustinus hinterließ ein beträchtliches Werk, dennoch hat er seine Bücher nicht selbst aufgeschrieben: Er hat sie diktiert. Eine solche Praxis setzt voraus, dass die Texte zunächst im Geist entstehen und dort memoriert werden. Einmal gelernt und behalten, wurden sie einem Sekretär diktiert.

Der heilige Augustinus verfügte, wie zahlreiche Autoren der Antike, über mnemotechnische Verfahren, um sich eine unglaublich große Menge an Informationen zu merken. Er verglich das Gedächtnis mit einem Palast, in dem es viele Flure und verschiedene Zimmer gibt. Sich zu erinnern bedeutet nun, in der Vorstellung die unterschiedlichen Räume dieses Palastes zu durchlaufen, als ob man sie besichtigte. Einer solchen Umsetzung von Gedankeninhalten in imaginäre Räume bedienen sich auch jene, die über ganz außerordentliche, ja sogar pathologische Fähigkeiten der Erinnerung verfügen.

Jean-Jacques Rousseau griff zwar Augustinus' Titel *Bekenntnisse* auf, ließ jedoch die religiöse Dimension fallen. Wenn wir heute die »Bekenntnisse« einer Schauspielerin oder eines Fußballspielers lesen, so sehen wir darin nur ein simples Zeugnis ihres Daseins, ohne dass darin die Bedeutung der Sünde thematisiert würde, die beim heiligen Augustinus derart prägnant war. Die *Bekenntnisse* des heiligen Augustinus sind eher an Gott als an den Leser gerichtet: Der Autor betet zu Gott und gesteht die Verfehlungen seiner Jugend, bevor er die Geschichte seiner Konversion zurückverfolgt. Auch diese ist ein Gebet und gleichzeitig eine Meditation.

Die Tiefe des Buches rührt daher, dass ein Text zum ersten Mal in der Geschichte der Philosophie von der Bewusstwerdung des inneren Abgrundes durch ein Ich kündet. Es ist nicht übertrieben zu sagen, dass das Ich erst mit dem heiligen Augustinus in das philosophische Denken einbricht. Diese Subjektivität, von der man behaupten kann, dass es sich um eine christliche oder, noch präziser, um eine jüdisch-christliche Erfindung handelt, wird gleichzeitig in Relation zu dem gestellt, was sie unendlich übersteigt: die göttliche Transzendenz und Vollkommenheit.

Die Sünde prägt das Leben des Menschen von Anfang an. Die Seele des Kindes ist bereits verdorben, wir haben dies bei der Episode des Birnenraubs gesehen und bei der des Neides gegenüber Augustinus' Bruder. Der erwachsene Augustinus kennt die Begierden und Qualen des Fleisches. Er bemerkt, dass es die Liebe zur Liebe war, die ihn antrieb, und nicht die Liebe zu einer Person. Wie das Böse ist auch die Liebe sich selbst ihr eigener Inhalt.

Die Unordnungen des Verstandes sind das Echo auf die des Leibes: Der heilige Augustinus erzählt, welchen Einfluss der Manichäismus (den er dann mit äußerster Strenge als hochmütig und verrückt verwarf) und der Neuplatonismus (der ihm den ewigen Charakter Gottes aufzeigte) auf ihn ausübten. Dann kommt der Augenblick der Konversion, die durch die Taufe – als die wahre Geburt – geheiligt wird.

An diesen autobiografischen Teil (Bücher I bis IX) schließt sich ein regelrecht spekulativer Teil (Bücher X bis XIII) an. Augustinus spricht vom Gedächtnis wie von einem Palast (siehe oben), der die Gesamtheit der vergangenen Erfahrungen enthält. Auf äußerst tiefgründige Weise stellt er fest – und nimmt damit eine These Freuds vorweg –, dass es kein absolutes Vergessen geben könne. Irgendetwas von dem, was wir gesehen oder erlebt haben, bleibt immer zurück, auch wenn wir selbst glaubten, es vollständig vergessen zu haben. Diese Vorstellung vom Gedächtnis ist zudem höchst modern: Der heilige Augustinus erfindet die Psychologie.

Auch die apologetische Zielsetzung (die christliche Religion zu verherrlichen) wird nicht außer Acht gelassen. Trotz seiner Leistungen ist das Gedächtnis nicht dazu geeignet, uns einen Zugang zu Gott zu verschaffen. Ebenso ist die menschliche Zeit nicht dazu geeignet, uns ein Bild von der Ewigkeit Gottes zu vermitteln. Was also ist die Zeit? fragt der heilige Augustinus: Wenn niemand mich danach fragt, weiß ich es. Wenn ich es jemandem auf seine Frage hin erklären soll, weiß ich es nicht. Wir sagen, dass es die Vergangenheit, die Gegenwart und die Zukunft gibt, doch es wäre richtiger zu sagen, dass es die Gegenwart der Vergangenheit, die Gegenwart der Gegenwart und die Gegenwart der Zukunft gibt, so wie es eigentlich nur die Gegenwart gibt, die die Zeit ausmacht. Was ist denn eine Erinnerung anderes als die *aktuelle* Vergegenwärtigung der Vergangenheit und ein Plan oder Vorhaben anderes als die *aktuelle* Vergegenwärtigung der Zukunft? Gott ist die einzige beständige Realität. Er hat das Universum erschaffen, und seine Natur entflieht unserem Verstand. Die *Bekenntnisse* sind auch, und vielleicht zuallererst, ein Akt des Vertrauens in Gott.

Die beiden Staaten

Im Jahre 410 erschüttert ein besonderes Ereignis das Römische Reich: Rom wird von den Barbaren, den Westgoten Alarichs, eingenommen und geplündert. Viele Menschen machen dafür die neue Religion verantwortlich, die der Ursprung der Katastrophe gewesen sei. Die Abkehr von den traditionellen Göttern und Bräuchen gilt als Hauptursache. Andere bemerken, dass der Gott der Christen – wenn er denn wirklich so mächtig ist, wie behauptet wird – ein solches Drama nicht zugelassen hätte.

Mit dem *Gottesstaat* antwortet der heilige Augustinus auf all diese Einwände. Dies bringt ihn dazu, eine regelrechte Geschichtstheologie zu verfassen. Demnach gibt es zwar eine göttliche Vorsehung, doch bedeutet dies nicht, dass alle Geschehnisse auch von Gott gewollt sind. Jesus hatte gesagt, dass man dem Kaiser das geben solle, was des Kaisers ist, und Gott das, was Gottes ist. In diesem Zusammenhang unterscheidet der heilige Augustinus zwei Staaten: den Staat der Menschen, dessen Symbol Babylon ist, und den Staat Gottes, der Jerusalem heißt.

Diese Lehre von den zwei Staaten gerät im Mittelalter ein wenig in Schieflage, als die Päpste den Vorrang der geistlichen Macht über die weltliche Macht behaupten und versuchen, einerseits die Kirche mit dem Gottesstaat, andererseits den tatsächlichen Staat mit dem Staat des Teufels gleichzusetzen. Der arme Augustinus, es geht ihm gar nicht darum, den Gottesstaat auf Erden zu verwirklichen – vor allem nicht mit den weltlichen Mitteln, die zu der religiösen Hierarchie gehören!

Demnach wurden die zwei Staaten durch zweierlei Liebe begründet, der irdische durch Selbstliebe, die sich bis zur Gottesverachtung steigert, der himmlische durch Gottesliebe, die sich zur Selbstverachtung erhebt.

Heiliger Augustinus

Der heilige Augustinus war nicht nur ein außergewöhnlicher Psychologe, genialer Metaphysiker und aufmerksamer Beobachter der kleinsten Details. Er setzte auch Legenden in die Welt, die manchmal die Jahrhunderte des Mittelalters überdauerten. Im *Gottesstaat* berichtet er, dass das Fleisch des Pfaus nicht verwest. Man glaubte dem Bischof von Hippo aufs Wort. Das reichte aus, um aus dem Pfau ein Symbol für Christus zu machen …

Teil II

Das Mittelalter (5. bis 15. Jahrhundert) und die Renaissance (15. bis 16. Jahrhundert)

In diesem Teil …

geht es um die Zusammenhang zwischen Denken und Religion.

Religion und Denken müssen sich nicht unbedingt widersprechen. Wir werden in diesem Abschnitt Gläubigen begegnen, die viel zur Philosophie beigetragen haben. Innerhalb jeder einzelnen der drei monotheistischen Religionen entwickeln sich parallel Ideen und Vorstellungen, die das philosophische Denken bis zur Renaissance bereichern, welche am Ausgang der Epoche des Mittelalters steht und die Neuzeit spektakulär einläutet.

Zur größten Ehre des christlichen Gottes

8

In diesem Kapitel

- Tausend Jahre Philosophie
- Theologie ohne Sakristei
- Das Mittelalter als leuchtendes Mittelalter
- Der leidenschaftliche Abaelard
- Der besonnene Thomas von Aquin
- Duns Scotus, der Doctor subtilis
- Der feurige Meister Eckart
- Und viele andere

Eine neue Welt: der christliche Universalismus

Der heilige Augustinus ist der älteste christliche Philosoph, der heilige Thomas von Aquin der bekannteste. Tausend Jahre lang (vom 5. bis zum 15. Jahrhundert) entfalteten die christlichen Philosophen ein eigenständiges Denken, dessen Hauptmerkmal die Synthese zwischen der antiken Philosophie (Platon, Aristoteles) auf der einen Seite und der christlichen Offenbarung auf der anderen Seite ist. Wie lässt sich die Vernunft (die als vernünftiges Licht bezeichnet wird) mit dem Glauben (dem übernatürlichen Licht) vereinbaren? Die Vernunft folgert, argumentiert, kritisiert. Der Glaube stimmt zu, nimmt an, willigt ein, ohne darauf hoffen zu können, alles zu verstehen (die Wunder und Mysterien beispielsweise). Nahezu alle christlichen Philosophen betrachteten die Vernunft (und damit die Philosophie bzw. die antike Philosophie) als einen für den Glauben unabdingbaren Beistand. Ihr Motto lautete: Verstehen, um zu glauben. Die jüdischen (Moses, Maimonides) und arabischen Philosophen (Averroes, Avicenna) müssen sich mit den gleichen Problemen herumschlagen.

Die Antike hatte keinen Platz für die Leere. Das Mittelalter nahm sie wieder auf. Gewiss, der einzige Gott lässt sein unendliches Gewicht auf den Gewissen lasten, und so hat manch unterdrücktes Gehirn irreversible Schäden erlitten. Doch das Denken fliegt davon, wenn es vom Unendlichen erdrückt wird. Und wenn der Heilige den Weisen als vollkommenes Abbild der Menschlichkeit ersetzt, dann ist es gar nicht mal so sicher, ob dies wirklich ein so schlechter Tausch war.

Die antike Philosophie ließ – von einigen Ausnahmen abgesehen – drei Viertel der Menschheit außer Acht. Weder Frauen noch Sklaven noch Kinder zählen. Mit der neuen Religion taucht ein neuer Sinn für das Universale auf: das Universale im Herzen. Die neue Religion ist Erbin des Römischen Reiches und besetzt schon früh sein ehemaliges Zentrum (auch heute noch nimmt der Papst buchstäblich den Platz des Augustus und des Cäsar ein). Auch die Christenheit wird als universales Reich aufgefasst: Das irdische Jerusalem ist nicht nur die Kehrseite des Himmlischen, sondern auch sein Abbild.

In der Theorie richtet sich die Botschaft des Evangeliums an alle, und das Heilsversprechen wird jedem Menschen zuteil. Die Aussage »Gott tut alles für alle«, mit der der heilige Paulus die Verheißung Christi umschreibt, wurde von den damaligen Autoritäten für dermaßen unbestreitbar gehalten, dass im 9. Jahrhundert der Mönch Gottschalk von Orbais zu öffentlicher Züchtigung verurteilt wurde, weil er an der Prädestinationslehre festhielt, nach der Jesus nicht für alle Menschen gestorben war. Alle antiken und traditionellen Religionen verfügten über einen begrenzten Machtbereich dort, von wo sie ihren jeweiligen Anfang nahmen. Das Christentum war nach dem Buddhismus die erste Religion, die sich für universal hielt. Dies musste beachtliche Auswirkungen auf die Philosophie haben.

Glaube und Wissen

Soll ein guter Christ alle Bücher lesen?

Noch nie zuvor war ein Zeitalter so gespalten im Hinblick auf das Wesen des Denkens und des Wissens: Das, was uns Zugang zu der Herrlichkeit der Schöpfung verschafft, droht uns gleichzeitig vom Schöpfer abzukehren. Einerseits sieht der heilige Paulus das Verschwinden des Wissens voraus (das Reden wird ein Ende haben, die Erkenntnis wird verschwinden, sagt er), doch andererseits drohen Häresien, und der Teufel lauert im Dunkeln. Daher ist es besser, sich mit geeigneten Waffen auszustatten. Außerdem ist die Schöpfung gut, und Gott hat ja schließlich auch nicht von den Menschen verlangt, grasende Schafe ohne Verstand zu sein.

Die Frage nach dem Zusammenhang zwischen Glauben und Wissen, zwischen heiligem Wissen und profanem Wissen läuft auf folgendes Dilemma hinaus: Wenn der Mensch als Geschöpf Gottes alles wissen kann, dann ist er seinem Schöpfer gleich. Wenn dagegen Gott alleine dieses absolute Wissen in Händen hält, dann ist der Mensch in seiner Freiheit bedroht.

Über die Beziehung zwischen Glauben (der eine Art besonderer Glaube der monotheistischen Religionen ist, weil er ein persönliches Verhältnis zu Gott voraussetzt, der selbst ein persönlicher Gott ist) und Wissen (das zunächst als Erwerb von Ideen durch den Geist verstanden wird, wobei diese Ideen dem Geist ermöglichen, sich in den Dingen der Welt wiederzufinden) – über die Beziehung zwischen Glauben und Wissen also gab es im Mittelalter alle möglichen Auffassungen. Das eine Extrem war der *Obskurantismus*, bei dem ein Petrus Damiani den Geruch des Teufels hinter jeder Wissenschaft witterte, die nicht göttlich war. So vertrat er die Auffassung, dass ein Mönch gerade so viel wissen müsse, dass er das, was er lese, verstehen könne. Bis in unsere heutige Zeit haben die modernen Fundamentalisten eine solch dumme Vorstellung und gehen in gewisser Weise sogar noch weiter: Diejenigen, die in den Koranschulen Asiens oder Afrikas ihre Schulkinder Verse aus dem Koran stockend vorlesen lassen, fordern noch nicht einmal von ihnen, das, was sie lesen, zu verstehen – im Gegensatz zu Petrus Damiani …

Am anderen Ende der Skala trat die Religion für das enzyklopädische Projekt eines Wissens ein, das sich nicht nur auf ganz spezielle Dinge beschränken sollte. Da Gott ja der Urheber aller Dinge ist, sollte man ihn dann nicht loben, indem man sich über die Schönheiten der Schöpfung klar wird bzw. sich erst einmal Kenntnisse über sie verschafft? Und da der Mensch als intelligent erschaffen wurde, sollte man dann nicht die Güte und Macht seines Schöpfers preisen, indem man von dieser Intelligenz so gut wie möglich Gebrauch macht?

Zwischen diesen beiden Extremen, zwischen dem göttlichen Nichtwissen und der erhabenen Erkenntnis also, gibt es genügend Platz für eine ganze Reihe von Zwischenkonzeptionen: wissen und denken, ja, doch nur unter der Bedingung, dass dies im Dienste des Glaubens steht.

Wenn ich mich gegen Paulus verstocken muss, um ein Philosoph zu heißen, dann verzichte ich auf den Philosophen; um ein Aristoteles zu sein, will ich mich nicht von Christus scheiden.

Abaelard

Niemand kommt in den Himmel denn durch die Philosophie.

Johannes Scotus Eriugena

Die Sünde der Erkenntnis

Der heilige Augustinus hatte drei Begierden voneinander unterschieden, die den Menschen in die Sünde führen: der *Hochmut* (die Begierde, über andere herrschen zu wollen), die *Wollust* (die sinnliche Begierde) und die *Neugier* (die Begierde, erkennen und wissen zu wollen). In dieser Trilogie ist die Neugier (die Curiositas) sowohl Voraussetzung als auch Resultat der beiden anderen Begierden. Vergessen wir nicht, dass der Baum, an dem die verbotene Frucht im irdischen Paradies hing, der Baum der Erkenntnis von Gut und Böse war.

Warum ausgerechnet ein Apfel? Im Mittelalter wurde infolge eines recht ausgefallenen Wortspiels (*malum* bedeutet im Lateinischen sowohl »das Böse« als auch »der Apfel«) die verbotene Frucht aus dem Garten Eden, die von Adam und Eva genüsslich angebissen wurde, mit einem Apfel gleichgesetzt. Daher ist die Ur- oder Erbsünde im Prinzip das Verlangen, die Begierde nach Erkenntnis. Darüber hinaus ist das Verlangen nach Wissen Voraussetzung und zugleich das Ergebnis des Hochmuts und die Voraussetzung und das Ergebnis der Wollust.

Nun fanden sich einige Kirchenmänner, die, vom Sündenfall ausgehend, folgerten, dass jede Erkenntnis eine Sünde darstellt. Petrus Damiani, wie gesagt, meinte, dass ein Mönch nur gerade so viel wissen müsse, um das, was er lese, zu verstehen. Mehr sei unnötig und sogar gefährlich. Man denke in diesem Zusammenhang an das Koitus-Minimum, das einige Kirchenväter und Theologen zum Zwecke der Zeugung empfahlen. So wie sich der gute Christ nicht mit unnützen Küssereien und Zärtlichkeiten oder so etwas wie Vor- und Nachspiel abgeben soll, soll er sich auch nicht beim sinnlosen Lesen und Nachdenken zerstreuen. Gott braucht, wie Petrus Damiani bemerkte, keine Grammatik. Ein anderer Dummkopf wird sieben Jahrhunderte später während der Französischen Revolution sagen, dass die Republik keine Gelehrten brauche.

Um die Samenkörner des Glaubens weiterzuverbreiten, so argumentiert Petrus Damiani, hat Gott Fischer und andere einfache Leute gesandt und keine Philosophen oder ausgebildete Redner. Übrigens: War nicht der allererste Grammatiker der Geschichte Satan in Person, als er sich an Adam und Eva wandte, um sie zu versuchen, und dabei den Begriff »Gott« im Plural benutzte (»Ihr werdet sein wie die Götter«)? Bei einer solchen Beweisführung kann man gar nicht anders als ins Wanken geraten!

Es stimmt zwar, dass im christlichen Mittelalter wie auch in der islamischen Welt große Enzyklopädien entstehen und eine wahre Blüte erleben, doch handelt es sich dabei vor allem um theologische Werke: So erstellte man beispielsweise erschöpfende Verzeichnisse aller Tiere und Pflanzen, die in der Bibel erwähnt sind. Aber es gab auch wahrhaft weitläufige Geister, wie etwa Albert den Großen, die ganz versessen auf Erkenntnisse waren, und eben nicht nur fromme Theologen.

Studiert, als ob ihr ewig leben müsstet; lebt, als ob ihr morgen sterben müsstet.

Thomas von Aquin

Die Enzyklopädie des Mittelalters: die freien Künste

Ein hoher römischer Beamter namens Varron hatte eine Liste der nichttechnischen, sondern intellektuellen Disziplinen erstellt, die zu einer Enzyklopädie des Wissens gehörten: die Grammatik, die Dialektik, die Rhetorik, die Geometrie, die Arithmetik, die Astrologie, die Musik, die Medizin und die Architektur. Im Gegensatz zu den mechanischen Disziplinen (den Berufen), die Handarbeit erforderten und daher notgedrungen und nicht unbedingt freiwillig ausgeübt wurden, wurden diese Disziplinen „freie Künste" oder Artes liberales genannt. Man teilte sie in zwei Gruppen ein, das Trivium (»drei Wege«) und das Quadrivium (»vier Wege«). Medizin und Architektur nahmen eine Sonderstellung ein.

Das Trivium umfasst:

- ✔ Die Grammatik (die Kunst des Ausdrucks)
- ✔ Die Rhetorik (die Kunst der Rede)
- ✔ Die Dialektik (die Kunst des Denkens)

Das Quadrivium umfasst:

- ✔ Die Arithmetik
- ✔ Die Geometrie
- ✔ Die Astronomie
- ✔ Die Musik

Die Philosophie wurde teils als rein dialektisch, teils als dasjenige aufgefasst, was es erlaubt, die freien Künste als Einheit zu denken.

Verstehen, um zu glauben, oder glauben, um zu verstehen?

Der heilige Augustinus sagte, dass man nicht verstehen müsse, um zu glauben, sondern man müsse glauben, um zu verstehen. Aus dieser Perspektive heraus wird der heilige Anselm von Canterbury sechs Jahrhunderte später notieren: der Glaube auf der Suche nach Einsicht. Die Religion stellt die Philosophie in ihren Dienst: Die Philosophie wird zur Dienerin der Theologie. Das ist die kanonische (den kirchlichen Bestimmungen gemäße) Formel dieser ungleichen Beziehung. Doch damit der Glaube die Einsicht sucht, muss er sie zuvor verloren haben. Zumindest dann, wenn er ihr überhaupt schon einmal begegnet war!

Diese Unterordnung des Intellekts oder der Einsicht wird je nach Autor unterschiedliche Formen annehmen. Es gibt Herren, die sich darin gefallen, ihre Dienerschaft zu misshandeln, andere kümmern sich besonders um sie. So ähnlich ist es auch mit den Theologen und ihrem jeweiligen Verhältnis zur Philosophie.

Petrus Damiani prägte den Ausspruch von der Philosophie als Dienerin der Theologie (Philosophia ancilla theologiae). Eine Dienerin, die der Christ schonungslos behandelt, wie es die Bibel von Gefangenen lehrt: Wenn er dieses Weibsbild heiraten möchte, muss er ihr vorher die Haare abrasieren und die Nägel schneiden … Petrus Damiani, der offenbar – die historischen Quellen sind nicht ganz klar – heiliggesprochen wurde (heiliger Petrus Damiani), lehnte die Vorstellung einer christlichen Philosophie ab, wie auch Ghazali die Idee einer islamischen Philosophie verwarf.

Ein analoges Konzept findet sich beim heiligen Bonaventura, der die Vernunft nur dann anerkennt, wenn sie dazu dienen kann, Gegner der Religion zu widerlegen oder Glaubensvorstellungen zu bestärken. Bernhard von Clairvaux, der Prediger des zweiten Kreuzzuges, der heiliggesprochen wurde (ohne die Verrückten und die Fanatiker wäre das Volk der katholischen Heiligen wohl recht klein), ist noch weiter gegangen: Alles hat sich der Wissenschaft von den Heiligen, deren Hauptthema der gekreuzigte Christus ist, unterzuordnen.

Eine umwerfende Logik

Schon der heilige Paulus warnte: Das, was in den Augen der Menschen Torheit ist, ist Weisheit in den Augen Gottes. Daher kann man in der Unvernunft ein Zeichen der Religion sehen … Der Ursprung des christlichen Irrationalismus ist Tertullian: Dass der Sohn Gottes tot sei, sagte er, ist absolut glaubwürdig, weil es dumm ist. Und dass er begraben wurde und danach auferstanden ist, ist sicher, weil es unmöglich ist.

Kann es zwei Wahrheiten geben?

Um einen Konflikt zwischen dem Glauben und der Vernunft, der Religion und der Philosophie zu vermeiden (auf den politischen Bereich übertragen, entwickelt sich der Konflikt zwischen dem Papst und dem Kaiser, zwischen der geistlichen und der weltlichen Macht), wird man geschickterweise behaupten, dass es nicht eine, sondern zwei Wahrheiten gebe: eine Wahrheit für die Vernunft und eine Wahrheit für den Glauben.

Tatsächlich hat noch keiner jemals ausdrücklich die Lehre der zweifachen Wahrheit vertreten, falls man darunter die Möglichkeit eines Widerspruchs zwischen der religiösen und der philosophischen Wahrheit verstehen sollte: Schließlich weiß man doch zu gut, dass die Wahrheit einen solchen Widerspruch nicht akzeptieren könnte.

Diese Lehre ist daher eher eine Schreckensvorstellung als eine historische Realität. Dennoch stimmt es, dass man von einem lateinischen Averroismus gesprochen hat (Averroes ist der arabische Philosoph, auf den man diese Lehre zurückführt) und dass man bei bestimmten Autoren wie Siger von Brabant die Vorstellung von der Existenz zweier Sphären findet: Nach seiner Auffassung gibt es die Sphäre des Glaubens, die die übernatürliche Ordnung umfasst, und die Sphäre der Vernunft, die sich auf die Ordnung der Natur bezieht. So behauptet die Lehre von der zweifachen Wahrheit, dass die Seele für den Gläubigen unsterblich, doch sterblich für den Philosophen ist. Wenn die Philosophie also feststellt, dass alle Menschen sterblich sind, so schärft uns der Glaube ein, dass Christus auferstanden ist.

Buchmalereien aus dieser Zeit zeigen einen nackten Mann auf allen Vieren, der von einer ebenfalls unbekleideten Frau geritten wird. Bei dem Mann handelt es sich um Aristoteles persönlich, und die Frau ist Campaspe, die berühmteste Kurtisane (die vornehme Bezeichnung für eine Prostituierte) ihrer Zeit. Im Mittelalter waren die Sitten recht lose, und man zögerte nicht, die Dinge beim Namen zu nennen. Die Abbildung von Aristoteles und Campaspe diente dennoch nicht als eine Art pornographische Zeichnung, die die Runde unter Mönchen machte, sondern sie hatte eine allegorische Bedeutung, die der Philosophie nicht gerade die beste Rolle gab: Aristoteles repräsentierte die Vernunft und Campaspe die Sinne. Das Bild stellte demnach die geringe Macht der armen menschlichen Vernunft angesichts des Lockrufs der Sinne dar. Daher konnte es in einem apologetischen Sinn gelesen werden.

Gott denken: eine philosophische Herausforderung

Kann man von Gott überhaupt in menschlichen Begriffen sprechen?

Viele Jahrhunderte lang dachte man, dass Dionysius Areopagita der Autor der Werke Über die himmlische Hierarchie, Die göttlichen Namen und Über die mystische Theologie sei. Dieser war der erste Grieche, den der heilige Paulus bei seiner Rede über den unbekannten Gott bekehrt hatte. Auf dem Areopag tagte der oberste Gerichtshof Athens, dem Dionysius angehörte. Mittlerweile weiß man, dass diese Werke in Wirklichkeit von einem anonymen Verfasser aus dem 5. und 6. Jahrhundert stammen. Deshalb gab man dem unbekannten Autor den Namen Pseudodionysius.

Die Mode der Pseudos

Im Mittelalter kannte man offensichtlich noch nicht die Anforderungen einer wissenschaftlichen Textkritik. Zudem schrieb man gerne berühmten oder auch legendären Persönlichkeiten Werke zu, die von Unbekannten verfasst wurden. So wurden die *Goldenen Verse* – ein kurzer poetischer Text, der auf esoterische Theorien und Praktiken (besonders auf die Alchemie) einen entscheidenden Einfluss ausübte – Pythagoras angedichtet, *Die chaldäischen Orakel* dem Orpheus usw.

Doch kam es auch vor, dass ein unbekannter Autor oder einer, der unerkannt bleiben wollte, seine eigenen Texte und Bücher mit einem renommierten Namen unterzeichnete. Das Mittelalter kannte ja noch nicht den Kult um die Urheberschaft, und auch der Individualisierungsprozess hatte noch nicht eingesetzt (von etlichen der berühmtesten Kathedralen und Fresken kennen wir die Erbauer bzw. Maler nicht). Ganz im Gegensatz zur Moderne, in der seit dem 19. Jahrhundert viele mittelmäßige Schriftsteller unverschämte Plagiate mit ihrem eigenen Namen unterzeichnen, dichteten im Mittelalter zahlreiche geniale Autoren ihre eigenen Ideen oder Schriften berühmten Leuten an. Man nennt solche Schriftsteller, die aus übertriebener Demut schwindelten, *Pseudepigraphen*. Doch auch diejenigen, die es aus Hochmut taten, werden so genannt, denn es ist ein Zeichen von Stolz, einen großen Namen unter seinen eigenen Text zu setzen!

Der Pseudodionysius war ein Christ mit einem Hang zum Mystischen. Er versuchte, die evangelische Botschaft mit der neuplatonischen Philosophie zu vermählen. So verschmolz er das transzendente Eine Plotins mit der jüdisch-christlichen Offenbarung.

Doch seine besondere Originalität zeigt sich anderswo: Er hielt an der Vorstellung fest, dass (menschliche, notgedrungen menschliche) Worte außer Stande sind, die Transzendenz und Unendlichkeit Gottes in unsere Sprache zu übersetzen. Gott übersteigt sämtliche Attribute, die man ihm zuschreiben kann, da sie endlich und Gott unendlich, da sie relativ und Gott absolut ist. Auch wenn man die Attribute superlativisch steigert (all-mächtig, all-wissend, all-gütig usw.), kommt man dennoch nicht um die Tatsache herum, dass unsere Sprache endlich ist.

Daraus folgt, dass man Gott nur auf negative Weise zur Sprache bringen kann. Gott ist nicht dies, Gott ist nicht das – er ist weder endlich noch unvollkommen. Die Negation hat gegenüber der positiven Erwähnung den Vorzug, dass sie der Bedeutung einen unendlichen Raum hinterlässt: Man sagt mehr aus, wenn man sagt, Gott sei nicht begrenzt, als wenn man sagt, er sei unbegrenzt. Spinoza wird feststellen, dass jede Negation eine nähere Bestimmung ist. Der Pseudodionysius glaubt hingegen, dass die Negation eine freie Nichtbestimmung offen lässt, und deshalb trifft sie nach seiner Auffassung besonders gut auf Gott zu.

Ruhe! Hier wird nachgedacht!

Die negative Theologie des Pseudodionysius beeinflusst zahlreiche mystische Strömungen. Eine davon, der *Hesychasmus*, etablierte sich insbesondere bei den Byzantinern. Der Name *Hesychasmus* leitet sich vom griechischen Wort für »*Ruhe*« ab. Er bezeichnet eine mystische Lehre, die durch Meditationsstille charakterisiert wird: Der Mönch spricht nur noch im Inneren seiner Seele (»Nabelschau«) oder wiederholt beispielsweise unablässig bestimmte Gebetsformeln, wie den Namen Jesu.

Der mystische Wert der Stille wird von allen Religionen, und nicht nur von den transzendenten, anerkannt. Im Angesicht des Absoluten kann schweigen angemessener erscheinen als sprechen. Offensichtlich wird das nicht von allen so gesehen. Die etablierten Kräfte, die gerne dann große Schwätzer sind, wenn es eigentlich darauf ankommt, über ihre strategischen Pläne Stillschweigen zu wahren, haben die Mystiker stets mit Misstrauen betrachtet. Denn obwohl sie schwiegen und keinen Mucks von sich gaben, dachten sie dennoch nicht weniger nach.

Der Bilderstreit

Diejenigen, die das menschliche Wort als Werkzeug sehen, das eigentlich zu schwach ist, um die Größe Gottes zu beschreiben, versuchen auch, den Bildern ihre Darstellungskraft streitig zu machen. Die fanatischsten unter diesen Kritikern gehen sogar so weit, in den Bildern Lügen und Vorspiegelungen falscher Tatsachen zu sehen, die die Seele vom rechten Weg abbringen.

Das Misstrauen und die Feindseligkeit gegenüber den Bildern ziehen ihre philosophische Begründung aus Platons Schriften und erneuern das rigorose Verbot, das bereits von den Juden ausgesprochen wurde. Im Byzantinischen Reich war der Bilderstreit eine religiöse und zugleich politische Krise (der Kaiser selbst war ja in beiden Bereichen mit beiden Aufgaben betraut). Platon sagte, das Bild entferne uns von den Ideen, wohingegen Aristoteles in ihm ein wirkungsvolles Hilfsmittel zum Lernen und zum Lehren sah. Führt uns das Bild nun von Gott weg oder gerade zu ihm hin?

Der heilige Germanus von Konstantinopel macht einen Unterschied zwischen dem absoluten Kult, der absoluten Verehrung, die alleine Gott gebührt, und dem relativen Kult, der relativen Verehrung, die man den Bildern entgegenbringen kann. Bilder sind einfache Hilfsmittel, sie dürfen nicht zum Selbstzweck werden. Dass sich ein Christ vor einem Bild anscheinend genauso wie ein Heide verhält, heißt nicht, dass ihr jeweiliger Kult die gleiche Bedeutung hat: Das Wesentliche besteht im inneren Gefühl, das durch die jeweilige Handlung ausgelöst wird. Das Bild begrenzt Gott nicht, betont der heilige Germanus: Im Abbild Jesu wird der fleischgewordene Mensch dargestellt, jedoch nicht seine göttliche Natur.

Die ikonoklastischen (eigentlich: »bilderstürmerischen«, also bilderverbietenden) Religionen wie das Judentum und der Islam werden ein solches Zugeständnis niemals akzeptieren: Für sie ist eine Ikone (heiliges Bild) notwendigerweise ein Götzenbild, das heißt also eine Fiktion, die sich der Stellung Gottes bemächtigt hat.

Die rehabilitierte Materie

Der heilige Johannes von Damaskus (7. bis 8. Jahrhundert), der letzte große christliche Denker in einer vom Islam eroberten Region, ging bei der Verteidigung der Bilder sogar noch weiter: Gegenüber jenen, die meinten, Bilder korrumpierten die Seele, nahm er die Gegenposition einer alten, ehrwürdigen philosophischen und religiösen Überlieferung ein, indem er die Materie rehabilitierte.

Mit Ausnahme der Materialisten, die schon immer eine Minderheit bildeten und an den Rand gedrängt waren, hatten nahezu alle Philosophen der Antike die Materie einem übergeordneten Prinzip unterstellt: der Idee, dem Geist (Platon) oder der Form (Aristoteles). Die christliche Theologie bekannte sich zu dieser systematischen Herabsetzung der Materie. Mal wurde diese als Mangel begriffen, mal als Unvollkommenheit (Aristoteles), oder sie wurde sogar mit dem Bösen gleichgesetzt (Plotin). Dabei entwickelten die Gnostiker den größtmöglichen Widerwillen, dessen erstes Opfer offenbar der Körper war.

Keine religiöse Offenbarung ohne Materie!

Die christlichen Denker bestärkten diese Tendenz, ohne jedoch in diese Extreme zu verfallen. Die Reaktion des Johannes von Damaskus ist dafür umso interessanter. Was ist die Inkarnation denn anderes, so fragt der syrische Kirchenvater, als die Eingliederung Gottes in die Materie? Was ist die Schöpfung, die von den heiligen Texten für schön und gut befunden wird, denn anderes als eine funkelnde und leuchtende Materie? Und was ist denn das Kreuz, was ist denn die Hostie – die ja beide eine wesentliche Rolle bei den christlichen Mysterien spielen – anderes als wirkliche Materie? Ohne die Materie gäbe es keine Existenz, keine Auferstehung. Deshalb darf man sie auch nicht schlechtmachen.

Boethius, der Erfinder der Person

Boethius war weniger bekannt als Sokrates und Thomas Morus, doch auch er gehörte der großen Schar der Philosophen an, die von ihren jeweiligen Herrschern gemartert wurden. Nachdem er das Amt eines Konsuls (eine Art Premierminister) erlangt hatte, wurde er auf Befehl des Königs Theoderich, der ihn der Verschwörung beschuldigte, eingesperrt und zu Tode gefoltert.

Boethius übte ungeheuren Einfluss auf die Philosophie der folgenden Jahrhunderte aus – nicht nur dadurch, dass er den nachfolgenden Generationen Platon und Aristoteles überlieferte, sondern auch, weil er ihnen die Namen der philosophischen Disziplinen und die Klärung zahlreicher Begriffe übermittelte. Boethius war der Erste, der der *Person* ihre aktuelle Bedeutung zuwies, indem er sie als individuelle und rationale Wirklichkeit definierte. Das lateinische Wort *persona* verweist auf die Maske, die die Schauspieler im Theater trugen, um die eine oder andere Rolle (Sklave, König usw.) zu symbolisieren. Da das Wesentliche bei einem Schauspieler die Rolle (die Persönlichkeit) ist, die er spielt, und nicht sein Gesicht, muss er dieses sichtbare Gesicht verdecken, um die eigentliche Rolle zum Ausdruck zu bringen. Daher bezeichnet Boethius das als Person, was den Hintergrund des menschlichen Individuums ausmacht.

Das im Gefängnis entstandene Werk *Trost der Philosophie* ist ein pathetischer Dialog in Prosa und Versen zwischen dem Autor und seiner Besucherin, der Philosophie. Während Boethius durch seine poetische Aktivität nach Erleichterung seines grausamen Schicksals sucht, erscheint ihm die Philosophie in der Gestalt einer ehrwürdigen Frau mit funkelnden Augen und mit einer übermenschlichen Intelligenz. Ihr aus einem kostbaren Stoff hergestelltes Kleid bildet das untere Ende des Buchstabens P und den oberen Teil des Buchstabens T. Während des ganzen Mittelalters wird es Brauch sein, die Philosophie auf diese Weise darzustellen.

Das P steht dabei für »Praxis«, und das T bedeutet »Theorie«. Das T steht oben. Die symbolische Bedeutung ist klar: Man muss von der Praxis zur Theorie gelangen, das heißt, man muss den Weg der Kontemplation gehen. So beruhigt die Philosophie ihren Schüler, den die Nähe des Todes in Verzweiflung stürzt. Die Verzweiflung entsteht aus Unkenntnis: Boethius will sich als Mensch erkennen, dann wird es ihm möglich sein, seinen Ursprung und sein Schicksal zu begreifen. Es genügt nicht, nur abstrakt an einen Schöpfergott und einen Weltenherrscher zu glauben. Das Wesentliche dabei ist, zu wissen, wie es möglich ist, sich mit ihm zu vereinen. Als eine Art Synthese zwischen dem Phaidon Platons und den christlichen Evangelien plädiert der Trost der Philosophie für eine Versöhnung von griechischer Philosophie und christlicher Offenbarung.

Johannes Scotus Eriugena: die Einteilung der Natur

Johannes Scotus Eriugena ist der große Philosoph des 9. karolingischen Jahrhunderts, das viele Historiker als einen kulturellen Höhepunkt vor dem Ausbruch des scholastischen Zeitalters (13. Jahrhundert) ansehen. Es stimmt schon, dass das christliche Europa, verglichen mit der reichen Ernte des Islam, der zu diesem Zeitpunkt sein goldenes Zeitalter erlebte, eine etwas blasse Figur macht. Zumindest hätte es eine äußerst blasse Figur gemacht, wenn es nicht solche hochgeistigen Persönlichkeiten vom Format eines Johannes Scotus Eriugena gegeben hätte.

Das große Werk dieses bedeutenden Iren beruht auf der Einteilung in vier Naturen:

- ✔ **Die erschaffende Natur, die selbst nicht erschaffen wurde:** Gott (er hat das Universum erschaffen, wurde selbst jedoch nicht erschaffen)
- ✔ **Die geschaffene Natur, die erschafft:** Dazu zählen die archetypischen Ideen und Vorbilder, deren Begriff von Platon übernommen wurde. (Für Johannes Scotus Eriugena schaffen die Ideen als Vorbilder, als Paradigmen, buchstäblich die wahrnehmbaren Dinge: So produziert beispielsweise die Idee des Kreises die runden Dinge, denn ohne die Idee des Kreises gäbe es nichts Rundes. Diese Ideen sind geschaffen, weil sie von Gott abstammen, dem Schöpfer aller Dinge, nach einer Theorie, die dem Platonismus vollkommen entgegensteht.)
- ✔ **Die geschaffene Natur, die nicht erschafft:** Dies sind die Dinge, die aus den Ideen hervorgehen.
- ✔ **Die nichtgeschaffene Natur, die nicht erschafft:** Dies ist Gott *nach* dem Schöpfungsakt. (Gott ist ein Meister des Rückzugs: Er hat sein Meisterwerk ein für alle Male erschaffen, daher gibt es auch so viele Probleme …)

Wer ist Gott?

Ist Gott nicht unendlich faul?

Die Theologen und die Kirchenväter sahen sich mit einer Menge logischer und metaphysischer Fragen zur Schöpfungsidee konfrontiert. Denn vorher, vor der Schöpfung, ist ja bereits eine unendliche Zeit vergangen (da Gott selbst unendlich ist): Warum wurde also die Schöpfung zu einem ganz bestimmten Zeitpunkt begonnen und nicht schon früher? Man musste auf diese Frage eine Antwort geben, um den böswilligen Geistern die Sprache zu verschlagen, die vielleicht denken könnten: »Da hat er sich aber Zeit gelassen!«

Auf der anderen Seite stellt sich folgendes nicht minder schweres Rätsel: Was tut Gott nach der Schöpfung? Ruht er sich aus wie der dicke Unternehmenschef, der sich nach riesigen Abfindungssummen zur Ruhe setzen kann? Ist es Gottes würdig, ihn für derart untätig zu halten?

Eine radikale Antwort wäre, zu behaupten, die Frage ergebe keinen Sinn. Gott befindet sich, im Gegensatz zu den Menschen, nicht in der Zeit, sondern in der Ewigkeit. Das *Vorher* und *Nachher* haben nur Sinn in Bezug auf Menschen und die Welt der wahrnehmbaren Dinge, aber nicht für Gott in Bezug auf Gott. Es gibt kein *Vor* der Schöpfung, da auch das Vorher (wie natürlich auch das Nachher) erst seit der Schöpfung existiert.

Eine andere Theorie, die sogenannte Theorie der kontinuierlichen Schöpfung, die während des Zeitalters der nachantiken Klassik von Malebranche vertreten wird, wird feststellen, dass sich die göttliche Schöpfung nicht auf einen Fingerschnippen reduzieren lassen kann: In Wirklichkeit ist Gott im Universum ständig beschäftigt, die Naturgesetze sind die tatsächliche Manifestierung dieser Gegenwart.

Sind die Ideen ewig oder erschaffen?

Eine weitere Schwierigkeit, der das christliche (aber auch das jüdische und arabische) Denken begegnet, ist die Frage nach dem Verhältnis zwischen den Ideen und Gott.

Die Ideen sind die Modelle der Dinge. Sie sind vollkommen und dem Werden der wahrnehmbaren Welt entzogen. Platon hielt sie für ewig: Für ihn hat die Idee des Guten schon immer existiert, und dank dieser Vorform, dieses Modells, gibt es Handlungen, die wir als gut einstufen können. Für Johannes Scotus Eriugena sind die Ideen, wie wir gesehen haben, von Gott erschaffen. Diese Theorie ist logisch, weil Gott, aus einem religiösen Blickwinkel betrachtet, ewig ist.

Doch wenn Gott die Ideen erschafft und damit die Wahrheiten, hätte er sie sich auch anders einfallen lassen können, da er ja völlig frei in seiner Entscheidung ist. So hätte er beispielsweise machen können, dass 2 mal 2 nicht 4 ist. Aber: Eine solche Möglichkeit würde den Schöpfungswillen Gottes zu einer Laune herabstufen und die Wahrheit zu einer Zufälligkeit. Wenn die Idee absolut ist, muss sie sich vor Gott selbst durchsetzen (Gott kann also gar nicht anders als anerkennen, dass

2 mal 2 4 ist). Doch so etwas einzugestehen würde bedeuten einzuräumen, dass Gott gar nicht anders kann als Wahrheiten anerkennen, die seinem unendlichen Willen entgleiten, der nun plötzlich nicht mehr unendlich ist …

Einzig Gott ist unendlich

Indem das Christentum aus dem Unendlichen ein Attribut Gottes machte, veränderte es die Bedeutung, die die frühere Philosophie diesem Begriff unterlegt hatte, völlig. Wenn der Ausdruck des Unendlichen negativ ist, dann deshalb, weil die Vorstellung, die er bezeichnete, negativ war (*apeiron* im Griechischen bezeichnet das, was keine Grenzen hat, und wurde ins Lateinische mit *infinitum* übersetzt). Für die Griechen ist das Schöne, das Vollkommene, das Vollendete notwendigerweise endlich. Das Unendliche steht auf der Seite des Unvollendeten, des Unvollkommenen. Der Kosmos, der die Welt in ihrer Harmonie bezeichnet, konnte nur als endlich gedacht werden – deshalb auch das Modell der Sphären, die als die vollkommensten aller geometrischen Figuren angesehen wurden.

Außerdem erklärte Aristoteles das aktuale, das heißt das wirkliche, tätige Unendliche für unmöglich: Nach seiner Ansicht gibt es lediglich das potentielle Unendliche, das heißt die unendlich mögliche Wiederholung einer Operation wie der Addition (man kann zu einer Zahl, egal wie groß sie auch ist, stets eine 1 addieren) und der Division (man kann eine Menge, egal wie klein sie auch ist, stets durch 2 teilen).

Indem das Christentum aus dem Unendlichen ein Attribut Gottes macht, misst es Ersterem eine Positivität zu, die es vorher nicht hatte. Deshalb ist es das Endliche, das abgestuft vorliegt. So wird der menschliche Verstand, angesichts des unendlichen Verstandes Gottes, als endlich bezeichnet.

Definitionsgemäß kann und darf das Unendliche durch nichts begrenzt sein. Infolgedessen steht es notwendigerweise allein. Es gibt kein anderes Unendliches als Gott. Was u. a. bedeutet, dass die Unendlichkeit des Universums im Rahmen des Denkens inakzeptabel ist: Weder Raum noch Zeit noch Materie können als unendlich bezeichnet werden, da es eine Schöpfung und ein Ende gibt und daher das Unendliche bereits Gott allein vorbehalten ist.

So lässt sich auch der Elan verstehen, mit dem die Philosophen des Mittelalters die finitistische Vorstellung vom Universum, die von den Griechen (mit Ausnahme der Epikureer und der Stoiker) entwickelt wurde, aufnahmen und integrierten. Die Sphären des Platon, des Parmenides und des Aristoteles passte sehr gut dazu: Diese Form ist ausreichend vollkommen, um von der Herrlichkeit der Schöpfung Zeugnis abzulegen, und ihr endlicher Charakter könnte ihren Schöpfer nicht in den Schatten stellen.

Das Dilemma von der göttlichen Allmächtigkeit

Gott ist allmächtig, er kann alles. Was heißt das? Kann er das Böse, das Absurde, das Unmögliche wollen? Kann er beispielsweise die Menschen dazu bringen, sich gegenseitig zu töten?

Oder alle Gesetze der Logik übertreten, um einen viereckigen Kreis zu fabrizieren? Oder kann er die Vergangenheit ungeschehen machen? Kann sich Gott widersprechen? Kann er damit aufhören, allmächtig zu sein? Oder ein anderes allmächtiges Wesen erschaffen? Ein Wesen, das mächtiger ist als er?

Wenn man auf solche Fragen mit Nein antwortet, dann erleidet die Macht Gottes einen Schaden, doch wenn man mit Ja antwortet, um die Allmacht zu bewahren, dann werden dadurch die Vollkommenheit und die Güte Gottes zunichtegemacht. In seiner Abhandlung über die göttliche Allmacht stellt Petrus Damiani fest, dass die logischen und physikalischen Grenzen für Gott nicht mehr gelten. Dieser hätte machen können, dass das Böse das Gute wäre und dass 2 plus 2 5 ergäbe. Derartige Theorien konnten aber anscheinend unmöglich vertreten werden, da die meisten die Macht Gottes für rational und wohlwollend hielten.

Macht und Wille Gottes

Abaelard sagt, dass Gott nur das tun kann, was er tut, er kann der Realität nicht entfliehen. Das liegt daran, dass Gott nur das tun kann, was er will. Nun kann er aber nichts anderes wollen, als das, was er tut, weil es notwendig ist, dass er das will, was angemessen ist. Daraus folgt, dass alles, was er nicht tut, auch nicht angemessen ist, dass er es nicht tun will und dass er es infolgedessen auch nicht tun kann.

Selbst Gott muss nicht das Unmögliche tun

Wie könnte Gott die logischen und physikalischen Gesetze überschreiten, die er selbst festgelegt hat? Thomas von Aquin beantwortet diese Frage, indem er eine strikte Unterscheidung zwischen der logischen Möglichkeit und der Macht trifft: Wenn Gott etwas nicht tun kann, so bedeutet dies keine Begrenzung seiner Macht, sondern eine objektive Unmöglichkeit. Da die Allmächtigkeit die Vollkommenheit impliziert, ist dies keine Begrenzung, sondern, ganz im Gegenteil, ein Ausdruck der Allmächtigkeit, wenn man beispielsweise sagt, dass Gott nicht sündigen kann. Es gibt Kräfte, die die Allmächtigkeit hemmen, anstatt sie zum Tun zu veranlassen. 1347 wurde Jean de Mirecourt verurteilt, weil er behauptet hatte, dass Gott die Sünde des Sünders wolle. Dasselbe würde für die Behauptung gelten, dass Gott selbst durch den Sünder sündige: ein Ergebnis, das offensichtlich nicht akzeptabel ist.

Ist Gott verantwortlich für das Böse?

Das Dilemma oder, präziser, das »Tetralemma« (man hat die Wahl zwischen vier Lösungen, die allesamt gleich unmöglich erscheinen) wurde sogar schon vor dem Auftauchen des Christentums dargestellt. Von vier Dingen soll man eines auswählen:

- ✔ Entweder kann Gott das Böse, das er nicht will, nicht verhindern – in diesem Fall ist er nicht allmächtig.
- ✔ Oder Gott will das Böse nicht verhindern – in diesem Fall ist er nicht allgütig.

- Oder er will bzw. kann das Böse nicht verhindern, und dann ist er weder allmächtig noch allgütig.
- Oder aber er will und er kann das Böse verhindern, aber woher kommt dann das Böse?

Die Katharer, die Erben der Gnostiker, werden das Gute und das Böse voneinander trennen als zwei Prinzipien, die sich von zwei unterschiedlichen Mächten ableiten. Die katholische Kirche wird eine solche Sichtweise als häretisch verurteilen.

Das Dilemma der göttlichen Allgegenwart

Gott ist alles in allem, sagte der heilige Paulus. Gott ist überall, er erfüllt Himmel und Erde. Doch der Monotheismus ist kein Pantheismus: Es liegt völlig außerhalb jeder Möglichkeit, Gott mit dem Universum gleichzusetzen, da dies die Transzendenz zerrisse. Gott ist nicht in allen Lebewesen, argumentiert Thomas von Aquin, da auch die Dämonen Lebewesen sind und Gott nicht in ihnen ist. Wenn wir sagen, dass Gott überall auf der Welt ist, so ist dies nicht in dem Sinne gemeint, wie sich verschüttetes Öl über dem ganzen Tisch verteilt: Gott hat keine Teile. Gott ist überall auf der Welt, wie die Seele überall im Körper anwesend ist: Das bedeutet ja auch nicht, dass sich ein Stückchen Seele im kleinen Zeh oder in irgendeinem anderen Körperteil befindet.

> *Gott ist eine Sphäre, deren Zentrum überall und dessen Peripherie nirgends ist.*
>
> Buch der 24 Philosophen

Das Dilemma von der göttlichen Allwissenheit

Gott kennt alles. Doch kennt er auch die Zukunft, die noch gar nicht existiert (anscheinend gibt es ja nur Wissen über das, was bereits existiert)? Es gibt nur Wissen des Allgemeinen, sagte Aristoteles. Kennt Gott, der alles weiß, auch die einzelnen Dinge? Weiß er die genaue Anzahl der Haare auf meinem Kopf? Petrus Lombardus bejahte das: Gott kennt die genaue Anzahl aller Flöhe, die es auf der Erde gibt. Er weiß genau, wie viele gerade geboren werden und wie viele gerade sterben. Gott weiß einfach alles.

Große Geister im Dienste Gottes

Der heilige Anselm beweist die Existenz Gottes!

Die Beweise für die Existenz Gottes veranschaulichen sehr deutlich das typisch mittelalterliche Begehren, die Vernunft in den Dienst der religiösen »Wahrheiten« zu stellen.

Der heilige Anselm von Canterbury ist der Erfinder dessen, was man seit Kant den ontologischen Gottesbeweis nennt (Ontologie ist die Lehre vom Sein). Die Beweisführung ist folgendermaßen: Man stelle sich ein Wesen vor, über das hinaus kein größeres oder vollkommeneres gedacht werden kann – dann fehlt ihm dennoch etwas Entscheidendes: nämlich die Existenz, es ist ja nur vorgestellt oder gedacht. Also gibt es doch ein größeres und vollkommeneres Wesen als das, welches man sich als das größte und vollkommenste Wesen vorgestellt hat: und zwar genau dieses vorgestellte Wesen – das aber zusätzlich existiert. Daher existiert Gott.

Sie sind noch nicht überzeugt? Lassen Sie sich nicht beirren: Sie sind nicht der oder die Einzige. Die Beweise für die Existenz Gottes, und insbesondere der ontologische Gottesbeweis, der abstrakteste von allen, haben noch nie jemanden bekehrt. Außerdem sind es gar keine Beweise – es sind allerhöchstens *Argumente*. Wenn es tatsächlich Beweise für die Existenz Gottes gäbe, würde das bedeuten, dass die Atheisten und die Agnostiker entweder dumm oder verrückt wären.

Philosophisch gesprochen, besteht der ontologische Gottesbeweis darin, die Existenz (Gott ist) aus der Essenz (die oberste Größe) herzuleiten. Doch Gott wird dabei von Anfang an als existierend (als oberste Größe) vorausgesetzt. Gott taucht wie das weiße Kaninchen aus dem Zylinder des Zauberers auf. Man ahnt, dass Gott, wie das Kaninchen, schon vorher da ist. Außerdem weiß jeder, dass, wenn man ein Kaninchen bereitstellt, nichts anderes zum Vorschein kommen wird.

Jahrhunderte später wird Kant eine sophistische Widerlegung des ontologischen Gottesbeweises vorlegen: Die Existenz, so bemerkt er, ist kein Prädikat (Attribut), das sich einem Objekt hinzufügt, sondern sie ist die Bedingung der Verbindung der Prädikate in der Wirklichkeit. Einfacher gesagt – denn ich merke schon, wie Sie Ihre Augen verdrehen –, die Existenz kann nicht durch Spekulation, sondern durch Erfahrung bewiesen werden. Machen Sie doch einmal folgenden Test: Versuchen Sie allein mit Hilfe der Argumentation, dass Sie existieren, zu beweisen, dass Sie auch wirklich existieren. Es wird Ihnen nicht gelingen. Dies bedeutet natürlich nicht, dass Sie nicht existieren, es bedeutet nur, dass die Existenz nicht zur Kategorie der Beweise gehört. Der heilige Anselm dachte, die Existenz Gottes bewiesen zu haben, er hatte jedoch lediglich die Erfindungsgabe der menschlichen Vernunft (ratio) bewiesen. (Außerdem: Wo steht geschrieben, dass Existenz eine Vorstellung vervollkommnet? Was mag vollkommener sein: die Idee der Liebe oder eine zwischen zwei Menschen real existierende Liebe?)

Der tragische Herold Abaelard

Das Werk Abaelards stellt die deutlichste Widerlegung der These dar, dass das Leben eines Menschen notwendigerweise auch in seinem Denken zum Ausdruck kommen müsse. In den Büchern der Logik, der Philosophie und der Theologie dieses bedeutenden Intellektuellen gibt es in der Tat rein gar nichts, was das dunkle Drama einer durch eine Verstümmelung unterbrochene, nicht vollendete Liebesleidenschaft zum Vorschein kommen ließe.

In der außergewöhnlichen Geschichte dieser großen, leidenschaftlichen Liebe, die Abaelard mit Heloise verband, spielte der Philosoph nicht gerade eine Paraderolle: Schwachheit und Feigheit kennzeichnen ihn, während Kraft und Mut auf Seiten der weiblichen Figur zu finden sind, die – charakterlich zwischen Antigone und Hildegard von Bingen angesiedelt – ausreichen, um das Dogma von der männlichen Überlegenheit ins Wanken zu bringen. Heloise sagte zu ihrem Liebhaber, dass sie lieber als Freundin oder sogar als Prostituierte denn als Ehefrau bezeichnet werden möchte. Dennoch heiratete Abaelard sie zu ihrer beider Unglück. Im Glauben, dass der Philosoph vorhabe, sich von seiner Nichte zu trennen, ließ Fulbert, der Domherr, Abaelard eines Nachts von seinen Handlangern entmannen. Heloise flüchtete in ein Kloster und legte sich ein strenges klösterliches Leben aus Liebe zu einem Mann auf, der es längst nicht wert war, doch der teuer für seine Willensschwäche bezahlt hatte.

Die Philosophie Abaelards ist dezidiert antirealistisch: Die Universalien (die Gattung und die Art wie »der Mensch«, »das Pferd« oder »der Baum«) sind nach ihm lediglich Prädikate, die mehreren Objekten gemein und die keine unabhängigen Realitäten sind. Zunächst handelt es sich dabei nur um Worte. Wenn man beispielsweise von einem Frosch oder einem Waschbär sagt, dass sie Tiere sind, dann nicht deshalb, weil sie an einer abstrakten und idealen Tierheit teilhaben, wie das ja die Platoniker glaubten, und auch nicht, weil sich die Idee des Tieres in ihnen verkörpert, sondern deshalb, weil sie ausreichend gemeinsame Prädikate besitzen, damit man sie mit demselben Terminus bezeichnen kann.

Abaelard trennt rigoros das Sein vom Sagen, die Sache vom Wort. Eine Proposition benennt keine Sache, sondern einen bestimmten Zustand dieser Sache. Daraus folgt, dass die notwendige Wahrheit sich nicht durch eine kategorische Proposition (vom Typus »Der Frosch ist ein Tier«) äußert, die auch dann noch gültig bleibt, wenn die Dinge, die durch diese Termini bezeichnet werden, nicht existieren (so ist es möglich, wahre Aussagen zu imaginären Wesen zu formulieren, wie »Ein Einhorn hat ein Horn in der Mitte seiner Stirn«).

Ein Vorläufer

Der Einfluss Abaelards wird sich auch noch jenseits der Logik bemerkbar machen. Eines der Werke Abaelards, das *Sic et non* (*Ja und Nein*) erscheint in einer Form, die in der Folge von zahlreichen Autoren des Mittelalters übernommen wird: Man stellt die jeweiligen *Pro-* und *Contra*-Argumente zu einer Fragestellung mit ihren jeweiligen Zitaten einander gegenüber und zieht daraus eine Schlussfolgerung. Die großen scholastischen Summen werden mit diesem Text vorbereitet (mit »Summe ...« beginnen die Titel vieler Werke von Scholastikern, zum Beispiel Summa theologiae von Thomas von Aquin).

Der Universalienstreit

Die Universalien sind Begriffe, deren wichtigste Eigenschaft eben ihre Universalität, ihre Allgemeingültigkeit, ist. Die Philosophen dieser Epoche lassen sich in drei Lager einteilen, je nach ihrer Haltung in dieser Frage. Und so gibt es in der Tat drei Möglichkeiten, das Verhältnis zwischen dem Begriff und der Sache zu verstehen:

- ✔ Entweder geht der Begriff der Sache voraus, wie bei Platon (Platonismus oder Realismus der Ideen).
- ✔ Oder der Begriff ist in der Sache selbst.
- ✔ Oder der Begriff kommt nach der Sache.

Nehmen wir einmal den gezeichneten Kreis: Er ist eine Sache. Der Kreis als Vorstellung ist der Begriff dazu. Erste Lösung: Der Kreisbegriff existiert seit aller Ewigkeit, er geht dem Kreis voran, den ich soeben auf einem Blatt Papier gezeichnet habe. Außerdem kann ich anhand der Vorstellung, die ich in meinem Kopf von einem Kreis habe, jene Dinge als rund wiedererkennen, die diese Form haben.

Zweite Lösung (das war die Lösung des Aristoteles): Es gibt nicht einerseits die Ideen und andererseits die Dinge oder Sachen. Es gibt nicht, wie bei Platon, einerseits eine intelligible Welt und andererseits eine wahrnehmbare Welt, sondern so, wie die vollendete und vollkommene Form der Statue bereits potentiell in dem gestaltlosen Marmorblock existiert, befindet sich auch der Begriff in der konkreten Sache. Es gibt keinen Kreis ohne runde Sache, da es die runden Sachen selbst sind, die den Kreis zustande kommen lassen, ihn realisieren (im eigentlichen Sinne: Realität verleihen). Denken heißt nicht, wie bei Platon, eine ewige Idee zu entdecken, die früher als die Dinge selbst existiert, sondern es bedeutet, die Gegenwart der Idee in der Welt wiederzuerkennen.

Möglich ist auch noch die dritte Lösung (siehe oben): Der Begriff geht weder der Sache voran, noch ist er in ihr enthalten, sondern ist ihr nachgelagert, im Geiste dessen, der ihn sich ausdenkt. Wenn es keine runden Dinge gäbe (die Sonne, den Vollmond, den Baumquerschnitt usw.), hätte der Mensch auch nicht an den Begriff eines Kreises gedacht – doch dies bedeutet nicht, dass der Kreis im Mond oder in der Sonne ist: Das Denken hat den Kreisbegriff von der Welt der Sinne abstrahiert (man sieht das Runde und denkt den Kreis), es hat ihn von ihr abgelöst. Wenn man dem Denken im Verhältnis zur wahrnehmbaren Realität eine größere Autonomie zugestünde, könnte man sogar so weit gehen zu sagen, dass das Denken seine Begriffe ganz genau so ausdenkt bzw. so schmiedet, wie der Pferdeschmied das Hufeisen schmiedet oder wie der Architekt das Haus baut.

Die Scholastiker und ihre Kathedralen der Wörter

Der Begriff *Scholastik* (darin steckt schola: »Schule«), bestand zunächst als Adjektiv (es gab die scholastische Theologie und die scholastische Philosophie), bevor er zu einem Nomen wurde (die Scholastik). Er verweist auf die christliche Theologie und Philosophie, die in den Schulen des Mittelalters gelehrt wurden und die durch die Rationalisierung der Lehren und Glaubensartikel und ihre (teilweise, siehe unten) Systematisierung als sogenannte Summen gekennzeichnet sind. Das 13. Jahrhundert wurde zum goldenen Zeitalter der Scholastik.

Diese Kathedralen des Geistes, die die Summen darstellen und die u. a. von Albert dem Großen, dem heiligen Bonaventura und von Thomas von Aquin Stein für Stein errichtet wurden, sind ohne Stützpfeiler und Strebebogen nicht vorstellbar. Sie sind schön in ihren kolossalen Ausmaßen, doch haben sie längst nicht den geschlossenen und lückenlosen Charakter der Abhandlungen der folgenden klassischen Epoche. In den Summen ist nichts abgeschlossen, die inhaltliche Gliederung folgt keiner strengen Systematik. Ein wesentlicher Grund dafür dürfte sein, dass ein zu systematischer Aufbau die theologische Lehre zu rational erscheinen ließe. Man vermied daher eine erschöpfende Darstellung der Glaubensinhalte, so wie man auch die Kathedralen nicht zu Ende baute (was ja nicht etwa nur durch äußere Umstände veranlasst war). Vollkommenheit steht nur Gott zu.

Thomas von Aquin schloss seine Theologische Summe nicht ab. Von einer ekstatischen Vision ergriffen, hatte der Doctor Angelicus (so lautete sein Spitzname) kein Verlangen mehr danach, sein Werk zu beenden: »Alles, was ich geschrieben habe«, so sagt er, »kommt mir vor wie Stroh im Vergleich zu dem, was ich gesehen habe ...«

Thomas von Aquin, der Doctor Angelicus

Der stumme Ochse

Man fragt sich, wie ein Mann, der bei seinem Tod noch nicht einmal 50 Jahre alt war, ein derart umfangreiches Werk hinterlassen haben konnte. Sein Spitzname lautete Doctor Angelicus, weil ihm anscheinend kein einziges der himmlischen Geheimnisse entgangen ist. Doch seine mönchischen Mitschüler nannten ihn den stummen Ochsen, weil er so korpulent war und oft schwieg. Thomas von Aquin redete nicht: Er dachte und schrieb.

Obwohl die Kirche mehrere seiner Thesen nicht anerkannte (und sogar feierlich verurteilte), sprach sie ihn ungefähr 50 Jahre nach seinem Tod heilig. Die Kirche, die im 13. Jahrhundert beunruhigt ihrem Verfall entgegensah, wird den Thomismus zu ihrer offiziellen Lehre erheben, so dass der Katholizismus auch heute noch in philosophischer Hinsicht thomistisch geprägt ist. Deshalb ist es nicht übertrieben zu sagen, dass kein anderer Philosoph, mit Ausnahme von Karl Marx, einen derart bedeutenden Einfluss auf die Geschichte ausübte wie Thomas von Aquin.

Sein Denken ist, wie das des Averroes bei den Moslems und das des Maimonides bei den Juden, ein Rückgriff auf die Dogmen und die Mysterien der religiösen Offenbarung durch die Vernunft. Es scheint wie eine Synthese der griechischen Philosophie (Platon und vor allem Aristoteles werden in der Theologischen Summe einfach nur »der Philosoph« genannt), der christlichen Religion und der arabischen Kommentatoren. Nach Thomas von Aquin verleiht die Vernunft dem Glauben einen logischen Unterbau und eine logische Struktur. Wenn es aber zu einem Konflikt oder einer Aporie kommt, ist es der Glaube, der letztendlich die Entscheidung trifft: Wenn Aristoteles sagt, dass die Welt ewig sei, die Bibel jedoch behauptet, die Welt sei erschaffen, dann ist die Bibel das Entscheidende und nicht Aristoteles.

Die fünf Beweise für die Existenz Gottes

Die Existenz Gottes zu beweisen bedeutet gleichzeitig zu zeigen, dass die Vernunft im Recht ist, wenn sie sich auf den Glauben beruft, um zu verstehen, und dass der Glaube recht hat, wenn er an die Vernunft glaubt, um zu glauben.

In seiner *Theologischen Summe* legt Thomas von Aquin fünf Beweise vor:

- ✔ **Der erste Beweis besagt, dass alles im Universum und auch der Kosmos selbst in Bewegung ist.** Wenn man die Aufeinanderfolge der Beweger immer weiter zurückverfolgt, so muss man schließlich an einen Beweger gelangen, der in Bewegung setzt, ohne selbst bewegt zu werden: Dieser erste unbewegte Beweger ist Gott. Dieses Argument stammt von Aristoteles.
- ✔ **Der zweite Beweis ist analog zum ersten, nur dass anstelle des Bewegers die Ursache steht.** Wenn man die Aufeinanderfolge der Ursachen immer weiter zurückverfolgt (die Ursache der Ursache, die Ursache der Ursache der Ursache usw.) kommt man unweigerlich zu einer ersten Ursache, die verursacht, ohne selbst verursacht zu sein. Diese nichtverursachte Ursache ist Gott.
- ✔ **Der dritte Beweis geht von der Idee der Kontingenz der Welt aus.** Die Welt ist kontingent: Sie existiert, aber sie hätte nicht existieren müssen (ihre Nichtexistenz bedeutete keine logische Unmöglichkeit). Nur ein notwendiges Wesen (Gott) kann die Existenz einer kontingenten Welt erklären.
- ✔ **Der vierte Beweis für die Existenz Gottes stützt sich auf die Idee der Vollkommenheit.** Die Vollkommenheit existiert in Abstufungen (ein Lebewesen ist mehr oder weniger gut, mehr oder weniger schön usw.). Diese Abstufungen würden nicht existieren, wenn es kein Kriterium für die ideale, die absolute Vollkommenheit gäbe. Dieses Wesen, das derart vollkommen ist, dass man sich kein anderes, noch vollkommeneres vorstellen kann, ist Gott.
- ✔ **Der fünfte und letzte Gottesbeweis beruht auf der Finalität (Zielgerichtetheit) des Universums.** Ohne einen obersten Ordnungsgeber würden die Dinge in der größtmöglichen Unordnung enden. Kant wird diesen Beweis wegen der Vorstellung einer finalen Ursache als teleologisch bezeichnen.

Eine Architektur des Wortes

Der große Kunsthistoriker und Kunstphilosoph Erwin Panofsky verglich die Struktur der *Theologischen Summe* mit dem Aufbau einer Kathedrale. Das Werk enthält eine Einleitung (die Eingangshalle), die der Theologie als Wissenschaft gewidmet ist, und drei Teile (Kirchenschiff, Chor und Seitenschiffe), die jeweils Gott, dem Menschen und Christus – als dem Mittler zwischen Gott und Mensch – gewidmet sind. Erinnern wir uns, dass – wie auch viele Kathedralen – auch die *Theologische Summe* unvollendet geblieben ist.

Die Theologische Summe

Eine Summe ist eine Zusammenfassung in logischer Ordnung. Die meisten der Autoren des Mittelalters, die ja gleichzeitig Philosophen und Theologen waren, verfassten solche Summen, die die Gesamtheit der Erkenntnisse auf einem bestimmten Gebiet zusammenfassen sollten. Auch wenn die *Theologische Summe* des Thomas von Aquin, die berühmteste von allen, nicht ganz so schwer ist wie die des Alexander von Hales (die Einbände der Bücher und das im Mittelalter als Schreibmaterial verwendete Pergament wogen schwer), weist ihre Übersetzung doch immerhin fast 4000 Seiten auf, die zweispaltig beschrieben sind …

Doch es gibt keinen Grund, entmutigt aufzugeben: Wenn man ganz zufällig eine der Seiten der *Theologischen Summe* aufschlägt, wird man meist auf Analysen treffen, die sehr verständlich und auch spannend geschrieben sind.

Rechtfertigung des Krieges

Thomas von Aquin stellt, ausgehend von den bereits vom heiligen Augustinus genannten Kriterien, eine Theorie vom gerechten Krieg auf. Das Dilemma ist wohlbekannt: In der Theorie predigt das Christentum absolute Gewaltlosigkeit. Jesus – den man deshalb zuweilen auch in die Nähe des Buddhismus gerückt hat – verkörperte dieses Ideal in Wort und Tat. Der Kult des Martyriums der ersten Jahrhunderte des Christentums rührt zumindest teilweise von dieser bedingungslosen Absage an die Gewalt her, die selbst von der Notwendigkeit, sich zu verteidigen, nicht erschüttert werden konnte.

Das heißt: Seit sich die Kirche selbst an der Spitze eines weltlichen Staates befindet, ist ihre politische Vorgehensweise in allen Punkten ähnlich der jedes anderen Staates auch. Auf streng moralischer Ebene war die Politik der Päpste des Mittelalters nicht besser als die der Kaiser und Könige – man könnte sie in vielerlei Hinsicht sogar als noch schlechter bezeichnen, weil sie noch viel heuchlerischer war (so überließ beispielsweise die Kirche – die ja selbst kein Blut vergießen durfte – die Vollstreckung der Todesurteile, die sie über Häretiker ausgesprochen hatte, den weltlichen Instanzen).

Die Rechtfertigung des Krieges durch den heiligen Augustinus, und später durch Thomas von Aquin, stellt offenbar einen entscheidenden Richtungswechsel in der Lehre dar. Jesus sagte: Wenn man dich auf die eine Wange schlägt, so halte auch noch die andere hin. Aber die Verteidigung legitimiert den Krieg und befreit ihn vom Verdacht des Mordes. Doch es kommt noch schlimmer: Thomas von Aquin erklärt einen Krieg für gerecht, wenn er von einem rechtmäßig eingesetzten König (der nach der Lehre des heiligen Paulus seine Macht von Gott selbst erhalten haben soll) geführt wird. Man kann verstehen, dass sich in den folgenden Jahrhunderten mehr als ein gekröntes Haupt durch eine solche Dialektik angezogen fühlte!

Rechtfertigung des Diebstahls

Dennoch wäre es verfehlt, aus Thomas von Aquin den Wachhund der Reichen und Mächtigen dieser Erde zu machen. Die Seiten, die er in seinem Werk dem Diebstahl widmet, sind in dieser Hinsicht bemerkenswert und lehrreich. Natürlich gibt es das »Du sollst nicht stehlen«, das ebenso wie das »Du sollst nicht töten« nach einem unantastbaren Prinzip klingt. Doch im Falle großer Armut ist dieser Grundsatz, wie Thomas von Aquin sagt, aufgehoben, denn dann befindet man sich in einem natürlichen Notzustand. Ein Armer, der stiehlt, um seinen Hunger zu stillen, begeht keine Sünde, weil sein Notzustand die Verpflichtung, nicht zu stehlen, außer Kraft setzt. Not kennt kein Gebot, sagte schon der heilige Augustinus.

In unseren demokratischen Gesellschaften gibt es heutzutage noch recht viele Gerichte, die von einer solchen Stufe der Erkenntnis weit entfernt sind …

Die sieben Todsünden

Es war Abaelard, der das Laster – also eine Neigung zum Bösen – von der Sünde unterschied, die die Zustimmung des Willens zum Bösen darstellt. Die Begehung einer Sünde ist definitionsgemäß etwas Freiwilliges, wohingegen es etwas Unbedachtes sein kann, einen Laster nachzugeben. Im Mittelalter hat die christliche Theologie sehr sorgfältig die verschiedenen Arten von Sünden voneinander unterschieden und abgestuft. Die bekannteste ist die Unterscheidung zwischen einer lässlichen (die den Sünder zwar von Gott entfernt, ihn aber nicht von ihm trennt) und einer Todsünde (die eine echte Trennung des Sünders von Gott kennzeichnet).

Als *Todsünden* (Hauptsünden) oder Hauptlaster bezeichnet man diejenigen Sünden oder Laster, die andere Sünden nach sich ziehen können. Deshalb ist die Aneinanderreihung der Hauptsünden auch keine Liste von Vergehen oder Verbrechen. Die Hauptsünden sind die Quelle, die Ursache und die Vorbedingung für die meisten und die schlimmsten anderen Sünden. Es gibt sieben Hauptsünden (wie es auch sieben Tugenden gibt): Hochmut, Geiz, Wollust, Neid, Maßlosigkeit, Zorn und Trägheit. Mord oder Krieg sind tatsächlich immer die Konsequenz der Begehung einer oder mehrerer dieser Sünden.

Roger Bacon, der bewundernswerte Doktor

Er war Engländer, wie man an seinem Namen erkennen kann, und lebte zur gleichen Zeit wie Thomas von Aquin – obwohl er deutlich älter wurde (80 Jahre). Seine Angriffe auf die Dominikaner (er selbst war Franziskaner) brachten ihm 15 Jahre Gefängnis ein. In einer intellektuellen Umgebung, die durch gelehrte Spekulation charakterisiert ist, sticht er durch den Scharfsinn seiner Beobachtungen und durch seine schon fast wissenschaftliche (in der modernen Bedeutung des Wortes) Art und Weise hervor, die Wirklichkeit verstehen zu wollen.

Er ist der Erste, der erkennt, dass der seit Julius Cäsar verwendete Kalender (der deshalb auch julianischer Kalender heißt) sich gegenüber der astronomischen Realität immer mehr verschiebt (noch drei Jahrhunderte wird es dauern, bis ein neuer Kalender, der sogenannte gregorianische, ihn ersetzen wird). Bacon bemerkt außerdem, dass das ptolemäische System, das die Stellung und die Bewegung von Sonne und Planeten wiedergeben soll, Fehler enthält. Seine optischen Arbeiten und seine Theorie des Regenbogens entstehen schon 400 Jahre vor Descartes. Und auch vor Leonardo da Vinci denkt er sich Flugmaschinen aus. Er findet die Formel für das Schießpulver (die er vielleicht von den Arabern übernommen hat). Vier Jahrhunderte vor Pascal, der sich von ihm inspirieren ließ, stürzt er die traditionelle Sichtweise mit seinem Glauben an den Fortschritt der Erkenntnisse um: Diejenigen, die wir die Alten nennen, sind in Wirklichkeit die Jugend der Welt, man muss ihnen daher keinen übermäßigen Respekt entgegenbringen.

Im Universalienstreit steht er auf dem konzeptualistischen Standpunkt: Die allgemeinen Ideen sind das Produkt der von der menschlichen Intelligenz ausgeführten Abstraktion. Wie sein Namensvetter und Landsmann Francis Bacon, der erst drei Jahrhunderte später lebte, wird er zu Recht als der Vorreiter der experimentellen Wissenschaft betrachtet. Nicht dass Sie denken, dass das Mittelalter nur dunkel gewesen sei!

Doch vermeiden wir Anachronismen! Stellen wir uns unter Bacon keinen Geist der Aufklärung vor, der sich ins 13. Jahrhundert verirrt hätte. Roger Bacon glaubte an die Astrologie (während selbst die meisten Philosophen der Antike und des Mittelalters darin zu Recht nur ein Lügengespinst sahen) und an den Stein der Weisen der Alchemie, und er nahm die von Plinius d. Ä. verbreiteten Legenden, nach denen Diamanten nur mit Ziegenblut geschnitten werden könnten, für bare Münze …

Die experimentelle Wissenschaft bezieht ihre Wahrheit nicht aus den Händen höherer Wissenschaften; sie selbst ist die Meisterin, und die anderen Wissenschaften sind ihre Dienerinnen.

Roger Bacon

Duns Scotus, der scharfsinnige Doktor

Sein Denken zeigt, im Gegensatz zur Scholastik der vorhergehenden Generation – die stark vom Aristotelismus (Thomas von Aquin) beeinflusst war – und im Gegensatz zu einer gewissen Rückkehr zum Geiste des Platonismus und des Neuplatonismus (heiliger Bonaventura), ein bestimmtes Verlangen nach Realismus. Viele Leute halten Duns Scotus heutzutage für den größten Philosophen des Mittelalters. Sein schwer nachvollziehbares Denken ist in der Tat von einer derartigen Geistesschärfe, dass es ihm den Spitznamen »Doctor subtilis«, scharfsinniger Doktor, eingetragen hat.

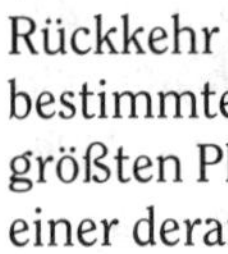

Für Duns Scotus befasst sich die menschliche Intelligenz weder mit der abstrakten Essenz der materiellen Realität, wie es von Thomas von Aquin – ausgehend von Aristoteles – behauptet wurde, noch mit Gott, wie die von Platon inspirierten Augustiner meinten, sondern mit dem Sein selbst, wie es eindeutig (univok) verstanden wird (wenn wir von dem Stein, vom Tier, vom Menschen und von Gott sagen, dass sie sind, so meinen wir das in einem eindeutigen Sinn). Die Dinge haben eine Essenz, die ihnen ganz eigen ist und die sie weder der Materie noch der Form verdanken. Die Schüler des Duns Scotus kreierten den Begriff der Haecceitas, um diese einzigartige Wesenheit der Dinge auszudrücken (ihr Individuationsprinzip), auf die sich die menschliche Intelligenz beziehen muss.

Außerdem hat Duns Scotus sämtliche logischen Schlussfolgerungen aus der Vorstellung eines unendlichen göttlichen Willens gezogen. Gott ist in seinem Willen, etwas aus dem Nichts zu schaffen, nicht begrenzt, noch nicht einmal durch die vermeintlichen ewigen Ideen. Infolgedessen hätte die Welt, die er erschaffen hat, auch eine ganz andere sein können: Die Notwendigkeit des göttlichen Willens kann nur auf die Kontingenz der Welt hinauslaufen. Die menschliche Kreatur verfügt über eine ähnliche Macht der Wahl – eine These, an die sich Descartes trotz seines Widerwillens gegenüber der Scholastik erinnern wird.

Wilhelm von Ockham

Als Hauptvertreter des *Nominalismus* im Mittelalter gilt Wilhelm von Ockham als ein Vorläufer des klassischen Empirismus (der Theorie, nach der unsere Vorstellungen und Erkenntnisse aus der Erfahrung kommen und deshalb erworben sind). Nach dem Nominalismus sind die durch die Wörter bezeichneten allgemeinen Ideen nur bequeme Mittel, um das, was die wahrnehmbare Realität uns verstreut aufzeigt, als eine Einheit zu begreifen: Dank des einzigen Wortes »Schlange« erfasst das Denken die Gesamtheit der Schlangen ohne Furcht davor, gebissen zu werden.

Als *Ockhams Rasiermesser* bezeichnet man das später von den Empiristen übernommene nominalistische Prinzip, nach dem man die »Entitäten (hier: die Dinge in der Welt) nicht über das Notwendige hinaus« vermehren, sondern von den Theorien, die einen gleichen Sachverhalt erklären, die einfachste bevorzugen sollte. Es wird auch als *Sparsamkeitsprinzip* bezeichnet und zielt auch darauf ab, jene Abstraktionen auszuscheiden, denen keine einzige reale Tatsache entspricht und die lediglich zu fiktiven Erklärungen dienen: Wenn man, um sich über ein Phänomen klarzuwerden, dies tun kann, ohne eine neue Theorie in Anspruch zu nehmen, sollte man sich an die bereits bekannten Erklärungsversuche halten. Wenn sich etwa Georg Ernst Stahl zu Beginn des 18. Jahrhunderts – um eine Theorie des Feuers zu entwerfen – vorstellt, dass ein in den Körpern enthaltener geheimnisvoller Stoff namens Phlogiston bei ihrer Verbrennung entweicht (weil zum Beispiel ein Holzklotz nach der Verbrennung leichter ist als vorher), so überschreitet er das Sparsamkeitsprinzip. Man postuliert fiktive Entitäten und glaubt, die Dinge endlich erklärt zu haben.

Wilhelm von Ockham ist übrigens einer der Ersten, die eine Theorie der Kausalität und Induktion (eine Art der Argumentation, die, vom Besonderen ausgehend, auf das Allgemeine schließt) begründen: Daraus, dass ein Fieberkranker nach der Einnahme einer bestimmten Heilpflanze wieder gesund wird, schließt man, dass diese Pflanze die Ursache der Heilung ist.

Im Gegensatz zu Thomas von Aquin trennt Wilhelm von Ockham die Philosophie von der Theologie. Die großen Vorstellungen von der Einheit, der Unendlichkeit und der Dreifaltigkeit Gottes sind Glaubensartikel, die man unmöglich mit dem Verstand erfassen kann. Diese metaphysische Unterscheidung zwischen dem Bereich des Glaubens und dem der Vernunft wird – dank einer Denkströmung, die von dem englischen Philosophen ausgeht und von Johannes Buridan und Nikolaus von Oresme vertreten wird – besonders entscheidende politische Folgen haben: die Trennung der beiden Mächte, der kirchlichen und der staatlichen Macht.

Ein Mystiker, der die Bewunderung der Kommunisten erregte

Joachim von Floris (Fiore) war einer jener feurigen Aufständischen, die sich gegen die Missbräuche religiöser Macht auflehnten. Er entwarf eine Theorie der drei Zeitalter, die während der Renaissance Einfluss auf den Chiliasmus Thomas Müntzers ausübte (Chiliasmus: Erwartung des Tausendjährigen Reiches Christi nach seiner Wiederkunft, siehe Offenbarung 20, 4 f.). Nach Fiores Theorie wird die mystische Geschichte der Menschheit in drei Zeitalter unterteilt, wobei jede Epoche einem Testament und einer Person entspricht. Das erste Zeitalter ist das des Gesetzes und leitet sich vom Alten Testament und von Gott Vater ab. Das zweite, das Zeitalter der Gnade, lässt sich vom Neuen Testament und vom Sohn Gottes herleiten. Das dritte, das Zeitalter der größten Gnade, wird mit dem ewigen Evangelium (was dem klaren Verständnis der beiden Testamente entspricht) und dem Heiligen Geist verbunden. Das Zeitalter des Vaters ist auch dasjenige der Familie, die Zeit des Sohnes ist die des Glaubens und der Kleriker, das Zeitalter des Geistes wird die Herrschaft der Mönche erleben und sich nicht mehr mit doktrinären Fragen befassen. Man ahnt bei Joachim von Fiore schon einen Übergang vom religiösen Chiliasmus zur politischen Utopie: Der italienische Mystiker wies den kleinen Leuten eine ganz besondere Rolle zu – daher auch sein Einfluss auf den Utopismus der Renaissance. (Und darüber hinaus ... Es lassen sich auch Linien ziehen bis zum »Dritten Reich« der Nationalsozialisten.)

Philosophen, die sich nach dem Absoluten verzehrten

Die Mystiker interessieren sich in höchstem Maße für das philosophische Denken, weil sie meinen, genau dieses zu übersteigen oder sich ihm zu entziehen. In dieser Epoche, in der die Kathedralen errichtet wurden und Hunderttausende von Menschen in das Abenteuer der Kreuzzüge geführt wurden, gab es offenbar nicht nur Grammatiker, Logiker und Metaphysiker. Die Philosophie lebt auch von denjenigen, die sie zurückweisen.

Hildegard von Bingen war, zusammen mit Heloise, vielleicht die herausragendste Frau des Mittelalters überhaupt. Ihre Visionen wurden in Kosmogrammen dargestellt, Bildern des Himmels, die man aus Kreisen und Quadrate konstruierte, was man sonst nur noch bei den indischen Mandalas findet. Hildegard komponierte zahlreiche Musikstücke, die zu den schönsten ihrer Zeit gehören, und über die Trinität schrieb sie einen Text, von dem sich Dante zu seiner *Göttlichen Komödie* inspirieren ließ. Außerdem verfasste sie einen medizinischen Traktat. Sie war nicht nur eine große Mystikerin, eine große Künstlerin sowie eine große Schriftstellerin, sie muss auch als große Philosophin gelten. Denn muss man nicht tatsächlich Philosoph(in) sein, um nicht nur das zu sein, was man macht?

Ein weiterer großer Mystiker, Meister Eckart, war ein wunderbarer Wortschöpfer in der deutschen Sprache. Er besaß einen Sinn für die Gesamtheit der Natur und eine schon fast phänomenologische Auffassung von den Existenzzuständen.

Die Philosophie der beiden anderen monotheistischen Religionen

9

In diesem Kapitel

- Gedanken, so reich wie die Paläste des Orients
- Glauben und Denken
- Eine Galerie der Universalgenies: Avicenna, Averroes, Maimonides …

Richtung Mekka

Weil Allah groß und Mohammed sein Prophet ist, ist das Denken deshalb noch nicht verboten. Machen wir einen Rundgang durch das Denken des Islam!

Ein neuer Universalismus?

Man sagt, dass die arabischen Reiter die Welt erobern wollten und dass allein natürliche (in Afrika) oder menschliche Hindernisse (in Poitiers) ihren ungeheuren Elan bremsen konnten. Wie beim Christentum, so beruht auch der Rechtsuniversalismus des Islam auf einem bestimmten Menschenbild. Ein Hadith (ein überlieferter Ausspruch Mohammeds) erklärt, dass alle Menschen gleich sind, so wie die Zinken eines Weberkamms.

Doch auf der anderen Seite bringt der Islam im Vergleich zum Christentum eine entscheidende Innovation mit sich: Nach muslimischer Tradition wird ein Kind bereits als Moslem geboren – so wie nach Jean-Jacques Rousseau und der Erklärung der Menschen- und Bürgerrechte von 1789 (es sieht ganz danach aus, als wollten wir ein wenig provozieren) der Mensch frei auf die Welt kommt. So wird der Islam in den islamischen Ländern für die natürliche Religion aller Menschen gehalten. Und wenn dann jemand trotzdem Jude oder Christ ist, dann deshalb, weil ihn seine ungläubigen Eltern dazu gemacht haben. Das universal Islamische ist nicht denkbar ohne seine Kehrseite: Wenn der Islam der einzige Bereich des Universalen ist, so liegt die Welt, die nicht zum Islam gehört, eigentlich außerhalb dieses Gebietes. Die Welt teilt sich in zwei Bereiche: den Dar al-Islam, das Gebiet unter muslimischer Herrschaft, und den Dar al-Harb, das Gebiet des Krieges. Eine der vorrangigen Aufgaben der muslimischen Oberhoheit ist es, ihren islamischen Machtbereich auf Kosten der ungläubigen Länder immer weiter auszudehnen: Friede mit den Nichtmuslimen wäre nichts anderes als ein Burgfriede. Eine analoge Situation findet sich auch in christlichen Gefilden – und die Kirche war nicht weit davon entfernt, den als Bonmot berühmt gewordenen Satz George Orwells schon lange vor seinem Entstehen zu ihrem eigenen Motto zu machen: Alle Menschen sind gleich, aber manche sind gleicher …

Ein bitterer Tropfen Galle

Die Gleichheit, die der Islam erklärt, ist die Gleichheit der freien und muslimischen Männer. Die Sklaverei akzeptiert der Islam nicht nur, er legitimiert sie sogar. Was die Frauen angeht: Eine langanhaltende Dunkelheit legt sich über sie, aus der sie, auch 1500 Jahre später, noch nicht herausgefunden haben. Selbst die Mystik, die doch eine wundervolle Möglichkeit bietet, der realen Welt zu entfliehen, ist ihnen untersagt: Die Geschichte kennt keine einzige muslimische Mystikerin.

Seine Stimme dem Schah geben

Nach muslimischer Auffassung wurde der Koran Mohammed durch den Engel Gabriel übergeben. Er war nur denjenigen vorbehalten, die ihn verstehen konnten, also nicht den Klerikern und Gelehrten, wie es bei den heiligen Texten Indiens oder Europas der Fall gewesen war, sondern allen, die Arabisch lesen konnten. Für den Islam ist dies ein Dogma: Die arabische Sprache ist für den Koran unabdingbar. Während das christliche Pfingstereignis den Jüngern Christi die Gabe der Sprachen verlieh, verlieh kein islamisches Pfingsten jemals den Ungläubigen die Gabe der arabischen Sprache. Für den allergrößten Teil der bewohnten Welt bleibt die Sprache Allahs daher unerreichbar und unverständlich. Die Fundamentalisten nutzen dieses Dogma, um jede kritische Lektüre des Korans von vornherein für null und nichtig zu erklären. Diejenigen, die kein Arabisch können, haben den Koran tatsächlich niemals gelesen, da er eigentlich überhaupt nicht übersetzt werden kann. Eine typisch totalitäre Argumentation: Der Sprache, die eine andere als die des Heiligen Buches ist, wird von vornherein jegliche Bedeutung abgesprochen.

Gut, wir reden von der Gemeinschaft, doch von welcher?

Mohammed sagte, dass seine Gemeinschaft keinem Irrtum zustimmen würde. Doch wie weit reicht diese Gemeinschaft? Für die hanbalitische Schule betrifft die Ijma (der Konsens der Gemeinschaft) nur die Gefährten des Propheten. Für die malekitische Schule berührt sie nur die Einwohner Medinas (die Stadt des Propheten), während die Mutaziliten so weit gehen, dass sie behaupten, die Ijma sei nicht unfehlbar ...

Es gibt nur wenige Wörter, die einen ähnlich großen Interpretationsspielraum wie das Wort »Gemeinschaft« zulassen.

Das Siegel der Prophetie

Seit seinem Ursprung hält sich der Islam für eine Erfüllung der Prophezeiung. Und tatsächlich ist der Islam die einzige Religion, die die Prophetie, auf der sie basiert, ausdrücklich und systematisch als die Synthese der universalen Prophetie dargestellt hat: Mohammed ist »das Siegel der Propheten«, das heißt, er ist der Beglaubiger der früheren Propheten oder der letzte Prophet vor dem Ende der Zeiten.

Daher auch diese zweifache sich widersprechende Neigung, die den muslimischen Geist von seiner besten und seiner schlechtesten Seite charakterisiert. Von der besten Seite: ein Streben nach Erkenntnis und Einsicht, das ohne Ausnahme offen für die vergangene und gegenwärtige Welt ist. Diese Haltung wird großartige Wissenschaftler und Reisende hervorbringen. Von der schlechtesten Seite: Da der Islam die Erfüllung der Geschichte ist, hat alles andere, das heißt die Welt, nicht die geringste Bedeutung mehr. Und wenn doch, dann wird sie als feindliche Macht begriffen, die man erobern oder, wenn das nicht geht, zerstören muss. Von Anfang an existierten diese beiden Tendenzen nebeneinander, doch seit mehreren Jahrhunderten verdrängt die zweite die erste fast vollständig.

Kann man griechisch denken, wenn man arabisch schreibt?

Im Jahre 527 lässt der byzantinische Kaiser Justinian die Schule von Athen schließen, an der die letzten heidnischen (neuplatonischen) Philosophen lehrten. Diese flüchten daraufhin nach Persien, wo sie ihren Einfluss bis nach der im darauffolgenden Jahrhundert stattfindenden muslimischen Eroberung geltend machen.

Trotz seiner kriegerischen Veranlagung zerstört der Islam in der griechischen Welt, die er nun für sich gewonnen hat, nicht alles. Die muslimischen Philosophen sahen sich vor das besondere Problem gestellt, dem man in Europa nicht begegnet wäre: Da die arabische Grammatik die einzig wahre sein soll, was stellt man dann mit der griechischen Logik an? Die Kontroverse von Bagdad, die im 10. Jahrhundert stattfand, hat die Begriffe dieser Konfrontation ausführlich dargelegt. Für die Griechen waren Grammatik und Logik koextensiv (hier: hatten ungefähr die gleiche Ausdehnung oder Reichweite) und sogar miteinander verwandt: Die Ordnung der Wörter ist notwendigerweise auch die der Ideen. Für die Araber war eine solche Entsprechung nicht selbstverständlich. So wird auch das bemerkenswerte Bemühen um Verdeutlichung verständlich, das sie zu wahren Pionieren in diesem Bereich machte.

Selbst wenn alle Bäume auf der Erde Federn wären und in allen Ozeanen Tinte flösse und noch sieben Ozeane hinter den Ozeanen wären, die sie auffüllten, wäre es unmöglich, das Wort Gottes jemals zu erschöpfen.

Mohammed

Glauben und Denken

Der Koran, der wie alle großen Heiligen Bücher als das Buch par excellence gilt, ist Meer und Quelle zugleich. Der Gegensatz zwischen Glauben und Vernunft bestand in der islamischen Welt zwischen dem Kalam (Theologie) und der Falsafa (Philosophie: Das arabische Wort wurde dem griechischen Begriff nachempfunden). Wie wir bereits gesehen haben, trafen die christlichen Denker des Mittelalters auf ein ähnliches Problem.

Beginnen wir mit dem Standpunkt des Fanatikers. Omar, der bei der muslimischen Eroberung den zweiten Brand der Bibliothek von Alexandria verschuldete, schrieb man folgenden Ausspruch zu, der wie der Wahlspruch aller religiösen Fanatismen klingt: »Wenn sich der Inhalt der Bücher mit dem Koran vereinbaren lässt, so können wir auf sie verzichten. Enthalten sie aber Dinge, die vom Buch Allahs abweichen, dann gibt es erst recht keinen Grund, sie aufzubewahren. In jedem Fall muss man die Bücher vernichten.« Diese fanatische Argumentation hat eine philosophische Variante: Entweder die Philosophie stimmt mit dem Koran überein oder eben auch nicht. Im ersten Fall ist sie unnütz, im zweiten ist sie gefährlich. In beiden Fällen müssen wir sie verwerfen.

Andere, die Mutaziliten, die liberalsten Muslime (im Grunde genommen auch die einzigen liberalen Muslime) in der ganzen Geschichte des Islam, vertraten eine genau entgegengesetzte Auffassung: Entweder entspricht die Prophezeiung der Vernunft, oder sie widerspricht ihr. Im ersten Falle ist sie überflüssig, im zweiten ist sie absurd. In beiden Fällen ist sie abzulehnen.

Als beispielhafter Antiphilosoph repräsentiert Ghazali die religiöse Antwort auf die Philosophie. In seinem umfangreichen Werk kommt seine zwiespältige Haltung gegenüber der Philosophie zum Ausdruck: Einerseits zeugen seine Bücher von einer gründlichen Kenntnis der griechischen und islamischen Philosophie. Andererseits lehnt er die Philosophie als Weg zur Wahrheit ab. Ghazali bemüht sich aufzuzeigen, dass sich die Philosophie bei Aussagen über Seele, Mensch und Gott, also im gesamten Bereich der Erkenntnis, nur in Widersprüche verwickeln kann. Unter Philosophie versteht Ghazali die muslimische Philosophie im Allgemeinen und Avicenna im Besonderen (die Griechen zählten nicht dazu). Infolgedessen bestreitet Ghazali selbst die Vorstellung einer islamischen Philosophie: Der Koran ist Ausdruck der ganzen Wahrheit, daher wäre es blasphemisch, woanders und etwas anderes zu suchen.

Gegen die Auffassung, die die philosophische Vernunft im Namen der religiösen Offenbarung beseitigt, sind zwei Strategien möglich:

- ✔ Sowohl die Vernunft als auch der Glaube sind legitim, doch beide auf dem je eigenen Gebiet, das vom jeweils anderen getrennt ist.
- ✔ Die Vernunft und der Glaube unterstützen sich gegenseitig, wobei die Vernunft dem Glauben hilft, sich zu erhellen und zu vertiefen.

Die Wahrheit treibt ein doppeltes Spiel

Die Überlieferung machte aus Averroes den Vater der Lehre von der sogenannten zweifachen Wahrheit: Es gibt eine Wahrheit des Glaubens und eine Wahrheit der Vernunft, die jeweils unabhängig voneinander existieren und sich sogar widersprechen. Im Grunde genommen sprach Averroes damit ein klares Problem an, nämlich das vom intellectus agens (der Verstand als aktives Prinzip, das die Ideen wahrnimmt und erfasst). Er formulierte folgende Hypothese: Nach der Vernunft, so schreibt er, muss ich wohl schließen, dass es nur einen einzigen Intellekt gibt. Nach dem Glauben vertrete ich genau das Gegenteil.

Tatsächlich lehnen die meisten muslimischen Philosophen wie auch die Christen die Lehre von der zweifachen Wahrheit ab: Es kann nur eine Wahrheit geben, zwei widersprüchliche

Aussagen können nicht gleichzeitig wahr sein. Was die religiösen Autoritäten anbetraf, so sträubten sie sich aus einem anderen Grund gegen diese Lehre: Alles, was der offenbarten Wahrheit widerspricht, kann nur Blasphemie sein.

Die Bedeutungsschichten

Bedeutungsschichten: Das meint, selbst wenn man die Lehre von der zweifachen Wahrheit ablehnt, ist es möglich, für ein und denselben Text eine Vielzahl an Interpretationen zuzulassen. Natürlich werden diese verschiedenen Deutungen nicht als auf den jeweiligen Leser und seine persönliche Lesart bezogen, sondern als objektiv aus dem Text selbst abgeleitet angesehen.

Ein Hadith sagt, dass der Koran eine äußere Erscheinungsform und eine verborgene Tiefgründigkeit hat, einen exoterischen und einen esoterischen Sinn, doch dass der Letztere wiederum seinerseits einen exoterischen und einen esoterischen Sinn hat (diese Tiefgründigkeit hat eine äußere Erscheinungsform und eine verborgene Tiefe), und so geht das immer weiter, bis man sieben esoterische Bedeutungen (sieben verborgene Tiefenschichten) erreicht, die jeweils ineinander verschachtelt sind, wie konzentrische Sphären.

In der schiitischen Tradition, die im Islam die esoterische Strömung darstellt, meinte man, dass der Prophet (Mohammed) und nach ihm sein Schwiegersohn Ali die Gesamtheit der Bedeutungen des Korans innegehabt hätten. Doch danach ging diese Vollständigkeit verloren. Diejenigen, die dann die Macht übernahmen und behielten, gaben dem Buch (in der sogenannten osmanischen Version) eine falsche Richtung.

Welche Freiheit hat man noch angesichts des Schicksals?

Die muslimische Religion war oftmals ein Synonym für den Fatalismus. Mektoub! Es steht so geschrieben! Aus europäischer Sicht scheinen sich die Vorhersehung Allahs und die antike Auffassung vom Schicksal zu vermischen. Auf alle Fälle vereint sich ihre jeweilige Allmacht und reduziert so den menschlichen Handlungsspielraum auf null.

Die Geschichte vom Rendezvous in Samarkand veranschaulicht diese perverse, hinterhältige Macht des Schicksals, die mit den Menschen wie die Katze mit einer Maus spielt, sehr gut. Eines Tages spaziert der Wesir zum Markt von Boukhara und schaut sich dabei die Auslagen der Händler an. Plötzlich entdeckt er in der Menschenmenge den Tod, der ihn fest und verwundert anblickt. Der Wesir erstarrt vor Angst – der Tod hat mich mit einem solchen Ausdruck des Erstaunens in seinen Augen angeblickt, als ob er mich mitnehmen wollte, wenn er mich nicht schon längst tot geglaubt hätte, sagt er sich. Er verlässt auf der Stelle den Marktplatz und steigt auf sein Pferd und macht sich davon, ohne sich die Zeit zu nehmen, seine Familie und seine Freunde zu benachrichtigen. Er reitet die ganze Nacht mit dem bohrenden Gedanken im Sinn, dass jeder Kilometer, den er zurücklegt, die Entfernung zwischen dem Tod und ihm vergrößert. Am nächsten Morgen trifft er in Samarkand ein.

> Am späten Nachmittag des Vortages hatte sich im Palast des Sultans in Boukhara die Nachricht von der plötzlichen Abreise des Wesirs herumgesprochen. Der Sultan, der überrascht nachfragt, erfährt nun, dass der Tod auf dem Marktplatz erschienen war und dass der Wesir in aller Eile aufgebrochen war, als er ihn entdeckt hatte. So lässt der Sultan den Tod in seinem Palast erscheinen und fragt ihn: »Stimmt es, dass du meinem Minister einen Schrecken eingejagt hast?«
>
> »Ich wollte ihm nicht Angst machen, doch war ich sehr erstaunt, ihn auf dem Markt in Boukhara anzutreffen, denn schließlich haben wir morgen früh ein Rendezvous in Samarkand!«

Der muslimische Fatalismus wird umso mehr gefördert, als der Islam, im Gegensatz zum Christentum, dem Glauben eine sehr viel größere Bedeutung als den Taten beimisst: Wesentlich ist nicht das, was man tut, sondern dass man den richtigen Glauben hat. Deshalb hängt das letzte Schicksal (das Paradies für die Besten, die Hölle für die Schlimmsten) nicht so sehr von der individuellen Verantwortung ab. Es ist besser, der Schlimmste der Besten (der Muslime) zu sein als der Beste der Schlimmsten (der Anhänger anderer Religionen). Das heißt, dass die schönsten Gedanken und die schönsten Werke der muslimischen Kultur eher gegen den Islam als mit ihm entstanden sind, also eher trotz des Islam als dank der muslimischen Religion.

Freie Denker im Islam!

Der *Mutazilismus* ist eine ursprünglich politische Strömung, die in den ersten Jahrhunderten des Islam all das repräsentierte, was diese Religion in Bezug auf Gedankenfreiheit erfolgreich hervorgebracht hatte. Als häretisch verdammt (die Mutaziliten glaubten nicht an den göttlichen Charakter des Korans!), verschwand diese Bewegung im 13. Jahrhundert von der Bildfläche. Es ist nicht übertrieben zu sagen, dass sich die muslimische Welt, die ja weder ein Zeitalter der Renaissance noch eines der Aufklärung durchgemacht hat, davon bislang nicht erholt hat.

Der Mutazilismus ist ein Humanismus, einer der ersten überhaupt: Er weist der menschlichen Vernunft (die die Fähigkeit zu denken ist) und der menschlichen Freiheit (die die Fähigkeit zum Handeln ist) einen Platz und eine Bedeutung zu, die nicht nur in den anderen Richtungen des Islam, sondern auch in den meisten anderen philosophischen und religiösen Strömungen unbekannt waren. Entgegen dem Fatalismus als dem vorherrschenden Trend im Islam behauptet der Mutazilismus, dass der Mensch für seine Handlungen verantwortlich ist. Entgegen der Lehre des Korans, dass allein der Glaube ausreiche, um gerettet zu werden, meint der Mutazilismus, dass der Gläubige, der sich im Zustand der Sünde befindet, genau in der Mitte zwischen Glauben und Unglauben steht.

Dies war viel mehr, als die Rechtsgelehrten ertragen konnten, denn der Islam konnte, obwohl er (mit Ausnahme der Schiiten) weder Papst noch Priester oder Kirche (als Institution) hat, im Laufe der Jahrhunderte seine Strenge und seine Vorurteile durchsetzen.

Das Problem der Namen und Attribute Allahs

Die theologische Debatte, die sich in der islamischen Welt um die Frage nach den Bezeichnungen und Attributen Allahs dreht, lässt sich mit dem philosophischen Problem der Dualität des Einen und des Ganzen erklären.

Das Dilemma ist: Auch wenn die Namen und die Attribute keine wirklichen Teile, sondern Zeichen sind (von Allah zu sagen, dass er mild und barmherzig ist, bedeutet nicht, dass Milde und Barmherzigkeit Teile Allahs sind), heißt das dennoch, dass sie mit Allah selbst gleichgesetzt werden. Dann aber wäre ihre Erwähnung überflüssig (wenn die Milde identisch mit Allah wäre, so würde dem mit der Aussage, Allah ist mild, nichts hinzugefügt werden). Doch dies würde bedeuten, dass man seine Einheit und Unendlichkeit in Gefahr brächte (wenn er mal Allah, mal Milde hieße ...). Ibn Arabi löste dieses Problem auf radikale Art und Weise: Der Name Allah umfasst sämtliche Namen Allahs.

Ein Ideal des universalen Wissens

Der Islam der ersten Jahrhunderte brachte sowohl die bedeutendste und scharfsinnigste philosophische Spekulation als auch die sorgfältigste empirische Forschung hervor. Der arabische *Enzyklopädismus* spielte eine erhebliche Rolle in der Geschichte, indem er einen großen Teil der griechischen Kultur integrierte und dem christlichen Europa überlieferte. So wie Mohammed »das Siegel der Propheten« war, so sah sich auch die arabische Kultur als Erfüllung der vorhergehenden Kulturen, insbesondere der griechischen.

Um ihr enzyklopädisches Unternehmen näher zu bestimmen, verwendeten die Araber gerne zwei bildliche Vorstellungen: die des Colliers und die des Gartens. Die Metapher des Colliers steht für die Verbindung zwischen den einzelnen Wissenschaften. Wie die Perlen auf einem Faden miteinander verbunden sind, so stehen auch die einzelnen Teile des Wissens miteinander in Verbindung und, wie bei einem Collier, kann die erste Perle auch die letzte sein, der Beginn des Wissens fällt mit seinem Ende zusammen. In dem Collier des Ibn Abd Rabbih trägt jedes der 25 Kapitel den Namen eines Edelsteines.

Die Enzyklopädie stellt man sich auch als einen Garten der Wissenschaften vor. Wie der Garten mit seinen Pflanzen, seiner gepflegten Anordnung und seinen Springbrunnen das gesamte Universum als Miniaturausgabe darstellt, so ordnet die Enzyklopädie mit der Sprache diesen Kosmos.

Universalgenies

Ibn Arabi präsentierte sich als Kopf ohne Nacken, mit einem Auge, das alles auf einmal wahrnehmen kann. Er sagte, dass sein Herz jede mögliche Form annehmen könne: eine Wiese für Gazellen, ein Kloster für christliche Mönche, ein Tempel für die Götzen, eine Kaaba für die Pilger, die Tafel der Thora und das Buch des Korans. 850 Werke werden ihm zugeschrieben – sogar richtig umfangreiche Werke: Sein *Livre des conquêtes spirituelles* umfasst nicht weniger als 3000 Seiten!

Zeitgenossen sagten von dem Gelehrten Al Biruni, dem Mathematiker und Astronomen, Sprachwissenschaftler und Geografen, Historiker und Arzt, Apotheker und Dichter, dass er – außer an zwei Feiertagen jährlich – nie die Feder aus der Hand lege, ständig die Umwelt beobachte und nachdenke.

Über Al Farabi, ein anderes Universalgenie, sagt man, er habe 70 Sprachen beherrscht. Wenn man sich sein Werk anschaut, ist das vielleicht gar nicht einmal unmöglich! Al Farabi wusste alles und konnte alles miteinander in Einklang bringen: Platon und Aristoteles, Griechenland und Islam und alle Menschen der Erde, für die er eine perfekte politische Ordnung plante. Als ausgezeichneter Musiker schrieb er das Große Buch der Musik. Die Derwische des Mevlevi-Ordens singen auch heute noch Kompositionen, die auf Al Farabi zurückgehen.

Alle großen arabischen Denker besaßen einen enzyklopädischen Geist (Al Kindi werden 270 Werke zugeschrieben, Razi 230). Den Anfang machte Dschabir (im 8. Jahrhundert).

Dschabir ist nicht nur der Vater der arabischen Alchemie. Seine Gleichgewichtstheorie ist eine Art durchdachter Enzyklopädie, die das Universum in all seinen Aspekten, den wahrnehmbaren, spirituellen und astralen, beschreibt. Gleichgewicht heißt hierbei Maß. Es ging ihm darum, den Bezug darzulegen, der zwischen dem Manifesten (dem Exoterischen) und dem Verborgenen (dem Esoterischen) besteht. Ebenso gibt es auch ein Gleichgewicht für die tierische Welt wie für die Seele der Welt.

Eine Sekte, die nicht fanatisch ist: die Brüder der Reinheit

Im 10. Jahrhundert gründete eine Gruppe von Intellektuellen in Basra eine Geheimgesellschaft schiitischer Ausrichtung (ihre Mitglieder verschwiegen ihre Namen), die begierig darauf war, das religiöse Gesetz unter Zuhilfenahme anderer Denktraditionen zu verfeinern und zu verbessern. Die Zusammenkünfte dieser Brüder der Reinheit oder der Gläubigen Freunde oder auch der Aufrichtigen Brüder (wie sie ebenfalls genannt wurden, wobei ihr Name je nach Übersetzung variiert) ermöglichten freie Diskussionen zwischen Muslimen und Anhängern anderer Richtungen, Juden, Christen und sogar Atheisten. In unserem christlichen Mittelalter wäre es unmöglich gewesen, einen solchen Geist an Toleranz anzutreffen.

Die Brüder hinterließen ein kolossales Werk: Ihre 52-bändige Enzyklopädie umfasst die Gesamtheit des Wissens der damaligen Zeit – dank der Tatsache, dass griechische, indische und persische Kulturleistungen eingeflossen sind. Leider war der Kalif von Bagdad ein Dummkopf. Er gab den Befehl, dieses für ihn unzumutbare Werk zu verbrennen.

Avicenna, ein kolossaler Geist

Chateaubriand nannte Blaise Pascal ein beängstigendes Genie. Auch Avicenna war ein beängstigendes Genie. Im Alter von zehn Jahren kannte er bereits den gesamten Koran auswendig, und als er 17 wurde, hatte er schon den ganzen Kreis des Wissens seiner Zeit durchlaufen. Bei der Brandkatastrophe der Bibliothek von Buchara trösteten sich die Leute damals mit dem Gedanken, dass Avicenna ja noch am Leben und die ganze Bibliothek in seinem Geist vorhanden war. Die Werkliste Avicennas umfasst ungefähr 500 Titel, von denen 456 auf Arabisch und 23 auf Persisch verfasst wurden. Insgesamt sind jedoch nur 160 Werke erhalten. Eine seiner Schriften, die in 20 Bänden vorgelegen hatte und bei der Plünderung von Isfahan (1034) zerstört wurde, gab Antworten auf 28.000 Fragen! Verglichen mit Avicenna, verdiente Pico della Mirandola (siehe Kapitel 10) die Narrenkappe.

Nützliches Wissen

Das Buch der *Heilung der Seele vom Irrtum* (*Kitab al-Shifa*, abgekürzt *Shifa*), sein bekanntestes Werk, ist ein philosophisches Buch, das in vier Teilen die Logik, die Mathematik, die Physik und die Metaphysik behandelt. Doch Avicenna war nicht nur ein genialer Kompilator (jemand, der Wissen zusammenträgt). Er tat das, was nur sehr wenige Enzyklopädisten erreichen konnten: Er förderte den Fortschritt der Wissenschaften seiner Zeit. Viele Jahrhunderte lang war der *Kanon der Medizin* die Grundlage der medizinischen Lehre in den Fakultäten des Mittleren Orients und Europas. Avicenna war der Erste, der genau die Herzkammern und die Muskeln des menschlichen Auges beschrieb, außerdem Krankheiten wie die Pocken und die Masern. Er war es auch, der das Abklopfen des Patienten erfand, eine Methode, die darin besteht, dass man Krankheiten mit Hilfe kleiner Fingerschläge auf den Körper aufspürt. Und er war es, der sechs Jahrhunderte vor Galileo Galilei das Trägheitsprinzip erklärte …

Eine platonische Inspiration

Dabei unterstützte eine bereits bekannte Vorstellung das Denken und das Werk Avicennas: Das Eine ist im Vielfältigen gegenwärtig, das aus ihm ausströmt und wieder zu ihm zurückkehrt. Inspiriert vom Neuplatonismus, hält Avicenna, ebenso wie diese Geistesströmung, das physikalische Universum für eine Ableitung aus der spirituellen Realität im Sinn einer *Emanation* und nicht einer Schöpfung. Die Idee einer Schöpfung lässt in der Tat eine tiefe Kluft zwischen dem Schöpfer und seinem Geschöpf entstehen. Die Idee einer Emanation hingegen wahrt die Verbindung zwischen beiden: Wenn die Sonne Licht und Wärme verbreitet, so gibt es keine Zäsur zwischen der Ursache und den Auswirkungen. Die Sonne strahlt Licht und Wärme aus, und somit besteht eine lückenlose Verbindung zwischen Ursache und Wirkung.

Das System Avicennas hat einen komplizierten Aufbau und teilt die Welt in zehn Intellekte ein (diese Lehre ist stark von al-Farabi, einem Gelehrten aus Zentralasien, beeinflusst). Gott bildet dabei den ersten Intellekt. Er schafft, indem er sich selbst denkt. Durch Emanation ergeben sich eine Sphäre und ein Intellekt, die einen niedrigeren Rang als Gott einnehmen: ein Engel. So gelangt man von Intellekt zu Intellekt, von Gott über Gabriel zu den menschlichen Seelen. Parallel zu den verschiedenen Stufen des Intellekts greifen die himmlischen Sphären, die den Kosmos bilden, jeweils ineinander. So ermöglicht es Avicennas System, zugleich die Gesamtheit des physikalischen als auch die des spirituellen Universums zu denken.

Der Seelenvogel fliegt empor

Avicenna verfasste auch eine Erzählung mit dem Titel *Die Vögel,* in der die Seele auf ihrer Himmelfahrt zu Gott mit einem Vogel verglichen wird, der sich, von Himmel zu Himmel fliegend, schließlich bis zum Heiligtum des Königs aller Könige emporhebt. So wie die Federn des Vogels zunächst in den Netzen der Jäger verfangen sind, so ist auch die Seele zuerst im Netz des Körpers gefesselt. Doch der Vogel schafft es, sich zu befreien, und gelangt, nachdem er die Berge bis zum neunten Himmel überwunden hat, endlich vor den höchsten König.

Ein Jahrhundert nach Avicenna verfasst der persische sufistische Dichter Attar die Schrift Vogelgespräche, in der ein Wiedehopf eine Expedition anführt, an der alle Vögel teilnehmen, um Simorgh, ihrem König, zu begegnen. Auf dieser Reise treffen die Vögel auf alle nur erdenklichen Schwierigkeiten: Hitze, Kälte, Hunger, Müdigkeit, Entmutigung. Die meisten von ihnen sterben während ihrer Reise. Die Überlebenden überqueren nacheinander die Täler des Forschens, der Liebe, der Erkenntnis, der Unabhängigkeit, der Einheit, des Erstaunens und der Armut. Am Ende gelangen nur 30 von mehreren Tausend Vögeln bis zu Simorgh. Doch sie entdecken dabei, dass diese Inkarnation der höchsten Erkenntnis nichts anderes als sie selbst ist: Simorgh bedeutet im Endeffekt »dreißig Vögel«.

Averroes, der zweite Gigant der muslimischen Philosophie

Einen noch größeren Einfluss als der Perser Avicenna übte Averroes, der in Spanien lebte, auf die Geschichte des arabischen und christlichen Denkens aus. Er war für die muslimische Welt das, was Maimonides für die jüdische und Thomas von Aquin für die christliche war. Der Ansatz seines Denkens ist ähnlich.

Wo ist die Wahrheit?

In seiner Widerlegung des Gazali stellt Averroes fest, dass es zwischen Philosophie und Religion gar keinen Widerspruch geben kann, weil die Wahrheit ja der Wahrheit nicht widersprechen kann. Die Aufgabe der philosophischen Vernunft besteht darin, in ihrem Bereich so weit wie nur möglich zu gehen. Doch auch wenn Averroes die Lehre von der zweifachen Wahrheit (eine vernunftgemäße Wahrheit für und bedingt durch die Philosophie – und eine offenbarte Wahrheit für und bedingt durch die Religion) ablehnt, glaubt er doch, dass es eine Dualität des Sinns gibt: einen durch den Buchstaben des Textes vorgegebenen äußeren Sinn und einen inneren Sinn, der tiefer reicht und mehr dem Geist entspricht. Die große Masse der Menschen kann sich mit der ersten Bedeutung zufriedengeben. Die Philosophen jedoch müssen bis zur zweiten vordringen. Um diesen Sinn für alle zugänglich zu machen, hat Allah den Menschen den Koran in einer Form übermittelt, die nicht zum stillen Rezipieren veranlasst, sondern die Interpretationsarbeit in Gang setzt.

So unterscheidet Averroes:

- ✔ Diejenigen, die lesen, ohne zu interpretieren: Für sie liegt die Bedeutung des Textes buchstäblich auf der Hand.

- ✔ Diejenigen, die auf dialektische Art und Weise interpretieren: Ihre übergroße Interpretationsgewandtheit lässt sie den eigentlichen Sinn verfehlen.
- ✔ Diejenigen schließlich, die Texte philosophisch auslegen und damit die einzigen sind, die die Wahrheit erkennen

Das Problem mit der Erschaffung der Erde

Aristoteles dachte, die Materie des Kosmos sei ewig. Logischerweise lehnen die monotheistischen Religionen diese Theorie ab, weil sie der göttlichen Schöpfung widerspricht: Wenn Gott das Universum erschafft, dann fängt es erst in einem bestimmten Moment zu existieren an. Doch diese Vorstellung einer Schöpfung erschien manchen Philosophen wie Averroes unvereinbar mit gewissen Aspekten der Unendlichkeit und Vollkommenheit Allahs: Warum sollte das einzigartige Wesen eines Tages beschlossen haben, sich an die Arbeit zu machen? Warum genau an diesem Tag und nicht an einem anderen? Diese Fragen stellten sich die arabischen, jüdischen und christlichen Philosophen, und die Antworten, die sie darauf gaben, fielen unterschiedlich aus. Von Aristoteles übernimmt Averroes die Vorstellung der Ewigkeit der Welt: Die Schöpfung ist der göttlichen Intelligenz inhärent (»innewohnend«). Sie stammt nicht von ihr »an irgendeinem Tag« ab.

Ein einziger Intellekt für alle!

Ausgehend von einer Lesart des Aristoteles, vertritt Averroes die Vorstellung einer Unterscheidung zwischen der individuellen Seele und einem kollektiven Verstand. Die Menschheit im Ganzen verfüge über eine einzige Intelligenz (einen einzigen Verstand), ungefähr so, wie alle Menschen dieselbe Luft einatmen (wenn man jetzt einmal von neueren Einsichten in ökologische Zusammenhänge absieht). Leibniz prägte zur Bezeichnung dieser Lehre den Begriff *Monopsychismus* – dieser wurde von der Kirche als häretisch verurteilt, da er nicht mit dem Dogma von der individuellen Unsterblichkeit zu vereinbaren war. Diese Vorstellung einer Art Weltseele (die uns ein wenig mythologisch erscheinen mag) wurde vor kurzem wieder aufgenommen von Anhängern des New Age, die – vor allem in den Vereinigten Staaten und in Kanada – im Internet eine Art gemeinsames Denken erkennen wollen.

Averroes übte auf die christlichen Denker einen enormen Einfluss aus, der schließlich die Autoritäten der Kirche unruhig werden ließ. Als *Averroismus* verurteilte man Thesen wie beispielsweise jene von der zweifachen Wahrheit, die in Wirklichkeit gar nicht von Averroes selbst unterstützt wurden.

»Ich bin Allah«

Derjenige Hadith (Ausspruch des Propheten), der den exoterischen vom esoterischen Sinn des Korans unterscheidet, ist die Grundlage des Sufismus und der Schia. Der *Sufismus* ist ein muslimischer Mystizismus, und die *Schia* ist einer der beiden Zweige (die Minderheit) des Islam.

Sie lässt der Prophetie (der Offenbarung des Korans an Mohammed) eine Reihe von Imamen folgen. Imame sind Geistliche, von denen der zwölfte, eine Art noch verborgen lebender Messias, die endgültige Offenbarung am Ende der Zeiten übermitteln soll.

In den Augen des Sunnismus (der die Mehrheitsgruppierung im Islam darstellt), ist der mystische Esoterismus eine Häresie. Die muslimische Mystik hatte ihren Märtyrer in der Person des Mansur al-Halladsch, der auf grausame Art und Weise gefoltert wurde, weil er die unerhörte Aussage ausgestoßen hatte: »Ich bin Allah.« Welche etablierte Religion könnte einen solchen Ausspruch ertragen? Dennoch sagte ein Hadith Folgendes: »Ich bin das Auge, durch das er sieht, und das Ohr, durch das er hört.« Doch das reichte nicht aus, um al-Halladsch vor dem Tod zu bewahren. Die Aussage »Ich bin Allah« ist trotzdem weder atheistisch (»Es gibt keinen Gott, weil ich selbst Gott bin«) noch pantheistisch gemeint (»Gott ist überall in der Welt, also auch in mir«), sondern bringt diese Erfahrung des Entzücktseins zum Ausdruck, die wir alle vielleicht schon einmal in der musikalischen Ekstase erlebt haben. Al-Haddadsch sagte »Ich bin Allah«, so wie wir – wenn die Musik in uns eintaucht (wir sagen zwar gerne, dass wir in die Musik eintauchen, aber hierbei ist die wirkliche Beziehung genau umgekehrt) – sagen können: »Ich bin Musik.«

Ibn Khaldoun, der letzte Funke

Für manche Fachleute gilt Ibn Khaldoun als der Erfinder der Soziologie. Die Schriften, die er zur Weltgeschichte verfasste, arbeiten auf sehr moderne Weise den Zivilisationsbegriff heraus. Ibn Kladoun hat ein Gespür für die organische Einheit einer Gesellschaft. Er ist der Meinung, dass jedes einzelne Element, jeder einzelne Bereich in ihr notwendigerweise in Bezug zu den anderen steht, und sieht auch in der Entwicklung der Gesellschaft besondere Kausalzusammenhänge. Er lebte im 14. Jahrhundert und war der letzte große Denker des Islam.

Bald schickt sich das Abendland an, mit seiner Wissenschaft und Technik die Erde zu erobern. Genau in diesem Augenblick der Weltgeschichte versinkt die muslimische Welt in eine intellektuelle Dunkelheit, aus der sie bislang nicht wieder aufgetaucht ist.

Rückkehr nach Jerusalem

Jüdische Kultur und jüdisches Denken wurden sowohl vom Islam als auch vom Christentum abgedrängt und unterdrückt. Bei seinen kriegerischen Vorstößen löschte Mohammed zum Beispiel einen ganzen jüdischen Stamm aus. Der Überlieferung nach die jüdische Kultur und das jüdische Denken von Jerusalem aus in den Himmel Allahs emporgefahren. Zum Teil ist der Koran ihre Neuinszenierung in dem Sinne, wie man auch von der Neuinszenierung eines Theaterstücks spricht: Die Personen und Ereignisse sind die gleichen, doch die Schauspieler, Bühnenbilder und Requisiten sind andere, und vor allem die Regie ist eine andere.

Die vorrangige Aufgabe der Juden war es, in einer Welt weiterzuleben, die nichts von ihnen wissen wollte und die sich sogar in ungeheuerlicher Weise einbildete, dass sie nie existiert hätten. Es ist unmöglich, nicht an die große Katastrophe im 20. Jahrhundert zu denken, wenn man sich die Ereignisse vergegenwärtigt, die sich zwischen der römischen Eroberung Palästinas und dem Auftauchen der christlichen und muslimischen Monotheismen abspielten.

Denken, um zu überleben

Für die Juden der Diaspora (»Zerstreuung« in der Welt) war das Denken kein Luxus einer Elite, sondern eine unabdingbare Voraussetzung ihrer Existenz. Durch das Denken, das in erster Linie in Lektüre und Rezitation bestand, führte die hebräische Sprache, einzigartig in der Geschichte, weiterhin eine Art Nebenexistenz, obwohl sie nicht gesprochen wurde. Viel später erst, im 20. Jahrhundert nämlich, wird diese Sprache wieder zu einer lebenden Sprache werden.

So wird deutlich, dass das Wissen bei den Juden eine besondere Bedeutung und einen besonderen Stellenwert hatte. Cäsar sagte, er wolle lieber der Erste in einem Dorf als der Zweite in Rom sein. Eine ganz typische Ausdrucksweise für einen Machthaber, der lieber die kleineren Leute beherrschen als den Besten unterstellt sein wollte. Im Talmud (das ist die Sammlung der Gesetze und Überlieferungen des Judentums) heißt es hingegen, es sei besser, der Schwanz eines Löwen als der Kopf eines Hundes zu sein: Es ist besser, einem Kreis bedeutender Leute anzugehören, als sich zu unbedeutenderen Menschen zu gesellen, und sei es auch nur, um sie zu beherrschen.

Der Talmud: Die Bibel hat auf alles eine Antwort

Mehr noch als die Bibel der Christen und der Koran der Moslems war die jüdische Bibel die sprudelnde Quelle, aus der sich Bewegungen des Denkens ableiteten, die sich – anstatt sich zu breiten Strömen und Flüssen zu vereinen – anscheinend in eine Vielzahl von Strömungen verzweigten. Es ist sehr ungewöhnlich, dass ein Gründungswerk wie die hebräische Bibel so ausgesprochen viele Texte und Denkrichtungen nach sich zieht, wie man es fast nur noch im indischen Kulturkreis findet.

Der Talmud ist eine ungeheuer reichhaltige Zusammenstellung von Texten, die Antworten auf vielfältige Fragen geben, welche sich im Laufe der Jahrhunderte den Rabbinern bei der Lektüre der Bücher der Bibel stellten. Im Gegensatz zu den Schriften der griechischen Überlieferung legt der Talmud den Akzent ganz besonders auf Einzelheiten und weniger auf allgemeine Inhalte. Doch genau diese Details sind es, auf die die existentiellen Fragen abzielen. Warum spricht Jahwe ausgerechnet durch einen Dornbusch zu Moses? Antwort: Damit man weiß, dass es keinen Ort gibt, an dem Gott nicht gegenwärtig ist, und sei es nur ein unbedeutender Dornbusch. Und mit dieser Antwort bekommt der unbedeutende Dornbusch plötzlich einen realen Sinn.

Wem ähnelt ein Lehrer? Einem Fläschchen, das ein aromatisches Öl enthält. Wenn man es öffnet, so entweicht sein Duft; wenn man es wieder verschließt, so ist der Duft verschwunden.

Talmud

In alle Richtungen denken

Wie die christliche Theologie unterscheidet auch die rabbinische Tradition vier Bedeutungsebenen bei der Lesung des Gesetzes:

- ✔ Den wörtlichen Sinn
- ✔ Den metaphorischen Sinn
- ✔ Den tieferen (moralischen, religiösen) Sinn
- ✔ Den verborgenen (esoterischen, mystischen) Sinn

Philo von Alexandria ist für seine systematisch-allegorische Auslegung der Bibel berühmt. Ein Beispiel: Abraham heiratet zwei Male. Das erste Mal ehelicht er die profane Weisheit (die liberale Kultur), das zweite Mal heiratet er die göttliche Weisheit. Der Patriarch musste die erste Ehe durchlaufen, um zur zweiten zu gelangen. Isaak, dessen Name »das Lachen« bedeutet, heiratet nur eine einzige Frau, Rebekka. Dies ist das Zeichen dafür, dass Gott ihm eine tief in ihm verankerte Tugend geschenkt hat, und so muss Isaak nicht mehr die Wissenschaft durchlaufen, um der Weisheit zu begegnen.

Nach der lurianischen Kabbala (Isaak Luria war ein jüdischer Kabbalist; die Kabbala ist eine jüdische Geheimlehre) hat jedes Wort der Thora (das sind die fünf Bücher Mose, die mosaische Gesetze) 600.000 Gesichter, Bedeutungen oder Zugänge, wobei diese Zahl der Anzahl der Kinder Israels entspricht, die sich nach der Überlieferung während des Exodus (des Auszugs) aus Ägypten auf dem Berge Sinai befanden. Jedes dieser 600.000 Gesichter ist nur jeweils für ein einziges der 600.000 Kinder Israels sichtbar, richtet sich nur auf dieses und kann auch nur von ihm verstanden werden.

Eine Formel für die späteren Jahrhunderte

Einem ägyptischen Juden, Isaak Israeli, ist die berühmte (ins Latein übersetzte) Formulierung zu verdanken, die Wahrheit sei adaequatio intellectus et rei, die Übereinstimmung der Sache mit dem Verstand. Beeinflusst vom Neuplatonismus, verstand Isaak Israeli diese Formel in einem eher mystischen Sinn. Seine Definition findet Anwendung in der Erkenntnistheorie: Wahrheit besteht darin, dass sich der Verstand ganz genau der Sache angleicht (so ist die Vorstellung, die Erde kreise um die Sonne, dann wahr, wenn die Erde tatsächlich um die Sonne kreist, und falsch im entgegengesetzten Fall).

Dieser Begriff der Wahrheit wird von all jenen bestritten werden, die in ihr kein Abbild der Wirklichkeit sehen, sondern die (notwendigerweise konventionelle, wenn nicht arbiträre, also zufällige) Konstruktion einer anderen Ordnung der Realität.

Moses Maimonides, der jüdische Averroes

Wie sein Zeitgenosse Averroes war Maimonides sowohl Arzt als auch Philosoph. Er wurde im muslimischen Spanien geboren, das im Mittelalter eines der glanzvollsten kulturellen Zentren war. Die religiöse Verfolgung zwang ihn dazu, sich 16 Jahre lang nach außen hin zum Islam zu bekennen. Danach reiste er viel, nach Fes in Palästina und dann nach Ägypten, wo er sich schließlich niederließ und auch starb.

Wie Averroes und Thomas von Aquin, deren jüdische Entsprechung er in gewisser Weise ist, sah sich Maimonides als ein Schüler des Aristoteles. Sein *Führer der Unschlüssigen* (was man auch als *Führer der Verirrten* übersetzt hat) ist auf Arabisch verfasst und richtet sich an all jene, die die Gelehrten angesichts der Schwierigkeit, menschliche Vernunft mit göttlicher Offenbarung zu vereinbaren, zu Zweiflern werden ließ. Er vertritt eine ganz eigene Vorstellung, auf die erst wieder durch die moderne Kosmologie (Lehre von der Entstehung und Entwicklung des Weltalls) zurückgegriffen wird: Die Erschaffung der Erde fällt mit der Erschaffung der Zeit zusammen. Es gibt kein Vorher der Schöpfung, da diese den Beginn jeglicher physikalischen Realität markiert. Außerhalb der Zeit gibt es nur die Ewigkeit Gottes.

Die Kabbala oder die Kunst, die Probleme in Mysterien zu verwandeln

Die Kabbala stellt innerhalb des Judaismus eine eigene Philosophie dar. Ihr Ursprung liegt in dem Sohar (»Glanz«) begründet. Diese Bezeichnung ist die Abkürzung eines hebräischen Buchtitels mit der Bedeutung *Das Buch der Herrlichkeit*, das ein gewisser Moses de Leon im 13. Jahrhundert zusammengestellt hat, der sich als ein berühmter Rabbi des 2. Jahrhunderts ausgab. Der Sohar ist eine mystische Exegese (Auslegung) der Thora.

Die Kabbala entfaltet eine emanatistische Lehre der Mächte und Kräfte: Das unaussprechliche göttliche Unendliche (das man als En Sof – »das Grenzenlose; schöpferischen Hauch; göttliche Flamme …« – bezeichnet) steht an der Spitze einer Hierarchie von Geistern. Dem En Sof entströmen (emanieren) zehn Sephiroth (Schöpfungskräfte, Vollkommenheiten). Diese Emanationen sind die grundlegenden Symbole der universalen Realität wie auch der göttlichen Eigenschaften: der Krone, der Weisheit, des Verstandes, der Liebe, der Stärke, der Schönheit, des Sieges, der Herrlichkeit, des Grundsteins und des Königreichs. Der Sohar bejaht die Gegenwart eines weiblichen Elementes in Gott.

Eine weitere zentrale Idee entspricht dem, was man bei den meisten magisch-religiösen Traditionen wiederfindet – der Übereinstimmung von Mensch und Kosmos: Der Mensch ist ein Mikrokosmos, während das Universum einem großen Körper ähnelt. Da in der Schöpfung davon gesprochen wird, dass Gott den Menschen nach seinem Bild erschuf, folgert die Kabbala daraus, dass die Sephiroth auch im Menschen existieren und dass sie zudem Teile und Glieder des mystischen Menschen bilden. Die Kabbala meint, dass es ein Urbild des Menschen gebe, den Adam Kadmon (»usprünglicher Mensch«), der sich über den ganzen Kosmos von dessen Zenit bis zu dessen tiefstem Punkt erstreckt.

In früheren Zeiten verwendete man den Begriff *kabbalistisch* in der deutschen Sprache, um damit ein feindliches Vorhaben zu bezeichnen, das von einer geheimen

Gruppe ausgeführt wurde. Dieser einst negative Ausdruck zeugt vom Misstrauen und vom Hass, die Teile der christlichen Gesellschaft den Juden entgegenbrachten. Ein weiterer Begriff der jüdischen Tradition wurde sogar buchstäblich dämonisiert: der Sabbat. Der Tag der jüdischen Ruhe (*shabbat*) wurde zu einer diabolischen Versammlung umgewandelt – die jüdische Andacht sei eine Orgie von Dämonen und Hexen!

Die Zahlenmagie

In der jüdischen esoterischen Tradition symbolisiert der Davidstern, der sich aus zwei gleichseitigen ineinander verschlungenen Dreiecken zusammensetzt, die Einheit von Mikrokosmos und Makrokosmos. Die Kabbala gründet sich auf die symbolische Interpretation von Texten und auf den magischen Charakter der Buchstaben des Alphabets. Wie die Griechen hatten auch die Juden keine Ziffern, um die Zahlen zu schreiben, weshalb sie sich der Buchstaben ihres Alphabets bedienten, um die 1, die 2 usw. zu bezeichnen. So kann also ein Wort, ein Satz oder ein ganzer Text einen numerischen Wert aufweisen. Dieser Zahlenwert soll eine verborgene Bedeutung enthalten. Die 22 Buchstaben des hebräischen Alphabets müssten somit zusammen mit den zehn Sephiroth alle Geheimnisse des Universums beinhalten: Sind denn nicht sämtliche Bedeutungen, die es überhaupt gibt, dank der Kombination dieser Buchstabenelemente zu entziffern?

Der jüdische Philosoph Franz Rosenzweig verfasste – in den Schützengräben des Ersten Weltkriegs – sein Werk *Stern der Erlösung* rund um das von Gott, der Welt und den Menschen gebildete Dreieck. Die Philosophie des Abendlandes versuchte im Allgemeinen, jeweils zwei dieser Dreiecksspitzen auf die dritte zurückzuklappen, die als die eigentlich grundlegende Basis galt, wohingegen die beiden anderen lediglich als ihre Manifestierungen angesehen wurden: die Welt und der Mensch als Manifestierungen Gottes, Gott und der Mensch als Manifestierungen der Welt und schließlich Gott und die Welt als Manifestierungen des Menschen (das heißt seines Bewusstseins). Man wird hier die aufeinanderfolgenden Symbole für die Theologie, den Materialismus und den Idealismus wiedererkennen. Im Gegensatz dazu bewahrt das jüdische Denken jedoch für jeden einzelnen dieser drei Eckpunkte des Dreiecks dessen Besonderheit und Eigenständigkeit. Ein weiteres gleichseitiges Dreieck, das über das erste, jedoch andersherum, geschoben wird, lässt aus der Figur nun einen sechsstrahligen Stern entstehen. Seine sechs Eckpunkte markieren nichtreduzierbare Bezugspunkte (die Schöpfung ist der Bezug zu Gott und der Welt, die Offenbarung ist der Bezug Gottes zu den Menschen, und die Erlösung ist der Bezug des Menschen zur Welt).

Abbildung 9.1: Rosenzweigs Stern

Ein spekulativer Beckenschlag: der Zimzum

Im 16. Jahrhundert verlieh Isaak Luria der Kabbala einen neuen Impuls mit seiner Lehre vom *Zimzum (»Reduktion, Rückzug, Verdichtung«)*, die auf den Akt göttlicher Selbstbeschränkung verweist, das heißt, dass sich Gott auf sich selbst zurückzieht und sich auf eine Art selbstgewähltes Exil beschränkt. Dieser Rückzug setzt einen pneumatischen Raum frei (das Wort »pneumatisch« kann sehr viel bedeuten; es bezeichnet immer etwas im Zusammenhang mit Luft, Hauch, Atem Geist …), in dem sich das Universum buchstäblich entfaltet. Während für die spanische Kabbala (die des Moses de Leon: die erste Kabbala) die Schöpfung in einer Spiegelung der göttlichen Macht in einem außergöttlichen Raum bestand – eine Art Kosmos in metaphysischer Expansion –, wird die Entstehung der Welt bei der lurianischen Kabbala diesem Akt des Rückzugs, der Kontraktion und der Rückfaltung auf sich zugeschrieben. Spricht man nicht auch im Deutschen – welch glücklicher Zufall – von Gebärmutterkontraktionen, um die Muskelarbeit einer Frau zu bezeichnen, die gerade ein Kind zur Welt bringt?

Das Verschwinden der Bedeutung

Als er 1808 den Tod vor Augen hatte, beschloss Rabbi Nachman von Bratslav, ein großer Lehrer des Chassidismus (religiöse Bewegung des osteuropäischen Judentums, die gegen die starre Gesetzeslehre eine lebendige Frömmigkeit behauptet), eines seiner Bücher zu verbrennen, dem er anschließend den Titel *Das verbrannte Buch* gab. Diese Geste stellt die Frage: Muss man nicht im Grunde genommen die Bücher vernichten, um das Denken hervorzubringen und eine Erneuerung der Sinngebung zu erreichen?

Die Renaissance kämpft an zwei Fronten

10

In diesem Kapitel

- Eine Zeit des Übergangs zwischen dem Mittelalter und der Neuzeit
- Die Geburtsstunde des Humanismus
- Machiavelli
- Die Reformation
- Montaigne und der Zweifel

Von der geschlossenen Welt zur ganzen Erde und zum unendlichen Universum

Vom Mittelalter wurde gesagt, es sei noch immer die Antike – so wie die Renaissance noch immer das Mittelalter sei. Natürlich wurde der Begriff der *Renaissance* nicht von ihr selbst erfunden, doch waren sich die Zeitgenossen der plötzlichen Erweiterung ihrer Welt durchaus bewusst. Cardan schrieb in seiner Autobiografie, das allergrößte Wunder der Natur sei es für ihn, in einem Jahrhundert geboren worden zu sein, in dem alle noch unbekannten Erdteile entdeckt wurden, während die Menschen der Antike gerade mal ein Drittel der Erde gekannt hatten.

Die Renaissance war gierig auf und süchtig nach Entdeckungen. In allen Bereichen der Kultur wird dieses Verlangen deutlich, das Wissen in seiner Gesamtheit zu überblicken – Pico della Mirandola auf dem Gebiet der Erkenntnis, Brueghel bei der Malerei, Rabelais in der Literatur: Sie alle taten das Gleiche wie Magellan, sie erkundeten die Welt. Es scheint sogar, dass diese Epoche die Grenzen zum Unmöglichen ignorierte: Sie gestand Nostradamus und Faust völlig arglos fantastische Kenntnisse und Fähigkeiten zu und machte aus der Alchemie und der Magie sogar regelrechte Studienfächer, weil sie an geheime Verbindungsströme zwischen Mensch und Natur glaubte.

Doch die Renaissance wird nicht nur durch das Streben nach Ganzheit, sondern auch durch das Unfertige, das Nichtabgeschlossene, gekennzeichnet: So hatte Magellan eben gerade nicht genügend Zeit, um seine Weltreise zu Ende zu bringen, er kam schon vorher ums Leben. Wir sind nie wirklich zu Hause, stellte schon Montaigne mit einer Besorgnis fest, wie sie im Mittelalter noch unbekannt gewesen war.

Von der geschlossenen Welt zum unendlichen Universum heißt ein mittlerweile berühmtes Buch, das Alexandre Koyré der astronomischen Revolution widmete, die mit den Namen von Tycho Brahe, Kopernikus und Kepler verbunden ist.

Die Renaissance war nicht nur die Zeit der Geografie, die endlich den gesamten Erdkreis zum Thema hatte, sondern auch die Zeit eines Universums, das völlig aufgelöst und wieder neu zusammengesetzt wurde. Seit dem 16. Jahrhundert weitet der enorme Zuwachs an neuen Beobachtungen und neuen Ideen den Blick der Menschen ins zuvor Unermessliche: Der begrenzte Kosmos der Griechen verliert an Bedeutung, das Universum nimmt Gott seine Unendlichkeit (einem Gott übrigens, der zumindest in der Philosophie nicht mehr unendlich ist).

Nikolaus von Kues: ein neuartiges Denken der Unendlichkeit

Einfalten und Ausfalten!

Nikolaus von Kues (auch Nicolaus Cusanus genannt) greift die Vorstellung der negativen Theologie wieder auf, nach der Gott – das Absolutum – unaussprechlich ist, und er dehnt diese Methode auf die gesamte Philosophie aus: Um die Bedeutung einer Sache zu verstehen, muss man sagen, was sie nicht ist. Man sollte nicht versuchen, genau bestimmen zu wollen, was sie ist. Er leitet eine bemerkenswerte Revolution im Denken ein, indem er aus dem Unendlichen eine Eigenschaft der Schöpfung macht (im Gegensatz zur Scholastik, die die Tradition einer endlichen Welt wieder aufgegriffen hatte, um damit die Unendlichkeit Gott allein vorzubehalten).

Für Nikolaus von Kues ist Gott all das, was sich in einem eingefalteten Zustand (*complicatio*) befindet, die Welt dagegen ist all das, was sich in einem ausgefalteten Zustand (*explicatio*) befindet. Diese *complicatio* kann man auch »Einfaltung« nennen, und die *explicatio* kann man als »Ausfaltung« bezeichnen. Das Eingefaltete stellt die Welt der Einheit da, das Ausgefaltete ist die Welt der Vielfalt. Gott faltet das Universum ein, und umgekehrt faltet das Universum Gott aus (wenn Sie das jetzt nicht vollends verwirrt, dann sind Sie schon auf dem richtigen Weg). Im Eingefalteten, das die Logik und die Sprache der menschlichen Vernunft übersteigt, treffen die Gegensätze zusammen und heben sich auf, statt auseinanderzudriften.

Die Gegensätze begegnen sich: welch Zu(sammen)fall!

Nikolaus von Kues meint, dass die Regel der Widerspruchslosigkeit – die ja besagt, dass eine Sache nicht zugleich auch ihr Gegenteil sein kann – nur in der menschlichen Welt und nur für den menschlichen Verstand gilt. In der Unendlichkeit, die ja der Bereich Gottes ist, hören die Extreme auf, Extreme zu sein: Sie treffen zusammen und gehen ineinander auf. Dies bezeichnet die Philosophie als Zusammenfall der Gegensätze im Unendlichen.

Nur derjenige Intellekt, dessen Vernunft keine logischen Begrenzungen kennt, kann diesen Zusammenfall wahrnehmen. Nikolaus von Kues liefert für diesen Zusammenfall der Gegensätze ein geometrisches Bild, in dem Hegel, wie Sie bereits ahnen, eine dialektische Vorstellung erkennen wird: Wenn der Umfang eines Kreises sich vergrößert, so verringert sich gleichzeitig die Krümmung dieses Kreisbogens.

Wenn man sich einen Kreis vorstellt, dessen Umfang sich dem Unendlichen nähert, so wie im Kosmos ein weißer Zwerg zu einem roten Riesen wird, so nähert sich der Kreisbogen schließlich einer Geraden an. Krümmung und Gerade (die nach der Vernunft ja eigentlich Gegensätze sind, wenn Sie verstehen, was ich meine) werden im Unendlichen schließlich identisch. Nikolaus von Kues nannte die Erkenntnis, die auf bestimmte rationale Wissensansprüche verzichtet, »gelehrte Unwissenheit« (»docta ignorantia«) – welch schönes Oxymoron! Die gelehrte Unwissenheit ist die Erkenntnis der Nichterkenntnis (geben Sie schon zu, dass die Philosophie eine abenteuerliche Reise ist!).

Pico della Mirandola: ein Brunnen mirakulöser Wissenschaft

Der Name des Pico della Mirandola ist zum Synonym für einen Mann ingeniöser Kultur geworden.

Mit einem phänomenalen Gedächtnis ausgestattet, veröffentlichte Pico della Mirandola 1486 eine Sammlung von 900 Thesen zu theologischen und philosophischen Fragen, die er öffentlich vertreten und diskutieren wollte. Doch die besorgten kirchlichen Autoritäten wussten dies zu verhindern. Pico, der nun wegen Häresie verfolgt wurde, flüchtete aus seinem Heimatland Italien nach Frankreich, wo man ihn dennoch im Gefängnisturm von Vincennes gefangen setzte. Als der Gelehrte nach Italien zurückkehrte, wurde er im Alter von 31 Jahren von seinem Sekretär vergiftet.

Wie die meisten der großen Philosophen war Pico Eklektiker und ökumenisch ausgerichtet. Das Mittelalter hatte Aristoteles Platon gegenübergestellt und sie gegeneinander ausgespielt. Pico della Mirandola schwebte dagegen eine Art philosophischer Friede vor, als er seinen gigantischen Disput plante, an dem alle großen Geister seiner Zeit teilnehmen sollten. Wenn die Erkenntnis überall ist, muss auch die Wahrheit überall sein.

Auf moralischem Gebiet verleiht Pico der *Würde* des Menschen eine ganz neue Bedeutung, die das humanistische Ideal begründete. In der Feudalgesellschaft war die Würde nur eine Funktion und obendrein eine privilegierte, die an die gesellschaftliche Stellung geknüpft war (in diesem Sinne wurde der Begriff gerne im Plural verwendet: die Würden). Mit Pico della Mirandola wird die Würde zu einem wahren menschlichen Wert und damit zu einem Wert von universaler Bedeutung.

Vives, ein spanischer Philosoph, stellt sich in seiner Fabel vom Menschen vor, wie Jupiter den Olympiern das Schauspiel vom Welttheater präsentierte. Unter den Schauspielern ist der genialste zweifellos der perfekte Pantomime. Er kann alle Rollen (Pflanze, Tier, Mensch, Gott) spielen. Er spielt sogar die Rolle des Jupiter, und zwar so gut, dass die Götter ihn nach kurzem Zögern zu ihrem himmlischen Festgelage einladen. Vives ließ sich dabei von Pico della Mirandola inspirieren, von dem diese Idee eigentlich stammt: Die Natur des Menschen besteht darin, tatsächlich gar keine Natur zu besitzen. Ein Stein wird durch seine physikalischen Eigenschaften bestimmt, ein Tier hat eine Form und Instinkte, die ihn zu dieser oder jener Art und Gattung machen. Einzig der Mensch hat keine von vornherein genau festgelegte Natur.

Nach Ansicht Picos ist die Natur des Menschen nicht festgelegt, noch nicht einmal darauf, ein vernunftbegabtes Tier zu sein. Deshalb symbolisiert ihn ein Chamäleon auch recht gut: Bei ihm ist schließlich alles möglich. Darin besteht eben auch die Würde des Menschen, der Pico della Mirandola einen ganzen Traktat widmet. Wer wollte dieses unser Chamäleon nicht bewundern?, rief er aus. Weder himmlisch noch irdisch, weder sterblich noch unsterblich kann der Mensch sich zu der Gestalt ausformen, die er bevorzugt. Er kann sich zum Tier erniedrigen, aber auch zum göttlichen Wesen erhöhen.

Was ist Humanismus?

Der Mensch an der Stelle Gottes

Gewiss hat der Mensch nicht erst das 15. Jahrhundert Europas abgewartet, um zu erfahren, dass er existiert oder um sich überhaupt irgendeine Vorstellung von sich selbst zu machen. Doch erst seit dem 15. Jahrhundert beginnt der Mensch, sich selbst in den Mittelpunkt einer Welt zu stellen, die bis dahin von diesen nichtmenschlichen, übermenschlichen, ja sogar unmenschlichen Mächten regiert worden war: von der Natur, dem Schicksal oder von Gott. Humanismus bedeutet zunächst Folgendes: die Überzeugung, dass der Mensch im Zentrum des Geschehens steht und dass er den höchsten Wert überhaupt darstellt.

Eine solche Vorstellung ist gegenüber dem Mittelalter eine ungeheure Revolution. Das Mittelalter stellte den Menschen unter die Aufsicht Gottes. Die Renaissance stellt ihn unter seine eigene Aufsicht. Vielleicht ist die Entdeckung der Perspektive in der Malerei dafür das beste Anzeichen. Auch wenn sich diese Technik zunächst auf das Vorhaben gründet, eine dritte Dimension – die auf einer ebenen Fläche (auf Wänden, Tafeln oder Papier) ja nicht existiert – möglichst getreu wiederzugeben, so liegt ihre wesentliche Bedeutung doch in dem Vorrang des horizontalen, des menschlichen Blickes gegenüber dem vertikalen Blick, wie ihn Gott idealerweise auf unsere Welt werfen oder ihn der Mensch nach oben richten würde. Die Perspektive ist der Humanismus in der Malerei, weil sie das Subjekt dem Zuschauer eines bestimmten Geschehens näherbringt, das dadurch tatsächlich zu seiner Welt wird.

Die Tatsache, dass zur gleichen Zeit (im 15. Jahrhundert) die Maler beginnen, ihre Werke mit ihrem Namen zu kennzeichnen, bedeutet, dass sie sich, im Gegensatz zu ihren Vorläufern und den früheren Kirchenmalern, nicht mehr unter das Gesetz oder den Schutz Gottes stellen, sondern unter den eines fürstlichen Mäzens. Seitdem ersetzt auch der Held den Heiligen als menschliches Ideal.

Des Menschen Vorrecht ist das Lachen.

Rabelais

Die humanistische Kultur

Cicero war der Erste, der den Begriff der *Kultur* aus der ursprünglich kindlichen Bedeutung herauslöste (das griechische *paidéia*, das von den Römern mit *cultura* übersetzt wurde, stammt von einem Wort mit der Bedeutung »Kind«, und die Kultur war das, was vor der Ausbildung stand). Bei Cicero nun ist die Kultur nicht nur das, was ein noch junger Mensch alles lernen kann, sondern bezeichnet die Gesamtheit der Werte, die sich ein menschliches Individuum aneignen und erhalten muss, um die Bezeichnung *Mensch* überhaupt zu verdienen. Oder, anders formuliert: Diese Kultur, die für den Geist das ist, was die Arbeit auf den Feldern für die Natur ist, kann es nicht ohne einen Rückgriff auf die Vergangenheit und auf das, was sie uns an Schönstem und Bestem hinterlassen hat, geben.

Im Mittelalter wurde die Kultur in allererster Linie durch die religiösen Herrscher und durch den in der Gesellschaft herrschenden religiösen Zeitgeist verordnet. Die Renaissance fiel mit einer großartigen Rückkehrbewegung zur Antike zusammen, die sich sowohl in der Kunst als auch in der Literatur bemerkbar machte. Daher auch diese (offenbar doch illusorische) Vorstellung einer Renaissance, was ja wörtlich Wiedergeburt (der Antike) bedeutete, nach Jahrhunderten des Schlafes.

Universalgenies

Die Männer der Renaissance sind Eroberer auf praktisch allen Gebieten. Das Handeln ersetzt nun die Kontemplation, die doch im Mittelalter so hoch gepriesen wurde. Rabelais macht sich über Mönche lustig, die nach seiner Meinung Faulenzer sind. Die Arbeit bekommt langsam eine positive Bedeutung.

Die Renaissance kultiviert das Ideal des universal gebildeten Menschen – das von Künstlern wie Alberti oder Leonardo da Vinci, die es auf vielen Gebieten zu wahrer Meisterschaft brachten, auf so noble Art und Weise verkörpert wurde. Von da an gelten die Summen und Enzyklopädien des Mittelalters als alter Plunder. Stattdessen taucht etwas völlig Neues auf: die Beobachtung. Alles geschieht so, als ob die Menschen die Lebewesen und die übrigen Dinge in der Natur zum ersten Mal betrachteten.

Erasmus von Rotterdam war der bekannteste Humanist. Sein Vater war Priester, Erasmus kam als uneheliches Kind auf die Welt. Er hasste jede Art von Dogmatismus und Fanatismus. Luthers Reformgedanken trösteten ihn über die Missbräuche der katholischen Kirche hinweg.

Nach der Lehre der Stoiker ist die Weisheit nichts anderes als die Führung durch die Vernunft, die Torheit dagegen gleicht der Abhängigkeit vom Drang der Leidenschaften. Wie viel mehr Leidenschaften als Vernunft gab aber Jupiter den Menschen, damit das menschliche Leben nicht völlig traurig und finster würde?

Erasmus

Freunde der Welt

Die Menschen des Mittelalters wollten Freunde Gottes sein, und so richteten sie ihre ganze Existenz auf dieses Ziel hin aus: auf das Heil der Seele. Die Menschen der Renaissance sind dagegen die Freunde der Welt und der Menschheit. Im 16. Jahrhundert, das von den Religionskriegen regelrecht auseinandergerissen wurde, sehnten sich zahlreiche Denker nach dem Weltfrieden und der Einheit der Gläubigen.

Guillaume Postel sprach Griechisch, Hebräisch und Arabisch, als ob es seine Muttersprachen gewesen wären. Er träumte von der religiösen Einheit aller Menschen, die er aufgrund des vernunftmäßigen Charakters der offenbarten Wahrheiten für möglich hielt: Den Protestanten feindlich gesonnen – die die Einheit der Christen nicht weniger als der autoritäre Katholizismus mit seinem Konzil von Trient und der Gegenreformation zerbrochen hatten –, sah er das Heil einzig in der Vernunft, aus der nach seiner Auffassung alle Religionen hervorgegangen sind.

Eine Utopie: die Gemeinschaft der Gläubigen

Jean Bodin lässt in einem Buch sieben Gelehrte in Venedig, der weltoffenen Stadt, zusammenkommen: einen Katholiken, einen Lutheraner, einen Kalvinisten, einen Juden, einen Moslem, einen Anhänger einer Naturreligion und einen Skeptiker. Zweck des Gesprächs (Jean Bodin greift hierbei auf eine Episode zurück, die bereits bei Raimundus Lullus und Nikolaus von Kues zu finden ist) ist es herauszufinden, welche die beste Religion sei. Dabei kommt heraus, dass es keine beste Religion gibt und dass alle nur Spielarten ein und derselben Naturreligion sind. Dies ist ein ganz typisch humanistisches Glaubensbekenntnis: Es gibt einen natürlichen Glauben, der allen Völkern gemein ist und der die einzelnen Ausformungen übersteigt, denen die Menschen jedoch zu ihrem eigenen Unglück verhaftet bleiben. Der natürliche Glaube bildet eine einheitliche moralische Grundlage des Universums. Nach Bodin kann man allen Religionen den ihnen allen zu Grunde liegenden Gehalt entnehmen, der dann die *Universalreligion* wäre. Hier wird also schon der Grundstein zum *Deismus* der Aufklärung gelegt: Abschaffung der Dogmen, Bejahung der Existenz Gottes, Ausübung der moralischen Tugenden, allen voran der Toleranz.

Francisco de Vitoria, der Erfinder des Völkerrechts

Zusammen mit Francisco Suárez war Francisco de Vitoria der Hauptvertreter der Spätscholastik bzw. der Zweiten Scholastik, die einer Erneuerung des scholastischen Denkens in der Renaissance entsprach, als der Humanismus die mittelalterliche Philosophie überwunden hatte. Doch die Bedeutung von Francisco de Vitoria hat weniger mit einer hypothetischen Rehabilitation des früheren Denkens als vielmehr mit der Idee des Völkerrechts zu tun, die schon direkt den Weg in die Neuzeit weist. Mit dem Zusammenbruch des mittelalterlichen Christentums und dem damit verbundenen – zwar niemals ausgeführten, aber dennoch allgegenwärtigen – Projekt eines unter kirchlicher Autorität vereinten christlichen Reiches trat Europa in eine neue historische Epoche ein, die durch das Entstehen der Nationalstaaten charakterisiert ist sowie durch deren Verlangen nach Souveränität. Das Schisma, das die Christenheit in zwei Teile gespaltet hatte, und die Eroberung unbekannter Welten stellten die Denker dieser Zeit vor vollkommen neue Herausforderungen.

Der Entwurf eines Völkerrechts, wie er von Francisco de Vitoria vorgestellt wird, richtet sich genauso gegen Machtansprüche Karls V. – der stolz darauf ist, dass die Sonne in seinem Reich niemals untergehe – wie auch gegen die theokratischen Umtriebe des Papstes. Außerdem führt die gewaltsame Eroberung der Neuen Welt mit den sie begleitenden Massakern und dem einsetzenden Sklavenhandel dazu, dass einige Gelehrte den Begriff der Menschheit auf alle Menschen ausdehnen möchten. Bisher galten als Menschen im engeren Sinn nur die weißen Bewohner des christlichen Europa.

Francisco de Vitoria meint, dass es eine menschliche Gemeinschaft auch außerhalb und jenseits der einzelnen Staaten gebe und dass daher das Recht auch universal für alle Menschen gelten müsse. Die neuzeitliche Idee der Menschenrechte scheint allmählich auf, zusammen mit den ersten Verbrechen an der Menschheit (beziehungsweise an der Menschlichkeit). Entgegen der wachsenden Bedeutung der Souveränität, die für viele Philosophen das Alpha und Omega des politischen Denkens ist, besteht Francisco de Vitoria darauf, dass ein Krieg, der zwar einer Provinz oder einem Staat nützlich ist, aber der Welt oder der Christenheit Schaden zufügt, zutiefst ungerecht ist. Seit den Stoikern hatte niemand mehr von einer universalen Gesellschaft gesprochen, wie es nun Francisco de Vitoria tut.

Machiavelli: Der Zweck heiligt die Mittel

Das genaue Gegenteil eines Guillaume Postel und eines Francisco de Vitoria nun war Niccolò Machiavelli, dessen bloße Erwähnung viele Menschen in den folgenden Jahrhunderten erzittern und erbleichen lassen wird.

Die schwarze Legende vom florentinischen Denker

In die Begriffe, die man aus seinem Namen gebildet hat (*Machiavellismus, machiavellistisch*), mischt sich der Geruch des Satanischen, der so manchen verführt, die meisten jedoch abgestoßen hat. Selbst Friedrich der Große, der in der Politik nun wahrhaft kein Chorknabe gewesen war, glaubte sich dazu verpflichtet – um den tatsächlichen Zynismus seines Handelns zu übertünchen –, einen Antimachiavell zu verfassen, um seine guten Absichten zu demonstrieren. Wobei er sich jedoch als äußerst machiavellisch erweist. Der Schwefelgeruch, der dem Italiener anhaftet, hat weniger mit seinem Leben und seinem Verhalten als vielmehr mit seiner kleinen Schrift Der Fürst zu tun und den darin enthaltenen provokanten Thesen.

Der eigentlich revolutionäre Charakter von Machiavellis Denken lässt sich an einer einfachen Idee festmachen: Während in der Zeit der Griechen (Platon, Aristoteles) die politische Philosophie der Moral unterstellt war (und während des Christentums der Religion), betrachtet der Italiener die Politik als einen autonomen Bereich, der von Moral und Religion unabhängig sei. Daraus erklärt sich auch der Skandal dieses Denkens, das den Leuten so unmoralisch wie atheistisch erschien.

Für Platon und Aristoteles war die beste Politik jene, die so gut wie irgend möglich das Allgemeinwohl im Auge hatte und sicherstellte. Im Mittelalter ist ein guter König ein christlicher König, der den Vorschriften der christlichen Religion gehorcht (oder zumindest so tut, als ob er gehorche, doch das ist schon eine typisch machiavellische Zwischenbemerkung). Für Machiavelli ist die Politik die Kunst, die Macht zu erlangen, die man noch nicht hat, und die Kunst, die Macht zu erhalten, wenn man sie denn erlangt hat. Deshalb sind die politischen Werte rein pragmatische Werte, die sich an der Nützlichkeit und der Effizienz orientieren und eben nicht an den moralischen Werten des Guten und Gerechten – und schon gar nicht an religiösen Maßstäben.

Während der Standpunkt der politischen Philosophen der Antike ein moralischer war, ist der des Machiavelli ein rein politischer und nichts anderes. Dieser nackte Realismus, der ein Geheimnis der Machtausübung verrät, hat viele Menschen sehr schockiert (wobei ja die Zyniker an der Macht nichts so sehr lieben wie den süßen Sirup der Moral, der das Volk die bittere Arznei schlucken lässt). Zu sagen, dass Offenheit die raffinierteste Lüge überhaupt sein könne, bedeutet nicht nur, die ernüchternde Feststellung eines La Rochefoucauld vorwegzunehmen, sondern beschreibt zugleich das politische Handeln und verweist auf den Bereich möglicher Wirksamkeit. Machiavelli geht sogar so weit zu behaupten, dass der Fürst (so nennt man, seit diesem Werk, einen Machthaber) sich gezwungen sieht, gegen die Regeln der Moral und sogar gegen jene der Religion zu handeln. So rät er dem Fürsten, sich nicht an Versprechungen zu halten, wenn ihre Erfüllung ihm schadete und wenn die Gründe, die ihn zu diesen Versprechungen geführt hatten, nicht mehr existierten.

Cicero hatte geschrieben, dass man auf zweifache Art ungerecht sein könne, entweder mit Gewalt oder mit List. List gehört zum Fuchs, Gewalt zum Löwen. Machiavelli greift auf diese Motive zurück, legt sie jedoch zu seinem Vorteil aus. Der Fürst muss mal Löwe und mal Fuchs sein, mal muss er sich einer List, mal seiner Kraft bedienen. Denn wenn es stimmt, so räumt Machiavelli ein, dass der gewalttätige Kampf den Tieren eigen ist, so reicht der Kampf mit Hilfe der Gesetze, der den Menschen eigen ist, doch oftmals nicht aus, wenn man siegen will.

Das Spiel des Schicksals und der Tugend

Das, was Machiavelli als Schicksal (fortuna) bezeichnet, ist weder das Schicksal der Antike als stumpfsinnige Macht noch die christliche Vorsehung als oberste Intelligenz, sondern eine Mischung aus Zufall und Notwendigkeit, aus unerwarteten Ereignissen und jeweiligen Sachzwängen. Die Tugend (vertù) darf nicht in einem moralischen Sinn als Gegensatz zum Laster verstanden werden, sondern als Handlungskraft und Charakterstärke. Der große Fürst ist jemand, dessen Tugend (vertù) ihren Vorteil aus dem Schicksal (fortuna) zieht.

Der gelegentliche Nutzen von Gewalt

Auch wenn Machiavelli gelegentliche Gewalt rechtfertigt, so verteidigt er sie doch nicht prinzipiell. Er stellt lediglich fest, dass der Fürst die größte Milde dann beweist, wenn er von Zeit zu Zeit grausam handelt, um damit eine gefährliche Situation zu entschärfen. Denn fortgesetzte Unruhen schaden der ganzen Gesellschaft, während gelegentliche, einzelne Gewaltakte seitens des Herrschers nur bestimmte Leute treffen.

Machiavelli ist ein viel zu guter Beobachter, als dass er nicht erkennen würde, dass sich willkürliche oder dauerhafte Grausamkeiten schließlich gegen denjenigen wenden, der sie ausübt. Da nun das vorrangige Ziel des politischen Handelns die Wirksamkeit, die Effizienz, ist, so wäre ein kurzes und schnelles gewaltsames Eingreifen, das die Menschen beeindruckt, weitaus besser als zur Gewohnheit gewordene Gewaltakte, die die gesamte Bevölkerung gegen den Machthaber aufwiegeln. Auch wenn der Verfasser des *Fürsten* kein Demokrat war, so kann man doch wenigstens sagen, dass er vielleicht der Erste in der Geschichte des politischen Denkens gewesen war, dem der Stellenwert der öffentlichen Meinung in den modernen Demokratien schon durchaus bewusst war.

Diodorus Siculus berichtet folgende Geschichte von Dionysios, dem Tyrannen von Syrakus: Dionysios war ungerecht und grausam, und die Einwohner von Syrakus hassten ihn, und es war ihm sehr wichtig zu hören, was andere über ihn redeten: Er wollte alles kontrollieren, alles wissen. Außerdem hielt er sich gerne außerhalb der Stadt in einem Steinbruch, den Latomien, auf, in dem auch noch der leiseste Ton aus der Umgebung verstärkt wurde: Und dort gab es einen Gang, den Eingang zu einer Grotte, der wie ein großer Ohrenpavillon aus Stein war (man nannte diesen Ort *Ohr des Dionysios*, er existiert noch heute, man kann ihn besichtigen). Dionysios konnte somit heimlich lauschen, was man sich alles über ihn erzählte. Natürlich rächte er sich danach.

Doch eines Tages hörte der Tyrann zum ersten Mal, wie eine kleine, alte Frau Gutes über ihn erzählte und ihm Wohlstand und ein langes Leben wünschte. Verwundert darüber ließ er sie in seinen Palast kommen und fragte sie: »Ich hörte, wie du mir Gesundheit und Reichtum wünschtest. Glaubst du an das, was du sagst?«

»Aber gewiss doch«, erwiderte die Alte.

»Du hältst mich also für einen guten König?«

»Ach! Überhaupt nicht!«, antwortete darauf die Greisin.

Nun war Dionysios irritiert: »Das verstehe ich nicht. Erkläre es mir!«

»Nun gut«, sagte die Alte »das ist doch ganz einfach. Als ich noch jung war, kannte ich deinen Großvater, der richtig böse war. Also wendete ich mich mit meinen

Gebeten an die Götter und bat sie darum, dass er von der Erde verschwinde, was dann auch eintrat. Sein Sohn, also dein Vater, folgte ihm auf dem Thron: Das war aber noch schlimmer! Also sandte ich die gleichen Gebete gen Himmel, und auch sie wurden erhört. Nun bist du auf den Thron gekommen, und du bist der Allerschlimmste von allen dreien. Darum bete ich Tag und Nacht zu den Göttern, dass sie dich uns bewahren sollen.«

Thomas Morus, der Erfinder der Utopie

Nachdem er es bis zum Amt des Lordkanzlers geschafft hatte, was ihn zur zweithöchsten Persönlichkeit im Königreich nach dem König werden ließ, wurde Thomas Morus auf Anordnung Heinrichs VIII. inhaftiert und hingerichtet, weil er dem König in der Affäre um dessen Scheidung und bei der darauf folgenden Meinungsverschiedenheit mit dem Papst widersprochen hatte.

Thomas Morus war einer der ganz wenigen Philosophen, die unmittelbare Erfahrung mit der Macht hatten. Wie Boethius bezahlte er sie mit seinem Leben. Das politische Denken der Renaissance brachte zwei wahre Meisterwerke hervor: den Fürsten von Machiavelli und Utopia von Thomas Morus. Der Gegensatz zwischen diesen beiden Werken könnte nicht größer sein: Während Machiavelli die Realität der Macht beschreibt und dabei das Machbare auf das real Existierende herunterfährt, stellt sich Thomas Morus die ideale Gesellschaft vor, indem er die Wirklichkeit bis zur Unmöglichen hin ausweitet.

Mit *Utopia*, das den Untertitel *Der beste Staat* trägt, erfindet Thomas Morus nicht nur eine Fiktion, sondern er führt auch einen neuen Begriff in die Ideengeschichte ein. Der Titel dieses Buchs von Thomas Morus wurde tatsächlich zur allgemeinen Bezeichnung einer neuen Literaturgattung. Der vom Autor geprägte Begriff »Utopia« leitet sich von zwei griechischen Wörtern ab, die »nicht« und »Ort« bedeuten. »Utopie« bedeutet daher wörtlich »Nicht-Ort«.

Im ersten Teil übt der Verfasser eine grundsätzliche Kritik an den verschiedenen Übeln, an denen die englische Gesellschaft seiner Zeit leidet: dem Despotismus der politischen Macht, der Unterwürfigkeit der Höflinge, der Käuflichkeit der Ämter, der Luxusgier der Privilegierten und der herrschenden Ungerechtigkeit, aus der sie und die Mönche ihren Vorteil ziehen. Das Privateigentum wird als Quelle aller Missstände angeprangert. Im zweiten Teil zeichnet Thomas Morus im Kontrast dazu eine ideale Gesellschaft auf einer Insel, Utopia, die weit weg im Ozean liegt. Dadurch werden Morus' Vorstellungen so dargestellt, als seien sie schon verwirklicht und als seien sie nicht nur abstrakte Punkte eines erst noch zu realisierenden Programms.

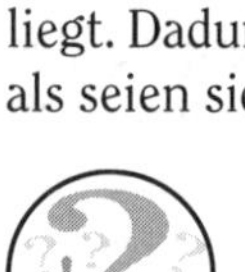

Mit der Erfindung dieses neuen Begriffs schafft Thomas Morus gleichzeitig eine neue Gattung: So scheint die *Utopie* historisch die Erbin der religiösen *Eschatologien* (Vorstellungen vom Jenseits und dem letzten Ziel des Menschen) zu sein, mit dem entscheidenden Unterschied, dass es weder Transzendenz noch etwas Heiliges in ihr gibt und damit auch keine Religion mehr in dieser Welt, die als vollkommen präsentiert wird. Deshalb ist die Vorstellung der Utopie repräsentativ für den Humanismus der Renaissance: Der Mensch erwartet sein Heil nicht mehr im Jenseits nach dem Tod (wie noch im Mittelalter), sondern hier auf Erden, in diesem Leben.

Utopia übte einen großen Einfluss auf all die Utopien aus, die später geschrieben und gedacht wurden. Utopien beschreibt die Hoffnungen (den Glauben an eine endlich bessere Welt, die uns und nicht Gott gehört), aber auch die Risiken (in bestimmten Utopien hebt die Sicherheit die Freiheit der Bürger auf, der Mensch existiert nur noch als anonymes Gruppenmitglied).

Jean Bodin: Republik und Souveränität

Bevor der Begriff »Republik« als politisches System im Gegensatz zur Monarchie definiert wird, handelt es sich dabei – ausgehend von seiner lateinischen Etymologie (res publica: »öffentliche Sache, Angelegenheit« – um den Staat selbst, wie er als Sachwalter der öffentlichen Angelegenheiten auftritt. Um nun zu zeigen, dass die Republik weder ein Ort noch ein Volk, sondern das ist, was man heutzutage als ein System, als eine Struktur bezeichnen würde, verwendet Jean Bodin das Bild des Schiffes des Theseus.

Während der Antike bewahrte man auf der Akropolis in Athen das Schiff auf, das der Sage nach dem griechischen Helden Theseus gehört hatte. Jahre, Jahrzehnte und Jahrhunderte vergingen, so dass das Schiff nach und nach restauriert werden musste, bis schließlich von seiner ursprünglichen Substanz nichts mehr übrig war. Trotzdem sprachen die Athener weiterhin vom »Schiff des Theseus«. Doch worin bestand nun eigentlich die Identität dieses Schiffes? Jedenfalls nicht mehr in seinen Holzteilen, weil diese im Laufe der Jahrhunderte mehrere Male ersetzt worden waren, sondern sie bestand eher in seiner Form, seiner Aufteilung und – nicht zu vergessen – in seinem Namen und in seiner Geschichte.

Bodin will mit dieser Anekdote vom Schiff des Theseus sagen, dass die Republik kein Ensemble von Individuen ist, sondern dass ihr Gemeinschaftsleben organisiert ist. Es sind die Gesetze (und Gesetzeserneuerungen), die die Republik ausmachen, so wie die Anordnung der Holzteile das Schiff des Theseus bildet und bilden wird.

La Boëtie: Der Gehorsam bildet die Macht!

Die freiwillige Knechtschaft ist einer der wichtigsten Texte der Philosophie der Renaissance. La Boëtie, der enge Freund Montaignes, berührt darin ein heikles Thema: Die Menschen krümmen ihr Rückgrat vor der Macht der Könige, ohne sich bewusstzumachen, dass ihr eigener Gehorsam es ist, der die Stärke der Monarchen ausmacht: Seid entschlossen, nicht mehr zu dienen, schreibt La Boëtie recht keck, und ihr werdet frei sein! Tatsächlich galt die Macht ja stets als eine Kraft, die von oben nach unten wirkt, doch wie sollte sie beständig sein, ohne dass die Untertanen sich ihr immerzu beugen? Die Vorstellung einer freiwilligen Knechtschaft schien daher auch paradox, ja sogar skandalös zu sein. Erst die Psychoanalyse wird dieses Rätsel lösen.

Von der protestantischen Revolution zum Geist des Kapitalismus

Das, was unter dem Namen »Reformation« in die Geschichte eingegangen ist, ist sehr viel tiefer greifend und gewaltsamer abgelaufen, als dieser Begriff nahelegt. Reformation oder Reform bedeutet eigentlich eine leichte Veränderung bereits existierender Dinge. Das Schisma (die Kirchenspaltung) jedoch, das sich mit Luther und Calvin im 16. Jahrhundert inmitten der Christenheit abspielte, hatte noch weiter reichende Konsequenzen als jene Trennung, die sich zwischen der römischen Kirche und der des Orients (Byzanz) im 11. Jahrhundert vollzogen hatte. Diesmal war nicht nur von einigen dogmatischen Aspekten und rituellen Angelegenheiten die Rede, sondern es handelte sich um eine neuartige Philosophie des Menschen und der Geschichte.

Der Protestantismus stellte die Macht und die Institutionen des katholischen Klerus massiv in Frage und wollte dessen Mittlerfunktion, die sich zwischen den Menschen und Gott geschoben hatte, abschaffen und damit zum Geist des Urchristentums zurückkehren. Doch in Wirklichkeit war die Reformation keine Rückkehr zu den religiösen Ursprüngen des Christentums, wie auch die italienische Renaissance keine echte Rückkehr zu den antiken Quellen der Kunst gewesen ist. Erst in der Epoche der Aufklärung wurde den Menschen bewusst, dass die Brüche, die sie in den Zeitläufen der Geschichte verursachen, keine einfachen Wiederaufnahmen der Vergangenheit, sondern Erfindungen neuer Fakten sind. Was die Reformation jedoch hervorbrachte, ohne es zu wissen, war der *Individualismus* auf religiösem Gebiet und damit die Toleranz.

Woher kommt der Kapitalismus?

Während Marx für die Entstehung des Kapitalismus in der Zeit der Renaissance soziale und ökonomische Ursachen verantwortlich machte, fand der Soziologe Max Weber eher philosophische und religiöse Gründe. Für ihn taucht nämlich der Kapitalismus genau in dem Augenblick auf, als die Arbeit nicht mehr nur als die notwendige Strafe für die Erbsünde (so lautet die traditionelle Lehre der Kirche) wahrgenommen wird, sondern als ein wirksames Mittel des Sichfreikaufens, analog dem Gebet. Der Kapitalismus wurde geboren, als der Münztausch und die Geldanleihe nicht mehr als unwürdige oder sündhafte Handlungen angesehen wurden, sondern als normale Notwendigkeiten des alltäglichen Lebens.

Dante hatte im Mittelalter (in der *Göttlichen Komödie*) für die Wucherer und überhaupt alle Geldverleiher einen ganz besonderen Höllenkreis reserviert, weil sie die Zeit – die ja eine ausschließlich zu Gott gehörende Dimension ist – zu ihrer eigenen Angelegenheit machen, Spekulieren bedeutet ja stets, mit der Zeit zu handeln. Nun nimmt der Mensch mit der Reformation Besitz von seiner eigenen Zukunft und überlässt Gott die letzten Ziele.

Der Kapitalismus ist der Triumphzug des Individualismus auf ökonomischem Gebiet: Das freie Unternehmen ist ein Privatunternehmen und keine Korporation. Die Künstler, die – wie wir gesehen haben – in dieser Epoche anfangen, sich einen Namen zu geben, werden zu regelrechten Unternehmern. Und für denjenigen, dessen Hauptaufgabe das Geschäftemachen ist,

ist die Denk- und Glaubensfreiheit nicht mehr nur eine Forderung, sondern eine Selbstverständlichkeit.

Montaigne: Was weiß ich, und wer bin ich?

Der Skeptizismus früherer Zeiten ging aus der sprunghaften Erweiterung der Grenzen der Polis hervor, die durch die Eroberungen Alexanders des Großen verursacht wurde. Der moderne Skeptizismus entstand aus der sprunghaften Erweiterung der Grenzen der mittelalterlichen Welt, die durch die großen Entdeckungen verursacht wurde. Der Zweifel folgt gerne aus der Konfrontation verschiedener Standpunkte und Perspektiven. Für jemanden wie Montaigne, der in der Zeit der Religionskriege lebt, ist der Wilde vielleicht gar nicht mal derjenige, für den man ihn hält. Der Skeptizismus erwächst ebenfalls aus dem Anschwellen der Erkenntnisse. Die Frage: »Was weiß ich?«, findet als Antwort nicht nur: »Ich weiß nichts«, sondern auch: »Was kann ich bei einem solchen Berg von Erkenntnissen überhaupt wissen?«

Die Gesetze des Gewissens, die angeblich der Natur entspringen, entstehen vielmehr aus der Gewohnheit, sagte Montaigne. Dies war eine Lektion, die Pascal behalten wird: Die Menschen schreiben das, was sie selbst mehr oder weniger zufällig erfunden haben, einer vermeintlichen Natur zu. Doch für Pascal verbargen sich hinter dieser Illusion ein festes Fundament und eine unleugbare Realität: Gott. Dahingegen schwankt bei Montaigne alles und ist letztlich nicht zu fassen: die Welt, die Menschen, die Ideen und die Ereignisse.

Montaigne bemerkte außerdem, dass jeder Mensch in sich das vollständige Bild der Menschheit trage. Und: Er, Montaigne, fühle sich dazu berechtigt, sein eigenes Ich zum wichtigsten und im Grunde genommen einzigen Thema seiner Essais zu machen.

Die Welt ist ein einziges Auf und Ab.

Montaigne

Leichtfertige Gedanken eines Skeptikers

Mit Montaigne geraten die am deutlichsten definierten Kategorien ins Wanken: Es gibt genauso viele Abweichungen innerhalb des eigenen Ich wie zwischen dem Ich und einem anderen Menschen und genauso viele Unterschiede zwischen dem einen und dem anderen Menschen wie zwischen einem Menschen und einem Tier. In seinem ganzen Enthusiasmus, die Grenzen aufzuweichen, geht er sogar so weit, die von den Elefanten praktizierten religiösen Riten zu erwähnen … Er hat sich in seinem Vorhaben, den Abgrund zwischen Mensch und Tier zuzuschütten, sogar bis dahin vorgewagt, dass er glaubte, die Elefanten nähmen an irgendeinem religiösen Ritual teil, wenn sie ihren Rüssel zur Morgenröte erhöben. Montaigne spricht dann auch noch von Waschungen und Meditationen bei den Dickhäutern. Der Skeptizismus ist also nicht immer eine Garantie gegen ausschweifende Gedanken …

Auf der Seite der Träumer

Die Renaissance war nicht nur das Zeitalter der großen Künstler und Entdecker. Sie war auch die Zeit der großen Träumer. Die Vorstellung, dass Makro- und Mikrokosmos einander entsprechen – was ja für die Araber, Juden und Christen des Mittelalters von besonderer Bedeutung war –, wird von den meisten Autoren der Renaissance geteilt.

Agrippa von Nettesheim, ein berühmter Okkultist, erkannte im Menschen das vollkommene Abbild des Kosmos. Der Mensch ist demnach durch Bindungen mit allen Dingen verknüpft, die ein ganzes Netzwerk bilden. Wenn Leonardo da Vinci den Erdboden mit dem Fleisch, die Felsen mit den Knochen und die Flüsse mit dem Blut vergleicht, muss man diese Bilder verstehen, um zu erkennen, worum es sich bei ihnen handelt: Um mehr als um bloße Bilder, denn die Natur wird hier ja als ein großer Körper gedacht. Die Vorstellung einer beabsichtigten Einheit wird durch magische Beziehungen unterstützt: Vielleicht erinnerte sich Tizian ja an die Edelsteine, die in den mittelalterlichen Kirchenfenstern neben farbigen Glasbausteinen eingefasst waren, als er seiner Farbpalette Blut hinzufügte, um menschliche Körper zu malen.

Repräsentativ für die Kultur und den Geist der Renaissance ist Paracelsus, der eine bizarre Mischung aus neugieriger Offenheit und dunklem Obskurantismus bietet. Er wollte mit der medizinischen Vergangenheit total brechen, indem er öffentlich die Werke Galens und Avicennas, bedeutender antiker Ärzte, verbrannte. Auch wenn er nützliche Entdeckungen auf den Gebieten der Chirurgie und der Chemie machte, so behauptete er auch, ein Elixier für ein langes Leben (einen Trank, der Unsterblichkeit garantieren sollte) wie auch einen Homunkulus (einen kleinen künstlichen Menschen, den die Alchemisten glaubten, in der Retorte entstehen lassen zu können) hergestellt zu haben. Der Mensch ist für Paracelsus die Quintessenz der Welt, sein Körper besteht aus Schwefel, Salz und Quecksilber (den drei wichtigsten Elementen der Alchemie). Der gelehrte Träumer entwickelte eine Signaturenlehre: Die Körperorgane des Menschen stehen mit den (mineralischen, pflanzlichen und tierischen) Elementen und Naturerscheinungen, die im Falle einer Krankheit für Heilung sorgen, in einer (geheimen) Beziehung.

Giordano Bruno: entzündet vom Feuer des Unendlichen

Eine weitere mögliche Antwort auf die Überfülle an Ideen, die zu jener Zeit auftraten, war – ganz anders als der Skeptizismus – der *Eklektizismus*. Giordano Bruno war Eklektiker. Er erkannte sämtliche Philosophen an – außer einen, der zum gemeinsamen Feind der ersten neuzeitlichen Philosophe –n, Francis Bacon, Thomas Hobbes und Descartes – wurde: Aristoteles. Wahrscheinlich muss schon etwas Verrücktheit mit im Spiel sein bei einem Menschen, der sich als jemand bezeichnet, der die Grenzen der Welt überschritten, die Mauern des Himmels umgestoßen und die Sterne übersprungen habe.

Giordano Bruno kann für sich den Spezialfall in Anspruch nehmen, von den drei großen Religionen seiner Zeit exkommuniziert worden zu sein: von den Calvinisten in Genf, den Lutheranern in Weißenburg und den Katholiken in Rom. Verurteilt wegen seiner häretischen Vorstellungen, starb er auf dem Scheiterhaufen. Kurz vor dem Besteigen seiner Hinrichtungsstätte soll er gesagt haben: »Es sind immer die Klügsten, die am meisten aufs Kreuz gelegt werden.« Man kann nun wirklich nicht behaupten, dass die nachfolgende Geschichte ihm vollkommen Unrecht gab.

Giordano Bruno vertrat eine organische Vorstellung vom Universum: Dieses bildet ein harmonisches Ganzes, weil es durch und durch von Leben beseelt ist. Brunos Denken ist ein *Panvitalismus*, der das Leben als Animator der gesamten Natur versteht: Die Sterne sind belebte Wesen (ein alter Glaube, der sich daraus ergab, dass Bewegung das allererste Anzeichen von Leben ist), und auch der Stein fühlt auf seine eigene Art. Der Tod betrifft nur ganz bestimmte Lebewesen, er erreicht nicht dieses Große Tier, das der Kosmos ist. In diesem Ganzen ist alles immanent (es ist alles in ihm): Es gibt keinerlei Transzendenz mehr (nichts ist außerhalb) – und genau das ist es, was den religiösen Autoritäten dieser Zeit Sorge bereitete.

In jedem Teil lässt sich die Gegenwart des Ganzen spüren. Um das verständlich zu machen, greift Giordano Bruno auf den schönen Vergleich Plotins zurück: Stellen Sie sich vor, wie man eine Stimme in einem großen Saal wahrnehmen kann. Die Stimme ist im ganzen Saal zu hören und auch in jedem seiner Teile, beispielsweise in jeder seiner Ecken, so dass jeder Zuhörer im Publikum die ganze Stimme hört (und nicht nur ein Fragment).

Was Bruno so begeisterte, war schließlich auch die Ursache für seine Hinrichtung. Der christliche Glaube sieht in der Unendlichkeit das ausschließliche Privileg Gottes. Daher konnte es gar keine Diskussion darüber geben, die Unendlichkeit der Welt anzuerkennen, weil das ja gleichzeitig geheißen hätte, die Unendlichkeit Gottes zu leugnen (zwei Unendlichkeiten können schließlich nicht nebeneinander existieren), ja sogar Gott selbst zu leugnen. Deshalb haben die Philosophen des Mittelalters das finitistische Sphärenmodell übernommen, das von Platon und Aristoteles für das Universum vorgeschlagen worden war. Bruno konzipierte ein unendliches Universum, das sich aus unzähligen Welten zusammensetzt, die mit ihren Planeten ihre jeweilige Sonne umkreisen. Dieses Unendliche ist nicht nur rein physikalisch gemeint, es besitzt auch eine innere Dimension. Die unendliche Dynamik der menschlichen Seele ist die Antwort auf die Unendlichkeit der Welt.

Es gibt nichts mehr, was uns erschrecken könnte.

Giordano Bruno

Teil III

Das klassische Zeitalter (17. bis 18. Jahrhundert)

In diesem Teil ...

verlassen wir nun endgültig die alte Welt, die von der griechischen Antike und der christlichen Religion geprägt ist. Das klassische Zeitalter ist das Tor zur Neuzeit. Die Philosophie stützt sich von nun an auf eine neue Grundlage: auf das menschliche Subjekt, das mit Vernunft und Empfindungsvermögen ausgestattet ist. Damit lassen sich auch die beiden großen Strömungen erklären, die diese Periode beherrschen: der Rationalismus und der Empirismus. Die Religion dagegen zieht sich zurück. In der politischen Ordnung erscheint das Individuum zur gleichen Zeit wie der Sinn für den Staat. Das 17. Jahrhundert ist die Zeit der großen Systeme, die das nachfolgende Zeitalter der Aufklärung wieder in Zweifel zieht. Auf diese Art verläuft die Geschichte des Denkens, die sich darstellt, indem sie sich gegenüberstellt (dieser Gedanke stammt von Hegel).

Die Morgenröte der Moderne: Bacon, Hobbes, Descartes

11

In diesem Kapitel

- Die drei Denker, die die Basis für die philosophische Moderne schufen
- Francis Bacon, der Theoretiker der experimentellen Wissenschaft
- Thomas Hobbes, der Vordenker des modernen Staates
- René Descartes und die Subjektivität des Bewusstseins

Am Ende der Renaissance ist die Welt in Stücke zerrissen, wie es damals John Donne (1572–1631) mit seinem poetischen Gespür formuliert hat. Die Vorstellung eines radikalen Ungleichgewichts zwischen Mensch und Natur setzt sich langsam durch. Die Folge davon werden die Theorie einer unbegrenzten Überlegenheit des Menschen (dank seiner geistigen Fähigkeiten) über die Tiere sein sowie der Wegfall des Modells des Menschen als Abbild der Welt.

Francis Bacon: Die Physik wird experimentell sein

Die Franzosen, die ebenso chauvinistisch wie ihre Nachbarn sind, wenn es um die Ideen und ihre Entwicklung geht, sprechen in Bezug auf das Entstehen der modernen Physik zu Beginn des 17. Jahrhunderts von der galileo-cartesianischen Revolution. Die Natur zu erkennen bedeutet jetzt nicht mehr, über sie zu spekulieren, wie man es seit den Griechen tat, sondern es heißt nunmehr, sie zu beobachten und zu messen – diese Unternehmungen verbanden die Franzosen mit Descartes und mit Galilei, daher auch die Formulierung einer galileo-cartesianischen Revolution. Doch die Bedeutung Bacons bei dieser Geistesänderung ist mindestens ebenso groß wie die von Descartes. Auch wenn Letzterer die Physik in einer Reihe von Disziplinen (insbesondere in der Optik) um einiges vorangebracht hat, hat er doch eher seine Metaphysik statt die Mathematik auf die Erkenntnis der Dinge angewandt. Galilei sagte, die Natur sei ein Buch, das in der Sprache der Mathematik geschrieben sei, und dass man es deshalb auch nicht wie ein Gedicht lesen könne. Und es war Bacon und eben nicht Descartes, der die erste Lehre der Experimentalwissenschaft aufstellte. Es wäre daher gerechter, von einer »galileo-baconschen« Revolution zu sprechen.

Die Bücher müssen den Wissenschaften folgen und nicht umgekehrt.

Francis Bacon

Über Francis Bacon kursieren zwei Gerüchte: Er sei ein außerehelicher Sohn von Königin Elisabeth I., und er sei der Verfasser der Werke Shakespeares (siehe dazu den Scherz von Alphonse Allais: Shakespeare hat nie gelebt – es handelt sich vielmehr um einen Unbekannten namens Shakespeare, der alle seine Stücke geschrieben hat!). Kurz, ein Mann von ungeklärter Herkunft mit unklarer Urheberschaft. (Für einen Philosophen, dessen Name sich mit der Suche nach gesicherten Fakten verknüpft, ist das schon ein reizendes Paradoxon.) Er machte eine politische Karriere, die ihn in die höchsten Staatsämter führte. Wie Thomas Morus war auch er Kanzler, das entspricht ungefähr der Funktion eines Premierministers. Angeklagt wegen Bestechlichkeit, schloss man ihn aus dem politischen Leben aus (also wirklich: Philosophen haben in der Politik nichts zu suchen!). Das, was er zu seiner Verteidigung sagte, ist dank des Dichters Beaumarchais im *Barbier von Sevilla* der Nachwelt erhalten geblieben: »Verleumdet nur wild drauflos, es wird immer etwas hängen bleiben!«

Die Tugend kann mit so manchen kostbaren Düften verglichen werden, die sich erst dann ausbreiten, wenn man sie zerreibt oder erhitzt; der Wohlstand lässt unsere Laster zum Vorschein kommen und die Not unsere Tugenden.

Francis Bacon

»Man beherrscht die Natur nur, wenn man ihr gehorcht«

Dieser Spruch Bacons zur Naturbeherrschung besagt, dass man die Natur zunächst kennenlernen muss, um über sie zu herrschen. So konnte sich der Mensch beispielsweise nicht dadurch in die Lüfte erheben, dass er wie Ikarus vom Vogelflug träumte, sondern weil er die Gesetze der Mechanik genau studierte. Die Entwicklung von Wissenschaft und Technik und ihre Dialektik waren es, die seit der Renaissance die Vormachtstellung Europas in der Welt begründeten. Die Griechen und danach die Gelehrten des Mittelalters hatten Theorie und Praxis so stark voneinander getrennt, dass sie sich, ohne es zu merken, selbst daran hinderten, erfolgreich auf ihre Umwelt einzuwirken.

Die Wissenschaft findet ihre praktische Anwendung in den Maschinen, mit denen man wiederum neue Entdeckungen machen kann. So bestehen zwischen den (naturwissenschaftlichen) Entdeckungen und den (technischen) Erfindungen Wechselbeziehungen. Jede Entdeckung ermöglicht neue Erfindungen, die wiederum neue Entdeckungen nach sich ziehen. So waren die Arbeiten griechischer Mathematiker über die Kegelschnitte (Kreise, Parabeln, Hyperbeln und Ellipsen) die Voraussetzung für die Herstellung optischer Linsen und damit für das Fernrohr Galileis und die Herstellung des ersten Mikroskops, das von Leeuwenhoek erfunden wurde. Mit Hilfe des Fernrohrs entdeckt Galilei die Mondkrater und die Jupitermonde, und mit Hilfe des Mikroskops entdecken die Biologen die Zelle.

Die Einheit von Wissenschaft und Technik bezeichnet man heute als technische Wissenschaften, wobei dieses Phänomen eines der charakteristischsten Kennzeichen der Neuzeit ist, wie es sich seit der Renaissance etablieren konnte.

Die Biene ist der Spinne und der Ameise überlegen. Und so meint Francis Bacon, dass der menschliche Geist über drei mögliche Fähigkeiten verfügt. Er kann, wie die Spinne, alles aus sich selbst herausholen: So arbeiten die Dogmatiker. Er kann sich, wie die Ameise, damit begnügen, all das anzuhäufen, was er mal hier, mal dort, auftreibt: Hieran erkennt man die Arbeitsweise der Empiriker. Er kann es aber auch wie die Biene machen, das heißt, seinen eigenen Honig aus dem produzieren, was er findet. Das ist dann, nach der Auffassung Bacons, die beste Methode, denn sie stellt eine geschickte Synthese der anderen beiden dar.

Die Einteilung der Wissenschaften

Francis Bacon teilt die Wissenschaften in drei Gruppen ein, und zwar je nach den betreffenden Fähigkeiten des Geistes:

- ✔ **Die Philosophie** als Wissenschaft der Vernunft
- ✔ **Die Geschichte** als Wissenschaft des Erinnerungsvermögens
- ✔ **Die Poesie** als Wissenschaft des Vorstellungsvermögens

Diese Dreiteilung nehmen Diderot und d'Alembert im 18. Jahrhundert wieder auf, um die Artikel der *Encyclopédie* in drei Rubriken einzuteilen. Bemerkenswert ist, dass der Oberbegriff der Philosophie die mathematischen Wissenschaften und die Naturwissenschaften umfasst. Lange Zeit, nämlich bis zum Anfang des 19. Jahrhunderts, bezeichnet der Ausdruck der Naturphilosophie die Physik. Deshalb heißt das Werk, in dem Newton seine Gravitationslehre vorstellt, Mathematische Grundlagen der Naturphilosophie.

Die Wissenschaft ist nichts anderes als das Bild der Wahrheit. Denn die Wahrheit des Seins und die Wahrheit des Erkennens sind ein und dasselbe und weichen nicht mehr voneinander ab als der direkte vom abgelenkten Strahl.

Francis Bacon

Die Jagd nach den Idolen und den Fakten

Eine Erkenntnistheorie enthält notwendigerweise auch einen kritischen Teil: keine Lehre von der Wahrheit ohne eine Lehre des Irrtums. Francis Bacon nennt die Irrtümer *Idole* (oder *Trugbilder*), die der Geist absolut vermeiden muss, wenn er zur wahren Erkenntnis gelangen will. Dabei unterscheidet er, nach ihrem jeweiligen Ursprung, vier verschiedene Idole:

- ✔ **Idola tribus** (Trugbilder des Stammes): Dies sind die allgemeinen Vorurteile der menschlichen Gattung, die wir alle in uns tragen, so beispielsweise die Neigung, die Wirklichkeit auf das zu reduzieren, was uns lediglich unsere eigenen Sinne wahrnehmen lassen. Oder die Vorstellung, dass die Welt einfach und gleichförmig sei. Oder die Tatsache, dass wir uns nur Dinge bewusst machen, die für uns vorteilhaft sind. Usw.

- **Idola specus** (Trugbilder der Höhle als Anspielung auf das Höhlengleichnis, das Platon zur Veranschaulichung von Erscheinungen und Illusionen verwendet): Diese Trugbilder entstehen aus besonderen situations- und anlagebedingten Umständen beim Individuum (sozusagen in seiner inneren Höhle), also durch die Erziehung, die Gewohnheiten und die eigene Veranlagung.
- **Idola fori** (Trugbilder des Marktes): Damit werden Trugbilder bezeichnet, die den Begrenzungen der Sprache entspringen (ein eingeschränkter Wortschatz führt beispielsweise dazu, dass bestimmte Dinge nicht angemessen benannt werden können oder dass es zu Missverständnissen bei Wortbedeutungen kommt usw.).
- **Idola theatri** (Trugbilder des Theaters): Dies sind Irrtümer, die aus der Tradition und den überlieferten Lehrsätzen entstehen, bei denen es sich manchmal auch um das bloße Erdichten von Theorien handelt, wie es beispielsweise bei den Träumereien der Alchemisten der Fall war.

Nichts ist so umfangreich wie die leeren Dinge.

Francis Bacon

Die Jagd kann in beide Richtungen gehen: Sie kann einfangen, und sie kann zurückdrängen. Die Idole (Trugbilder) zu jagen heißt, sie zurückzustoßen. Die Fakten zu jagen bedeutet, sie zu fassen. Francis Bacon nannte die Tätigkeit des Sammelns beobachteter Fakten *Jagd des Pan* (Pan ist vielerlei; zum Beispiel gaben die Römer der Natur gaben den Namen »Pan«; Pan ist auch der Gott des Waldes und der Natur …).

Eine andere Logik

Das große programmatische Werk Bacons heißt *Novum Organum Scientiarum* (abgekürzt nennt man es *Novum Organum*), Das neue *Organon*. Der Begriff *Organon* bezieht sich auf die Logik Aristoteles', deren sechs Teile unter dem lateinischen Titel *Organum* zusammengefasst wurden, was so viel wie »Werkzeug« bedeutet, weil man die Logik als Werkzeug des Denkens ansah.

In seinem *Novum Organum* wollte Bacon natürlich die Logik des Aristoteles übertreffen. Aristoteles machte aus der Deduktion – also der Schlussfolgerung aus mehreren ersten Aussagen – das Urbild der Argumentation. Der Syllogismus ist eine Deduktion aus drei Teilen (einer Majorprämisse oder einem Obersatz: »Alle Menschen sind sterblich«, einer Minorprämisse oder einem Untersatz: »Sokrates ist ein Mensch«, und einer Konklusion bzw. Schlussfolgerung: »Also ist Sokrates sterblich«).

Nach Ansicht Bacons gibt die Deduktion das Fortschreiten der Wissenschaften nicht besonders gut wieder (der englische Philosoph war der Erste, der die Vorstellung vom Fortschritt der Erkenntnisse einführte). Die Deduktion zieht ja eine Idee aus einer vorhergehenden, in der sie bereits enthalten ist. Sie erfindet daher nicht wirklich etwas Neues. Im äußersten Fall begnügt sie sich mit der Entdeckung. Im Gegensatz dazu erweitert die Induktion – und dabei handelt es sich nun auch um die Art der Argumentation, die von Bacon gefördert wird – tatsächlich die Erkenntnis, weil sie, ausgehend von einer bestimmten Anzahl beobachteter Fakten, auf einen generellen Satz (eine allgemeine Proposition) schließt. Zum Beispiel kann man aus den Sachverhalten, dass ein Apfel, ein Stein und der Regen fallen, schließen, dass die Körper (und zwar alle Körper) fallen, wenn nichts sie festhält.

Während die Deduktion vom Allgemeinen zum Besonderen übergeht (vom Menschen zu Sokrates im Beispiel des berühmten Syllogismus), ist die Induktion eine Verallgemeinerung des Besonderen. Doch handelt es sich bei der Induktion nicht um eine zufällige Verallgemeinerung, sondern um eine rational begründete. Natürlich spricht auch Aristoteles in seiner Logik von der Induktion, hat dabei jedoch nur eine solche im Auge, die eine bestimmte Menge an bereits vorhandenen Informationen rekapituliert. Im Gegensatz zu dieser sogenannten aristotelischen Induktion lässt die sogenannte baconsche Induktion die Möglichkeit für noch zu erkennende Fakten offen (zum Beispiel besaß das universale Gravitationsgesetz, wie es von Newton festgelegt wurde, zunächst nur eine begrenzte Gültigkeit für das damals einzig bekannte Sonnensystem; mittels Induktion kann man nun davon ausgehen, dass die Gravitationskraft sämtliche Körper im Universum betrifft).

Am Ende seines Lebens schrieb Francis Bacon einen utopischen Roman mit dem Titel *Neu-Atlantis*, so benannt nach dem Erdteil Atlantis, den Platon im *Kritias* erwähnt hatte. Diese ideale Insel (seit *Utopia* von Thomas Morus befinden sich die idealen Gesellschaften, isoliert vom verdorbenen Rest der Welt, fast immer auf Inseln) ist eine utopische Insel der Gelehrten. Sie ist nach den Prinzipien der neuen Erkenntnis konzipiert. In regelmäßigen Abständen werden Gelehrte und Forscher des neuen Atlantis inkognito in alle Welt ausgesandt, damit sie den Menschen zu allen möglichen Dingen nützliche Hinweise geben oder sie nützliche Dinge lehren: über die Bodenschätze und die Atmosphäre, die Aufzucht von Tieren, den Pflanzenanbau ... Diese Utopie ist heute unsere Realität geworden.

Unser Geist braucht keine Flügel, sondern Sohlen aus Blei.

Francis Bacon

Thomas Hobbes: Die politische Wissenschaft wird eine mechanische sein

Das Denken von Hobbes wurde – wie das Machiavellis vor ihm und das Spinozas nach ihm – häufig vereinfacht und karikiert dargestellt, was dazu führte, dass es systematisch in negativer Weise wiedergegeben wurde.

Die schwarze Legende von Hobbes

Man beschuldigte Hobbes des Materialismus (was in der Gesellschaft dieser Zeit ein unentschuldbares Verbrechen gegen den Geist war), unter dem Vorwand, dass er die Gesamtheit der Wirklichkeit auf das Körperliche reduziere. Es wäre jedoch gerechter, bei ihm vom Korporalismus zu sprechen: Nach Ansicht des englischen Philosophen besitzt selbst Gott einen Körper – was nicht unbedingt bedeutet, dass er auch Muskeln und Knochen, Haare und Zähne habe. Die Republik bildet einen politischen Körper – was nicht heißen soll, dass dieser nun identisch mit einem menschlichen Organismus sei.

Man beschuldigte Hobbes des Atheismus – ein weiteres Verbrechen gegen den Geist, wie vorher der Materialismus, mit dem man den Atheismus übrigens häufig verwechselt hat. Wie kann man das beurteilen? Auf die Frage, ob er an Gott glaube, antwortete Einstein beispielsweise: »Sagen Sie mir zuerst, was Gott ist, und dann sage ich Ihnen, ob ich an ihn glaube oder nicht.«

Nicht die Wörter mit den Dingen verwechseln

Hobbes ist Nominalist: Für ihn sind die allgemeinen Begriffe nützliche und bequeme Mittel, um Realitäten zu bezeichnen, die genügend gemeinsame Merkmale besitzen. Die Wahrheit ist nicht in den Dingen, sondern in den sprachlichen Aussagen, die sich auf sie beziehen (nicht das Pferd ist wahr, sondern wahr ist, wenn ich sage, dass dieses Pferd dort, das mit einer dichten Mähne ausgestattet ist und ungeduldig mit den Hufen stampft, ein Pferd ist).

Die Welt der Wörter und der Ideen ist für Hobbes eine Welt der Konventionen, wie auch im politischen Bereich die Welt der Gesetze eine Welt der Konventionen (der Übereinkünfte) ist. Daher gibt es auch nicht das Verbrechen als solches: Es gibt kein Verbrechen, so wie es Rosen oder Kastanien gibt. Das »Verbrechen« ist der Begriff, mit dem man eine bestimmte Kategorie von Handlungen bezeichnet – nämlich solche, mit denen man auf schwere Weise gegen ein Gesetz verstößt. So bestimmt also buchstäblich das Gesetz das Verbrechen. Auch die Definition der Sekte darf nicht in ihrem natürlichen Wesen gesucht werden (das wäre die Vorgehensweise der Realisten oder der Platoniker). Eine Sekte definiert sich nicht durch ihre Eigenschaften, sondern einfach durch die Tatsache, dass sie (noch) nicht die Legitimität einer Kirche besitzt.

Denn »wahr« und »falsch« sind Attribute der Sprache, nicht von Dingen. Und wo es keine Sprache gibt, da gibt es weder »Wahrheit« noch »Falschheit«.

Thomas Hobbes

Mechanistisches und artifizialistisches Denken

Für Hobbes gibt es nur Körper, Kräfte und Bewegungen. Im Gegensatz zu Aristoteles' Auffassung sind die Gesellschaft und die politische Macht dem Menschen nach Hobbes nicht von Natur aus gegeben. Sie sind die Folge einer Konvention, die zur Souveränität des Staates führt – womit endlich dem Zustand der Unsicherheit, der ja den Naturzustand der Menschen kennzeichnet, ein Ende bereitet wird. Insofern täuscht auch der Eindruck des Titelblattes des hobbesschen Leviathan, das den Staat als einen monströsen Körper abbildet. Der Leviathan, der den Staat darstellt, ist eher ein Automat als ein Organismus. (Ist das biblische Tier, das den gleichen Namen trägt, nicht ein imaginäres Tier?)

»Leviathan«

Die Originalausgabe des *Leviathan* (der ausführliche Titel lautet *Leviathan oder Wesen, Form und Gewalt eines kirchlichen und bürgerlichen Gemeinwesens*), der wie *Der Fürst* von Machiavelli eine neue Ära in der Geschichte des politischen Denkens anstößt, wird mit einem Bild eingeleitet, das auf recht spektakuläre Weise einen gekrönten, freundlich dreinblickenden Riesen darstellt. Dieser liebenswerte Hüne taucht am Horizont hinter einem Gebirge auf und herrscht über eine Stadt, die mit ihrer Kirche, ihrem Schloss und ihren Häusern neben ihm verschwindend klein scheint.

Leviathan ist der Name eines Ungeheuers aus der phönizischen Mythologie, das im Buch Hiob als Krokodil und beim Propheten Jesaja als die Inkarnation der Macht der Heiden auftaucht, die sich Gott unterwerfen soll. Hobbes greift die Figur des Leviathan wieder auf, um daraus das Symbol für die politische Macht des Staates zu machen, die als einzige geeignet ist, Sicherheit und Freiheit für die Menschen in der Stadt zu gewährleisten. Wie die ägyptische Sphinx oder der chinesische Drache ist auch der Leviathan ein Ungeheuer, allerdings (hoffentlich) ein liebes und nützliches.

Hobbes' Werk besteht aus vier Teilen. Der erste entwickelt eine materialistische und pessimistische Vorstellung vom Menschen: Dieser ist nicht mehr das von den Stoikern beschriebene Vernunftwesen, sondern ein Wesen mit gewalttätigen Passionen. Die Rivalität der Menschen untereinander ist gnadenlos, der Mensch ist des Menschen Wolf (Hobbes greift damit eine Formulierung des lateinischen Komödiendichters Plautus auf: *Homo homini lupus*). Als Naturzustand bezeichnet Hobbes diese extreme Gewaltsituation, die durch die Gleichheit noch verschärft wird: Ohne eine staatliche Macht, die die Menschen von ihren Gewaltakten zurückhalten und sie zum Guten zwingen könnte, genießen die Menschen diese furchtbare Gleichheit, die es ihnen ermöglicht, jeden x-Beliebigen zu töten, denn die, die körperlich nicht stark genug sind, können immer noch List und Verrat anwenden.

Im zweiten Teil bringt Hobbes den Gesellschaftsvertrag zur Sprache, der zur Institution des Staates führt, der ein Artefakt, eine Maschine ist. In den beiden letzten Teilen befasst sich Hobbes mit der notwendigen Unterordnung der kirchlichen unter die zivile Macht.

Rechtfertigt die politische Theorie von Hobbes den Despotismus?

Bereits Pufendorf (deutscher Naturrechtsphilosoph des 17. Jahrhunderts) warf Hobbes vor, eine Theorie des Despotismus entworfen zu haben. Er reagierte empfindlich auf die Tatsache, dass der Souverän in diesem Vertrag nicht verpflichtet wird. Um die Gefahr eines despotischen Staates abzuwenden, schlug er vor, zwei Verträge zu schließen: einen Vereinigungsvertrag, mit dem die Menschen beschließen, sich zu vereinen, und einen Unterwerfungsvertrag, mit dem die Vertragspartner auf einen Teil ihrer natürlichen Freiheit verzichten zugunsten des Souveräns.

Da Anhänger der absoluten Monarchie sich häufig auf Hobbes stützten, erschien er manchmal als ein Vorläufer totalitärer Machttheorien, wie sie im 20. Jahrhundert aufkamen und verheerende Wirkung entfalteten. Doch davon kann gar keine Rede sein. Während die totalitären Regimes die Menschen einer langanhaltenden Schreckensherrschaft aussetzten, bestand die wichtigste Funktion des Staates, so wie Hobbes sich ihn dachte, ja darin, die Sicherheit zu gewährleisten. Zudem beherrscht der Totalitarismus alle Lebensbereiche und -aspekte, sozusagen von der Wiege bis zur Bahre, dagegen betrifft die Macht des Leviathan nur das öffentliche Leben seiner Bürger und mischt sich nicht in ihr Privatleben und in ihre religiösen Belange ein. Die Freiheit der Untertanen, so erinnert Hobbes, hängt vom gesellschaftlichen Frieden und von den Gesetzen ab. Der Totalitarismus ist jedoch dieses monströse Regime, das bestrebt ist, bis in alle Lebensbereiche hinein Vorschriften zu machen und Verbote zu erlassen, bis letztlich gar nichts mehr erlaubt ist.

Hieraus ergibt sich, dass ohne eine einschränkende Macht der Zustand der Menschen ein solcher sei, wie er zuvor beschrieben wurde, nämlich ein Krieg aller gegen alle.

Thomas Hobbes

Absolutismus ist kein Totalitarismus

Der Absolutismus des Souveräns ist nicht die private Macht eines Einzelnen, sondern eine soziale Funktion, die unabhängig ist von demjenigen, der sie ausübt. Diese ursprünglich göttliche Funktion belastet den Regenten mit mehr Aufgaben, als sie ihn mit Rechten versieht. Der absolute Herrscher göttlichen Rechts war weder der Tyrann der Renaissance noch der Despot der modernen totalitären Regimes. Natürlich rechtfertigt Hobbes die Allmacht der Monarchie, jedoch mit dem Vorbehalt, die den ganzen Unterschied zwischen dem Absolutismus und dem Totalitarismus ausmacht: Der Fürst darf alles genau in dem Maße, in dem er die körperliche Integrität seines Schutzbefohlenen garantiert. Seine absolute Macht ist nicht total: Sie hört dort auf, wo das Privateigentum des anderen beginnt. Wenn der Souverän einem Menschen – selbst wenn dieser wegen einer Straftat gerecht verurteilt wurde – befiehlt, sich zu töten, sich zu verletzen, sich zu verstümmeln oder sich gegen jene, die ihn angreifen, nicht zur Wehr zu setzen, dann – so schreibt Hobbes – hat dieser Mensch das Recht auf Ungehorsam.

Ein lateinisches Sprichwort sagt: Das Schweigen des Gesetzes ist die Freiheit der Bürger. Die zivile Freiheit existiert tatsächlich dort, wo das Gesetz stumm ist. Für Hobbes ist es gut, dass das Gesetz sich häufig ausschweigt. Zu diesen »Gesetzeslücken« zählt der Autor des Leviathan für seine Republikmitglieder so wesentliche Dinge wie: die Freiheit, kaufen und verkaufen zu können, sowie die Vertragsfreiheit. Außerdem gehören dazu die Freiheit, seinen Wohnort, seine Ernährung und seinen Beruf frei zu bestimmen, sowie die Freiheit, seine Kinder so zu erziehen, wie man es für richtig hält, usw. Dieses »usw.« ist dabei von herausragender Bedeutung. Erinnern wir uns an eine Maxime des Totalitarismus: Alles, was nicht geboten ist, ist verboten.

Dies ist der entscheidende Punkt: Hobbes gesteht unter der Bezeichnung der Privatkulte anderen Religionen als der Staatsreligion ein Existenzrecht zu. Er geht sogar so weit, den Atheismus zuzulassen (den Thomas Morus in seiner Utopia mit dem Tode bestraft sehen will!). Nach Auffassung von Hobbes sind Sprache und Kommunikation die Hauptvoraussetzungen der Gesellschaft. Der Totalitarismus jedoch nötigt zum Schweigen.

Der Totalitarismus: eine zeitgenössische Erfindung

Im Jahre 1942 veröffentlichte der ausgebürgerte deutsche Marxist Franz Neumann in Kanada eine der allerersten Arbeiten über die Herrschaft der Nationalsozialisten – mit dem Titel *Behemoth (»großes Tier«, in der Apokalyptik mythisches Tier der Endzeit)*. Darin bemüht er sich, Hobbes und sein politisches Denken dem Zugriff der nationalsozialistischen Eiferer zu entziehen. Behemoth ist wie Leviathan ein biblisches Ungeheuer, doch während dieses die Allmacht der Ordnung symbolisiert, repräsentiert jenes die Kräfte des Chaos. Der Staat Leviathan von Hobbes ist keine Maschine, die die Existenzen seiner Bürger zermalmt, sondern sie im Gegenteil beschützt. Es handelt sich bei ihm nicht, wie bei den totalitären Regimes, um einen Machtapparat, der die Menschen in den Wahnsinn treiben soll, sondern er garantiert ihren Status als vernunftbegabte Wesen: Das Leben und die Vernunft – dies sind in den Augen des englischen Philosophen die beiden kostbarsten Güter, und weil der Naturzustand diese ignoriert oder gefährdet, ist ein mächtiger Staat notwendig.

Religion und Politik: ein erster Anflug von Laizität

Das Titelblatt der Originalausgabe des Leviathan setzt die Symbole der politischen Macht auf der einen, die der religiösen Macht auf der anderen Seite in Szene. Das ganze Mittelalter wurde durch den Kampf dieser beiden Prinzipien zerrissen, die einerseits durch den Kaiser (oder den König) und andererseits durch den Papst verkörpert wurden.

Hobbes engagiert sich für die Unterordnung der Kirche unter die politische Macht: Nach seiner Meinung kann es nicht zwei Gesetzesquellen geben. Hobbes war der allererste Denker dessen, was man Privatisierung der Glaubensvorstellungen nennen könnte: Solange sie nicht auf die Belange des Souveräns übergreifen, sind sie Privatangelegenheit, Teil des Privatbereichs. Deshalb kann Hobbes auch als erster Philosoph der Laizität vor (und zusammen mit) Spinoza betrachtet werden, der die Auffassung, Kirche und Staat seien zu trennen, vertrat. Der Schutz der Untertanen ist die wichtigste Aufgabe und die wichtigste Funktion des Souveräns: Sie muss sich auch auf die Denkfreiheit erstrecken. Der Vorrang der politischen vor der religiösen Macht garantiert nicht nur den gesellschaftlichen Frieden, sondern sichert auch den Gewissensfrieden.

René Descartes, der französische Reiter mit dem schnellen Ritt

Diese Formulierung mit dem schnellen Ritt stammt von Charles Péguy (einem französischen Schriftsteller; gestorben 1914). Descartes ist ein philosophischer Musketier, der einen großen Teil seines Lebens damit zubrachte, auf einem Pferd kreuz und quer durch Mitteleuropa zu reiten. Er lebte zur Zeit des Barock während der Herrschaft Ludwigs XIII. Diese Epoche scheint so leichtbeschwingt im Vergleich zur darauffolgenden zu sein – allen Anfängen scheint diese Leichtigkeit anzuhaften.

Gibt es ein cartesianisches System? Erste Feststellung: Von allen großen Philosophien erscheint die von Descartes als die am wenigsten vollständige. Wir finden hier weder Ästhetik noch Politik noch auch juristische Gedanken, geschweige denn eine Geschichtsphilosophie, die ihren Aufschwung erst im nachfolgenden Jahrhundert erleben wird.

In die Geschichte ist Descartes mit seinen grundlegenden Entdeckungen auf den Gebieten der Mathematik (mit dem sogenannten kartesischen Koordinatensystem in der analytischen Geometrie) und der Physik (unter anderem mit den optischen Brechungsgesetzen) eingegangen. Man weiß, dass er im Bereich der Physiologie gründliche Beobachtungen und Experimente anstellte (er führte fachmännische Sezierungen durch). Weniger bekannt ist dagegen, dass er sich auch für Lawinen interessierte, die Struktur von Schneeflocken beschrieb und darüber nachdachte, eine Brille anfertigen zu lassen, die so stark wäre, dass man mit ihrer Hilfe erkennen könne, ob es auf dem Mond Tiere gäbe. Und er wollte verstehen, warum man an einem bestimmten Tag in der Nähe Roms mehrere Sonnen zu sehen glaubte.

Berichten zufolge soll der Kapitän oder Steuermann, der Descartes in einer dreiwöchigen Überfahrt nach Schweden gebracht hatte, der Königin Christine erzählt haben, dass er keinen Menschen, sondern einen Halbgott mitgebracht habe: Er habe von diesem in den drei Wochen mehr über die Marine und die Seewinde gelernt als in den 60 Jahren auf dem Meer.

Die kartesische Vernunft

Die Vernunft wird als gesunder Menschenverstand definiert – wobei das nicht in der gegenwärtigen (degenerierten) Bedeutung zu verstehen ist, sondern im vollen Sinngehalt der Begriffe »Menschenverstand« und »gesund«. So ist auch der erste Satz seines Von der Methode des richtigen Vernunftgebrauchs und der wissenschaftlichen Forschung (Discours de la méthode) zu verstehen: Der gesunde Menschenverstand, das ist nicht die allgemeine Meinung, und das sind auch nicht die manchmal etwas dummen populären Weisheiten, sondern er ist die Fähigkeit, klar und deutlich zu denken. Umgekehrt befindet sich der Verrückte oder Wahnsinnige buchstäblich außerhalb seiner selbst und seines gesunden Menschenverstandes. Der Wahnsinn ist Un-Vernunft, ein Verlassen des Selbst, das im lateinischen Wort *alienatio* (»Entfernung, Entäußerung«) Ausdruck findet.

Wenn ich denke, dann bin ich: Ich bin ich selbst und eben kein Objekt (und übrigens auch kein Tier). Ich bin auch nicht in den Händen oder in der Gewalt eines anderen. Die Vernunft setzt Selbstbewusstsein und Weltbewusstsein (an dem auch der andere Anteil hat), methodisch strukturiertes Denken über die Dinge der Welt und die Schöpfung neuer Ideen – ausgehend von den früheren Vorstellungen – voraus und legt sie gleichzeitig fest.

Menschlich ist die Vernunft auch in dem Sinne, dass sie das Ideal menschlicher Einheit repräsentiert, das die großen Denker der Geschichte im Sinn hatten: Während das Irrationale trennt, fügt die Vernunft zusammen. In meinen Hirngespinsten bin ich mit mir allein, und die anderen sind nur Geiseln meiner Wunschvorstellungen. Wenn ich aber mit meinem Gesprächspartner Argumente austausche, bin ich Teil einer gemeinsamen Welt, die sich tendenziell auf die gesamte Menschheit ausweiten kann.

Das ist so zu verstehen, dass die Vernunft zugleich rar und essentiell sein kann und dass der Einleitungssatz des Von der Methode des richtigen Vernunftgebrauchs, von dem man nur den ersten Teil behalten hat (»Der gesunde Verstand ist die bestverteilte Sache der Welt«), in einem ironischen Sinn verstanden werden muss: Man beklagt sich über seine körperliche Erscheinung (man findet sich niemals schön genug), man beklagt sich über sein finanzielles Los (man findet sich niemals reich genug), man beklagt sich im äußersten Falle noch über sein schlechtes Gedächtnis, doch man beklagt sich niemals über seinen Mangel an Verstand, und diejenigen, die es eigentlich tun müssten, rühmen sich deshalb fast: Wir rühmen uns mehr unserer Verrücktheiten als unserer Fähigkeiten.

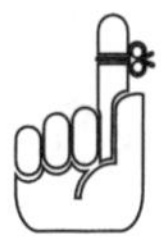

Der gesunde Verstand ist die bestverteilte Sache der Welt; denn jedermann glaubt, so wohl damit versehen zu sein, dass selbst einer, der in allen anderen Dingen nur sehr schwer zu befriedigen ist, für gewöhnlich nicht mehr davon wünscht, als er besitzt.

René Descartes

Das Tor, das dem Traum weit offensteht

In der Alltagssprache bedeutet »kartesisch« soviel wie »methodisch« und »vernünftig«, es gilt als streng und eigentlich als langweilig. Es ist nicht mehr sicher, ob das mit dem Geist verknüpfte Adjektiv »kartesisch« ein Lobpreis ist. Man sieht darin eher ein Zeichen für geistige Enge, so als hätte man Scheuklappen auf, die einem die wahre Sicht auf die Realität in ihrer ganzen Breite verhinderten.

Es wäre naiv zu glauben, dass Descartes stets ausschließlich auf vernünftig gelebt und gearbeitet hätte (diese Bemerkung gilt wahrscheinlich für jeden Wissenschaftler). Descartes berichtet von drei Träumen, die er als junger Philosoph (er war damals 23 Jahre alt) während einer Novembernacht hatte. Möglicherweise kann man in ihnen den Anstoß erkennen, der über sein weiteres Schicksal entschied, oder auch das unbewusste Zeichen für das, was Sartre ein grundlegendes Projekt nennen wird. So deutet Descartes übrigens selbst seine Träume als eine Art philosophische Bekehrung. Über die Auslegung dieser Träume befragt, erklärte Freud sich dafür nicht zuständig: Der Vater der Psychoanalyse meinte, es sei wirklich nicht möglich, die Bedeutung eines Traumes zu verstehen ohne die Gegenwart des Träumers und ohne die Möglichkeit, mit ihm zu sprechen. Wir sind da weniger zurückhaltend und werden versuchen, ein wenig Licht in die Angelegenheit zu bringen.

Descartes und seine Träume

In seinem ersten Traum sieht Descartes, wie jemand ihm eine Melone reicht – wobei es nicht schwierig sein wird, darin das Bild eines Globus wiederzuerkennen. Natürlich kann die Melone auch ein erotisches Bild sein – in der englischen Umgangssprache bezeichnet das Wort *mellon* eine große Brust. Doch eine solche Auslegung widerspricht der vorhergehenden ja nicht völlig, jedenfalls existiert zwischen dem Wunsch nach Erkenntnis und Wissen, der gewöhnlich durch einen Globus dargestellt wird, und einem allgemeinen Wunsch oder Begehren, dargestellt durch eine Frucht, durchaus ein enger Bezug.

Der dritte Traum (wir überspringen den zweiten), der Descartes anscheinend seine Mission und Berufung weist, ist am wenigsten rätselhaft. Der Philosoph sieht auf seinem Tisch ein Wörterbuch und eine Gedichtesammlung. Als er diese öffnet, fällt sein Blick auf einen lateinischen Vers: »Welchen Weg werde ich in meinem Leben einschlagen?«

Eine Philosophie der Gewissheit

Das Denken Descartes' ist eine Philosophie der Gewissheit, das heißt eine Philosophie der *bewiesenen* Wahrheit. Seit Descartes übrigens wird der Ausdruck der »bewiesenen Wahrheit« langsam zu einem Pleonasmus. Natürlich ist nur das wahr, was auch bewiesen werden kann. Doch einzig die Vernunft kann etwas beweisen.

Das heißt, die kartesische Philosophie ist kein Rationalismus im modernen (atheistischen) Sinn: Sie beruht immer noch auf einer christlichen Metaphysik. Nach Auffassung Descartes' ist die Existenz Gottes die allerletzte Garantie für die Wirklichkeit dieser Welt und der Wahrheiten, die man ihr entnehmen kann, während die Seele (heute würde man Psyche dazu sagen) die eingeborenen Ideen enthält, die Gott dort hinterlassen hat.

Descartes' Philosophie kann als eine Antwort auf die skeptische Frage Montaignes verstanden werden: »Was weiß ich?« Sie leitet die Neuzeit aus einem ganz wichtigen Grund ein: Sie ist eine Philosophie des Subjekts.

Die Einheit der Erkenntnis

Der Baum der Erkenntnis, der für Adam zur tödlichen Versuchung wurde (und aus dessen Holz die religiöse Überlieferung das Kreuz Jesu schnitzte), wurde von Descartes wiederaufgerichtet: Sagt man nicht auch *Wissensstamm*, *Wissenszweige* und *Wurzeln* des Wissens, um damit diese Baummetapher für den Bereich der Erkenntnis nutzbar zu machen?

Ich denke, also bin ich

Der berühmte Ausspruch »Cogito, ergo sum« (»Ich denke, also bin ich«; man nennt ihn auch das *Cogito*; das lateinische Verb *cogitare* bedeutet »denken«) ist zunächst deshalb ungeheuer wichtig, weil in ihm das *Ich* thematisiert wird und eben nicht das *Er* (der König, der Vater, der Herr, Gott), das *Ich* und eben nicht das *Wir* (die Gesellschaft, die Christenheit, die Kirche), das *Ich* und eben nicht das *Man* (die anonyme Masse, der Jedermann). Dies ist also eine radikale Wendung in der Kulturgeschichte: Der Mensch nimmt sich selbst als Person wahr. Das kartesische Cogito meißelt sich in eine große historische Bewegung ein, die das Auftauchen des Ich in sämtlichen Bereichen der Kultur erlebt. Im 15. Jahrhundert signiert zum ersten Mal der Maler van Eyck seine Gemälde, im 16. Jahrhundert erfindet die protestantische Reformation (Luther, Calvin) die religiöse Subjektivität (Gewissensprüfung, die persönliche Gottesbeziehung). Auch der Kapitalismus entsteht zu dieser Zeit: Er ist sowohl der Ausdruck als auch die Grundlage des ökonomischen und sozialen Individualismus. Und schließlich verfasst Montaigne ein großes Werk (die *Essais*), dessen einziges Thema nur er selbst ist.

Die erste seiner *Regeln zur Leitung des Geistes* (*Regulae ad directionem ingenii*) verkündet das Prinzip der Einheit der Erkenntnisse, dieser Universalmathematik, deren Idee sich bei Malebranche und Leibniz wiederfinden wird. Die Wissenschaften, so sagt Descartes, sind alle derart miteinander verknüpft, dass es leichter ist, sie alle auf einmal zu erlernen, als sie voneinander getrennt zu studieren. Darin besteht der große Unterschied zur Technik (zu dieser Zeit nannte man die Techniken noch Künste): Man kann nicht alle Techniken zur gleichen Zeit erlernen, eine bestimmte Technik versperrt den Zugang zu den anderen (man kann nicht gleichzeitig ein guter Koch, ein geschickter Steuermann und ein verdienter Hufschmied sein). So wie das Licht eine Vielzahl an Objekten beleuchtet, ohne etwas an seiner Einheit einzubüßen, kann sich die Vernunft mit einer Vielzahl von Gegenständen befassen, ohne etwas von ihrer Einheit, ihrer Kohärenz, zu verlieren (der Ausdruck des natürlichen Lichtes bezeichnet im Zeitalter der Klassik die menschliche Vernunft im Gegensatz zum Offenbarungslicht der heiligen Bücher). Daraus ergeben sich auch die Möglichkeit und die Notwendigkeit einer *Methode*.

Die ganze Philosophie ist wie ein Baum, dessen Wurzeln die Metaphysik bildet. Ihr Stamm ist die Physik, und die Äste, die von diesem Stamm ausgehen, sind alle anderen Wissenschaften, die sich auf drei Hauptwissenschaften zurückführen lassen: nämlich die Medizin, die Mechanik und die Moral.

René Descartes

Die Methode gegen die Enzyklopädie: eine fatale Erkältung

Descartes hatte die Gelegenheit, zwei Persönlichkeiten zu begegnen, die sich für praktisch alles interessierten und deshalb ungeheuer viele Erkenntnisse zusammengetragen hatten. Eine von ihnen war der tschechische Humanist Comenius. Er und Descartes führten (auf Latein) ein vierstündiges Gespräch. Dabei trafen zwei vollkommen entgegengesetzte Geister aufeinander:

auf der einen Seite das humanistische Ideal des Universalwissens, auf der anderen Seite die neuzeitliche Forderung nach methodischer Erkenntnis. Ohne die Methode ist alles Wissen, egal wie umfassend es auch ist, in den Augen Descartes' nur alter Plunder. Je umfangreicher das Wissen, desto unsinniger wäre es sogar.

Königin Christine von Schweden war die andere Persönlichkeit, mit der Descartes zusammentraf und die er von der Notwendigkeit der Methode zu überzeugen suchte. Diese Frau hatte alle möglichen Kenntnisse, so dass unser Philosoph, wie man sich erzählt, regelrecht Angst bekam. Die Reise, die Descartes nach Stockholm antrat, wohin ihn Christine als ihren Lehrer gerufen hatte, sollte, wie wir wissen, seine letzte sein. Der Autor des *Discours de la méthode* schlief gerne zwölf Stunden täglich, die Königin litt dagegen eher unter Schlaflosigkeit. Eines Nachts ließ sie Descartes mitten im Winter wegen eines mathematischen Problems zu sich rufen. Der Philosoph, der prognostizierte, dass man sehr alt und damit praktisch unsterblich werden könnte, wenn man sich nur ausreichend pflegte, fing sich eine Erkältung ein, von der er sich nie mehr erholte. Er starb 1650 mit 54 Jahren und somit in einem Alter, in dem Kant praktisch noch nichts von seinem großen und eigentlichen Œuvre geschrieben hatte.

Der »Discours de la méthode« (»Von der Methode des richtigen Vernunftgebrauchs«)

Der *Discours de la méthode* erschien zur gleichen Zeit wie drei wissenschaftliche Traktate, denen er als Vorwort vorangestellt war. Der deutsche Titel lautet vollständig: *Von der Methode des richtigen Vernunftgebrauchs und der wissenschaftlichen Forschung*. Descartes verfasste das Werk auf Französisch und nicht auf Latein (welches zu dieser Zeit die Gelehrtensprache in ganz Europa war), um sogar von den Frauen verstanden zu werden. Während das Thema des Werkes die wahre und sichere Erkenntnis ist, zögert der Autor nicht, sein *»Ich bin es, der denkt«* voranzustellen. Zusammen mit den Essais von Montaigne kennzeichnet der *Discours de la méthode* den spektakulären Einbruch des Subjekts, das sich als *Ich* bezeichnet, in das philosophische Denken (natürlich hatte das auch schon Augustinus in seinen Bekenntnissen getan, doch hing sein *Ich* in weiten Teilen doch an der Transzendenz Gottes).

Der erste Teil des Textes von Descartes beginnt also mit der bereits zitierten Passage, die besagt: Der gesunde Verstand ist die bestverteilte Sache der Welt. Alle Menschen, bis auf die Verrückten, sind also mit Vernunft ausgestattet, und niemand glaubt, ihm fehle der gesunde Menschenverstand, wenn er auch glauben mag, dass ihm viele andere Dinge fehlen, wie zum Beispiel Reichtum oder Ansehen. Obwohl alle Menschen gleichermaßen mit Vernunft ausgestattet sind, so machen sie doch nicht gleichermaßen Gebrauch davon. Deshalb ist eine Methode nötig, die den Zugang zur wahren und sicheren Erkenntnis ermöglicht.

Dann erfahren wir von Descartes die Bilanz seiner Studien. Diese intellektuelle Autobiografie, die in der ersten Person verfasst wurde, ist von allgemeiner Bedeutung: Von den verschiedenen

Fachdisziplinen (Recht, Philosophie und Mathematik), die er studierte, fand einzig die Mathematik, wegen ihrer Methodenstrenge, Gnade in seinen Augen.

Im zweiten Teil erstellt Descartes eine Liste mit den vier Regeln der Methode:

- **Die Evidenzregel**: Nur das wird als wahr anerkannt, was man klar und deutlich erkennen kann.
- **Die Aufgliederungsregel**: Probleme werden in Teilprobleme geteilt, damit man leichter zur Lösung kommt.
- **Die Anordnungsregel:** Vom Einfachsten zum Schwierigsten fortschreiten.
- **Die Vollständigkeitsregel:** Man muss sich vergewissern, dass die behandelte Frage ausführlich untersucht und dass nichts vergessen wurde.

Im dritten Teil seines Werkes legt Descartes die Regeln für seine sogenannte provisorische Moral dar (provisorisch, weil das Leben im Alltag schließlich nicht warten kann):

- **Die Unterordnung unter die Gesetze und Gebräuche des Landes, in dem man lebt, insbesondere unter die seiner Religion** (man kam nicht umhin, den Kontrast zu bemerken, der ja nun zwischen dieser Vorsicht und dem Erneuerungscharakter der Erkenntnistheorie besteht)
- **Mit Entschlossenheit und Festigkeit seine Handlungen ausführen** (es ist besser, in einem Wald geradeaus zu gehen, auch wenn man sich verlaufen hat, als sich ständig im Kreise zu drehen)
- **Diejenige Weisheit befolgen, die fordert, dass man das ändert, was von uns abhängt (unsere Wünsche) und nicht das, was nicht von uns abhängt (die Ordnung der Welt)** – diese Maxime hat ihren Ursprung bei der Stoa.

Der vierte Teil des *Discours de la méthode* befasst sich mit den beiden großen metaphysischen Fragen: mit den Beweisen für die Existenz Gottes und der Seele. Am Anfang dieses Teils findet man das berühmte *Cogito, ergo sum*. Man könnte dies mit der Gewissheit des Selbstbewusstseins übersetzen. Nach Descartes' Auffassung ist das *Cogito* tatsächlich das wichtigste unanzweifelbare Prinzip der Philosophie. Man kann wirklich an buchstäblich allem zweifeln, aber nicht an seinem eigenen Denken, denn zweifeln bedeutet ja denken. Und zu denken heißt eben, als denkendes Wesen zu existieren. Man kann daran zweifeln, dass man einen Körper hat, aber nicht daran, dass man ein denkendes Wesen ist. Das *Cogito* ist Prototyp (das wichtigste Beispiel) und Archetyp (das Modell) der klaren und deutlichen Idee zugleich: Jedes Mal, wenn ich im Besitz einer ebenso klaren und deutlichen Idee wie der des *Cogito* bin, kann ich sagen, dass ich im Besitz einer wahren Idee bin.

Anschließend stellt Descartes zwei Gottesbeweise vor: Die Idee eines vollkommenen Wesens kann nicht von meinem Verstand hervorgebracht werden, da dieser nicht vollkommen ist und die Wirkung einer Sache nie vollkommener als die Ursache sein kann. Die Idee des vollkommenen Wesens setzt deshalb seine tatsächliche Existenz voraus, und dieses Wesen ist Gott. Der zweite Beweis für die Existenz Gottes ist eine Variante des ontologischen Gottesbeweises, wie er vom heiligen Anselm im Mittelalter aufgestellt wurde: In der Idee eines vollkommenen Wesens ist seine Existenz notwendigerweise enthalten, so wie das Eigentümliche eines Dreieckes in der Idee des Dreieckes stets enthalten ist. Umgekehrt ist die Nichtexistenz eine Unvollkommenheit. Daher existiert Gott.

Im fünften Teil geht Descartes zu Fragen der Physik über. Die Themen führen zu Raum und Bewegung zurück. Die Tiere, die keine Seele haben (im Gegensatz zum Menschen), sind nur Maschinen.

Der Discours de la méthode schließt mit der Hoffnung auf eine erfolgreiche Anwendung der physikalischen Erkenntnisse zur Beherrschung der Natur und der Gesundheit des Körpers. In diesem sechsten Teil kommt die berühmte Stelle vor, in der der Mensch zum Herrn und Meister über die Natur erklärt wird, was die Ökologen in heutiger Zeit so sehr in Rage versetzt.

Der Begriff ist stärker als das Bild

Um die Überlegenheit des abstrakten Denkens über die Einbildungskraft zu zeigen, schlägt Descartes das folgende Gedankenexperiment vor: Es ist leicht, so sagt er, sich ein Quadrat vorzustellen bzw. einzubilden (wobei dieses einbilden im wörtlichen Sinne gemeint ist – ein mentales Bild im Geiste entstehen lassen). Es ist auch einfach, ein Quadrat zu erkennen (dafür reicht es aus zu wissen, wie es definiert ist: Ein Quadrat ist ein Viereck mit vier gleich langen Seiten, die sich im rechten Winkel treffen). Wenn ich mir jetzt also ein Achteck vorstelle, erfordert das von mir eine gewisse Anstrengung (es ist schwieriger, ein Achteck »in seinem Kopf zu sehen« als ein Quadrat). Es ist allerdings nicht schwerer, ein Achteck zu erkennen als ein Quadrat: Es reicht dafür aus zu wissen, dass es ein regelmäßiges Polygon bzw. ein Vieleck mit acht Ecken ist.

Bleibt uns jetzt noch ein Tausendeck, das ist ein regelmäßiges Polygon mit tausend Ecken: Es sollte klar sein, dass ich mir davon kein mentales Bild mehr machen kann. Dagegen kann ich es noch einigermaßen leicht erkennen, wenn ich weiß, wie es definiert ist (ich muss halt zählen). Anders als uns unsere Intuition gerne suggeriert, reicht der Begriff, das heißt die durch ein Wort symbolisierte Idee, weiter als das Bild. Das abstrakte Denken ist daher ungebundener als die Einbildungskraft. Ich kann beispielsweise die Abwesenheit und die Unendlichkeit denken. Dagegen kann ich sie mir nicht *vorstellen*.

Die metaphysischen Meditationen

Der deutsche Titel des in Latein verfassten Werkes lautet *Meditationen über die Erste Philosophie, in der die Existenz Gottes und die Unsterblichkeit der Seele bewiesen werden*. Um zur (objektiven) Wahrheit und Gewissheit (das ist das subjektive Bewusstsein, im Besitz der Wahrheit zu sein) zu gelangen, ist es notwendig, alle Glaubenshaltungen und Erkenntnisse in Zweifel zu ziehen: Die Gewissheit wird dann entscheiden, was von alldem diese Bewährungsprobe bestehen kann. Dieser extreme, übertriebene Zweifel verschont rein gar nichts, noch nicht einmal die am meisten gesicherten Selbstverständlichkeiten.

Am Grund selbst des tiefsten Zweifels tritt eine unangreifbare Gewissheit hervor: die des Denkens und der Existenz – ich denke, ich existiere. Um zu zweifeln, muss man in der Tat denken, und um getäuscht zu werden, muss man sein. Der Zweifel selbst kann nicht in Zweifel gezogen werden.

Doch der denkende Geist ist nicht allein: Es gibt einen Gott – dessen Existenz Descartes in der dritten Meditation mit Hilfe zweier Varianten der ontologischen Argumentation beweist:

- ✔ Die Idee des Unendlichen, die in mir ist, setzt ein unendliches Wesen voraus, das nicht in mir ist, denn ich bin ein endliches Wesen.
- ✔ Wenn ich die Macht gehabt hätte, mich selbst zu erschaffen, dann hätte ich mir alle Vollkommenheiten gegeben, die ich mir nur vorstellen könnte: Das bedeutet, dass einzig ein unendlicher Gott der Urheber meiner Existenz ist.

An sich ist mein Verständnisvermögen – als meine Urteilskraft – vollkommen. Doch im Unterschied zum Willen ist es endlich. Aus dem Ungleichgewicht zwischen diesen beiden Geistesvermögen, so erklärt Descartes, entspringt der Irrtum. Eine Idee zu äußern bedeutet ja, sie einerseits zu entwickeln (als Werk des Verständnisvermögens), andererseits ihr dann zuzustimmen oder sie zu abzulehnen (als Werk des Willens). Der Mensch nun täuscht sich, weil sein Wille Ideen zustimmt oder sie ablehnt, die nicht klar und deutlich sind.

Die fünfte Meditation stellt das ontologische Argument vor: Da das Wesen Gottes sämtliche Vollkommenheiten enthält und die Existenz eine Vollkommenheit ist, existiert Gott.

Die *metaphysischen Meditationen* enden mit einer Betrachtung über die Beziehungen zwischen Leib und Seele. Das Problem ist besonders verzwickt, denn diese beiden total unterschiedlichen und sogar gegensätzlichen Substanzen (der Körper ist Materie, die Seele nicht) stehen miteinander in einer äußerst engen Verbindung: Descartes sagt »wie eine Mischung«, was von der banalen Erfahrung des Schmerzes hinreichend bewiesen wird.

Der kartesische Mechanismus

Die Realität wird bei Descartes in zwei Teile zerlegt: die Materie und den Geist. In der Natur gibt es nur Materie und Bewegung: Dies sind die Gegenstände der Mechanik. Der Körper des Menschen kann ähnlich behandelt werden. Die Physiologie, für die sich Descartes als einer der Ersten zu interessieren begann, ist eine Art angewandter Physik. Auch hierbei müssen wir uns die historische Situation vergegenwärtigen, um den wahrhaft revolutionären Charakter von Descartes' Vorgehensweise zu ermessen: Während vieler Jahrhunderte, ja sogar vieler Jahrtausende wurde der menschliche Körper als etwas Heiliges angesehen. Daraus erklärt sich auch das Tabu, mit dem die Sezierung von Leichen belegt war. Die Renaissance änderte das: Zum ersten Mal werden Körperorgane wie Sachen auf den anatomischen Bildtafeln von Büchern abgebildet.

Das Stück Wachs

Woraus besteht die Materie? Descartes definiert sie als eine Substanz, das heißt als eine nicht auf eine andere Realität reduzierbare Realität. Um die Natur (das Wesen, die Essenz) dieser Substanz herauszuarbeiten, nimmt der Philosoph das Beispiel des Wachsstückchens. Dieses Material umfasst eine bestimmte Anzahl sinnlich wahrnehmbarer Eigenschaften: Es ist kalt, von gelber Farbe, fest, es gibt einen Ton von sich, wenn man daran stößt, und es hat einen Honiggeruch.

Kann man nun sagen, dass diese Eigenschaften das Wesen des Wachsstückchens ausmachen? Nein, denn wenn man es erhitzt, verschwindet es und mit ihm alle seine Eigenschaften, die es vorher besaß. Dafür hat es nun neue Eigenschaften bekommen: Das Kalte ist heiß geworden, das Harte wurde weich und sogar flüssig, die Farbe hat sich verändert, und der Geruch ist verschwunden. Es gibt jedoch eine Sache, wie Descartes feststellt, die sich nicht verändert hat, die gleichgeblieben ist: Das Wachs nimmt immer noch einen ganz bestimmten Raum ein. Descartes schloss daraus, dass die Ausdehnung die Essenz, das Wesen der Materie ist. Man kann sich tatsächlich keine Materie ohne Ausdehnung vorstellen (während man sich einen Geist ohne Ausdehnung durchaus vorstellen kann).

Gott ist immer an Ort und Stelle

Wenn Descartes als Vater der modernen Philosophie gilt, dann deshalb, weil er der erste Philosoph des Subjekts ist, der erste Philosoph, der aus dem Bewusstsein das Fundament des Denkens gemacht hat. Im Mittelalter war es noch Gott, der das letzte Fundament des Seins wie auch der Idee darstellte.

Das soll aber nicht heißen, dass Gott bei Descartes keinen Platz mehr hat, ganz im Gegenteil! Descartes ist aufrichtig gläubig und auf religiösem und politischem Gebiet eher konservativ. Jedenfalls war er stets extrem vorsichtig – als er von der Verurteilung Galileis erfuhr, hütete er sich davor, seinen Traité du monde (deutscher Titel: Die Welt des Herrn D. oder die Abhandlung über das Licht und die anderen Hauptgegenstände der Sinnenwelt) zu veröffentlichen, in dem er die gleiche These wie Galilei von der sich um die Sonne drehenden Erde vertrat. Gott also bleibt der Schöpfer des Universums, seine unendliche Freiheit ist nach Auffassung Descartes' sogar der Ursprung der ewigen Wahrheiten: Wenn es Gott gefallen hätte, dass die Summe der Winkel in einem Dreieck weniger oder mehr als 180 Grad betrüge, so hätte er es so einrichten können. Letztlich wird alles von Gott aufrechterhalten.

Die Welt ist eine Fabel

Ein von einem holländischen Künstler geschaffenes Gemälde zeigt Descartes mit einem Buch in der Hand, das den rätselhaften Titel trägt: »Die Welt ist eine Fabel.« Diese Formulierung kommt in einer Passage des Traité du monde vor, in der Descartes seine Arbeit mit der eines Malers vergleicht, der, um dem Laien zu gefallen, die Schatten auf seinem Bild geschickt abgestuft mit hellen Farben darstellen kann. Viele Kommentatoren wollten Descartes barockisieren und in ihm die philosophische Entsprechung zu Shakespeare und Calderón sehen, deren Theater stets auf die Umkehrbarkeit von Bühne und Welt setzten: Die Welt ist eine Bühne mit ihren Figuren und ihren Bühnenbildern, umgekehrt ist das Theater die Welt (Shakespeares eigenes Theater hieß übriges der Globus).

Wenn Descartes von seiner Fabel der Welt spricht, will er damit sicher nicht sagen, dass seine Physik auf die gleiche Ebene gehört wie die Märchen und die Legenden, die die Großmütter am Abend ihren Enkeln erzählen, sondern dass die Wörter, die von der Vernunft verwendet werden, um die Realität zu Dinge zu übersetzen und wiederzugeben, nicht identisch mit dieser Realität sind. Sie sind nur ihre Darstellung, ihre Repräsentation –ähnlich unterscheiden wir ein Porträt von dem Gesicht, das es darstellt. Nur für Gott, der ein vollkommenes Wissen über die Erde besitzt, wäre die Welt keine Fabel.

Der seltsame Dialog zwischen Körper und Seele

Wir kennen und mögen alle diese witzige Szene, die häufig in klassischen Zeichentrickfilmen vorkommt: Jemand rennt wie ein Verrückter, ohne zu bemerken, dass er direkt auf einen Abgrund zuläuft. Man sieht, wie er weiterrennt und wie sich plötzlich die Tiefe unter ihm auftut. Erst als er das mitbekommt, treten seine Augen vor lauter Schrecken aus den Augenhöhlen hervor, und er fällt schließlich hinab in den Abgrund. Dies ist ein sehr anschauliches Bild dafür, dass erst das Bewusstsein die Dinge existieren lässt.

Descartes befasst sich mit einem der seltsamsten Rätsel der Medizin: Ein Armamputierter erzählt ihm, er habe Schmerzen im amputierten Arm. So etwas nennt man Phantomschmerz. Wie kann man in einem Körperteil, den man gar nicht mehr hat, Schmerzen verspüren? Descartes vermutet (zu Recht), dass im Gehirn ein ganz bestimmtes Bild des Körpers registriert ist, das nicht immer automatisch den wirklichen Zustand dieses Körpers wiedergibt (ähnlich wie beim Phantomschmerz ist es auch beim Altern: Auch da nimmt man nicht wahr, dass man älter wird).

Es lehrt mich ferner die Natur durch eine Empfindung des Schmerzes, Hungers, Durstes usw., dass ich nicht nur in der Weise meinem Körper gegenwärtig bin, wie der Schiffer seinem Fahrzeug, sondern dass ich aufs Engste mit ihm verbunden und gleichsam vermischt bin, so dass ich mit ihm eine gewisse Einheit bilde. Denn sonst würde ich, der ich nur ein denkendes Ding bin, nicht, wenn mein Körper verletzt wird, darum Schmerz empfinden, sondern ich würde diese Verletzung nur durch bloßes Denken erfassen, wie der Schiffer durch das Gesicht wahrnimmt, wenn irgendetwas am Schiffe zerbricht.

René Descartes

Weshalb lässt man sich von körperlichen Makeln verführen?

In einem merkwürdigen Text erzählt Descartes, dass er Frauen, die schielen, nicht widerstehen kann. Natürlich ist das Schielen ein objektiver »Makel«, und eine , die nicht schielt, scheint uns schöner als eine Frau, die schielt. Dass man andererseits »Hässlichkeit« anziehender als »Schönheit« finden kann, das ist wohl eine Binsenweisheit.

In einem Brief nun erinnert sich Descartes daran, wie er als Kind in ein kleines Mädchen verliebt war, das schielte. So ahnte der Philosoph des Cogito, der Denker des Bewusstseins, die Existenz eines der wesentlichen Mechanismen des psychisch Unbewussten voraus: Der Mensch sucht unbewusst Situationen auf, die ihm in der Vergangenheit Vergnügen bereitet hatten, und er möchte diese Erfahrungen wiederholen. Umgekehrt versucht er vor Situationen, die ihm schon einmal Unbehagen bereitet hatten, zu fliehen. Da die Vergangenheit, auf die sich diese psychische Fixierung richtet, die Kindheit des Menschen ist, wird klar, dass diese für die Psychoanalyse als die wichtigste Phase im Leben überhaupt gilt: Tatsächlich ist sie diejenige Lebensphase, in der sich die Charaktereigenschaften eines Menschen heranbilden und in der sich Vorlieben oder Abneigungen herauskristallisieren, die im späteren Leben andere Bezugsobjekte finden. Von daher wird auch die zunächst anscheinend paradoxe Redewendung verständlich, die für die Psychoanalyse jedoch banal ist: »Das Kind ist der Vater des Menschen.«

Eine Moral der Großzügigkeit

Die Moral ist bei Descartes eine Mischung aus Stoizismus und Christentum. Beim Menschen gibt es einen Willen, der a priori (»von vornherein«) keine Begrenzung kennt. Dieser Wille hat einen theoretischen und einen praktischen Nutzwert: Ein Urteil von sich zu geben heißt ja immer, entweder Ja (zustimmen) oder Nein (ablehnen) zu bestimmtenen Vorschlägen zu sagen, die vom Verstand gemacht werden.

Die Erkenntnis seiner Leidenschaften (im Zeitalter der Klassik bezeichnet man alles, was sich an Emotion, Gefühl oder Affekt beim Subjekt abspielen kann und was nicht der eigenen Entscheidungsmacht unterliegt, als Leidenschaft) ermöglicht dem Menschen, sie zu beherrschen. Descartes ist nicht, wie oft behauptet wird, ein Feind der Leidenschaften. Er denkt eben nur, dass man sie beherrschen kann und muss.

Die Großzügigkeit, die er als letzten Punkt seiner Moral abhandelt, ist nicht nur die Güte, die man seinem Mitmenschen erweisen kann. Sie ist zunächst erst einmal Selbstschätzung, die ein vernunftbegabtes Wesen sich selbst gegenüber besitzen muss. Man muss sich seiner Tugend, frei und vernunftbegabt sein, bewusst sein, um gut handeln zu können, denn derjenige, der sich so einschätzt, kann auch den anderen damit die Möglichkeit geben, sich ebenfalls selbst zu schätzen.

Unsere Willensfreiheit gibt sich allein durch die Erfahrung, die wir von ihr haben, kund.

René Descartes

Die unendliche Vernunft: Spinoza oder Leibniz

12

In diesem Kapitel

- Zwei entgegengesetzte Denker, doch beide beeinflusst von Descartes
- Spinoza, der voller Freude Idole und Vorurteile zerstört
- Leibniz, der voller Enthusiasmus eine ganze Welt von Ideen und Konzepten entwirft

Spinoza, der Komet am Ideenhimmel

Als Sohn einer jüdischen portugiesischen Familie, die nach Holland geflohen war, genoss Baruch Spinoza eine umfassende jüdische Ausbildung (Bibel, Talmud, die jüdischen Philosophen des Mittelalters, die Kabbala). Seine Denkfreiheit war ihm so viel wert, dass man ihn im Alter von 24 Jahren aus seiner Gemeinschaft ausschloss, was einem gesellschaftlichen Tod gleichkam: Spinoza durfte nicht mehr in der Öffentlichkeit erscheinen, keiner durfte sich ihm nähern, man verabscheute seinen Namen. Ein unbekannter Täter versuchte sogar, den Philosophen zu erdolchen. Spinoza hob den Mantel bei sich auf, in dem das vom Messer verursachte Loch zu sehen war.

So lebte er zurückgezogen, einerseits zwangsläufig, andererseits gewollt (er lehnte eine Stelle ab, die ihm die Universität Heidelberg anbot), und führte ein äußerst bescheidenes Leben, indem er optische Gläser polierte. In diesem Beruf kann man schon ein philosophisches Signal erkennen. Das Zeitalter Spinozas erlebt beachtliche Fortschritte, die gerade dank der Erfindung von Mikroskopen und dank astronomischer Gläser bei der Beobachtung ganz kleiner und auch weit entfernter Welten gemacht werden. Doch diese Gläser sind auch Symbole für den klaren und deutlichen Blick und Durchblick: Hatte die körperliche Arbeit Spinozas nicht die gleiche Bedeutung wie sein intellektuelles Werk?

Die schwarze Legende um Spinoza

Der Ausschluss Spinozas übte in besonderer Weise Gewalt gegen ihn aus: »Nach dem Urteil der Engel und der Aussage der Heiligen verbannen, verfluchen, verwünschen und verdammen wir Baruch d'Espinoza. Mit der Zustimmung des gesegneten Gottes und dieser ganzen heiligen Gemeinde, vor den heiligen Büchern der Thora und den 613 Vorschriften, so darin geschrieben sind, sprechen wir den Bannfluch über ihn aus, mit dem Josua Jericho verfluchte, mit den Verwünschungen, mit denen Elisa die bösen Knaben verwünschte, und mit allen Verfluchungen, die im Gesetz verkündet werden. Er sei verflucht bei Tag und verflucht bei Nacht, verflucht sein Hinlegen und verflucht sein Aufstehen.« Die Gemeindemitglieder durften mit dem Ausgestoßenen weder schriftlich noch mündlich verkehren. Niemand durfte ihm näher als vier Ellen kommen (das sind ungefähr zwei Meter), niemand durfte mit ihm unter demselben Dach wohnen, und natürlich durfte niemand seine Schriften lesen.

In der Systematisierung des Hasses, die in dieser Art Diskurs zum Ausdruck kommt, und in dem Wunsch nach absoluter Vernichtung des anderen hat diese Vorgehensweise bereits totalitären Charakter. Allerdings besteht der Unterschied zum tatsächlichen Totalitarismus der Moderne im Noch-Tabu einer physischen Eliminierung: In der Tat wurde Spinoza weder zum Tode verurteilt noch ermordet (trotz des Mordversuchs).

Der Bannfluch, dem Spinoza zum Opfer gefallen war, hatte auch außerhalb der jüdischen Gemeinschaft in Holland Auswirkungen. Zu Lebzeiten haftete Spinoza der diabolische Ruf eines materialistischen und atheistischen Denkers an, der gleichzeitig die menschliche Freiheit als auch die göttliche Vorsehung leugnete. Seine Feinde verbreiteten über ihn das Gerücht, seine Hauptbeschäftigung würde darin bestehen zuzuschauen, wie Spinnen miteinander kämpfen und sich gegenseitig verschlingen!

Bei den marxistischen Philosophen jedoch gelangte Spinoza durch seinen angeblichen Materialismus in den Ruf eines Vorläufers. Im 18. Jahrhundert und für die Generation der Romantik war Spinoza jemand, der, einzigartig unter allen Philosophen des Zeitalters der Klassik, eine pantheistische, ja sogar mystische Vorstellung von der Natur hatte. Es muss wohl nicht extra darauf hingewiesen werden, dass diese beiden entgegengesetzten Lesarten gleich weit vom wahren Denken Spinozas entfernt waren. Doch neue Gedanken entstehen oft gerade durch die Verzerrungen, denen man sie im Laufe der Zeit unterwirft. Wie Platon ist Spinoza ein Philosoph, den man in alle oder in fast alle möglichen Schubladen gepackt hat, und das führte dann zur Etablierung dessen, was wir als »die Philosophie Spinozas« bezeichnen.

Die Ethik besteht als einzigartiges Werk seiner Gattung aus fünf Teilen, deren jeweilige Anordnung und Unterteilung den *Elementen* Euklids folgt: Zunächst stellt Spinoza Definitionen auf, manchmal angereichert durch Erklärungen , dann werden Axiome angeführt und schließlich die Propositionen oder Lehrsätze, denen Beweisführungen und eventuell Schlussfolgerungen und Scholien (Randbemerkungen zum besseren Textverständnis) folgen.

Der erste Teil befasst sich mit Gott, der zweite mit der Natur und dem Ursprung der Seele, der dritte mit dem Ursprung und der Natur der Affekte, der vierte mit der menschlichen Unfreiheit und der fünfte mit der Freiheit.

Substanz, Attribute und Modi

Spinoza greift die scholastischen Bezeichnungen der Substanz, des Attributes und des Modus wieder auf, um ihnen eine völlig andere Bedeutung zu geben. Die Substanz ist eine Realität, die durch sich in sich selbst ist und durch sich selbst begriffen wird, sie ist dasjenige, dessen Begriff keinen Begriff einer anderen Sache braucht, aus dem er gebildet werden müsste. Das spezifische Merkmal einer Substanz ist, dass sie nichtreduzierbar ist: Sie ist weder ableit- noch vergleichbar mit irgendetwas anderem. Für Descartes gab es zwei Substanzen, die Materie und den Geist. Für Leibniz gibt es unendlich viele, die Monaden (siehe unten). Für Spinoza gibt es nur eine einzige Substanz, die Gott oder Natur genannt wird.

Ein Attribut ist das, was der Verstand als die Essenz, das Wesen, einer Substanz wahrnimmt. Nach Spinoza existiert eine Unendlichkeit an Attributen, doch wir kennen nur zwei von ihnen: die Ausdehnung und das Denken. Das Attribut ist unendlich, aber nur innerhalb seiner Art (denn jedes Attribut wird durch alle anderen begrenzt), während die Substanz absolut unendlich ist.

Ein Modus schließlich ist die besondere Art und Weise, wie das Attribut der Substanz festgelegt ist: Ein Körper ist ein Modus des Attributes »Ausdehnung«, eine Idee ist ein Modus des Attributes »Geist«.

Die Realität ist vollkommen!

Kein Philosoph war so antiaristotelisch eingestellt wie Spinoza: Sein Denken schließt jede nichtrealisierte Möglichkeit aus. Alles, was existieren muss, existiert auch, und man braucht keinerlei Vollkommenheit außerhalb der Realität selbst zu suchen.

Man versteht, dass Spinoza einer der wenigen Leser Machiavellis war, die ihm nicht feindlich gesonnen waren: Er teilt mit dem italienischen Philosophen dessen radikale Ablehnung der Ideale und der Utopien. So greift er in seinem *Politischen Traktat* die griechische Dreiteilung der politischen Herrschaftsformen wieder auf: Man braucht keine anderen Regierungsformen als Monarchie, Aristokratie und Demokratie zu suchen, denn die Vergangenheit hat bereits sämtliche Möglichkeiten in diesem Bereich ausgeschöpft.

Die Ewigkeit im Hier und Jetzt!

Bei Spinoza gibt es nichts jenseits der Zeit. Die Ewigkeit ist bei ihm nicht der Lichtstreifen am Horizont, mit dem die Religionen der Seele Versprechungen machen, sondern sie ist der Existenzmodus der Seele, die mit Gott, der einzigartigen Substanz, zusammenfällt, wenn sie die Wahrheit denkt.

In der Wahrheit – als Angleichung nicht der Realität und der Sache (nach der traditionellen Definition), sondern der Seele an die einzige Substanz – fühlen und erfahren wir, dass wir ewig sind, sagt Spinoza. Die Glückseligkeit ist nicht die Belohnung, die die Seele im Jenseits für ein Leben voller guter Taten erwartet, sondern sie ist der aktuelle tatsächliche Zustand der Seele, die sich in vollständiger Übereinstimmung mit der einzigen Substanz, also mit Gott oder der Natur, fühlt.

So scheint die Philosophie Spinozas ein tolles Versprechen zu sein, und zwar nicht ein religiöses, bei dem das Diesseits vom Jenseits und das Jetzt vom Später getrennt wird, sondern ein ethisches, das die gegenwärtige tatsächliche Existenz des Menschen betrifft.

Die Philosophie ist ein Nachdenken über das Leben und nicht über den Tod, schreibt Spinoza. Wie der Epikureismus ist der Spinozismus eine Moral der Freiheit, weil sie auf die Befreiung von der Furcht und der Ignoranz, die ja Knechtschaften sind, abzielt.

So wie unsere Seele die Dinge auf eine wahre Art und Weise wahrnimmt, ist sie ein Teil der unendlichen Vernunft Gottes.

Spinoza

Gott oder Natur (Sie haben die Wahl!)

Spinoza bezeichnet die einzige Substanz (wir würden sagen: die grundlegende einzige Realität) als Gott oder als Natur. Dieser Gott hat nichts mehr vom jüdisch-christlichen Gott: Er ist keine Person, er ist nichttranszendent (ist also nicht von der Welt getrennt und ihr überlegen), er hat nicht Himmel und Erde erschaffen, und er überwacht nicht uns arme kleine Menschen … Diese Anhäufung von Ablehnungen (und wohl auch von so vielen revolutionären Brüchen) war es, die Spinoza letztendlich den Vorwurf des Atheismus einbrachte. Wenn Gott nicht schöpferisch tätig ist, wenn er keine Person ist, wenn er nicht transzendent ist – ist er dann überhaupt noch Gott? Wird er dann nicht auf ein bloßes Wort reduziert, das der Philosoph nur aus lauter Vorsicht noch beibehält?

In seinem *Theologisch-politischen Traktat* zeigt Spinoza, dass sich die biblischen Erzählungen und die Reden der Propheten aus dem intellektuellen Kontext der jeweiligen Epoche erklären, in der sie verfasst wurden. Dieser Gedanke, durch den die historisch-kritische Exegese auf religiösem Gebiet begründet wird, muss auf die Philosophie selbst angewandt werden: Der Autor der *Ethik* nennt das Gott, Substanz und Natur, was wir als Wirklichkeit, Welt und Ding bezeichnen. Die Frage stellt sich umso mehr, als Spinoza selbst das Gleichgewicht wiederherstellt: Deus sive natura, was so viel bedeutet wie »Gott oder die Natur« bzw. »Gott oder, wenn man so will, die Natur«. Soll das nun heißen, dass beide Bezeichnungen absolut identisch sind?

Ganz so einfach ist es nicht. Zunächst behält der Gott Spinozas außer seiner Einzigkeit eine wesentliche Eigenschaft des jüdisch-christlichen Gottes bei: Er ist unendlich. Das bedeutet erst einmal, dass er eine Unendlichkeit an Attributen besitzt (heute würden wir Dimensionen dazu sagen). Wenn wir nur zwei kennen, nämlich die Ausdehnung und das Denken, so liegt dies am begrenzten Charakter unserer Verständnisfähigkeit. Und jedes dieser Attribute ist unendlich in seiner Art, so dass auch Gott als ein Unendliches definiert wird, das eine Unendlichkeit an Unendlichem umfasst. Dieser Gott ist die Wirklichkeit selbst, die, wie wir gesehen haben, mit der Vollkommenheit gleichzusetzen ist.

Ist Spinoza Pantheist?

In der zweiten Hälfte des 18. Jahrhunderts gab es in Deutschland eine berühmte philosophische Auseinandersetzung, die als Pantheismus-Streit bezeichnet wird. Bei dieser Kontroverse setzte man sich mit der von Spinoza aufgestellten Interpretation auseinander. Der Pantheismus ist eine Vorstellung, nach der das Universum noch in seinen allerkleinsten Teilen göttlicher Natur ist. So wie ein Funke noch Feuer ist, ist auch das geringste Geschöpf (ein Wurm, eine Mücke oder eine Mikrobe) ein Körnchen an Göttlichkeit. Spinoza ist von solchen Ansichten so weit wie nur irgendetwas entfernt. Bei ihm ist die Natur zunächst nicht das Ensemble der Elemente und der Lebewesen. Die Unendlichkeit Gottes bedeutet auch nicht, dass alles göttlich wäre. Letztendlich gibt es bei Spinoza keine göttliche Natur in dem Sinne, wie sie vom Pantheismus verstanden wird.

Jede Bestimmung ist eine Negation

Wenn wir ein Quadrat als ein Viereck mit vier rechten Winkeln und vier gleich langen Seiten definieren, dann impliziert das eine ganze Reihe von Negationen: Wir sagen damit beispielsweise, dass das Quadrat weder fünf noch sechs noch sieben usw. Seiten besitzt, noch dass es stumpfe oder spitze Winkel usw. hat. Jede Affirmation, jede positive Behauptung also, impliziert logischerweise eine unendliche Anzahl an Negationen: Diese *Geschichte der Philosophie für Dummies* ist daher weder eine *Geschichte der Philosophie für die Durchschnittsmenschen* noch eine *Geschichte der Philosophie für die Minderbemittelten* noch eine *Geschichte der Philosophie für die Inkompetenten usw*. Das ist genau das, was Spinoza ausdrücken wollte, als er sagte, dass jede Bestimmung eine Negation sei: Festlegen, bestimmen, definieren (das ist alles das Gleiche) bedeutet, das Unendliche zu negieren – das wie bei Descartes als der positive Ausgangspunkt aller Dinge erscheint (genau hier hat der moderne Geist am radikalsten mit dem griechischen Geist der Antike gebrochen).

Der Modus ist eine Bestimmung des Attributs, das eine Dimension der Substanz ist. Darauf haben Pierre Bayle und Voltaire (die beide Spinozas Denken mit einem Pantheismus gleichsetzten) wie auch alle Leser, die endlich mit Spinoza fertig werdenwollten, mit dem Zeigefinger gewiesen: Ein Modus ist kein Teil der Substanz, so wie ein Ast ein Teil eines Baumes ist oder der Arm ein Teil des Körpers. Wenn ich vorhabe, eine Dummheit zu begehen, dann ist es nicht Gott, der in mir und durch mich denkt, eine Dummheit zu begehen, zunächst deshalb, weil Gott ja niemand ist, und dann auch deswegen, weil er nicht die Gesamtheit der Gedanken bestimmt.

Und wo bleibt der Mensch bei alldem?

Der Mensch, sagt Spinoza, ist kein Staat im Staate, was bedeutet, dass er in der Welt keine privilegierte Position einnimmt, außer dass er Freude erfahren kann.

Der Mensch hat eine Seele, die ein Modus des Attributs »Denken« ist, und einen Körper, der ein Modus des Attributs »Ausdehnung« ist. Nichts wurde im Hinblick auf ihn erschaffen: Spinoza war einer der schärfsten Kritiker des Finalismus und dessen bevorzugter Form, der Anthropozentrismus (der alles auf den Menschen hin ausrichtet). Was die menschliche Vernunft als schlecht festsetzt, ist nicht schlecht in sich, sondern nach seiner eigenen Natur. Tatsächlich neigt der Mensch dazu, die Dinge nicht so zu sehen, wie sie sind, sondern so, wie er selbst ist: Eine schlechte Verdauung genügt, um ihn in schlechte Laune zu versetzen und dafür dann die ganze Welt verantwortlich zu machen. Die Philosophie übt eine befreiende Wirkung aus, wenn sie die naiven Neigungen des Menschen, alles auf sich zu beziehen, als illusorisch entlarvt.

Die drei Erkenntnisgattungen

Spinoza unterscheidet drei Gattungen der Erkenntnis:

- ✔ Die Erkenntnis der ersten Gattung entspricht der erlebten Erfahrung und dem, was wir vom Hörensagen wissen: Dadurch wissen wir, was Schmerz bedeutet oder auch an welchem Tag wir geboren wurden.
- ✔ Die Erkenntnis der zweiten Gattung entspricht dem, was die logische Vernunft, die deduktiv vorgeht, entdecken kann (selbstverständlich ist sie der ersten Gattung überlegen, wird aber von der folgenden übertroffen).
- ✔ Die Erkenntnis der dritten Gattung stellt nach Ansicht Spinozas die überlegene Erkenntnis dar, zu der die intuitive Vernunft führt, die uns Erkenntnisse in Bezug auf das Absolute liefert.

Die Vernunft gegen die Vernunftwesen

Zwischen Spinoza und dem Nominalismus besteht ein enger Zusammenhang. Der Nominalismus ist die Philosophie, nach der die allgemeinen Bezeichnungen wie »das Gute« und »das Böse«, »die Freiheit« und »die Knechtschaft« bequeme Mittel sind, mit denen ausgedrückt wird, was es alles an Gemeinsamkeiten bei einer unendlichen Anzahl an Gegenständen geben kann – aber gewiss nicht, was es alles an Beschreibungen ewiger Essenzen geben kann, wie es die platonischen Realisten glauben. Spinoza bezeichnet nicht das Wesen, das mit Vernunft begabt ist, als *Vernunftwesen*, sondern die abstrakte Entität, die Hypostase (hier: Scheinsubstanz), der man eine objektive und autonome Realität zuordnet, während sie in Wirklichkeit nur das Produkt unseres Verstandes ist. Tatsächlich bildet der Mensch ja Fiktionen in seinem Denken aus, die er dann für adäquate Bilder der Wirklichkeit hält. Eine der Hauptaufgaben der Philosophie, wenn nicht sogar die allerwichtigste, besteht darin, Kritik an diesen Abstraktionen zu üben – deren meiste übrigens von den Philosophen selbst stammen.

So gibt es für Spinoza weder das Gute noch das Böse, sondern nur Dinge, die gut sind in dem Maße, in dem sie unser Tätigkeitsvermögen vergrößern, und Dinge, die schlecht sind in dem Maße, in dem sie es verringern. Mit der Vernunft die Vernunftwesen zu kritisieren würde das

Gute mit guten Dingen und das Böse mit bösen Dingen ersetzen. Der Mensch macht seine Erfahrungen mit Likören, die ihm den Magen verderben, mit Worten, die ihn beleidigen, mit Gewaltakten, die ihn verletzen, und von daher erhält er die Idee des Bösen. Dann glaubt er schließlich auch an das Böse und verpasst ihm eine Gestalt mit einem Ziegenkopf und einem kleinen Rattenschwanz.

Die Seele und der Körper aus der Konserve

Descartes bemühte sich darum, die Verständigung zwischen der immateriellen Seele und dem materiellen Körper zu verstehen. Diese beiden Teile des Menschen waren von einigen philosophischen Richtungen als so sehr getrennt voneinander gesehen worden, dass ihr Austausch untereinander vollkommen unverständlich war (bei den monotheistischen Religionen bestand ein analoges Problem: Um den unendlichen Abstand zwischen Gott und dem Menschen zu ergründen, machte man ihre Beziehungen untereinander unmöglich).

Für Spinoza sind Leib und Seele nicht zwei Teile des Menschen, sondern zwei streng parallele Dimensionen: Die Seelenzustände (wir würden heute psychische Ereignisse dazu sagen) und die Körperzustände (wir würden heute physische Ereignisse dazu sagen) fallen dort zusammen, wo eines von beiden als die Übersetzung, als der Ausdruck des anderen gelten kann. So wie man dieselbe Kathedrale mit materiellen (die Steine, die Kräfte) und mit formalen Bezeichnungen (die Anlage, der Stil) beschreiben kann, so kann man auch eine psychische Übersetzung physiologischer Zustände geben, wie man umgekehrt eine physiologische Übersetzung physischer Zustände geben kann.

Die Ordnung und der Zusammenhang der Ideen sind identisch mit der Ordnung und dem Zusammenhang der Dinge.

Spinoza

Potenz gleich Freude gleich Freiheit

Spinoza definiert die Leidenschaften nicht durch ihre Objekte, sondern durch ihre Kräfte. Die Freude ist der Übergang des Menschen von einer geringeren zu einer größeren Vollkommenheit. Umgekehrt ist die Traurigkeit ein Übergang von einer größeren zu einer geringeren Vollkommenheit. Die Liebe ist Freude, und der Hass ist Traurigkeit, wenn sich daran die Idee einer äußeren Ursache anfügt. Nietzsche sah das ähnlich: Wenn wir zu jemandem sagen: »Ich liebe dich«, muss das so verstanden werden: Es gibt in mir ein Verlangen, von dem ich denke, dass du es stillen könntest.

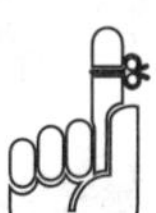

Die Begierde ist das Wesen des Menschen selbst, nämlich das Streben, kraft dessen der Mensch in seinem Sein beharren will.

Spinoza

Nach Ansicht Spinozas ist die Freiheit nur eine illusorische Abstraktion. Der Mensch hält sich für frei, weil er nicht die Gründe kennt, die ihn determinieren: Er ist wie der geworfene Stein, der ausrufen würde (wenn er es denn könnte, der Dumme!): »Die Entscheidung, zu fallen, war gut!« Es gibt Dinge, die wir gar nicht nicht tun können, aber von denen wir dennoch denken, dass wir es waren, die sich dafür entschieden haben.

Doch wenn Spinoza die abstrakte Freiheit der Menschen, die so arm dran sind wie die Steine, ablehnt, dann deshalb, um sie besser definieren zu können. Frei zu sein heißt nicht, »etwas tun können«, sondern es ist das Tun.

Die Menschen täuschen sich darin, dass sie glauben, sie seien frei. Diese Meinung besteht bloß darin, dass sie sich ihrer Handlungen bewusst sind, die Ursachen aber, von welchen sie bestimmt werden, nicht kennen.

Spinoza

Der Denker der Demokratie

Obwohl er selbst – aus den obenerwähnten Gründen – wie ein Eremit lebte, glaubte Spinoza dennoch, dass der Mensch freier in der Stadt sei, wo er unter dem gemeinsamen Gesetz lebe, als in der Einsamkeit, in der er nur sich selbst gehorche. Mit Locke teilt er sich die Ehre, der erste Denker der Demokratie gewesen zu sein.

Die Originalität des politischen Denkens Spinozas ist darauf zurückzuführen, dass es das Problem eines politischen Ideals gar nicht erst stellt. Die Demokratie sollte in seinen Augen anderen Herrschaftsformen vorgezogen werden, weil sie die Staats- oder Regierungsform der Vernunft ist und damit der Macht und der Freiheit. Die Demokratie ist die Form, die zur vernunftgemäßen Natur des Menschen passt. Die anderen Formen behandeln ihn wie ein Tier.

Philosophie und Demokratie: ein antikes Misstrauen

Im Allgemeinen mochte die Philosophie die Demokratie nicht, hauptsächlich deswegen, weil man das Volk für dumm hielt. Dieses Vorurteil geht auf Platon zurück, der die Sophisten vor allem wegen ihrer Vorliebe für die Demokratie im politischen Bereich hasste. Wenn man sich dann auch noch die Philosophiegeschichte in ihrer Gesamtheit betrachtet, so wird man erstaunt feststellen: Die Mehrheit der Philosophen glaubte, dass die beste Herrschaftsform die Monarchie oder auch die Aristokratie sei. Der sogenannte aufgeklärte Despotismus, dessen Vorstellung auf die platonische Utopie eines Philosophenkönigs zurückgeht, hat viele Philosophen angezogen. Die Demokratie wird nahezu einstimmig als dumm, ignorant, blind und anarchisch angeprangert. In dieser Hinsicht sind Locke, Spinoza, Rousseau und Marx bemerkenswerte Ausnahmen.

Die schlimmsten Tyrannen sind die, die es verstehen, sich beliebt zu machen.

Spinoza

Spinoza als Vorläufer der Laizität

Das Theologisch-Politische vermischt, wie es der Name schon sagt, das Religiöse mit dem Politischen, wobei es das eine dem anderen unterordnet. Spinoza ist Anhänger einer strikten Trennung zwischen den beiden Bereichen, und in diesem Sinne kann er, noch mehr als Hobbes, dessen Ansichten er häufig teilt, als ein Vorläufer der modernen Idee von der Laizität gelten.

Der *Theologisch-politische Traktat* präsentiert sich zunächst als eine großartige kritische Arbeit über die Bibel. Natürlich ist die allegorische Lektüre der heiligen Texte in der jüdischen Kultur seit der Antike Tradition. Philo von Alexandrien – um nur einen Namen zu erwähnen – wendet sie durchgehend an. Doch auch wenn die Allegorie die Buchstaben der Texte übersteigt, verbleibt sie dennoch vollständig in dem religiösen Sinn, der in ihr entfaltet wird. Sie verstärkt ihn sogar, denn sie erkennt noch im geringsten Detail eine religiöse Bedeutung.

Spinoza geht ganz anders vor: Hinter den Bildern und den Vorstellungen der Bibel entdeckt er versteckte Bedeutungen, die auf tatsächliche Situationen und Konstellationen hinweisen. In der Passage, bei der Philo den Wind als Symbol des göttlichen Geistes interpretiert, erkennt Spinoza eher den Wind hinter dem göttlichen Geist. Die Propheten sprachen und schrieben für Ignoranten, wie sie selbst es waren. Daher sollte man in ihren Texten nicht mehr sehen als das, was sie enthalten können. Die wichtigste Funktion dieser Texte sollte es eben sein, einen Rahmen für das eigene Leben, ein Wertesystem für das jüdische Volk bereitzustellen.

Spinoza lebte in einem Land, den Vereinigten Niederlanden (den heutigen Niederlanden), das nach zahlreichen Krisen und Erschütterungen damals in religiöser Hinsicht das toleranteste in Europa war (Descartes flüchtete sich dorthin). Dieses Land hatte bereits vor den anderen Ländern religiöse Glaubensvorstellungen »privatisiert« und damit zu einer rein inneren Angelegenheit erklärt. Der Protestantismus verteilte sich auf zahlreiche Sekten. Außerdem gab es Juden und Katholiken, und die Hauptsache war, dass man in Frieden arbeiten und leben konnte. Die Trennung von Politik und Religion fiel mit der Trennung von Öffentlichkeit und Privatangelegenheiten zusammen. Dies ist auch die Position Spinozas: Die Aufgabe eines Staates besteht darin, jedem einzelnen seiner Bürger die Freiheit seiner Religionsausübung und seiner Glaubensvorstellungen zu garantieren, ohne dabei den einen oder anderen einen Vorrang einzuräumen.

Leibniz, die Sonne aller Welten

Vielleicht war Leibniz ja der Erfinder des Begriffs »Eklektizismus«. Dieser bezeichnet ein Denken, das sich aus einer Vielzahl an Lehrsätzen zusammensetzt, anstatt sich dogmatisch an einem Punkt einer bestimmten philosophischen Auffassung festzuhalten. Leibniz sagte, dass die meisten philosophischen Schulen (man sagte damals Sekten dazu) recht hätten mit dem, was sie bejahten, doch Unrecht mit dem, was sie verneinten – das ist ein ganz charakteristisches Kennzeichen des Philosophen, nichts außerhalb des Denkbaren zurückzuweisen.

Ein eklektischer Philosoph

Tatsächlich gelingt es Leibniz, viele philosophische Schulen – mit Ausnahme von Spinoza, der ihm als eine Art Unmöglichkeit erschien – in sein Denken zu integrieren: Platon und Aristoteles, den Finalismus und den Mechanismus, den Cartesianismus und die Scholastik. Mit ihm schließen sich entgegengesetzte Schulen nun nicht mehr aus. Und wenn sie miteinander konkurrieren, dann genau deshalb, weil sie miteinander streiten, um die Wahrheit ans Licht zu bringen.

Wie Aristoteles vor und Hegel nach ihm, ist Leibniz ein Universalgelehrter, von dem man in Abwandlung eines Wortes des Terentius sagen kann, dass nichts Wirkliches ihm fremd gewesen war. Er hinterließ 100.000 handgeschriebene Seiten, von denen ein ganzer Teil noch heute, 300 Jahre später, auf eine Veröffentlichung wartet. Natürlich denkt Leibniz zunächst an seine eigene Philosophie, wenn er von der Monade (siehe unten) sagt, dass sie die Gesamtheit des Universums zum Ausdruck bringt. Man darf nichts verachten, sagte er, jede Erkenntnis hat ihren Wert. Dennoch findet man bei diesem Wissensdurstigen keine Spur von Dilettantentum: Wenn er lernt, dann um zu entdecken, und wenn er sucht, dann um zu finden.

Leibniz wollte sich gerne mit dem Zustand der Straßen und mit der Nutzung von Bergwerken beschäftigen wie auch mit Schulen und Akademien. Er interessierte sich für die Mechanik (wofür interessierte er sich eigentlich nicht?) und entwickelte eine Maschine zur Entwässerung der Bergwerke im Harz, ein neuartiges System für Flaschenverschlüsse (die Technik kennt noch mehr Systeme als die Philosophie), Taschenuhren, die sich selbst stellten und aufzogen, und Wagen, die ohne Reibung liefen … Heutzutage wissen die Philosophen noch nicht einmal mehr, wie die Maschinen, die sie benutzen, überhaupt funktionieren …

Ein echter Gelehrter

Leibniz ist der Erste, der versteht, dass manche Gesteine inneren und manche äußeren Ursprungs sind. Er vermutet, und auch da leistet er wahre Pionierarbeit, dass die Fossilien nicht, wie man es zu dieser Zeit glaubte, Launen der Natur waren, sondern Überreste versteinerter Tiere. Befasste er sich mit der Mathematik? Er entdeckte gleichzeitig mit Newton die Analysis, was ihn zu einem der größten Mathematiker der Geschichte machte.

Eine Philosophie der Integration

Eine Integration ist die Herstellung oder die Wiederherstellung eines Ganzen, ausgehend von einem gegebenen Wert. Sie ist mehr als eine Addition. Sie beschränkt sich nicht auf eine Addition der Elemente, die getrennt genommen werden, weil die Addition einer unendlichen Anzahl von Elementen einer Reihe unmöglich ist (man kann keine Summe bilden aus 1 plus 2 plus 3 plus 4 bis ins Unendliche). Aber es kommt vor, dass die Reihe konvergiert, wenn diese Glieder gegen null gehen (oder unendlich klein werden). Man kann dann die Endsumme des Unendlichen angeben. So lässt sich die Eigenschaft einer konvergenten Reihe, wie sie von Leibniz entdeckt wurde, folgendermaßen darstellen: $\frac{1}{2} + \frac{1}{4} + \frac{1}{8} + \frac{1}{16} \ldots = \pi/4$.

Und hier treffen allgemeine Erfahrung und die Mathematik wieder zusammen. Für Leibniz sind Denken und Wahrnehmung Integrationen, also Rechenarten. So ist das auch mit dem berühmten Beispiel des Meeresrauschens. Wenn wir das Meer rauschen hören, so hören wir nicht das Rauschen, das von der Vielzahl der Wellen verursacht wird. Wir hören auch nicht das Rauschen, das von der Vielzahl der Wassertropfen, die diese Wellen bilden, verursacht wird. Dennoch muss das Geräusch dieser Tropfen und dieser Wellen wahrgenommen werden, damit das Geräusch des Ganzen wahrgenommen wird. Diese zuletzt genannte Wahrnehmung bezeichnet Leibniz als bewusste Wahrnehmung, als Apperzeption, die sich auf ein integriertes Ganzes (das Meeresrauschen) bezieht, und er unterscheidet diese von der unbewussten Wahrnehmung, der Perzeption, die sich auf die elementaren Einheiten bezieht, aus dem das Ganze besteht. Ähnlich ist es auch beim Musikhören: Auch dort müssen Töne integriert werden, die wir nicht einzeln, getrennt voneinander, wahrnehmen, obwohl wir sie undeutlich erkennen. Musik ist unbewusstes Rechnen, sagt Leibniz.

Archimedes hatte versucht, die Sandkörner der Erde zu zählen, Leibniz bot sich an, die Zahl der möglichen Propositionen, zu denen die wahren gehören, zu berechnen. Er glaubte, dass die Anzahl der möglichen wahren Aussagen begrenzt sei. Dafür gibt er folgenden Beweis: Alle menschlichen Erkenntnisse können mit den Buchstaben des Alphabets ausgedrückt werden. Nun ist aber die Anzahl der kohärenten Kombinationen dieser Buchstaben endlich (auch wenn sie sehr groß ist). Leibniz war fasziniert von der chinesischen Schrift, die es ermöglicht, eine unendliche Anzahl an gesprochenen Sprachen zu transkribieren, gerade weil sie Ideen und keine Wörter übersetzt.

Mit Leibniz ist das Unendliche überall. Es ist nicht nur das Attribut Gottes und des Universums. Es ist auch nicht mehr nur das, was etwas enthält, sondern das, was Inhalt ist: So impliziert beispielsweise jede Wahrnehmung ein Unendliches.

Leibniz suchte in vielen Bereichen das Mittel, mit dem er dieses Unendliche bezwingen könnte. Als sehr junger Mann konzipierte er ein Alphabet menschlicher Gedanken, eine Art Universallogik, die sein eigenes Zeichensystem gewesen wäre, die Universalcharakteristik. Mit dieser könnte man die Gesamtheit des Denkbaren aufschreiben. In dieser Utopie erkannte man einen der Ursprünge der Informatik wieder.

Das Labyrinth, der Ozean und das Spiel der Spiegel

In einer italienischen Komödie, die zur Zeit Leibniz' aufgeführt wurde, sagte man zum Harlekin, der behauptete, eine Reise zum Mond gemacht zu haben: »Dort ist doch alles wie hier!« Leibniz zitiert diesen Ausspruch wiederholt. Das Universum ist eins, wie sein Name schon sagt. Wenn es mehrere Welten gäbe, wie manche Philosophen seit den Materialisten der Antike glauben, dann hinderte uns nichts daran, das Universum als die Gesamtheit zu bezeichnen, die alle diese Welten umfasste. Wir haben es mit einem Universum zu tun, nicht mit mehreren. Doch dieses Universum ist kompliziert und gefaltet.

Leibniz verwendet immer wieder das Bild des Labyrinths: Wer das Ende des Fadens in Händen hält, verpflichtet sich dazu, alle Gänge zu durchlaufen und alle Räume zu besichtigen.

Ein anderes Bild, das Leibniz häufig benutzte, um die fundamentale Einheit aller Dinge herauszustellen, ist das des Ozeans: Die Gesamtheit der Wissenschaften kann als ein einziger Ozean angesehen werden, der alle Meere miteinander verbindet.

Ein drittes Bild ist das des Spiegelsaals: Jeder Wissenssektor eröffnet einen Ausblick auf alle anderen. In einem seiner Texte erklärt er Folgendes für notwendig: eine Rechtsgrammatik, eine Rechtslogik, eine Rechtsmetaphysik, eine Rechtsphysik (bei der man sich beispielsweise mit der Natur der Tiere, der Felder usw. befasst), eine Rechtsmathematik, eine Rechtsethik, eine Rechtspolitik. Das Denken Leibniz' ist kompliziert, weil jede seiner Dimensionen alle anderen aufruft.

Jede Substanz ist wie eine ganze Welt oder wie ein Spiegel Gottes oder des ganzen Universums.

Leibniz

Keine Sprünge

Das Kontinuitätsprinzip besitzt eine sowohl objektive als auch physikalische und gnoseologische Gültigkeit: Es lässt sich sowohl auf die Dinge als auch auf die Ideen anwenden. »Die Natur macht keine Sprünge«, so lautet Leibniz' berühmter Ausspruch. Das Unendliche wohnt im Zwischenraum jedes Intervalls. Das Kontinuitätsprinzip führt uns notwendigerweise zu der Vorstellung, dass nichts auf einmal erscheinen könnte, durch einen plötzlichen Sprung aus dem Nichts, weder das Denken noch die Bewegung. Das heißt, dass es keine absolute Ruhe gibt, die eine totale Abwesenheit der Bewegung bedeutete, dass es keine absolute Trägheit gibt, die eine totale Abwesenheit an Kraft bedeutete, und dass es keinen absoluten Tod gibt, der eine totale Abwesenheit des Lebens bedeutete. Mit anderen Worten: Es gibt keinen Anfang für die Wahrnehmung oder die Kraft oder das Leben, die vorher Nichtwahrnehmung, Nichtkraft und Nichtleben gewesen wären.

Für Leibniz gibt es weder eine absolute Zeugung noch einen absoluten Tod, sondern nur Entwicklungen und Einwicklungen, Wachstum oder Verminderung bereits bestehenden Lebens, wenn auch in unterschiedlichen Abstufungen an Empfindungsfähigkeit. Wie Malebranche glaubt auch Leibniz an die extravagante Theorie der Verhüllung oder Einwickelung der Keime, jedoch aus anderen Gründen. Die Vorstellung, dass Adam bereits die Gesamtheit aller zukünftigen Menschen in sich trug, sie sozusagen in ihm eingewickelt waren wie so ungefähr bei den russischen Matrioschkas (Holzpuppen mit ineinandergesetzten jeweils kleineren Puppen), entsprach der erforderlichen Schöpfungsmacht Gottes nach Auffassung Malebranches, während bei Leibniz Gottes Schöpfungsmacht aus dem Kontinuitätsprinzip und der Vorstellung einer Einheit des Lebens hervorgeht.

Jedes Stück Natur kann als ein Garten voller Pflanzen und als ein Teich voller Fische aufgefasst werden. Aber jeder Zweig der Pflanze, jedes Glied des Tiers, jeder Tropfen seiner Säfte ist wiederum ein solcher Garten oder ein solcher Teich.

Leibniz

Der Tisch ist bereits gedeckt

Die Absage Leibniz' an die empiristische Hypothese des unbeschriebenen Blattes (unser Geist ist bei der Geburt wie eine Tafel, auf der noch nichts geschrieben steht), ergibt sich aus dem Kontinuitätsprinzip: So wie es kein Lebewesen ohne Keim gibt, gibt es auch keine Gedankenführung ohne die eingeborenen Ideen, die ihre Voraussetzung sind. Leibniz sagte eines Tages zu einem Freund, dass es in seiner Kaffeetasse, aus der er gerade trinke, Monaden (siehe unten) geben könne, die irgendwann einmal wie menschliche, vernunftbegabte Lebewesen seien. Der Glaube von Leibniz an die Seelenwanderung entspricht dem Kontinuitätsprinzip. Natürlich ist nach seiner Auffassung die Seele niemals ohne Körper. Das heißt, die Seele verlässt ihren Körper nicht gänzlich, so dass man eher an eine Wandlung ein und desselben Tieres bzw. Menschen glauben muss.

Ein Denken der Verknüpfung

Für Leibniz besteht kein Gegensatz zwischen dem Mechanismus und dem Organismus: Die Maschine ist ein einfacher Organismus, der Organismus eine komplizierte Maschine. Eine vom Menschen gemachte Maschine ist keine Maschine in all ihren Teilen, sagt Leibniz. Doch die Maschinen der Natur, das heißt die lebenden Körper, sind auch in ihren kleinsten Teilchen bis ins Unendliche immer noch Maschinen. Das macht nach Ansicht Leibniz' den Unterschied zwischen der Natur und der Kunst aus, das heißt zwischen der Kunst Gottes und der Kunst der Menschen.

Wenn Leibniz von Aristoteles die alte Vorstellung der Entelechie wieder aufgreift, so natürlich nicht deswegen, um sich aufzuspielen, sondern deswegen, weil er in ihr eine Idee wiedererkennt, in der Physik und Metaphysik miteinander vereint werden und die somit auf die Formen des Lebendigen wie auch auf die Kräfte der Mechanik angewendet werden kann.

Was zum Teufel ist die Entelechie?

Von Barbaro, einem italienischen Humanisten des 15. Jahrhunderts, wird erzählt, dass er an dem Begriff der Entelechie langsam verzweifelte und deshalb den Teufel bat, ihm die Bedeutung zu verraten. Doch wir glauben, den geneigten Leser diesbezüglich beruhigen zu können. Er wird den Teufel dafür nicht nötig haben. Bei Aristoteles, der diesen Begriff erfunden hat, bezeichnet die Entelechie die Vollkommenheit einer Handlung, das heißt die vollständige Vollendung einer Zielvorgabe. Bei Leibniz bezeichnet der Begriff eher die Zielvorgabe – oder auch eine Neigung, die die einfache Substanz oder Monade (siehe unten) kennzeichnet und deren bekanntester Ausdruck die Seele ist.

Ähnlich ist nicht gleichbedeutend mit identisch

Zusammen mit dem Kontinuitätsprinzip bildet das Prinzip der Ununterscheidbarkeit den großen roten Faden, der sich durch das gesamte leibnizsche Denken zieht. Das Prinzip der Ununterscheidbarkeit besagt: Wenn zwei Dinge voneinander ununterscheidbar sind, dann sind es eben nicht zwei Dinge, sondern ein und dasselbe, also ein Ding. Es gibt kein Ding, das einem anderen völlig gleich ist. Alles, was ist, ist einmalig. Was eben, andersherum, heißt, dass es zwischen zwei beliebigen Dingen, auch wenn sie sich noch so sehr ähneln, immer einen Unterschied geben wird, der sie voneinander unterscheidet. Mit anderen Worten: Zwei Dinge werden sich stets voneinander in ihrer Natur unterscheiden und nicht nur durch die Tatsache, dass jedes eine bestimmte Einheit für sich bildet.

Die Kritik nun, die Leibniz an der Idee der Freiheit der Gleichgültigkeit und der Indifferenz übt, besteht in der Anwendung dieses Prinzips. Nach dieser Theorie besäße der Mensch die Fähigkeit, zwischen zwei streng identischen Optionen zu wählen. Nach Auffassung von Leibniz gibt es diese Situation einer Gleichgültigkeit – das heißt im wörtlichen Sinne einer totalen Abwesenheit eines Unterschiedes zwischen dem Begriff A und dem Begriff B – nicht, weil es immer einen Unterscheid zwischen zwei Begriffen gibt, sei er auch noch so klein. »Buridans Esel« ist demnach unrealistisch.

Das unter dem Namen »Buridans Esel« in die Literatur eingegangene Beispiel, an dem das Problem der Willensentscheidung aufgezeigt werden soll, stammt vermutlich nicht von dem Philosophen Johannes Buridan, auch hat es mehrere geschichtliche Vorläufer. Das Beispiel selbst lautet jedenfalls: Ein Esel steht in der Mitte zwischen zwei gleich großen, gleich weit entfernten, gleich duftenden etc. Heuhaufen – er verhungert schließlich, weil er sich nicht entscheiden kann, welchem Heuhaufen er sich zuerst zuwenden soll.

Nach Leibniz gibt es nun aber tatsächlich niemals eine Situation der Gleichgültigkeit und der Indifferenz, das heißt also, niemals eine Situation, in der es absolut keinen Unterschied zwischen zwei Dingen gibt. Die perfekte Symmetrie ist eine Fiktion: Der Esel wird einen solchen Mordshunger haben, dass er sich schon von einer der beiden Seiten angezogen fühlen wird.

Ganz viele verschiedene Substanzen

Descartes dachte, dass es zwei Substanzen gebe, die Materie und den Geist. Spinoza meinte, es gebe nur eine: Gott oder die Natur. Für Leibniz existiert eine unendliche Anzahl an Substanzen. Bei ihm erfährt die Individualität einen Anschub ohnegleichen, denn die Monade (das ist die Bezeichnung, die er der geistigen Substanz gibt) unterscheidet sich von allen anderen Monaden und ähnelt ihnen gleichzeitig.

Die Monade

Leibniz entlehnt den Begriff der Monade bei Plotin, unterlegt ihm jedoch eine ganz andere Bedeutung. Während die Monade bei Plotin das absolute Eine, das der Ursprung alles Existierenden ist, bezeichnet, verweist der Begriff bei Leibniz auf die elementare spirituelle Einheit, aus der sich das, was existiert, zusammensetzt. Die Monade ist ein metaphysischer Punkt, der in der Geometrie einem geometrischen Punkt entsprechen würde.

Bei Leibniz gibt es nicht den Geist auf der einen und den Körper auf der anderen Seite. Sogar die Pflanzen, ja sogar die Steine besitzen eine spirituelle Dimension. Leibniz bezeichnet die Monade als Entelechie insofern, als sie ein dynamisches Zentrum der Wahrnehmungen bildet. Bei den Tieren findet man erinnerungsfähige Monaden. Der Geist oder die vernunftbegabte Seele ist eine Monade, die mit Vernunft ausgestattet ist.

Alle Monaden unterscheiden sich voneinander. Sie stellen die Welt mehr oder weniger deutlich dar, so wie Spiegel, die mehr oder weniger gut poliert sind. Gott, ihr Schöpfer, hat sie so geordnet, dass sie alle zusammen ein harmonisches Ganzes bilden, denn jede von ihnen ist eine abgeschlossene Welt für sich, ohne Türen oder Fenster, das heißt ohne Kommunikation.

Ein Zentrum der Kräfte und der Wahrnehmungen

Für Spinoza war die Seele nur die Idee des Körpers, für Leibniz ist sie die Idee der Welt. So wie dieselbe Stadt aus verschiedenen Perspektiven betrachtet werden kann, wird das Universum auf unterschiedliche Weise und einzigartig durch jede Monade repräsentiert, die eine dynamische spirituelle Realität ist.

Ebenso wie ein grammatisches Subjekt (grammatisches, weil Zuordnung immer sprachlich geschieht) die Gesamtheit der Attribute darstellt, die man ihm zuordnen kann (dem Subjekt Heinrich IV. können wir zuordnen die Eigenschaften: König von Frankreich, Initiator des Edikts von Nantes, Vater von Ludwig XIII., ermordet von Ravaillac usw.), repräsentiert die Monade die Gesamtheit der Ereignisse (Situationen, Wahrnehmungen, Handlungen), mit der man sie in Verbindung bringen kann. Daher bildet sie eine Reihe. Eine nichtentwickelte Reihe ist wie ein geschlossenes Buch, eine entwickelte Reihe wie ein geöffnetes Buch.

> *Die Gegenwart trägt die Zukunft in ihrem Schoße, aus dem Vergangenen könnte man das Zukünftige ablesen, das Entfernte wird durch das Naheliegende ausgedrückt. Die Schönheit des Universums könnte man an jeder Seele erkennen, wenn man alle ihre verborgenen Falten entfalten könnte, die sich jedoch erst merklich mit der Zeit entwirren.*
>
> Leibniz

Die universelle Harmonie

Descartes glaubte, dass die Quantität der Bewegung (das Produkt aus Masse und Geschwindigkeit) in der Welt konstant sei. Bei Leibniz ist es die »lebendige Kraft« (das halbe Produkt aus der Masse und dem Quadrat der Geschwindigkeit), die konstant bleibt. Die Kraft fächert, teilt sich auf, aber es geht nichts von ihr verloren – ähnlich dem, wenn man ein großes Geldstück in mehrere kleinere umwechselt: Die Summe muss dieselbe bleiben.

Leibniz zitiert häufig den Ausspruch des Hippokrates, des Vaters der Medizin: »Alle Dinge sind miteinander verbunden.« Die Substanzen befinden sich untereinander in schönster Harmonie, und die Reihen der Ereignisse, die sie definieren, stehen ebenfalls in harmonischen Beziehungen zueinander. Das Universum wird von dieser zweifachen unendlichen Gesamtheit von horizontalen und vertikalen Linien gebildet.

Eine schöne Idee

Seit den Pythagoreern wirkt die Idee der Harmonie bei der Synthese der Mathematik mit der Kunst (Musik, Tanz, Architektur, Dichtung) und bei der Synthese der Intelligenz mit der Sensibilität; sie ist ein Anliegen, wie man weiß, der klassischen Ästhetik. Für Leibniz ist Ordnung überall, sogar in den Bereichen, die wie ein einziges Chaos scheinen, wie beispielsweise beim Recht. Natürlich gibt es ziemlich viele Regeln, die abwegig scheinen, doch ein absurdes juristisches System ist eigentlich unmöglich, es würde sich nicht lange halten können.

Die Sinfonie der Seele und des Körpers

Um dieses schwierige Problem von Einheit und Trennung der Seele und des Körpers, über das schon Descartes stolperte, ein wenig zu beleuchten, verwendet Leibniz das Bild der beiden Uhren. Stellen wir uns also zwei Uhren vor, die ganz genau dieselbe Zeit angeben. Diese Übereinstimmung lässt sich auf dreierlei Weise erklären:

- Entweder beeinflussen sich die beiden Uhren gegenseitig.
- Oder eine für die Uhren zuständige Person wechselt ständig zwischen den Uhren hin und her, um die allerkleinste Verschiebung zu korrigieren.
- Oder beide Uhren sind von Anfang an mit der genauesten Exaktheit eingestellt worden.

Leibniz tendiert zur dritten Hypothese, weil sie die sparsamste und eleganteste Lösung ist. Natürlich geht er davon aus, dass die Anfangseinstellung von Gott ausgeführt wurde.

Damit Musiker in einem Konzert zusammenspielen und damit Sänger zusammen in einem Chor singen können, müssen sie sich nicht (richtig!) untereinander absprechen, denn das würde vermutlich nur zu einer unsäglichen Kakofonie – einem Missklang – führen (Fellini führte das auf amüsante Weise in seinem *Prova d'orchestra* vor). Die Musiker und Chorsänger sehen sich nicht gegenseitig, sie verstehen sich kaum untereinander, und trotzdem erzeugen sie für das Ohr der Zuhörer Harmonie (zumindest in jeder »klassischen« Musik). Das erklärt sich durch die Tatsache, dass sie ihre Musik und ihren Gesang nach den Anweisungen eines Dirigenten ordnen. Der Dirigent der Sinfonie, die von der Welt gespielt wird, heißt Gott, und, ebenso wie die gespielte Musik einer zuvor aufgeschriebenen Partitur folgt, so sind auch die Anweisungen für die Weltsinfonie, bei der Seele und Körper eine besondere Rolle spielen, von Anfang an vorhergesehen und berechnet: Das ist das, was Leibniz die *prästabilierte Harmonie* nennt.

Wahrheit der Vernunft, tatsächliche Wahrheit

Descartes behandelt die Wahrheit, als gäbe es nur eine. Auch wenn die Dinge miteinander verknüpft und voneinander abhängig sind, so unterscheidet Leibniz die Wahrheiten, die die Vernunft nur aus einer deduktiven Argumentationskette festlegen kann, von denen, die an die Existenz selbst der Dinge und der Lebewesen gebunden sind.

Für die Wahrheiten der Vernunft reicht das Prinzip des Sich-nicht-Widersprechens aus: In der Mathematik genügt es tatsächlich, dass eine Schlussfolgerung keinem Axiom widerspricht, um als wahr zu gelten. Doch was das Sein der Dinge angeht, die Tatsache, dass sie sind, reicht das Prinzip des Sich-nicht-Widersprechens nicht aus: Zum Beispiel ist es logisch nicht widersprüchlich, dass es einen Berg aus Diamanten gibt, trotzdem genügt das nicht, um damit seine Existenz zu begründen.

Das Vernunftprinzip dient dazu, Lücken zu schließen: Es besagt, dass alles, was existiert, einen Daseinsgrund hat. Das Kausalitätsprinzip (alles, was existiert, hat eine Ursache, die das Sein bestimmt und verursacht) leitet sich daraus ab. Aristoteles sagte wiederholt, dass die Natur nichts vergeblich tue. Für Leibniz tut Gott nichts vergeblich.

Descartes brachte die Wahrheit im Hotel der Evidenz unter, doch er vergaß, uns dessen Adresse mitzuteilen.

Leibniz

Die beste der möglichen Welten

Am Ende seiner *Essays zur Theodizee (Rechtfertigung Gottes angesichts des Übels in der Welt)* stellt sich Leibniz einen römischen Priester, Theodorus, vor, der im Traum den Palast der Schicksale besichtigt, in dem sich nicht nur die Darstellungen all dessen befinden, was zukünftig geschehen wird (die tatsächliche Welt), sondern auch noch all dessen, was möglich ist. Vor dem Beginn der existierenden Welt ließ Jupiter (der in der Fabel von Leibniz natürlich den Schöpfergott repräsentiert) alle möglichen Welten Revue passieren und wählte von ihnen die beste aus.

Pallas Athene, Tochter Jupiters und Inkarnation der Weisheit, führt Theodorus in seinem Traum. Sie schlägt ihm vor, verschiedene Welten, die hätten existieren können, zu beobachten, je nachdem, welche Anfangsbedingung gewählt worden wäre. So existiert beispielsweise eine mögliche Welt, in der Julius Cäsar nicht den Rubikon überschritten und Gallien nicht erobert hatte und in der er auch nicht ermordet worden war usw. Jede Weggabelung bringt neue, verschiedene mögliche Welten hervor, und zwar in einer Anzahl, die, wenn auch nicht unendlich, so doch wenigstens undefiniert ist, denn es genügt, dass sich eine einzige Anfangsbedingung ändert, damit sich auch die mögliche Welt, die sie bestimmt, ändert.

Die Pyramide der Schicksale

In den Räumen des Palastes der Schicksale, die sich Leibniz vorstellt, kann man wie im Theater die gesamte Bühne der Leben betrachten: Es reicht, den Finger auf das entsprechende Buch zu legen, in das sie eingeschrieben sind. Der Palast hat die Form einer Pyramide, deren Basis sich in der Unendlichkeit verliert. Je höher man aufsteigt, desto besser ist die mögliche Welt. Die beste der möglichen Welten entspricht der letzten Etage auf dem Gipfel der Pyramide. Die Basis dagegen ist unendlich, weil es keine schlechteste der Welten gibt. Es ist immer möglich, noch schlimmere Unglücke und damit noch schlimmere mögliche Welten zu finden.

Die Theodizee: Gott ist weder verantwortlich noch schuldig

Die Welt, in der wir leben, ist das Ergebnis einer Rechnung: Gott hat, bevor er sie entstehen ließ, die Dinge in ihrer Entwicklung durchgespielt (ein bisschen so wie ein Schachcomputer ab einem hypothetischen Zug eine – je nach Rechenkapazität! – vollständige Reihe der möglichen Nachfolgezüge entwickelt), hat die verschiedenen möglichen Welten gegeneinander evaluiert (Leibniz: ihr Integral berechnet) und von diesen Welten dann die beste herausgesucht.

Diese Philosophie zielt tatsächlich auf die Problematik des Bösen ab, die sich Leibniz in seinen *Essays zur Theodizee* zu lösen bemüht. »Theodizee« ist ein Begriff, den der Philosoph aus den beiden griechischen Wörtern bildete, die »Gerechtigkeit« und »Gott« bedeuten. Dabei handelt es sich darum, Gott Gerechtigkeit widerfahren zu lassen und ihn insbesondere von dem grauenvollen Vorwurf der Böswilligkeit und der Schwäche zu reinigen, den die Existenz des Bösen ihm aufbürdet.

Gott ist genauso wenig die Ursache der Sünde, wie die Flussströmung die Ursache für die Verspätung des Schiffes ist.

Leibniz

Für diese Relativierung des Bösen greift Leibniz auf eine Reihe von Argumenten zurück, von denen die meisten auf die Stoiker zurückgehen (denn auch sie verteidigten philosophisch die Idee einer Weltharmonie):

- ✔ Was aus einer bestimmten Perspektive heraus als wie ein Übel aussieht, ist von einer anderen Perspektive aus kein Übel (siehe die zynische Maxime: Das Unglück der einen führt zum Glück der anderen).
- ✔ Ein Übel kann ein Gut erzeugen (die Spritze der Krankenschwester).
- ✔ Das Übel ist schneller erkennbar als das Gut (wir widmen einer Krankheit mehr Aufmerksamkeit als der Gesundheit), daher kommt auch die pessimistische Illusion, nach der das Böse alles durchströmt (man denke an die systematische Katastrophensucht der Medien).
- ✔ Das Übel ist nötig, damit ein Gut hervortreten kann, so wie in der Musik eine Dissonanz dazu beiträgt, die Harmonie zu verstärken (Leibniz kannte natürlich noch nicht die Musik des 20. Jahrhunderts).

Alle diese Argumente haben zwar ihren Wert, müssen jedoch vor dem Leiden eines einzigen Unschuldigen weichen, von dem Leibniz eben nicht spricht. Dostojewski wird sagen: Wenn mein Platz im Paradies zum Preis auch nur eines einzigen leidenden Kindes erkauft würde, so gäbe ich meinen Fahrschein zurück. Was soll man also sagen angesichts der Millionen leidender Menschen in Armenien, in Auschwitz, im Kambodscha der Roten Khmer oder in Ruanda? Solchen Tragödien sind die Theodizeen nicht gewachsen.

In der großen Ordnung herrscht stellenweise auch etwas Unordnung.

Leibniz

Der leibnizsche Ökumenismus

Leibniz nannte sich selbst einen Philanthropen (»Menschenfreund«). Im Gegensatz zu Descartes, der, obwohl selbst ein begeisterter Reisender, niemals das geringste Interesse an Geografie oder Geschichte bekundete, denkt Leibniz über die Menschheit wenn auch nicht in ihrer Gesamtheit (erst im 18. Jahrhundert treten Ozeanien und im 19. Jahrhundert Afrika überhaupt erst ins europäische Bewusstsein), so doch zumindest außerhalb der christlichen Grenzen nach. Einem Brieffreund schrieb er, dass er, wenn er noch jünger wäre, bis nach China reisen würde, um dort die Aufklärung anzusiedeln. Vielleicht träumte er ja davon, der Aristoteles eines neuen Alexander zu sein, der Ludwig XIV. gewesen wäre?

Leibniz empfand nostalgische Gefühle für das Heilige Römische Reich Deutscher Nation, wie es im Mittelalter sich präsentiert hatte mit dem Papst als spirituellem und dem Kaiser als zeitlichem Oberhaupt, und projizierte gleichzeitig sein Denken in eine ideale Zukunft. Während Bossuet in der gleichen Epoche für die Einheit der einen katholischen Kirche wirkte, arbeitete Leibniz für die Vereinigung der Kirchen, was von einer ganz anderen Tragweite ist: Es ging ihm um nicht mehr und nicht weniger als darum, die Katholiken mit den Protestanten wieder zu versöhnen und eine Konföderation der europäischen Staaten zu gründen.

Voltaire, der Nichtbetrogene, irrt

Vielleicht kennen Sie ja den ironischen Roman Voltaires, in dem er schreibt, was er vom Denken Leibniz' hält. In seinem Werk *Candide* macht sich der Franzose darüber lustig, indem er seinen Helden alle möglichen und unvorstellbaren Unglücke erleiden lässt, die dann jedes Mal mit der dummen Bemerkung des Leibnizianers Pangloss kommentiert werden: »Alles ist zum Besten in der besten der möglichen Welten.« Der Leser kann dabei Voltaire nur zustimmen, mit seinem Candide nur Mitleid haben und über Pangloss (sein griechischer Name bedeutet »alle Sprachen«), dessen Universalwissen ihn nicht vor Dummheit bewahrt, herzlich lachen.

Jedenfalls macht sich Voltaire, wie so häufig, lustig über ein Denken, das er vereinfacht darstellt und extrem karikiert (genauso geht er auch bei Rousseau vor, den er genauso wenig wie Leibniz verstanden hat, was schon was heißen will!). Voltaire verwechselt Leibniz mit Alexander Pope, dem englischen Dichter, der schrieb, dass alles gut sei. Doch »die beste der möglichen Welten« bedeutet ja nicht, dass das Böse gar nicht existiert – man muss der Intelligenz der Philosophen schon ein Minimum an Vertrauen entgegenbringen, bevor man sie kritisiert –, es bedeutet nur, dass das Böse relativ und eben ein Teil der Welt ist, die insgesamt aber doch das Optimum darstellt.

13 Gott leistet Widerstand

In diesem Kapitel

- Die Platoniker von Cambridge
- Malebranche, der alle Dinge in Gott sieht
- Pascal, der französische Lieblingsfeind von Descartes

Das 17. Jahrhundert war nicht nur eine Zeit des Denkens, das den Dogmen der Religion unterworfen war. Wir haben ja bereits sehen können, dass der Gott Spinozas eigentlich kaum noch etwas mit dem Gott Abrahams, Isaaks und des Pfarrers in der Kirche zu tun hatte. Es gab damals sogar eine ganze Menge Männer, Libertins oder Freidenker genannt, die einen fröhlichen Krieg gegen die Religion führten, gerne (aber natürlich heimlich) Schinken an Fastentagen aßen und sich mit jungen Mädchen in Heuschobern vergnügten. Von diesen Männern glaubten nur wenige an das Mysterium der Auferstehung und an den Teufel mit den Hörnern, manche gingen sogar so weit, die Existenz Gottes und der Seele zu leugnen.

Philosophisch betrachtet, gab es recht viele Schnittstellen zwischen jenen, die wie Hobbes behaupteten, dass alles nur Körper und Maschine sei, und jenen, die wie Gassendi im Wesentlichen die Thesen des antiken Epikureismus wieder aufgriffen, und schließlich jenen, die sich zu einem offenen Materialismus und einem radikalen Atheismus bekannten. Auch wenn die Libertins keine »große« Philosophie hervorbrachten, bildeten sie dennoch eine wichtige Denkströmung und können in vielerlei Hinsicht als die Vorläufer des kommenden Jahrhunderts der Aufklärung betrachtet werden.

Die Reaktion der Platoniker von Cambridge

Seit dem 17. Jahrhundert ist der Empirismus die dominierende Philosophie in England. Doch die Philosophie lebt ohne Unterlass vom Spiel mit den nicht ausbleibenden Reaktionen jener, die sich nicht mit diesem oder jenem herrschenden Denken zufriedengeben. Deshalb dringt langsam, parallel zum Empirismus, ein empörter Idealismus hervor, der bis in unsere Zeit wirkt. In Cambridge gab es eine Gruppe von Philosophen, von denen die bekanntesten Ralph Cudworth und Henry More waren, die eine gewisse Rückkehr zu Platon propagierten, um den Materialismus und den Empirismus von Hobbes und Gassendi zu konterkarieren. Man nennt sie die Platoniker von Cambridge.

Die Ideen kommen von woanders

Für einen Empiristen oder Empiriker oder einen Materialisten gehen die Ideen aus wahrgenommenen Eindrücken hervor, sie sind also erworben und nicht angeboren. Nach den Platonikern der Schule von Cambridge leitet sich die Erkenntnis nicht von den Dingen selbst, sondern von Gott ab, der in der menschlichen Vernunft die allgemeinen Begriffe hinterlegt hat, mit deren Hilfe die Dinge wiedererkannt werden können: So geht die Wahrheit nicht aus der Welt und auch nicht aus der Arbeit des Geistes hervor, sondern aus einer transzendenten Realität (Gott), dessen Abbild im menschlichen Geist eingelagert ist. Natürlich liegt der Rückgriff auf Gott nicht unbedingt auf der platonischen Linie. Was sich jedoch mit der platonischen Lehre vereinbaren lässt, ist die Vorstellung, nach der die Ideen von woandersher kommen (aus der obersten Etage, wenn Sie so wollen), und dass in uns eingeborene Ideen existieren.

Die Natur ist eine Künstlerin

Die andere große Lehre der Platoniker von Cambridge betrifft die Natur. Sie beklagen, dass der kartesische Mechanismus die Natur zu einer trägen Sache umwandelt. Nach ihrer Auffassung ist die Natur jedoch ein aktiver und lebendiger Organismus, der, von den von Gott konzipierten Modellen ausgehend, Formen erschafft. Bis zur Entstehung der modernen Geologie und Paläontologie im 19. Jahrhundert wurden die unter der Erde aufgefundenen Fossilien zuweilen – ganz im Sinne dieser Vorstellung von der »Künstlerin Natur« – als die Werke eines verborgenen Bildhauers betrachtet.

Malebranche: Wer Gott nicht gesehen hat, hat nichts gesehen

Wie Berkeley, mit dem ihn mehr als nur eine Gemeinsamkeit verbindet, ist Malebranche ein Mann der Kirche.

Die Einbildungskraft ist der Kobold der Logik.

Malebranche

Der Anlass ist für vieles zuständig

Die Zeit, in der Malebranche lebte, war die der absoluten Monarchie, des Absolutismus. Malebranche gibt Gott eine absolute Macht über seine Schöpfung oder, besser gesagt, er gibt sie ihm zurück.

Wir wissen, dass es einen Unterschied gibt zwischen der Ursache, die ihre Wirkung hervorruft, und dem Anlass, der es der Ursache ermöglicht, ihre Wirkung zu entfalten. Nicht der Billardstock ist die Ursache für die Bewegung der Billardkugel: Er ist nur ihr Anlass. In gleicher Weise sind die Eltern, in den Augen der Gläubigen, nicht die Ursache für die Existenz eines Kindes, sie sind nur ihr Anlass. Kurz gesagt: Der Anlass ist nur scheinbar, doch die Ursache ist tatsächlich. Nach der lateinischen ½Bezeichnung *occasio* für »Anlass« wird das System Malebranches als »Okkasionalismus« bezeichnet.

Nach Ansicht Malebranches ist es Gott allein, der als wahre Ursache – durch die Naturgesetze und die Verbindung von Leib und Seele – all das tut, was die Menschen nur als okkasionelle oder natürliche Ursache tun, so als ob ich ohne Gott noch nicht einmal den kleinen Finger bewegen könnte. Gott ist in den Augen Malebranches die tatsächliche Ursache von allem, weil er es war, der die Naturgesetze aufstellte. Alle anderen Faktoren sind nur Anlässe.

Das heißt: Wenn Gott die Ursache von allem ist, dann bedeutet das jedoch nicht, dass er sich nun um die Verwaltung der allerkleinsten Einzelheiten kümmert. Nach Ansicht Malebranches agiert Gott recht unspektakulär – nämlich stets durch die von ihm selbst aufgestellten Naturgesetze und nicht durch beliebige Eingriffe in das Geschehen. Die Lehre von den veranlassenden Ursachen ist ein Mittel dafür, Gott von unmittelbaren Interventionen in die Ordnung der Dinge zu entlasten.

Der erhabenste, der schönste, der stärkste, der erste oder unabhängigste Beweis von der Existenz Gottes ist die Idee des Unendlichen.

Malebranche

Jedem Menschen ist es gegeben, in Gott zu sehen!

Das Neue an der Theorie Malebranches einer *Vision in Gott* ist, dass sie überhaupt nicht mystisch ist. Wahrnehmen und denken, das bedeutet nach Auffassung des Philosophen: in Gott zu sehen. Was so viel heißt, dass selbst die blindesten Menschen dazu fähig sind.

Die Vision oder das Schauen in Gott ist die praktische Anwendung der Theorie von den veranlassenden Ursachen im Bereich der Ideen. Für Malebranche ist das Band, das den Geist mit Gott verbindet, viel fester und notwendiger als das Band, das den Geist mit dem Körper verbindet. Ebenso wie wir, wenn wir wahrnehmbare Dinge erkennen, diese notwendigerweise in einem physikalischen Rahmen wahrnehmen, denken wir uns die Ideen in einem symbolischen Raum, der – nach Malebranche – kein anderer als der Verstand Gottes ist. Daher bedeutet Erkenntnis das buchstäbliche Sehen in Gott, denn die Ideen, die Modelle aller Dinge, dank derer wir alle Dinge erkennen, liegen ja in Gott. Wenn die Ideen nun in Gott sind, dann deshalb, weil dieser sie verwendet hat, um die Lebewesen und die Dinge dieser Welt zu schaffen. Und so hätte es tatsächlich keine Schöpfung gegeben, wenn es keine ursprünglichen Modelle gegeben hätte.

Oft kennt der Mensch nicht, was er meint zu wissen, und doch kennt er viele Dinge recht gut, von denen er sich vorstellt, keine Idee zu haben.

Malebranche

Mit Hilfe des Verstandes, so sagt Malebranche, kann ich mit Gott eine gewisse Gemeinschaft haben. Und wirklich: Indem der Mensch denkt, tut er genau das, freilich auf recht unvollkommene Art, was Gott tat, als er die Lebewesen und die Dinge erschuf. Gott ist die Ebene des Unendlichseins, von der ausgehend ich erst handeln und denken kann. Natürlich ist es nicht Gott, den ich sehe, wenn ich meinen kleinen Finger bewege. Die Vision oder das Sehen in Gott ist nicht das Sehen Gottes, und das Denken Malebranches ist dem Pantheismus fremd. Doch wenn Gott als Ebene des Unendlichseins nicht existierte, so könnte nichts wahrgenommen werden. Die Lehre des Sehens in Gott ist somit eine Art, die von der Vorstellung göttlicher Allgegenwart gestellten Probleme zu lösen. Malebranche geht von folgender Idee aus: Wenn die Ausdehnung unendlich ist, so ist sie kein Geschöpf (ein Geschöpf kann in der Tat nur endlich sein, sonst würde man es mit seinem Schöpfer verwechseln). Doch wenn die Ausdehnung kein Geschöpf ist, dann bedeutet das, dass sie in Gott ist.

Die Einwickelung der Keime

Über diese seltsame Theorie sind wir bereits bei Leibniz gestolpert: Alle Menschen sind von Anbeginn an im Körper des allerersten Menschen enthalten und präsent gewesen. Eine wahrlich wundersame Hypothese: Wie russische Puppen seien alle Menschen im Zustand winziger Keime ineinander eingewickelt bzw. verschachtelt gewesen.

Weshalb haben Philosophen, die ja nun intelligente Männer sind, eine so außergewöhnliche Theorie unterstützt? Zunächst sollte man sich daran erinnern, dass man erst im 17. Jahrhundert, also gerade erst zu der Zeit Leibniz' und Malebranches (dank des neu erfundenen Mikroskops), entdeckt, dass die Samenzelle kein Homunkulus – also kein Mensch im Miniaturformat mit einem Köpfchen und einem Rümpfchen und extrem kleinen Gliedern – ist. Andererseits entdeckt man erst im darauffolgenden Jahrhundert, dass die weibliche Eizelle die ursprüngliche Zelle bei der Befruchtung ist – und dass auch sie keine menschliche Form hat.

Die Lehre von der Einwickelung der Keime schrieb allein dem Mann eine aktive Rolle bei der Befruchtung zu: Der Mann legt in den Körper der Frau ein winziges Männchen ab, das bereits voll ausdifferenziert ist (bis hin zu den Ohren und den Fingernägeln). Der Leib der Frau gewährt ihm Herberge und Umhüllung, so dass es sich dort entwickeln kann, bis es endlich die Größe eines Babys bei der Geburt erreicht. Doch dieses kleine Männchen wiederum enthält in seinem Körper bereits die kleinen Männchen, die seine eigenen Kinder sein werden und so weiter bis ins Unendliche.

Leibniz' Lehre vom Unendlichen stützt gleichzeitig seine Theorie, die besagt, dass das Leben unendlich in sich zurückgefaltet ist und nicht aus dem Nichtlebendigen entsteht. Malebranche dagegen erkennt hierin eher ein Zeichen für die große Macht und den Ruhm Gottes. Da Gott die Ursache von allem ist, schafft er den Leib ebenso wie die Seele. Und weil er immer möglichst einfach vorgeht, begnügt er sich damit, die Keime der Körper zu erschaffen, die sich dann nur noch ohne ihn weiterzuentwickeln brauchen. Ludwig XIV. baute für seinen Ruhm das Schloss von

Versailles, und der Gott Malebranches – als eine Art universaler Sonnengott – schuf für seinen Ruhm Himmel und Erde.

Pascal und die ewige Stille der unendlichen Weiten

Die Welt Descartes' ist voll, kompakt und in sich zusammengezogen: Die Körper sind so eng gepackt, dass es zwischen ihnen keinerlei Zwischenraum mehr gibt. Die Welt Pascals dagegen wird von der Leere beherrscht: einer körperlichen Leere, die die Materie durchlöchert und deren objektive Realität beim berühmten Experiment des Vulkans Puy de Dôme festgestellt wurde (Mitte des 17. Jahrhunderts führte Pascal dort ein Experiment zum Luftdruck durch). Es gibt eine Leere der unendlichen Weiten des Universums, in denen einzig die Stille als Echo antwortet. Es gibt eine innere Leere und den Widerwillen ihr gegenüber, den Horror Vacui, der den Abscheu, den Horror bezeichnet, der die Natur (oder den Menschen?) vor leeren Räumen zurückschrecken lässt, und es gibt schließlich eine Leere zwischen den einzelnen Diskursfragmenten, die in den *Gedanken* (wie ein Werk von ihm, das posthum veröffentlicht wurde, heißt) Pascals nie gefüllt wurde.

Man stelle sich eine Anzahl von Menschen in Ketten vor, die alle zum Tode verurteilt sind und von denen jeden Tag einige vor den Augen der anderen umgebracht werden, so dass die Übrigbleibenden ihre eigene Lage an jener ihrer Schicksalsgefährten erkennen und, einander schmerzerfüllt und hoffnungslos anblickend, erwarten, dass sie an die Reihe kommen. Das ist das Ebenbild der Lage der Menschen.

Pascal

Das erschreckende Genie

Das sehr kurze Leben Blaise Pascals (er wurde nur 39 Jahre alt) lässt sich in drei Phasen unterschiedlicher Länge einteilen. Bis zum Alter von 28 Jahren widmet sich Pascal wissenschaftlichen und technischen Arbeiten, die von vielfältigen Entdeckungen und Erfindungen geprägt sind (einem mechanischen Rechenbrett, das heute gerne als Vorläufer der Rechenmaschinen präsentiert wird, seinen Experimente zum Druck der Atmosphäre usw.). Mit zwölf Jahren hatte der junge Pascal ganz alleine die 32 ersten Propositionen Euklids wiedergefunden. Deshalb nannte Chateaubriand Pascal ein »erschreckendes Genie«. Später führt Pascal drei Jahre lang ein mondänes Leben in der Gesellschaft spielbegeisterter Libertins (für sie hat er auch die Grundlagen der Wahrscheinlichkeitsrechnung erfunden). Und von 1654 bis zu seinem Tod lebt Pascal in asketischer Strenge. Die Nacht des 23. November 1654 wurde für ihn zur Zäsur seines Lebens. Er erlebte eine mystische Ekstase, die er mit flammenden Worten in einem *Mémorial* beschreibt, das er im Futter eines Kleidungsstückes verbarg, wo man es nach seinem Tode fand.

Seine körperliche und geistige Gesundheit (er glaubte, dass sein Sessel von einem klaffenden Abgrund umgeben sei) verschlechterte sich zusehends, und er starb im Jahre 1662. Pascal hinterließ Bündel von Notizen und Zettel, die später unter dem Titel Gedanken veröffentlicht wurden.

Zwerge, die auf den Schultern von Riesen sitzen

Pascal, der selbst einer der großen Entdecker in mehreren Wissenschaftsbereichen war, war zusammen mit Bacon einer derjenigen, die im Bereich der Erkenntnisse die Grundlagen für die Fortschrittstheorie legten. Wir verehren die Alten, so sagt er, als unüberbietbare Vorbilder, aber eigentlich müssten eher wir als Alte bezeichnet werden, weil wir – und nicht sie – es sind, die am weitesten entfernt von der Entstehung der Welt sind. Für diejenigen, die wir als die Alten bezeichnen, war in Wirklichkeit alles neu.

Im Übrigen: Wenn wir die Zwerge im Vergleich zu den Riesen (als Anspielung auf die Bewunderung, die man diesen unüberbietbaren Vorbildern entgegenbrachte) sind, so sehen wir doch weiter als sie, denn wir sitzen ja auf ihren Schultern (das Bild, das Pascal hier für seine Zwecke übernimmt, stammt von Bernhard von Chartres, einem Schriftsteller des Mittelalters).

Die drei Ordnungen

Das, was wir heute als Wertesystem oder Werteskala bezeichnen, speist sich nach Pascal aus drei Quellen:

- ✔ Der *Körper* verweist auf die sinnlichen Vergnügen oder weltlichen Aktivitäten (materielle Interessen, das Leben in Gesellschaft).
- ✔ Der *Geist* verweist auf die intellektuelle Arbeit und auf das, was die Philosophen allgemein als das Denken bezeichnen.
- ✔ Das *Herz* verweist nicht nur auf das Gefühlsleben, sondern auch auf die Intuition und vor allem auf die religiösen Werte. Der Gott Pascals ist mit dem Herzen wahrnehmbar, er lässt sich nicht mit Vernunftargumentationen beweisen.

Nach Auffassung Pascals klafft zwischen diesen einzelnen Ordnungen jeweils ein unendlicher Abgrund: ein unendlicher Abgrund zwischen Körper und Geist und ein unendlicher Abgrund zwischen Geist und dem Herzen. Descartes, der alles auf die Vernunft zurückführen wollte, hat sich nach Meinung Pascals irreleiten lassen: Das Herz hat seine Gründe, die der Verstand nicht kennt, schreibt er. Der Verstand kann noch so laut schreien, bekräftigt Pascal, er kann dennoch nicht den Preis einer Sache, das heißt ihren wahren Wert, angeben.

Als Tyrannei bezeichnet Pascal das Verlangen oder die Versuchung, eine oder zwei dieser Ordnungen einer anderen dieser als wesentlich geltenden Ordnungen zu unterwerfen. Es sei Tyrannei, alles der Ordnung des Körpers, des Fleisches unterwerfen zu wollen, es sei Tyrannei, alles der Ordnung des Geistes unterwerfen zu wollen, und es sei Tyrannei, alles der Ordnung des Herzens unterwerfen zu wollen.

Geist der Geometrie, Geist des Feinsinns

Eine weitere Unterscheidung Pascals betrifft die Art zu denken. Der Geist der Geometrie ist die methodische, deduktive Denkweise. Mit dem Geist des Feinsinns (esprit de finesse) ist die Intuition gemeint. Der Geist der Geometrie führt nach festgelegten Regeln Schritt für Schritt von einer Idee zur nächsten. Die Intuition dagegen geht geradewegs auf ihr Ziel zu und erfasst ihren Gegenstand unmittelbar, ohne Umwege. Ihre Sicht ist eine Vision. Die Allgemeinbegriffe (Axiome) der Geometrie können nur vom Geist des Feinsinns erfasst werden, da sie einer Beweisführung nicht zugänglich sind. Die meisten der allgemeinen Bezeichnungen entziehen sich übrigens nach Meinung Pascals jeglicher Definition: So handelt es sich bei der Zeit, dem Raum, der Zahl und der Existenz um Ideen, die jeder versteht und deren Bedeutung man nur verfinstern statt erhellen würde, wollte man sie definieren.

Die beiden Unendlichkeiten und der Mensch in der Mitte

Die Unendlichkeit der Welt ist eine Entdeckung des 17. Jahrhunderts. Giordano Bruno musste dafür sein Leben lassen. Die offizielle Lehre der Kirche votierte eher für ein endliches Universum. Die Unendlichkeit musste die ausschließliche Eigenschaft Gottes bleiben, und die Koexistenz zweier Unendlichkeiten schien nun schier unmöglich zu sein. Dieser enge Rahmen bricht nun seit der Renaissance langsam auf. Das astronomische Fernrohr, der Vorläufer unserer Teleskope, erlaubt einen Blick in die Welten jenseits der sichtbaren Sterne.

Um die Unendlichkeit des Universums zu definieren, greift Pascal die Formulierung von Nikolaus von Kues wieder auf, der sie selbst dem im Mittelalter verfassten Buch der 24 Philosophen entnommen hatte: eine Sphäre, deren Zentrum überall und deren Peripherie nirgends ist. Diese Unendlichkeit bringt gleich zwei Dinge zum Ausdruck: die Größe Gottes und die Kleinheit des Menschen.

Doch auch wenn der Mensch klein ist, so ist er es dennoch nicht in einem unendlichen Sinne. Zunächst kennt er seine unglückliche Lage, und so kann er sich symbolische revanchieren: Der Mensch ist edler als dieses ganze Universum, das ihn zermalmen kann, denn er weiß ja von seiner eigenen Schwachheit, während das Universum nichts von seiner eigenen Größe weiß. Wenn der Mensch nicht den Grund der Unendlichkeit erreicht, so deshalb, weil es unter ihm eine weitere Unendlichkeit gibt, die ihn damit in der Mitte platziert.

Der Mensch ist nur ein Schilfrohr, das schwächste der Natur; aber er ist ein denkendes Schilfrohr. Es ist nicht nötig, dass das ganze Weltall sich waffne, ihn zu zermalmen: Ein Dampf, ein Wassertropfen genügen, um ihn zu töten. Aber wenn das Weltall ihn zermalmte, so wäre der Mensch noch edler als das, was ihn tötet, denn er weiß, dass er stirbt, und kennt die Überlegenheit, die das Weltall über ihn hat; das Weltall weiß nichts davon. Unsere ganze Würde besteht also im Gedanken.

Pascal

Ein großer Teil der Gedanken Pascals pendelt zwischen dem Elend des Menschen ohne Gott und der Größe und Erhabenheit des Menschen mit Gott.

Zu Pascals Zeit, in die die Erfindung des Mikroskops fiel, galt die zur Gattung der Milben gehörende Mehlmilbe als kleinstes Tier, das gerade noch mit dem bloßen Auge wahrgenommen werden konnte. Pascal demonstrierte anhand dieses Tierchens seine Vorstellung vom Abgrund der Kleinheit, in den die Natur fällt und wir mit ihr und die das Gegenstück zu diesem Abgrund des Riesenhaften bildet, in dem sich unser Blick verliert, wenn wir den Nachthimmel betrachten. Wir müssen uns vorstellen, so sagt Pascal, dass es am Körper der Mehlmilbe, neben der sich ein Floh wie ein Wal ausnimmt, Beine gibt und an diesen Beinen wiederum Blutgefäße und in diesen Blutgefäßen Blut und in diesem Blut Flüssigkeiten usw. Zwischen diesen beiden Unendlichkeiten besetzt der Mensch genau die Mitte. Das ist seine Größe, aber eben auch seine Schwäche.

Eine seltsame Wette

Als Freund von Freidenkern, die ihre Tage mit Spielen aller Art verbrachten, schlägt Pascal eine Wette im metaphysischen Bereich vor.

Wir haben die Wahl zwischen der Existenz Gottes und seiner Nichtexistenz. Wenn wir uns für die Existenz Gottes entscheiden, so schließt das einen wahren Verlust mit ein – wir müssen nämlich auf die flüchtigen Vergnügungen des weltlichen Lebens verzichten –, allerdings auch einen möglichen Gewinn: das ewige Leben. Nun besteht jedoch ein gewisses Missverhältnis zwischen der Chance auf einen Gewinn und dem Risiko des Verlierens, weshalb man nach Pascal eben auch nicht zögern sollte. *Wenn Sie gewinnen, gewinnen Sie alles, wenn Sie verlieren, verlieren Sie nichts. Setzen Sie also, ohne zu zögern, darauf, dass es Gott gibt*.

Die Freidenker unter Ihnen werden sicherlich meinen, dass man hierbei auf betrügerische Art und Weise ein Gleichgewicht zwischen wirklichen Verlusten (den Vergnügungen) und nur hypothetischem Gewinn herstellt. Außerdem muss auch Gott bei der Wette mithalten – denn wenn er existiert, hat er vielleicht auch noch ein Wörtchen mitzureden! Doch bei dieser Wette ist man in der gleichen Situation wie ein Lottospieler: Das Missverhältnis zwischen der eingesetzten Summe und dem erhofften Gewinn ist für so manchen doch so groß, dass er es unvernünftig fände, nicht zu versuchen, seinen Nutzen daraus zu ziehen.

Der Jansenistenstreit

Der Jansenismus ist eine besonders strenge Form christlichen Denkens und Lebens. Sein Name leitet sich von seinem Begründer Cornelius Jansen, einem holländischen Theologen, ab. Er schrieb ein Buch mit dem Titel *Augustinus,* in dem er die Gedanken des heiligen Augustinus aufgreift, und zwar als Reaktion gegen die Laxheit der Molinisten, die der Freiheit des Menschen so viel Macht zuerkannten, dass für die Macht Gottes nichts mehr übrigblieb.

In Frankreich stellte der Jansenismus eine regelrechte Kriegsmaschinerie gegen die Jesuiten auf, die seit der Gründung ihres Ordens durch Ignatius von Loyola und der katholischen Gegenreformation eine dominierende Stellung innerhalb der Kirche erlangt hatten. Außerdem waren Bewegungen wie der Jansenismus in einer Zeit, als es noch keine politischen Parteien gab, indirekte Mittel und Möglichkeiten, die monarchische Macht zu bekämpfen. Hinter den komplizierten Kontroversen über die Gnade, an denen Pascal aktiven Anteil nahm, werden Machtkämpfe zwischen Gruppen und einzelnen Persönlichkeiten spürbar. So wurden auch – um Beispiele aus der jüngeren Vergangenheit heranzuziehen – in den Sippenkriegen bei den stalinistischen und maoistischen Regimes ausgesprochen scholastisch anmutende Dispute geführt, was in der Rückschau doch nur als Vorwand für bloße Machtkämpfe diente.

Jedenfalls warfen im 17. Jahrhundert die Diskussionen über die wirksame Gnade und die Prädestination sehr wichtige Fragen nach der menschlichen Natur und nach der Willensfreiheit auf.

Pascal verfasste das Buch *Briefe in die Provinz*, um den Jansenismus gegenüber den Jesuiten zu verteidigen. Interessanterweise widerspricht er den Jesuiten nicht mit moralischen Argumenten (wirft ihnen also nicht Laxheit vor) und auch nicht mit seiner eigenen parteiischen Stellungnahme (Pascal ist ja selbst Jansenist), sondern mit philosophischen Überlegungen, die denen Platons in seiner Feindseligkeit gegenüber den Sophisten nicht unähnlich sind: Die Jesuiten verfügen über ein Rhetoriksystem, das es ihnen ermöglicht, alles zu rechtfertigen, einschließlich der verwerflichsten Handlungen. Ihr Umgangston ist daher tyrannisch. Im Gegensatz zu Descartes glaubt Pascal nicht daran, dass es nur eine einzige geeignete Methode geben soll, um die Wahrheit in allen Bereichen deutlich erkennbar zu machen. Jedes Problem erfordert seine eigene Herangehensweise.

Eitelkeit der Eitelkeiten

Wenn man wie Pascal vom Absolutum fasziniert ist, muss letztendlich alles Menschliche irgendwann lächerlich werden. Deshalb ist es nicht verwunderlich, dass Montaigne, der skeptische Denker, der am durchgängigsten in den Gedanken gegenwärtige Denker ist, wenn auch auf verborgene Weise.

Pascal stellt den philosophischen Skeptizismus in den Dienst der Apologie der christlichen Religion. Im Vergleich zu Gott ist alles und jede Tätigkeit, die Gott nicht zum Ziel hat, eitel und vergeblich. Die Philosophie, die vorgibt und darauf abzielt, die Gesamtheit der Dinge zu kennen, weiß nicht, wovon sie eigentlich spricht: Wie kann es sein, das der Teil (der Geist) das Ganze kennt? Da alle Dinge miteinander verbunden sind, da sie Ursache und Wirkung zugleich sind, ist es unmöglich, das eine ohne das andere zu erkennen und das eine ohne alle anderen.

Die Vernunft versagt, doch die Einbildungskraft taugt auch nicht viel mehr. Pascal nennt die Einbildungskraft die Herrin des Irrtums und der Fälschung, die uns umso eher trügt, als sie nicht immer trügt. Denn sie wäre eine unfehlbare Wahrheitsregel, wenn sie eine unfehlbare Regel der Falschheit wäre – so wie eine Uhr, die zum Beispiel immer fünf Minuten nachginge, also niemals die richtige Zeit anzeigte, dennoch von Nutzen wäre.

Keine Sympathie für das Ich

Das Ich ist hassenswert, entgegnet Pascal allen seinen Zeitgenossen, die nichts mehr lieben, als sich ständig im Spiegel zu betrachten (erinnert sei dabei an die Spiegelkabinette im Schloss von Versailles und an die Seen seiner Gärten). Das Ich ist außerdem eine Illusion: Wen liebt man denn eigentlich, wenn man jemanden liebt? Eine äußere Erscheinung, eine Eigenschaft des Geistes, die sich verlieren können, ohne dass das Ich zerstört wird?

Ich habe entdeckt, dass alles Unglück der Menschen von einem einzigen herkommt: dass sie es nämlich nicht verstehen, in Ruhe in einem Zimmer zu bleiben.

Pascal

Pascal bezeichnet all das als Vergnügen, was den Menschen von seinem Heil ablenkt. Deshalb kritisiert er die Gesellschaft im Ganzen mit ihren Vorlieben und Gebräuchen. An die Adresse der Großen, die am Hut Federn und an ihrer Seite einen Degen tragen, schreibt Pascal: Ihre Herkunft hängt von einer Ehe oder auch von vielen Ehen ab. Doch wie kommen diese Ehen zustande? Durch eine Begegnung, durch Gespräche im Garten, durch tausend kleine und kleinste unvorhersehbare Gelegenheiten. So entsteht also die etablierte Ordnung, die sich auf solche Belanglosigkeiten wie Hautberührungen zurückführen lässt. Es gibt nicht wenige Grafen und Herzöge, die deshalb geboren wurden, weil sich ihre Väter an einem beliebigen Tag vom Anblick eines Leberflecks auf einer halbnackten Brust bezaubern ließen.

Der heilige Augustinus hatte über die Gewohnheit geschrieben, dass sie eine zweite Natur sei, und Montaigne hatte diesen Mechanismus bereits gut herausgearbeitet: Um ihre außergewöhnlichsten Handlungen zu rechtfertigen, haben die Menschen schon früh damit begonnen, ihre Kunstgriffe als Natur zu bezeichnen. Ihre Gerechtigkeit kann einem nur lächerlich, ja sogar grotesk, vorkommen, im Vergleich zu der wahren Gerechtigkeit, die natürlich die Gerechtigkeit Gottes ist. »Spaßhafte Gerechtigkeit, die ein Fluss begrenzt!«, rief Pascal aus, »diesseits der Pyrenäen Wahrheit, jenseits Irrtum.« Die Geschichte in ihrer Gesamtheit ist kein weniger komisches Schauspiel.

Die Gewohnheit ist eine zweite Natur, die die erste zerstört. Aber was ist Natur? Warum ist die Gewohnheit nicht natürlich? Ich fürchte sehr, dass diese Natur selbst nur eine erste Gewohnheit sei, wie die Gewohnheit eine zweite Natur ist.

Pascal

Wäre Kleopatras Nase kürzer gewesen, sähe die Welt völlig anders aus, schreibt Pascal. (Zunächst hätte das Gesicht der Schönen anders ausgesehen, meinte der Humorist Pierre Dac.) Was wollte Pascal uns damit sagen? Wenn Marcus Antonius, der in die ägyptische Königin verliebt war, einen Feldzug gegen Oktavian vorbereitet hätte, anstatt sich zu entspannen, wäre er anstelle seines Rivalen Kaiser geworden. Hätte Rom einen anderen Herrscher bekommen, so hätte das die Welt verändert. So hängt die Geschichte an Nichtigkeiten, weil – um es noch einmal zu betonen – nichts wirklich seriös ist, außer Gott.

14 Der Empirismus: die Rückkehr zur gemeinsamen Realität

In diesem Kapitel

- Philosophen, die nicht besonders gut im Reden sind
- Locke, die Erfahrung für die Erkenntnis und die individuelle Freiheit für die Politik
- Berkeley, das Leugnen einer objektiven Materie
- Hume, der Newton der inneren Welt

Was ist der Empirismus?

Seit der Antike stehen sich zwei Medizinschulen gegenüber: Für die Dogmatiker müssen das Verständnis der Krankheiten und ihre Behandlung von allgemeingültigen Prinzipien ausgehen (zum Beispiel vom Gegensatz zwischen Heißem und Kaltem, Trockenem und Feuchtem). Für die Empiristen oder Empiriker hingegen kommt es darauf an, sich auf die Beobachtung konkreter Fälle zu stützen, weil jeder Fall einzigartig (singulär) ist.

In der Philosophie bezeichnet der Empirismus die Vorstellung, nach der sich die Ideen aus der sinnlich wahrnehmbaren Erfahrung ableiten lassen. Der Empirismus widersetzt sich den Rationalismen und den Idealismen, die ganze Systeme aufbauen.

Der Empirismus geht analytisch vor

Der Empirismus versucht nicht, ein System aufzubauen, das, sprachlich dargestellt, ein Abbild des Systems der Welt wäre. Er versucht auf bescheidenere Weise, die Mechanismen des menschlichen Denkens und der Moral zu verstehen, indem er diese in elementare Einheiten zerlegt. Angefangen bei Thomas Hobbes, dem Ersten, der (jedenfalls nach Wilhelm von Ockham) die Wahrheit mit der Sprache verknüpft hat, bis hin zu Thomas Reid, dem Philosophen der Common-Sense-Philosophie, war das englische Denken im Zeitalter der nachantiken Klassik dasjenige, das am beständigsten der Suche nach dem Absoluten misstraute.

Der Empirismus ist nominalistisch

Für den Empirismus gibt es nur singuläre, einzigartige Dinge: Das angeblich allgemeingültige (universale) Dreieck, schreibt Berkeley, ist immer ein besonderes Dreieck, das man als Repräsentanten der anderen möglichen Dreiecke ins Auge fasst. Für den Empirismus steht die allgemeine Idee nicht am Anfang, sondern erst am Schluss des Denkens. Der Geist beginnt immer mit singulären Wahrnehmungen, mit besonderen Ideen. Erst dann kann er sich, teils dank der Sprache, zu den allgemeinen Ideen aufschwingen. Insofern ist der Empirismus nominalistisch; Nominalismus ist die Denkrichtung, nach der die Begriffe nur als Namen (nomen), als Bezeichnungen dienen, also lediglich im Denken existieren und keine Entsprechungen in der Realität haben. Nur kommt es manchmal in der Philosophie vor, dass extreme Vorsicht schließlich zu Unklugheit führt. So lehnen Locke, Berkeley und die Schüler Gassendis die Infinitesimalrechnung als sinnlos ab mit dem Argument, dass man keine Erfahrungen mit dem unendlich Kleinen sammeln und auch nicht die geringste Wahrnehmung davon haben könnte.

Der Empirismus ist subjektivistisch

Indem der Empirismus die grundlegende Frage der Seinsphilosophie von den Dingen in das menschliche Subjekt verlegt, kündet er bereits in vielerlei Hinsicht den Kritizismus Kants und die Phänomenologie an. Die Probleme sind daher nicht mehr jene des Seins und der Wahrheit, sondern es rücken vielmehr folgende Fragestellungen in den Fokus: Was heißt erkennen? Was heißt glauben? Wie erkennen wir?

Der Empirismus ist relativistisch

Wenn alles, was erkannt, geglaubt und gedacht wird, sich aus der Erfahrung ergibt, dann verändern sich die Ideen, die Glaubensvorstellungen und die Erkenntnisse je nach den Rahmenbedingungen. Die Relativierung der menschlichen Fähigkeiten führt die Empiriker logischerweise dazu, den Graben zwischen den Menschen und den Tieren wieder zuzuschütten, den die Rationalisten ausgehoben hatten: Für Hume beispielsweise besitzen die Tiere genauso wie die Menschen Vernunft, und Condillac schreibt einen Traktat der Tiere, in dem er aufzeigt, dass die Eigenschaften, die wir dem Menschen als nähere Bestimmungen seiner Natur zuerkennen, auch von den Tieren – natürlich in einem geringeren Ausmaß – besessen werden.

Der Empirismus ist emotivistisch

Als Emotivismus bezeichnet man die Vorstellung, nach der die moralischen Werte aus den Grundemotionen wie der Freude (die uns bestimmten Handlungen zustimmen lässt) und des Leides (die uns bestimmte andere Handlungen ablehnen lässt) hervorgehen. Da der Empirismus zum Materialismus neigt, werden die Ideen des Guten und des Schlechten als Abkömmlinge der Erfahrungen der Freude und des Schmerzes gedacht. Die Sympathie, das Mitfühlen mit anderen, ist bei den englischen Philosophen des 18. Jahrhunderts die moralische und politische Entsprechung der Verknüpfung, der Assoziation, der Ideen auf dem Gebiet des Denkens. Die Verknüpfung der Ideen hielt man für unabdingbar gehalten, um sich die Verbindung von Ideen vorstellen zu können, die zunächst als getrennt voneinander betrachtet werden. Genauso sah man auch die Sympathie als notwendig an, um sich die Verbindung von Individuen vorstellen zu können, die zunächst als getrennt voneinander betrachtet werden. Hume dachte, dass die Sympathie universal sei. So läuft der Empirismus also nicht unbedingt auf einen radikalen Individualismus hinaus.

Locke, der Feind der angeborenen Ideen und der Vater des politischen Liberalismus

Die beiden großen Bereiche der Philosophie John Lockes sind eng miteinander verbunden. Der politische Liberalismus des englischen Philosophen ist ohne seine relativistische Erkenntnistheorie nicht zu verstehen: Da keine Repräsentation für absolut wahr erklärt werden kann (die Wörter bezeichnen Ideen und keine Dinge), muss die Freiheit der Gedanken und des Glaubens in einem Staat gewährleistet sein, der nach den Gesetzen des Gemeinwohls regiert.

Am Anfang war die Erfahrung

Am Anfang des Denkens stehen zuallererst die Sinneseindrücke. Als Erfahrung bezeichnen die Empiriker unser aller alltägliches Erleben als empfindungsfähige Wesen. Und weil die Ideen diese fühlbare Bindung besitzen, meint Locke, dass die Idee der Unendlichkeit nichts wirklich Gedachtem entspricht (weil durch sie keine fühlbare Bindung hergestellt wird). Die Erfahrung ist nicht nur ein objektiver Ursprung des Denkens. Sie dient als auch Kriterium dafür, eine Teilung zwischen den wahren und den illusionären Ideen vorzunehmen.

Nichts ist im Verstand, was nicht vorher in den Sinnen gewesen wäre.

Locke

Molyneux' Problem: Ein Blinder wird sehend

Ein gewisser William Molyneux stellte damals der gelehrten Gesellschaft folgendes Problem vor: Was passierte, wenn ein von Geburt an Blinder erfolgreich operiert würde und dann zum ersten Mal einen Würfel und eine Kugel sähe, die er vorher schon durch Betasten voneinander zu unterscheiden gelernt habe? Könnte dieser Mann dann diese beiden geometrischen Körper alleine durch seinen Gesichtssinn wiedererkennen? Die Frage betraf die sogenannte Lehre der gewöhnlichen Wahrnehmungen, die auf Aristoteles zurückgeht: Sind die verschiedenen Sinne regelrecht miteinander verknüpft, oder liegen sie getrennt voneinander vor? Diejenigen,

> die an eine streng notwendige Verbindung zwischen den Sinnen glaubten (wie es bei den Rationalisten der Fall war), bejahten die Frage Molyneux'. Die Empiriker dagegen, zu denen Locke gehörte, sagten Nein. Für sie existieren der Tast- und der Gesichtssinn unabhängig voneinander, was bedeutet, dass der operierte Blinde zunächst lernen müsste, Kugel und Würfel mit den Augen zu unterscheiden, die er ja beide zum ersten Mal sieht.

Locke lebte nicht mehr, als ein Experiment ihm letztlich recht gab. 1730 wurde ein Blinder erfolgreich operiert. Man ließ ihn den Test von Molyneux machen: Der Mann konnte Kugel und Würfel mit dem Gesichtssinn nicht voneinander unterscheiden. Trotzdem erlosch die Kontroverse noch nicht: Was wäre denn, wenn seine Augen durch die Operation zu stark angegriffen worden wären, als dass sie alle ihre Funktionen richtig hätten ausüben können? Ein einzelnes Experiment gilt meistens noch nicht als Beweis für etwas. Jedenfalls ist es für Philosophen manchmal schwer, einzusehen, dass ein Experiment ein Urteilsspruch sein sollte.

Erworben versus angeboren

Gegen die von den Rationalisten verteidigten Ideae innatae (das sind die »eingeborenen Ideen« der platonschen Lehre, nach der jede Wahrheit schon von der Geburt an dem menschlichen Geist angeboren ist) hält Locke an folgender Argumentation fest: Wären die Ideen angeboren, dann müssten sie auch universell sein, in jedem Menschen vorhanden, zu allen Zeiten und an allen Orten. Genau das war es nämlich, was die Rationalisten, ausdrücklich oder auch nicht, vertraten. Doch das war es auch, was Locke und die Empiriker nach ihm bestritten: Die Ideen sind bei jedem Individuum äußerst verschieden (und variieren selbst bei einem Individuum noch im Laufe seines Lebens) und auch von Zeit und Ort abhängig. Natürlich fanden die Empiriker Argumente, die ihre Thesen stützten, und zwar in der Geschichte und der Geografie, die von der dominierenden rationalistischen oder idealistischen philosophischen Tradition vollkommen beiseitegelassen wurden.

Die beiden Arten der Ideen

Locke unterscheidet zwei Arten von Ideen: die einfachen und die komplexen Ideen. Die einfachen Ideen sind grundlegende, nicht weiter zerlegbare Repräsentationen: Atome der Repräsentation. Nach Locke gibt es drei Typen von einfachen Ideen:

- ✔ Die einfachen Ideen der sinnlichen Wahrnehmung wie das Warme, das Kalte, das Gesalzene, das Süße, die Ausdehnung, die Form und die Bewegung, die unmittelbar aus unserer Wahrnehmung, also der Erfahrung, stammen
- ✔ Die einfachen Ideen der Reflexion, die durch unsere inneren Fähigkeiten (Gedächtnis, Aufmerksamkeit, Willen) entstehen
- ✔ Die komplexen Ideen, die gleichzeitig der direkten Wahrnehmung wie auch der Reflexion entstammen, zum Beispiel die Ideen der Existenz, der Dauer und der Anzahl, die sowohl die Wahrnehmung der äußeren Dinge wie auch das Werk unserer inneren Fähigkeiten erfordern

Die Existenz der Ideen der Reflexion würde schon alleine genügen, um Lockes Empirismus von dem ständigen Vorwurf zu befreien, er reduziere den Menschen auf ein einfaches Aufnahmeinstrument, auf ein passives Gerät.

Die komplexen Ideen sind Kombinationen der einfachen Ideen. Locke unterscheidet hierbei mehrere Arten, je nachdem ob sie auf Substanzen (Realitäten, die durch sich selbst bestehen können) verweisen oder auf Modi (Realitäten, die nicht durch sich selbst bestehen können). Die Modi werden noch einmal in einfache Modi (wenn dieselbe einfache Idee mit sich selbst kombiniert wird; Beispiel: die Zahl, die eine Kombination identischer Einheiten ist) und in komplexe oder heterogene Modi, also gemischt zusammengesetzte einfache Ideen (zum Beispiel die Idee des Mordes, die sich in drei Elemente zerlegen lässt: töten, Mensch, freiwillig), gegliedert. Der Totschlag (als komplexe Idee) ist aus den Ideen des Tötens und des Menschen zusammengesetzt. Wenn man den freiwilligen Charakter der Tat hinzufügt, so nennt man dies Mord. Wenn man die Idee des Vorsatzes anfügt, so handelt es sich um vorsätzlichen Mord.

Kein Denken ohne Wörter

Die Beziehungen zwischen Wörtern und Ideen sind ein Beispiel für Kausalkettenbezüge vom Typ des Henne-Ei-Problems: kein Denken ohne Wörter, aber auch kein Wort ohne Denken. Das zeigt sich schon in der Doppelbedeutung des griechischen Wortes logos, von dem sich unsere »Logik« und alle Bezeichnungen der Fachdisziplinen mit der Endung »-logie« ableiten.

Die Empiriker messen der Sprache eine besondere Bedeutung bei. Sie sind es auch gewesen, die die Aufmerksamkeit der Philosophen auf das Sprachproblem lenkten. Die klassische idealistische und rationalistische Tradition neigt in der Tat dazu, die Sprache entweder als ein Absolutum göttlichen Ursprungs oder auch als ein transparentes, neutrales Mittel zu nehmen, das den Ideen lediglich als Vehikel dient. Im Gegensatz dazu machten die Empiriker, eben weil sie sich für die konkreten, tatsächlichen Begleitumstände des Denkens und der Erkenntnis interessierten, aus der Sprache einen eigenen Gegenstand der Reflexion und der Kritik.

Endlich taucht das Kind auf der Bildfläche auf!

Man musste lange warten, bis sich die Philosophen, wie auch die Maler und Dichter, für Kinder interessierten. Im Lateinischen ist die Sicht auf das Kind eine negative: Das Substantiv infans bezeichnet schlicht das »Kind«, das entsprechende Adjektiv infans bedeutet aber »stumm, lallend«. Ein Kind ist also ein Mensch, der nicht spricht. Das sagt wohl alles! In seinen Essais berichtet Montaigne, dass er vier oder fünf seiner Kinder im frühen Alter verloren hat, so genau kann er sich nicht mehr daran erinnern …

Da die Ideen erworben sind, ist es ganz normal, dass die Empiriker der Erziehung eine besondere Bedeutung zukommen lassen, einem Bereich, den die Rationalisten im Allgemeinen unbeachtet lassen. Locke machte in seinen Texten über die Erziehung einen Unterschied zwischen der Instruktion, die nur den Erwerb objektiver Kenntnisse betrifft, und der wahren Erziehung, deren Herausforderung die Persönlichkeitsentwicklung des Kindes ist. Rousseau, der Locke sehr genau gelesen hat, wird sich daran erinnern, wenn er seinen Émile schreibt.

Eine Philosophie der Toleranz

Dem Essay über den menschlichen Verstand kommt eine praktische Bedeutung zu: Hier werden die Grenzen der Denk- und Erkenntniskraft aufgezeigt mit dem Ziel, dadurch der religiösen Toleranz eine philosophische Legitimation zu verleihen. Die Lehre der Ideae innatae, das heißt die Vorstellung, nach der es im menschlichen Geist seit der Geburt wahre Ideen gibt (die dort von Gott selbst hinterlegt worden sein sollen), führt nach Locke notwendigerweise zur Intoleranz, da sie die Idee einer Gewissheit implizierte, die sich nur durch sich selbst rechtfertigt. Für Locke sind das Leben, die Freiheit und das Eigentum Naturrechte, die der Staat garantieren muss, indem er diesbezügliche Übergriffe sanktioniert. Das einzige Naturrecht, auf das das Individuum in der Zivilgesellschaft verzichten muss, ist das Recht auf Selbstjustiz.

Die Rechtfertigung des Privateigentums

Locke ist der eigentliche Vater des angelsächsischen Liberalismus. Er ist der Hauptinitiator, was die Menschenrechte betrifft, wie sie fast ein Jahrhundert später in Amerika proklamiert werden: Politische und ökonomische Freiheit werden als untrennbar verstanden. Locke vollendet das hervorragende Rechtfertigungswerk der ökonomischen Aktivität, das seit der Reformation des 16. Jahrhunderts angestrengt wurde. Die Arbeit wird nicht mehr als notwendige und gerechte Konsequenz der Erbsünde verstanden, als eine Art dauerhafter Bestrafung gewissermaßen, sondern sie bietet dem Menschen auch die Möglichkeit, sich freizukaufen und Gnade in den Augen Gottes zu finden. Geld ist nicht mehr diese schmutzige Angelegenheit, die man den den Juden zuschiebt, sondern das bequemste Mittel zu dem Zweck, Güter auszutauschen. Das Privateigentum ist nicht mehr diese zweifelhafte Sache, die einen mehr oder weniger vage an eine widerrechtliche Aneignung erinnert (im Sinne der Vorstellung, dass Gott der einzige eigentliche Eigentümer von allem ist), sondern das gerechte Produkt der menschlichen Arbeit.

Das ist auch der Standpunkt Lockes: Durch seine Arbeit erwirbt sich der Mensch automatisch ein Recht auf die Dinge. Und das sogar noch, bevor es überhaupt soziale Institutionen gibt: Die Frucht gehört demjenigen, der sie erntet, denn die Handlung des Erntens ist ja bereits Arbeit. Dies wird auch die zentrale Aufgabe des Staates sein: dem Einzelnen das gerechte Produkt seiner Arbeit zu garantieren.

Wie Hobbes denkt Locke, dass die Gesellschaft das Ergebnis eines Pakts ist, doch im Gegensatz zu Hobbes glaubt er nicht, dass der Naturzustand ein Zustand dauerhafter Gewalttätigkeiten sei. Nach Ansicht Lockes existiert ein Naturrecht, das die Gesellschaft beschützen muss. Daher befindet sie sich in Kontinuität seit ihrem Ursprung, es gibt keinen Kontinuitätsbruch gegenüber einem früheren Zustand.

Das große und hauptsächliche Ziel, zu dem sich Menschen im Staatswesen zusammenschließen, ist die Erhaltung ihres Eigentums.

Locke

Eine individualistische Philosophie

Der Individualismus ist die Übertragung des Reduktionismus in politischer Hinsicht: Die Gesellschaft beruht nach Locke auf der tatsächlichen Zustimmung jedes einzelnen Bürgers, sie ist kein vorgefertigtes Ensemble. Der Vertrag ist erst zu prüfen, er wird keine Volonté générale (keinen Gemeinwillen) enthalten, die von den Einzelwillen abweicht.

Daher wird man im 20. Jahrhundert zu Recht vom *methodologischen Individualismus* im Gegensatz zum *Holismus* sprechen. Während der Holismus von der Ganzheit (im Griechischen bedeutet *holon* »das Ganze«) ausgeht, um aus ihr die Einzelelemente herzuleiten, und dabei berücksichtigt, dass das Ganze mehr ist als die Summe seiner Einzelteile (er befasst sich deswegen mit der Kultur, der Gesellschaft, der Geschichte usw.), meint der Individualismus, als Nachfolger des Nominalismus, dass allein die Einzelelemente eine reale Existenz besitzen, so dass die Ganzheiten nur bequeme Bezeichnungen sind, die keinesfalls eine erklärende Rolle spielen können.

Die drei Gewalten

Locke unterscheidet drei Gewalten oder Mächte:

- ✔ **Die legislative Macht**, die oberste Macht, die der politischen Gesellschaft im Ganzen gehört oder ihren Repräsentanten und nicht abgetreten werden kann
- ✔ **Die exekutive Macht**, die die Gesetze anwendet, die von der legislativen Macht beschlossen wurden, die ihr übergeordnet ist
- ✔ **Die föderative Macht**, die für die Beziehungen zu auswärtigen Mächten verantwortlich ist (das Äquivalent zu unseren heutigen Außenministerien)

Locke empfiehlt eine Unterscheidung (ähnlich wie später Montesquieu), aber keine Trennung der Mächte. Dennoch ist das die Idee der *Gewaltenteilung*, die in den folgenden Jahrhunderten das demokratische Ideal darstellt – Locke war einer seiner ersten Theoretiker Locke.

Für die politische Philosophie ist das schon eine beachtliche Innovation: Nach Ansicht Lockes gehört die Souveränität nicht zur exekutiven Gewalt, sondern zur legislativen (die außerdem auch noch die judikative umfasst). Für Locke ist es die Nationalversammlung, die die Souveränität innehat. Während der Pakt bei Hobbes, der das Individuum mit dem Souverän verbindet, einseitig ist, ist er bei Locke bilateral. Damit ist auch der Souverän gegenüber dem Volk in die Pflicht genommen. Wenn er sein Versprechen bricht und seine Kompetenzen überschreitet, indem er das Naturrecht des Einzelnen verletzt, hat das Volk das Recht, sich zu wehren. Locke gab den Anstoß zur Revolution von 1688, die durch die Niederwerfung des königlichen Absolutismus die Grundlagen für die englische Demokratie legte. (Inzwischen hat sich das von Hobbes und Locke beschriebene Verhältnis umgedreht: Der Souverän ist nun das Volk.)

Berkeley, der kühne Bischof

Ein großer Teil des Werkes Berkeleys ist der Kritik an der Vorstellung einer substantiellen, objektiven Materie gewidmet und damit einer Vorstellung, die – nach Ansicht dieses Philosophen – nur zum Atheismus führen kann.

Sein bedeutet, wahrgenommen zu werden

In Berkeleys Werk *Drei Dialoge zwischen Hylas und Philonous* plaudern miteinander ein Anhänger der Idee der objektiven Materie (der Name *Hylas* leitet sich von einem griechischen Wort mit der Bedeutung »Materie« ab) und ein Leugner dieser Idee als Wortführer des Autors (der Name *Philonous* setzt sich aus zwei griechischen Wörtern zusammen, die »lieben« und »Geist« bedeuten, somit ist *Philonous* der »Freund des Geistes«). Philonous sagt: »Ich bestreite die Existenz der materiellen Substanz nicht alleine deswegen, weil ich davon nicht die geringste Vorstellung habe, sondern weil ihre Vorstellung widersprüchlich ist.«

Von irischer Herkunft, ist George Berkeley der letzte bedeutende Würdenträger der Kirche (er war immerhin Bischof), der ein großer Philosoph war. Er war auch der Erste, der eine Reise von Europa nach Amerika unternahm, wo er eine Mission gründete. Da ihm das Geld ausging, musste er allerdings bald nach Hause zurückkehren.

Die Philosophie Berkeleys stellt den radikalsten Idealismus überhaupt dar: Sein bedeutet, wahrgenommen zu werden (auf Latein heißt das: *Esse est percipi*). Sie beruht auf einer besonderen Lehre der Sicht: Im Gegensatz zu dem, was die Philosophen behaupten, und entgegen der allgemeinen Meinung ist es nicht die äußere Welt, die wir wahrnehmen, wenn wir die Augen öffnen. Wir sehen weder die Größen noch die Abstände noch die Bewegungen. Unsere Wahrnehmung ist kein Kontakt mit der materiellen Welt, sondern eine analoge Übersetzung derjenigen Welt, die wir bewirken, wenn wir die Bedeutung einer Aussage verstehen: Wir sehen einen Felsen in seiner Größe und seinem Abstand zu uns im gleichen Sinne, wie wir ihn hören, sobald seine Bezeichnung, sein Name, auf unser Ohr trifft. Diese Feststellung wird zu einer radikalen Umkehrung: Das Wirkliche ist nicht die Sache, sondern die wahrgenommene Vorstellung von ihr in der Wahrnehmung selbst. Die Materie ist keine Substanz, sondern Wort.

Berkeley lehnt die Unterscheidung ab, die Locke vom Philosophen und Chemiker Boyle übernommen hatte, nämlich die Unterscheidung zwischen den ersten Eigenschaften, die zur Sache selbst gehören, und den zweiten Eigenschaften, die vom wahrnehmenden Subjekt stammen.

Für Berkeley gibt es diese erste, objektive Eigenschaft der Materie nicht (Descartes nannte die Ausdehnung eine solche, Leibniz die Undurchdringbarkeit, andere die Festigkeit usw.). Alle Eigenschaften, die wir der Materie zuschreiben, kommen laut Berkeley von uns selbst. Wenn ich eine Kutsche auf der Straße fahren höre, sagt der bischöfliche Philosoph, so ist das keine Kutsche, sondern ein Ton, den ich höre. Von diesem Ton ausgehend, folgere ich, dass ich einen Wagen höre. Ebenso ist es nicht Gott, den ich sehe, wenn ich in einem Buch lese, das mir von Gott erzählt, sondern es sind die schwarzen Flecke, die die Wörter darstellen.

Am Ende seiner Argumentation ist Berkeley nicht sehr weit von Malebranche entfernt: Die Wahrnehmung ist der Effekt, der im Geist ausgelöst wird durch einen anderen Geist, der kein anderer als Gott ist. Die Welt ist ein Zeichensystem, das den Menschen von Gott gesandt wird.

Die Rebellion des gesunden Menschenverstandes

Dieser arme Berkeley, so schrieb der Arzt der Königin, hat jetzt eine Idee von der Gesundheit, die ihn viel Mühe gekostet hat, denn er hatte eine seltsame Idee vom Fieber. und zwar eine so starke Idee, dass es ihm doch sehr schwerfiel, es zu senken, selbst wenn er sich das vornahm.

Die Hervorrufung der Vorstellung von einer heftigen körperlichen Wahrnehmung bei jemandem, der versucht war, die objektive Realität der Dinge in Zweifel zu ziehen, bezeichnete man als *Argumentum baculinum*, als *schlagendes Argument*. Dieses schlagende Argument nutzte man gegen die Skeptiker: Ihr leugnet also die Existenz von allem, bestreitet ihr auch die Existenz dieses Stockes? Und des Schlages, den ich euch mit diesem Stock versetzen werde? Und auch des Schmerzes, den ihr gleich fühlen werdet?

In einer erweiterten Bedeutung bezeichnet man als schlagendes Argument jede Erfahrung, die die Skeptiker angesichts der rauen Wirklichkeit der Dinge und Ereignisse machen. Berkeley musste dieses Argument durch seinen irischen Landsmann Swift erleiden. Berichten zufolge ließ der unsterbliche Verfasser von Gullivers Reisen den Denker des Immaterialismus im Regen vor Kälte zittern und lehnte es ab, ihm die Tür zu öffnen: »Wenn seine Theorie stimmt«, rief Swift, »warum hört er dann nicht mit dem Klopfen auf? Kann er denn nicht ebenso durch eine geschlossene wie durch eine offene Tür treten?«

Teerwasser als Allheilmittel

Das Paradoxon (und auch die Schwierigkeit) der Philosophie Berkeleys besteht darin, dass sie zugleich empiristisch als auch immaterialistisch ist. Das ist jedoch nicht das einzige Paradoxon und auch nicht die einzige Schwierigkeit. Am Ende seines Lebens schreibt Berkeley ein merkwürdiges Werk mit dem seltsamen Titel Siris, in dem er eine Apologie des Teerwassers betreibt. Siris bedeutet im Griechischen »Kette«. Das Teerwasser wird darin nicht nur als Allheilmittel vorgestellt, sondern auch als das erste Glied einer Kette beschrieben, die alle Wesen der Natur bis hin zur göttlichen Dreifaltigkeit umfasst. Weiter kann man eigentlich gar nicht mehr gehen.

Der Abstand vom Bitumen (Teer) zu Gott ist ja nicht gerade klein. Doch das Seltsamste ist etwas ganz anderes – nämlich die Betrachtungen über die undurchdringlichste Materie, die es überhaupt gibt, seitens eines Autors, der den Immaterialismus erfunden hat. Auf den modernen Leser muss das Ganze ziemlich rätselhaft wirken. Ein schönes Beispiel jedenfalls für die kontroversen Diskussionsgegenstände unter Fachleuten (jede Universität ist wie ein Rosenstock: Die philosophischen Streitpunkte vermehren sich dort wie Blattläuse): Muss man bei dem irischen Bischof nun einen totalen Abfall von seiner Theorie vermuten oder eher den Beweis dafür sehen, dass der Immaterialismus nicht allzu einfach zu verstehen ist? Das Nachsinnen über diese komplizierte Angelegenheit überlassen wir mal lieber den Schlaflosen und Neugierigen.

Hume, der Kant lange Zeit um seinen Schlaf brachte

Die metaphysischen Systeme des 17. Jahrhunderts (Descartes, Malebranche, Spinoza, Leibniz) beruhten auf den Ideen der Substanz und der Ursache. Berkeley übte Kritik an der Idee der materiellen Substanz und der körperlichen Kausalität und ließ nur noch die geistige Kausalität gelten. Hume treibt die Kritik bis auf die Spitze: Er postuliert eine Abkehr von der Vorstellung der geistigen Substanz und der einer Kausalität im Allgemeinen. Bei ihm gilt das Subjekt nicht mehr als Substanz (wie es noch bei Berkeley der Fall war), sondern vielmehr als Urheber der Erkenntnis. Kant wird sagen, dass Hume ihn aus seinem »dogmatischen Schlaf« aufgeweckt hat.

Unter den Denkern sind die Philosophen diejenigen, die am wenigsten frühreif sind. Wenn man mit 20 Jahren noch kein genialer Schachspieler oder Mathematiker ist, so wird man es auch nie sein. Im Gegensatz dazu haben fast alle Philosophen ihr Hauptwerk erst jenseits der 40 geschrieben. Kant war schon bald 60, als er seine *Kritik der reinen Vernunft* veröffentlichte. Man braucht tatsächlich erst einmal eine gewisse Zeit, um Lektüren und Erfahrungen zu sammeln und geistig zu verarbeiten. Dennoch gibt es in der Geschichte der Philosophie zwei bemerkenswerte Ausnahmen: Sowohl Hume als auch Schopenhauer haben ihre Denksysteme bereits vor ihrem 30 Lebensjahr entwickelt.

Die psychischen Atome

Seit Hume wird die Analogie zwischen dem ersten Element der Repräsentation und dem Teilchen der Materie hergestellt. Der Atomismus des Empirismus ist psychologisch, logisch und auch körperlich: Ein Ganzes, egal wie es repräsentiert wird – ob gedacht oder materiell –, ist für den Empirismus eine Ganzheit, die sich auf ihre einzelnen Bestandteile, ihre Elemente, reduzieren lässt. Jeder mentale Inhalt lässt sich auf Wahrnehmungen zurückführen, also auf Eindrücke, Impressionen (Passionen und Bilder, die im Geist sofort präsent sind) und Ideen (abgeschwächte Kopien der Impressionen).

Am Anfang stehen die *Impressionen*, die Wirkungen, die die Dinge beim Menschen hinterlassen. Hume bezeichnet Impressionen dann als Sinnesempfindungen, Passionen und Gefühle, wenn sie in unserem Geist auftauchen. Die *Ideen* sind die Reflexe, die Kopien der Impressionen. Während die Impressionen farbenfroh sind, sind die Ideen blass. Doch die Lehre, nach der die Ideen die Kopien der Impressionen sind, hat eine unmittelbare radikale Konsequenz: Sie sind nicht der Ausdruck der Dinge selbst.

Der Skeptizismus Humes ergibt sich aus der folgenden Ausgangsposition: Unsere Repräsentationen sagen etwas über uns, aber nichts über die Dinge selbst aus. Es ist eine Illusion zu glauben, die Ideen seien Ausdruck der objektiven Realität, doch ist diese Illusion allgemein verbreitet, da der Mensch gewohnheitsmäßig äußeren Dingen das zuschreibt, was in Wirklichkeit von ihm selbst kommt. Anders ausgedrückt: Wenn der Mensch denkt, dann hat er es eigentlich nur mit sich selbst zu tun, während er glaubt, mit seinem Geist die Eigenschaften zu Welt zu erfassen.

Großzügigkeit des Subjekts

Nehmen wir ein Beispiel, das sich zwar nicht im Text Humes, aber doch im Denken des schottischen Philosophen findet. Im Winter ziehen wir uns warme Kleidung an, was bedeutet, dass wir doch mit einer gewissen Großzügigkeit Stoffteilen eine Eigenschaft (die Wärme) zusprechen, die in Wirklichkeit von unserem Körper kommt. Durch die rhetorische Stilfigur der Metonymie (wörtlich »Namensvertauschung«) sagen wir von einem Kleidungsstück, dass es warm ist.

Die Assoziation der Ideen

Hume war einer der Ersten, der die Himmelsmechanik Newtons zum Vorbild nahm, um sich die Art und Weise klarzumachen, wie sich die Ideen in der mentalen Welt, die ja die ihre ist, gegenseitig anziehen. Die Assoziation der Ideen vergleicht er dabei ausdrücklich mit einer Art Anziehung, die in der mentalen Welt ebenso außergewöhnliche Wirkungen hervorruft wie in der Welt der Natur und unter so zahlreichen wie unterschiedlichen Formen in Erscheinung tritt. Wenn die Ideen, die man betrachten kann und muss, auf ewig isoliert voneinander blieben, dann könnten wir keinen einzigen Gedanken formulieren.

Daher muss es eine Kraft geben, die sie miteinander verbindet. Diese Kraft der Assoziation der Ideen ist spontan (wir würden heute unbewusst dazu sagen).

Hume unterscheidet drei Arten der Assoziation: die Ähnlichkeit, die raum-zeitliche Nähe (die Kontiguität) und die Kausalität.

Assoziation durch Ähnlichkeit

Eine Idee ruft eine weitere hervor, wenn sie – entweder im Ganzen oder teilweise – eine Analogie zu ihr darstellt. So kann uns ein Unbekannter auf der Straße sofort an einen Freund denken lassen, weil er beispielsweise den gleichen Gang wie dieser hat. Die Assoziation kann allerdings auch durch einen Kontrast, ja sogar durch das genaue Gegenteil, entstehen: Ein sehr dünner

Unbekannter kann uns an unseren ausgesprochen dicken Freund erinnern, gerade weil es diese Unähnlichkeit zwischen den beiden gibt (letztendlich hätten die Menschen ja auch niemals an ein religiöses, später dann politisches Paradies gedacht, wenn sie nicht schon wahre Höllen durchgemacht hätten).

Assoziation durch Kontiguität

Eine Idee ruft eine weitere hervor, wenn sie – entweder im Ganzen oder teilweise – in einem gleichen räumlichen oder zeitlichen Zusammenhang wie eine andere Idee gedacht wurde. So kann uns eine Musik an jene oder jenen denken lassen, mit der oder mit dem wir in den Ferien einen romantischen Abend verbracht haben. Die Madeleine bei Proust ist ein berühmtes (und vornehmeres) literarisches Beispiel für Assoziation durch Kontiguität.

Assoziation durch Kausalität

Eine Idee kann uns an eine weitere denken lassen, wenn sie deren Ursache oder Wirkung ist. So kann eine Autowerbung mich zu dem Gedanken führen, dass ich ich durch den Kauf dieses bestimmten Autos eine Prestigegewinn zu erzielen vermöchte, der mir eventuell in der einen oder anderen Sache zum Erfolg verhelfen könnte.

Weshalb schenkt man der Kausalität eine so große Aufmerksamkeit?

Wenn Hume der Kritik an der Idee der Kausalität eine solche Bedeutung beimisst, dann geschieht das aus mehreren Gründen.

Die Kausalität ist eine drei Arten der Assoziation der Ideen. Sie steht im Mittelpunkt aller metaphysischen Systeme – denken wir nur an die herausragende Rolle, die man im 17. Jahrhundert Gott zugewiesen hat. Die Rationalisten dachten, dass der Kausalitätsbezug eine Deduktion sei: Von der Idee der Ursache komme ich allein durch das Denken zur Idee der Wirkung. Hume bestreitet das: Von der Idee der Abkühlung werde ich niemals auf die Idee des Eises schließen. Wenn ich diese Idee als Wirkung jedoch kenne, dann deshalb, weil ich das schon häufig gesehen, weil ich schon häufig diese und diese Erfahrung gemacht habe.

Außerdem scheint die Kausalität von Anfang an die grundlegende Idee des Empirismus zum Scheitern zu verurteilen. Die Annahme einer Kausalitätsbeziehung führt das Denken tatsächlich dazu, von einer gegebenen Ursache (dem Feuer zum Beispiel) zu einer noch nicht eingetretenen, nur erwarteten Wirkung (dem Sieden des Wassers zum Beispiel) zu gelangen. Muss man daraus schließen, dass der Geist aus seinen eigenen Ressourcen schöpft und fähig ist, die empfangene Impression zu übersteigen?

Pfiffig, wie er ist, sucht Hume die besondere Impression, aus der die Idee der Kausalität hervorgeht. Was haben wir eigentlich in unserem Kopf, wenn wir von der Kausalität sprechen? Zuallererst eine Beziehung der Kontiguität, die im nahen Raum und in der nahen Zeit besteht (das Feuer berührt den Kochtopf, das Sieden folgt sofort auf die Hitze des Feuers). Aber auch wenn Ursache und Wirkung voneinander entfernt scheinen, vermuten wir doch etwas, was die beiden miteinander verbindet.

Die Kausalität ist in uns und nicht in den Dingen

Für Hume hängt der Kausalitätsbezug weder an der objektiven, physikalischen Realität der Dinge noch an der logischen Struktur unseres Denkens, sondern ein psychologischen Faktor ist ausschlaggebend: Im menschlichen Geist gibt es eine allgemeine Neigung, von einem Begriff zu einem anderen zu gelangen, der aus der Erfahrung der Wiederholung hervorgeht. Die Erfahrung zeigt uns in der Tat die Beständigkeit bestimmter Abläufe: Das Eis folgt auf die Kälte, das Sieden folgt auf das Feuer. Die Idee der Kausalität entsteht tatsächlich aus der Gewohnheit.

Und wenn die Sonne morgen nicht mehr aufginge?

Hume hält, wie alle Empiristen, die Induktion für eine unkluge und unhaltbare Wette: eine Wette auf die Zukunft (nichts weist darauf hin, dass morgen alles so wie heute sein wird) und eine Wette auf die Ordnung der Dinge (nichts weist darauf hin, dass eine Beziehung unbedingt allgemeingültig sein muss). Indem Hume der Induktion eine nicht logische, sondern psychologische Begründung gibt (sie wäre also die Vermutung einer Wahrscheinlichkeit, die sich aus der gewohnheitsmäßigen Erfahrung ableitet) gibt, münzt er die Verallgemeinerung zur Wiederholung um. Andererseits schließt er die Lücke zwischen dem wissenschaftlichen Denken und den rationalsten Bekundungen des Gefühlslebens. Die Wissenschaft bringt in den Augen Humes keine absolute Sicherheit, eben weil sie mittels Induktion vorgeht und auch nicht anders vorgehen kann.

Auch in der Wissenschaft spielt der Glaube eine bedeutende Rolle. Natürlich ist es höchst wahrscheinlich, dass die Sonne auch morgen wieder aufgeht, doch, so meint Hume, ist es nicht völlig ausgeschlossen, dass sie nicht mehr aufgehe. Das heißt, es wäre weder logisch noch physikalisch widersprüchlich, wenn es morgen keinen Sonnenaufgang mehr gäbe. Aus Gewohnheit legen wir unser Aufwachen auf eine bestimmte Uhrzeit, und bis jetzt ist immer alles gutgelaufen. Doch die Induktion ist eine Wette auf die Zukunft, die niemand einhalten muss, noch nicht einmal Gott. Bertrand Russell wird im Hinblick auf die Induktion sagen, dass sie die Überlegung ist, die das Hähnchen anstellt, wenn es die Hand der Bäuerin mit dem Korn assoziiert, das sie ernährt, jedoch nur bis zu dem Tag, an dem diese Hand ihm den Hals umdreht.

Die Rehabilitierung des Glaubens

Hume unterlegt dem Begriff des Glaubens eine besondere Bedeutung: Er ist eine starke und lebendige Idee, die sich aus einer präsenten Impression ableiten lässt. Im Gegensatz zu dem, was eine rationalistisch inspirierte Philosophie annehmen lässt, ist das Denken nicht nur die mühselige Arbeit eines Geistes, der sich die Schwierigkeiten nacheinander methodisch vornimmt, sondern es verfügt über einen gewissen Spielraum an Fantasie und Freiheit. Die rationalistische Philosophie besaß die Angewohnheit, den Glauben als Unkenntnis und Unvernunft abzuschieben. Doch mit den Empirikern im Allgemeinen und Hume im Besonderen wird der Glaube zu einem zentralen Thema, denn sein Anteil ist selbst beim am meisten gesicherten Wissen dennoch beträchtlich. Daraus wird Nietzsche folgende radikale Schlussfolgerung ziehen: Es gibt keine Wissenschaft ohne den Glauben an die Wahrheit, und dieser Glaube ist definitionsgemäß nicht von der Ordnung der Wahrheit.

Jede Erkenntnis degeneriert zur bloßen Wahrscheinlichkeit.

Hume

Nur das Wie, aber kein Warum

Wie Newton meint auch Hume, dass die Wissenschaft ihre Ansprüche auf die Entdeckung der Gesetze beschränken muss, das heißt auf konstante Beziehungen, deren Begründung sich uns nicht erschließt. Das ist die Idee, von der später der Positivismus Auguste Comtes ausgeht. Ich schmiede keine Hypothesen, sagte Newton im Hinblick auf die Gravitationskraft. Oder, anders ausgedrückt: Die Wissenschaft kann sie ausfindig machen und sie messen, doch woraus sie besteht ... Die Philosophie Humes geht von Meinungen und Glaubenshaltungen des Menschen aus und sucht darin durch Analyse und Induktion das Prinzip. Doch sie wird sich davor hüten, ihrerseits das Prinzip zu bewerten, mit dessen Hilfe wir bewerten.

Ist die Welt wichtiger als mein Finger?

Als Einstein ausrief, es sei nicht möglich, logisch zu beweisen, dass es nicht gut ist, die Menschheit zu vernichten, wollte er damit nicht der nuklearen Apokalypse das Wort reden. Er stellte lediglich fest – und sein Tonfall war ganz offensichtlich ein dramatischer –, dass die logische Vernunft unfähig ist, unsere moralischen Gewissheiten zu begründen. Wir wissen doch fast alle, dass es nicht gut wäre, wenn die gesamte Menschheit in einem Weltkrieg vernichtet würde, doch ist es offenbar nicht der logische Verstand, der uns das mitteilt und der uns das beweisen könnte.

Auch Einstein sagte noch, was Hume bereits zwei Jahrhunderte vor ihm festgestellt hatte: Es widerspricht nicht der Vernunft, die Zerstörung der ganzen Welt einer Wunde an meinem Finger vorzuziehen. Später wird man vom humeschen Gesetz sprechen, um auf den großen Unterschied hinzuweisen, der zwischen deskriptiven Aussagen – die sagen, was ist – und präskriptiven Aussagen – die sagen, was sein soll – besteht. Philosophisch ausgedrückt, bedeutet das, dass das Sein-Sollen nicht aus dem Sein hergeleitet werden kann.

Beispielsweise folgt aus der Tatsache, dass Frauen – mit äußerst seltenen Ausnahmen – stets den Männern unterworfen waren, nicht, dass das auch weiterhin immer so sein soll. Es sei denn, die schlimmsten Dinge, von denen uns die Geschichte genügend Beispiele liefert, sollten auch in Zukunft immer weiter passieren. Dennoch gibt es Leute, die weiterhin glauben, selbst heute noch, dass das faktische Argument ein gutes Argument sei: Das ist normal, das ist natürlich, das ist richtig, weil es schon immer so gewesen ist! Hume lehrt uns jedoch oder erinnert uns daran, dass es zwischen dem Sein und dem Wert, zwischen der Tatsache und der Norm, einen gehörigen Unterschied gibt und dass man nicht stufenlos vom einem zum anderen gelangt.

Das Infragestellen der persönlichen Identität

Bei Hume gibt es kein Cogito und auch keine denkende Substanz oder einen inneren Dirigenten: Das Ich ist ein bequemer Ausdruck dafür, eine schwankende und unbeständige Gesamtheit von Zuständen zu bezeichnen. Die Psychologen am Ende des 19. Jahrhunderts werden in Hume einen Vorläufer des *psychologischen Atomismus* sehen. Die Einheit des Ich, die in der denkenden Substanz aufgerichtet wird, ist eine Illusion, die vor der empirischen Beobachtung nicht standhalten kann: Unser Bewusstsein ist durchlöchert von Leer- und Fehlstellen, es wird ständig unterbrochen (durch Schlaf, Zerstreuung, Betrunkenheit, Wut ...), es unternimmt Gedankensprünge. Von weitem betrachtet erscheint es als Gewissheit, von nahem jedoch zersplittert es in tausend Fragmente.

Ein zwiespältiger Skeptizismus

Im Gegensatz zum radikalen Skeptizismus der antiken Philosophen bezeichnet Hume seinen Skeptizismus als zwiespältig. Für ihn existiert eine Gewissheit nur in der Mathematik. Die Existenz der Außenwelt kann vernünftigerweise nicht in Zweifel gezogen werden, kein Glaube taugt etwas. Außerdem, und dieser Sachverhalt ist für die moralische Philosophie von enormer Tragweite, gibt es allgemeingültige Gefühle der Sympathie und der Antipathie, die der Reflexion und dem Handeln solide Stützpunkte bieten. Nach Ansicht Humes ist es das Gefühl (durch die Zustimmung oder die Ablehnung, die ihm folgt), das die Moral begründet, wie die Angst die Begründung der Religion ist.

Die Philosophie der Aufklärung: Erleuchtung, Illuminismus oder Blendung?

15

In diesem Kapitel

- Eine Galerie der Ideen und der Persönlichkeiten, die die Moderne vorbereiteten
- Die Liebe zur Natur, nicht nur zu Blumen und Vögeln
- Die Geburtsstunde der Geschichtsphilosophie
- Philosophen, die über Gesetz und Gesellschaft nachdachten

Was heißt Aufklärung?

Was in Deutschland *Aufklärung* heißt, bezeichnet man im englischen Sprachraum als *Enlightenment*, als *Illuminismo* in Italien und als *Lumières* in Frankreich. Damit ist das 18. Jahrhundert das einzige, das in allen europäischen Ländern mit dem gleichen Namen bezeichnet wird – wobei es sich jedes Mal um das Licht als Metapher dreht, das nun buchstäblich vom Himmel zur Erde hinabgestiegen ist. Im Mittelalter war das Licht das Zeichen für Gott. Von nun an wird es das Symbol für die Größe des Menschen sein.

Auf die Frage »Was heißt Aufklärung?« antwortete Kant, der darüber ein kleines Büchlein schrieb: aus dem Zustand der Unmündigkeit herauszutreten, frei zu sein, von keinem anderen Gesetz als von der Vernunft abhängig zu sein.

Das Zeitalter der Aufklärung war ein großes Zeitalter des Geistes. Montesquieu sagte, das Studium sei für ihn die beste Medizin gegen den Lebensüberdruss gewesen, und er habe niemals Kummer verspürt, da eine Stunde Lektüre ihn stets von allen Sorgen abgelenkt habe. Was waren das noch glückliche Zeiten und glückliche Menschen, die Bücher lasen und keine Drogen und keine Medizin brauchten!

Die Philosophen der Aufklärung versuchten im Gegensatz zu den Philosophen des vorhergehenden Jahrhunderts nicht, ihr Denken wie ein hochherrschaftliches Gebäude zu errichten. Sie misstrauten diesen weiträumigen Konstruktionen, die angeblich das Abbild der Welt sein sollten, doch letztlich nur Ersatz dafür waren. Die Paradoxen Übungen gegen die Aristoteliker (Dissertation en forme de paradoxe contre les aristotéliciens) von Gassendi, verfasst schon in der ersten Hälfte des 17. Jahrhunderts, können bereits als erste philosophische Kritik an der Vorstellung des Systems verstanden werden. Der epikureische Philosoph dokumentiert hier, dass das aristotelische Gedankengebäude Leerstellen und Widersprüche aufweist und damit weit davon entfernt ist, ein umfassendes Ganzes zu bilden.

Gegen die Metaphysik

Ein gemeinsamer Gedanke eint die meisten der Philosophen des 18. Jahrhunderts: die Opposition gegen die Metaphysik, die als ein Werk der Einbildungskraft, als bloße Illusion betrachtet wird – Voltaire sagt von ihr, sie sei der Roman der Seele. Die schottische Schule der Common-Sense-Philosophie, hauptsächlich vertreten durch Thomas Reid, ist charakteristisch für diese Ablehnung der Metaphysik im Namen des wirklichen Lebens. Kant erkennt das Scheitern der Metaphysik im Bereich einer Erkenntnis, die auf den Wahrheitsbegriff hin ausgerichtet ist. Gegen Ende des Jahrhunderts bemüht er sich um ihre Rettung, indem er sie wieder praktischer orientiert.

Das Jahrhundert der Natur

Das Jahrhundert der Aufklärung war das große Zeitalter der Natur. Diese erscheint nun überall und wird zum Kriterium für quasi alles: Sie bestimmt in gewisser Weise die Konzeptionen des Rechts, der Religion, des Gesetzes, der Gefühle, ja selbst der Musik (mittels der natürlichen Tonleiter). Handelt es sich dabei nun um die Verweigerung von Gelehrten, die es einfach ablehnen, in der Arbeit und in den Erfindungen der Menschen den herausragend kulturellen – und damit zwingend willkürlichen – Charakter zu erkennen? (Der von der Französischen Revolution verordnete revolutionäre Kalender gibt den Monaten neue Namen je nach Jahreszeit und den entsprechenden Arbeiten auf dem Feld.)

Die Illusion des weißen Mannes

Im 18. Jahrhundert beginnt das bereits gealterte und an sich selbst zweifelnde Europa, von weit entfernten und vergangenen Gesellschaften zu träumen, die vollkommen frei sind, eben weil sie noch »natürlich« sind. So entwickeln sich die »Wilden« und »Primitiven« bei bestimmten Denkern langsam zur Idealvorstellung für ein natürliches Leben und eine natürliche Menschheit, wie sie in den zivilisierten Gesellschaften nicht mehr anzutreffen sind. Man glaubte, bei den Völkern Polynesiens Adams und Evas wiederzuerkennen, die aus ihrem Paradies nicht verjagt worden waren. Wir brauchen wohl nicht näher zu erläutern, inwieweit eine solche Vorstellung eine Illusion war. Schließlich lebten die Polynesier keinesfalls freier als die, von denen sie beneidet wurden. Außerdem erkannte man bald, unter anderem auch durch anthropologische Studien (Anthropologie ist die Wissenschaft vom menschlichen Leben), dass ihre Gesellschaft in vielerlei Hinsicht sogar noch viel zwanghafter als die europäische organisiert war. Eine Ironie der Geschichte ist es wohl, dass man ausgerechnet von diesem Volk, das mit seiner angeblichen Sittenfreiheit für die Weißen eine absolute Traumvorstellung war (die nackten Wilden sollten eine besondere erotische Gastfreundschaft praktizieren …), das Wort »Tabu« übernommen hat.

Kein Volk, sei es auch noch so wild und noch so primitiv, lebt natürlich. Der Ausdruck »natürliches Leben« ist für den Menschen ein Widerspruch in sich – auf das Tier angewandt, ist er lediglich eine Tautologie (eine Nullaussage). Besonders widersinnig ist es jedenfalls, wenn man von den Menschen ohne Schriftkultur (das ist die objektive, nicht abwertend gemeinte Definition der »Primitiven«) denkt, sie lebten wie die Tiere. Daraus, dass sie naturnah leben, darf man nicht schließen, dass sie auch »natürlich« leben. Die Glaubensvorstellungen solcher Völker und ihre Sitten sind in vielerlei Hinsicht komplexer als unsere, und ihre Konventionen zeugen von einer Erfindungsgabe, für die wir gar keinen Sinn mehr haben. Von ihnen als nichtzivilisierten Gesellschaften zu sprechen wäre ebenso abwegig, wie von einem Volk ohne Sprache zu reden.

Welche Funktion hatte diese Vorstellung von der Natur?

Die Natur hatte aber für die Philosophen des 18. Jahrhunderts nicht nur diese illusionäre und nostalgische Bedeutung. Sie tritt an die Stelle Gottes bzw. der Vorsehung. Gewiss, Gott gilt auch weiterhin im Allgemeinen als der Schöpfer der Natur, so wie sich hinter dem Natürlichen fast immer das Göttliche verbirgt. Dennoch stimmt es, dass die Natur zu einem höflichen (und geschickten) Mittel in den Texten der meisten Philosophen der Aufklärung wird, um Gott für immer zu verabschieden.

Außerdem ermöglicht es diese Art, über die Natur zu reden, den universalen Zusammenhang zwischen den einzelnen Lebewesen und sogar zwischen den Lebewesen und den Dingen zu durchdenken. Nicht mehr die Transzendenz (die Beziehung zum göttlichen Absoluten), sondern der zweifache Bezug der Koexistenz im gleichen Raum und der Aufeinanderfolge zur gleichen Zeit soll sinnstiftend sein. Diderot sagte, dass ein Atom die Welt bewegt, und Shaftesbury, ein englischer Philosoph, dachte, die Welt sei ein großes Lebewesen und alle Wesen bildeten, miteinander solidarisch, eine Kette.

Das mechanistische Modell, das die Welt mit einer Maschine gleichsetzt, steht dem organischen Modell konträr gegenüber, in dem die Welt mit einem Körper verglichen wird – und beide sind totalitär. In seinem *System der Natur* (damals trugen mehrere Werke diesen Titel) betrachtet der Materialist d'Holbach die Natur als ein großes Ganzes, das aus der Zusammenstellung verschiedener Materien resultiert, aus ihren unterschiedlichen Kombinationen und mannigfaltigen Bewegungen. Die Physik Newtons, die die Wissenschaft dieser Zeit beherrschte, scheint diese Vorstellung zu stützen.

Doch zwischen dem Lebendigen und einer Maschine sind Synthesen durchaus möglich: So erklärt sich La Mettrie, ein weiterer materialistischer Philosoph, das Entstehen von Lebensformen aus dem Zusammentreffen tierischer wie auch pflanzlicher Samen in der Atmosphäre – eine These, die man heute der Panspermie zurechnen würde (Panspermie ist die Theorie von der Entstehung des Lebens auf der Erde durch Keime von anderen Planeten).

Die Einheit und die Kontinuität machen aus der Natur eine Ganzheit, in der die Lebewesen ihre Bestandteile sind. Maupertuis, Buffon und Diderot vermuten einen einzigen Plan, von dem ausgehend die Lebewesen gebildet werden – diese Vermutung beruht auf einer Art Intuition, die zu Beginn des 19. Jahrhunderts von den Pionieren der Paläontologie weiterentwickelt und bestätigt wird. La Mettrie greift in seinem L'Homme plante (Die Pflanze Mensch) in einem naturalistischen Sinn die antike Analogie zwischen Blut und Saft wieder auf, während er in L'Homme machine (Die Maschine Mensch) die leibnizsche Vorstellung in einem materialistischen Sinn erneuert: Die Materie ist auch geistig, und es gibt keinen fühlbaren Übergang vom Tier zum Menschen.

Wie Spinoza meint auch d'Holbach, dass der Mensch kein Staat in einem Staate ist, dass es also keine mögliche Äußerlichkeit in Bezug zur Natur gibt: Der Mensch wird von der Natur gebildet und ist gleichzeitig von ihr umgeben. Sade glaubt das ebenso, wenn auch mit anderen Worten. So auch Herder, als er die Geschichte des Menschen in die Geschichte der Natur integriert: Die Gesetze der Geschichte sind ein besonderer Fall, eine Anwendung der Naturgesetze gewissermaßen.

Die Geburt der Ästhetik

Die großen Philosophen des 18. Jahrhunderts besaßen weder eine Theorie der Kunst noch eine Theorie des Schönen. Zwar schrieb Diderot einen Traité de musique, doch handelt es sich dabei um ein mathematisches und physikalisches und nicht um ein ästhetisches Werk. Leibniz, der ja nun über wirklich alles schrieb, erwähnte die Künste und das Gefühl für das Schöne lediglich episodenhaft. Und Spinoza begnügte sich damit festzustellen, dass die Musik nicht gut für die Melancholie ist. Das ist zugegebenermaßen ein wenig dürftig, als dass man daraus eine Philosophie der Kunst konstruieren könnte. Erst das 18. Jahrhundert knüpft wieder an die großen Fragestellungen Platons und Aristoteles' an und interessiert sich ganz speziell für Kunst und Geschmack.

Der deutsche Philosoph Baumgarten ist es, der der Ästhetik und dem Adjektiv »ästhetisch« in seinem Werk *Aisthetica* (1758) ihre moderne Bedeutung verleiht. Bis dahin meinte man mit dem Begriff »Ästhetik«, seiner griechischen Etymologie entsprechend, das, was die Fähigkeit zum Fühlen hat und sich infolgedessen auf die Empfindsamkeit bezieht. Diese Empfindsamkeit wird noch in dem Teil der *Kritik der reinen Vernunft* Kants zu finden sein, der der transzendentalen Ästhetik gewidmet ist.

Der Sinn für die Ästhetik ist im 18. Jahrhundert untrennbar mit dem Gefühl für die Natur verbunden. Zuweilen, wie bei Rousseau, geht er vollkommen in diesem Sentiment auf. Karl Philipp Moritz, ein verkannter Autor, der jedoch noch entscheidenden Einfluss auf die romantische Generation Deutschlands ausüben sollte, sah das große Ganze der Natur als Nachbild, als Modell, dafür an, was er ein in sich vollendetes Werk nannte, für das er eine quasimystische Ekstase empfand: »Manchmal verspürte ich ein Empfinden, das mich bis ins Tiefste erschreckte«, so schreibt er, »es schien mir, als sann ich über die große Natur nach, die mich umgab, so dass ich mich verloren fühlte, so dass ich Himmel und Erde an mein Herz pressen müsste, mich mit diesem schönen Ganzen vermählen. Ich fühlte durch diese Empfindung meine Existenz ins Wanken gebracht; es ist so, als hätte ich gewünscht, mich zu verlieren, so plötzlich aufgelöst in diesem Ganzen nicht mehr zu existieren, isoliert und verlassen wie eine Blume, die vertrocknet und verwelkt.«

Die Geburt der Geschichtsphilosophie

Vico gegen Descartes

Zwar tauchte der Begriff der Geschichtsphilosophie zum ersten Mal bei Voltaire auf, dennoch kann der Italiener Giambattista Vico als der erste Geschichtsphilosoph in dem Sinne angesehen werden, als er der Erste war, der die Geschichte zum ausschließlichen Hauptgegenstand seiner Betrachtungen machte, auch wenn die Geschichtsphilosophie schon seit der Antike zumindest implizit vor allem bei den Juden existierte, weil sie es waren, die mit der zyklischen Vorstellung von der Zeit brachen.

Descartes hatte der Geschichte nicht den geringsten Stellenwert in seinem System der Wissenschaften zugebilligt. Ein großer Teil der Philosophie Vicos definiert sich als Widerspruch zu Descartes. Wir haben es jetzt mit einem radikalen Wechsel der Perspektive zu tun: Die Handlungen der Menschen, sagt Vico, sind leichter zu erkennen als die Handlungen Gottes. Da nun die Natur das Produkt des Handelns Gottes ist, ist die Geschichte das Ergebnis des Handelns der Menschen. Außerdem widmet Vico, der Professor für Rhetorik war, der Sprache, als Form des Redens und Schreibens, eine besondere Aufmerksamkeit. Damit steht er in der aristotelischen und gegen die platonische Tradition, die die Rhetorik mit der Lüge, der Illusion, kurz, der Antiphilosophie gleichsetzte. Die Sprachen sind die Zeugen der Dinge: Jedes Wort stellt eine geschichtliche Welt dar, jeder Ausdruck beherbergt eine ganze Erzählung. Die Philologie muss Teil der Philosophie sein. So wird verständlich, dass Vico gegen Descartes die Gelehrsamkeit stellt. Nichts vom Schatz des menschlichen Lebens darf verlorengehen.

Eine erweiterte Vorstellung vom Denken

Ein weiterer Bruch mit der platonischen Tradition vollzieht sich mit der Kontinuität, die Vico zwischen der »gewöhnlichen« Weisheit der Dichter und Gesetzgeber einerseits und der gelehrten Weisheit der Philosophen andererseits ausmacht. Diese beiden Weisheiten stimmen sich über die Prinzipien ab, die das gesellschaftliche Leben seit Anbeginn der Menschheit organisieren.

Vico kann als der Erfinder einer linearen Sicht der Geschichte gelten: Die Entwicklung der Gesellschaften verläuft in einem Dreierschritt, wobei die jeweiligen Abschnitte in allen Bereichen des menschlichen Handelns den drei Fähigkeiten des Empfindungsvermögens, der Einbildungskraft und der Vernunft entsprechen. So gibt es drei Zeitalter, drei Arten der Sprache, drei Arten politischer Herrschaftsformen usw. Dies ist auch der Gegenstand seiner Neuen Wissenschaft (so der Titel des Hauptwerkes von Vico), die Welt des Menschen in ihrer Gesamtheit.

Eine Theorie der Kultur

Der Mensch reißt sich von seiner anfänglichen Wildheit mit Hilfe der Religion los, er zähmt und mäßigt seine Leidenschaften mit der Monogamie und wird, im Gegensatz zu den Tieren, zu einem Gedächtniswesen dadurch, dass er seine Toten bestattet. Der Mensch, der die Götter, die Frauen und die Toten anerkennt, ist eben doch etwas anderes als ein wildes Tier. Zunächst wurde das so von den Dichtern empfunden, dann auch von den Philosophen. Zwischen dem Bild und dem Begriff gibt es nicht mehr diese Kluft, die ein trockener Rationalismus erzeugt hat. Die Urmenschen waren Dichter, im griechischen Sinne »Schöpfer«. Sie schufen die Welt der Nationen, indem sie eine Reihe erhabener Darstellungen von Mythen und Glaubensvorstellungen schufen, die die Notwendigkeit des politischen Lebens widerspiegeln.

Die drei Zeitalter Vicos

Die Geschichtsphilosophie, wie sie in der Neuen Wissenschaft entwickelt wird, gründet sich auf die Natur des menschlichen Geistes. Die Dreiteilung der Fähigkeiten – die ihren Ursprung bei Bacon hat – in Gefühl, Einbildungskraft und Vernunft bestimmt auch die Dreiheit der Zeitalter, die die einzelnen Nationen jeweils durchlaufen müssen:

- ✔ Die Götterzeit, die durch die Mythen geprägt wird
- ✔ Die Heroenzeit, die durch die epischen Gedichte geprägt wird
- ✔ Die Menschenzeit, die durch das Recht und die Philosophie geprägt wird

Dieser Stufenprozess ist weder einzigartig noch endgültig: Die Nationen können in ihre anfängliche Barbarei zurückfallen und müssen dann den ganzen Ablauf noch einmal wiederholen, um erneut zur Zivilisation zu gelangen.

Die Geburt des enzyklopädischen Geistes

Das enzyklopädische Ideal als Gegenentwurf zum System

Das Sapere aude (»Wage zu wissen«), das Kant zur Losung der Aufklärung erklären wird, war schon die Devise Gassendis. Seit Francis Bacon, von dem sich Diderot und d'Alembert inspirieren ließen, hat der Empirismus die Enzyklopädie gegen das System ausgespielt: Eine Deduktion, sei sie auch noch so korrekt, ist nicht so viel wert wie eine gute Aufzählung. Indem der Empirismus jegliche Form einer systematischen Totalität ablehnt, nährt er als Folge davon eine enzyklopädische Vorstellung der Ganzheit. Kennzeichnend ist daher das skrupulöse Zögern eines d'Alembert: Da er das Wiederaufleben der Metaphysik fürchtet, misstraut er prinzipiell jedem System. Nachdem er den kartesischen Baum gefällt hat, beabsichtigt er, Maurer zu werden – noch nicht einmal Konstrukteur (was noch ein geordnetes Ganzes zu konzipieren bedeutet hätte) –, Maurer des Labyrinths, derjenige, der den gewundenen Weg begehbar macht, zu dem sich der Geist verpflichtet, ohne vorher die Strecke zu kennen.

Seitdem der Mensch sich auf Entdeckungsreise rund um die Welt begeben hatte, wurden die Länder, die Völker, die Tiere und die Pflanzen alle verzeichnet. Das Gold Amerikas fließt nach Europa, die industrielle Revolution bereitet sich vor, das 18. Jahrhundert ist reif für eine umfangreiche Bestandsaufnahme. Vor, während und nach der berühmten Encyclopédie Diderots wurden mehr als 150 Wörterbücher herausgegeben. In seinem Ankündigungsprospekt behauptet Diderot stolz: Bisher habe niemand ein so großes Werk geplant oder doch niemand wenigstens ein solches in die Tat umgesetzt (offensichtlich wusste der französische Dichterphilosoph nicht, dass man bei den Arabern und in China schon weitaus größere Unternehmungen zum Abschluss geführt hatte).

Doch wie lässt sich der Zusammenhalt des Projekts gewährleisten, ohne dass man wieder in das abgelehnte System zurückfällt? Die Enzyklopädisten glaubten, die Lösung gefunden zu haben, indem sie von einem vernünftigen Wörterbuch sprachen und indem sie – wie es d'Alembert tat – den systematischen Geist vom Geist des Systems unterschieden.

Die Artikel wurden nach der von Francis Bacon herausgearbeiteten Dreiteilung der Fähigkeiten klassifiziert: das Gedächtnis für die Geschichte, die Vernunft für die Philosophie und die Wissenschaften und die Einbildungskraft für die Poesie im weitesten Sinne. Die Querverweise bilden ein wahres Netzwerk, eine Vernetzung, die so viele Erkenntnisse wie nur möglich umschließt. D'Alembert hatte das kartesische Bild des Wissensbaumes durch das einer Kette ersetzt, um die Zusammenhänge zwischen den einzelnen Kenntnissen zu verdeutlichen. Doch da sich diese Ketten in allen Richtungen überkreuzen, formen sie schließlich eine Kugel.

Die absolute Unabhängigkeit einer einzigen Tatsache ist unvereinbar mit der Idee vom Ganzen, und ohne die Idee vom Ganzen gibt es keine Philosophie mehr.

Diderot

Eine Gemeinschaftsarbeit

Die Enzyklopädisten sind die Überbringer eines neuen, ganz modernen Bewusstseins: Sie treten als Erben der universellen Zivilisation, als Zeugen des Gedächtnisses der Menschheit auf. Ihre Arbeit zielt nicht nur darauf ab, Wissen in einem erschöpfenden Maße zu versammeln, sondern es geht auch um eine Vereinheitlichung. Eine solche Koordination war umso mehr angezeigt, als der Fortschritt der Erkenntnisse diese in die vier Himmelsrichtungen des Geistes verstreut hatte. Außerdem liefen die Vielzahl und die Verschiedenheit der Mitarbeiter (es waren mehr als 200) Gefahr, ohne eine gemeinsame Ideologie diese Forderung nach einer Einheit nicht erfüllen zu können. Für Diderot muss die *Encyclopédie* das philosophische System ersetzen, jene abstrakte und willkürliche Konstruktion, die weit entfernt von der wahren Natur der Dinge ist.

Der Triumph der Fortschrittsidee

Die Männer, die damit beschäftigt waren, uns glauben zu machen, wir seien glücklich, wurden viel mehr gelobt als jene, die damit beschäftig waren, etwas zu tun, damit wir es auch wirklich würden, schreibt Diderot. Wie seltsam sind doch unsere Urteile!, fügt er hinzu. Wir fordern, dass man sich nützlich mache, und wir misstrauen den nützlichen Männern.

Leonardo da Vinci war vielleicht der erste »Intellektuelle« der Geschichte, der neugierig und bewegt die Maschinen betrachtete, die er zuhauf erfand und in seine Heftchen zeichnete. Doch erst im 18. Jahrhundert, im Zeitalter der industriellen Revolution, der Aufklärung und der *Encyclopédie*, wurde die Technik von den Philosophen endlich auf die Tagesordnung gesetzt. Damals entstand das, was man vielleicht als rosarote Legende der Technik bezeichnen könnte. Jean-Jacques Rousseau wirkte, wie man weiß, daran nicht mit, in seiner Nachfolge waren es die Romantiker, die vor allem das Loblied auf die Natur sangen und vor den Städten und Maschinen flohen.

Das 18. Jahrhundert warf einen völlig neuen Blick auf die ehemals verachtete Technik als kulturelles Phänomen und erlebte zugleich das Entstehen der Fortschrittstheorie als Essenz der Geschichte. Beides ist miteinander verbunden. Die Idee vom Fortschritt ist etwas völlig Neues. Die früheren und traditionellen Gesellschaften glaubten an die Wiederholung und hielten die geringsten Neuerungen für Dekadenz. Selbstverständlich stellten sie sich den Fortschritt nicht als »Gesetz« der Geschichte vor.

Der Fortschrittsgedanke tauchte schon bei einigen Philosophen (Bacon, Descartes, Pascal) und Männern der Wissenschaft (Galilei) im 17. Jahrhundert auf. Die Antike erschien damals nicht mehr als ein unüberbietbares Vorbild. Das 18. Jahrhundert dehnt diese Idee vom Fortschritt – weil es eine Zeit der objektiven Fortschritte war – auf die Gesamtheit der menschlichen Geschichte aus, vom Denken auf die Sitten, von der Wissenschaft auf die Moral. Dabei handelt es sich *dann* um einen Fortschritt, wenn ein bestimmter Prozess – ausgehend von einer früheren Situation – zu einem Mehr (Aspekt der Quantität) oder zu einem Besser (Aspekt der Qualität) hinführt. Und nun entsteht diese ungewöhnliche Utopie, die den religiösen Begriff der göttlichen Vorsehung ersetzen sollte: Wenn der Mensch böse ist, dann deshalb, weil er unglücklich ist, und wenn er unglücklich ist, dann deshalb, weil er arm ist. Wenden wir das Elend zum Wohlstand, und das Glück wird das Unglück ersetzen und das Wohl die Welt regieren.

Und was kann das Elend beseitigen, wenn nicht der wissenschaftliche und technische Fortschritt – der jedem Menschen zu essen gibt, damit er seinen Hunger stillen kann? Im 19. Jahrhundert werden so unterschiedliche Geister wie Victor Hugo und Karl Marx sich mit derselben Hoffnung äußern. Woher kommt das Übel auf der Erde (Hass, Mord, Krieg)? Das Unglück kommt aus der Armut. Ein glücklicher Mensch hat keinen Grund mehr, auf seinen Nachbarn böse zu sein. In einer durch die Technik hervorgerufenen Wohlstandssituation werden das politische Übel (der Despotismus) und auch das moralische Übel (die Boshaftigkeit) verschwinden. Der glückliche Mensch wird gut regiert werden und sich selbst gut regieren. Das Paradies wird auf Erden verwirklicht sein. Die Technik ist der Motor dieser tugendhaften Etnwicklung. Was waren das für glückliche Zeiten, als man so an glückliche Zeiten glaubte!

Ein neues Gesetzesdenken

Im 18. Jahrhundert erneuerten zwei Philosophen die Rechtsphilosophie: der Franzose Montesquieu und der Italiener Beccaria.

Montesquieu: ein Mann des Gesetzes, dem es nicht an Geist mangelt

Die Vielfalt und die Variabilität der Gesetze waren traditionell Themen des Skeptizismus. Sie wurden als Beweis ihres konventionellen Charakters gesehen (das war die Argumentation der Sophisten) oder als Beweis für die Relativität aller Dinge (das ist die Vorstellung Montaignes) oder auch als Zeichen für die Nichtigkeit alles menschlichen Tuns (ein Leitmotiv bei Pascal). Entgegen dieser skeptischen Tradition zeigt Montesquieu auf, dass Gesetze für ein Zusammenleben in der Gesellschaft notwendig sind, womit er gleichzeitig den gedanklichen Abstand verringert, der zwischen der physikalischen Bedeutung (das *Gesetz* der Schwerkraft) und der menschlichen Bedeutung des Gesetzes (bürgerliche *Gesetze*) liegen kann.

Die Macht muss die Macht begrenzen

Auch wenn Montesquieu der Monarchie zuneigt, ist er doch zunächst ein Liberaler. Er glaubt, dass einzig das Gesetz die Freiheit der Bürger gewährleisten kann. Dennoch ist er zu erfahren, um nicht zu wissen, dass die Macht von Natur aus zum Missbrauch neigt. Deshalb muss, je nach Lage der Dinge, die Macht die Macht begrenzen. Darin besteht das grundlegende Wesen der berühmten Lehre von der Gewaltenteilung, dessen Funktionsweise Montesquieu in England bewundert. Es kommt zur Tyrannei, wenn der König richtet oder der Richter die Gesetze macht bzw. für ihre Einhaltung sorgt. Montesquieus Ziel in seinem Buch Vom Geist der Gesetze ist es, das Prinzip herauszuarbeiten, das der Existenz der Gesetze zu Grunde liegt, die eine Gesellschaft lenken. Für Montesquieu ist die jeweilige Regierungsform der Faktor, der die Gesetze in allen Bereichen (in der Innen- und Außenpolitik, in den Bereichen der Bildung, des Zivil- und Strafrechts usw.) bestimmt.

Die drei politischen Regimes und ihre Prinzipien

Die Dreiteilung der politischen Regimes, wie sie von Montesquieu herausgearbeitet wurde, unterscheidet sich von der traditionellen platonischen und aristotelischen Einteilung. Montesquieu klassifiziert die Regimes tatsächlich nicht mehr im Zusammenhang mit der Anzahl der Herrscher (die Monarchie als Herrschaft eines Einzelnen, die Aristokratie als Herrschaft einiger weniger, die Demokratie als Herrschaft aller), sondern nach dem zu Grunde liegenden Prinzip:

- ✔ Die *Ehre* ist das Prinzip des monarchischen Regimes.
- ✔ Die *Furcht* ist das Prinzip des despotischen Regimes.
- ✔ Die *Tugend* ist das Prinzip des republikanischen Regimes, das sich noch in Aristokratie und Demokratie untergliedern lässt, je nachdem, ob die oberste Gewalt in den Händen eines Teils des Volkes oder in den Händen des ganzen Volkes liegt.

Bei Montesquieu nimmt die Tugend eine politische Bedeutung an: Mit ihr ist die Liebe zum Vaterland oder die Liebe zu den Gesetzen gemeint. Die Revolutionäre von 1793 (Robespierre, Saint-Just) werden in dieser Hinsicht die besten Schüler Montesquieus sein – der selbst jedoch kein Republikaner war.

Freiheit ist das Recht, alles zu tun, was die Gesetze erlauben.

Montesquieu

Die Welt dem eigenen Land vorziehen

Ein französischer Politiker der Gegenwart meinte einmal, dass er seine Töchter seinen Cousinen, seine Cousinen seinen Nachbarn und seine Nachbarn den Ausländern vorzöge – und alle braven Wähler klatschten einer solchen Selbstverständlichkeit Beifall. Montesquieu sagte ungefähr genau das Gegenteil: Wenn ich etwas wüsste, so schreibt er, das nützlich für mich, für meine Familie aber schädlich wäre, würde ich es mir aus den Kopf schlagen. Wenn ich etwas wüsste, das für meine Familie nützlich wäre, nicht aber für mein Vaterland, würde ich versuchen, es zu vergessen. Wenn ich etwas wüsste, das nützlich für mein Vaterland, für Europa und die Menschheit aber schädlich wäre, würde ich es als Verbrechen betrachten.

Es ist schon seltsam und traurig (wir wollen jetzt dem eben erwähnten Dummkopf nicht allzu viel Aufmerksamkeit schenken), wie in der heutigen Zeit des Aufbaus Europas und der Globalisierung kaum ein Politiker und kein einziger Intellektueller es mehr wagt, so wie Montesquieu vor fast dreihundert Jahren zu sprechen!

Beccaria oder die Intelligenz der Gesetze

In einer kleinen Abhandlung mit dem Titel Über Verbrechen und Strafen findet man die allererste philosophische Argumentation gegen die Folter und die Todesstrafe.Wir Philosophen von heute können nicht ohne Schmerz die Passagen lesen, in denen so hochgradig gerechte wie moralisch und republikanisch gesinnte Geister wie Kant und Rousseau die Todesstrafe rechtfertigten. Beccaria behandelt Fragen zu Folter und Todesstrafe und konstruiert eine Theorie der gerechten Strafe, die heute noch und auch in Zukunft (hoffen wir es!) die Strafrechtsphilosophie der demokratischen Staaten leitet. Kennzeichnend sind dafür sechs Prinzipien.

Das Prinzip der Veröffentlichung

Es garantiert die Unvoreingenommenheit der Urteilssprüche und ihre Allgemeingültigkeit. Die Veröffentlichung der Gesetze – im Sinne eines Öffentlichmachens – steht sowohl dem Privileg (wörtlich bedeutet das ja »privates Recht«) als auch dem Geheimnis gegenüber. Das Geheimnis und das Privileg widersprechen der Forderung nach Gleichheit, indem sie die Gegenseitigkeit unterbinden. Die Veröffentlichung der Gesetzese bedeutet, dass sie der Öffentlichkeit zur Kenntnis gebracht werden – daher auch die Vorstellung, die in einem Rechtsstaat unabdingbar ist, dass »jeder das Gesetz kennen muss«. Wenn umgekehrt Der Prozess Kafkas als eine Vorwegnahme des Totalitarismus verstanden werden kann, dann deshalb, weil das Charakteristische des in diesem Roman beschriebenen Regimes darin besteht, die Menschen in einen Zustand unvermeidbarer Schuldgefühle gegenüber den Gesetzen zu bringen, die sie nicht kennen.

Das Prinzip des schnellen Handelns

Es ist ungerecht, einen Schuldigen lange nach seinen Taten zu verurteilen und zu bestrafen. So hält man heutzutage eine zu lange Zeit in Untersuchungshaft für nicht zulässig. Dennoch sollte man hinzufügen, dass das geforderte schnelle Handeln in rechtlicher Hinsicht kein überstürztes Handeln bedeuten darf: Eine zu schnelle Justiz ist nicht weniger bedenklich als eine zu langsame.

Das Prinzip der Notwendigkeit

Das Prinzip der Notwendigkeit wurde schon von Montesquieu herausgearbeitet, der die Ursache gesellschaftlicher Lockerungen nicht in der Mäßigung der Strafen, sondern in der Nichtbestrafung von Verbrechen erkannte. Nicht die Strenge der Bestrafung, sondern ihre Gewissheit ist es, wie Beccaria schreibt, die Verbrechen am sichersten vorbeugt. Auf Verbrechen muss die Strafe mit Notwndigkeit folgen. Die Aussicht auf eine maßvolle, aber unvermeidbare Strafe hinterlässt stets einen stärkeren Eindruck als die vage Furcht – die durch das Hoffen auf Nichtbestrafung aufgehoben wird – vor einer schrecklichen Qual.

Das Prinzip der Menschlichkeit

Dieses Prinzip bekräftigt gleichzeitig die Barbarei als auch die Nutzlosigkeit der Grausamkeit von Strafen. Entgegen dem, was die öffentliche Meinung gerne denkt, ist Terror in Strafangelegenheiten nicht wirklich überzeugend, er beeindruckt nur die Unschuldigen. Der Mörder ist in der Regel so sehr von Sinnen, dass ihn nichts von seiner Tat abhalten könnte. Die Justiz ist nicht die Erfüllerin eines Racheinstinkts, sondern gerade dessen Sublimierung.

Das Prinzip der Legalität

Vielleicht ist dies das wichtigste überhaupt. Beccaria war der Erste, der das Strafrecht auf das Gesetz und nur auf das Gesetz gründen wollte. Der Grundsatz, dass ein Gesetz nicht rückwirkend angewendet werden darf, ist in diesem Prinzip der Legalität der Strafen, dessen Idee schon sehr alt ist, inbegriffen. Zum Rückwirkungsverbot gibt es heutzutage nur eine einzige (und auch nur eingeschränkte) Ausnahme: die Nürnberger Prozesse (1945–1949), in denen die Verantwortlichen des Nazi-Regimes für ihre Verbrechen gegen die Menschlichkeit (bzw. Menschheit: »crimes against humanity«) bestraft wurden. Nullum crimen sine lege (ohne ein Gesetz gibt kein Verbrechen) und Nulla poena sine lege (ohne ein Gesetz gibt es keine Strafe) sagten schon die »alten Römer«. Das bedeutet, dass das Gesetz im Laufe der Geschichte Verhaltensweisen kriminalisiert hat, die zunächst erlaubt, toleriert, ja teils sogar gutgeheißen wurden (wie Vergewaltigung, Kindermord, Völkermord usw.).

Das Prinzip von der Verhältnismäßigkeit der Strafen

Die moderne Unterscheidung zwischen Vergehen (die mit leichteren Strafen geahndet werden) und Verbrechen ergibt sich aus diesem Prinzip. Wir hielten es für skandalös, wenn ein Mörder geringer bestraft würde als ein Dieb oder wenn jemand, der seine Katze getötet hat, höher bestraft würde als jemand, der einen Menschen ermordet hat (was schon mehr als einmal vorgekommen ist) oder ein Falschparker ins Gefängnis müsste.

In jeder Kriminalverhandlung muss der Richter von einem vollkommenen Syllogismus ausgehen, dessen erste Prämisse das allgemeine Gesetz und dessen zweite Prämisse die Handlung ist, die entweder gesetzeskonform oder eben nicht ist. Die Schlussfolgerung ist der Freispruch oder die Bestrafung des Angeklagten.

Beccaria

Ein neues Gesellschaftsdenken

Es ist das Zeitalter des Aufstiegs des Individualismus, aus dem parallel und als Reaktion darauf ein starkes Gesellschaftsdenken entsteht. Das zentrale Problem war die Herstellung eines Gleichgewichts zwischen folgenden zwei Ebenen: der Ebene der Freiheit des Individuums und der Ebene der Stärke der Gemeinschaft. Da nun zwischen den Menschen – nach Auffassung der englischen Philosophen von Shaftesbury bis hin zu Adam Smith – eine natürliche Solidarität besteht, denken diese Philosophen über das Zusammenfallen privater Interessen und des Gemeinwohls nach. Die Vorstellung eines gesellschaftlichen Ganzen ist mit dem Individualismus nicht unvereinbar. Mandeville beweist uns das.

Die privaten Laster als Quelle des Gemeinwohls

Die *Bienenfabel* des Engländers Bernard de Mandeville erzählt davon, wie im Königreich der Bienen alles so lange gutging, bis Jupiter – genervt von den ständigen Protesten der Bienen gegen die in ihren Stöcken herrschende Unmoral – eines Tages beschloss, sie wirklich tugendhaft zu machen. Sogleich geriet die Arbeit ins Stocken, und die Bienen wurden schließlich unglücklich. Mit dieser Fabel, die den Untertitel *Private Laster, öffentliche Tugenden* trägt, veranschaulicht Mandeville die Vorstellung, nach der der kollektive Wohlstand das Ergebnis dessen ist, was die Moral als *Laster* (Gewinnstreben, Wettbewerb, Neid usw.) stigmatisiert. Die Verwandlung der privaten Laster in öffentliche Tugenden nimmt die Fabel von der unsichtbaren Hand (siehe unten) vorweg.

Da die genannten englischen Philosophen Bürger eines Landes waren, das die führende Rolle in der industriellen Revolution und damit die ökonomische Vormachtstellung in der Welt einnahm, waren sie auch die entschlossensten bei der Erklärung und Rechtfertigung der materiellen Tätigkeit. Adam Smith erfindet die politische Ökonomie mit seinem Buch Der Wohlstand der Nationen. Der Handel ist eine ausschließlich menschliche Angelegenheit. Noch nie hat man einen Hund gesehen, der mit einem anderen seinen Knochen tauscht, bemerkt der englische Philosoph. Die Moral steht nicht am Anfang, sondern am Ende: Von meinem Bäcker habe ich kein Entgegenkommen zu erwarten. Wenn er mir Brot verkauft, dann deshalb, weil es in seinem Interesse liegt. Die Arbeits- und die Finanzwelt werden von Gesetzen regiert, die die Pioniere der ökonomischen Wissenschaft für natürlich erachten. Kollektive unterliegen nicht notwendigerweise denselben Gesetzen wie die Individuen.

Der Nutzen der Sünden

Wenn man die sieben Todsünden näher betrachtet, so erweisen sie sich als ausgesprochen günstige Faktoren für die Wirtschaft: Der Neid, die Völlerei und die Wollust verführen zum Kauf, der Zorn lässt einen noch mehr arbeiten, die Faulheit lässt die Menschen genießen, der Stolz belebt den Wettbewerb und der Geiz begünstigt das Sparverhalten der Gesellschaft. Dies ist ja auch das charakteristische Kennzeichen des kapitalistischen Systems, dass es alles, selbst das Schlimmste, in Gold verwandeln kann.

Die unsichtbare Hand: die Vorsorge des Marktes

Wie kann man es erklären, dass dort, wo jeder im Wettbewerb mit allen anderen steht, dennoch eine soziale Harmonie herrscht? Adam Smith entwirft eine Hypothese, um den spontanen Charakter dieser Harmonie zu erklären. Alles läuft so ab, als lenkte eine unsichtbare Hand die Gesellschaft im Interesse aller: Jeder Mensch wird mit einer unwiderstehlichen Neigung so geführt, dass er einen Zweck erfüllt, der in keiner Weise in seiner Absicht liegt. Indem er ausschließlich sein Eigeninteresse verfolgt, handelt er für das Gemeinwohl, und zwar oft sogar oft auf wirksamere Weise, als wenn er tatsächlich zielgerichtet darauf hinarbeitete.

Die Theorie der unsichtbaren Hand ist zum Symbol des liberalen Optimismus auf ökonomischem Gebiet geworden, der an die selbstregulierenden Mechanismen des Marktes glaubt und an die Zusammenführung der individuellen Interessen zum Kollektivinteresse.

Die Arbeit hält drei große Übel von uns fern: die Langeweile, das Laster und die Not.

Voltaire

Die Ordnung der Welt ändern

Doch die Denker der Aufklärung begnügen sich nicht damit zu bestätigen, wie die Dinge laufen – oder eher, wie sie noch nicht laufen.

Im Jahre 1764, 25 Jahre vor dem Sturm auf die Bastille, schreibt Voltaire an einen Brieffreund: »Alles, was ich sehe, scheint den Samen der Revolution, die eines Tages unausweichlich kommen muss, auszustreuen, ich werde aber nicht mehr das Vergnügen haben, ihr Zeuge zu sein. Das Licht hat sich nach und nach dermaßen ausgebreitet, dass man bei der nächsten Gelegenheit hervorbrechen wird, und das wird dann ein schönes Spektakel geben. Die jungen Leute sind recht glücklich; sie werden schöne Dinge sehen.«

Tatsächlich ist die Revolution zunächst in den Köpfen ausgebrochen, bevor sie sich auf den Straßen entlädt. Sie ist eine komplexe Mischung aus Empörung und Utopie, aus Intelligenz und Hoffnung. Vielleicht war es die Vorstellung eines Naturrechts, die letztendlich die Revolution entfachte.

Woher kommt die Idee der Menschenrechte?

Alles fing mit dem Lehrsatz des Thales an, als die Griechen die Universalität der Vernunft und der Wahrheit entdeckten. Die Lehre von den Menschenrechten ist die Umsetzung des allgemeingültigen Charakters dieses Begriffes auf den Gebieten der Ethik und des Rechts: Ebenso, wie eine wahre Proposition für alle Menschen wahr ist, muss auch ein gerechtes Handeln für alle Menschen gerecht sein.

Die Idee des Naturrechts stammt eindeutig von Grotius und von Pufendorf (Naturrechtsphilosophen des 17. Jahrhunderts), doch sie reicht noch viel weiter zurück, nämlich bis zu der Stoa und dem Christentum, für die die Menschlichkeit ein allgemeingültiger Begriff war, der sich auf alle Menschen erstreckte. Von dem Augenblick an, da man glaubt, dass diesseits und jenseits des speziellen Rechtes, das die Zivilgesellschaft bestimmt, allgemeinverbindliche, unveräußerliche und unabdingbare Rechte existieren, ist man schon beim Naturrecht. Wobei »Natur« hier als Äquivalent des allgemein Verbindlichen, des Unveräußerlichen und Unabdingbaren verstanden werden muss. Im Zeitalter der Aufklärung hat diese Vokabel fast immer eine kritische und polemische Funktion in Bezug auf die zeitgenössische Gesellschaft.

Eine weitere wichtige Etappe bei der Etablierung dieses Konzepts, das sich in den amerikanischen und französischen Erklärungen der Menschenrechte durchgesetzt hat, ist das Umdenken in Spanien – im 16. Jahrhundert seit Entdeckung der Neuen Welt – bei den Repräsentanten der zweiten Scholastik (siehe Kapitel 10) und dem großen Bartholomé de Las Casas, dem Verteidiger der Indios. Dass auch die von den Europäern in Amerika entdeckten Indios und Indianer Menschen waren, wurde tatsächlich von niemandem in Zweifel gezogen, sogar noch nicht einmal von denen, die sie in die Sklaverei zwangen. Daher konnte man sie auch bekehren und taufen. Auch wenn sie keine Staatsangehörigen waren, konnte man mit ihnen dennoch Verträge schließen: Sie waren rechtmäßige Untertanen.

Die revolutionäre Radikalität

Das Zeitalter der Aufklärung war auch die große Zeit der Utopien. jahrhunderte-, ja sogar jahrtausendealte Institutionen werden mit einer Vielzahl – häufig heimlich erscheinender – Schriften hinweggefegt. Das Privateigentum und die Ehe werden in Zweifel gezogen. Das kommunistische Ideal möchte, dass sie verschwinden. »Die Früchte gehören allen, aber die Erde gehört niemandem.« Dieser Ausspruch stammt von Rousseau und wird von allen nun folgenden kommunistischen Utopien wiederholt werden. Viele der Freischärler verstecken sich. Diderot wurde im Gefängnisturm von Vincennes aus weitaus nichtigerem Anlass eingesperrt.

Was haben Sie zu deklarieren? Meine Freiheit!

Der Akt der Deklaration beinhaltet in seiner revolutionären Dynamik die Vorstellung von einer absoluten Freiheit, die sich aus nichts anderem als aus sich selbst ableiten lässt und aus der auch alles andere hervorgeht: Es ist die Freiheit der Revolutionäre, die sie denken, sagen und schreiben lässt, dass die Freiheit ein Naturrecht und damit unveräußerlich ist.

Doch die Form der Deklaration bleibt äußerst zivilisiert. Schon vor den September-Massakern, vor dem Erscheinen der Guillotine und der auf Stöcke aufgespießten Köpfe auf den Straßen von Paris steigern sich die Schriften und die Parolen bis in Extreme. Eine völlig neue Qualität der Gewalt bereitet sich vor. Diderot schreibt in einem seiner Gedichte: »Und seine Hände werden die Eingeweide des Priesters aneinandernähen / Mangels eines Stricks, um die Könige zu erwürgen.« Dieses Bild wird von den radikalsten der Revolutionäre, von den Anarchisten, im 19. Jahrhundert dann wieder aufgegriffen werden: Die Welt wird dann endlich frei sein, wenn der letzte König an einem Strick baumelt, der aus den Gedärmen des letzten Priesters geknüpft wurde. Das Zeitalter der Aufklärung war zudem die Zeit solcher Utopien, von denen man sagt, ihre wichtigste Qualität sei, dass sie nicht immer verwirklicht wurden.

Ein neuer Materialismus

Noch mehr als der antike Materialismus (wir erinnern uns, dass Epikur die Existenz von Göttern zuließ, die ein Rentnerleben hinter dem Mond führten) ist der französische Materialismus des 18. Jahrhunderts ein philosophischer Radikalismus, ein Denken, das sich dem Kampf, ja sogar dem Krieg verschrieben hat. Sehen Sie dieses Ei?, fragt Diderot. Damit können alle theologischen Systeme und alle Tempel dieser Erde gestürzt werden. Die Bewegung in der Natur erzeugt Wärme, und die Wärme bringt neue Formen hervor. Es besteht nicht der geringste Anlass, einen unendlichen Geist als Ursprung anzunehmen.

La Mettrie, der Philosoph der Maschine Mensch

Der provokante Titel des Werks von La Mettrie, Die Maschine Mensch, ist schon Programm. Er leitet sich natürlich von Descartes' Tiermaschine ab. La Mettrie wollte den kartesischen Mechanismus bis auf seine logische Spitze treiben: Nach seiner Auffassung kann all das, was die Metaphysik von Descartes der Seele zuschreibt, als eine Modifikation der Materie erklärt werden. Ein Nichts, eine kleine Faser, etwas, was noch nicht einmal die subtilste Anatomie (man kann in der Genetik von heute diese subtile Anatomie sehen, von der La Mettrie spricht) erkennen kann, machte aus Erasmus und Montaigne zwei Narren, schreibt er. Auch wenn er nicht ausdrücklich als Atheist auftritt, sieht La Mettrie in der Religion doch einen Aberglauben, der auszulöschen ist.

Helvetius: Moral als Physik

Das Ziel von Helvetius in seiner Schrift Über den Geist des Menschen ist es, die Moral wie eine Experimentalphysik zu behandeln. Das jeweilige individuelle Interesse wird als die einzige Triebfeder menschlicher Handlungen dargestellt. In letzter Konsequenz kann das moralische Urteil auf die elementare Dynamik von Schmerzvermeidung und Luststreben reduziert werden. Die moralischen Werte sind je nach Zeit und Ort relativ, sie bringen nur Nützlichkeit oder Unnützlichkeit bestimmter Handlungen zum Ausdruck. Dieser Materialismus läuft jedoch nicht auf einen anarchischen Individualismus hinaus: Helvetius ist der große Vorläufer des Utilitaristen Bentham. Dessen Maxime: »Handle immer so, dass das größtmögliche Maß an Nutzen (bzw. Glück) entsteht«, ist die Hauptforderung des Utilitarismus (philosophische Lehre, die im Nützlichen die Grundlage sittlichen Verhaltens sieht), wie er auch schon in Helvetius' Über den Geist des Menschen beschrieben wird.

Helvetius legt größten Wert auf die Bildung und die Gesetzgebung. Da die Menschen von ihrer jeweiligen Umwelt abhängen, führt deren Umwandlung bzw. Verbesserung eben auch zur Verbesserung der sozialen Lage der Menschen. Helvetius interessiert sich für die praktischen Konsequenzen des Materialismus: Als Herrscher über die psychosomatischen Mechanismen kann die politische Macht durch die Umsetzung einer in diesem Sinne allmächtigen Bildung und Erziehung eine bessere soziale Ordnung gestalten und sozusagen lauter Genies in Serie produzieren. Es gibt zwei Möglichkeiten: Entweder man wird die Utopie bewundern, oder man wird Angst haben vor dem virtuellen Despotismus, den diese Ideen beinhalten.

D'Holbach: ein recht kantiger Baron

Das System der Natur des Barons d'Holbach stellt fest, dass der moralische Mensch lediglich der körperliche Mensch ist, den man unter einem bestimmten Gesichtspunkt betrachtet. Die Materie denkt: Man braucht also überhaupt keine hypothetische Seele, um sich etwas vorzustellen. Bei d'Holbach wird der Mensch durch seine Selbstliebe, die das moralische Äquivalent der Kraft ist, die auf alle belebten und unbelebten Wesen einwirkt (die Schwerkraft), zum Handeln getrieben. Im System der Natur herrscht ein prometheischer Optimismus, in dem sich der spätere Materialismus wiedererkennen wird. Jubelnd rühmte d'Holbach die Entstehung einer Gesellschaft von Atheisten.

Das Streben nach der natürlichen Religion

Deismus und Theismus

Im 18. Jahrhundert wurden zwei Begriffe geschaffen und benutzt, mit denen man die Religion bezeichnete, die von ihren Dogmen und ihren Riten gesäubert und auf ihren wesentlichen Kern (die Existenz Gottes, die moralische Pflicht, vielleicht noch die Unsterblichkeit der Seele) reduziert ist: Deismus und Theismus.

Die Bedeutung dieser beiden Wörter variiert je nach Autor. Meistens bezeichnet der Deismus die philosophische Religion, das heißt eine Vernunftreligion, die von alldem befreit ist, was die Riten und Glaubensvorstellungen an Aberglauben transportieren. Für den Deismus ist tatsächlich alles Aberglaube, was sich außerhalb der drei erwähnten Prinzipien (Existenz Gottes, Beachten der moralischen Pflicht, Unsterblichkeit der Seele) abspielt. Der Theismus ist ein noch etwas enger mit dem Monotheismus verbundener Deismus, er nimmt eine Art Zwischenstellung zwischen dem Deismus und der traditionellen Religion ein. Doch noch einmal: Diese Definitionen sind nicht rigoros zu verstehen.

Der Deismus ist äußerst antiklerikal eingestellt. »Écrasez l'infâme!« (was so viel bedeutet wie »Zermalmt die niederträchtige [Kirche]!«), teilte Voltaire seinen Briefkorrespondenten mit, und manchmal unterschrieb er seine Briefe, zum Zeichen einer geheimnisvollen Wiedererkennung, mit »écrelinfe« (Abkürzung von »Écrasez l'infâme!«). Die heiligen Texte der Bibel werden als Stilblütensammlung beiseitegeschoben (die Bibel ist für den voltaireschen Antisemitismus eine unerschöpfliche Quelle zum Jubeln). Bleibt nur noch, dass Gott existiert – und man verwendet für ihn, wie es schon Leibniz getan hat, das Bild eines Zählmeisters oder eines Geometers oder auch das eines Architekten oder sogar eines Uhrmachers: »Das Universum bringt mich in Verlegenheit, und ich kann nicht glauben, dass diese Uhr existiert, aber kein Uhrmacher«, schreibt Voltaire.

Die Moral soll Teil der natürlichen Religion sein, aber nicht unbedingt. Die Vorstellung, nach der es eine Gesellschaft tugendhafter Atheisten geben kann, führte zum Skandal, als Pierre Bayle sie äußerte, gewinnt aber nach und nach an Terrain: Weder die Kirche noch selbst die christliche Religion scheinen so selbstverständlich notwendige Voraussetzung zu sein, damit die Menschen auch weiterhin die elementaren moralischen Regeln befolgen. Hinsichtlich dieses Punktes wie auch hinsichtlich vieler anderer wird sich Voltaire nicht ganz sicher sein (»Wenn es Gott nicht gäbe, müsste man ihn erfinden«), was von Entsetzen vor einem möglichen Abgrund zeugt: Liefe eine Gesellschaft von Atheisten nicht Gefahr, eine Gesellschaft von Mördern zu werden?

Wenn Dreiecke einen Gott hätten, würden sie ihn mit drei Ecken ausstatten.

Montesquieu

Wenn Gott uns nach seinem Bild geschaffen hat, dann haben wir sicherlich das Kompliment zurückgegeben.

Voltaire

Die Geburt einer Tugend: Toleranz

Die Idee einer natürlichen oder philosophischen oder vernünftigen Religion (die drei Adjektive sind in diesem Zusammenhang gleichzusetzen) ist untrennbar mit dem Wert der Toleranz verbunden: und zwar deswegen, weil Religionen hartnäckig mit Dogmen und Riten verbunden sind, mit denen sich die Gläubigen gegenseitig zur Schnecke machen – wie beispielsweise in Russland, wo das Kreuzzeichen mit zwei oder drei Fingern der Anlass zu wahren Bürgerkriegen gewesen war. Oder denken wir an Frankreich, als man sich gegenseitig totgeschlagen hat, weil die einen an die Heiligen und an die Jungfräulichkeit Mariens glaubten und die anderen nicht.

Voltaire wird in Frankreich diese im englischen (und protestantischen) Sinne typisch liberale Vorstellung verbreiten: Solange sie sich der Arbeit und dem Handel widmen, denken die Juden, die Christen und die Moslems gar nicht daran, sich gegenseitig auszulöschen. Die wirtschaftliche Aktivität führt zum Abstieg der Religion in die Privatsphäre und damit zu einer größeren Toleranz.

Eine andere Möglichkeit zur Überwindung der Konflikte zwischen den etablierten Religionen ist die Erkenntnis ihrer tiefen Einheit.

In Lessings Theaterstück *Nathan der Weise* antwortet der Jude Nathan, der vom Volk den Beinamen »der Weise« erhalten hatte, mit der Parabel (dem Gleichnis) von den drei Ringen auf die Frage, die ihm der Sultan Saladin stellt (das Stück spielt während der Zeit der Kreuzzüge): Welche von den drei Religionen ist die wahre: das Judentum, das Christentum oder der Islam?

Die Parabel kommt in einem jüdischen Text aus dem Mittelalter vor und wurde von Boccaccio in seinem Dekameron aufgegriffen. Ein reicher Mann beschloss eines Tages, dass derjenige seiner Söhne, dem er einen kostbaren Ring anvertraue, von den anderen als Familienoberhaupt anerkannt werden solle. Bevor dieser sterbe, solle er seinerseits den Ring demjenigen Sohn übergeben, den er damit ehren wolle. Auf diese Weise sollte der Ring von Generation zu Generation übergehen.

Doch eines Tages geschah es, dass der Ring jemandem zufiel, der drei Söhne hatte, die er alle drei gleichermaßen liebte. Um nun keinen seiner Söhne zu benachteiligen, entschloss er sich dazu, zwei Kopien anfertigen zu lassen, die dem Original so ähnlich waren, dass noch nicht einmal er selbst sie unterscheiden konnte. Kurz vor seinem Tod gab er jedem seiner drei Söhne einen Ring, so dass sich jeder für den legitimen Erben hielt. Um ihre Rechte geltend zu machen, zeigten die drei Söhne jeweils ihren Ring – doch es war unmöglich herauszubekommen, welcher von den drei Ringen der echte war. Genau so, sagt Nathan zu Saladin, verhält es sich auch mit den drei Religionen. Jede kann die wahre sein, aber es gibt keine Möglichkeit, zu erfahren, welche es ist.

Die lebendige Kraft der Unvernunft

Illuminismus nennt man die Lehre derer, die die Regeln der Vernunft zugunsten einer transzendenten Intuition aufgeben wollen, die ihnen einen direkten Zugang zum Absoluten verschaffen soll. Ein Illuminierter ist kein Aufgeklärter. Er stellt sogar das genaue Gegenteil dar: einen erleuchteten Geist.

Der Illuminismus schlägt die genaue Gegenrichtung zur Aufklärung ein: Während die Aufklärer die Vervollkommnung des Menschen und der Geschichtein einer mehr oder weniger nahen Zukunft erblicken, träumen die Illuministen von einer idealen Vergangenheit, in der der Mensch alles wusste (in der Zeit des ägyptischen Mythos) und in einer Glückseligkeit ohne Schwierigkeiten lebte, weil die Trennung zwischen ihm und dem großen Ganzen noch nicht stattgefunden hatte. Der menschliche Geist ist für die Illuministen ein unbeschriebenes Blatt, schreibt Claude de Saint-Martin, der sogenannte unbekannte Philosoph, der heutzutage verkannt wird, aber auch nicht allzu viel getan hat, um bekanntzuwerden. Das Heil findet sich, indem man wieder zu den Ursprüngen zurückkehrt, sowie in einer Zahlensymbolik und in anderen Scherzen, deren Details wir Ihnen ersparen möchten.

In seiner Schrift *Le nouvel homme* (Der neue Mensch) definiert Saint-Martin den Menschen, den Mikrotheos, den kleinen Gott, als einen Gedanken des Makrotheos, des großen Gottes, während Lavater verkündet, dass jede Natur die Kopie aller anderen ist, und Swedenborg die Vorstellung entwickelt, nach der Übereinstimmungen die materielle mit der spirituellen Welt verbinden.

Swedenborg im Gespräch mit den Engeln

Der am meisten begeisterte Philosoph des Zeitalters der Aufklärung war Swedenborg, ein Denker schwedischer Herkunft. Kant prangerte ihn zu Recht geradezu als Prototyp eines unvernünftigen Schwärmers an. Durch Wortspielereien bezog dieser Prahlhans seine Theorie der Übereinstimmungen aus Gesprächen, die er angeblich seit Jahren mit Engeln und Geistern geführt habe – eine transzendente Telepathie gewissermaßen.

Das System ist das folgende: Vom kleinsten Stein bis zu Gott unternimmt das Sein einen Aufstieg, bei dem der Mensch den Platz auf der halben Strecke einnimmt. Auf den Menschen hin läuft die gesamte materielle – mineralische, pflanzliche und tierische – Schöpfung zu. So kann der Mensch ausrufen: »Ich bin all das gewesen!« Denn alles in der Natur ist lebendig.

Man muss wählen: entweder Eingeweihter oder Bürger!

Dennoch ist es weniger das Konzept einer globalisierten Menschheit, das sich beim Illuminismus entwickelt, sondern das einer Gruppe von Eingeweihten, die seit der Antike aus den Mythen eine unsichtbare Kette bilden, deren erstes Kettenglied ein Traumägypten darstellt. Der Gedanke des Geheimen, daher auch der Gedanke des Verbotenen, ist ein ganz charakteristisches Kennzeichen des Illuminismus und bringt die Utopie einer wiederversöhnten Menschheit durcheinander. Sie ist der Veröffentlichung, diesem öffentlichen Charakter der Ideen und Debatten, diametral entgegengesetzt, für die Habermas gezeigt hat, dass sie konstitutiv für das moderne Ideal der Demokratie ist (deren Wert eben an diesem Ende des 18. Jahrhunderts wiedererkannt wird).

Rousseau oder die Kunst, seine Träumereien in Projekte zu verwandeln

Auch wenn sich Rousseau mit praktisch allen Philosophen seiner Zeit bekriegte, ist er doch ein authentischer Mann der Aufklärung und einer der größten Philosophen der Geschichte, wobei er gleichzeitig auch einer der größten französischsprachigen Schriftsteller war.

Darstellung als Entstellung

Ein roter Faden zieht sich durch seine scheinbar so unterschiedlichen Werke. Überall stößt man auf ein- und dasselbe Thema, sowohl in seinen literarischen als auch in seinen philosophischen Texten: die Idee, dass die Darstellung von etwas keine andere Präsenz dieses etwas ist, eine verdoppelte Präsenz sozusagen (wie es die Etymologie nahelegt: »Anwesenheit«), sondern dass Darstellung eine *Korruption ist*, eine *Entstellung* der Gegenwart (die bei Rousseau »Natur« heißt).

So ist das Theater – das Bühnenbild, die Szene – eine Entstellung des Festes. (In seinem Paradox über den Schauspieler verteidigte Diderot übrigens Lüge und Manipulation, denn der gute Akteur sei derjenige, der vorgibt, das zu empfinden, was er nicht empfinde.) Entgegen der klassischen Tradition, die ihren Ursprung bei Aristoteles hat, glaubt Rousseau nicht, dass unsere traurigen und schlechten Passionen durch das Schauspiel geläutert würden. Sie gehen – ganz im Gegenteil – bestärkt und legitimiert daraus hervor.

Auch in der Gefühlswelt hat die Darstellung die Präsenz ersetzt: So benähmen sich die Menschen in Gesellschaft wie Schauspieler, die eine Rolle spielen, anstatt zu fühlen und zu denken. Die Liebe, dieses starke Band, ist zu einer reinen Posse verkommen.

In der Welt der Politik geht es – nach Rousseau – ebenso zu. Die Freiheit besteht im unmittelbaren Ausdruck der Volonté générale, des Gemeinwillens – der aber nicht leicht herstellbar ist. Deshalb glaubt Rousseau, dass die Demokratie eher für ein Volk von Göttern gemacht ist. In den großen Staaten ist die politische Darstellung, die politische Repräsentation (deshalb nennt man die Abgeordneten auch die Repräsentanten des Volkes), unvermeidbar. Doch das bedeutet dann, dass die Souveränität des Volkes verlorengegangen ist. Streng genommen ist die Darstellung eine Denaturierung der Natur (der Präsenz).

Natur und Gesellschaft

Die Natur hat den Menschen glücklich und gut geschaffen, doch die Gesellschaft verdirbt ihn und macht ihn unglücklich, schreibt Rousseau. Die Abhandlung über den Ursprung und die Grundlage der Ungleichheit unter den Menschen zeichnet ein buchstäblich katastrophales Gemälde von der Gesellschaft und der Kultur, die aus einem Bruch mit dem sorglosen Zustand der Natur entstanden ist, einem Naturzustand, in dem unsere Vorfahren wild, doch frei lebten.

Rousseau meinte, er sei lieber ein Mensch mit Widersprüchen als einer mit Vorurteilen. Doch es ist vorgekommen, dass er in seinem Wunsch, die Vorurteile zu bekämpfen, ein bisschen zu weit gegangen ist. So reiht er in seiner *Abhandlung über die Ungleichheit* die Orang-Utans in die menschliche Gattung ein.

Tiere besitzen und Intelligenz, sie beweisen oftmals eine Erfindungsgabe, die besser als unsere raffiniertesten Listen sind. Weder das Empfindungsvermögen noch die Intelligenz machen aus dem Menschen ein Tier, das sich von anderen unterscheidet. Doch eine andere spezifische Eigenschaft unterscheidet ihn, und das lässt sich nicht bezweifeln: die Fähigkeit, sich zu vervollkommnen, eine Fähigkeit, die sowohl bei der ganzen Gattung als auch beim Individuum vorhanden ist. Das Tier ist bereits nach einigen Monaten Lebensdauer das, was es sein ganzes Leben sein wird, und das, was die ganze Gattung noch nach unzähligen Generationen wie ganz zu Anfang sein wird.

Alles ist gut, wenn es die Hände des Schöpfers verlässt, alles degeneriert unter den Händen der Menschen.

So möchte ich wohl die Versicherung wagen, dass der Umstand des Nachdenkens gegen die Natur und dass ein Mensch, welcher Betrachtungen anstellt, ein verdorbenes Tier sei.

Rousseau

Rousseau war nicht für eine Rückkehr in die Wälder!

Über die rousseausche Vorstellung von der Natur wurde viel Unsinniges, als Erstem von Voltaire, geschrieben: Niemals lag es in der Absicht des Autors des Gesellschaftsvertrages, zum Naturzustand zurückzukehren – tatsächlich könnte man nie zu dem zurückkehren, was vergangen ist –, und man wird Rousseau genügend Intelligenz zugestehen, um ihn nicht zu verdächtigen, den irreversiblen Charakter der Zeit zu verkennen.

Gewiss, Rousseau täuschte sich zuweilen über die Realität des menschlichen Lebens von einst, doch er war nicht so verwirrt in seiner Idealisierung, wie man es wohl gerne hätte. Natürlich stürzte die Entdeckung der Frühgeschichte im 19. Jahrhundert seine gewagten Spekulationen über die Ursprünge des Menschen völlig um, und man erkannte recht bald, dass der Cro-Magnon-Mensch (aus der Jüngeren Altsteinzeit) nicht im Paradies lebte. Doch so darf man Rousseau auch nicht lesen: Sein Naturzustand ist ja kein historischer Augenblick, sondern eine theoretische Konstruktion, ein Modell, das im doppelten Sinne epistemologisch (wissenschaftlich, erkenntnistheoretisch) und moralisch ist – mit dieser Elle müssen wir das Ganze messen, und dann können wir das Phänomen auch verstehen.

Was machen wir denn heute anders, wenn wir empört feststellen, dass es in einem bestimmten Land so arme Menschen gibt, dass sie noch nicht einmal genügend zum Essen haben, um satt zu werden? Wir vergleichen dabei einen gegenwärtigen sozialen Zustand mit einem »Natur«-Zustand: Für uns ist es »natürlich« und »normal«, dass alle Menschen genug zum Essen haben (denn das Bedürfnis zu essen ist selbst natürlich). Die Gesellschaft, die nicht jedem Einzelnen ihrer Mitglieder ausreichende Mittel zur Verfügung stellt, damit es überlebt, scheint uns, zu Recht, ungeheuerlich zu sein.

Oft ist ein großer Unterschied zwischen dem Willen aller und dem allgemeinen Willen; Letzterer geht nur auf das allgemeine Beste aus, Ersterer auf das Privatinteresse und ist nur eine Summe einzelner Willensmeinungen. Zieht man nun von diesen Willensmeinungen das Mehr und Minder, das sich gegenseitig aufhebt, ab, so bleibt als Differenzsumme der allgemeine Wille übrig.

Rousseau

Großer Reichtum ist nicht zulässig

Somit wird auch verständlich, warum Rousseau den Luxus verurteilt. Während die meisten anderen Autoren seiner Zeit den Luxus mit philosophischen (Luxus, das ist die feinsinnigste Form der Zivilisation) oder mit ökonomischen (Luxus gibt Tausenden von Menschen Arbeit) Argumenten rechtfertigen, sieht Rousseau in ihm das Anzeichen für eine schlecht organisierte Gesellschaft: Mit welchem Recht lebt eine Handvoll sehr Reicher in Verschwendung und Prunksucht, während das Volk vor ihren Pforten fleht und leidet? Haben sie denn einen größeren Magen oder ein anspruchsvolleres Gehirn, arbeiten sie denn mehr? Solche Fragen zu stellen heißt, sie zu beantworten. Anderthalb Jahrhunderte später wird Gandhi sagen, dass die Welt genug für jedermanns Bedürfnisse habe, aber nicht für jedermanns Gier. Das ist auch genau das, was Rousseau dachte.

Der Gesellschaftsvertrag: Alle Menschen müssen sich in ihm wiederfinden

Welchen Sinn hat dann also der Gesellschaftsvertrag bei Rousseau? Er legitimiert nicht die absolute Macht wie Hobbes, sondern im Gegensatz dazu die demokratische Macht. Für den Verfasser des Gesellschaftsvertrags ist der Souverän weder Gott noch der Papst noch der König, sondern das Volk. Von da an ist nichts verloren: Der soziale Staat wird die natürliche Freiheit des Menschen nicht veräußern, sondern sie garantieren. Der Gesellschaftsvertrag (oder Gesellschaftspakt) nach Rousseau sind die gesamten fundamentalen Konventionen, die, obwohl sie vielleicht noch nie formal ausgesprochen wurden, dennoch durch das Leben in Gesellschaft vorausgesetzt werden insofern, als diese Gesellschaft auf der Anerkennung der Volonté générale (des Gemeinwillens) beruht, die die Einzelwillen übersteigt.

Wenn man das Wort in der ganzen Strenge seiner Bedeutung nimmt, so hat es noch nie eine wahre Demokratie gegeben und wird es auch nie geben.

Rousseau

Wenn der Ursprung der Schlüssel zu allem ist: Wie finden wir ihn?

Die Frage nach dem Ursprung läuft auf eine Aporie hinaus, also auf eine logische Schwierigkeit, die unlösbar scheint. Im 17. und 18. Jahrhundert gaben sich zahlreiche Philosophen nicht mit der Vorstellung einer göttlichen oder natürlichen Schöpfung der menschlichen Gesellschaft zufrieden, und so vermuteten sie – um das Aufkommen der Gesellschaft zu erklären –, dass es zwischen den Menschen so etwas wie eine ursprüngliche Übereinkunft gegeben haben muss. Durch einen solchen Gründungsakt hätten die Menschen, die bis dahin isoliert voneinander lebten, die Gesellschaft gebildet. Doch wie kann man es sich weiter erklären, wie menschliche Individuen einen solchen Vertrag ohne Kommunikation untereinander abschließen konnten? Ein analoger Einwand betrifft die Entstehungstheorie der Sprache, die ja für eine Konvention, also eine Übereinkunft, gehalten wird. Denn wenn sich die Menschen ganz zu Anfang über die Bedeutung der Wörter verständigten, sozusagen Abmachungen darüber trafen, setzt das doch voraus, dass sie bereits eine gemeinsame Sprache besaßen. Man kann sich dabei doch nicht eine Vorladung mit folgendem Wortlaut vorstellen: »Am nächsten Dienstag findet eine Generalversammlung unter der großen Eiche zur Vereinbarung einer gemeinsamen Sprache statt.« Der Vertrag und die Übereinkunft sind also weit davon entfernt, die Gesellschaft zu gründen, sie werden von der Gesellschaft bereits vorausgesetzt.

Test: Würden Sie den Mandarin töten?

Um die Schwäche der Vorstellung zu beweisen, nach der die menschliche Moral auf die persönlichen Interessen reduziert werden kann, ruft Rousseau aus: Wenn ich erfahre, dass ein armes, unschuldiges Kind am anderen Ende der Welt von einem Grobian gequält wird, wäre ich darüber nicht weniger entrüstet, als wenn es sich um meinen eigenen Nachbarn handelte!

Rousseau glaubte an die Existenz eines universalen moralischen Gewissens, das von der Gesellschaft, trotz ihrer ganzen verderbenden Macht, nicht völlig vernichtet werden kann. Und um die Existenz dieses moralischen Gewissen zu testen, dachte er sich das folgende Gedankenexperiment aus: Stellen Sie sich vor, dass Sie mit einem einfachen Kopfnicken den Tod eines chinesischen Mandarins herbeiführen könnten, den Sie nicht kennen, und dass Sie dadurch zu seinem Alleinerben würden, ohne dass irgendjemand jemals erführe, wodurch Sie in den Genuss dieser Reichtümer gekommen wären. Wären Sie bereit, den Tod des Mandarins auf eine so einfache Weise herbeizuführen?

Rousseau dachte, dass man auf diese Frage mit Nein antworten könnte. Und was meinen Sie?

16 Kant, der Philosoph der Begrenzung und des Universalen

In diesem Kapitel

- Der erste moderne Philosoph
- Ein geordnetes Leben, das das Geistesleben sprengt
- Ein äußerst komplexes Denken, in einfache (aber nicht simple) Sprache übersetzt

Auch wenn Kant während seines gesamten universitären Lebens Geografievorlesungen gab, so hat er doch praktisch nie seine Geburtsstadt Königsberg (heute Kaliningrad) verlassen, wo er 1804 im Alter von knapp 80 Jahren auch starb. In der Geschichte der Philosophie gibt es kaum einen anderen Philosophen, von Sokrates abgesehen, der seinem Geburtsort so eng verbunden blieb.

Kant führte das Leben eines wissbegierigen Mannes, dessen Zeiteinteilung etwas von der Strenge eines Metronoms hatte. Die Legende berichtet, dass er nur ein einziges Mal von seinen Spaziergewohnheiten abgewichen war, nämlich zur Zeit der Französischen Revolution, weil er mit Ungeduld die Zeitungsnachrichten erwartete. Auch wenn Kant das zurückgezogene Leben eines Singles ohne Kinder führte, liebte er doch die Gemeinschaft und gutes Essen.

Die Grundlagen

Was ist der Kritizismus?

Kant gilt für viele als der wahre Begründer der modernen Philosophie wegen seiner entschiedenen Kritik an den Bestrebungen der Metaphysik, sich als absolutes Wissen zu etablieren. Aus diesem Grund bezeichnet man seine Philosophie als *Kritizismus* und auch deswegen, weil ein großer Teil seines schriftlichen Werkes sich an drei Kritiken festmacht, die er nacheinander verfasste:

- Die *Kritik der reinen Vernunft*, die die Erkenntnistheorie behandelt
- Die *Kritik der praktischen Vernunft*, die sich mit dem moralischen Handeln befasst
- Die *Kritik der Urteilskraft*, die sich mit dem ästhetischen Urteil und der Teleologie (Lehre von der zweckbestimmten Ordnung) auseinandersetzt

Doch auch wenn Kant ein kritischer Philosoph ist, so ist er zugleich auch ein Philosoph des Systems. Die *Kritik der reinen Vernunft* ist ein regelrechtes Gebäude, das ganze Werk ähnelt einer Stadt. Man merkt die durchgängige architektonische (ein Wort, das bei Kant ständig wiederkehrt) Sorge. Daher rühren auch die Symmetrien, die auf dem Spiel mit Gegensätzen basieren und ebenso auch die Analogien.

Das System sieht Kant als Gegensatz zu dem, was er als *Rhapsodie* bezeichnet: Die Rhapsodie ist eine Abfolge (diesenfalls:) von Ideen und Sachverhalten ohne Zusammenhänge. Beispielsweise ist ihm die Liste der zehn von Aristoteles vorgeschlagenen Kategorien nur eine Rhapsodie. Die Tafel der zwölf Kategorien, er selbst vorgeschlagen hat, ist dagegen systematisch. Der Kritizismus ist gleich weit von Skeptizismus und Dogmatismus entfernt, und auch wenn er den Enzyklopädismus mit einem strengen Auge beobachtet, so beurteilt er die Spezialisten nicht unbedingt liebenswürdiger. Die Fachleute, die nur oberflächlich einen Blick auf die Welt werfen, sagt Kant nicht ohne Humor, sind doch nur Zyklopen.

Die menschliche Vernunft ist ihrer Natur nach architektonisch, das heißt, sie betrachtet alle Erkenntnisse als gehörig zu einem möglichen System.

Kant

Was Kant vor seiner Geburt dachte

Bis zum Alter von 46 Jahren, als er 1770 seine Dissertation Über die Form und die Prinzipien der sinnlichen und intelligiblen Welt (die von der Dualität der beiden Welten handelt) schrieb, ist Kant noch auf der Suche nach sich selbst, ohne sich zu finden. Alle Leser, die sich glücklich schätzen können, dieses Alter noch nicht erreicht zu haben, können also noch hoffen … Als vorkritische Periode bezeichnet man den Zeitabschnitt vor der Kritik der reinen Vernunft (1781). Bis zu dieser entscheidenden Wendung ist Kant ein rationalistischer Philosoph, der nun seine Konzeption von der Welt, beeinflusst von Christian Wolff, der selbst ein Schüler Leibniz' war, aufschreibt.

Das Erdbeben von Lissabon (1755), das ganz Europa in Schrecken versetzte und das eine philosophische Kontroverse in Gang setzte (wie kann man noch an die göttliche Vorsehung glauben, wenn Tausende von Unschuldigen auf einen Schlag bei einem Erdbeben ums Leben kommen?), führt bei Kant zu einer Reihe von Artikeln, die mit der sehr leibnizschen Feststellung enden: Wir sind ein Teil der Natur und wollen doch ihr Ganzes sein.

Kant interessiert sich also für die Natur, selbst in ihrer empirischsten, ihrer konkretesten Dimension. Seine Promotion erreicht er an der Universität mit einer … Dissertation über das Feuer! An der Universität von Königsberg, an der er bis ins hohe Alter lehren wird, sind die meisten seiner Vorlesungen der Geografie gewidmet! Und er hat hier nicht etwa nur als Amateur agiert.

Er hat sich einen Namen gemacht – in der Wissenschaftsgeschichte

In seiner *Allgemeinen Naturgeschichte und Theorie des Himmels*, die einer seiner ersten veröffentlichten Texte war, stellt Kant, von der allgemeinen Gravitationslehre Newtons ausgehend, die Hypothese auf, dass das Sonnensystem aus einem Urnebel entstanden ist, der sich um sich selbst gedreht hat. Der heiße Kern verdichtete sich und wurde zur Sonne, während die von der Strudelbewegung ausgestoßenen Materien sich nach und nach abkühlten und so zu den Planeten wurden. Rund 40 Jahre später griff der Gelehrte Pierre-Simon de Laplace diese Theorie wieder auf (weshalb sie auch als Kant-Laplacesche Theorie bezeichnet wird), die im Großen und Ganzen von der heutigen Wissenschaft bestätigt wird.

Das kritische Programm: auf drei Fragen antworten

Kant sagte, dass er durch die Lektüre der Schriften Humes aus seinem »dogmatischen Schlaf« aufgeweckt wurde. Er fand sich dem schottischen Philosophen gegenüber in der gleichen Position wie Descartes gegenüber Montaigne: Wie kann man das Denken des Zweifels retten, ohne der Illusion zu verfallen?

Das ganze Werk der Vernunft, so meint Kant, ist in den folgenden drei Fragen enthalten:

- ✔ Was kann ich wissen?
- ✔ Was soll ich tun?
- ✔ Was darf ich hoffen?

Diese drei Fragen führen zu der vierten, die alle anderen zusammenfasst: Was ist der Mensch?

So gelangt Kant von der physikalischen Natur zum menschlichen Subjekt.

Die kopernikanische Revolution

Wenn Einstein sagt, dass die unverständlichste Sache der Welt die ist, dass die Welt verständlich sei, dann geschieht das in einem Denkrahmen, der dem Kritizismus Kants entspricht. Kant übte einen ungeheuer großen Einfluss auf die deutsche Philosophie am Ende des 19. Jahrhunderts aus, zu einer Zeit, als Einstein studierte und eine neue Strömung als Reaktion auf den Materialismus der Wissenschaften auftauchte, die als *Neukantismus* bezeichnet wurde.

Zu Beginn der *Kritik der reinen Vernunft* vergleicht Kant seine Methode mit der des Kopernikus. Der Gelehrte führte die Astronomie im 16. Jahrhundert endlich auf den Weg der modernen Wissenschaft, als er die Sonne in das Zentrum des Systems stellte und die Erde daraus entfernte (heliozentrisches Modell). Die gesamte Antike, bis auf sehr wenige Ausnahmen, hatte die Erde im Zentrum der Welt geglaubt und gesehen, und dank des Ptolemäus hatte das geozentrische Weltbild seine mathematische Übersetzung erhalten. Kant vergleicht die von Descartes bewirkte Dezentralisierung mit seiner eigenen: Bis zur kopernikanischen Revolution, so stellt er fest, versuchte man das Problem der Erkenntnis dadurch zu lösen, dass man das Subjekt sich um das Objekt drehen ließ, was zu den bekannten Sackgassen und Kontroversen führte. Vollziehen wir mit Kant doch einfach einen Standortwechsel: Entfernen wir das Objekt aus dem Mittelpunkt, platzieren wir das erkennende Subjekt in das Zentrum und bringen das bekannte Objekt an die Peripherie. Dadurch, so meint Kant, können wir erfahren, worin die Erkenntnis genau besteht und welches ihre Grenzen sind.

Später wird Bertrand Russell, neben anderen, auf die Inkonsequenz der kantschen Analogie aufmerksam machen, denn die Bedeutung der Forschung des Kopernikus besteht genau darin, den Menschen aus seiner zentralen Stellung vertrieben zu haben, die er sich mit einem gewissen Hochmut selbst zugeteilt hatte. Die moderne Wissenschaft besteht in der Tat zu einem guten Teil in der Zurückweisung des jahrtausendealten Anthropozentrismus (dessen einer Ausdruck der Geozentrismus war). Kant geht von dem Prinzip aus, dass der Mensch über Fähigkeiten – Empfindungsvermögen, Urteilskraft, Vernunft – verfüge und dass diese in ihrer Struktur und ihrem Funktionieren definitive Gegebenheiten sind. Das kann jedoch von der heutigen Wissenschaft in Frage gestellt werden.

Eine Theorie der Erkenntnis

Die Erkenntnis muss stichhaltig und fruchtbar zugleich sein

Der Skeptizismus ist keine haltbare Position. Die Erkenntnis existiert, man kann diese Realität nicht in Zweifel ziehen. Doch was heißt eigentlich erkennen, und wie kann man etwas erkennen?

Ein Urteil ist eine Beziehung, die zwischen einem Subjekt (hier in grammatischer Bedeutung: Subjekt eines Satzes, einer Aussage) und dem, was man über es behauptet, also einem Prädikat, aufgestellt wird: »Die Tafel ist schwarz« ist ein Urteil, und »Die Seele ist sterblich« ist ein Urteil. Kant unterscheidet zwei Arten von Urteilen: Zunächst gibt es jene, bei denen das Prädikat lediglich das wiederholt – wenn auch in anderer Form –, was im Subjekt bereits enthalten ist (zum Beispiel: Die kürzeste Linie, die einen Punkt mit einem anderen verbindet, ist die Gerade). Die zweite Art der Urteile wäre dann jene, bei denen das Prädikat dem Subjekt etwas Neues hinzufügt (zum Beispiel: Alle Körper haben ein Gewicht [das setzt natürlich voraus, dass in der »klassischen« Definition der »Körper« nur von Ausdehnung, nicht aber von Gewicht die Rede ist]). Kant nennt den ersten Urteilstyp *analytisch*, den zweiten *synthetisch*.

Das analytische Urteil ist ein Urteil, das nicht mehr auf die Erfahrung Bezug nehmen muss. Mit anderen Worten: Der Geist muss nicht aus sich selbst heraustreten, um analytische Urteile auszusprechen. Diese von der Erfahrung unabhängigen Urteile sind daher a priori. Sie haben eine positive und eine negative Eigenschaft. Ihr Vorzug ist ihre Stichhaltigkeit: Wenn ich dieselbe Idee wiederhole, so bin ich zumindest sicher, mich nicht zu irren. Der Nachteil daran ist jedoch: Ich stottere, anstatt zu sprechen, ich trete auf der Stelle, anstatt vorwärtszukommen, ich lerne nichts dabei.

Die synthetischen Urteile hingegen bieten uns eine neue Information: Sie sind von der Erfahrung abgeleitet. Man muss beispielsweise schon einmal Erfahrung mit Eis gemacht haben, um zu wissen, dass es kalt ist, so wie man auch Erfahrungen mit Körpern gemacht haben muss, um zu wissen, dass sie ein Gewicht haben. Ich hätte das niemals einzig aus dem Denken heraus wissen können. Die synthetischen Urteile sind a posteriori. Wie die analytischen Urteile haben auch sie einen Vor- und einen Nachteil. Der Vorteil der synthetischen Urteile ist ihre Fruchtbarkeit: Bei ihnen erfahre ich, lerne ich etwas Neues. Doch ihr Nachteil besteht in ihrem Mangel an Stichhaltigkeit: Die Erfahrung ist zufallsbedingt, allgemeine Aussagen erhalte ich durch Induktion, wobei ich nicht die Gewissheit habe, dass sie später nicht ungültig werden.

Zusammenfassend lässt sich also sagen, dass wir zwei Arten von Urteilen gegenüberstehen: den analytischen A-priori-Urteilen, die stichhaltig, aber fruchtlos sind, und den A-posteriori-Urteilen, die zwar fruchtbar sind, denen es aber an Stichhaltigkeit fehlt.

Kant stellt sich die Frage, ob es nicht noch eine dritte Kategorie von Urteilen gebe, die ebenso fruchtbar wie die synthetischen und genauso stichhaltig wie die analytischen, seien, ob es also synthetische A-priori-Urteile gebe. Kant meint, dass die Mathematiker das Beispiel für ein solches Urteil liefern. Eine Aussage wie die, dass 7 plus 5 12 ist, ist synthetisch (ich kann nicht aus der Analyse der 7 und der 5 zur Zahl 12 gelangen) und *a priori* zugleich (ich muss nicht auf die Erfahrung zurückgreifen, um die Aussage zu bestätigen). Die Existenz synthetischer *A-priori*-Urteile bildet nach Ansicht Kants die Grundlage, von der ausgehend die *Kritik der reinen Vernunft* aufgebaut werden konnte.

Universal und notwendig

Die Wahrheit, also die Erkenntnis, besitzt zwei Eigenschaften: Sie ist universal und notwendig. Wenn ich finde, dass Rubens der größte Maler aller Zeiten und dass Ludwig XIV. der größte König ist, dann sind diese Urteile wohl offensichtlich von Bedeutung für mich, sie bleiben dennoch pure Meinungen oder Glaubensvorstellungen; und auch wenn sie so stark wie echte Überzeugungen sein sollten, werden sie doch unendlich weit entfernt von der Realität bleiben. Deshalb können diese Urteile nicht als universal bezeichnet werden.

Wenn dagegen Thales den Satz verkündet hat, der seinen Namen trägt, so hat er damit nicht nur ein Gesetz herausgefunden, das für die gesamte Serie von Gegenständen derselben Art (für ähnliche Dreiecke) gilt, sondern das, was er damit bestätigt hat, kann von der gesamten Gemeinschaft der Vernunftwesen nachvollzogen werden, egal, ob es sich dabei nun um Chinesen oder Griechen, um Männer oder Frauen, um Greise oder Jugendliche oder um Atheisten oder Gläubige handelt. Die Welt der Wahrheit ist eine gemeinsame Welt, die Welt der Meinung wird es niemals sein.

Das andere Charakteristikum oder Kriterium der Wahrheit ist seine Notwendigkeit. Es ist notwendig, dass 7 plus 5 12 ergibt, was bedeutet, dass es unmöglich ist, dass dabei etwas anderes herauskommt. Die Meinung, der Glaube und die Überzeugung sind im Gegensatz dazu kontingent: Sie lassen alle ohne logischen Widerspruch ihre Negation zu (es widerspricht nicht der Logik, nicht an Gespenster zu glauben).

»Kritik der reinen Vernunft«

In diesem Werk, es ist das bedeutendste von Kant und dasjenige, das den Verfasser in den Augen seiner Nachfolger gewissermaßen symbolisiert, analysiert Kant die Bedingungen und die Grenzen der Erkenntnis. Die reine Vernunft ist von der Erfahrung unabhängig. Kant spricht ihr die Fähigkeit ab, außerhalb des Bereichs der Erfahrung zu erkennen. Wenn die *Kritik der reinen Vernunft* häufig als ein Bruch in der Philosophiegeschichte betrachtet wird, dann deshalb, weil hier zum ersten Mal der Anspruch der Metaphysik, eine Wissenschaft der Totalität und des Absoluten zu sein, radikal bestritten wird.

Das Buch mit dem imposanten Umfang hat zwei große Teile unterschiedlicher Länge: die *Transzendentale Elementarlehre* und die *Transzendentale Methodenlehre*. »Transzendental« bedeutet: vor aller Erfahrng liegend; oder: was die Bedingungen a priori betrifft. Faule Leser, die nun »transzendental« mit »a priori« gleichsetzen, vereinfachen zwar (an dieser Stelle sind die Kant-Spezialisten unter Ihnen sowieso schon alle vor Wut tot umgefallen), wären aber doch nicht so weit von der Wahrheit entfernt.

Kant arbeitet zwei verschiedene Erkenntnisvermögen heraus: die *Sinnlichkeit* und den *Verstand* (man würde sagen: die Intelligenz – ich kann ohne Furcht weiter vereinfachen, da die Spezialisten ja bereits tot sind). Für Kant gibt es keine übersensible und überintellektuelle Fähigkeit (wie die Intuition), die uns unmittelbar mit dem Absoluten der Dinge in Kontakt bringen kann. Diesen beiden Fähigkeiten der Sinnlichkeit und des Verstandes entsprechen die beiden Teile der transzendentalen Elementarlehre: die transzendentale Ästhetik und die transzendentale Logik.

Die transzendentale Ästhetik befasst sich weder mit der Kunst noch mit der Schönheit, sondern mit der Sinnlichkeit. Die Sinnlichkeit besteht aus zwei Formen, die ihre Rahmenbedingungen sind: dem *Raum* und der *Zeit*. Diese Formen sind *a priori*, sie hängen nicht von der Erfahrung ab (daher lautet der Titel dieses Teils »Transzendentale Ästhetik«). Für Kant bedeutet das: Wenn wir die Dinge in Raum und Zeit sehen, dann deshalb, weil wir sie dort hineinstellen. Ein Wesen, das ganz anders als der Mensch wäre, nähme die Welt auch ganz anders wahr. Diese Vorstellung wurde insgesamt bestätigt: Man weiß heute, dass die Fliege und der Iltis in einer ganz anderen Welt leben als wir.

Die transzendentale Logik betrifft die zweite Erkenntnisfähigkeit, den Verstand. So wie die Sinnlichkeit in die beiden (A-priori-)Formen Raum und Zeit gegliedert ist, ist der Verstand durch zwölf (auch sie A-priori-)Kategorien gegliedert, die Kant in einer Tafel von vier Dreierreihen klassifiziert. Die Kategorien sind die logischen Strukturen des Denkens, die bei jedem Urteil anwesend sind. Wenn ich beispielsweise sage, dass der Verkehrsminister nicht besonders schlau ist, dann spreche ich ein Urteil in einer negativen Form aus, und die Negation ist eine

Kategorie des Verstandes. Die Kategorien dienen der Erkenntnis der Dinge, wobei die Wahrnehmungen das erste Material bilden.

Doch die Vernunft, die bei Kant nichts von einer weisen Jungfrau hat, gibt sich nicht mit der Welt der Erfahrung zufrieden: Sie möchte sowohl das Universum in seiner Gesamtheit als auch den Urheber aller Dinge und den unsterblichen Charakter der Seele kennenlernen. Deshalb zerfällt die transzendentale Logik in zwei Abteilungen: Die transzendentale Analytik studiert die gesetzmäßige Kraft des Verstandes, der durch die Kategorien zu einer tatsächlichen Erkenntnis der Phänomene gelangt, während die transzendentale Dialektik Kritik an den Illusionen übt, in die die Vernunft verfällt, wenn sie beabsichtigt, mit Hilfe der Werkzeuge des Verstandes (der Kategorien also) eine Erkenntnis der Seele, des Universums und Gottes zu erreichen.

Der Gegensatz zwischen der »Analytik« (die Logik der Wahrheit) und der »Dialektik« (die Logik des Scheins) stammt von Aristoteles. In diesem Teil der Kritik der reinen Vernunft unternimmt Kant eine Kritik (Derrida hätte gesagt: eine Dekonstruktion) der Gottesbeweise.

Was ist denn nun das Transzendentale?

Das Transzendentale ist nicht nur das spezifische Kennzeichen Kants, sozusagen sein Stempel. Es ist das Zeichen par excellence des Philosophen überhaupt, es ist sein Wappen, sein Logo. Wenn ein Akademiker auf einem Kolloquium mit wissendem Gesichtsausdruck vom Transzendentalen spricht und dabei ausschließlich von seinen Fachkollegen verstanden wird, geht ein kaum wahrnehmbares Zittern durch die Bänke mit den wenigen Anwesenden, man spürt förmlich den Geruch intellektueller Ekstase. Das Transzendentale verschafft Ansehen. Ich möchte Ihnen, liebe Dummies-Leser, die Sie das Opfer einiger Euro auf sich genommen haben, die Sie ja auch anders hätten ausgeben können (zum Beispiel hätten Sie von dem Geld ein romantisches Abendessen mit Kerzenschein beim Italiener bezahlen können), gerne eine Vorstellung von diesem Begriff des Transzendentalen geben.

Die Ameise hortet, die Spinne sondert ab. Die Ameise häuft all das an, was sie draußen findet, die Spinne webt ihr Netz aus ihrer eigenen Substanz. Francis Bacon, diejenigen unter Ihnen mit dem besten Gedächtnis werden sich noch an ihn erinnern, schuf aus diesen Tierchen die beiden Modelle der Erkenntnis, die eine, die experimentelle Erkenntnis, geht auf die Jagd nach Fakten, die andere, die rationale Erkenntnis, begibt sich auf Ideenfang.

Zwei Jahrhunderte lang (im 12. und 13. Jahrhundert) war die Frage danach, ob die Vernunft oder die Erfahrung die Hauptquelle der Erkenntnis ist, die wichtigste Frage der Erkenntnistheorie. Am Ende des 18. Jahrhunderts liefert Kant eine besonders elegante Lösung für dieses Problem.

Jede Erkenntnis, so lautet seine Aussage im Wesentlichen, hat die Erfahrung als ihren ersten Ursprung sowie als letztes Ziel, doch bedeutet das nicht, dass sie aus der Erfahrung hervorgeht. Eine Disziplin wie die Metaphysik, die sich mit der Existenz Gottes, der Unsterblichkeit der Seele, der Freiheit oder auch mit dem Universum im Ganzen befasst, kann – nach Kant – nicht den Anspruch darauf erheben, zu einer wahren Erkenntnis zu führen, weil sie sich mit Gegenständen beschäftigt, die nicht in den Bereich der möglichen Erfahrungen gehören. Die Widersprüche, die in dieser Disziplin reichlich vorhanden sind (beispielsweise gibt es jene, die glauben, dass das Universum endlich in Raum und Zeit ist, und es gibt andere, die im Gegensatz dazu glauben, dass das Universum unendlich ist), beweisen zur Genüge, dass der Metaphysik die Wahrheit fremd ist, die ja universal und notwendig ist, notwendigerweise universal und universal notwendig.

Kants geniale Idee war es zu zeigen, dass die Bedingungen der Erfahrung nicht selbst durch die Erfahrung konditioniert sind. Mit anderen Worten: Das, was es uns ermöglicht, einen Gegenstand in der Erfahrung zu erkennen, also die Struktur unserer Sinnlichkeit und unserer Erfahrung, leitet sich nicht aus der Erfahrung ab. Kant bezeichnet all das als transzendental, was die (von der Erfahrung unabhängigen) Bedingungen *a priori* der Möglichkeit von Erkenntnis betrifft. Kant nimmt wie die Empiriker an, dass unsere ganze Erkenntnis mit der Erfahrung beginnt, doch das reicht ihrer, der Empiriker, Ansicht nach nicht aus, um zu beweisen, dass jegliche Erkenntnis aus der Erfahrung stammt.

Es ist nicht allzu schwierig, sich mittels der Sprache eine Vorstellung von diesem verzwickten Konzept zu verschaffen. Zum Sprechen einer Sprache sind tatsächlich zwei Bedingungen erforderlich: das Erlernthaben dieser Sprache und ein System bestimmter Organe und physiologischer Strukturen (ein Gehirn, ein Sprechapparat usw.). Das Erlernen ist definitionsgemäß a posteriori, es leitet sich aus der Erfahrung ab, jedoch es wird von diesem System der Organe und Strukturen konditioniert, also bedingt, die selbst nicht aus der Erfahrung stammen. Ganz im Gegenteil: Erst dieses physiologische System ermöglicht eine Spracherfahrung, denn ohne bestimmte spezialisierte Gehirnzonen und ohne bestimmte Organe, wie die Zunge, den Kehlkopf, die Stimmbänder usw., wäre Sprache unmöglich. Ihre Erfahrung beruht also auf einer Synthese des Angeborenen und des Erworbenen, des Apriori und des Aposteriori. Genauso ist es mit der Erkenntnis.

Jetzt wissen Sie also, was mit dem Transzendalen ausgesagt werden soll.

Die Grenzen sollen überschritten werden

Zur Zeit der Babylonier war der Bereich der möglichen Erfahrung bei der Himmelserkenntnis durch die visuellen Kapazitäten des menschlichen Auges festgelegt – deshalb kannte man bis zum 13. Jahrhundert nur sechs Planeten unseres Sonnensystems, nämlich die fünf mit dem unbewaffneten Auge sichtbaren Planeten plus die Erde. Mit seiner Weiterentwicklung des Fernrohrs weitete Galilei den Bereich der möglichen Erfahrung aus. Er entdeckte die Mondkrater und die Jupitermonde. Mit der Erfindung des ersten Fernrohrs hatte die Wissenschaft eine neue Welt hinzugewonnen. Nach und nach wurden die Teleskope immer größer: Je größer sie wurden, umso weiter konnte man schauen. Nun ist der Raum im Universum jedoch Zeit: Je weiter man in den Raum schaut, umso weiter schaut man in die Vergangenheit.

Die Unklugheit der Klugheit

Was wollte Kant sagen, als er sagte, dass die Erkenntnis a priori auf den Bereich der möglichen Erfahrung begrenzt sei? Er wollte damit ausdrücken, dass es ein Jenseits der möglichen Erfahrung gibt (die Metaphysik), die auf ewig der Erkenntnis entflieht. Nun gut. Doch wie kann man a priori die Grenzen der möglichen Erfahrung bestimmen? Und außerdem, was hat man sich unter diesem Möglichen vorzustellen? Denn wenn es eine Sache gibt, die uns die Wissenschaftsgeschichte zeigt, dann ist es die fortschreitende und unvorhersehbare Ausweitung des Bereichs des Möglichen. So ist es eine Banalität zu behaupten, dass das, was zu einer bestimmten Zeit unmöglich erscheint, zu einer anderen Zeit sehr wohl möglich ist.

Doch nicht nur das Universum ist in einer Expansion begriffen, auch das Universum unserer Erkenntnis ist es. Kant dachte, dass der Kosmos als Gesamtheit unergründlich sei. Zwei Jahrhunderte später gibt es eine Kosmologie, eine wahre Wissenschaft vom Universum, die sich nicht mehr damit begnügt, so zu denken, wie es die Metaphysik oder die Theologie tat, sondern die beobachtet, misst, folgert, klassifiziert und vergleicht, kurz: erkennt.

Dieses Land ist eine Insel und durch die Natur selbst in unveränderliche Grenzen eingeschlossen. Es ist das Land der Wahrheit, umgeben von einem weiten und stürmischen Ozeane, dem eigentlichen Sitze des Scheins.

Kant

Ganz schön viel Erfahrung

Die technischen Fortschritte haben nach unserer Meinung dermaßen viel am Konzept der Erfahrung verändert, dass die Idee Kants – die Idee, nach der die Grenzen unserer Erkenntnis denen unserer möglichen Erfahrung entsprechen – ebenso gut die These eines unbegrenzten Wachstums der Erkenntnis rechtfertigen könnte. Kant trennt nicht die Erfahrung von der Sinnlichkeit (dem Gesichtssinn, dem Tastsinn …). Er hat nicht mit der Tatsache gerechnet, dass die Sinnlichkeit (Sehen, Hören) eines Tages unabhängig vom Körper sein könnte. Der Roboter auf dem Mars hat für uns den Erdboden des Roten Planeten gesehen. Die Mess- und Beobachtungsinstrumente sind Augen und Ohren, die mittlerweile hinaus ins Universum transportiert werden können. Und der Untersuchungsgegenstand hat auch nicht mehr unbedingt das Aussehen der Sache mit der Form und der Farbe, die ihm sein Material verleiht, sondern das eines elektronischen Nebels oder einer elektromagnetischen Welle auf einem Computerbildschirm.

Phänomen und Ding an sich

Etymologisch ist ein Phänomen (griechisch *phainomenon*) das, was erscheint. Im Laufe der Sprachgeschichte hat sich die Wortbedeutung etwas gewandelt, so dass der Begriff heute etwas Außergewöhnliches bezeichnet (wie beispielsweise in der Formulierung »phänomenales Gedächtnis«), doch zunächst bedeutet er praktisch genau das Gegenteil: nämlich das Ding, wie es in seiner Banalität erscheint. Das

Phänomen ist das Objekt, wie es im Akt der Erkenntnis gegenwärtig ist – zum Beispiel die Sonne (oder: die Sonne im Teleskop des Astronomen) oder die Mikrobe (oder: die Mikrobe unter dem Mikroskop). Man muss das Phänomen, das das Objekt der wahren Erkenntnis ist, von den Erscheinungsformen unterscheiden, die täuschend oder illusorisch sein können.

Kant stellt dem Phänomen das *Ding an sich* gegenüber. Das Ding an sich ist das Ding so, wie es keinerlei Beziehung zu unserer Erfahrung hat. Für Kant sind allein die Phänomene erkennbar, die Dinge an sich können nur gedacht werden. Tatsächlich werden gerade die nichterkennbaren Dinge am häufigsten gedacht (ohne den Tod beispielsweise wären nur sehr wenige Bücher geschrieben worden). Man kann Dinge über Gott denken, man kann sie hingegen nicht erkennen.

Die Vorstellung, nach der einzig die Phänomene und nicht die Dinge an sich Objekte der Wissenschaft sind, wird *Phänomenalismus* genannt. Sie blockiert den Zugang des menschlichen Geistes zu dem, was das Absolutum der Dinge wäre. (In ihren extremen abgeleiteten Formen neigt sie dazu, aus der Wissenschaft eine Art Konstruktion zu machen, wie eine Sprache. Dieser Gesichtspunkt übte einen beachtlichen Einfluss auf die moderne Philosophie der Wissenschaften aus.

Die geglückte Vermählung der A-priori-Rahmen mit empirischen Inhalten

Für Kant existieren, wie bereits erwähnt, nur zwei Erkenntnisvermögen: die *Sinnlichkeit* und der *Verstand*. Die Sinnlichkeit stellt den Kontakt zwischen uns und den Dingen der Erfahrung her: Ich sehe dieses Geschäft, ich höre diesen Flugzeuglärm. Doch sinnliche Erfahrung ist nur möglich, wenn sie durch Rahmen strukturiert wird, die selbst nicht aus der Erfahrung hervorgehen. Von diesen A-priori-Rahmen gibt es zwei: den *Raum* und die *Zeit*.

Der Raum und die Zeit sind für Kant keine objektiven, äußeren und absoluten Realitäten, wie sie es in der Physik Newtons sind. Wenn wir die Phänomene *in* dem Raum sehen (dieses Geschäft in der Straße) und *durch* die Zeit (dieser Flugzeuglärm, der sich langsam entfernt), dann geschieht das deshalb, weil wir sie von vorneherein dort verorten. Der Raum und die Zeit sind A-priori-Formen der Sinnlichkeit, und durch *sie* nehmen wir die Phänomene so wahr, als nähmen sie den Raum ein und spielten sich in der Zeit ab.

Wenn sich der Raum auf den äußeren Sinn bezieht, so bezieht sich die Zeit, sagt Kant, auf den inneren Sinn. In dieser Hinsicht ist es ganz charakteristisch, dass für Kant uns die Zeit nicht durch die Wahrnehmung äußerer Bewegungen gegeben ist wie zum Beispiel die eines Blattes, das auf die Erde fällt, die eines Vogel, der am Himmel fliegt, oder die eines Rinnsals, das zwischen den Steinen fließt, sondern durch die Wahrnehmung innerer Bewegungen, die Wahrnehmung der Abfolge von inneren Darstellungen, Vorstellungen. Nun versteht man auch, warum Kant der Zeit einen Vorrang vor dem Raum einräumt: Alle unsere Gedanken müssen in der Zeit aufeinanderfolgen. Selbst wenn wir etwas ausrechnen, müssen unsere Überlegungen in einer bestimmten zeitlichen Ordnung hintereinander ablaufen.

Beim Verstand als der anderen Erkenntniskraft ergibt sich eine Verknüpfung zwischen den Kategorien, also dem apriorischen Rahmen, und dem Material, das den eigentlichen Inhalt des Urteils bildet. Wenn ich beispielsweise sage »Berlin ist die Hauptstadt Deutschlands«, dann verbindet das Urteil eine allgemeine bejahende Kategorie mit einem empirischen festgelegten Inhalt. Wenn ich sage »New York ist nicht die Hauptstadt der USA«, so verbindet dieses Urteil eine allgemeine verneinende Kategorie mit einem festgelegten empirischen Inhalt.

Das Beispiel der Farbe

Diese Theorie könnte ja ein bisschen zu starker Tobak für uns sein, doch sie erscheint weniger befremdlich, wenn wir uns einmal mit dem Beispiel der Farbe befassen. Spontan glauben wir doch, dass eine bestimmte Farbe (das Grün der Blätter, das Blau des Himmels) ebenso wie Form und Größe zu den Gegenständen dazugehören. Nun wissen wir aber, dass die Tiere nicht die gleichen Farben sehen wie wir. Schlussfolgerung: Wir können sagen, dass die Farbe mehr vom Sehapparat des Organismus abhängt als von der eigentlichen Natur des Phänomens. Für Kant ist der Mensch so beschaffen, dass er die Phänomene nicht außerhalb von Raum und Zeit wahrnehmen kann, doch wenn er Gott wäre, würde das ganz anders aussehen.

Die Wahrheit ist keine Sache, sondern eine Eigenschaft

Die Wahrheit als Sache zu sehen war und bleibt eine große Versuchung: Sie ist der Schatz und der Schlüssel zugleich, der das Schloss öffnen soll! In allen Kulturen erzählt man sich diese Geschichten von der Schatzsuche, die voller Tücken und Gefahren ist, aber schließlich reich belohnt wird! Später, als die Zeit der Wissenschaft hereinbricht, träumen die Okkultisten davon, in einer einzigen Formel das Geheimnis der Welten in Händen zu halten! In Wirklichkeit ist das Erforschen der Wahrheit keine Suche, sondern eine Arbeit, und diese Arbeit hört niemals auf.

In seiner *Kritik der reinen Vernunft* verneint Kant endgültig die Frage nach dem Universalkriterium für die Wahrheit: Ein Universalkriterium für die Wahrheit müsste für alle Erkenntnisse ohne Unterscheidung ihrer Gegenstände bzw. Inhalte gelten. Nun ist aber ja jede Wahrheit die Wahrheit über ein bestimmtes, besonderes Etwas. Man müsste also jeweils vom bestimmten, besonderen Etwas abstrahieren, um das Wahrheitskriterium auf eine Aussage über dieses Etwas anwenden zu können – aber dann könnte man auch nichts mehr über dieses Etwas aussagen, die Grundlage dafür (das Etwas selbst) wäre entzogen. Daher kann man kein Universalkriterium für die Wahrheit finden.

Soll das nun heißen, dass es genau so viele Arten der Wahrheit gibt, wie es wahre Aussagen gibt? Dies hieße auf die Bestimmung der Wahrheit als Konzept zu verzichten. Doch dieses Konzept, dieser Begriff, existiert. Eine wahre Aussage ist eine bewiesene Aussage. Eine weder bewiesene noch beweisbare Aussage kann auch nicht als wahr bezeichnet werden. So ist beispielsweise eine Hypothese eine Aussage, die noch bewiesen werden muss: Tatsächlich kann eine Hypothese als solche niemals wahr oder falsch sein, denn sobald sie verifiziert (mithin als wahr identifiziert) bzw. falsifiziert (mithin als falsch identifiziert) wurde, verliert sie de facto ihren hypothetischen Charakter. Die metaphysischen Propositionen (»Die Seele ist unsterblich«, »Gott hat das Universum erschaffen«, »Der Mensch wird frei geboren«) sind nicht beweisbar: Daher sind sie nicht wahr (aber auch nicht falsch).

Ein verdammtes Rätsel!

»Ein Bauer sieht es oft, ein König selten, Gott aber sieht es nie.« Was ist das? Wenn ich dieses Rätsel meinen Gymnasialklassen stellte, gab es immer einen Schüler, vielleicht den Sohn eines Kaufmanns, der darauf antwortete: den Finanzbeamten! Als ob der Finanzbeamte dem Auge Gottes entgehen könnte! Die Schwierigkeit dieses Rätsels besteht in der Tat darin, dass sich der Geist spontan falsch orientiert. Er sucht nach einer materiellen Realität (einer Sache, einem Wesen), mit der er einen Bezug herstellen könnte. Die richtige Antwortet lautet jedoch: seinesgleichen.

Die Tafel der Kategorien und die Tafel der Urteile

Die Kategorien, von denen es zwölf gibt, sind apriorische Formen des Verstandes, die die Erfahrung, das erfahrende Lernen eines Objektes möglich machen. Sie sind daher transzendentaler Natur, sie ordnen den Phänomenen a priori Gesetze zu. Während die Kategorien des Aristoteles (der Ort, die Zeit, die Handlung, die Passion usw.) die höchsten Gattungen der Wirklichkeit sind, sind die Kategorien Kants die grundlegenden Konzepte des Denkens. Kant wirft den Kategorien des Aristoteles vor, ohne irgendeine Ordnung aufeinanderzufolgen. Seine Kategorientafel hingegen bringt sie in eine systematische Ordnung, unterteilt nach vier verschiedenen Gesichtspunkten:

- ✔ Nach der Quantität: die Einheit, die Vielheit, die Allheit
- ✔ Nach der Qualität: die Realität, die Negation, die Limitation
- ✔ Nach der Relation: die Substanz und das Akzidens (das Zufällige), die Ursache und die Wirkung, die Wechselwirkung
- ✔ Nach der Modalität: die Möglichkeit und die Unmöglichkeit, das Dasein und das Nichtsein, die Notwendigkeit und die Zufälligkeit

Die Tafel der Urteile ist parallel zu jener der Kategorien, da sie die Bezeichnung der Urteile je nach den eingesetzten Kategorien wiedergibt:

- ✔ Nach der Quantität: das allgemeine Urteil, das besondere Urteil, das einzelne Urteil
- ✔ Nach der Qualität: das bejahende Urteil, das verneinende Urteil, das unendliche Urteil
- ✔ Nach der Relation: das unbedingte Urteil, das bedingte Urteil, das ausschließende Urteil
- ✔ Nach der Modalität: das vermutende Urteil, das behauptende Urteil, das notwendige Urteil

Die Vernunft setzt sich darüber hinweg

Die Kritik der reinen Vernunft legt die Grenzen der Erkenntnis fest: Außerhalb der Mathematik kann der Verstand nur die Phänomene erkennen, die er in der Erfahrung erfasst. Doch die Vernunft, die gierig nach dem Absoluten, der Einheit und der Ganzheit ist, gibt sich damit nicht zufrieden. Sie versucht, immer noch ein Stückchen weiterzugehen, bis zu den mutmaßlichen Grenzen des Universums oder bis zur ersten Ursache aller Dinge, um das herauszufinden, was sie für die grundlegende Wahrheit allen Seins hält. Die Disziplin, die das Ergebnis dieser Disziplinlosigkeit ist, hat auch einen Namen: Sie heißt Metaphysik.

Kant ist nicht gegen die Metaphysik, jedenfalls nicht so, wie man es von Diderot und d'Holbach behaupten könnte. Aber er verurteilt den Anspruch der Metaphysik, eine höhere Erkenntnis zu sein, als illusorisch. Der Teil der *Kritik der reinen Vernunft*, der die Illusionen des Verstandes analysiert, heißt »Transzendentale Dialektik«. Kant verwendet den Begriff der Dialektik, wie er von Aristoteles und nicht von Platon überliefert ist: Während Platon in der Dialektik die Philosophie par excellence sieht, da sie den Zugang zu den Ideen verschafft, ist die Dialektik für Aristoteles nur eine untere Logik, eine Logik des Wahrscheinlichen (im Gegensatz zum Wahren, eindeutig Bewiesenen).

Die drei Illusionen der Metaphysik

Christian Wolff, Schüler von Leibniz, heute vergessener, doch im 18. Jahrhundert sehr einflussreicher Philosoph, hatte die Philosophie in drei Fachgebiete eingeteilt: die *Logik*, die *Physik* und die *Metaphysik*. Die Metaphysik selbst wurde noch einmal in allgemeine Metaphysik (die Ontologie, die sich mit dem Sein an sich befasst) und spezielle Metaphysik unterteilt, die sich mit einem besonderen Sein beschäftigt (die Kosmologie bezieht sich auf die Welt, die Theologie auf Gott und die Psychologie auf die Seele). Diese zuletzt genannte Dreiteilung bildet nun die Ebene der transzendentalen Dialektik.

Für Kant sind die Welt, Gott und die Seele nicht erkennbar, denn sie entziehen sich der Erfahrung, und sie sind, im Unterschied zu den Zahlen und den geometrischen Figuren, keine mathematischen Objekte, die a priori (ohne Rückgriff auf die Erfahrung) erkennbar sind. Doch das will die Vernunft nicht wissen, und so meint sie, eine Wissenschaft von der Welt, eine Wissenschaft von Gott und eine Wissenschaft von der Seele aufstellen zu können, die unter der Bezeichnung der speziellen Metaphysik versammelt sind. Um dies zu tun, bemächtigt sich die Vernunft der Kategorien des Verstandes, da sie über kein eigenes Werkzeug verfügt. Kann man sich irgendjemanden vorstellen, der sich einen Hammer raubt, um damit den Schädel eines Gespenstes zu zertrümmern? Man wird das für unsinnig halten, weil das Gespenst und der Hammer nicht zu derselben Realitätsebene gehören.

Trotzdem ist es genau das, was die Vernunft tut, wenn sie sich der Kategorien des Verstandes bemächtigt (beispielsweise der Ursache, der Kausalität), um zur Erkenntnis von Gegenständen zu gelangen, die von Natur aus nicht in den Bereich der möglichen Erfahrung gehören. Um nur ein Beispiel zu nehmen: Auch wenn die Frage nach der Ursache des Donners sehr wohl einen Sinn für den Verstand hat, so gehört doch die Frage nach der Ursache der Welt oder der

Ursache Gottes nicht zu derselben Ebene, weil sie sich aus dem unsachgemäßen Gebrauch eines Werkzeuges der Erkenntnis für etwas Nichterkennbares ergibt.

Wir werden nie die ganze Welt kennen

Wenn die Metaphysik wirklich eine Wissenschaft wäre, dann müssten sich alle Menschen einig über sie sein, so wie bei der Mathematik oder der Physik. Nun zanken sich die Metaphysiker jedoch wie die Kesselflicker. Sobald eine metaphysische Idee auftaucht, wird sofort eine andere Idee dagegengestellt. Links auf dem Turnierplatz die Ritter des endlichen Charakters der Welt, rechts die Ritter des unendlichen Charakters. Die Lanzen sind ihre Argumente, die Rüstungen ihre Rhetorik, doch alle Ritter landen schließlich auf dem Boden. Und daran erkennt man den Metaphysiker: an seinen Verletzungen. Die Metaphysik ist ein Turnier ohne Gewinner. Wie könnte das auch anders sein, da die Erfahrung nicht die einen von den anderen trennen kann?

Die Vernunft ist begierig nach der Gesamtheit, denn sie hält die Begrenzung auf einen festgelegten Bereich für kleinlich. Doch die Welt als Gesamtheit ist nach Kant nicht erfahrbar, sie ist gerade mal denkbar. Man wird nie die ganze Welt kennen und erkennen.

Gott lässt sich nicht beweisen

Seit dem heiligen Anselm im Mittelalter hat sich die Vernunft immer wieder daran versucht, die Existenz Gottes zu beweisen. Kant war es schließlich, der den drei wichtigsten Gottesbeweisen einen Namen gab:

- **Der ontologische Beweis** will die Existenz Gottes aus dessen vollkommener Natur ableiten (ein vollkommenes Wesen, das nicht existierte, wäre ein Widerspruch im Begriff).
- **Der kosmologische Gottesbeweis** beruht auf der Vorstellung einer notwendigen Schöpfung der Welt (da von nichts auch nichts kommt, ist es notwendig, dass Gott die Welt erschaffen hat).
- **Der physiko-theologische Gottesbeweis (heute als teleologischer Gottesbeweis bezeichnet)** geht von der Harmonie der Welt aus, um daraus die Existenz eines obersten Gestalters abzuleiten (wie soll man sich vorstellen, dass diese schöne Ordnung, die uns umgibt, die Frucht des Zufalls sein sollte?).

Kant zeigt die Anfälligkeit und die Inkonsistenz dieser Beweise auf. Der ontologische Gottesbeweis dreht sich im Kreis: Er stellt bereits das Prinzip auf, dass es ein vollkommenes Wesen gibt. Zudem hält er die Existenz für eine zusätzliche Vollkommenheit und die Nichtexistenz für einen Mangel, während die Existenz als solche nichts zum Konzept hinzufügt. Der kosmologische Beweis setzt die Existenz einer Realität ohne äußere Ursache voraus. Das wäre dann Gott, Und der physiko-theologische Beweis geht von einer Idee und nicht von einer Tatsache, aus.

Doch der beste Beweis dafür, dass diese Gottesbeweise eigentlich gar keine sind, ist die Tatsache, dass sie noch nie jemanden überzeugt haben (bisher jedenfalls hat man noch keinen Atheisten gesehen, der konvertiert ist, nachdem er von den Gottesbeweisen erfahren hatte). Außerdem handelt es sich bei ihnen nur um angebliche Gottesbeweise, um Pseudobeweise. Es wäre eher besser, sie als Argumente zu bezeichnen.

Eine Morallehre

»Die Religion innerhalb der Grenzen der bloßen Vernunft«

So lautet der Titel eines der Werke Kants. Der Philosoph wuchs in einer pietistischen Familie auf, was ihn für immer prägte. Der *Pietismus* ist eine auf das Innere bezogene Form des Protestantismus: Er ist der Ansicht, dass das Wesentliche der Religion nicht in den äußeren Gesten und Haltungen liegt, sondern in einer gefühlsmäßig gelebten Frömmigkeit. Kant ist Deist: Er glaubt zwar an Gott, überlässt ihm jedoch bei den menschlichen Handlungen keinerlei Funktion mehr – noch nicht einmal im Bereich der Moral – vor allem nicht im Bereich der Moral, ist man versucht zu präzisieren. Schließlich ist die Religion innerhalb der Grenzen der bloßen Vernunft ganz einfach keine Religion mehr, sondern eine philosophische Vorstellung, der sogar Agnostiker und Fast-Atheisten zustimmen könnten. Deshalb sahen ihn wohl eine ganze Reihe seiner Zeitgenossen mit einem schrägen Blick an.

Wir werden unsere Handlungen niemals für obligatorisch aus dem einzigen Grund halten, dass sie aus der Ordnung Gottes stammten; doch sie scheinen uns im Gegensatz dazu aus der Ordnung Gottes zu kommen, weil wir uns innerlich zu ihnen verpflichtet fühlen.

Kant

Die praktische Anwendung der Noumena

Das *Noumenon* (»das [nur] Gedachte«) ist eine Idee der Vernunft, die keine Bedeutung für die Erkenntnis hat, weil sie sich auf einen Bereich bezieht, der sich der Erfahrung entzieht. Doch sie hat eine praktische, das heißt moralische Bedeutung. Genau das ist es, was Kant sagt, wenn er schreibt: Ich musste also das Wissen aufheben, um für den Glauben Platz zu bekommen. Es ging also nicht darum, mit der Kritik der reinen Vernunft die Vorstellung von Gott und auch nicht die von der Seele zu zerstören, sondern sie aus dem Bereich der metaphysischen Illusion (einer vermeintlichen Erkenntnis) in den Bereich des moralischen Handelns zu verschieben.

Die praktische Vernunft verfügt über drei Postulate, die jene Prinzipien sind, von denen ausgehend das moralische Leben gedacht werden kann: die Unsterblichkeit der Seele, die Freiheit des Menschen und die Existenz Gottes. Die *Unsterblichkeit der Seele* ergibt sich aus der praktisch notwendigen Bedingung einer angemessenen Zeitdauer für die vollständige Erfüllung des

Moralgesetzes (man weiß nur allzu gut, dass die Gerechten auf dieser Erde nicht wirklich die Zeit haben, um belohnt zu werden). Die *Freiheit des Menschen* ergibt sich aus der notwendigen Voraussetzung der Unabhängigkeit der wahrnehmbaren Welt und der Fähigkeit, seinen eigenen Willen nach dem Gesetz einer intelligiblen Welt zu bestimmen (ein wesentliches Kennzeichen des Menschen ist es, Nein zu seinen Trieben sagen zu können). Die *Existenz Gottes* ergibt sich aus der notwendigen Bedingung der Existenz des höchsten Gutes in dieser intelligiblen Welt durch die Voraussetzung des unabhängigen höchsten Gutes.

Kant ist der Denker der Dichotomien und der Grenzen. Doch er ist auch der Denker, der sich um die Übergänge Sorgen macht. Die reine Vernunft und die praktische Vernunft sind eine einzige Vernunft in zwei unterschiedlichen Anwendungen. Ebenso wie das Universale und das Notwendige die Kennzeichen der Wahrheit (eine falsche Meinung ist weder universal noch notwendig) sind, sind sie auch die Kennzeichen des moralischen Handelns: Eine Handlung ist dann moralisch gut, wenn sie ohne Widerspruch als universales Gesetz gewollt werden kann.

Zwei Dinge erfüllen das Gemüt mit immer neuer und zunehmender Bewunderung und Ehrfurcht, je öfter und anhaltender sich das Nachdenken damit beschäftigt: der bestirnte Himmel über mir und das moralische Gesetz in mir.

Kant

Die Freiheit des aktiven Subjekts

Kant unterscheidet beim Menschen zwei verschiedene Ebenen: *die empirische, sinnliche (wahrnehmende und wahrnehmbare) Ebene des Körpers* (als Teil der Natur ist der Mensch ihren Gesetzen unterworfen) und *die Ebene der Vernunft* (in einem gewissen Maß kann der Mensch die Natur übersteigen). Kant leugnet nicht die Existenz des Determinismus, er sagt, dass wir uns, dank unserer Erkenntnis, seiner bedienen können.

Die kantsche Vorstellung vom menschlichen Subjekt ist also durch einen Bruch gekennzeichnet, der die sensible (sinnlich wahrnehmbare) von der intelligiblen Welt trennt: Die Füße und der Kopf des Menschen gehören nicht zu derselben Welt. Einerseits gibt es den empirischen Charakter der Handlungen, die – ganz wie die Naturphänomene – als ein festgelegtes Kausalitätsgesetz verstanden werden können (dieser Verbrecher wurde von seinem Vater geschlagen, als er klein war, er trieb sich lieber auf der Straße herum, als in die Schule zu gehen usw.). Andererseits gibt es den intelligiblen Charakter, durch den der Mensch verantwortlich für seine Taten ist, weil er ein frei handelndes Wesen ist (deshalb wird der Verbrecher auch als frei handelndes Wesen bestraft, denn er ist ja selbst verantwortlich für seine Taten und daher eben auch bestrafbar). Die Autonomie des Willens, sagt Kant, ist das alleinige Prinzip aller moralischen Gesetze und der ihnen gemäßen Pflichten.

Der gute Wille ist besser als man denkt

Warum sagt Kant, dass es nicht möglich sei, in dieser Welt und sogar außerhalb der Welt eine absolut gute Sache zu erdenken, wenn es nicht der gute Wille sei? Die These kann willkürlich scheinen, und sogleich kommen uns auch Einwände in den Sinn. Dennoch war Kant, der Liebhaber guter Weine, bei klarem Verstand, als er dies schrieb.

Zunächst ist der gute Wille, von dem hier die Rede ist, nicht derjenige, den der Lehrer dem mittelmäßigen, aber sich bemühenden Schüler zugutehält. Der gute Wille, von dem Kant spricht, ist der Wille, der das Gute will, und es ist der, der, indem er das Gute will, selbst seinem Wesen nach gut ist.

Im Gegensatz zu den Philosophen, die Kant vorangingen, definiert er das Gut des Willens nicht durch ein äußeres Objekt (die göttliche Ordnung der Welt, die Nächstenliebe, das Eigeninteresse), sondern auf intrinsische (von innen her kommende) Art und Weise, nämlich durch die Erfüllung des Moralgesetzes – die er als Pflicht bezeichnet.

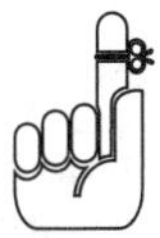

Ein jedes Ding der Natur ist Gesetzen unterworfen. Nur ein vernünftiges Wesen hat das Vermögen, nach der Vorstellung der Gesetze, das heißt nach Prinzipien, zu handeln, oder einen Willen.

Kant

Es gibt Güter, die nicht gut sind

Weshalb wäre der gute Wille die einzige absolut gute Sache? Nun gut, schauen wir uns doch einmal das an, was wir häufig als Güter bezeichnen, das heißt als Dinge, die man gerne besitzen möchte, die man lieber haben als nicht haben möchte: Geld, Macht, Verführungskünste, Gesundheit, Intelligenz, Bildung. Alle diese guten Dinge hören in dem Augenblick auf, Güter zu sein, in dem sie in den Dienst eines bösen Willens gestellt werden. Für Dinge wie Geld, Macht, Verführungskünste und Gesundheit ist das wohl zu offensichtlich, als dass man darauf noch genauer eingehen müsste, doch es gilt ebenso für die Intelligenz und die Bildung. Viele Katastrophen wären unseren Zeitgenossen erspart geblieben, wenn intelligente und gebildete Menschen – gerade dank ihrer Intelligenz und Bildung, fast wäre man versucht zu sagen, gerade *wegen* ihrer Intelligenz und Bildung – nicht so viel Einfluss und Macht gehabt hätten.

Die Notwendigkeit des Gesetzes

Ein freier Wille und ein Wille, der den Moralgesetzen unterliegt, sind ein und dasselbe, sagt Kant. Die Freiheit besteht nicht darin, das zu tun, was uns gefällt, sondern nach dem Gesetz der Vernunft zu handeln.

Die leichte Taube könnte sich auf ihrem freien Flug, so schreibt Kant auf einer seiner seltenen poetischen Seiten, vorstellen, dass sie im luftleeren Raum noch viel schneller fliegen könnte, weil sie den Luftwiderstand fühlt. So verließ auch Platon die wahrnehmbare für die intelligible Welt, weil diese Welt dem Willen zu erkennen zu viele Hindernisse in den Weg legt.

Dieses Bild von der Taube könnte man aufgreifen, um unser gedankenloses Verhältnis zum Gesetz zum Ausdruck zu bringen. Die Taube spürt bei ihrem Flug den Luftwiderstand und stellt sich vor, wie sie ohne dieses Hindernis noch besser fliegen könnte: Sie weiß nicht, dass sie ohne die Luft überhaupt nicht fliegen könnte und dass das, was sie als Behinderung empfindet, gleichzeitig eine Bedingung der Möglichkeit des Fliegenkönnens ist. Auch wir gefallen uns darin, uns ein Leben ohne Regeln vorzustellen, ein Leben jenseits aller Gesetze: keine Steuern, keine Formulare, keine Verkehrsregeln usw. mehr. Doch dann sind wir ebenso gedankenlos wie die Taube, weil wir vergessen, dass sich unsere angebliche Freiheit ohne diese subjektiven Zwänge überhaupt nicht mehr ausbilden könnte. Wir empfinden das als ein Hindernis, was in Wirklichkeit eine Bedingung für unser Handeln ist.

Der kategorische Imperativ

Genau wie Rousseau meint auch Kant, dass die Moral auch für den einfachsten Menschen verständlich sein müsse. Zunächst weil jeder in sich selbst ein Gewissen trägt, das weder von seiner sozialen Stellung noch von seiner Erziehung abhängt, dann aber auch deshalb, weil die Moral, im Gegensatz zur Erkenntnis, tatsächlich nur auf einem einzigen unverkennbaren Prinzip für jedermann beruht. Dieses Prinzip ist ein Imperativ. Er schärft uns ein, auf eine bestimmte Art und Weise zu handeln. Dieses Prinzip wird als *kategorisch* bezeichnet.

Bei Kant bedeutet »kategorisch« absolut, unabhängig von äußeren Umständen, im Gegensatz zu »hypothetisch«. Ein hypothetischer Imperativ unterwirft ein bestimmtes Gut Bedingungen: Wenn du nicht das Ansehen bei deinen Freunden verlieren willst, dann bezahle deine Schulden – hier haben wir also einen besonderen Fall eines hypothetischen Imperativs, der sich in der Form »Wenn … dann« ausdrückt. Der kategorische Imperativ dagegen gebietet, auf eine bestimme Weise zu handeln, unabhängig von den jeweiligen äußeren Gegebenheiten und unabhängig von den jeweils Handelnden.

Er sagt Folgendes aus: Handle nur nach derjenigen Maxime (demjenigen Leitsatz), von der du zugleich wollen kannst, dass sie ein allgemeines Gesetz werde. Dies ist die ein wenig komplizierte Form eines schon sehr alten Grundsatzes, den man in vielen traditionellen Morallehren implizit wiederfindet (bei Konfuzius, bei Sokrates, beim Stoizismus) und der im modernen Europa der philosophisch ausgearbeitete Entwurf des christlichen Universalismus zu sein scheint.

Kant selbst hat seinen kategorischen Imperativ in mehreren Formulierungen variiert. Hier eine häufig zitierte Formulierung aus der Kritik der praktischen Vernunft: »Handle so, dass die Maxime deines Willens jederzeit zugleich als Prinzip einer allgemeinen Gesetzgebung gelten könne.«

Der kategorische Imperativ liefert ein einfaches Kriterium für die Moral unserer Handlungen: Wenn wir nämlich auf diese Weise handelten, würden die Menschen erkennen, dass es allen besserginge, so dass wir daraus schließen könnten, dass unser Handeln moralisch gut war. Wenn wir jedoch unsere Taten auf alle Menschen verallgemeinern und uns vorstellten, sie würden genauso handeln wie wir, und dabei würde sich alles nur verschlechtern, dann könnten wir daraus mit Sicherheit schließen, dass dann unser Handeln nicht moralisch gewesen war. Montesquieu sagte, dass das Gesetz des natürlichen Lichtes, das heißt der Vernunft (im Gegensatz zur Offenbarung), möchte, dass wir uns dem anderen gegenüber so verhalten, wie wir möchten, dass er sich uns gegenüber verhält. Genau das ist auch die Bedeutung des kategorischen Imperativs. (Etwas vereinfacht ist dieser Sachverhalt auch in dem alten Spruch ausgedrückt: »Was du nicht willst, dass man dir tu, das füg auch keinem andern zu.«)

Nichts ist einfacher als Moral

Im Grunde genommen handelt es sich hierbei um folgendes ganz gewöhnliches Gedankenexperiment: Und wenn *alle* das machen würden? Eine Handlung ist erst von dem Augenblick an moralisch, wenn sie erfolgreich diesen Test der Allgemeingültigkeit besteht. Deshalb ist es moralisch, einer alten Frau über die Straße zu helfen, und unmoralisch, ihr die Handtasche zu entreißen. Diese Prüfung einer Umkehrbarkeit ist unabdingbar: Wenn ich meinem Nächsten helfe, kann ich natürlich auch wollen, dass er mir ebenfalls hilft. Wenn ich ihn dagegen belüge oder ihn bestehle (oder noch schlimmer: wenn ich ihn töte), kann ich nicht wollen, dass er mit mir dasselbe macht. Ich kann auch nicht wollen, dass überhaupt irgendjemand dasselbe mit mir macht. Kein Dieb kann sich wünschen, bestohlen zu werden, kein korrupter Politiker kann sich wünschen, selbst Opfer von Korruption zu werden. Die Pflicht ist das Prinzip dieser Umkehrbarkeit, die sich auf die gesamte Gemeinschaft der vernunftbegabten Wesen erstreckt.

Der Wert einer Handlung oder einer Person ist stets durch seine Beziehung zum Ganzen bestimmt.

Kant

Zuerst kommt die Pflicht, das Glück kommt später!

Kant definiert die Pflicht als die Notwendigkeit, eine Handlung aus Achtung für das Gesetz zu erfüllen. Es reicht nicht aus, dass eine Handlung der Pflicht entspricht, damit sie moralisch ist, sie muss auch noch aus Pflicht geschehen. Ein Händler, der sich nur deshalb für seine Waren einen gerechten Preis bezahlen lässt, weil er befürchtet, seine Kunden zu verlieren, und sich dabei bei seinen Berechnungen geirrt hat, handelt pflichtgemäß. Er ist dem Anschein nach ehrlich, und das genügt der Gesellschaft und dem Recht. Wenn er dagegen aus Pflicht einen gerechten Preis verlangt, dann kann sein Handeln als wahrhaft moralisch bezeichnet werden: Er betrügt seine Kunden aus Prinzip nicht.

Der Mensch lässt sich noch viel mehr durch die Triebfeder seiner Gefühle antreiben als durch die Motive seiner Vernunft, doch wäre die Moral stets verloren, wenn der Verstand nicht über das Gefühl siegen würde. Was natürlich nicht immer ohne Schwierigkeiten vonstattengeht. Wenn das Gute gefiele und das Schlechte missfiele, dann gäbe es keine Moral, es gäbe weder das Gute noch das Schlechte, bemerkte einmal Paul Valéry. Es ist viel schwerer, sich moralisch als sich unmoralisch zu verhalten, weil moralisches Verhalten fast immer unserem persönlichen Interesse entgegensteht.

Ist das Moralgesetz stärker als die Furcht vor dem Tod?

Um zu beweisen, dass ein Sieg der Vernunft über das Gefühl möglich ist, stellt sich Kant die folgende Situation vor: Wenn vor einem Haus, in dem eine verheiratete schöne Frau wohnt, mit der ein fremder verliebter Mann angenehme Stunden verbringt, ein Galgen aufgerichtet würde, an dem man ihn nach dem genossenen Vergnügen aufknüpfte – würde er dann nicht aus Angst vor dem sicheren Tod seine Lust überwinden? Für Kant war die Antwort eindeutig – vielleicht hatte ihm seine Libido nicht so sehr zugesetzt, dass er sich ihretwegen in Todesgefahr begeben hätte. Doch wir, die wir wissen, wie viele Millionen tagtäglich russisches Roulette mit ihrem Leben spielen für einen einzigen ungeschützten Geschlechtsverkehr, wären da wahrscheinlich nicht so sicher wie Kant.

Die Moral von Kant ist eine Moral der Pflicht, keine Moral des Glücks. Nicht das Glück sollen wir im Auge haben, sondern einen Zustand, der uns des Glückes würdig macht. Das Postulat der Unsterblichkeit der Seele hat, unter anderem, diesen Sinn und diese Funktion: Wir müssen an die mögliche Vermählung von Glück und Moral glauben, weil wir in diesem Leben und auf dieser Erde nur allzu häufig ihre Scheidung erleben (wie viele Bösewichter leben in großem Glück und wie viele Unschuldige in großer Not!).

Das heißt, Kant ist nicht, wie häufig behauptet wird, gegen das Glück. Er meint sogar, dass es eine unserer Pflichten ist zu versuchen, glücklich zu sein, denn der Unglückliche ist allzeit versucht, das Moralgesetz zu übertreten. Außerdem sagt er, wir sollen nicht an der eigenen Glückseligkeit und an der Vervollkommnung der anderen, sondern an der eigenen Vervollkommnung und der Glückseligkeit der anderen arbeiten.

So saubere Hände, dass er schließlich gar keine Hände mehr hat

Diese Formulierung stammt von Charles Péguy: Kant hat so saubere Hände, dass er schließlich gar keine Hände mehr hat. Schon früh wurde seiner Moralphilosophie der Vorwurf des Formalismus gemacht, beispielsweise auch von Hegel: Kant habe nur abstrakte Prinzipien vorgeschlagen, die keinerlei Verbindung zum wirklichen Leben hätten.

Ein Beispiel dafür gibt Kant selbst, wenn er die von Benjamin Constant vorgebrachte These angreift –dass die Lüge zwar gewiss ein Fehler sei, dass es aber manchmal besser sei zu lügen, als die Wahrheit zu sagen: Kant kann einer solchen Kasuistik (wörtlich bedeutet das: die Betrachtung von Einzelfällen) nicht zustimmen. Die Lüge ist in sich schlecht, ganz unabhängig von ihrem Kontext. Niemals könnte sie gerechtfertigt sein, noch nicht einmal im Falle eines Unschuldigen, der bei uns Unterschlupf vor Verfolgung suchte: Nichts würde uns dazu berechtigen, die Polizei anzulügen.

Das Argument Kants ist stichhaltig: Die gesamte Gesellschaftsordnung, sagt er, beruht auf der Wahrhaftigkeit. Die Lüge ist zerstörerisch. Man kann sie einfach nicht zu einem allgemeingültigen Gesetz erheben.

Wir wissen das nur allzu gut, doch wir meinen auch, dass es Ausnahmen von dieser Regel gibt: Aus kantscher Sicht wäre es moralischer, der Gestapo einen versteckten Juden zu denunzieren, als die Wahrheit zu verschweigen. Niemand würde Kant hierbei folgen – auch wenn es natürlich stimmt, dass ein Gesetz mit Ausnahmen kein Gesetz mehr wäre.

Kant sagt, dass, wenn wir durch Lügen einen Menschen daran gehindert hätten, einen Mord zu begehen, wir juristisch für alle sich daraus ergebenden Folgen verantwortlich wären, während umgekehrt, wenn wir uns an die strenge Wahrheit gehalten hätten, die Justiz dann nichts gegen uns ausrichten könne, ganz egal, welche unvorhergesehenen Konsequenzen sich daraus ergeben hätten.

Kann sich ein Nationalsozialist ernsthaft auf Kant berufen?

Bei seinem Prozess in Jerusalem berief sich Adolf Eichmann, leitender Verantwortlicher für die »Endlösung« (ein erschreckender Euphemismus, mit dem die Nationalsozialisten die Vernichtung aller Juden Europas bezeichneten), für seine Verteidigung auf den Namen Kants, um zu sagen, dass er ja nur seine Pflicht tat.

Für manche Leute war dieses Bekenntnis der Beweis für die Perversität des Begriffs der Pflicht, der nur dazu führte, Marionetten ohne Gewissen zu schaffen. Für andere, glücklicherweise waren das mehr, hatte Eichmann nichts von der Vorstellung der Pflicht bei Kant begriffen. Für Kant ist das Moralgesetz, das wir unbedingt befolgen müssen, ein Gesetz der Vernunft, wie sie in jedem denkenden Wesen innerlich vorhanden ist. Kant hört nicht auf, die Autonomie der Moral (die Tatsache, dass man ihr Gesetz nur in ihr selbst findet) der Heteronomie des Rechts (der Tatsache, dass es sein Gesetz außerhalb seiner selbst findet) gegenüberzustellen. Die kantsche Pflicht anzurufen, um seine blinde Unterwerfung unter den blindesten Zwang zu rechtfertigen, ist daher auf besonders groteske Weise widersinnig.

Eine andere Aussage bildete das Gegengewicht zu Eichmanns Alibibehauptung. Nach dem Krieg bekam Einstein Besuch von seinem ehemaligen Kollegen, dem Physiker Ehrenfest, der während der gesamten Dauer der nationalsozialistischen Herrschaft in Deutschland geblieben war. Einstein fragte ihn, wie er es geschafft hatte, all das die ganze Zeit auszuhalten: »Du weißt doch«, antwortete ihm darauf Ehrenfest, »ohne Kant hätte ich das niemals durchgestanden!«

Achtung und Würde

Kant ist der Philosoph, der der Würde ihre heutige Bedeutung gegeben hat. In den Gesellschaften des Absolutismus sind die *Würden* (hierbei ist der Plural bedeutungsvoll) die privilegierten Funktionen jener, die von der politischen Macht und der Gesellschaftsordnung bevorzugt wurden. Mit Kant wird die Würde zu einem unveräußerlichen Wert: Die Würde ist die einfache Tatsache, dass ein Mensch als vernunftbegabtes Wesen existiert.

Kant stellt der Würde den Preis gegenüber. Das, was einen Preis hat, kann genauso gut durch etwas anderes ersetzt werden, was natürlich bei einer Ware der Fall ist. Wozu es jedoch kein Äquivalent gibt, weil es höher ist als jeder Preis, das ist die Würde.

Die Würde führt zu einem weiteren Imperativ, dessen Allgemeingültigkeit an ein zielgerichtetes Ideal denken lässt: Handele so, dass du die Menschheit, sowohl in deiner Person als auch in der Person eines jeden anderen, jederzeit zugleich als Zweck, niemals bloß als Mittel behandelst. Diese Erkenntnis oder auch Anerkennung der Würde eines vernunftbegabten Wesens, also des Menschen, nennt man *Achtung* oder *Respekt*.

Die Grenzen eines Genies

Die größten Philosophen sind wie die größten Künstler oder Gelehrten keine Ikonen – vor allem nicht die allergrößten Philosophen, ist man versucht zu sagen. Man würde ganze Bände damit füllen, wollte man all ihre Dummheiten, die sie sagen oder tun konnten, aufschreiben, oder auch die ganzen Albernheiten, zu denen sie fähig waren, sowie die Absurditäten, die sie mit dem reinsten Gewissen der Welt hervorbrachten. Selbst die nobelsten und feinsinnigsten Geister unter ihnen konnten sich dieser Schwäche nicht entziehen. So teilten die Philosophen, von sehr wenigen Ausnahmen einmal abgesehen, doch auch die schlimmsten Vorurteile ihrer Zeitgenossen gegen Frauen, Sklaven, Kinder, Wilde … Dabei waren das die Vorurteile der kleinen Leute aus dem Volk, das sie doch ansonsten oft wegen seiner angeblicher Dummheit verachteten.

So entdeckt man bei Kant, dass er den Frauen und den Hausangestellten das Wahlrecht unter dem Vorwand absprach, dass sie nicht frei in ihrem Urteil und damit auch nicht bei ihrer Wahl seien. Und ihm, der einer der allerersten Kämpfer für die Würde und die Achtung der menschlichen Person war, passiert es, das Verbrechen zu rechtfertigen, das eine Mutter an ihrem unehelichen Kind begeht, denn, so schreibt er, ein Kind, das außerhalb der Gesetze geboren wird, ist wie eine eingeschmuggelte Ware, und daher wäre es überhaupt nicht schlimm, wenn man sie beseitigte …

Eine Lehre der Urteilskraft

Bestimmende Urteilskraft und reflektierende Urteilskraft

Die *Kritik der Urteilskraft*, die dritte und letzte *Kritik* von Kant, unterscheidet zwischen der *bestimmenden Urteilskraft*, die vom Universalen ausgeht, um es auf das Besondere anzuwenden, und der *reflektierenden Urteilskraft* vor, die auf das Universale zeigt, indem sie sich auf das Besondere stützt. Wenn wir sagen, dass Gorillas Affen sind, dann subsumieren (ordnen) wir die Kategorie Gorilla unter die des Affen – weil wir schon diese Allgemeinheit besitzen (wir wissen, was ein Affe ist). Wenn wir jedoch sagen, dass *Das mystische Lamm* von van Eyck ein

Kunstwerk ist, dann verwenden wir den Begriff des Kunstwerks nicht als Werkzeug der Erkenntnis. Die ästhetische Urteilskraft, die sich auf Kunstwerke, und die teleologische Urteilskraft, die sich auf den Ort der Phänomene erstreckt, sind reflektierende Urteilskräfte.

Das ästhetische Urteil

Baumgarten, dem wir die aktuelle Bedeutung des Begriffes verdanken, dachte, dass der Mensch mit einer autonomen ästhetischen Fähigkeit ausgestattet sei, die als Mittlerin zwischen der Empfindung (unklar, verschwommen) und dem Intellekt (klar, deutlich) definiert ist. In seiner Kritik der Urteilskraft erkennt Kant in der Erfahrung der Schönheit den Weg, den Einklang des Menschen mit der Welt zu schaffen (der Einklang, der sich im Wert der Wahrheit ausdrückt) sowie den Einklang des Menschen mit seinesgleichen (der Einklang, der sich im Wert des Guten ausdrückt). So versteht man auch die Aufgabe, die sich Kant in seiner dritten Kritik stellt und die er in seiner »Einleitung« erläutert: die Wiederherstellung der Einheit der Philosophie nach der strengen Teilung, die sie durch die beiden ersten Kritiken, die Kritik der reinen Vernunft – die von der Erkenntnistheorie handelte – und die Kritik der praktischen Vernunft – die sich mit dem moralischen Handeln befasste – hatte erleiden müssen.

Die Urteilskraft in der Bedeutung, die Kant ihr in seiner Kritik der Urteilskraft gibt, wird als das Mittel dafür gedacht, die beiden Teile der Philosophie, die theoretische und die praktische Philosophie, wieder zu einem Ganzen zu vereinen. Dies geschieht folgendermaßen: Die Fähigkeit zu urteilen ist genauso gegeben wie das, was die Verbindung der »Gesetzgebungen« von Verstand und Vernunft bildet. Die Finalität (die Zweckbestimmung; als Abgrenzung gegen die Kausalität), die ihr eigentliches Wirkungsfeld ist, macht den Übergang vom Bereich des Naturkonzepts zu dem des Freiheitskonzepts möglich.

Die vier Definitionen des Schönen

Das Schöne ist Gegenstand einer interesselosen Befriedigung

Das Geschmacksurteil wird keiner einzigen äußeren Regel bzw. keinem äußeren Motiv unterworfen. Im äußeren Motiv herrscht das Gefühl des Angenehmen vor: Wenn ich ein Glas guten Wein trinke, ist meine Zufriedenheit nicht unvoreingenommen, weil sie mit einem wahrnehmbaren Vergnügen – also einem Interesse – zusammenfällt. Wenn ich mir beispielsweise Manets Olympia begehrlich anschaue und dabei feststelle, dass es wirklich schade ist, dass ich diese Frau nicht einmal tatsächlich kennenlernen kann (anders ausgedrückt: wenn ich auf dem Gemälde keinen weiblichen Akt sehe, sondern eine Frau aus Fleisch und Blut), dann verfüge ich gerade nicht über eine interesselose ästhetische Urteilskraft. Der Kunstliebhaber ist zum Voyeur geworden.

Natürlich kann man auch Kritik an der Vorstellung einer unvoreingenommenen Zufriedenheit üben (wie man auch an der Vorstellung einer rein moralischen Handlung Kritik üben kann): Besteht zwischen »unvoreignommen« und »Zufriedenheit« nicht ein Widerspruch? Es gilt, dass die Unterscheidung zwischen dem Schönen und dem Angenehmen wichtig ist (siehe auch unten): Viele schöne Dinge sind nicht angenehm, und umgekehrt sind viele angenehme Dinge nicht schön.

Das Schöne ist das, was ohne Begriffe allgemein gefällt

Diese Formulierung enthält zwei Elemente, die normalerweise voneinander getrennt werden müssten (»ohne Begriffe« und »allgemein«). Der Begriff ist par excellence das Mittel des Allgemeingültigen: Der Kreis verweist auf alle Kreise, und das für alle denkenden Wesen. Umgekehrt kann das Allgemeingültige, das Universale, anscheinend nur über den Umweg des Begriffs erreicht werden. Weder die Empfindung noch die Intuition besitzen diese Macht. Das Geschmacksurteil ist jedenfalls subjektiv. Der gesunde Menschenverstand entwickelte daraus das Sprichwort: Über Geschmack lässt sich nicht streiten.

Natürlich liebt jeder das, was er will. Im Bereich des Geschmacks gibt es keinen Beweis: Wie könnte ich meiner Tochter beweisen, dass sie Unrecht hat, wenn sie Mariah Carey Mozart vorzieht? Vergessen wir trotzdem nicht die Unterscheidung zwischen dem Schönen und dem Angenehmen. Das Empfinden des Angenehmen ist subjektiv und lässt auf nichts anderes als auf das persönliche Vergnügen schließen.

Auch wenn das Geschmacksurteil subjektiv ist, zeigt es auf die anderen Urteile, das heißt konkret: auf die anderen Kunstliebhaber. Anders gesagt: Wenn ich mich in der Gegenwart eines schönen Werkes aufhalte, ist in meinem Urteil die Vorstellung implizit enthalten, dass jemand, der an meiner Stelle wäre – irgendein anderes wahrnehmendes und vernunftbegabtes Wesen – genau das gleiche Urteil wie ich fällen würde. Die ästhetische Welt ist eine gemeinsame Welt, deshalb gibt es auch große Theater- und Konzertsäle und Gemäldeausstellungen. Im Idealfall kann die die Kunst und Schönheit liebende Öffentlichkeit mit der gesamten Menschheit zusammenfallen: Beethoven hat seine Sinfonien für alle Menschen geschrieben und nicht nur für die Erzherzoginnen von Österreich. Das heißt, auf ästhetischem Gebiet ist es unmöglich, irgendetwas zu beweisen: Man beweist nicht die Schönheit eines Kunstwerkes, wie man die Wahrheit eines Theorems beweist.

Das Geschmacksurteil ist begriffslos. Indem Kant die antike Gegenüberstellung von *Diskussion* (Meinungsstreit ohne Lösung) und *Disput* (Streit der Gedanken, bei dem man Beweise vorbringen kann) wiederaufgreift, schließt er daraus, dass man in Geschmacksdingen nicht streiten kann, aber man kann dafür darüber diskutieren.

Das Schöne ist die Form der Zweckmäßigkeit eines Gegenstandes, sofern sie ohne Vorstellung eines Zweckes an ihm wahrgenommen wird

Liebe Dummies-Leser und -Leserinnen, bitte machen Sie es nicht wie Nathanael in dem Roman *Uns nährt die Erde* (von André Gide), werfen Sie dieses Buch nicht weg! In seinem Denken ist Kant stets klar und deutlich, nur leider häufig nicht in seiner Ausdrucksweise. Es ist wie dieser bestirnte Himmel, der ihn mit derselben Bewunderung erfüllte wie die Existenz des moralischen Gewissens: Er leuchtet, aber es ist trotzdem dunkel. Versuchen wir also, etwas deutlicher zu sehen.

Die Zweckmäßigkeit einer Sache ist dasjenige, worauf sie, also ihre Funktion und ihre Bedeutung, abzielen (die Sicht ist die Zweckmäßigkeit des Auges). Schönheit hat eine Zweckmäßigkeit, sie liefert uns einen Sinn, eine Bedeutung. Vor Kant sah man diese Zweckmäßigkeit außerhalb der Sache: So wie die Zweckmäßigkeit des Auges nicht das Auge selbst, sondern die Sicht ist, lag die Zweckmäßigkeit der Schönheit beispielsweise darin, von der größten Ehre Gottes zu singen, den König zu umschmeicheln oder Glück zu versprechen. Für Kant liegt die Zweckmäßigkeit des Schönen nicht außerhalb einer Sache (*extrinsisch*), sondern in ihr (*intrinsisch*). Auch hier zeigt sich die Parallelität mit der moralischen Handlung: Aus Pflicht zu handeln bedeutet, keinen anderen Zweck als die Erfüllung der Pflicht zu haben, es bedeutet nicht, auf sein eigenes persönliches Interesse abzuzielen, auch nicht auf das Interesse eines anderen und ganz gewiss nicht auf einen schönen, kleinen Platz im Paradies. Im ästhetischen Bereich geht es ebenso zu: Die Schönheit hat keinen anderen Zweck als sich selbst. Genau das kommt auch in der Formulierung der Zweckmäßigkeit ohne Zweck zum Ausdruck.

Das Schöne wird ohne Begriffe als der Gegenstand einer notwendigen Zufriedenheit anerkannt

Die im Geschmacksurteil implizierte Notwendigkeit bedeutet, dass es uns unmöglich ist, uns vorzustellen, unsere Zufriedenheit hätte – zum Beispiel bei der Betrachtung eines Gemäldes – auch nicht existieren können (so wie sich Verliebte ja auch nicht vorstellen können, dass sie sich nicht hätten ineinander verlieben können). Nun ist die Notwendigkeit jedoch in ihrer Allgemeingültigkeit normalerweise die Angelegenheit eines Begriffs (eine Wahrheit ist allgemeingültig und notwendig). Kant erinnert mit seiner Formulierung daran, dass wir beim Geschmacksurteil außerhalb der Begrifflichkeit bleiben.

Nun gut! Jetzt wissen Sie also etwas über die Konzeption des Schönen bei Kant. Doch den Ausdauernden unter Ihnen möchten wir gerne noch eine Extralektion zum Thema Zweckmäßigkeit ohne Zweck erteilen.

Die Zweckmäßigkeit ohne Zweck (zur zusätzlichen Aufklärung)

Diese Formulierung bezeichnet die intrinsische Zweckmäßigkeit (Zweck an sich), die charakteristisch für das Kunstwerk ist. Ein technischer Gegenstand dient als Mittel für einen äußeren Zweck, der seine Funktion, seine Anwendung ist: Ein Stift dient zum Schreiben, und ein Schlüssel dient zum Öffnen einer Tür.

Aus Liebe zur Kunst: Hören Sie auf, an etwas anderes zu denken!

Wozu dient die Poesie? Malherbe sagt über den Dichter, dass er für das Land nicht nützlicher als ein Kegler sei, und Platon erzählt, dass Sokrates im Kerker, wo er auf seine Hinrichtung wartete, Flöte spielte. Einer seiner Schüler war darüber sehr erstaunt: »Warum, Sokrates, spielst du Flöte, bevor du stirbst?« Der alte Weise antwortete ihm: »Ich spiele Flöte vor dem Sterben, um vor dem Sterben Flöte zu spielen.«

Musik zu machen, um Musik zu machen. Hier haben wir also eine Tätigkeit, die wie das Spiel ihre Zweckmäßigkeit eben in sich selbst besitzt. Wenn wir nun beobachten, wie ein Mann ein Loch in die Erde gräbt, dann wären wir wohl erstaunt, wenn er uns sagte, dass er grabe, um zu graben: Der Sinn einer technischen Tätigkeit ist ihre Nützlichkeit (extrinsische Zweckmäßigkeit). Der Sinn einer künstlerischen Tätigkeit ist ihre intrinsische Zweckmäßigkeit: Die Mittel und die Zwecke sind nicht mehr äußerlich zueinander, sondern vermischen sich schließlich. Ein Kunstwerk dient nur dem, was es ist.

Das Erhabene: jenseits des Schönen

Kant unterscheidet zwei Arten des ästhetischen Urteils: Das erste bezieht sich auf das *Schöne*, das zweite auf das *Erhabene*. Im 18. Jahrhundert verliert das klassische Ideal, das das Schöne zu seinem wichtigsten Wert gemacht hatte, an Bedeutung, und die romantische Empfindsamkeit bereitet sich vor. Das Erhabene (in gewissem Sinn das Sublimierte) ist eine Kategorie, die zu dieser Zeit gerne als Gegenspieler zum Schönen gesehen wird. Neben Kant widmete auch der Engländer Burke dem Erhabenen einen wichtigen Text.

Kant stellt das Erhabene dem Schönen gegenüber wie das Unendliche dem Endlichen. Erhaben ist dasjenige, mit dem verglichen uns alles Übrige als klein erscheint. Das ist der Fall bei dem Meer, das von einem Gewitter aufgewühlt wird, oder bei einem Gebirge, dessen Gipfel vom ewigen Eis bedeckt sind. Mit diesem Erhabenen werden unsere Fähigkeiten der Erkenntnis (Sinnlichkeit und Verstand) überschritten und gleichsam zerschmettert. Doch genau dieses tatsächliche Unbehagen ist es, das uns begeistert.

Das Genie: die erbauliche Geschichte eines kleines römischen Gottes

Bei den Römern, von denen der Begriff vom Genie stammt (genius) – das auch viele Merkmale des griechischen *Dämons* (wobei wir wiederholen müssen, dass dieser Begriff nichts Diabolisches an sich hatte) in sich trägt –, ist der *Genius* eine Art kleiner Schutzgott des Menschen, der mit ihm geboren wird und mit ihm stirbt und der ihn während seines ganzen Lebens leitet und beschützt. Die Glaubensvorstellung der Engel leitet sich daraus ab.

Später wurde das Genie in das Innere des Menschen verlegt, seine äußere wurde zu einer inneren Kraft. Im modernen Sinne bedeutet das Genie eine natürliche Fähigkeit (die Lateiner sagten ingenium dazu, woraus unser »Ingenieur« geworden ist), eine angeborene Vorliebe für irgendeine Sache – man kann Genie fürs Zeichnen wie auch für die Intrige besitzen. Durch Metonymie (eigentlich »Namensvertauschung«, hier Namensübertragung) gelangt man vom Haben zum Sein, die Gabe wird demnach zur Verkörperung im Menschen: Rembrandt hat mehr als nur Genie, er ist ein Genie.

Im 18. Jahrhundert beginnt man, sich für das Genie zu interessieren, das schließlich zu einem wahren Mythos in der Zeit der Romantik wird. Als Figur des Übermenschlichen zeigt das Genie, dass Schöpfungskraft nicht ausschließlich Gott zukommt. Auf mehr oder weniger eindeutige und mehr oder weniger bewusste Art und Weise bedeutet das Motiv des Genies die Ersetzung Gottes durch den Menschen. Das ist auch das, was in Goethes Faust zum Ausdruck kommt, der Nietzsche zum »Übermenschen« führt.

Kant konzipiert das Genie als eine natürliche Disposition, die im Gegensatz zur Tätigkeit der Erkenntnis nicht die Anwendung der Regeln, sondern die Erfindung der Regeln ist. Für die Kunst gibt es keine Rezepte, wie es Rezepte zum Kochen gibt. Kein Künstler ist genial geworden, weil er es so gewollt hat (im Alter von zwölf Jahren zeichnete Picasso bereits besser als sein Vater, der Zeichenlehrer). Das Genie ist zugleich ein Original (nämlich einzigartig) und originell (ursprünglich, ohne Vorbild). Es ist exemplarisch: Es wird selbst zum Vorbild. Und es ist geheimnisvoll: Keine rationale Erklärung kann es in seiner Gesamtheit fassen und beschreiben. Im Genie gibt es das Unendliche.

Die Zweckmäßigkeit in der Natur

Die *Kritik der Urteilskraft* ist in zwei Teile gegliedert, wobei der eine dem ästhetischen Urteil, der zweite dem teleologischen Urteil gewidmet ist, das heißt der Zweckmäßigkeit, die sich auf die Harmonie der Natur bezieht.

Wie lässt sich diese seltsame Nachbarschaft erklären? Natürlich gibt es viel Schönes in der Natur, doch darum geht es zunächst ja gar nicht in der dritten Kritik von Kant. Erinnern wir uns an die Unterscheidung, die der Philosoph zwischen dem bestimmenden Urteil – das, durch das wir erkennen – und dem reflektierenden Urteil – das, durch das wir beurteilen – machte. Nach Kant gibt es zwei Bereiche, in denen das reflektierende Urteil ausgeübt werden kann: den Bereich der Schönheit (die Ästhetik) und den Bereich der Zweckmäßigkeit (die Naturphilosophie). Weder die Schönheit noch die Zweckmäßigkeit können Gegenstände der Wissenschaften sein. Zwar sind das Begriffe wie alle, mit denen man sich in der Philosophie befasst, doch liegt ihr besonderes Kennzeichen darin, sich der Begrifflichkeit zu entziehen.

Es gibt zwei Zweckmäßigkeiten: eine innere Zweckmäßigkeit, die einem Ganzen eingeschrieben ist (wie das Zusammenspiel der unterschiedlichen Organe miteinander, die so einen Organismus bilden), sowie eine äußere Zweckmäßigkeit, die die Gesamtheit betrifft (wie die Harmonie zwischen den verschiedenen Lebewesen und den Elementen der Natur, die dazu führt, dass nichts davon von uns als isoliert begriffen wird).

Das ästhetische Urteil bestätigt eine Harmonie zwischen unseren Fähigkeiten (zwischen der Einbildungskraft und dem Verstand), das teleologische Urteil bestätigt eine Harmonie im Inneren der Natur selbst. Kant stellt das regulierende Prinzip dem erklärenden Prinzip gegenüber. Ein *erklärendes Prinzip* lässt unsere Erkenntnisse voranschreiten (das ist beispielsweise die Funktion eines physikalischen Gesetzes wie des Trägheitsgesetzes). Ein *regulierendes Prinzip* ist ein Ideal, das sich die Vernunft gibt und das ihm als Ansatzpunkt und als Ziel dient, um in einer Einheit das zu erfassen, was ihm ansonsten unverständlich geblieben wäre. Die Zweckmäßigkeit etwa ist ein regulierendes Prinzip.

Eine notwendige Idee

Ebenso wie wir es nicht verhindern können, dass wir bestimmte Kunstwerke schön finden, ohne dass wir das begründen könnten, können wir auch nicht verhindern, den Zusammenhang zwischen den Phänomenen der Natur als Ausdruck einer Zweckmäßigkeit zu denken, obwohl dies eigentlich bei weitem unsere Erkenntniskapazität überschreitet. Die Zweckmäßigkeit ist kein wissenschaftlicher Begriff, sondern eine Art Ideal der Vernunft, das wir uns nicht ersparen können, seitdem die Natur in uns nicht mehr als eine Anhäufung einzelner Teile, sondern als ein Ganzes repräsentiert wird. Daher stammt beispielsweise auch das Bild des Balletts der Planeten rund um die Sonne.

Die ungesellige Geselligkeit

Der Mensch ist weder völlig gesellig noch völlig ungesellig, was in dem von Kant geprägten Oxymoron (Zusammenstellung zweier sich widersprechender Begriffe) »ungesellige Geselligkeit« zum Ausdruck kommt. Wie die Engländer, die Kant besonders aufmerksam gelesen hat, wusste er, dass das Leben in Gemeinschaft nicht den Regeln des gegenseitigen Wohlwollens gehorcht, die die moralische Vernunft gerne propagieren möchte. Und wie die Engländer beklagt er nicht die allgemeine Unmoral, sondern weist ihr eine praktische Funktion zu.

Eine idealistische, aber nicht utopische Geschichtsphilosophie

Kant ist ein realistischer Idealist. Nichts kommt ihm seltsamer vor als die Träumereien, in denen die Utopisten schwelgen. Im Rückgriff auf ein Bild Luthers sagt er, dass das Holz, aus dem die Menschen gemacht sind, so knorrig ist, dass man daraus keine geraden Balken schnitzen könne. Das Ideal wird von ihm nicht definiert als ein zu erfüllendes Programm, sondern als eine Zielvorstellung, die wir zu erreichen versuchen sollen. Während der Utopist meint, das gestellte Ideal bald verwirklichen zu können, mit dem Risiko, despotische Mittel anwenden zu müssen (was man beim Kommunismus nur allzu häufig gesehen hat), konzipiert Kant das Ideal so, als ob es möglich sein könnte, sich ihm anzunähern. Diese Politik des »als ob« wird uns vor jeder totalitären Versuchung bewahren.

Kant ergreift sämtliche Vorsichtsmaßnahmen, um die Klippe der Utopie zu umschiffen: Das Ende der Universalgeschichte ist ein Horizont. Denn ebenso, wie der Horizont von der Stelle aus sichtbar ist, an der sich unser Körper momentan befindet, ist das Ziel (der Zweck) denkbar – von der gegenwärtigen Zeit aus gesehen, die die Zeit unseres Geistes ist.

Der kosmopolitisch universale Staat, wie ihn sich Kant idealerweise vorstellt, ist kein Weltreich. Kant ist gegen die Errichtung eines Weltstaates, der in seinen Augen nur despotisch sein könnte. In einer selten zitierten Textpassage (so sehr hebt man lieber die Schandtaten der großen Männer der Vergangenheit hervor, als dass man ihre Warnungen zitiert) geht Kant sogar so weit, eine Parallele zwischen kolonialer Gewalt und revolutionärem Terror zu ziehen. Für ihn kann der Zweck niemals die Mittel rechtfertigen: All diese angeblich guten Absichten, sagt er, schaffen es nicht, die Ungerechtigkeit auszulöschen, die die eingesetzten Mittel hervorgebracht haben.

Kants Ansätze müssen in der heutigen Welt unbedingt beachtet, hinterfragt und diskutiert werden: Sie helfen uns, das Ausmaß der Bummelei und der Verzögerungen erkennen zu lassen. Die mehr oder weniger engen Beziehungen, so schreibt Kant, die sich zwischen den Völkern etabliert haben, sind bis zu dem Punkt geführt worden, dass ein an einem bestimmten Ort begangener Rechtsbruch überall geahndet werden kann, so dass die Vorstellung eines kosmopolitischen Rechts nicht mehr als fantastische Übertreibung des Rechts ausgegeben werden kann. Sie ist die letzte Stufe an Vollkommenheit, die notwendig für das weltumspannende Gesetzbuch des zivilen und öffentlichen Rechts ist.

Denn ein dauernder allgemeiner Friede durch die sogenannte Balance der Mächte in Europa ist, wie Swifts Haus, welches von einem Baumeister so vollkommen nach allen Gesetzen des Gleichgewichts erbauet war, dass, als sich ein Sperling drauf setzte, es sofort einfiel, ein bloßes Hirngespinst.

Kant

Kant erfindet die UNO!

Kant war es, der den Ausdruck »Völkerbund« erfand, um die internationale Organisation zu bezeichnen, die den Weltfrieden gewährleisten kann. Nach dem Ersten Weltkrieg wurde unter dem Einfluss des amerikanischen Präsidenten Wilson – dessen Idealismus der kantschen Philosophie viel zu verdanken hatte – eine Gemeinschaft der Nationen (der Völkerbund) mit genau diesem Ziel gegründet: den Weltfrieden zu sichern. Seit dem Ausscheiden der Amerikaner (der Kongress stimmte gegen eine Beteiligung der Vereinigten Staaten) war der Völkerbund geschwächt und erwies sich als vollkommen machtlos, um dem Aufstieg der faschistischen Regimes und ihren Aggressionen in den Arm zu fallen. Der Zweite Weltkrieg besiegelte sein Todesurteil. Im Jahre 1945 wurden die *Vereinten Nationen* (*UN* oder *UNO* für *United Nations Organisation*) gegründet, die den Völkerbund ersetzten, sie litten jedoch bald selbst unter den gleichen Übeln und Schwächen. Heute befinden wir uns noch immer in derselben Situation: Wir wollen endlich das verwirklichen, worüber Kant schon vor zweihundert Jahren nachgedacht hatte.

Die romantische Generation oder das Absolute in greifbarer Nähe des Geistes

17

In diesem Kapitel

- Modernität und Reaktion sind hier dasselbe
- Ist Fichte wirklich so nationalsozialistisch wie von den Nationalsozialisten behauptet?
- Schelling, der alte Freund und größte Rivale Hegels

Die Romantik ist keine philosophische Strömung – sie steht eher für eine etwas unübersichtliche, nebulöse Konstellation als für ein klar strukturiertes Denksystem. Doch sie wird von sich ständig wiederholenden philosophischen Themen durchzogen, die ihr schließlich doch eine gewisse Einheit verleihen.

Gegen Kant sind doch alle!

Die ganze romantische Generation, Hegel einbegriffen, grenzt sich gegen den Geist der Aufklärung, und ganz besonders gegenüber Kant, ab. Kant hatte seine kritische Philosophie auf zwei Verfahrensweisen gegründet: auf die Bestimmung von Grenzen und auf die Bestimmung von Dualitäten. Die Romantik möchte sowohl von Grenzen als auch von Aufspaltungen nichts wissen.

Goethe macht sich zum Interpreten einer ganzen Generation, wenn er nicht ohne Humor sagt: Kant sperrt sich absichtlich in einen Kreis ein und verweist ironisch auf den Raum, der sich jenseits davon erstreckt.

Anti-Kant

Ein gewisser Benedikt Stattler (keine Sorge, ich kenne diesen Herrn auch nicht besser als Sie) schrieb im Jahre 1788 einen Anti-Kant, in dem er den Philosophen aus Königsberg als den »Alleszermalmer« bezeichnet. So wollte die Romantik gegen Kant und sein Denken von Grenzen das Absolute und gegen Kant und sein Denken von Dualitäten die Einheit wiederfinden.

Aber auch der analytischen Wissenschaft, dem, was Auguste Comte den Geist des Details nennen wird, stellte sie sich entgegen. Seit der galileischen Revolution Anfang des 17. Jahrhunderts teilt die Wissenschaft, um zu herrschen. Als Gegenreaktion entwickelt die Romantik ein neues Gefühl für die Welt. Gegen den Mechanismus von Descartes und Newton, der die Natur auflöst und ihr Geist und Leben entzieht, stellt die Naturphilosophie einen poetischen Protest – den Schrei zur Mutter Natur, von der sich das industrielle Zeitalter in seinen Anfängen gerade entfernt und die es zu Grunde richtet.

Schelling sagt, dass die Trennung von Idee und Natur eine Geisteskrankheit sei. Die Romantik hört nicht auf, mit der Kraft der Verzweiflung Geist und Natur miteinander zu verbinden.

> *Alles, was isoliert ist, ist schlecht.*
>
> Goethe

Die Revanche des Gefühls

Die Vernunft teilt, isoliert, konfrontiert: Dies ist das beherrschende Thema der Zeit, das immer wiederkehrt. Im Gegensatz dazu eint, vergleicht und verbindet das Gefühl, wobei das nobelste Gefühl die Liebe ist. Wenn die romantischen Dichter und Musiker von der Liebe singen, dann zelebrieren sie damit mehr als nur einen Affekt zwischen einem Mann und einer Frau. Sie verherrlichen eine Macht der Verbindung, deren einziger Rivale der Tod zu sein scheint.

Die Bedeutung der Ganzheit

Für Schleiermacher, der als der Initiator der modernen *Hermeneutik*, das heißt der Kunst der Textinterpretation, gilt, gibt es ohne dieses Gefühl der Ganzheit, der Totalität, keinen Gott. Nun ist es aber gerade nicht das Denken (das spekulative Verstehen, die Vernunft), das diese Ganzheit umfassen kann, sondern das Gefühl. Es gibt keine Religion ohne religiöses Gefühl und keine menschliche Universalität ohne Religion. Die uralte Tradition (griechischen Ursprungs), die das Gefühl, also das, was innen stattfand (der Affekt, der Sinneseindruck, die Emotion, die Intuition), zur Eigenart der wahrnehmbaren Wirklichkeit und der Subjektivität zusammenschweißte, wurde umgestürzt. Die Vernunft, die die Welt einte und die Menschen zusammenführte, spaltet sie jetzt, und das Gefühl, das die Welt aufteilte und die Menschen isolierte, verbindet sie wieder miteinander. Nach Ansicht Schleiermachers ist das Universum ein spontanes Objekt der Intuition. Man kann gar nicht antikantianischer sein als er.

Die Liebe, nichts als die Liebe!

Weil die Romantik letztendlich die Hoffnung verlor, das Subjekt durch den Akt des Denkens mit dem Ganzen zu vereinen, machte sie aus der Liebe den wichtigsten Faktor der Ganzheit: Der junge Hegel ließ sich eine Zeitlang von dieser Lösung verführen, deren Ursprung bis zu Platons Gastmahl zurückreicht. Die Eingliederung des Denkens in das Liebesverlangen machte aus der Liebe viel mehr als eine analoge Lehre. Schon Dante hatte am Ende seiner Göttlichen Komödie geschrieben, dass es die Liebe sei, die die Welten bewege: Ist der Unterschied zwischen dem Bewegen einer Welt und dem eines Herzens denn wirklich so groß? Indem die Romantiker dieses noble Erbe antreten, geben sie der Liebe als Ausdruck der Einheit von Gegensätzen eine regelrecht kosmische Bedeutung und Erweiterung. Novalis bezeichnet das als Paar, was Kunst und Natur vereint. Hölderlin schreibt, dass der Name dessen, was das Eine und das Ganze bildet, Schönheit sei. Der Platon des Gastmahls wurde wiedergefunden: Die Liebe und das Verlangen, eins zu sein, fallen zusammen.

Mit einer Spur Witz!

Schiller bezeichnete die Dichtung der Alten als naiv, diese Dichtung, die Seite an Seite mit der Natur lebte, und er nannte die Dichtung der Moderne sentimental, die im Schmerz der Trennung von der Natur lebte. Die Bezeichnung ist tiefgründig, denn wenn das Gefühl eine Einigungskraft ist, dann ist dies ja zunächst ein Zeichen für eine Trennung: Man sehnt sich ja nach dem, was man nicht hat. Viele Mythen bis hin zur Psychoanalyse begründen das folgendermaßen: Man sehnt sich nach dem, was man verloren hat.

Der Witz, wie er von den deutschen romantischen Schriftstellern kultiviert wird, ist der Ausdruck dieser Sentimentalität in der Lesart Schillers. Witz bedeutet hier »Geist« im Sinne eines besonderen »Charakterzugs« des Geistes. Der Witz ist der durch den Geist abgeschossene Pfeil, der zu einer plötzlichen Unterbrechung einer Subjektivität in der Ordnung der Dinge führt. Die deutschen Romantiker sehen in ihm das Heldentum des Denkens. Häufig in einem ironischen Ton gehalten, wird der Witz im Aphorismus, im Bonmot oder in der Anekdote zum Ausdruck gebracht.

Die Nacht nach der Aufklärung: die Liebe zur Einheit und die Sehnsucht nach ihr

Wenn die Nacht von allen Romantikern, von Novalis bis Wagner, regelrecht zelebriert wurde, dann deshalb, weil sie die Zeit der Ununterscheidbarkeit ist. Denn der Tag trennt ja die Lebewesen und die Dinge voneinander und macht aus ihnen Individuen, die voneinander isoliert sind. Die Nacht ist der Hintergrund, sie ist der Abgrund, aus dem alles noch auftauchen kann.

Die Rückkehr der Schlange: ein und alles

Wir haben ja schon vom Pantheismusstreit gehört, der am Ende des 18. Jahrhunderts in Deutschland ausgebrochen war und sich um die Interpretation der Schriften Spinozas drehte. Die ganze Affäre hatte so begonnen: Im Jahre 1780, ein Jahr vor Lessings Tod, wollte sich Jacobi bei ihm Unterstützung für das innige religiöse Gefühl holen. Entgegen seiner Erwartung bekannte sich Lessing jedoch zum Spinozismus: hen kaï pan (griechisch für »ein und alles«). Es gibt keine andere Philosophie außer der Philosophie Spinozas.

Hen kaï pan: Die romantische Generation (Hölderlin, Schelling, Hegel, Schleiermacher) kommuniziert miteinander in dieser Formel, die ursprünglich in den Fragmenten Heraklits gefunden wurde und die den Alchemisten im Mittelalter als Motto diente. Man stellte sie als eine Schlange dar, die mit ihrem Maul ihren eigenen Schwanz verschlingt – als Symbol für den Kreislauf der Elemente.

Schelling und die Romantiker loben in Spinoza den Anti-Kant, den, der die Einheit des Geistes und der Materie, des Wissens und des Handelns, des Realen und des Idealen in vollem Bewusstsein lebte. Nach ihrer Ansicht steht Spinoza für die Gleichsetzung von Subjekt und Objekt – was für sie die beste Definition des Absoluten sei. Dieser Spinoza, wohl mehr erträumt als gelesen, mehr imaginiert als verstanden, wurde somit zu einem Enthusiasten, der den Mystizismus in die Vernunft als auch in die Natur einführte …

Das, was Kant zerstörte, wieder neu schaffen und die Natur wiederfinden!

Kant hinterließ das Feld der Philosophie in einer offensichtlich unüberwindbaren Aufspaltung: einer Spaltung zwischen dem Subjekt und dem Objekt, deren Einklang seitdem als zentrales Problem der philosophischen Reflexion betrachtet wird; einer Spaltung im Inneren des Subjekts zwischen dem empirischen Individuum und dem transzendentalen Subjekt, das allein fähig ist, Wissenschaft aufzubauen; einer Spaltung im Inneren des Objekts zwischen dem Phänomen und dem unerreichbaren Ding an sich; einer Spaltung hinsichtlich der Handlung zwischen der Welt der Notwendigkeit und der der Freiheit; einer Spaltung in der Ethik zwischen dem Prinzip der Pflicht und dem des Glücks. Bei Kant sind Recht und Tat, Ideal und Wirklichkeit nicht nur Gegensätze: Sie gehören einfach nicht zu derselben Welt. Die Romantiker, die Kant nur zum Teil gelesen hatten, haben daraus auf die Verzweiflung über den Verlust des Absoluten geschlossen.

Die Rückkehr der Weltseele

Um nun die Einheit aller Dinge im Schoß der Natur wieder zusammenzuschmelzen, greifen Novalis und Baader die antike Vorstellung einer Weltseele wieder auf, die während der Renaissance unter dem Einfluss der modernen Wissenschaft völlig verschwunden war. Die Wiedervereinigung von Natur und Geist ist die Vereinigung von Physik und Metaphysik. Die Materie ist schlafender Geist, schrieb Schelling in einer Formulierung, die von Leibniz hätte stammen können. Für Schelling ist die Natur der sichtbare Geist und der Geist die unsichtbare Natur. Die Natur ist der enthüllte Geist, der Geist ist die verhüllte Natur.

Das Maß der Natur

Die romantische Naturerfahrung wird zwischen den beiden extremen Polen des Todes und der Reise umgesetzt, zwischen der Konzentration der Seele einerseits und der Zerstreuung des Daseins andererseits. Der Selbstmord des Empedokles, wie ihn Hölderlin in seinem dramatischen Gedicht in Szene setzt, ist Niederlage und Erfüllung zugleich: Von der Gemeinschaft der Menschen zurückgewiesen, die in ihm nicht die Gegenwart des Göttlichen auf Erden erkennen will, stürzt sich der Dichterphilosoph in den alles verschlingenden Rachen des Vulkans. Empedokles litt darunter, kein Gott zu sein.

Der Organismus der Natur

Fichte macht aus der Welt, aus dem Nicht-Ich, wie er es nennt, den Reflex des Ich. Ganz ähnlich ist der Makrokosmos bei Novalis die Ikone und das Symbol für den Mikrokosmos. Die Vorstellung des Mikrokosmos ist die höchste für den Menschen, schreibt Novalis, der nicht die von Schlegel entwickelte Konzeption eines Fragments als kleiner Gesamtheit teilte, sondern einem enzyklopädischen Entwurf treu blieb. Die Übereinstimmung zwischen beiden bildete die Struktur. Diese Analogie zwischen Makrokosmos und Mikrokosmos, die aus der Welt einen riesigen Körper und aus dem Körper eine Miniaturwelt macht, fand ihren vollendeten Ausdruck, als Novalis schrieb, es gebe keinen Unterschied zwischen der Welt, von der man träumt, und der Welt, in der man träumt – ein absoluter Erfolg des philosophischen Idealismus.

Die Romantik ist panvitalistisch: Im Ganzen gibt es keinen Tod, schreibt Schelling, der einzelne Mensch besitzt ein universelles Leben, das bei der Geburt gefangen genommen und im Augenblick des Hinscheidens befreit wird. Es gibt keinen Tod, denn sterben bedeutet, zu einem anderen Leben überzugehen.

Die Metamorphose: Alles ist Raupe, und alles ist Schmetterling

Zu dieser Zeit verlässt die Vorstellung einer Metamorphose (im weitesten Sinne Umgestaltung, Verwandlung, auch die der Raupe in den Schmetterling) die Ebene einer mythologischen Erzählung und wird zu einer naturgeschichtlichen Vorstellung. Da die Natur ein Organismus und keine Maschine ist, stellt sie die Bühne einer Entwicklung und einer kontinuierlichen Verwandlung dar. Die Metamorphose und die Evolution sind auf diachroner (geschichtlicher) Ebene das, was die Übereinstimmungen auf synchroner (gleichzeitiger) Ebene sind. Ihre gemeinsame Aufgabe ist es, die machtvolle Verbindungslinie, die zwischen allen Lebewesen und Naturelementen besteht, zum Ausdruck zu bringen. Goethe vollzog die Verwandlungen des Blattes in jedem einzelnen der pflanzlichen Organe nach. Schelling und die Romantiker verfolgten die Kontinuität der Form durch eine Vielzahl an Phänomenen. Die Evolution wird als eine Zusammenfassung und nicht als eine Folge von Eliminierungen (Ausschlüssen) begriffen. Der Mensch ist die Spitze und die Krone der Naturgeschichte: Er muss das umfassen, was ihm alles vorangegangen ist, so wie die Frucht sämtliche früheren Teile der Pflanze in sich birgt.

Die Vergeistigung der Materie

Wie sich der Geist inkarniert, also verkörpert, so vergeistigt sich die Materie. Ebenso ist die Natur Göttlichkeit und macht sich Gott zur Natur. Mit einem Schlag erlangt die Wissenschaft eine religiöse Bedeutung. Die Deutung, die die Romantik den Entdeckungen der Elektrizität, des Magnetismus und der chemischen Bindungen beimisst, ist eine spiritualistische. Die erstaunliche Beliebtheit des tierischen Magnetismus, das Interesse an Telepathie und Spiritismus zeugen von dem sehnlichen Wunsch der Menschen dieser Zeit, die endliche Materie von dem unendlichen Geist übertrumpft zu sehen. Ihre Philosophie der Natur ist in Wirklichkeit eine Philosophie des Geistes.

Die Vorstellung kosmischer Kräfte – die sich in den Phänomenen des Magnetismus und der Elektrizität äußert – will die Idee eines Organismus ersetzen: Bei den Naturphilosophen ist das Ganze eher Energie als Substanz. Leibniz ersetzt hier Spinoza. Und wenn die Romantik in der Tat seit Mesmer fasziniert von Magnetismus und Elektrizität ist, dann deshalb, weil diese physikalischen Phänomene unsichtbare Kräfte der Vereinigung darstellen. Die galvanische Lehre betrachtet das Leben als eine Art kosmischen Kreislauf, bei dem die einzelnen Organismen nur Haltestellen sind, die die Strömung unterbrechen, um sie nur noch zu intensivieren. Die Physik der Romantiker ist bereits eine Metaphysik – die Elektrizität entreißt dem Fluss die Strömung, um sie dem Feuer zu übergeben.

Der totale Mensch als Maßstab der Natur

Auf den Menschen angewandt, schwankt das Denken der Einheit zwischen der Vision des totalen Menschen (des Genies, des Universalgeistes) und dem Forschen nach einem Verschmelzen mit dem Ganzen. Die gesamte Enzyklopädie von Novalis zielt auf die »Sophie«, diese uneingeschränkte Weisheit, ab, für die der Autor eine Reihe von Neologismen (Wortneubildungen) verwendet: »Sympoesie«, »Pantomathie«, »Symphilosophie«. Schiller stellte dem einen und totalen Menschen der ersten Republiken den modernen Menschen gegenüber, der als Folge der Arbeitsteilung in sich zerrissen ist. Bis hin zu Marx und Wagner beklagt die romantische Generation diese Zerteilung und Aufspaltung als ein Schicksal der (damaligen) Moderne.

Der Traum von der menschlichen Gemeinschaft

Die Romantik verbindet das Mitgefühl, die Sympathie (von den Stoikern übernommen), mit der Gemeinschaft (deren Vorbild die christliche Gemeinschaft der Heiligen ist) und die natürliche Gesamtheit mit der menschlichen Gesamtheit. Dabei wird die affektive Einheit mit der politischen Gemeinschaft – man sieht das bei Fourier – verwechselt. Niemals kann man, so schreibt Baader, ein individuelles Gewissen, ein individuelles Wissen aus der diffusen Masse eines Kollektivwissens herauskristallisieren. Die Ode an die Freude von Schiller, deren Musik Beethoven komponierte (und die zur europäischen Hymne geworden ist), besingt das auf grandiose Weise. Vielleicht, sagte Novalis, bildet die Gemeinschaft unser intimstes Wesen. Vielleicht hat jeder Mensch auf seine Weise an meinen Gedanken und meinen Handlungen teil, und vielleicht habe ich ja selbst auch Anteil an den Gedanken der anderen Menschen.

Bei der Frage nach den Beziehungen zwischen dem Ich und dem Wir machen sich die nationalen Unterschiede recht deutlich bemerkbar: Während die französische Romantik dahin tendiert, das Individuum gegen die Gesellschaft aufzustellen, integriert die deutsche Romantik den Menschen in eine Gemeinschaft, die ihn übersteigt und ihn in eine nationale Gemeinschaft einfügt.

Die Kunst als Religion

Novalis träumte von einer Universaldichtung, die Ursprung) und Ziel von allem sei: Der wahre Dichter, so sagt er, ist allwissend. Die Dichtung ist die Blume der Geschichte. Sie ist das Gegenstück zur Gegenwart dieses reichhaltigen Repertoires an Bildern und Ideen, das nach Ansicht der Romantiker die Mythologie anfangs darstellte. Die Dichtung ist die Mythologie der neuen Zeiten. Sie ist weitaus mehr als etwa ein Gedicht, das nur ihre augenblickliche Schrift ist. Sie spielt bei den Romantikern dieselbe Rolle, die der Begriff der Harmonie bei den Griechen spielte. Sie ist überall im Leben und in der Natur vorhanden, sie ist die Allegorie der Welt, weil jede Sache, jedes Lebewesen ein Zeichen gibt.

Während die klassische Ästhetik, die mit Lessing zum letzten Mal auflodert, die Künste und die Gattungen nach Art des Aristoteles aufteilt (von dem sie auch abstammt), kultiviert die romantische Empfindsamkeit das Mischen nicht nur der Stile innerhalb ein und desselben Werkes (im Gegensatz zur klassischen Tragödie definiert sich das romantische Drama als Mischung von Komik und Tragik, von Erhabenem und Groteskem), sondern auch der verschiedenen künstlerischen Ausdrucksweisen (schließlich können Dichtung, Malerei und Musik zusammenkommen).

Das totale Kunstwerk für den totalen Menschen

Die Ästhetik der Vereinigung der Künste, was man später – seit den Musikdramen Wagners – als totales Kunstwerk bezeichnen wird, stützt sich auf eine besondere Anthropologie. Die Konzeption vom Menschen des klassischen Zeitalters neigte dazu, nicht nur Geist und Körper, Intelligenz und Kraft voneinander zu trennen, sondern auch die verschiedenen Sinne und unterschiedlichen Fähigkeiten: die Augen hier, die Ohren dort, die Einbildungskraft auf der einen, die Anschauung auf der anderen Seite. Die Romantik begreift den Menschen dagegen als Brennpunkt, in dem sich Empfindungen und Vorstellungen gesammelt und vereint haben, die vom Prisma der analytischen Intelligenz aber noch nicht zerstreut werden.

Fichte klebt die Stücke der Vase wieder zusammen, die Kant zerbrochen hat

Die Romantik beruft sich auf Fichte, wenn sie glaubt, in dem Werk Über den Begriff der Wissenschaftslehre die Lehre über ein Ich zu finden, das sich durch seine unendliche Freiheit bis zum Absoluten erhebt. Fichte wollte damit der Philosophie ihre spekulative Einheit wiedergeben, die Kant ihr abhandenkommen ließ: Über den Begriff der Wissenschaftslehre behandelt im Rahmen eines einzigen Werkes (auch wenn es mehrere Umarbeitungen erlebte) die theoretische Philosophie und die praktische Philosophie, die Kant getrennt voneinander in zwei seiner Kritiken bearbeitet hatte.

Die Wiederherstellung des absoluten Wissens

Auch wenn Kants Kritizismus die Freiheit rettet, so geschieht dies laut Fichte um den Preis des absoluten Wissens. Der einzige Weg, beide Forderungen – die praktische der Freiheit und die theoretische des absoluten Wissens – aufrechtzuerhalten, besteht darin, die Welt als Erzeugnis des Geistes darzustellen und damit einen absoluten subjektiven Idealismus zu konstruieren. Der Kritizismus scheitert daran, das absolute Wissen zu schaffen, weil er, so Fichte, die Darstellung auf der Seite des Objektes sucht und dabei auf das Hindernis des Dinges an sich trifft.

Zusammenfassend lässt sich sagen, dass Fichte Kant vorwirft, die kopernikanische Revolution nicht vollendet zu haben, die durchgesetzt zu haben der Philosoph sich rühmte. Das Wichtigste besteht, nach Ansicht Fichtes, nun darin, die Verbindung zu lösen, die Kant zwischen dem Absoluten und dem Ding an sich etablierte: Das Absolute darf nicht als eine Substanz, als eine Wirklichkeit außerhalb des Denkens, gesetzt, sondern muss im radikalen Handeln des Geistes gesucht werden. Die Übereinstimmung des Denkens mit dem Sein im Innern einer wiedererlangten Totalität wird durch den Ausschluss jeglicher Realität, die dem Geist fremd ist, gewährleistet werden. Der Geist ist bei sich, doch er bleibt allein.

Im Anfang war die Tat

Durch die Tat wissen wir, dass die Welt existiert, erklärt Fichte. Womit angedeutet wird: nicht durch das Denken. »Im Anfang war die Tat« ist die häretische Ersetzung, die Goethes Faust für den ersten Vers im Johannes-Evangelium vorsieht (»Im Anfang war das Wort«). Die Freiheit braucht nichts außer sich selbst, um sich zu deklarieren, und auch wenn sie auf der Liste der Menschenrechte als ein Element unter vielen anderen erscheint, so ist sie doch das erste, das wichtigste Recht. Denn sie repräsentiert nicht weniger als die sich selbst konstituierende Macht, die metaphysische Begründung der Menschenrechte. Das ist es, was Fichte (aber auch Kant und Hegel) bei der Französischen Revolution dermaßen beeindruckt hat: Der Mensch ist dadurch frei, dass er sich selbst als frei bezeichnet, denn indem er dies tut, macht er sich frei.

Die an keinerlei Bedingung geknüpfte Souveränität des Ich bildet das allgemeine Fundament der Erkenntnistheorie und der praktischen Philosophie (Moral-, Rechts- und politischen Philosophie) Fichtes, der übrigens auch der Erste war, der Wissen als eine regelrechte Praxis definierte. Mit Fichte gewinnt der Wille wieder die Oberhand über die Vernunft und damit eine Macht zurück, die die klassische Philosophie ihm abgesprochen hatte.

Der *Voluntarismus* (die Theorie, die den Willen als Grundprinzip des Seins ansieht) schafft die Verbindung zwischen Fichtes Reflexionen über die französische Revolution und seinen *Reden an die deutsche Nation*, zwischen revolutionärem Universalismus und nationalistischem Partikularismus (siehe unten).. Weil der Mensch Teil einer Gemeinschaft ist, weist Fichte dem Recht eine Stellung zu, die ihm von Kant verweigert wurde.

Keine Existenz außerhalb des Staates!

Zwischen dem einzelnen Menschen und dem Bürger, so meint Fichte, besteht die gleiche Beziehung wie zwischen roher Materie und organisierter Materie. In einem Organismus hält jeder Teil das Ganze instand, und dadurch erhält sich auch jeder Teil selbst. Das Gleiche macht der Bürger im Staat. Der Staat führt die Menschen zu einem Ganzen zusammen. Doch ist dieses Ganze begrenzt, da es nicht die gesamte Menschheit umfasst. Daraus ergibt sich, dass die Moral den Staat (und das Recht) überschreitet und dass das internationale Recht den Begriff vom Recht vollendet.

Bis zu seiner nationalistischen Wende, die auf den Einmarsch Napoleons folgte, war Fichte einer Weltföderation aller Staaten wohl gesonnen, die zwar die Souveränität jedes einzelnen Staates bewahrte, aber dennoch über eine einzige Armee und ein einziges Weltgericht verfügte. Im Grunde genommen hielt Fichte Patriotismus und Kosmopolitismus nicht für Gegensätze. In diesem Punkt ist er sich mit den französischen Revolutionären einig: Der Patriotismus besteht in dem Willen, die Ziele der Menschheit in dem Nationalstaat zu verwirklichen, dem man angehört. Doch die nationalistische Wende des Verfassers der Reden an die deutsche Nation erschüttert diese Politik mit dem Gedanken einer nationalen Exklusivität: Nur der Deutsche, verkündet nun ein im Widerstand geübter Fichte, kann durch die Zielsetzungen seiner besonderen deutschen Nation die Menschheit überhaupt erlangen. Deutschheit und Menschheit fallen bei ihm zusammen.

Fichte in den Klauen der Nazis

Während Hegel von den Nationalsozialisten ohne Ausnahme verachtet und verstoßen wurde (der Staatsrechtler Carl Schmitt rief am 30. Januar 1933, am Tag der »Machtergreifung« Hitlers, enthusiastisch aus: »Heute kann man sagen, dass Hegel tot ist«), wurde Fichte von den neuen Machthabern instrumentalisiert. Denn einige Züge seines politischen, juristischen und ökonomischen Denkens finden sich ebenfalls bei dem nationalsozialistischen Regime.

Zunächst wäre da die organische Konzeption des Staates zu nennen. Fichte hatte gezeigt, dass das moderne Nachdenken über das politische Recht bis dahin versucht hatte, den Begriff der politischen Totalität auf einer idealen Sammlung von Individuen aufzubauen oder, anders gesagt, nach dem Vorbild eines Aggregats, was dazu führt, dass das Wesen der Gemeinschaft als Totalität, als Gesamtheit, verlorengeht. Er dachte, dass zwischen dem einzelnen Menschen und dem Bürger die gleiche Beziehung vorliegt wie zwischen unbearbeiteter und organisierter Materie. Der Hass des nationalsozialistischen Totalitarismus gegenüber dem bürgerlichen Individualismus konnte in Fichte einen seiner Befürworter erkennen.

Eine zweite mögliche Übereinstimmung: der nationalistische Messianismus. Nicht das jüdische Volk (wegen der Religion) und auch nicht das französische (wegen der Revolution) ist das erwählte Volk mit der universellen Berufung, sondern das deutsche Volk, einzig durch seine Natur, kündigt Fichte an. Wie Kant, und im Gegensatz zu Herder, ist Fichte Universalist, doch er meint, dass der Universalismus den deutschen Geist hervorhebt. So können der Pangermanismus und der Universalismus zusammen Schlimmes bewirken. In seiner zweiten Rede an die deutsche Nation geht Fichte so weit zu behaupten, dass allein der Deutsche die gesamte Menschheit umspannen kann ... Ein wenig später verbindet er Nationalismus und Messianismus zu einer eindeutig imperialistischen Bedeutung: Die germanische Rasse sei durch die Vorsehung auserkoren, die Welt zu beherrschen.

Dritter Zusammenhang zwischen Fichte und dem Nationalsozialismus: In ökonomischer Hinsicht war Fichte der Theoretiker, der die größtmögliche Autarkie befürwortete. Fichtes Schrift Der geschlossene Handelsstaat übte übrigens, vermittelt durch den Ökonomen Friedrich List, noch einen bedeutend größeren Einfluss auf den Totalitarismus aus als der Nationalismus seiner Reden an die deutsche Nation. Logischerweise war Fichte außerdem ein brennender Anhänger der totalen Planwirtschaft, die für ein freies Spiel der Kräfte auf dem Markt keinerlei Platz ließ.

Doch all das muss nicht zwangsläufig bedeuten, dass die Nationalsozialisten Fichte auch verstanden hätten. All die Charakteristika, die soeben erwähnt wurden, sind offensichtlich totalitarismusfördernd, doch gibt es auch solide Gegengewichte. In seinem Werk Die Grundzüge des gegenwärtigen Zeitalters definiert Fichte das Wesen des absoluten Staates als diejenige Machtform, die von allen individuellen Kräften in Dienst genommen wird. Mit den individuellen Kräften eines Staates sind sämtliche seiner Bürger gemeint, ohne die geringste Ausnahme.

Ein weiterer Einwand gegen eine nationalsozialistische Interpretation seiner Schriften: Fichte vertrat die Vorstellung einer Übertragung der exekutiven, legislativen und judikativen Macht auf Beamte, die von den Bürgern kontrolliert würden. Damit bestünde ein institutionelles Zusammenspiel der Mächte, das in einem bedeutenden Ausmaß die Gefahr des Totalitarismus vermindert hätte. Erinnert sei schließlich noch daran, dass Fichte in seiner dreizehnten Rede an die deutsche Nation jegliche annexionistische oder koloniale Politik ausdrücklich verurteilt.

Schelling: In der Nacht sind alle Katzen grau

Die von Schelling aufgestellte Naturphilosophie ist die Reaktion auf die Wissenschaft Newtons: Die Phänomene in der Natur sind keine mathematischen Objekte, sondern Kräfte bzw. Mächte, die untereinander verbunden sind und deren organisches Ensemble wie der offenbarte Geist ist.

In seiner *Phänomenologie des Geistes* erledigt Hegel seinen ehemaligen Freund mit einigen mörderischen Metaphern: Dessen Identitätsphilosophie sei die Nacht, in der alle Katzen grau sind.

Polarität und Kompensation

Schelling betrachtete die Natur unter den Aspekten von Polarität und Kompensation. Er stellte eine Analogie zwischen abwechselnder Ausdehnung und Anziehung – die nach seiner Ansicht das Planetensystem bildeten – und der Atmung eines Lebewesens her. In seinem Werk Von der Weltseele, in dem die Vorstellung eines Organisationsprinzips aller Naturphänomene dargelegt wird, macht Schelling aus dem Leben das Produkt der Vereinigung der Schwere mit dem Licht als der Substanz, die die Gesamtheit im Besonderen repräsentiert.

Das *System des transzendentalen Idealismus* stellt eine Übereinstimmung zwischen repräsentativen Fähigkeiten – wie Empfindungsvermögen, produktiver Intuition, Reflexion, Urteilskraft – und den die Materie konstituierenden Kräften – wie Magnetismus, Elektrizität, Chemismus, Organismus – fest. Der Intelligenz entspricht die Materie. Die Kräfte, die in der Materie schlummern, sind von derselben Natur wie die repräsentativen Kräfte. Damit öffnet sich dieser Naturalismus dem Übernaturalismus, ohne den kein einziger Widerspruch auffindbar sei.

Kann man als Philosoph an Gespenster glauben?

Wenn Schelling annimmt, dass alle Glaubensvorstellungen irrational seien, angefangen von der Wünschelrute bis zum Einfluss der Sterne, dann deshalb, weil sein Denken, wie bei den Neoplatonikern, dem Gesetz des Einen unterworfen war. Der vollständige Titel der Clara, des seltsamsten, aber auch poetischsten Werkes Schellings, lautet *Clara oder über den Zusammenhang der Natur mit der Geisterwelt:* Schelling stellt sich darin die Frage, ob es zwei Welten gebe, von denen die andere die der Geister sei, und er antwortet darauf mit der Konzeption des Zusammenhanges als Übergang.

Die Kunst und die Religion

Während die Kunst und die Religion für Hegel lediglich Momente darstellen, die die wahre Erfüllung des Absoluten vorbereiten, die erst durch die Philosophie verwirklicht wird, sind sie für Schelling bereits Zeichen seiner Erfüllung.

Schelling war nach Vico der erste Philosoph, der die Mythologie mit dem ihr gebührenden philosophischen Ernst betrachtete, das heißt also weder als eine Legendensammlung für Kinder und Zurückgebliebene noch als symbolische Projektionsfläche der Realität. Schelling stellt einer ganzen allegorischen Tradition, die seit der Antike besteht und die in den Mythen nur eine verschlüsselte Sprache sehen will, eine Vorstellung entgegen, die er als »tautegorisch« bezeichnet: Die Bedeutung der Mythologie kann nach seiner Ansicht nur aus ihr selbst heraus verstanden werden. Als der Anthropologe Lévi-Strauss bestätigte, dass die Mythen Grundstrukturen des menschlichen Denkens aufwiesen, schrieb er damit die Methode Schellings fort.

Die Philosophie ist wie das Meer, sie beginnt immer wieder von vorne

Nach Auffassung Hegels ist Schelling in einen schrecklichen Kreislauf des Unendlichen hinabgestürzt, der ihn immer wieder an den Anfang zurückwirft. Übrigens hat Schelling stets diese Nichtvollendung beansprucht, die er wie Kant mit dem Erhabenen assoziierte. Im Gegensatz zu Hegel hat der Philosoph der Weltseele, der Offenbarung und der Mythologie den Skeptizismus nicht überwunden: Die Würde des Skeptizismus besteht darin, daran zu erinnern, dass das Wissen und das Handeln gerade durch ihre Nichtvollendung dem Absoluten, dem Wichtigsten, huldigen, weil Wissen und Handeln sich weigern, sich in einem System zu objektivieren, und weil es ablehnen, sich als Resultat herauszukristallisieren.

Teil IV

Die moderne Philosophie (19. Jahrhundert)

In diesem Teil …

lernen Sie sechs Philosophen kennen, die im 19. Jahrhundert auf der Bühne des Denkens agiert haben. Hegel, der erste, über den wir sprechen werden, kann als der letzte Freund des Ganzen angesehen werden. Auguste Comte dagegen wollte nichts Geringeres als aus der Wissenschaft eine neue Religion machen! Kierkegaard, ein von Verzweiflung geplagter Däne, erfand ganz einfach die moderne Bedeutung der Existenz. Sie werden sehen, dass Marx, den wir nicht extra vorstellen müssen, ganz genau wusste, dass er eine Bombe mit Zeitzündung hinterließ. Schopenhauer jedoch war der radikalste aller Pessimisten. Und schließlich landen wir bei Nietzsche, dem Propheten des Übermenschen, der den Tod Gottes verkündete.

Hegel: die Totalität als System

18

In diesem Kapitel

- Wir fangen ein philosophisches Monster
- Ein Mann, der alles dachte, weil er nicht an alles gedacht hat
- Ein äußerst antiromantischer Romantiker
- Ein von der Wirklichkeit in all ihren Formen begeisterter Philosoph
- Ein Autor, der gar nicht so schwer ist, wie oft behauptet wird

Der Kaiser der modernen Philosophie

Wenn Descartes und Kant die Väter der modernen Philosophie sind, dann ist Hegel ihr Kaiser. Alle späteren Philosophien, einschließlich derjenigen der analytischen Philosophie, definieren sich zum großen Teil in Bezug auf ihn, und die meisten zeitgenössischen stellen sich gegen ihn. Manche Philosophen, wie Kierkegaard und Max Stirner, etablieren gegen das kalte und erdrückende System den nichtreduzierbaren Charakter der Subjektivität des Ich. Andere, wie Marx, werden ihm seinen idealistischen Charakter entgegenhalten. Wieder andere, wie Schopenhauer und Nietzsche, werden der grundsätzlichen Irrationalität des Wirklichen zu ihrem Recht verhelfen. Und schließlich noch andere, wie Bertrand Russell, werden bei Hegel eine sinnlose Metaphysik anprangern.

Auch daran erkennt man einen sehr großen Philosophen: nicht nur an der Zahl seiner Schüler, sondern auch und vor allem an der Anzahl derjenigen, die bei seinem Denken und auch dagegen ansetzen. In moderner Zeit gibt es keinen Philosophen, den so viele zum Ausgangspunkt für ihr eigenes Denken gemacht haben.

Ein Kreis der Kreise

Kant hielt die Ganzheit, die Totalität, für unmöglich, Hegel dachte sie als die einzige Wirklichkeit. Für Hegel ist die Philosophie die Realität selbst in ihrer Gesamtheit, und sie ist sich in ihr ihrer selbst bewusstgeworden. Parmenides, der alte Vorsokratiker, sagte, dass Sein und Denken dasselbe seien: Das denkende Sein, sagt Hegel, ist die tatsächliche Realität. Die Philosophie ist das vollständige System des Wirklichen. Jeder seiner Teile ist ein Kreis, in dem sich die Idee in einem besonderen Element aufhält (beispielsweise die Moral oder die Logik). Doch jeder Kreis wird von einem noch größeren Kreis umfasst, der das gesamte System repräsentiert. Daher kommt auch das von Hegel benutzte Bild des Kreises in Kreisen, mit dem er die Philosophie als totales System der Realität darstellt.

Die Philosophie ist ein Kreis, weil sie, wie der Kreis, überall beginnt und weil jeder Beginn auch und zunächst ein Ergebnis ist. Hegel glaubt nicht an einen absoluten Anfang, weil das Absolute für ihn am Ende steht und nicht am Anfang. Der Philosoph kann nicht so tun, als würde er seine Materie zum Denken selbst erschaffen. Es gibt kein unbeschriebenes Blatt. Zudem schließt der Kreis das Unendliche im Endlichen ein: Auf dem Kreisbogen kann die Strecke tatsächlich niemals anhalten. Dennoch ist der eingegrenzte Flächeninhalt durch den Umfang begrenzt.

Es gibt zwei Unendlichkeiten

Hegel stellt zwei Unendlichkeiten gegenüber: Die schlechte Unendlichkeit ist die numerische der Mathematiker. Man fügt einer Einheit eine Zahl hinzu, danach eine weitere, dann noch eine, ohne Ende. Kinder finden das immer lustig, wenn sie es entdecken. Doch Hegel findet das nicht amüsant. Und dann gibt es noch die wahre Unendlichkeit, die qualitative der Arbeit des Geistes. Das ist diejenige, die wir in einem Kunstwerk, einer religiösen Vorstellung oder einem philosophischen Gedanken verwirklicht sehen können.

Die Vernunft siegt über den Verstand

Kant hatte, wie wir uns erinnern, den Verstand – der dank der Kategorien die Fähigkeit der Erkenntnis ist – der Vernunft entgegengesetzt, die sich – süchtig nach absoluter Einheit – wie eine Freibeuterin der Werkzeuge des Verstandes bemächtigt hat, um die Gespensterschiffe im Sturm anzugreifen, die Gott, Welt und Seele heißen. Für Kant ist die einzige positive reelle Funktion der Vernunft moralischer Art. Sobald sie sich mit der Erkenntnis befasst, verfällt die Vernunft der Illusion.

Nach Auffassung Hegels kann es keine nicht erkennbare Welt an sich geben. Allein wenn wir von einer Sache sagen, dass sie nicht erkennbar ist, behaupten wir dann nicht bereits, etwas von ihr zu wissen? Man muss tatsächlich schon eine Vorstellung von einer Sache haben, sie also schon in gewisser Weise kennen, um zu behaupten, dass sie nicht erkennbar sei. Hegel behält den Gegensatz zwischen Vernunft und Verstand bei, doch er kehrt die Bedeutung um. Bei ihm meint der Verstand das besondere, das isolierte, abstrakte und einseitige Denken. Umgekehrt bedeutet die Vernunft das totale, vereinheitlichte, konkrete und tatsächliche Denken. So ist es beispielsweise ein Gedanke des Verstandes, jemanden nach seinem Aussehen zu beurteilen. Es gibt ja Jugendliche in unseren Städten, die sich als Erkennungszeichen untereinander eine bestimmte Art und Weise zugelegt haben, wie sie ihre Baseball-Mütze tragen. Hegel würde über sie sagen, dass sie ein Verstandesdenken haben. Die Vernunft ist dagegen die Fähigkeit, das Ganze zu erfassen. Außerdem ist sie auch in dem Wahren, denn das Wahre, sagt Hegel, das ist das Ganze.

Ein einziger Buchstabe nur trennt die Wahrheit vom Tod

Als Illustration für die hegelianische Theorie, dass das Wahre das Ganze ist, könnte eine jüdische Legende dienen, die auf das 16. Jahrhundert zurückgeht. Auf der Stirn des Golems (der Golem ist sozusagen eine Art Homunkulus der jüdischen Sage; auch: ein Ungeheuer) steht das hebräische Wort emet (»Wahrheit«) geschrieben; es symbolisiert die Kraft, die aus diesem vom Prager Rabbi Loew geschaffenen lebendigen Automaten ein Wesen mit menschlichen Reaktionen macht. Der Meister braucht nur den ersten Buchstaben abzureißen, damit sein Diener wieder zu Staub zerfällt. Tatsächlich bedeuten die übriggebliebenen Buchstaben met auf Hebräisch »Tod«. Diese jüdische Legende zeigt uns den Tod als verkürzte Wahrheit – oder auch umgekehrt die verstümmelte Wahrheit als eigentlich nicht lebbar!

Landkarte des hegelianischen Systems

Im Jahre 1817 veröffentlicht Hegel die *Enzyklopädie der philosophischen Wissenschaften*, in der die Gesamtheit seines Systems kondensiert dargestellt ist. Der Text ist in Abschnitte unterteilt, die sich manchmal aus zwei unterschiedlichen Teilen zusammensetzen. Die einleitenden, dichten und schwierigen Zeilen stellen die jeweilige These vor. Manchmal folgen ihnen Bemerkungen, die auf sehr klare Weise ihre jeweilige Bedeutung darlegen.

Die Enzyklopädie, also das System, ist in drei große Teile gegliedert: »Die Wissenschaft der Logik«, »Die Wissenschaft der Natur« und »Die Wissenschaft des Geistes«, was der Triade Idee/Natur/Geist entspricht, die die Gesamtheit der hegelianischen Philosophie beherrscht. Jedes Element dieser dialektischen Triade ist selbst noch einmal in eine Triade von Triaden unterteilt, die selbst dialektisch angelegt sind, so dass das hegelianische System uns an fraktale Figuren denken lässt, wie an die berühmte Koch-Kurve, die auch als kochsche Schneeflocke bekannt ist, oder an die »Apfelmännchen« des Mathematikers Mandelbrot. Als Fraktale werden natürliche (zum Beispiel das Adernetz der Lunge) oder künstliche Gebilde oder geometrische Muster bezeichnet, die in ihrer Ausdifferenzierung einen hohen Grad an Selbstähnlichkeit aufweisen.

Das, was Hegel als die Idee bezeichnet, ist die Realität selbst, mal aus dem Blickwinkel ihrer abstrakten Festlegungen betrachtet (sie ist demnach Gegenstand der Wissenschaft der Logik), mal als die Totalität betrachtet: In diesem zweiten Sinn ist die Idee wie der Gott oder die Natur Spinozas die einzige Substanz. Die Gesamtheit des Systems (das, wie wir uns erinnern, der Ausdruck der Totalität des Wirklichen ist oder, noch besser – denn »Ausdruck« setzt ja einen Abstand, eine Distanz voraus – die Totalität des Wirklichen selbst) ist als Entfaltung der Idee zunächst als Idee – als Gegenstand der Wissenschaft der Logik – konzipiert, dann als Natur – als Gegenstand der Wissenschaft der Natur – und schließlich als Geist – als Gegenstand der Wissenschaft des Geistes. Die Natur wird von Hegel als Exteriorisierung (als Auslagerung), als manifester Ausdruck der Idee verstanden.

So erhalten die drei abstrakten Aspekte der Wissenschaft der Logik, Sein/Wesen/Idee, einen fühlbaren Inhalt mit der Mechanik, der Physik und der organischen Physik (heute würde man Biologie dazu sagen), die die drei Abteilungen der Naturphilosophie bilden. Der Geist wird von Hegel als Idee gedacht, die sich ihrer selbst bewusst wird, als Idee, die nach ihrer Entfaltung in der Natur zu sich zurückgekehrt ist. Im Grunde genommen stellt der Geist die Vollendung des Systems dar, und alles, was ihm vorangeht, mündet in ihn und erhält dort seinen wahren Inhalt. Die Philosophie des Geistes repräsentiert den krönenden Abschluss des hegelschen Systems. Sie umfasst drei Abteilungen, die als subjektiver Geist (der Geist, wie er sich im menschlichen Bewusstsein spezifiziert), als objektiver Geist (das Recht und die Geschichte werden als seine Realisierungen verstanden) und als absoluter Geist (mit seinen drei weiteren Unterteilungen Kunst, Religion und Philosophie) bezeichnet werden.

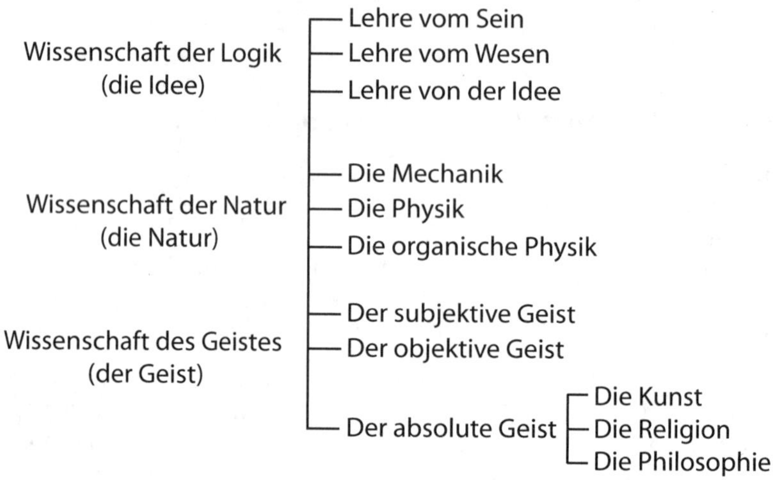

Abbildung 18.1: Der Plan des hegelianischen Systems

Die Geduld des Negativen

Kant glaubte, dass das System durch die Antithese unmöglich wird. Die Antinomie (der Widerspruch) der reinen Vernunft, die die Argumente, die für den endlichen Charakter der Welt sprechen, im Gegensatz zu den Argumenten sieht, die für ihren unendlichen Charakter sprechen, bildet nach Ansicht Kants kein System aus. Bei ihm passt nur die These in das System, nicht die Antithese.

Ganz anders ist dagegen der Standpunkt Hegels: Nach seiner Auffassung ist es die Negation, die Denken und Wirklichkeit zugleich bildet. Zunächst sollte man feststellen, dass Hegel der Negation einen ausgesprochen erweiterten und völlig neuen Sinn gibt. So versteht er unter diesem Begriff nicht nur den Akt, einer Behauptung zu widersprechen (die Leugnung der Existenz von Gaskammern durch diejenigen, die man eben als Leugner bezeichnet), sondern auch den objektiven Widerspruch (die Ungerechtigkeit ist die Negation der Gerechtigkeit), den Kontrast (die Nacht ist die Negation des Tages), die Andersartigkeit (die Frau ist die Negation des Mannes) und den Unterschied (die zusammengezogenen Pupillen beim Einfall von Licht sind die Negation der erweiterten Pupillen bei Dunkelheit). Kurz gesagt: Es gibt immer dann eine Verneinung, wenn die einfache Identität von sich abgekommen ist oder wenn sie sich hinter sich gelassen hat. Eine Sache, egal was sie auch sei, ob reell oder ideell, ob empirisch oder abstrakt, ist auch das, was sie nicht ist, und ist nicht das, was sie ist.

Eine Identität baut sich durch vielfältige Unterschiede auf, die ebenso Negationen sind. Wenn eine Sache ewig identisch mit sich selbst bliebe wie bei dem berühmten Identitätsprinzip A = A, wenn eine Sache also niemals aus sich selbst herausträte, um etwas anderes als sie selbst, ja sogar ihr Gegenteil, zu werden, dann, so meint Hegel, würde nichts geschehen. Zur Unterstützung dieser These kann man ein physikalisches Beispiel anführen.

Nach der derzeit gültigen Modellvorstellung der Kosmologie soll das Universum aus einem Symmetriebruch heraus entstanden sein, der bald nach dem so genannten Urknall die Materie von der Antimaterie trennte. Ebenso musste es wohl in der »Ursuppe«, in der in einem ultraheißen und ultradichten physikalischen Milieu die Atome noch nicht existierten, Kräfte der Trennung, der Negation im hegelschen Sinne, gegeben haben, damit die ersten ausdifferenzierten Stoffe auftauchen konnten. Existieren bedeutet, aus seiner Identität hinauszutreten.

Eine komische Analogie

In dem Film *Die Doppelgänger* findet Stan Laurel seinen Zwillingsbruder nach vielen Jahren der Trennung wieder. Er sagt zu ihm: »Du hast dich sehr verändert, aber du bist derselbe geblieben!« Dieser Satz ist, wenn man das so sagen darf, absolut hegelianisch.

Die Beispiele vom Keim und von der Eichel

Die Realität ist für Hegel kein Gemälde, das ein göttlicher Künstler irgendwann einmal für alle Zeiten in einem großen Augenblick der Inspiration gemalt hätte. Sie ist eher eine musikalische Komposition, bei der man auch noch den letzten Ton hören muss, um genau zu wissen, woraus sie eigentlich besteht.

Unter den (seltenen, allzu seltenen!) Metaphern, die Hegel benutzt, um sein Denken anschaulicher zu gestalten, sind oft die beiden mit dem Keim und der Eichel zu finden. Wenn ein Korn keimt, dann stirbt es als Korn, um damit der zukünftigen Pflanze das Leben zu schenken. Das Leben der Pflanze ist der Tod des Korns, doch gleichzeitig auch sein Überleben, denn das Korn muss ja auf eine bestimmte Art und Weise, sozusagen virtuell, weiterleben, damit der aus ihm hervorgegangene Keim die Pflanze hervorbringen kann (die heutige Wissenschaft hat für diese Virtualität auch einen präzisen Namen: Es ist das Genom des Organismus, die Gesamtheit seiner Gene).

Durch dieses Beispiel erkennen wir, wie Leben und Tod auf eine bestimmte Weise reversibel sind (im Grunde genommen bedeutet leben ja, jeden Augenblick ein bisschen zu sterben). Die

Blume wird die Entfaltung der Pflanze, aber eben auch ihr Ende und ihr Ziel sein. Im Lateinischen werden diese beiden Bedeutungen in einem Wort ausgedrückt: Finis bedeutet sowohl »Ende« als auch »Zweck«.

Doch das ist noch nicht alles, denn wenn die Blume die Negation der Pflanze ist, dann wird die Frucht die Negation der Blume sein, also die Negation der Negation. Wie kann das sein? Dadurch, dass sich die Frucht erst dann bildet, wenn die Blume zerstört ist: Die Blütenblätter fallen ab, der befruchtete Blütenstempel nimmt den Platz der verschwundenen Blüte ein, die in ihrem Tod weiterlebt. Denn für die Pflanze stellt diese Frucht das Versprechen auf ein Weiterleben dar, das mit ihrem eigenen Tod zusammenfallen wird. Die Pflanzen sind also nicht unsterblich, denn sie blühen ja und reproduzieren sich durch ihre eigene Frucht. Um den Tod des Individuums zunichtezumachen, hat sich die Natur als besondere List die Sexualität ausgedacht.

Der Tod Gottes, ein weiteres dialektisches Beispiel

Hegel verwendet nicht häufig den Begriff der Dialektik. (Allerdings ist seine Geschichtsauffassung durch den dialektischen Dreischritt gekennzeichnet: Der These stellt sich die Antithese entgegen, daraus erwächst die Synthese, die wiederum eine neue These darstellt, die eine nächste Antithese auf den Plan ruft ...) Dafür bezeichnen die meisten seiner Leser und Kommentatoren seit Marx den Vorgang der Negation und der Überschreitung als Dialektik, durch die sich die Realität in ihrer Gesamtheit und in jedem einzelnen ihrer Teile ausbildet. Was ist eine Frucht in Bezug auf eine Blüte, und was ist eine Blüte in Bezug auf einen Keim? Wir haben es gesehen: zugleich eine Negation (die Blüte beseitigt den Keim, die Frucht beseitigt die Blüte) und eine Bewahrung (der Keim lebt in der Pflanze weiter, die Blüte lebt in der Frucht weiter) und ein Hinaufheben (die Blüte ist ein hinaufgehobener Keim, die Frucht eine hinaufgehobene Blüte). Die Triade Beseitigung/Bewahrung/Hinaufhebung, die ganz gut durch die von Hegel häufig benutzte Formulierung Aufhebung beziehungsweise Etwas ist aufgehoben ... zum Ausdruck gebracht wird, ist die seiner Dialektik eigene Signatur.

Hegel fühlte sich von dem christlichen Mysterium der Inkarnation betroffen, und er leitete daraus philosophische Implikationen ab. Jesus ist Mensch gewordener Gott. Er ist in gewisser Weise dessen Negation, obwohl er ja zunächst dessen Ausdruck ist (nach dem Dogma von der Trinität, der Dreifaltigkeit, sind der Vater und der Sohn identisch miteinander). Doch der Mensch Jesus ist am Kreuz gestorben: Das ist der Preis dafür, dass er Christus, der Erlöser, geworden ist. Die Auferstehung, das heißt der Sieg über den Tod, hätte natürlich niemals stattfinden können, wenn es nicht vorher den Tod gegeben hätte.

Wie gelangt man aber nun, am Ende der Wissenschaft von der Natur, deren letzte Abteilung ja die organische Physik, also die Biologie ist, von der Philosophie zum Geist? Durch den Tod! Es ist der Tod der Natur, der das Leben für den Geist bereitet.

Es kommt noch besser: Das Sein ist identisch mit dem Nichts

Mit Hegel verliert die Dialektik die Bedeutung, die sie seit Aristoteles gehabt hatte und die von Kant wiederaufgegriffen worden war als eine Logik der Wahrscheinlichkeit, ja sogar der Illusion, im Gegensatz zur wahren Logik (deren eigentlicher Gegenstand die Wahrheit ist).

Nach der klassischen Logik – und in diesem Punkt stimmt sie völlig mit der allgemeinen Bedeutung überein – sind das Prinzip der Identität (A ist gleich A) und der Satz des (zu vermeidenden) Widerspruchs (A ist nicht Nicht-A) die grundlegenden Prinzipien des Denkens. Ohne Beachtung dieser Prinzipien ist es unmöglich, zusammenhängende Aussagen zu machen. Stellen wir uns eine Welt vor, in der das Gute das Böse ist, der Friede Krieg ist, der Genuss Frigidität: Wir hätten völlig zu Recht den Eindruck, uns in einer Welt lauter Verrückter zu befinden.

Für Hegel ist aber eine Sache nicht identisch mit sich selbst, wie sie es nach der einseitigen, partiellen Logik des Verstandes ist. Nach der spekulativen dialektischen Vernunft, die die entgegengesetzten Determinationen (Bestimmungen) in ihrer Gesamtheit erfasst, ist eine Sache auch das, was sie nicht ist, und sie ist auch das nicht, was sie ist. Wenn also tatsächlich eine Sache identisch mit sich selbst wäre, dann würde sie stets das bleiben, was sie ist, sie wäre isoliert von allem Übrigen. Das physikalische Universum in seiner Gesamtheit verdankt, wie wir sahen, seine Existenz der Tatsache, dass es an seinem Ursprung durch Andersartigkeit zerrissen wurde.

Die Geschichte ist dialektisch

Als die Römer sagten: »Wenn du den Frieden willst, dann bereite den Krieg vor«, befanden sie sich, ohne es zu wissen, in einer dialektischen Logik. Die heutige Zeit hat diesen Sinnspruch in den 40 Jahren, in denen sich die beiden Supermächte, die amerikanische und die sowjetische, in einem Krieg befanden, der keiner war (was man den *Kalten Krieg* nannte), auf noch viel tiefgründigere Art und Weise verdeutlicht. Es war ein Zustand des Friedens, der eigentlich keiner war (man nennt das Abschreckungspolitik).

Die Wahrheit gehört in das Schubfach »Irrtum«

Nehmen wir einmal das Beispiel von der Geschichte der wissenschaftlichen Ideen. Die Wahrheit ist keine Oase, die die durstigen Reisenden, die wir sind, schließlich nach einer unendlichen Wanderung durch die Wüste entdecken werden. Denn auf der Wanderung selbst entsteht die Wahrheit. Und so gibt uns die Wissenschaftsgeschichte zahlreiche Beispiele dafür, wie Wahrheiten, die für definitive Dogmen gehalten wurden, das Denken abgeschaltet haben, während umgekehrt Irrtümer sich offenbarten, die zu einer unvergleichbaren Fruchtbarkeit des Denkens führten.

Die Relativitätstheorie verdankt sich zum Teil auch dem Nachdenken über ein missglücktes Experiment (das Experiment von Michelson-Morley). Die wichtigste Entdeckung des 20. Jahrhunderts auf pharmazeutischem Gebiet (die Antibiotika) ist einem Manipulationsfehler einer Laborantin zu verdanken. Die großen Entdeckungen des 15. und 16. Jahrhunderts begannen mit einem Irrtum: Christoph Kolumbus glaubte zunächst die Ufer des Cipangu (Japan) erreicht zu haben (nach dem, wie er die Beschreibung Marco Polos verstanden hatte), dabei hatte er auf den Bermudas angelegt. Zwei weitere Reisen reichten nicht aus, um ihn über seinen Irrtum aufzuklären. Er starb zusammen mit seiner Illusion (und wurde dafür auch bestraft, da Amerika ja nicht Kolumbien heißt), doch das ändert nichts daran, dass er dennoch einer der größten Entdecker der Geschichte bleibt.

Das Sein ist das Nichts: Es hat überhaupt nichts dagegen

Das Sein ist mit dem Nichts identisch: Hier haben wir es also scheinbar mit einer absurden Proposition zu tun. Dies ist auch einer der Sätze, die den armen Hegel in den Augen dieser unerbittlichen pragmatischen Logiker, wie sie die Engländer nun einmal sind, für völlig verrückt erscheinen lassen. Im Grunde genommen sagte Hegel, dass man vom Sein, dem allgemeinsten, dem abstraktesten, dem kümmerlichsten Begriff, nichts weiter sagen kann, als dass es *ist*. Das Sein ist kein Stein und auch kein Mond oder Waschbär. Es *ist* nichts von alldem, es ist *überhaupt nichts* von dem. Doch, wenn es *überhaupt nichts* ist, dann ist es gleichbedeutend mit dem *Nichts*.

Das An-sich-Sein, das Anderssein und das An-und-für-sich-Sein

Wie würden wir wohl reagieren, wenn uns jemand vom An-sich-Sein und vom Anderssein bei Hegel erzählte? Erwähnen wir es einmal der Vollständigkeit halber, und sprechen wir dann nicht mehr darüber: Hegel bezeichnet als An-sich-Sein das erste, unmittelbare Stadium – das noch nicht die Unterscheidung, die Negation erfahren hat –, ein Sandkorn, der Keim, bevor er sich öffnet, die abstrakte Idee. Zum Beispiel stellt die Idee im System der Enzyklopädie – dessen Plan weiter oben abgebildet ist – das An-sich-Sein dar. Wenn man in der Alltagssprache »an sich« sagt, dann bedeutet das: nicht für uns, unabhängig von uns, objektiv.

Das Anderssein stellt das Stadium dar, in dem sich der Geist in die Form der Natur entäußert und sich ins Materielle entfremdet: Der Keim, der die Eichel öffnet, repräsentiert den Übergang vom An-sich-Sein ins Anderssein, weil es diese Entäußerung, aber auch Negation gibt. So ist die Natur im System der Enzyklopädie Hegels der Augenblick des Andersseins der Idee: Ein Berg, ein Baum und ein Tier sind das Anderssein des Seins, der Idee.

Doch jetzt kommt es noch schlimmer (kein Denken ohne einen Hauch von Sadismus). Dem Augenblick des Andersseins folgt nämlich der des An-und-für-sich-Seins, das heißt, das wäre dann der Moment, in dem das entfremdete, doch höher entwickelte, das veräußerte, doch angereicherte An-Sich nach seiner Phase des Andersseins zu sich zurückkehrt. Ohne diesen Augenblick der Rückkehr zu sich – das ist dann das Bewusstsein – gäbe es tatsächlich weder Sinn noch Wahrheit. In der Enzyklopädie nennt Hegel das den Geist – er ist es, der alles krönt.

Nun kommt das Beispiel mit der Lektüre: Als Sie diese *Geschichte der Philosophie für Dummies* noch nicht gekauft und *a fortiori* (»erst recht«) nicht gelesen hatten, waren Sie im Stadium des An-sich-Seins, Sie kauerten sich zusammen mit Ihren kleinen Sorgen und Ihren winzigen Projekten. Natürlich bildeten Sie ein Ganzes wie ein eingerollter Igel, doch Sie lebten in einer armseligen, abstrakten Einsamkeit ohne Stacheln. Das zweite Stadium: Sie kaufen und Sie lesen dieses Buch. Sie lösen sich von sich selbst, bis zu dem Punkt, an dem Sie vergessen, wer Sie eigentlich sind. Sie denken nicht mehr an das, was Sie am Vorabend gegessen haben, und auch nicht daran, was Sie heute Abend essen werden. Sie sind buchstäblich außerhalb Ihrer selbst – und nicht nur dann, wenn die Passage über das Transzendentale Sie in unheilbare Betroffenheit versetzt. Sie sind von den Ideen eingenommen, die von allen Seiten auf Sie zuströmen.

Wenn Sie ewig in diesem Anderssein-Zustand blieben, der Sie zwar bereichert, aber eben auch entfremdet, dann würden Sie fast wahnsinnig werden, Sie würden dann an nichts anderes mehr denken. Doch Sie reißen sich aus diesem Hypnosezustand los, der ja bereits einen ersten Zustand der Loslösung darstellt, jedenfalls in Bezug auf das An-sich-Sein, wie es im Anfang bestand. Sie werden dann nicht mehr an das denken, was Sie gelesen haben, und genau dann werden Sie daran am meisten und am besten denken können! Denn die Ideen und die Informationen bewegen sich in Ihnen fort, ohne dass Sie selbst etwas dazu tun müssen. Von nun an werden Sie das wieder aufgreifen, was Sie einst so eingenommen hatte (die kleinen Sorgen ...), und, damit nun einhergehend, machen Sie sich, unterschwellig unentwegt weiter nachsinnend, auf neuer Stufe das zu eigen, was bis vor kurzem als etwas von außerhalb Kommendes wahrgenommen wurde (die Lektüre). Dieses Werk der Verinnerlichung ist eben genau das Werk des Bewusstseins in seiner allerhöchsten Funktion, nämlich im *Selbstbewusstsein*. Und diesen letzten Augenblick nun nennt Hegel das An-und-für-sich-Sein. In seiner *Enzyklopädie* bezeichnet er es als den Geist. Mit dem Geist ist die Gesamtheit des Reellen (der Idee) erreicht, die bewusstgeworden ist. (Sie können nun stolz sein!)

Das Konkrete wird abstrakt und das Abstrakte konkret!

Nach der gängigen Art zu denken ist das Konkrete das, was man sieht, berührt, isst oder kauft. Das Abstrakte ist das, was man denkt. So ist das Schinkenbrot konkret, während das Ideal vom Guten abstrakt ist. Hegel kehrt den Sinn dieser Begriffe um, doch dabei nimmt er sie beim Wort, indem er die lateinische Etymologie bemüht: Das Abstrakte ist das, was aus seinem Zusammenhang *herausgerissen* wurde, wohingegen das Konkrete das *Entwickelte* ist.

Was macht nun das Empfindungsvermögen? Es betrachtet nur jeweils eine Seite der Dinge, beispielsweise eine Form (die Stupsnase eines Babys), eine Farbe (die gelbe Farbe eines Postautos) oder einen Eindruck (das schurkenhafte Aussehen eines Piraten). Was macht dagegen der Geist? Dadurch, dass er ein Konzept, einen Begriff, von einer Sache hat, kann er diese in seiner Gesamtheit denken (das arme Baby hat einen leichten Schnupfen, die Nase läuft ein bisschen; in diesem Postauto liegt vielleicht ein Paket für mich, das mir der Postbote gleich bringen wird; dieser Pirat war gestern Nacht betrunken). Das Wahre ist das Ganze, sagt Hegel, doch die Empfindung kann uns niemals das Ganze vermitteln. Der Geist hingegen kann es. Das Konkrete ist nicht unmittelbar.

In einem amüsanten und wenig bekannten Text Hegels wird uns vom Streit zwischen einer Marktfrau und ihrer Kundin über faule Eier erzählt. Zunächst zweifelt die Kundin nur an der Frische der Eier, geht dann jedoch über zu einem Verdacht betreffend die Art und Weise, wie sich die Bäuerin kleide und wie sie rede, bis sie dann auf ihre Ehemoral zu sprechen kommt. Man kann sich gar nicht vorstellen, welche Luftschlösser der konkrete grobe Menschenverstand doch so alles bauen kann!

War Hegel ein Romantiker?

Hegel wurde 1770 geboren. Er hätte also zu der romantischen Generation gehören können, und in vielerlei Hinsicht teilte er auch die romantische Empfindsamkeit und den romantischen Geist. Stuft er nicht selbst die allerletzte Kunstepoche als romantisch ein, jene Epoche, die – jenseits dessen, was dieser Begriff historisch eigentlich bezeichnet – auf die Kunst des Unendlichen als ihren eigenen Bereich verweist?

Dennoch entfernt sich Hegel von der Romantik an zwei wichtigen Stellen: Einerseits missbilligt er hartnäckig ihre irrationalen Voraussetzungen, andererseits betrachtet er die Natur nicht als Ausdruck des Geistes, sondern als seine Entfremdung.

Die Dummheit vom Paradies

Die unendliche Überlegenheit des Menschen über das Tier ist ein immer wiederkehrendes Thema bei Hegel. Das irdische Paradies scheint ihm ein Ort und eine Zeit großer Dummheit gewesen zu sein, aus dem Adam und Eva wegen ihrer Sünde vertrieben wurden: Indem sie ihrem Schöpfer nicht gehorchten, bewiesen sie, dass sie ihren Willen, und damit ihre Freiheit, behaupten und der Dummheit widerstehen konnten (in dieser Geschichte steht die Frau gut da: Im Grunde genommen waren die Allegorien der Freiheit ja schon immer weiblich).

Nicht die Natur, sondern die Kultur

Im Unterschied zu den meisten seiner Vorgänger glaubt Hegel nicht an die Existenz eines Naturrechts: Nach seiner Ansicht ist das Recht der Ausdruck einer Freiheit, die sich gegen und nicht in der Natur behauptet. Die Größe des Geistes besteht in seinem antinatürlichen Charakter. Wenn die Gesellschaft und der Staat Prinzipien sind, die über der Familie stehen, dann deshalb, weil diese sich trotz ihres vertraglichen Charakters (Gesellschaft und Staat betreffend) eine Bindung an die Natur bewahrt.

Bei der Ästhetik widerspricht Hegel jeder mimetischen Lehre (Mimesis ist Nachahmung): Die Aufgabe der Kunst besteht nicht darin, die Natur zu imitieren, sondern sich ihre eigene Welt zu schaffen (Oscar Wilde wird noch weiter gehen, wenn er paradoxerweise, aber einleuchtend sagt, dass die Natur die Kunst imitiere). In seiner Begeisterung für die Kultur geht Hegel so weit zu sagen, dass von einem Verbrechen Kenntnis zu erhalten besser sei als der Anblick der hohen Berge, denn das Verbrechen habe wenigstens etwas Geist.

Nun endlich: das Absolute

Der Ausdruck des subjektiven Idealismus wurde verwendet (zuerst von Hegel), um die Philosophie Fichtes zu bezeichnen, die Formulierung des objektiven Idealismus gebrauchte man für die Philosophie Schellings, und mit dem Begriff des absoluten Idealismus bezeichnete man die Philosophie Hegels. Für die von Kant und Schelling wiederaufgenommene Tradition ist das Absolute die Abwesenheit von Zusammenhängen. Bei Hegel ist es genau umgekehrt: Für ihn ist es die Gesamtheit aller möglichen Zusammenhänge. Anders gesagt: Das hegelsche Absolute steht am Ende als Ergebnis, aber niemals zu Beginn als Bedingung. Es ist die Synthese entgegengesetzter Begriffe. Damit krönt die absolute Idee die Wissenschaft der Logik, das absolute Wissen kennzeichnet die Endphase der *Phänomenologie des Geistes*, während der absolute, durch die Philosophie realisierte Geist die Synthese von subjektivem Geist und objektivem Geist herstellt und gleichzeitig die Vollendung des gesamten Systems prägt.

Die Philosophie Hegels ist übrigens nicht nur ein absoluter Idealismus. Sie ist ein absoluter Realismus. Die ganze Wirklichkeit und nichts als die Wirklichkeit: Dies ist also der Inhalt des Systems, es ist das System selbst. Hegel glaubt nicht an verborgene Wahrheiten und auch nicht an ewige Mysterien. Alles, was existiert, wird schließlich zum Ausdruck gebracht, also veräußerlicht. Der Mensch kann beispielsweise diesen oder jenen Gedanken, dieses oder jenes Verlangen ganz gut kaschieren, doch das, was in ihm steckt, wird schließlich irgendwann einmal außerhalb seiner selbst in Zeichenform existieren. Der Mensch ist nichts anderes als die Folge seiner Handlungen.

Deshalb kritisiert Hegel ernsthaft den abstrakten, formalen Charakter der Moralphilosophie Kants: Die wahre Moral, sagt er, ist nicht jene, die mit der Innerlichkeit des Gesetzes verbunden bleibt, sondern jene, die sich in gesellschaftlicher und politischer Aktivität äußert. Während also bei Kant der Moral der Vorrang über das Recht zusteht, weil sie autonom bleibt, ist das Recht bei Hegel (der bei diesem Punkt zu Fichte zurückfindet) die wahre Ausübung der Moral – eine konkrete Moral gewissermaßen.

Die Odyssee des Bewusstseins, Sirenen und Zyklopen inbegriffen

Als Hegel *Die Phänomenologie des Geistes* schrieb, war er zwar noch nicht im Vollbesitz seines abgeschlossenen Systems, doch kann dieses Werk als der Zustand des Systems von 1807 gelesen werden. Tatsächlich ist es die Gesamtheit des Wirklichen, die Die Phänomenologie des Geistes durch das Prisma eines Bewusstseins schildert, das sowohl von einem singulären Standpunkt aus als das Denken eines Individuums als auch von einem kollektiven Standpunkt aus als das Denken der Menschheit in der Gesamtheit seiner Geschichte interpretiert wird.

»Die Phänomenologie des Geistes«

Diese spekulative Enzyklopädie schildert den Weg, den das Bewusstsein durchwandern muss, wenn es sich von der sinnlichen Gewissheit – die ja sein erster Kontakt mit dem Objekt darstellt – bis zu dem erhebt, was Hegel das absolute Wissen nennt, wo kein einziger Gegensatz mehr existiert. Die unterschiedlichen Etappen dieser Odyssee sind das Bewusstsein (es selbst umfasst die sinnliche Gewissheit, die Wahrnehmung und den Verstand), das Selbstbewusstsein, die Vernunft, der Geist (unterteilt in die Ordnungen der Ethik, der Kultur und der Moral), die Religion und das absolute Wissen.

Phänomenologie bedeutet wörtlich: die Wissenschaft dessen, was erscheint. Das Bewusstsein erscheint in unterschiedlichen Abstufungen durch ein Fortschreiten, das entweder auf individueller Ebene als eine philosophische Suche nach dem Absoluten verstanden werden kann oder aber auf kollektiver Ebene als ein Fortschreiten der Universalgeschichte, die das Absolute verwirklicht. In einer abstrakten und oft undurchsichtigen Sprache geschrieben, verweist *Die Phänomenologie des Geistes* dennoch auf konkrete psychologisch und geschichtlich bestimmte Figuren. Mit Hegel fällt die Philosophie als Ausdruck der Wahrheit mit der Universalgeschichte als Manifestation der Wirklichkeit zusammen. Das Wahre ist das Ganze.

Das unglückliche Bewusstsein

Eine der Stufen des Bewusstseins auf dieser Odyssee, die es zum absoluten Wissen hinführen soll, heißt *das unglückliche Bewusstsein*. Das Unglück dieses Bewusstseins geht wohl über das Unbehagen dessen hinaus, was man als schlechtes Gewissen bezeichnet. Es stammt von der Leere, die das Subjekt angesichts des transzendenten Gottes empfindet, wobei es vollkommen unfähig ist, mit ihm zu verschmelzen. Das unglückliche Bewusstsein charakterisiert das Bewusstsein des Gläubigen, der sich von Gott getrennt fühlt und in all seinen Versuchen scheitert, diesem Widerspruch zu entgehen (durch die sentimentale Gottesverehrung und das Handeln in der Welt, beides verstanden als Pflichten gegenüber Gott; durch die Abtötung des Selbst in der Askese). Diese Vorstellung des unglücklichen Bewusstseins wird überwunden, wenn das Bewusstsein das Absolute in der Welt und in sich selbst erkennt, das heißt als Vernunft.

Die schöne Seele

Bis zu Hegel hatte der Ausdruck der schönen Seele, der pietistischen Ursprungs ist und von Goethe wiederaufgegriffen wurde, eine höchst positive Bedeutung. Die als *Pietismus* bezeichnete Strömung des Protestantismus meinte damit die innere Reinheit des Ich im Gegensatz zur Bösartigkeit der Welt. Hegel verleiht ihr durch eine ironische Umkehrung einen negativen Sinn: Die schöne Seele ist der Ausdruck eines Bewusstseins, das sich hinsichtlich der äußeren Welt zu gut fühlt und sich damit zufriedengibt, sich an seinen eigenen Güte zu erfreuen. Dadurch weiht sich die schöne Seele der Ohnmacht, denn ihr abstraktes Ideal ist entleert. Die Moral von Kant, die sich kaum Gedanken über ihre konkreten Realisierungsbedingungen macht, ja darin sogar eine Gefährdung sieht, ist natürlich eine Philosophie, die gerade prädestiniert für die schöne Seele ist.

Die Dialektik von Herr und Knecht

Das Bewusstsein bleibt auf seinem Weg natürlich nicht allein. Es trifft auf das andere Bewusstsein, dem es nun gegenübersteht und das ihm in der Tragödie dieser Konfrontation (Hegel spricht von einem Kampf um Leben und Tod) ermöglichen wird, sich seiner selbst bewusst zu werden.

Mit der Formulierung der Dialektik von Herr und Knecht (siehe unten) bezeichnet man eine der zentralen Episoden in der *Phänomenologie des Geistes*. Auch dieses Kapitel kann auf bestimmte gesellschaftliche und historische Fakten bezogen oder eben als die Darlegung eines transhistorischen Modells aufgefasst werden. Denn solange das Selbstbewusstsein noch nicht erlangt ist, hat jeder Einzelne, egal ob Herr oder Knecht, unter dem Feuer dieser Dialektik zu leiden.

Man setzt sich nur, indem man sich entgegensetzt, sagt Hegel. Jede Sache wird durch Negation festgelegt, das Bewusstsein macht da keine Ausnahme. Die Koexistenz der Gewissen wirkt sich zunächst auf das Modell einer radikalen Konfrontation aus, die ein Todeskampf ist, weil jedes den Tod des anderen will. Doch möchte jedes Bewusstsein auch – ein Widerspruch – vom anderen Bewusstsein anerkannt werden, es braucht das andere, um das zu sein, was es ist. Dieser Konflikt, der es zerreißt, baut es zugleich auf.

Warum die Revolution unvermeidbar ist

Der Herr herrscht über den Knecht. In den Augen des Herrn ist der Knecht eine Sache, doch der Knecht befriedigt auch die Bedürfnisse des Herrn. Daher hängt der Herr vom Knecht ab. Der Herr kann nur Herr sein, solange der Knecht Knecht ist. Wenn der Knecht sich dieser Abhängigkeit bewusst wird, dann kann er sich befreien und sich so zum Herrn seines Herrn machen, wodurch der Herr der Knecht seines Knechts wird. Diese auf den historischen Bereich angewandte dialektische Umkehr wird als Revolution bezeichnet. Die Dialektik von Herr und Knecht war – obwohl sie rein spekulativ war (auch wenn Hegel, wie immer, dabei an objektive geschichtliche Situationen dachte) – für Marx und seine Nachfolger eine hochgradige Quelle der Inspiration.

Die Philosophie verrät uns nichts, so warnt uns Hegel, über die Art und Weise, wie die Welt geleitet werden soll. Sie kommt immer zu spät. Als weltweites Denken tritt sie nur dann zu Tage, wenn die Wirklichkeit ihren Bildungsprozess auch ausgeführt hat. So sind die großen Systeme Platons und Aristoteles' dann aufgetaucht, als die griechische Polis gerade in der Auflösung begriffen war. Und Hegel selbst platziert seine Philosophie als die Reflexion eines vollendeten historischen Augenblicks (der Französische Revolution, des napoleonischen Staates). Die Eule der Minerva, schreibt er, beginnt ihren Flug erst in der Abenddämmerung, wenn also der Tag vorbei ist und die Ereignisse sich schon ereignet haben. (Minerva ist der römische Name für Athene, die Göttin der Weisheit.)

Die Vernunft ist ein Maulwurf

Was vernünftig ist, ist wirklich, und was wirklich ist, ist vernünftig

Wenn Hegel sagt, dass das, was vernünftig ist, wirklich ist, und das, was wirklich ist, vernünftig ist, möchte er damit nicht ausdrücken, dass absolut jeder Akt, absolut jedes Ereignis vernünftig ist. Wie könnte er das auch glauben, gerade er, der genau weiß, wie sehr Geschichte von der Verrücktheit der Menschen abhängig ist? Er weiß, dass ein großer Teil der Philosophiegeschichte aus dem Spiel der menschlichen Leidenschaften heraus entstand. Er weiß, dass die Wirklichkeit der Vernunft entgleitet. Denn was ist tatsächlich reell an der Eroberung Alexanders des Großen? Der persönliche Ehrgeiz des Sohnes des Königs von Mazedonien oder die Gründung von Städten? Sein Zorn, der ihn in seiner Trunkenheit dazu führte, mit eigenen Händen seinen besten Freund zu töten, oder doch eher der Transport der griechischen Kultur in den Orient?

Das Wirkliche, von dem Hegel in seiner Formulierung spricht, ist nicht die empirische, anekdotische Realität des schwer auffindbaren Tagesgeschehens, sondern die faktische, wirksame Realität, die einen Sinn in der Geschichte und für die Geschichte hat.

Die List der Vernunft

Die großen Reiche der Geschichte wurden von großen Männern geschaffen. Diese waren, wie alle Menschen, von Leidenschaften besessen. Und weil sie große Männer waren, wurden sie von großen Leidenschaften angetrieben. Doch die Bedeutung ihrer Handlung überschritt die Beweggründe und Motive, deren sie sich bewusst gewesen sein konnten. Hegel bezeichnete dieses indirekte Handeln der Vernunft als *List der Vernunft*, die die Welt auf abgelegene Wege führt.

Horace Walpole, der englische Schriftsteller, hatte behauptet, dass die Welt für denjenigen, der denke, eine Komödie sei, und für denjenigen, der empfinde, eine Tragödie. Nach Ansicht Hegels ist die Welt auch für den, der denkt, eine Tragödie. Doch für ihn geht die Tragödie der Geschichte schließlich immer in einer universalen rationalen Bedeutung auf – eine These, die wie die leibnizsche These von der Welt als der besten der möglichen Welten angesichts der Tragödien des 20. Jahrhunderts heftig bestritten wurde. Als Feuerbach sagte, dass die Tempel zu Ehren der Religion in Wahrheit Tempel zu Ehren der Baukunst seien, konnte man darin das Echo der hegelschen List der Vernunft erkennen.

Die Geschichte ist nicht der Boden für das Glück. Die Zeiten des Glückes sind in ihr leere Blätter.

Hegel

Kunst und Geschichte

Die Kunst oder der absolute Geist: zum Greifen nah

Während Kant sich nur beim Geschmacksurteil mit der Kunst befasst, also nur in Bezug auf das Subjekt, das urteilt, betrachtet Hegel sie als die objektive Manifestation des absoluten Geistes – als ihre absolut erste Manifestation für das Auge, das Ohr und den Geist, noch vor der Religion und der Philosophie.

Die Dialektik der Kunst ist exemplarisch für die hegelianische Methode in ihrer Gesamtheit – und wahrscheinlich nützlich für all jene, die mit diesem Riesen der Philosophie, mit Hegel, Bekanntschaft machen wollen. Seine Ästhetik stellt den einfachsten Zugang zu seinem gesamten System dar.

Jede Art von Kunst muss das Problem der Verbindung von Form und Inhalt lösen. Wenn es ein sehr großes Ungleichgewicht zwischen den beiden gibt, etwa weil die Form von den objektiven Gegebenheiten des Materials begrenzt ist oder weil der Inhalt unendlich unzugänglich ist, dann können nur Symbole den Zusammenhang schaffen. Diese Kunst, die zwischen der endlichen Form und dem unendlichen Inhalt zerrissen ist, bezeichnet Hegel als *symbolische Kunst*. Die Architektur ist die Grundform symbolischer Kunst.

Wenn der Inhalt nicht mehr die abstrakte unendliche Substanz ist (wie der Brahmane der Inder oder der Gott Osiris der Ägypter), sondern die schöne Individualität, dann erfährt die Kunst ein Moment außergewöhnlicher Harmonie. Hegel nennt sie *klassisch*, die Skulptur ist ihr Typus.

Dann, mit dem Christentum, zerreißt die Unendlichkeit wieder die Kunst, doch sie zerreißt sie auf erneuerte Weise: Die moderne Unendlichkeit wird von einer Subjektivität (die vom christlichen Gott verkörpert wird) getragen und nicht mehr von einer unpersönlichen Substanz. Hegel bezeichnet diese letzte Kunst als *romantisch* – sie materialisiert sich durch die Malerei, die Musik und die Dichtung. Wenn die Dichtung an der Spitze eines Prozesses angesiedelt wird, der gleichzeitig auch eine Hierarchie bedeutet, so geschieht das deshalb, weil das ihr eigene Formelement die Sprache ist, die selbst wiederum buchstäblich auf den Geist verweist. Dadurch kann der absolute Geist zur Repräsentation (zur Religion) und dann zum Begriff (zur Philosophie) übergehen.

Der Tod der Kunst

Der »Tod der Kunst« enthält nach Hegel eher die Vorstellung einer *Auflösung* der Kunst. Was meint der Philosoph damit, wenn er am Ende seiner *Ästhetik* den Tod der Kunst ankündigt? Jedenfalls nicht, dass es irgendwann niemanden mehr geben wird, der zeichnet oder komponiert, sondern dass sich die Kunst in dem Sinne überlebt haben wird, dass sie sich nicht mehr im Zentrum unserer Kultur befindet, dass nicht mehr sie es sein wird, die uns die Werte für unsere Existenz vermittelt.

Mit der »Prosa der Welt« – Hegel bezeichnet damit (der Soziologe Max Weber wird es die »Ernüchterung der Welt« nennen) die Tatsache, dass unsere Welt nicht mehr von religiösen, sondern von praktischen Werten beherrscht wird (Wirtschaft, Beruf, Freizeitvergnügen) – hat die Kunst ihre substantielle Grundlage verloren. Daher flüchtet sie sich immer mehr in einen gesteigerten Formalismus und Subjektivismus. Auch hierbei stellen wir fast zweihundert Jahre später fest, dass sich Hegel als ein guter Diagnostiker erwiesen hat.

Die »Prosa der Welt«, die prosaische Welt

Es fällt nicht allzu schwer festzustellen, dass die Diagnose Hegels eine gute Prognose war. Im 19. Jahrhundert konnte sich der französische Schriftsteller Victor Hugo mit den Einnahmen aus den Urheberrechten an seiner großen Gedichtsammlung *Les Contemplations* ein schönes Haus kaufen. Heutzutage könnte ein Dichter noch nicht einmal ein halbes Häuschen bezahlen.

Die vier Momente der Weltgeschichte

Hegel erkennt in der Weltgeschichte die Bekundung des objektiven Geistes. »Es ist für mich eine sehr interessante und sehr angenehme Beschäftigung«, so schreibt er an einen seiner Brieffreunde, »die Völker der Erde Revue passieren zu lassen«. Die wirkliche Welt ist, wie sie sein soll, sagt er (in diesem Punkt stimmt er mit Spinoza überein). Die Weltgeschichte ist das letzte Weltgericht.

Hegel unterscheidet vier aufeinanderfolgende Momente:

- ✔ Die orientalische Welt
- ✔ Die griechische Welt
- ✔ Die römische Welt
- ✔ Die germanische Welt

Natürlich kann man ein wenig darüber schmunzeln (oder auch erschaudern …), dass Hegel der modernen Welt die Bezeichnung »germanische« Welt gegeben hat. Doch 1830 war der Begriff »abendländisch« noch nicht in Gebrauch.

Der globale Sinn dieser Geschichte, der – wie wir uns erinnern – ja eigentlich in der Verwirklichung der Vernunft liegt – ist die universale Freiheit. In der orientalischen Antike, so sagt Hegel, war nur ein einziger frei (der Kaiser), in Griechenland und Rom waren einige frei (die Bürger), heute sind alle frei.

»Den Kaiser, diese Weltseele, sah ich durch die Stadt reiten«

Am Vortag der Schlacht bei Jena und Auerstedt (1806) schreibt Hegel, der seit 1801 in Jena wohnte, in einem Brief, dass er Napoleon gesehen habe: Es ist in der Tat eine wunderbare Empfindung, so beobachtet er, ein solches Individuum zu sehen, das hier, auf einen Punkt konzentriert, auf einem Pferde sitzend, auf die Welt übergreift und sie beherrscht. Hegel bewundert in Napoleon den Begründer des modernen Staates. Nun ist der Staat für Hegel die wirkende Vernunft, die aus einer Masse ununterscheidbarer Menschen freie Bürger macht. Politisch gesehen, ist Hegel weder Republikaner noch Demokrat – seine Vorliebe gilt der konstitutionellen Monarchie. Am Staat bewundert er, dass dieser durch den Beamtenstand der bewusste Ausdruck und die bewusste Befriedigung des Gemeinwohls ist.

Das Ende der Geschichte

Über die hegelsche Idee vom Ende der Geschichte wurde viel gespottet. Ist es die Unüberlegtheit eines Philosophen, der sich wünscht, dass nichts mehr nach ihm komme? Im Grunde genommen bedeutet doch das Ende der Geschichte nicht – ebenso wie der Tod der Kunst nicht die Möglichkeit zukünftiger Kunstwerke versagt –, dass nichts mehr geschehen wird, jedenfalls in einem empirischen Sinne, dass es keine Ereignisse mehr geben wird. Es bedeutet vielmehr, dass, sobald der Sinn der Geschichte freigegeben wurde (und Hegel sagt klipp und klar, worin dieser Sinn besteht: in der universalen Freiheit), nichts mehr darüber hinausgehen kann – denn kein anderes Prinzip könnte tatsächlich die Freiheit übersteigen, die ja nichts anderes als das Geistesleben ist.

Ist Hegel totalitär?

In *Der Verrat der Intellektuellen*, einem bemerkenswerten Essay von 1927, in dem der Verfasser Julien Benda das Verhalten der Intellektuellen gegenüber den faschistischen und kommunistischen Ideologien anprangert, wird Hegel als der typische Apostel des totalitären Staates dargestellt. Hegel denkt sich ja den Staat tatsächlich mit einer solchen Macht ausgestattet, dass er rückblickend durchaus als einer der Inspiratoren des Totalitarismus erscheinen könnte.

Doch nichts ist falscher. Zunächst erwartet Hegel nicht, dass der Staat die gesamte menschliche Existenz kontrolliere. Der Staat darf sich zum Beispiel nicht (und dieser Aspekt ist äußerst wichtig, wie wir schon bei Hobbes sahen) in die persönlichen Meinungen und Glaubensvorstellungen einmischen. Außerdem, und dieses Argument ist auf philosophischer Ebene noch entscheidender, schafft der Staat im hegelianischen Systems nur die Bedingungen der Verwirklichung des objektiven Geistes. Nicht er, sondern die Philosophie verkörpert den absoluten Geist in seiner Vollendung.

Auguste Comte: von der strengen Wissenschaft zur religiösen Schwärmerei

19

In diesem Kapitel

- Der Begründer des Positivismus
- Eine der bedeutendsten Philosophien für die Moderne
- Eine große Kultur und ein großer Verstand ohne die Gewissheit des Urteils

Der Erfinder des Positivismus

Der Ursprung des Positivismus

In jungen Jahren war Auguste Comte Sekretär des Grafen Claude-Henri de Saint-Simon, des Begründers einer bedeutenden Geistesströmung, des Saint-Simonismus, der Einfluss auf das ganze 19. Jahrhundert und darüber hinaus hatte. Der Saint-Simonismus preist die Macht der Wissenschaft (die Gelehrten sollen den Adel des Staates ersetzen), den technischen Fortschritt und die gesellschaftlichen Reformen (der Saint-Simonismus ist eine Art gemäßigter Sozialismus). Der Saint-Simonismus prägte den Begriff des Positivismus, den Auguste Comte wieder aufgreift.

»Positiv« bedeutet in diesem Zusammenhang »wirklich« im Gegensatz zu »imaginär«. Der Positivismus lehnt den Anspruch von Metaphysik und Religion ab, die Wahrheit der Dinge zu erkennen: In diesem Punkt weist er starke Gemeinsamkeiten mit dem kantschen Kritizismus auf. Der Positivismus weist der Philosophie eine neue Aufgabe zu: Sie soll ein Wissenssystem etablieren und den Geist des Großen und Ganzen über den Detailgeist triumphieren lassen. Auguste Comte glaubt, dass die Wissenschaft sich in der extremen Spezialisierung verliert (was er nicht mehr sagen würde, wenn er uns heute sehen könnte!)

Kein Warum mehr! Nur noch das Wie!

Die Suche nach den Ursachen ist für Auguste Comte zum Scheitern verurteilt. Bei ihr kommt man niemals zu einem Ende (weil es ja immer eine Ursache der Ursache gibt, dann wiederum eine Ursache der Ursache usw.), und der Geist verfällt bei dieser Suche in religiöse Spekulationen. Deshalb sei es besser, sich an die Entwicklung von Gesetzen zu halten, die die konstanten Zusammenhänge zwischen den Phänomenen zum Ausdruck bringen. Als exemplarisch dafür stellt Auguste Comte die Vorgehensweise Newtons vor, der sein Gravitationsgesetz aufstellte und es dabei strengstens unterließ, sich über die Natur dieses Phänomens oder gar seinen Ursprung (»Ich denke mir keine Hypothesen aus«) zu äußern.

Die Unendlichkeit und das Universale sind in den Augen des Begründers des Positivismus Begriffe, von denen sich der positive Geist befreien muss. Kein einziges Gesetz ist universal, also allgemeingültig. Das Gesetz Newtons betrifft nur das Sonnensystem, und nichts beweist, dass es auch außerhalb des Sonnensystems gültig ist.

Die Klassifikationen des Positivismus

Das Drei-Stadien-Gesetz

Das Denken des Menschen durchläuft nach Comte drei Stadien:

- ✔ Das theologische oder fiktive Stadium
- ✔ Das metaphysische oder abstrakte Stadium
- ✔ Das wissenschaftliche oder positive Stadium

Im theologischen Stadium erklärt der Geist die Phänomene als Eingriffe göttlicher Wesen. So meinen die Chinesen eine Sonnenfinsternis damit erklären zu können, dass der himmlische Drache die Sonne verschlinge. Bei den Griechen ist es Zeus, der die Blitze auf die Erde wirft, und bei den Juden war Jahwe zuerst ein Gewittergott usw.

Im metaphysischen Stadium ersetzt der Geist die übernatürlichen Wesen durch abstrakte Begriffe, durch Entitäten wie das Sein oder die Natur. Diese Vorstellungen führen zu keinerlei Erkenntnissen, sie lassen das Wissen nicht fortschreiten. Dennoch sind sie nach Ansicht Comtes insofern nützlich, als sie den Geist auf das Eintreten in das positive Stadium vorbereiten, indem sie ihn von religiösen Glaubensvorstellungen befreien.

Im positiven Stadium endlich werden die Phänomene ordnungsgemäß beobachtet und beschrieben. Das zunächst hypothetische und dann durch Beobachtung und Erfahrung bestätigte Gesetz ersetzt nun die illusionäre Suche nach den Ursachen.

Diese Aufeinanderfolge der drei Stadien betrifft sowohl das individuelle Denken jedes einzelnen Menschen als auch das kollektive einer Gemeinschaft. Die Fantasiewelt des Kindes wie die der antiken Völker oder der Naturvölker weist den Naturphänomenen beispielsweise magische, übernatürliche Ursachen zu. Auguste Comte befürwortete eine solche Analogie – die sich letztlich jedoch als eurozentrisches Vorurteil erwies – zwischen dem Geist des Kindes und dem des Angehörigen eines Naturvolkes.

Auch wenn die drei Stadien in einer chronologischen Reihenfolge ablaufen, können sie ebenfalls nebeneinander existieren, und zwar sowohl beim Individuum als auch in der Geschichte.

Die drei Stadien der Religion

In seiner *Rede über den Geist des Positivismus* unterscheidet Auguste Comte drei Hauptformen des theologischen Stadiums, die drei verschiedenen Gattungen der Religion entsprechen, das sind:

- ✔ Der Fetischismus, der bestimmten Gegenständen eine oberste Macht zuschreibt
- ✔ Der Polytheismus, der die Natur mit einer Vielzahl an Göttern bevölkert
- ✔ Der Monotheismus, der die Götter in einem einzigen obersten Wesen konzentriert

Diese Dreiteilung wird auch als eine progressive Ordnung verstanden, wobei der Fetischismus als primitivste Form der Religion erscheint und der Monotheismus als die anspruchsvollste und am meisten entwickelte Form. Dieses Schema wird einen äußerst großen Einfluss nicht nur auf die Philosophie des 19. Jahrhunderts, sondern auch auf die neue Wissenschaft ausüben, die sich ab den 70er Jahren des 19. Jahrhunderts mit primitiven Gesellschaften befassen wird: die Ethnologie.

Die Ordnung der Wissenschaften

Der *Cours de philosophie positive*, das große Werk Comtes, in dem er das Drei-Stadien-Gesetz darlegt, erstellt eine Klassifikation der Wissenschaften, die bis in unsere Zeit die solideste von allen geblieben ist. Im Zeitalter der Klassik beruht die Klassifikation der Wissenschaften fast immer auf einer Vermögenspsychologie: So unterscheidet Francis Bacon, gefolgt von Diderot mit seiner *Encyclopédie,* die Wissenschaften der Vernunft, die Wissenschaften des Gedächtnisses und die Wissenschaften der Einbildungskraft. Auguste Comte jedoch klassifiziert die Wissenschaften nach ihren jeweiligen Gegenständen – und so machen wir das auch heute noch.

Die Stärke der Hierarchie Comtes ergibt sich aus ihrer Einfachheit (sechs grundlegende Wissenschaften sind dabei übriggeblieben) und der Stichhaltigkeit ihrer Einteilungsprinzipien. Die Ordnung der Reihenfolge ist als untrennbar voneinander chronologisch und logisch gedacht. Die sechs Wissenschaften in der Klassifikation Comtes sind:

- ✔ Die Mathematik
- ✔ Die Astronomie
- ✔ Die Physik
- ✔ Die Chemie
- ✔ Die Biologie (die auch als Physiologie bezeichnet wird)
- ✔ Die Soziologie (die auch als soziale Physik bezeichnet wird)

Diese historische Ordnung geht vom Einfachen zum Komplexen. Die Mathematik studiert die Quantität, beschäftigt sich also mit der einfachsten Realität. Die Astronomie fügt der Quantität die Kraft hinzu. Die Physik bringt zusätzlich noch die Qualität zur Kraft (Wärme und Licht sind qualitativ unterschiedliche Kräfte). Die Chemie behandelt qualitativ unterschiedliche Substanzen (die Elemente). Die Biologie befasst sich mit dem Leben und fügt damit der reinen Materie die Organisation hinzu. Und schließlich erforscht die Soziologie die Gesellschaft, die die Menschen miteinander verbindet.

Wie soll man von der Wissenschaft Gebrauch machen?

Gegen Reduzierung und Vermischung

Auguste Comte stand dem Reduktionismus grundsätzlich ablehnend gegenüber: Man kann nicht, so sagt er, das Höhere mit dem Niedrigeren erklären. Oder, anders ausgedrückt: Jede Wissenschaft fügt den vorhergehenden eine Komplexitätsebene hinzu, die ihr ganz allein angehört. Um zwei aktuelle Beispiele für diese Aussage zu geben: Comte wäre entschieden gegen die physikalisch-chemische Reduktion (die Zurückführung, Einengung) biologischer Phänomene (was von der Biochemie geleistet wird) und gegen die biologische Reduktion gesellschaftlicher Phänomene (was von der Soziobiologie geleistet wird).

Die logische Konsequenz dieser Ablehnung ist das Verbot sämtlicher Verbindungen zwischen verschiedenen Wissenschaftsdisziplinen. Ebenso wie die klassische Ästhetik die Vermischung der Künste ablehnte, weist die comtesche Erkenntnistheorie die Vermischung der Wissenschaften zurück. In den Naturwissenschaften bezeichnet man Hybride (Kreuzungen) als Monster. Doch die interdisziplinären Verbindungen haben in den letzten Jahrzehnten stark zugenommen, und das auch noch zu Gunsten der Erkenntnis!

Auffällig ist, dass in der Klassifikation kein Platz für die Psychologie vorgesehen ist. Auguste Comte meint, dass das innere Leben zwar mit dem Erlebten und mit der Literatur zu tun habe, dass es jedoch niemals Gegenstand einer positiven Wissenschaft werden könne. Dieses Interdikt (Verbot) wird sich als folgenschwer erweisen.

Die Wissenschaft von der Gesellschaft

Die Soziologie, die Comte auch als soziale Physik oder Sozialphysik bezeichnet, ist die komplexeste aller wissenschaftlichen Disziplinen. In der Natur gibt es wohl nichts Komplexeres als die Bevölkerung und die Geschichte der Menschen.

Auguste Comte erfand zwar den Begriff der Soziologie, gab ihm aber eine breitere Bedeutung als die, die ihm bis heute geblieben ist: Bei ihm ist die Soziologie die Philosophie des gesamten positivistischen Systems (das Drei-Stadien-Gesetz und die Klassifikation der Wissenschaften sind Ergebnisse der Soziologie). Er teilt sie in zwei Bereiche auf: in die *soziale Statik*, deren Untersuchungsgegenstand die Ordnung ist, und in *die soziale Dynamik*, die sich mit dem Fortschritt befasst. Diese Dualität entspricht derjenigen, die Ferdinand de Saussure in der Linguistik den synchronischen Gesichtspunkt und den diachronischen Gesichtspunkt nennen wird.

»Wissenschaft erlaubt Vorhersage, Vorhersage erlaubt Handeln«

Dieser Ausspruch Comtes greift die Losung Francis Bacons wieder auf: Nur wer der Natur gehorcht, beherrscht sie. Auguste Comte ist gegen jede unnötige und unmotivierte Forschung. Er glaubt, dass die wissenschaftliche Erkenntnis der Gesellschaft dienen muss und dass man Forschungen, die keine andere Motivation und kein anderes Ziel als sich selbst haben, wie unnötigen Luxus vermeiden muss. Der Positivismus entwickelt eine praktische, ja sogar pragmatische Vorstellung im wahrsten Sinne des Wortes von der wissenschaftlichen Erkenntnis.

Außerhalb dieser Zone gilt der Fahrschein nicht mehr

Wie Kant legt auch Auguste Comte in seinem *Cours de philosophie positive* Grenzen der Erkenntnis fest. So meinte er, alle Vorsichtsmaßnahmen getroffen zu haben, wenn er zum Beispiel festsetzte, dass die chemische Zusammensetzung der Sterne der Erkenntnis niemals zugänglich sein werde. Der Begründer des Positivismus argumentierte dabei recht simpel: Niemals wird es gelingen, von diesen fernen Gestirnen Stichproben zu entnehmen, da man niemals dort landen wird. Deshalb entziehen sich diese weit entfernten Himmelskörper unserer Erkenntnis, und daher wird uns ihre chemische Zusammensetzung auf ewig unbekannt bleiben.

Einige Jahre später erfindet ein englischer Physiker einen neuen Zweig der Physik. Die Massenspektroskopie ermöglicht es, die chemischen Bestandteile eines strahlenden Körpers aus seiner Lichtemission abzuleiten. Das ausgesandte Licht eines Sterns wurde damit zu einer Botschaft, man musste sie nur noch entziffern. Man braucht also gar nicht bis zu den Sternen reisen, um zu erfahren, woraus sie bestehen, weil sie selbst es sind, die zu uns gelangen. Doch damit hatte Comte nicht gerechnet.

Ist der Positivismus überholt?

Man könnte meinen, dass die moderne Wissenschaft auf der Missachtung der sämtlichen von Comte in seinem *Cours de philosophie positive* aufgestellten Verbote beruhe, diese sind: die Ablehnung der Wahrscheinlichkeitsrechnung in der Mathematik, die Ablehnung einer Astronomie, die über unser Sonnensystem hinausgeht, die Ablehnung einer Biologie, die sich in den Abgrund des mikroskopisch Kleinen hinabstürzt, und schließlich die Ablehnung jeglicher Forschung über den historischen Ursprung der Gesellschaften – denn nach Comte entziehen sich der Zufall, der Raum des Universums sowie sein Ursprung ja unseren Beobachtungs- und Rechenkünsten, oder ihre Erforschung ergibt keinen wirklichen praktischen Nutzen. Es gibt mit Sicherheit eine philosophische Vorsicht, die sich im Nachhinein als große Unklugheit herausstellt.

Dieses Beispiel beweist, inwiefern man vorsichtig sein muss, wenn man die Frage nach den Grenzen der Erkenntnis aufwirft. Dass es tatsächlich Grenzen gibt, ist eindeutig: Es gibt unbekannte Bereiche, die vom Wirkungskreis der Erkenntnis selbst bestimmt sind. Dass dies Grenzen *a priori* sind, ist durchaus möglich, doch niemand kann sagen, welche dies tatsächlich sind. Um das herauszubekommen, müsste man sich im Grunde den Zustand einer total vollendeten Erkenntnis vorstellen: Es würde dann genügen festzustellen, was in ihr vorkommt und was ausgeschlossen ist. Doch die total vollendete Erkenntnis ist ein unfassbarer, unbegreiflicher Zustand.

Rettende Ufer und letzte Verirrungen

Ordnung und Fortschritt

Als Comte noch sehr jung war, hatte er das Gefühl, in den Trümmern einer Gesellschaft zu leben. Er gehörte der Generation an, die das Trauma der Revolution in Gedanken nacherlebte (er wurde 1798 geboren, vier Jahre nach der Absetzung und Hinrichtung Robespierres). Doch wir wissen – spätestens seit Freud –, dass die eindringlichsten Traumata nicht immer die sind, die man in der Realität miterlebt hat.

Wie war ein solches Chaos überhaupt möglich? Und wie konnte man verhindern, dass sich so etwas wiederholt? Diese Fragen bewegten das intellektuelle Leben des Philosophen und führten schließlich zu seinen großen Ideen. Seine ganze Philosophie, wie er sie sowohl in seiner Erkenntnistheorie (*Cours de philosophie positive*) als auch in seinem politischen (*Système de politique positive*) und religiösen Denken (Catéchisme positiviste) vorstellte, schwankt zwischen zwei Polen: keine Ordnung ohne Fortschritt, kein Fortschritt ohne Ordnung.

> *Liebe als Grundsatz und Ordnung als Grundlage; Fortschritt als Ziel; dies ist der fundamentale Charakter des endgültigen Regimes, das der Positivismus einsetzen wird.*
>
> Auguste Comte

Die Religion der Humanität

Am Ende seines Lebens vollzog Comte eine große religiöse Wende. Er versuchte, den Glauben, den der Mensch (sinnloserweise) an Gott verschwendete, auf die Menschheit »zurückzubiegen«. Dabei greift er eine Idee Pascals wieder auf: Die ganze Generationenfolge der Menschen durch die Jahrhunderte hindurch muss als ein und derselbe Mensch betrachtet werden, der die ganze Zeit lang existiert und fortwährend Neues dazulernt. Comte verurteilt den individualistischen Geist in der Gesellschaft, wie er den Detailgeist in der Wissenschaft verurteilt: Diese beiden Tendenzen scheinen ihm in dieselbe Richtung zu gehen, nämlich in die einer wachsenden Unordnung.

Die Menschheit bildet für ihn nicht nur ein organisches Ensemble (er nennt es das Grand-Être, das »Große Wesen«), ein kollektives Wesen, dessen Zellen die einzelnen Menschen sind, sondern sie reicht über den gegenwärtigen Augenblick hinaus. Sie umfasst ebenfalls alle schon von der Erde verschwundenen Menschen: Vergangenheit und Zukunft der Menschen bilden die tatsächliche Realität. Er selbst ernennt sich zum Grand-Prêtre, zum »Großpriester«, der positivistischen Religion, für die er auch schon mit einer ziemlich lächerlichen Gründlichkeit Gottesdienst und Rituale einplant. Die Menschheit das »Große Wesen« zu nennen, mag ja noch angehen, doch was sollen wir von der Bezeichnung Grand-Fétiche, der »Große Fetisch«, für die Erde halten?

Der Erfinder des Pfluges pflügt unsichtbar neben dem Pflüger.

Auguste Comte

Der Schreibstil Comtes ist schwer und fantasielos. Das Porträtfoto, das wir von ihm besitzen, bestärkt diesen Eindruck schwermütiger Strenge noch. Trotzdem begegnet der Gründer des Positivismus im Alter von 46 Jahren (Philosophen sind in jeder Hinsicht Nachzügler) einer jungen, zerbrechlichen, kranken Frau, Clotilde de Vaux, in die er sich leidenschaftlich verliebt, die jedoch zwei Jahre später stirbt. Es ist nicht übertrieben zu sagen, dass der Philosoph ihr einen wahren Kult gewidmet hat. Der Richtungswechsel seines Denkens hin zu Moral und Emotionalität am Ende seines Lebens verdankt seinen wesentlichen Antrieb dieser entscheidenden Begegnung. Clotilde de Vaux war nicht nur die vergötterte Frau eines Mannes, der Philosoph war, sie wurde auch als große Beschützerin der Religion der Menschheit unter dem Namen der heiligen Clotilde inthronisiert ...

Eine Religion der Auserwählten

Am Ende höhlte Auguste Comte selbst die Fundamente des Humanismus aus, der durch seinen Begriff des Grand-Être hätte begründet werden können. In seinem *Catéchisme positiviste* verwirft er ganz bewusst die Vorstellung, nach der die Menschheit als die Gesamtheit aller Menschen aufgefasst werden könnte. De facto setzt sie sich für ihn nur aus denjenigen zusammen, die tatsächlich etwas zur Gemeinschaft beigetragen haben, das sind: Genies, Gelehrte, Künstler und Erfinder. Die anderen sind nur Parasiten ...

Übrigens sind wir doch ein wenig beunruhigt, wenn wir bei Comte lesen müssen, dass er als Ausgleich dafür, dass fast die gesamte Menschheit aus seinem Grand-Être ausgeschlossen ist, alle Tiere, die als Hilfskraft dienen könnten, dem neu geschaffenen obersten Wesen einverleiben möchte: Nach Ansicht des Philosophen sind Pferde, Hunde und Rinder tatsächlich achtenswerter als manche Menschen! Solche Passagen sind dennoch von Bedeutung: Sie zeigen uns, dass weder eine große Kultiviertheit (die sogar bis zur Gelehrtheit gehen kann) noch eine außergewöhnliche Intelligenz (die sogar bis zum Genie gehen kann) ausreichen, über ein sicheres Urteilsvermögen zu verfügen.

Das weitere Schicksal des Positivismus

Die Philosophie Auguste Comtes übte trotz ihrer Schwächen und Einschränkungen einen großen Einfluss auf die intellektuelle und politische Nachwelt aus. Meistens hielt man sich dabei nur an den wissenschaftlichen Teil seines Programms und ließ die Religion der Humanität einfach beiseite. Manchmal verschärfte sich der Positivismus dahin gehend, dass er zu einer Ideologie wurde, die sich ausschließlich auf die Wissenschaft konzentrierte: Genau dies ist der Fall beim *Szientismus*, der aus der Wissenschaft nicht nur die alleinige Quelle der Wahrheit (dem man vernünftigerweise noch zustimmen kann), sondern auch die einzige Quelle für sinnspendende Werte macht (eine Vorstellung, die man nicht akzeptieren kann, die jedoch eine der Triebkräfte unserer modernen Zeit ist).

Doch der Szientismus ist eher eine Ideologie als eine Philosophie. Er lebt, ganz anders als der logische Positivismus (dem ebenfalls ein Kapitel gewidmet ist), noch weiter und stellt eine der wichtigsten Denkrichtungen der Philosophie im 20. Jahrhundert dar.

Kierkegaard, der Lehrmeister der Existentialisten

20

In diesem Kapitel

- Der Erfinder der modernen Bedeutung der Existenz
- Einer der pathetischsten Denker der Geistesgeschichte
- Ein Schriftsteller, dessen Genie selbst in den übersetzten Werken noch zum Ausdruck kommt

Das Subjektive als Gegenposition zu Hegel

Erst die Existentialisten des 20. Jahrhunderts erkannten in Kierkegaard (1813–1855) einen Philosophen allererster Güte. In älteren Philosophiegeschichten wird sein Name nicht oder kaum erwähnt.

Philosophische Brosamen statt eines ganzen Brotes

Dem vollständigen hegelianischen Brot stellt Kierkegaard seine »philosophischen Brosamen« gegenüber. Wenn das ganze Brot verzehrt ist, bleiben noch die Krümel zum Aufpicken übrig.

Kierkegaard zitierte sehr gerne die Worte, die Shakespeare Hamlet in den Mund legt: »Es gibt mehr Ding' im Himmel und auf Erden, / als Eure Schulweisheit sich träumt.« Mit einem Federstrich schickte Kierkegaard, der wie Hamlet Däne war, Hegel und dessen absolutes Wissen zum Teufel: »Der Herr Professor weiß alles über das Universum, doch er hat ganz einfach vergessen, wer er ist!«

Der Philosoph baut einen Palast voller Ideen und wohnt selbst in einer Hütte.

Die Existenz ist das Riff, an dem das reine Denken Schiffbruch erleidet.

Kierkegaard

Die Wahl des kleinen Teils gegenüber dem großen Ganzen

Kierkegaard bezeichnet die Wahrheit selbst als Paradox, das die gemeine Vernunft nur auf Grund ihres Zusammenhanges mit der singulären Existenz transzendieren kann. Das Denken Kierkegaards will antiphilosophisch sein, weil die Philosophie es nicht vermeiden kann, sich als ein System darzustellen. Selbst das *Cogito* von Descartes lässt das *Ich* zugunsten des

Denksystems in Vergessenheit geraten. Ich existiere nicht, weil ich denke. Ich denke, weil ich existiere. Das Wahre ist das Ganze, sagte Hegel. Die Subjektivität ist die Wahrheit, antwortet ihm Kierkegaard.

Kierkegaard fordert die Position und Stellungnahme des subjektiven Denkers: Der Anspruch der Philosophie auf Objektivität ist eine Illusion, weil sie sich nicht außerhalb der Welt positionieren kann und weil das Subjekt, das hinter dieser Philosophie steht, sich nicht abseits von sich selbst stellen kann. Das Denken von der Existenz vermittelt sich nicht wie ein Wissen, das einen unveränderlichen Inhalt hätte, wenn es von einem Geist zum nächsten geht, sondern wie ein Vermögen, das jeweils in einem unterschiedlichen Sinn denjenigen verändert, der es gibt, und den, der es empfängt.

Kierkegaard sieht in einem Rückgriff die Unmöglichkeit einer Wiederholung. Christus ist ein einziges Mal am Kreuz gestorben, und keine Episode im Leben kann noch einmal gelebt werden. Das Christentum ist keine Lehre – das würde es auf ein System reduzieren –, sondern, so meint Kierkegaard, es ist der Fakt, dass Gott existiert hat.

Ein neuer Stil in der Philosophie

Die Werke Kierkegaards sind keine Abhandlungen. In seinen Schriften nehmen Beschreibungen und Anekdoten mehr Platz als argumentative Beweisführungen ein. Während Hegel die singuläre Existenz im Allgemeinen des Begriffs untergehen lässt, taucht bei Kierkegaard der Begriff durch die singuläre Existenz wieder auf. Die Philosophie Kierkegaards ist eine Philosophie der Inkarnation – dies ist der stärkste Verknüpfungspunkt, der sie mit dem Christentum verbindet.

Der pathetische Kierkegaard

In dieser Welt nicht zu Haus

Montaigne sagte, jeder Mensch trage das gesamte Menschsein in sich. Kierkegaard widerspricht diesem Gefühl vehement, denn bevor die Vorstellung, die man von sich hat, zu einer wirklichen Vorstellung wird, ist sie ein Gefühl. Der dänische Philosoph hat das Gefühl, eine Ausnahme zu sein – nicht in dem Sinne, dass er durch das Denken außerhalb der anderen stehe, sondern in dem Sinne, dass auf ihm besonders heftig der Fluch des Unheils laste. Er sagte, der beste Beweis für das Elend des Lebens sei der, den man aus dem Anblick der Pracht des Lebens gewinnen könne. Doch seinem eigenen Leben konnte Kierkegaard keine Pracht abgewinnen. Zwei rätselhafte Ereignisse führten zu seinem pathetischen Charakter.

Welchen Fehler hatte sein Vater (ein reicher Händler) wohl begangen, weshalb Kierkegaard sein ganzes Leben lang so schwer daran zu tragen hatte? War es eine Blasphemie? Ein uneheliches Kind? Seine Biografen werden es wahrscheinlich niemals erfahren. Die Väter haben saure Trauben gegessen, aber die Zähne der

Kinder sind davon stumpf geworden, sagt die Bibel. Das zweite Ereignis war die obskure Auflösung seiner Verlobung. Obwohl Kierkegaard schrecklich verliebt in Regine Olsen war, bricht er zwei Monate nach der Verlobung den Kontakt zu ihr ab. Aus Furcht, ein junges Mädchen in sein eigenes Unglück zu führen? Oder war es eine heroische Verweigerung der weltlichen Versuchung, um sich ganz dem religiösen Absoluten zu widmen? Oder wegen Impotenz? Alles ist möglich, und die verschiedenen Hypothesen widersprechen sich nicht unbedingt.

Natürlich hat Skandinavien der Menschheit nicht nur lustige Frohnaturen geschenkt. Das Kino der Regisseure Dreyer (Däne wie Hamlet und Kierkegaard) und Bergman und das Theater Ibsens sind nicht unbedingt überdreht komisch. Dennoch stimmt es, dass das Leben Kierkegaards von einem ganz besonderen Pathos gekennzeichnet war. Nicht besonders schön – ein Merkmal, das er übrigens mit Sokrates teilte, dem einzigen Philosophen, den er Christus fast gleichstellte –, bucklig und schwächlich an Gestalt, wurde Kierkegaard zum Gespött der Gassenjungen Kopenhagens, die lachend Steine auf ihn warfen, wenn er durch die Straßen ging. Die Zeitschriften, die er mit polemischer Schärfe angriff, veröffentlichten Karikaturen von ihm. Kurz gesagt: Kierkegaard hatte alle subjektiven Gründe dafür, sich in dieser Welt nicht besonders wohl in seiner Haut zu fühlen.

Meine Seele ist wie das Tote Meer, über welches kein Vogel hinfliegen kann; ist er bis in die Mitte gekommen, so sinkt er ermattet hinab in Tod und Untergang.

Kierkegaard

Ein Gesicht mit Masken oder mehrere Gesichter?

Mit Ausnahme seiner moralischen und religiösen Mahnreden, die wahre Predigten sind, veröffentlicht Kierkegaard seine Bücher unter tolldreisten Pseudonymen wie Frater Taciturnus, Johannes Climacus, Victor Eremita, Johannes de Silentio, Vigilius Haufniensis und Hilarius Buchbinder, deren Bedeutung sich schnell erschließt. Diese Vielfalt entliehener Namen ist in der Philosophie einzigartig – und sie kennt in der Literatur mit dem portugiesischen Schriftsteller Fernando Pessoa nur ein einziges weiteres Beispiel . Zu Pessoa sei übrigens gesagt, dass man im Zusammenhang mit ihm Wert auf die Unterscheidung von Heteronym und Pseudonym legte. Ein *Pseudonym* ist ein fingierter Name, der die Identität beispielsweise von Schriftstellern schützen soll: François-Marie Arouet nannte sich Voltaire, und Voltaire signierte alle seine Werke mit diesem Namen, mit dem man ihn auch in der Gesellschaft bezeichnete. Ein *Heteronym* ist noch mehr als ein Pseudonym: eine teilweise andere Identität mit einer anderen Biografie.

Alles spielt sich so ab, als wollte Kierkegaard, der Philosoph der Subjektivität, mit der Verwendung verschiedener Namen die Bedrohung durch das stets mögliche System überlisten – eine Strategie, die uns an das erinnert, was Derrida tat, als er es ablehnte, seine benutzten Begriffe, selbst die Neologismen (Wortneuschöpfungen) wie »Différance« und »Dekonstruktion«, zu definieren.

Das Pathos der Existenz

Kierkegaard ist, wie Schopenhauer und Nietzsche nach ihm, nicht sehr weit von den großen Ideen der Psychoanalyse entfernt, weil er den paradoxen Sinn des Innersten aus der menschlichen Seele herausholt. Das Individuum, so sagt er, wird schuldig in seiner Furcht, zwar nicht schuldig zu sein, aber doch dafür gehalten zu werden: Man kann schuldig sein durch das Gefühl der Schuld (statt dass dieses Gefühl, in der Logik des gemeinsamen Bewusstseins, der tatsächlichen Schuld folgt und nicht ihr vorangeht).

Der Augenblick ist ein Atom der Ewigkeit. Er ist die pathetische Zeit par excellence, die Zeit der Sünde. Die Unschuld Adams ist nicht dieser unproblematische Zustand, wie ihn die traditionelle Lesart der Genesis beschreibt. Kierkegaard zeigt, dass Adam im Garten Eden, bereits bevor er die erste Sünde beging, Angst davor empfand, nichts zu haben, wogegen er kämpfen solle. Denn das sei der Sinn des Zustandes der Unschuld: nichts zu haben, wogegen man kämpfen solle. Oder, positiv ausgedrückt: Die Angst ist bereits das Zeichen der wirklichen Freiheit, denn sie kennzeichnet in ihr die Möglichkeit (ein Thema, das später von Sartre ausführlich erörtert wurde). Sogar beim Kind gibt es schon Angst, beobachtet Kierkegaard, erkennbar an seiner Suche nach Abenteuern und nach Geheimnissen.

Die Angst ist das, was die Existenz öffnet und sie für immer vom massiven Charakter des Seins entfernt: Es ist ganz sicher, dass ein Berg sie nicht empfinden kann, und es ist zweifelhaft, ob das Tier sie kennt. Diese Öffnung zum Möglichen dessen, was Angst bedeutet, wird bei Adam noch durch das göttliche Verbot bekräftigt: Denn wie hätte Adam den Sinn des Verbotes, die Frucht vom Baum der Erkenntnis von Gut und Böse zu essen, verstehen können, wenn er noch nicht einmal wusste, was denn das Gute und das Böse überhaupt sein könnten? Erst durch das Essen der Frucht konnte Adam den Sinn des Verbotes, davon zu essen, erfahren.

Angst ist der Schwindel der Freiheit.

Kierkegaard

Die Liebe ist komisch

Wir finden bei Kierkegaard zahlreiche paradoxe Sätze wie diesen hier: »Die Liebe ist komisch.« Man spricht ja durchaus von einer ernsten, einer pathetischen, einer tragischen Liebe – aber von einer komischen?

Kierkegaard ist nicht nur ein Schriftsteller, der – wie Proust – an den Brosamen der Existenz hängt. Er ist außerdem ein unerbittlicher Schöpfer von Begriffen. Das Komische, so sagt er, ist stets Ausdruck eines Widerspruchs. Nun kann die Liebe jedoch nicht ohne Widerspruch existieren – dem Widerspruch zwischen zwei Subjektivitäten, zwischen dem Verlangen des Körpers und dem Streben der Seele usw. Nun wissen wir, weshalb man die Liebe als komisch bezeichnen kann.

Das verratene Christentum

Kierkegaard ist wie Pascal (mit dem er viele Positionen teilt) ein christlicher Philosoph, kein Philosoph des Christentums, der die christliche Religion zum Gegenstand eines spezifischen Denkens machte, sondern ein Philosoph, der in fundamentalen Kategorien denkt, die zum Christentum gehören: Sünde, Verzweiflung, Angst, das Böse und die Unschuld, Erlösung, Heil …

Doch weil er ein religiöser Denker ist und sich auch als solcher betrachtet, ist er entschieden antiklerikal eingestellt. Die institutionalisierte Religion der lutherischen Kirchen, die damals in Dänemark so einflussreich war, empört ihn: Sie ist mit der Welt, mit der Realität der gesellschaftlichen Welt, Kompromisse eingegangen, die ihre Seele zerstört haben. Sie kontrolliert die Herzen und vergisst dabei das Kreuz. Sie hat als Gegenleistung für die Macht ihren Sinn aufgegeben.

Doch das Christentum wurde auch verraten, als seine vermeintlichen Verteidiger versuchten, es in der Welt salonfähig zu machen. Damit wurde der buchstäblich skandalöse Charakter (ein Gott, der Mensch wird und am Kreuz stirbt für die Sünder, die wir Menschen sind) der christlichen Religion seines Sinnes entleert zu Gunsten eines lauen Moralismus, der sich damit zufriedengibt, sich mit dem Unglauben gütlich zu einigen.

Das Christentum ist weder vernünftig noch zweckmäßig, es ist paradox (die historische Existenz des ewigen Gottes) und skandalös (der historische Tod dieses Gottes). Die Reformation hat – alles in allem – nichts gebracht. Die lutherischen Kirchen haben sich genauso sehr vom christlichen Skandalon entfernt, wie es die katholische Kirche getan hat, gegen die man ja ursprünglich rebellierte.

Das Absurde am Christentum, was nach Ansicht Kierkegaards die tiefste Wahrheit dieser Religion überhaupt ist, ist das Einflechten der Ewigkeit in die Zeit durch die Menschwerdung Christi. Natürlich hat der Augenblick das Merkmal, das, was normalerweise getrennt bleiben müsste (der Augenblick ist in der Zeit das, was uns ein Bild von der Ewigkeit schenken könnte – wegen seiner Vollkommenheit, seiner Unbeweglichkeit, ja sogar wegen seiner extremen Kürze, die es gerade verhindert, dass die Zeit abläuft), miteinander zu verknüpfen, doch die Menschwerdung (Christi), die Inkarnation, ist viel mehr als nur ein Bild.

Die drei Stadien der Existenzmöglichkeiten

Während die Welt der Logik von der Kategorie der Notwendigkeit beherrscht wird, wird jene der Existenz von der Möglichkeit dominiert. Im Gegensatz zu Hegel, der aus ihr einen rationalen und kontinuierlichen Prozess machte, bei dem sich selbst die Widersprüche miteinander vereinbaren lassen (»Sowohl … als auch«), betrachtet Kierkegaard die Wirklichkeit als einen Komplex von Möglichkeiten, die – miteinander unvereinbar (»Entweder … oder«) – Zögern, Leugnung und Zerstörung insofern einschließen, als die Wahl des Menschen stets das Resultat von Dramen und Rissen ist, von qualitativen »Sprüngen« und nicht von vernunftgemäßem Kalkül. Es gibt eine Tragödie der Wahl, die sich nur in der Angst vollziehen kann. Als reines

Gefühl des Möglichen ist die Angst genau der Bezug des Menschen zur Welt, wie die Verzweiflung der Bezug des Menschen zu sich selbst ist.

Kierkegaard unterscheidet drei Stadien der Existenz:

- ✔ Das ästhetische Stadium
- ✔ Das ethische Stadium
- ✔ Das religiöse Stadium

Kierkegaard glaubte, dass er selbst in seinem Leben jedes dieser Stadien durchgemacht habe (als junger, unbekümmerter Dandy, der das väterliche Erbe vergeudet, als Verlobter, der sich mit einem Versprechen zu einem gesetzten Leben bindet, als religiöser Denker, der seinen wahren Ansprechpartner gefunden hat).

Jedes dieser drei Stadien der Existenz ist durch eine maßgebliche zeitliche Dimension gekennzeichnet:

- ✔ Der Augenblick kennzeichnet das ästhetische Stadium.
- ✔ Die Zeit im Sinne einer Dauerhaftigkeit kennzeichnet das ethische Stadium.
- ✔ Die Ewigkeit kennzeichnet das religiöse Stadium.

Das ästhetische Stadium

Der Begriff der Ästhetik muss hier in einem allgemeinen Sinne verstanden werden als das, was einen Bezug zur Sensibilität, zum Empfindungsvermögen, hat. Der Mensch des ästhetischen Stadiums lebt im unmittelbaren Augenblick. Er lässt kein Vergnügen aus und hält sich an keinerlei Versprechen oder Verpflichtung. Drei Figuren verkörpern dieses Stadium: Don Juan, der sich von einer Frau zur nächsten hangelt, der umherirrende Jude, der von Land zu Land zieht, und schließlich Faust, der von einem Wissen zum nächsten übergeht. Keiner der drei kann an einem letzten Endpunkt anhalten, der ihm die Zufriedenheit der Ruhe schenken würde. Natürlich lastet auf dem umherirrenden Juden ein Fluch (nach der mittelalterlichen Legende wurde er von Jesus dazu verdammt, ewig in der Welt herumzuziehen, weil er ihn beim Aufstieg nach Golgotha verspottet habe). Doch wer wollte behaupten, auf Don Juan oder Faust läge kein Fluch?

Die Ästhetik ist die Grundstimmung der Existenz des modernen Menschen, des Menschen ohne Verpflichtung und ohne Glauben, des Menschen der Oberfläche, der steten Verwandlung. Die Verzweiflung ist die Seinsweise (Heidegger würde sagen: das Existential) des ästhetischen Menschen, wenn er erkennt, dass er kein Ich besitzt.

Der tiefere Sinn der Ironie

Die Ironie ist die Seinsweise, die auf das folgende, auf das ethische, Stadium verweist. Bei Sokrates war die Ironie sehr viel mehr als nur ein Stilmittel, sie stellte seine Fragemethode dar (dies ist auch die Bedeutung der griechischen Etymologie). Bei den deutschen Romantikern, der unmittelbar vorhergehenden Generation, ist die Ironie Ausdruck der freien Subjektivität angesichts der Zwänge des Wirklichen und der Gesellschaft.

Kierkegaard sieht in der Ironie eine Art intellektueller Verzweiflung, die ganz charakteristisch für den Menschen der ästhetischen Sphäre ist, der damit die Nichtigkeit seines Ich kompensiert, indem er die Welt auflöst. Doch auch wenn der Ironiker die in der Sinnlichkeit zerstreuten Verwerfungen des ästhetischen Ich entdeckt, hat er dennoch nicht den Mut, sein Leben zu ändern. Er flüchtet sich dann in das Scherzhafte, das aus dem Widerspruch zwischen seiner intellektuellen Bewusstwerdung und seinem existentiellen Verhalten erwächst. Der Spott als das dominierende Gebaren des heutigen Menschen, das in den Medien weithin zu hören und zu sehen ist, ist ganz typisch für diese Ohnmacht: Man gluckst und grinst, wenn man nichts weiß.

Der Ausschluss des Geistes erklärt, dass es eine Unbekümmertheit in der griechischen Schönheit, aber auch eine unerklärliche Trauer in ihr gibt.

Kierkegaard

Das ethische Stadium

Das ethische Stadium, das zwischen ästhetischem und religiösem Stadium steht, ist durch den Ernst des nach zeitlichen Gesetzen und nach Pflichtbewusstsein organisierten Lebens gekennzeichnet. Beruf und Ehe deuten auf das ethische Leben hin (Don Juan heiratet nur aus List, kurz: nur um endlich eine widerspenstige Frau zu verführen, und man kann sich kaum vorstellen, dass er irgendeinen Beruf ausübte). Während der ästhetische Mensch sein Leben in der Vielfältigkeit der Augenblicke des Vergnügens zerstreut, gibt der ethische Mensch seinem Leben ein Zentrum.

Der tiefere Sinn des Humors

Der Humor markiert den Übergang vom Ethischen zum Religiösen. Kierkegaard meint, dass der Humor seinem Wesen nach christlich ist, und er stellt ihm die sokratische Ironie gegenüber. Damit gibt er diesen beiden Kategorien einen tieferen Sinn als den, den man ihnen normalerweise zuweist. (Die Ironie bestehe darin, so sagt man, leicht über ernste Dinge zu reden. Beim Humor spreche man ernst über leichte Dinge.) Humor tritt in Erscheinung, sobald das Individuum begreift, dass etwas außerhalb seiner eigenen Existenz existiert. Humor ist die Seinsweise des Menschen, der sich des Abstandes bewusst ist, der ihn vom Unendlichen trennt, der jedoch spielerisch mit der Immanenz (dem Innerweltlichen) verbunden bleibt (also noch nicht zur Transzendenz strebt). Im Gegensatz zur Ironie, die hochmütig ist (der Ironiker spielt sich immer auf, egal ob man an Sokrates oder an Voltaire denkt), ist der Humor demütig.

Das religiöse Stadium

Nach Ansicht Kierkegaards ist nicht die Tugend das Gegenteil der Sünde, sondern der Glaube. Der Glaube, so sagt er, ist die höchste Leidenschaft in einem Menschen. Es mag vielleicht viele Menschen in jeder Generation geben, die es nicht bis zum Glauben schaffen, doch niemand geht über dieses Stadium hinaus.

Das religiöse Stadium überschreitet das vorhergehende ethische und geht damit – einmal durchlebt – in die Ewigkeit ein, jedoch nicht über den Weg der Versöhnung (wonach alle modernen Kirchen streben), sondern umgekehrt über den der Angst und der Verzweiflung.

Die Verkörperung des religiösen Stadiums ist Abraham, so wie Don Juan die Inkarnation des ästhetischen Stadiums ist. Abraham ist kein tragischer Held. Er ist überhaupt kein Held, sein Verhalten hat nichts Heroisches an sich. Der tragische Held, so wie ihn Kierkegaard vorsieht, lebt im Inneren seiner selbst den Konflikt zwischen dem Individuum und der Gemeinschaft. Als solcher gehört er zur ethischen Sphäre.

Agamemnon, der seine Tochter für eine erfolgreiche Expedition opfert, Jephtha, der seine Tochter tötet, um im Falle eines Sieges ein Versprechen einzulösen, Brutus, der seinen Adoptivvater Cäsar zur Rettung der Republik ermordet – all dies sind tragische Helden. Ihr Handeln, so schmerzhaft es auf der Gefühlsebene auch sein mag – ist in politischer Hinsicht durchaus vernünftig. Die Tat, die Jahwe von Abraham fordert – nämlich ihm seinen einzigen, langersehnten und langerwarteten Sohn zu opfern – ist absurd. Sie wäre zutiefst unmoralisch und politisch von keinerlei Nutzen. Durch diesen ungerechtfertigten Befehl ist Abraham aus der Gemeinschaft ausgeschlossen. Die Tat Abrahams ist eine Angelegenheit, die nur ihn in seinem absoluten Verhältnis zu Gott betrifft. (Er musste dann ja seinen Sohn Isaak doch nicht opfern.)

Eine andere Interpretation

Martin Buber, ein jüdischer Philosoph des 20. Jahrhunderts, hat diese Lesart Kierkegaards angezweifelt. Für ihn besteht der Sinn von Abrahams Opfer gerade darin, dass es nicht stattgefunden hat. Für Kierkegaard zeigt die Episode der Opferung Isaaks die Transzendenz des Religiösen im Verhältnis zum Ethischen, während sie für Buber umgekehrt beweist, dass das Religiöse niemals gegen das Ethische ausgespielt werden kann.

Marx, ein kapitales Kapitel

21

In diesem Kapitel

- Ein Denken, das auf das 20. Jahrhundert den allergrößten Einfluss ausübte
- Der dialektische Materialismus
- Der Klassenkampf
- Der Kommunismus

Zur Realität zurückfinden

Ein Philosoph unter vielen

Voltaire wollte gerne ein wütender Philosoph sein und war es trotzdem nicht. Marx wollte kein wütender Philosoph sein, und er war es doch. Ein Philosoph ist ein Mensch, der Gedanken hervorbringt, die weder wissenschaftlicher noch religiöser Art sind. Jedenfalls war es so bei Marx. Doch er war nicht nur Philosoph. *Das Kapital*, sein großes Werk, ist ein Buch über politische Ökonomie, das man auf die gleiche Stufe wie die Gründungstexte dieser Disziplin von Adam Smith, von Ricardo und von Jean-Baptiste Say stellen kann.

Marx war ein Mann der Tat, ein Politiker, ein Revolutionär. Die Philosophen, so sagt er in einem seiner berühmtesten Aussprüche, haben die Welt nur verschieden interpretiert, es kommt aber darauf an, sie zu verändern. Das *Manifest der Kommunistischen Partei,* auch *Das Kommunistische Manifest* genannt, das er zusammen mit seinem Gefährten Friedrich Engels schreibt und das im gleichen Jahr, in dem die Revolution von 1848 ausbricht, erscheint, ist eher ein politischer als ein philosophischer Akt. Er gründete die Erste Internationale. Er war es, der den Kommunismus aus dem Bereich der Utopie herausholte, um aus ihm eine alternative Macht zu schaffen.

Durch die Etablierung einer Reihe von sogenannten kommunistischen Regierungen ab 1917 wurde Marx unbestritten zu *dem* Philosophen, dessen Konterfei im öffentlichen Raum so häufig wie kein anderes dargestellt wurde (Abbildungen in hundertmillionenfachen Exemplaren existierten von ihm, angefangen von den riesigen Plakaten, die bei den großen offiziellen Paraden umhergetragen wurden, bis hin zu kleinen Plaketten, die die Lehrbücher in den Schulen schmückten). Ein unglaubliches Schicksal für einen Philosophen, wenn man das einmal bedenkt. Jedenfalls kann man sich nicht vorstellen, dass begeisterte Massen das Porträt Spinozas auf dem Kurfürstendamm oder am Broadway tragen. Das Porträt von Marx ist eine Ikone, die weit über den Bereich der Philosophie hinausreicht.

Zu Lebzeiten hingegen brachte ihm sein revolutionäres Engagement Exil und Not ein. Da er sonst so gut wie kein Geld verdiente, konnte er nur dank der Artikel überleben, die er für Zeitschriften schrieb. Außerdem unterstützte ihn Engels, sein treuer Freund, mit dem zusammen er mehrere Werke schrieb und der der Sohn eines Industriellen war.

Der Idealismus, das ist der Feind!

Als Student verfasste Marx eine Doktorarbeit in Philosophie über die Systeme Demokrits und Epikurs. Sein Materialismus ist daher zeitlos. Obwohl ihn – wie alle jungen Intellektuellen seiner Generation – die Lektüre Hegels sehr prägte, löste er sich schnell wieder davon: Nicht die Idee leitet die Welt, sondern das Interesse, das Bedürfnis, die Arbeit, die Technik, kurz – die Materie. Marx äußerte seine Ablehnung des Idealismus mit seinem Ausspruch, dass die Dialektik bei Hegel auf dem Kopf stehe und er sie wieder auf die Füße gestellt habe.

Doch tatsächlich verbirgt sich hinter diesem Begriff des Idealismus die gesamte Philosophie (mit Ausnahme des Materialismus), die wegen des Schattenspiels angeprangert wird, an dem sie selbst Gefallen findet. Die Philosophie neigt ja in der Tat dazu zu glauben, dass die Abstraktionen, die sie benutzt, die Realität selbst seien: die Natur, der Mensch, Gott usw. Sie vergisst dabei, dass die Worte entweder nur Fiktionen (wie die Jagd nach dem Wolpertinger, auf die man früher die Dummköpfe hetzte) umhüllen oder nur bequeme Mittel sind, um das zu bezeichnen, was eine bestimmte Anzahl an Realitäten an Gemeinsamem besitzt. Genau in dieser Hinsicht trägt sich Marx in die Nachkommenschaft des philosophischen Nominalismus ein.

Die Abstraktionen, an die man dabei denkt, bilden schließlich eine Schutzwand zwischen dem Denken und der Realität: Sie treten an die Stelle der Realität, statt dass sie als ihre Ausdrucksformen erscheinen. Nach Ansicht von Marx berauscht sich das Denken im Alleingang an sich selbst. Marx bezeichnet die kollektiven historischen Erfahrungen, auf Grund deren man darauf abzielen kann, die gesellschaftliche Ordnung zu verändern, als Praxis. Seine Philosophie ist eine Philosophie für die Praxis.

Philosophie und Studium der wirklichen Welt verhalten sich zueinander wie Onanie und Geschlechtsliebe.

Marx

Die schönen Träume aus der Dunkelkammer der Ideologie

Eine Ideologie ist ein Diskurs der Rechtfertigung und des Vergessens, der mit der Unmenschlichkeit dieser Welt gemeinsame Sache macht. Die Ideologie erklärt die Wirklichkeit mit abstrakten Entitäten (so macht es die Philosophie) oder mit angeblich naturgegebenen Gesetzen (so macht es die politische Ökonomie). Dadurch bestätigt sie das Weltgeschehen, so wie es vor sich geht – oder so wie es eigentlich halt gar nicht geht.

Doch die Ideologie kann auch lügen und verschleiern. Sie kann die Realität umkehren, anstatt sie unmittelbar zu rechtfertigen. Marx vergleicht diese Umkehrfunktion mit dem Mechanismus der Camera obscura. (Eine Camera obscura, die entfernte Vorgängerin des Fotoapparats, ist eine dunkle Kammer, in die durch ein kleines Loch Licht hineinfallen kann; auf der dem Loch gegenüberliegenden Seite entsteht ein spiegelverkehrtes und auf dem Kopf stehendes Abbild.)

Die Ideologie hat daher drei Funktionsweisen:

- ✔ Sie rechtfertigt die Realität: Es wird immer Arme und Reiche geben.
- ✔ Sie kehrt die Realität um: Der wahre Reichtum liegt im Inneren.
- ✔ Sie lässt die Realität vergessen zugunsten einer imaginären Welt: Selig die Armen, denn ihnen gehört das Reich Gottes.

In der platten Ebene erscheinen auch Erdhaufen als Hügel; man messe die Plattheit unsrer heutigen Bourgeoisie am Kaliber ihrer »großen Geister«.

Marx

Das Opium des Volkes

D'Holbach hatte gesagt, die Menschen hielten an ihrer Religion fest wie die Wilden am Schnaps. Marx sagt, die Religion sei Opium für das Volk. In der Mitte des 19. Jahrhunderts wurde Opium als Beruhigungs- und Schmerzmittel eingesetzt (das Morphium, das sich daraus herstellen lässt, wurde erst später erfunden). Wenn Marx sagt, die Religion sei Opium für das Volk, dann meint er damit nicht, dass sie die Gläubigen in eine Welt der Halluzinationen taucht, sondern dass sie ihre Leiden lindert.

Was Marx daran bedauert, ist natürlich nicht die Tatsache, dass dem Menschen die Leiden erleichtert werden, sondern dass dies auf eine kurzlebige und künstliche, das heißt illusorische Art und Weise geschieht. Denn die Illusion kann das reale Leiden nur verlängern, weil sie nichts dafür tut, seine Ursachen zu bekämpfen.

Marx bindet zu einem großen Teil die Religionskritik ein, die der Philosoph Ludwig Feuerbach in seinem Buch *Das Wesen des Christentums* unternommen hat. Der Arme erfindet sich einen reichen Gott, diagnostiziert Feuerbach. Er ist schwach, er stellt sich einen allmächtigen Gott vor. Er weiß wenig, er denkt sich einen allwissenden Gott aus usw. Kurz gesagt: Der Mensch entledigt sich seiner Gattungseigenschaften, um sie einem imaginären Gott zuzuschreiben, doch dadurch stürzt er sich nur noch mehr ins Elend – es ist ein wenig so, als wenn ein Gläubiger über eine Skulptur seines Gottes aus lauter Frömmigkeit den einzigen Lumpen legt, den er besitzt, statt sich selbst damit zu wärmen.

Die Religion ist der Seufzer der bedrängten Kreatur, das Gemüt einer herzlosen Welt, wie sie der Geist geistloser Zustände ist. Sie ist das Opium des Volkes.

Marx

Ein sozialer Materialismus

Gesellschaftliche Verhältnisse und Materialismus

Gegen den Idealismus führt Marx an, dass nicht das Bewusstsein das Sein der Menschen bestimme, sondern dass ihr gesellschaftliches Sein ihr Bewusstsein bestimme. Die gesellschaftlichen Verhältnisse sind eng mit den Produktivkräften verbunden. Indem die Menschen neue Produktivkräfte entwickeln, ändern sie die Produktionsweise, und indem sie die Art und Weise ändern, ihren Lebensunterhalt zu verdienen, ändern sie alle ihre gesellschaftlichen Verhältnisse. Die Handmühle erzeugt eine Gesellschaft von Feudalherren, die Dampfmühle eine von Kapitalisten.

Der historische Materialismus bei Marx bedeutet Folgendes: Die Produktivkräfte (der Stand der Technik und die Organissation der Arbeit zu einem bestimmten Zeitpunkt der Geschichte) sind mit den Produktionskräften verbunden (die verschiedenen sozialen Klassen, die durch ihre Stellung im Produktionsprozess definiert sind), die sie auch gleichzeitig bestimmen. Wenn sich die Produktivkräfte ändern (beispielsweise durch die Erfindung der Dampfmaschine oder des Computers), dann ändern sich infolgedessen auch die Produktionsverhältnisse. Für diese Bestimmung der Gesellschaft (und damit der Geschichte) durch die Technik kann man so viele Beispiele anführen, wie man nur will. Schon Aristoteles hatte geschrieben, dass man keine Sklaven mehr bräuchte, wenn die Webschiffchen ganz alleine laufen könnten. Er sagte das eher deshalb, um die Sklaverei als ein notwendiges Phänomen zu rechtfertigen, die Geschichte gab ihm aber schließlich recht, denn dass die Sklaverei abgeschafft wurde, verdankt man vielleicht zunächst nicht den moralischen Protesten einiger (allzu weniger) Schriftsteller, sondern der Tatsache, dass die Industrialisierung sie ökonomisch unrentabel machte.

Die herrschenden Ideen einer Zeit waren stets nur die Ideen der herrschenden Klasse.

Marx

Materialismus ja, aber bitte dialektisch!

Der Begriff des dialektischen Materialismus stammt nicht von Marx selbst, sondern wurde von Engels verbreitet und diente anschließend dazu, im Marxismus die marxsche Philosophie zu bezeichnen. Das Adjektiv »dialektisch« verweist auf Hegel: Die Realität ist keine ewige, geschlossene Gegebenheit, sondern sie ist ein Prozess, sie ist die progressive Abfolge, die sich aus dem Spiel der sich überwindenden Widersprüche ergibt (das ist wieder der Dreischritt der Dialektik). Wenn sich beispielsweise zwei Staaten miteinander im Krieg befinden und ein Friedensabschluss den Konflikt beendet, dann kann dieser Friede keine einfache Rückkehr zum Ausgangspunkt sein: Die beiden Mächte müssen sich notwendigerweise ändern. Sie standen sich feindlich gegenüber und haben sich damit gegenseitig bestimmt.

Der marxsche Materialismus geht nicht bis zur Negation des Denkens und seiner Macht. Der Unterschied, der zwischen dem unbeholfensten Architekten und der geschicktesten Biene besteht, ist der, dass der Architekt sein Haus zunächst einmal in seinem Kopf hat, bevor er es baut.

Im Gegensatz zum sogenannten mechanischen Materialismus, der die Kausalitätsbeziehung nur als einseitig ansieht (ein bestimmter Faktor ruft eine ganz bestimmte Wirkung hervor), lässt der dialektische Materialismus die Möglichkeit offen, dass zu einer Wirkung eine Gegenwirkung entsteht. Das allgemeine Erklärungsschema lautet: Der Unterbau (das sind die Produktivkräfte und Produktionsverhältnisse) bestimmt den Überbau (das ist das Niveau der Ideen, an denen die Wissenschaft, das Recht, die Philosophie, die Kunst usw., kurz die Kultur, teilhaben). Dies ist die materialistische Erklärung. Die Technik, die Ökonomie und die gesellschaftlichen Verhältnisse bedingen den gesamten Gang der Geschichte, und die Ideen sind ihr Ausdruck.

Doch auch wenn die Ideen materielle Kräfte zum Ausdruck bringen, können diese auch auf sie zurückwirken. Und genauso verläuft es bei der Technik. Als Werkzeug, Maschine oder Fabrik ist die Technik materiell, doch sie beruht zum großen Teil auf den Ideen (den meisten technischen Erfindungen gehen wissenschaftliche Entdeckungen voraus), so dass man sagen kann, dass der Unterbau den Überbau bestimmt, der wiederum ihn bestimmt. Das ist die dialektische Erklärung.

Die Geburt des Kapitalismus war keine Kleinigkeit

Engels bezeichnete die Anwendung des dialektischen Materialismus auf die Geschichte als historischen Materialismus. Ein besonders erhellendes Beispiel der materialistischen Erklärung ist die Art und Weise, wie Marx über die Entstehung des Kapitalismus berichtet. Dieses neue System, das seit dem Ende des Mittelalters nach und nach den Feudalismus ersetzt, beruht auf dem, was Marx die Anhäufung des Kapitals und die Bildung einer neuen sozialen Klasse, die der Arbeiter, nennt.

Im 15. Jahrhundert braucht die neureiche italienische Bourgeoisie stetig mehr Stoffwaren, die sie bei den Tuchhändlern Flanderns bestellt. Diese stellen ihre Waren aus der Wolle englischer Schafe her. Um auf diese wachsende Nachfrage zu reagieren, vertreiben die Grundeigentümer in England zahlreiche Bauern, um deren Land als Weideland für die Herden freizusetzen, was nunmehr viel rentabler ist. Dazu kommt, dass sich mit dem Reicherwerden der oberen Klassen (die italienische und flämische Bourgeoisie und die englische Aristokratie) eine Klasse vertriebener Bauern bildet, die in die Städte gehen, um dort Arbeit zu finden und um die Arbeitskraft für die Manufakturen, für die Vorläufer der modernen Fabriken, bereitzustellen.

Man sieht, dass bei diesem Schema einzig die materiellen Faktoren den Ausschlag geben (Bedürfnis, Interesse, Arbeit, körperliche Kraft), doch dass das Bewusstsein der Menschen innerhalb einer komplexen Kettenreaktion natürlich nicht abwesend ist.

Später wird Max Weber für die Geburt des Kapitalismus eine ganz andere, eine antimarxistische Interpretation geben, und er wird als allerersten Punkt den ideologischen Faktor nennen (nämlich die protestantische Reformation und ihre neuartige Konzeption von Geld und Arbeit, die mit den Tabus der katholischen Kirche bricht und – speziell in der calvinistischen Ausprägung – besagt, dass gottgefälliges Verhalten – etwas verkürzt gesagt – schon auf Erden Lohn einbringt).

Ein ganz aktueller Fetischismus

Die Stärke des Kapitalismus liegt darin, dass er scheinbar völlig abgekoppelt von seinen Existenzbedingungen sein muss. So setzt sich die Maschine immer mehr als abgetrennte Macht durch, die ihren Eigentümern und Benutzern nichts mehr schuldet. Charlie Chaplin hat das sehr schön in seinem Film *Moderne Zeiten* (1936) veranschaulicht. Tatsächlich und paradoxerweise entwickelt der Kapitalismus eine ganz besondere idealistische Illusionsmacht. Marx hat das unter der Bezeichnung des Warenfetischismus analysiert. In bestimmten Gesellschaften ist ein Fetisch ein Gegenstand, dem man alle möglichen übernatürlichen Eigenschaften unterstellt: Der Anbeter eines Fetischs weiß nicht, dass die Kraft, die man dem Fetisch zuschreibt, in Wirklichkeit von ihm selbst ausgeht. So ähnlich ist es auch im kapitalistischen System: Die Ware nimmt eine derart überzeugende Individualität an, dass sie uns vergessen lässt, dass sie das Produkt eines bestimmten gesellschaftlichen Systems ist. So zeigt uns die moderne Werbeindustrie, wie Gegenstände buchstäblich vom Himmel fallen und vollkommen von ihren Produktionsbedingungen abgetrennt sind (wer würde schon Kinderarbeit auf den Philippinen hinter den Jeans eines hübschen Mannequins vermuten?).

Das Wesen des Kapitalismus und seine Bedeutungen

Marx glaubt nicht an die Ewigkeit in der Geschichte. Es gibt keinen ewigen Kapitalismus, der Bisonjäger der Frühgeschichte war kein Kapitalist, nur weil er seine Werkzeuge behielt. Der Kapitalismus ist nach Auffassung von Marx eine *historische* Ausformung, die einen Anfang und ein Ende hat. Wie sein Name schon sagt, ist er das System des Kapitals. Doch auch wenn das Kapital ein Reichtum ist, so ist doch nicht jeder Reichtum ein Kapital. Schmuck oder Ländereien sind beispielsweise nicht unbedingt ein Kapital. Das Kapital, so wie es Marx definiert, ist das zentrale Element des Systems, das aus der Produktion und dem Austausch der Waren nicht nur ein Mittel, sondern einen Selbstzweck macht.

Marx war beeindruckt von der Passage der *Politik*, in der Aristoteles die Ökonomie dem gegenüberstellt, was er als Chrematistik (hier als »Bereicherung« übersetzbar) bezeichnet. Mit der Ökonomie wird das Geld zu einem Tauschmittel. Mit der Chrematistik ist es zu einem Selbstzweck geworden. Für Marx ist der Kapitalismus ein chrematistisches System: Das Geld ist nicht der Mittler zwischen zwei Waren (man verkauft eine Ware, um dafür eine andere zu kaufen, die man konsumiert), sondern nun selbst die Ware, die zur Mittlerin im Geldkreislauf wird. Ökonomisch ausgedrückt, heißt das: Der Tauschwert hat den Gebrauchswert überflügelt. Die Spekulation ist der Antriebsmotor des Systems, das danach strebt, alles in Kapital (Bedingung der Warenproduktion und Profitquelle) und in Waren umzuwandeln.

Doch der Kapitalismus ist nicht nur eine ökonomische, sondern auch eine gesellschaftliche Struktur – denn letztlich ist Kapital immer ein *gesellschaftliches* Kapital, auch wenn es das Privateigentum einer kleinen Anzahl von Individuen wäre (was es ja auch ist!). Der Kapitalismus beruht auf der persönlichen Aneignung der Produktionsmittel (der Rohstoffe, der natürlichen Ressourcen) und der Arbeitskraft all derer, die eben über kein Kapital verfügen.

Das Kapital ist verstorbene Arbeit, die sich nur vampirmäßig belebt durch Einsaugung lebendiger Arbeit und umso mehr lebt, je mehr sie davon aussaugt.

Marx

Der erste Philosoph der Globalisierung

Marx ist der Erste, der in einer Zeit, da die Produktion und die Technik eine globale Dimension annehmen, erkannt hat, dass die Menschen, um zu existieren, dazu gezwungen sind, sich die Gesamtheit der Produktivkräfte anzueignen und auch ihre gesellschaftlichen Verhältnisse universal zu verbreiten. Die historische Mission des Kapitalismus (von dem Marx schon immer glaubte, dass er allen vorhergehenden Systemen überlegen sei) ist es, die Welt und die Menschheit zu einen. Im Verhältnis zur kapitalistischen Gegenwart scheint jede frühere Gesellschaft radikal beschränkt gewesen zu sein. Marx sieht, jenseits der Gefahren, einen Faktor der Freiheit in der Globalisierung (natürlich gab es diesen Begriff zu seiner Zeit noch nicht, doch die Idee war bereits vorhanden): Der Abhängigkeit folgt die Beherrschung der Lage. So bereitet der aktuelle Kapitalismus den zukünftigen Kommunismus vor.

Gründungsideen

Ein Philosoph der Freiheit

Auch wenn Marx Herrschaftsformen inspiriert hat, die entschlossen jegliche Freiheit ausgelöscht haben, war er doch ein großer Philosoph der Freiheit. Welch tragisches Schicksal für ein Denken. Marx' revolutionäres Ideal ist ein Ideal der totalen Freiheit für alle Menschen ohne Ausnahme. Dieses Ideal einer konkreten totalen Freiheit ist gleichzeitig Kritik an gewissen anderen Freiheitsvorstellungen.

Die Freiheit kann auch ein Alibi für Ungerechtigkeit sein: »Der freie Fuchs im freien Hühnerstall«, meint Jean Jaurés ironisch hinsichtlich des Kapitalismus. Es gibt keine Freiheit für den, der nur die Möglichkeit hat, vom Stärkeren erdrückt zu werden. Im Verhältnis zwischen dem Starken und dem Schwachen ist es die Freiheit, die unterdrückt, und das Gesetz, das befreit, sagte Lamennais (der kein Sozialist, sondern nur Republikaner war).

Der Mensch wurde daher nicht von der Religion befreit, er erhielt die Religionsfreiheit. Er wurde nicht vom Eigentum befreit, er erhielt die Freiheit des Eigentums. Er wurde nicht von dem Egoismus des Gewerbes befreit, er erhielt die Gewerbefreiheit.

Marx

Ein Denken konkreter Freiheit

Die Philosophie definierte die Freiheit auf so abstrakte Weise, dass sie überhaupt keinen Inhalt mehr hat. Marx, der hierbei Spinoza sehr nahe ist, setzt die Freiheit mit der Macht gleich: Frei zu sein bedeutet nicht, das zu tun, was man will, sondern was man kann, wenn das, was man kann, nicht die einfache logische Möglichkeit ist, sondern das wirksame Mittel des Handelns. Daher sagt man von einem Analphabeten nicht, dass er die Freiheit zu lesen habe, indem man hervorhebt, dass er keiner Zensur ausgesetzt ist. Und man sagt auch nicht von einem Arbeitslosen ohne festen Wohnsitz, dass er die Freiheit habe, unter den Brücken zu schlafen oder im Land umherzureisen. Um zu lesen, muss man lesen können, und um zu verreisen, muss man die finanziellen Mittel besitzen. Die Freiheit, die sich nicht auf intellektuelle Mittel oder tatsächliche Materialien stützt, ist nur leeres Gerede ohne jeden Sinn, ein leerer Spruch, eine Lüge. Die Freiheit ohne tatsächliche Möglichkeit ist nur eine formale Freiheit.

Der totale Mensch: Nichts ist ihm zu groß

In der Fabrik, sagt Marx, gibt es keine vollständigen Menschen mehr, sondern nur noch Köpfe, Arme und Beine, die vom übrigen Körper abgetrennt zu sein scheinen. Die Arbeitsteilung, die konstitutiv für den Kapitalismus ist und die untrennbar miteinander verbundene gesellschaftliche und technische Dimensionen aufweist, ist auch eine Teilung des Menschen selbst. Entfremdung bedeutet, dass man nicht mehr sich selbst gehört, dass man nicht mehr bei sich selbst und für sich selbst ist.

Der Arbeiter ist auf dreierlei Weise entfremdet:

- ✔ In Bezug auf sich selbst (er hat seine Arbeitskraft an den Kapitalisten verkauft)
- ✔ In Bezug auf die Ware (das Produkt seiner Arbeit gehört einem anderen, dem Kapitalisten)
- ✔ In Bezug auf den Kapitalisten selbst (das Lohnverhältnis ersetzt die Sklaverei, allerdings sind die Arbeitnehmer rechtlich kein Eigentum der Unternehmer)

Der Klassenkampf

Die Geschichte aller bisherigen Gesellschaften, so sagt das *Manifest der Kommunistischen Partei*, ist die Geschichte von Klassenkämpfen. Wenn das Privateigentum von Produktionsmitteln historisch auftaucht und damit die Zeit des ursprünglichen Kommunismus zu Ende geht, dann ist die menschliche Gesellschaft nicht mehr vereint, sondern konfliktgeladen, weil die Eigentümer der Produktionsmittel denjenigen gegenüberstehen, die nur ihre Arbeitskraft zum Leben und zum Überleben haben. Daher gab es in der Antike die Teilung zwischen Meistern und Sklaven und im Mittelalter die Teilung zwischen Lehnherren und Leibeigenen, Teilungen also, denen in moderner Zeit die Teilung zwischen Kapitalisten und Proletariern folgt. Die Teilung der Gesellschaft in Klassen (aufgrund der Produktionsverhältnisse) ist daher der Ausdruck eines bestimmten Zustandes der Produktivkräfte (die industrielle Revolution hat mit der Dampfmaschine den Feudalismus beseitigt und den Triumphzug des Kapitalismus in Gang gesetzt).

Im Unterschied zu den Kasten, Rängen und Ordnungen der traditionellen Gesellschaften und des Absolutismus definieren sich die Klassen durch ihre Funktion im Produktionsgeschehen. Beim Kapitalismus sind symbolische und materielle Macht dasselbe (der Brahmane als Mitglied der obersten Kaste Indiens kann weniger reich sein als ein Händler, Mitglied einer unteren Kaste, doch in entwickelten Industrieländern wird man keinen Unternehmer finden, der weniger Geld als seine Arbeiter hat).

Wenn die Produktionsverhältnisse (die gesellschaftliche Struktur) in Widerspruch zu den Produktivkräften geraten (der ökonomischen Struktur), gibt es eine Revolution, deren Ergebnis es im Allgemeinen ist, beide Ebenen wieder synchron laufen zu lassen. So behielt die französische Aristokratie im 18. Jahrhundert ihre Privilegien, die sie besaß, als die Ländereien ihr Haupteigentum waren. Mit der industriellen Revolution verloren die Adligen nach und nach ihre materielle Macht angesichts eines aufwärtsstrebenden Bürgertums, das jedoch noch immer nicht im Besitz der politischen Macht war. Die Französische Revolution war dann der historische Ruck, der es dem Bürgertum ermöglichte, Rechte und Befugnisse zu erlangen, die seiner neuen ökonomischen Macht entsprachen.

Die Kräfte, die die Gesellschaft bearbeiten, machen es wie der Maulwurf, der seine Gänge gräbt, ohne dass man ihn sieht. Marx greift das Bild des Maulwurfs bei Hegel wieder auf, das dieser seinerseits von Shakespeare übernommen hatte. Hamlet sagt vom Geist seines Vaters, der wegen seiner Ermordung auf Rache sinnt: »Brav gewühlt, alter Maulwurf!« Bei Hegel ist der Geist des Vaters zum Weltgeist geworden, der die Geschichte leitet. Bei Marx kehrt der Maulwurf auf die Erde zurück (und sogar in unterirdische Gänge) und symbolisiert die revolutionären Kräfte.

Der proletarische Internationalismus gegen den bürgerlichen Universalismus

Das *Manifest der Kommunistischen Partei*, das Marx zusammen mit Engels schrieb, verbreitet die Losung: »Proletarier aller Länder, vereinigt euch!« Die Bourgeoisie ist eine weltweite Klasse, weil der Kapitalismus ein weltumspannendes System ist. Die Arbeiter haben kein Vaterland. Daher müssen sie sich einer internationalen Solidarität bewusst werden. Marx hat nur harte Worte übrig für den »bourgeoisen« Universalismus der Menschenrechte und das abstrakte Weltbürgertum. Er erkennt darin nur List und Heuchelei, die dazu bestimmt sind, ganz bestimmte Partikularinteressen zu verbergen.

Im Jahre 1864 beteiligt er sich an der Gründung der Internationalen Arbeiterassoziation, die als *Erste Internationale* bekannt wurde, denn es gab auch noch eine Zweite und eine Dritte Internationale. Die Ironie der Geschichte wollte es, dass – auch wenn der Universalismus nur die Maske des Partikularismus war – der Internationalismus nach 1917 zum Paravent des russischen Nationalismus wurde. Nicht nur, dass sich die Arbeiter, mit Ausnahme einer kleinen kommunistischen Elite, immer mehr als nationalistisch denn als internationalistisch (es genügt, sich ihre Reaktionen rechts und links des Rheins anzuschauen) empfunden haben, sondern auch die internationale Solidarität hat zwischen den kommunistischen Staaten oder Kräften niemals wirklich eine Rolle gespielt (man braucht sich nur das Misstrauen anzusehen, das die Sowjets hinsichtlich ihrer chinesischen »Genossen« entwickelten). Der proletarische Internationalismus ist gegenwärtig Teil einer Geschichte längst vergangener Mythen.

Was ist der Kommunismus?

Das Manifest der Kommunistischen Partei beginnt mit dem berühmten Satz: »Ein Gespenst geht um in Europa, das Gespenst des Kommunismus.« Der Begriff »Kommunismus« war damals neu. Im 20. Jahrhundert setzte er sich schließlich durch und machte Marx zu seinem Vater.

Dennoch hätte man wohl Mühe, unter den Tausenden und Abertausenden Seiten, die von diesem unermüdlichen Arbeiter geschrieben wurden, mehr als zehn Passagen zu finden, die vom Kommunismus handeln, selbst wenn man sämtliche Aussagen und Anspielungen zusammentragen würde. Dafür gibt es eine handfeste Begründung – die seine eifrigen Schüler sehr schnell vergessen haben: Gegenüber Utopien hat Marx schon immer eine besondere Feindseligkeit an den Tag gelegt. Er sieht sich als ein Realist. *Das Kapital* ist die strukturelle und historische Analyse des Kapitalismus, es ist kein politisches Programm.

Einige wenige Hinweise hier und da zeigen anscheinend, dass der Kommunismus die Bezeichnung ist, die man der gesellschaftlichen und ökonomischen Herrschaftsform am Ende der Geschichte gibt, wenn das Privateigentum an den Produktionsmitteln und damit der Klassenkampf, der daraus resultiert, verschwunden sind. Nach Marx (bzw. dem Marxismus) teilt sich die Geschichte in fünf Perioden auf, dies sind:

- ✔ Der Urkommunismus (das Privateigentum gab es noch nicht)
- ✔ Die Sklavenhaltergesellschaft
- ✔ Der Feudalismus
- ✔ Der Kapitalismus
- ✔ Der Kommunismus (das Privateigentum an Produktionsmitteln existiert nicht mehr)

Für Marx ist der Staat nicht der Ausdruck des Gemeinwohls, wie Hegel meinte, sondern er ist ein Mittel, mit dem eine Klasse ihre Herrschaft über eine andere errichtet. Deshalb wird der Staat – wenn die proletarische Revolution endgültig gesiegt hat – schließlich verschwinden, um einer freien Vereinigung der Arbeiter Platz zu machen. Im ganz strengen Sinne des Wortes kann man sagen, dass Marx Anarchist war: Für ihn kann der Staat nur despotischer Natur sein, daher muss er zerstört werden.

Man weiß, was die Geschichte aus diesem Schema gemacht hat. Die angeblichen Diktaturen »des Proletariats«, die in Wirklichkeit nur Diktaturen einer Partei waren, haben sich bis zum Zusammensturz der kommunistischen Regimes halten können, und der Staat, der ja eigentlich verschwinden sollte, hatte sich zu einem totalitären Monstrum aufgeplustert.

Auf gesellschaftlicher Ebene definiert sich der Kommunismus als ein radikaler Sozialismus. Während das Motto des Sozialismus lautet: »Jedem nach seiner Fähigkeiten«,wird die Losung des Kommunismus sein: »Jedem nach seinen Bedürfnissen.«

Sagten Sie gerade Diktatur?

Der Übergang vom Kapitalismus zum Kommunismus vollzieht sich durch eine Revolution: Da das Proletariat die absolut überwiegende Mehrheit der Bevölkerung bildet, sollte es kaum Schwierigkeiten geben, die Bourgeoisie zu stürzen, doch da diese alle (finanziellen, militärischen usw.) Mächte in Händen hält, muss das Proletariat – um die Strukturen des bürgerlichen Staates abzuschaffen – während einer kurzen Übergangsperiode eine Diktatur errichten: Das ist dann die berühmte »Diktatur des Proletariats«.

Marx und seine Nachwelt

Von Marx zum Marxismus

Engels, der seinen Freund um zwölf Jahre überlebte, kann als der wahre Begründer des Marxismus gelten, im Guten wie im Schlechten. Engels war es, der die großen marxschen Ideen in Dogmen fasste und vom historischen Materialismus sagte, dies sei die Wissenschaft aller Wissenschaften. Marx ist es so wie Jesus ergangen: Eine wundervolle Antriebskraft hat nahezu sogleich nach dem des Protagonisten die versteinerte Form einer Institution angenommen, mit ihrer ganzen Starre und Unflexibilität.

Das marxsche Denken ist nicht zufällig unvollendet geblieben, es ist es von Natur aus – was der Marxismus eben gerade nicht sehen konnte oder wollte. Es ist das, was Marx Hegel vorwirft: die tatsächliche Geschichte durch ein Ideensystem ersetzt zu haben.

Ist Marx verantwortlich für den Gulag?

Zu Marx' Lebzeiten und von dem Auftauchen seiner neuen Lehre an, also noch weit vor den Revolutionen und den Staaten, die sich unter seinem Banner aufreihten, wurde der Kommunismus wegen seines Despotismus angeprangert. So geißelte Auguste Comte, der ja dem Individualismus eigentlich feindlich gesinnt war, die Ignoranz der realen Gesetze der Gesellschaft, die sich in der gefährlichen Neigung des Kommunismus äußert, jegliche Individualität zu unterdrücken. In einem Brief, den Proudhon, Theoretiker eines sich selbst verwaltenden Sozialismus, im Jahre 1846 an Marx schrieb, warnte er ihn folgendermaßen: »Hüten wir uns, weil wir an der Spitze der Bewegung stehen, uns zu Führern einer neuen Intoleranz aufzuwerfen: Gebärden wir uns nicht als die Apostel einer neuen Religion.« Und auch genau in dieser Frage nach der Freiheit widersprach Bakunin, der Theoretiker des Anarchismus, Marx noch weitaus vehementer.

Zu Beginn des totalitären Despotismus stößt man auf die Vorstellung, die eigentlich Revolutionäre jeder Richtung haben: dass Unterdrückung nur total sein kann und dass man auf totale Unterdrückung nur antworten kann, indem man sie mit totaler Macht zerstört. Die Proletarier, sagte Marx, haben nur ihre Ketten zu verlieren, und sie haben eine ganze Welt zu gewinnen. Die Geschichte des 20. Jahrhunderts beweist jedoch, dass man sehr viel mehr als nur seine Ketten verlieren konnte: nämlich sein Leben.

Erschwerend kommt hinzu, dass Marx vom Staat und der Gesellschaft eine unitarische, eine gewissermaßen einheitlich-geschlossene Vorstellung hatte: Nach seiner Ansicht bilden die Besitzer der Produktionsmittel, die Inhaber der Staatsmacht und die Ideologen ein und dieselbe Klasse – Ausbeutung, Unterdrückung und Täuschung sind daher der wirtschaftliche, politische und ideologische Ausdruck derselben globalen Entfremdung. Die Missachtung der persönlichen oder bürgerlichen Freiheit kommt noch dazu. Die Abschaffung der sogenannten formalen Freiheiten durch die kommunistischen Regimes findet ihre Legitimationsquelle unbestreitbar bei Marx.

Ein weiteres belastendes Argument: die Rechtfertigung der revolutionären Gewalt. Von dem Augenblick an, wo der Riegel des »Du sollst nicht töten« gelockert wird, ist das Schlimmste möglich. Außerdem lässt sich feststellen, dass die Abkehr vom Universalismus (auch er als *bourgeois* angeprangert) zugunsten des (proletarischen) Internationalismus schwerwiegende Konsequenzen nach sich zog. Als der Bund der Gerechten 1874 durch den Bund der Kommunisten ersetzt wurde, trat an die Stelle des alten Bundesmottos »Alle Menschen sind Brüder!« der neue Schlachtruf »Proletarier aller Länder, vereinigt euch!«.

Marxismus und Totalitarismus

Die Frage nach dem Zusammenhang zwischen dem marxschen Denken und einer totalitären Herrschaft darf umso weniger beiseitegeschoben werden, als der Verfasser des *Kapitals* ja der einzige Philosoph war, der sich ausdrücklich für einen Totalitarismus (den Kommunismus) aussprach. Karl Jaspers, der liberale existentialistische Philosoph, sagte von Marx, dass dieser diktatorisch dachte. Weil Marx meinte, das absolute Wissen über den Ablauf der Geschichte zu besitzen, konnte er die totale Planung für eine vernünftige Sache halten.

Wir sind nicht verantwortlich für die Dummköpfe, die uns bewundern

Marx stand der Zensur und der Todesstrafe stets feindselig gegenüber. Eine antireligiöse Politik, nur um dieses einzige Beispiel zu nehmen, schien ihm abwegig zu sein, denn man kann den Menschen nicht verbieten zu glauben. Besser wäre es, wenn man die Verhältnisse so organisieren würde, dass die Menschen kein Bedürfnis mehr nach der Religion verspürten (aus materialistischer Sicht handelt es sich hierbei um etwas wirklich Grundlegendes). Erinnern wir uns daran, dass Marx niemals eine Theorie der Diktatur des Proletariats entworfen hatte, sondern dass er sich damit begnügte, lediglich einige Worte darüber in seiner *Kritik des Gothaer Programms* zu erwähnen. Man denke dabei an die zwei oder drei kurzen Sätze Jesu (»Nötige sie, hereinzukommen!« und »Wenn dich dein Auge zum Abfall verführt, dann reiß es aus!«), die in den folgenden Jahrhunderten eine kolossale und schreckliche Wirkung hatten, als sie den Inquisitoren zur Rechtfertigung dienten.

Trotz seiner Zornesausbrüche bleibt Marx ein Mann der Aufklärung. Symptomatisch sind in dieser Hinsicht die Statuten der Internationalen Arbeiterassoziation (1864) der Ersten Internationale: Alle ihr angehörenden Gesellschaften und Einzelpersonen, wird dort präzisiert, erkennen als Grundlage ihres Verhaltens gegenüber allen Menschen ohne Ansehen ihrer Hautfarbe, ihrer Glaubenshaltung und ihrer Nationalität die Wahrheit, die Gerechtigkeit und die Moral an. Keine Pflichten ohne Rechte, keine Rechte ohne Pflichten. Es ist schon schwierig, darin Kennzeichen einer totalitären Sprache wiederzuerkennen!

Ist Marx tot?

In den 70er Jahren des vergangenen Jahrhunderts besetzte der Marxismus in einigen westlichen Ländern, so auch in Frankreich, wichtige Machtpositionen in den Bereichen der Bildung und der Kultur. Ein großer Teil der Welt bezeichnete sich als kommunistisch, und nach dem katastrophalen Krieg Amerikas in Vietnam schien sich die Dynamik der Geschichte in Richtung auf dieses Ideal hin zu bewegen.

Heute sieht die Lage ganz anders aus. Die Sowjetunion ist zusammengebrochen. In China ist der Kommunismus nicht mehr als nur das Etikett einer Clique von Machthabern, deren oberstes Ziel es ist, sich an der Macht zu halten. Und Marx ist gänzlich in der Versenkung verschwunden. Keiner spricht mehr von der Vergesellschaftung der Produktionsmittel, selbst die Bezeichnungen Bourgeoisie und Proletariat gibt es nicht mehr. Und trotzdem verfügen wir in dieser Welt der Globalisierung noch immer nicht über eine Gerechtigkeitslehre, die wirklich allgemeingültig wäre, und auch nicht über eine Gleichheitslehre, ganz zu schweigen von einer Ausbeutungslehre. Kurz gesagt: Marx fehlt der Welt, und wahrscheinlich ist dies auch einer der Gründe, warum es ihr nicht gutgeht.

Schopenhauer: Die Wirklichkeit ist immer schlimmer, als man denkt

22

In diesem Kapitel

- Der radikalste Pessimismus überhaupt
- Einer der wichtigsten Inspiratoren für unser heutiges Denken

Ein radikaler Pessimismus

Ein Meister des Absurden

Schopenhauer ist nicht nur der Denker des Pessimismus. Zunächst ist er der existentialistische Philosoph schlechthin, der jegliche *Räso*n der Existenz schlichtweg zurückweist – wobei dieser Begriff durchaus in seinen beiden Bedeutungen verstanden werden kann: Räson im Sinne der *Ursache* und der *Vernunft*, der *Rationalität*. Das Sein wird, als schlimmste Anklage überhaupt, jeglicher Begründung beraubt. Die Dinge existieren, und damit basta. Der Mensch existiert, und damit basta. Es gibt dafür weder eine Ursache noch einen Zweck, und wenn die Vernunft dafür dennoch eine Begründung findet, dann fällt sie nur auf das herein, was sie sich selbst ausgedacht hat.

Die Wahrheit, meint Schopenhauer, ist kein Mädchen, das demjenigen um den Hals fällt, der sie will, sie ist vielmehr eine stolze Schönheit, der man alles opfern kann, ohne sicher zu sein, dass man davon den geringsten Vorteil hat.

Auch wenn Schopenhauer (1788 geboren) schon sehr früh, nämlich vor seinem 30. Lebensjahr, eine grundlegende Vorstellung von seinem Denksystem hatte, blieb er bis zum Ende seines Lebens dennoch praktisch unbekannt. Er lebte das Leben eines alleinstehenden Griesgrams. Da er von der fixen Idee besessen war, seine Schriften bei einem Brand zu verlieren, wohnte er im Erdgeschoss, so dass er sie im Falle einer Katastrophe leicht mitnehmen konnte. Sein Arbeitszimmer war abwechselnd mit Bildern von Hunden und von Philosophen geschmückt: Für jemanden, für den das Denken ein reiner Illusionsfaktor ist, gibt es nun wirklich keinen besonderen Grund, die Menschen höher als die Tiere anzusiedeln …

»Die Welt als Wille und Vorstellung«

Die Welt als Wille und Vorstellung: So lautet der Titel des bedeutendsten Buches Schopenhauers. Seine ganze Philosophie ist in diesem großen Werk in vier Kapiteln enthalten, die er in sehr jungen Jahren verfasste und die er regelmäßig erweiterte.

Die Philosophie Schopenhauers geht von der von Kant geschaffenen Unterscheidung zwischen dem Phänomen und dem Ding an sich aus. Das Ding an sich, die grundlegende Wirklichkeit, die von uns absolut unabhängig ist, bekommt bei ihm die Bezeichnung des Willens. Die Vorstellung, die davon nur ein illusorisches Abbild ist, nimmt den Platz des Phänomens ein. Der Wille ist bei ihm nicht eine innere Entscheidungsfähigkeit, die dieser Begriff normalerweise bezeichnet. Sie ist eine natürliche, objektive Kraft, die überall, angefangen beim Apfel, der vom Baum fällt, bis hin zur Bewegung der Planeten zum Ausdruck kommt über das, was wir beim Menschen den Willen nennen.

Der Wille will nichts. Oder, besser ausgedrückt: Er will nichts anderes als sein eigenes Fortbestehen, was sich in der unbelebten Materie als Trägheitsaspekt und in den Organismen als Sexualität äußert. In der Natur gibt es weder einen Plan noch ein Ziel. Alles ist dem fortlaufenden Kreislauf der Wiederkehr unterworfen: die Abfolge der Jahreszeiten und der Generationen. Was nun die Vorstellung betrifft, so ist sie das Bild, das sich der Mensch durch das Prisma seines Denkens macht. Im Gegensatz zum Phänomen bei Kant kommt der Vorstellung keinerlei Wahrheitsgehalt zu.

Die Welt ist ein Tal der Tränen, und dennoch verurteilt Schopenhauer den Selbstmord, bei dem er (mit viel Scharfsinn) eine unbewusste Bestätigung des Lebenwollens anprangert.

Es gibt nun zwei Möglichkeiten, sich der Absurdität der Dinge zu entledigen: die Moral, die uns die fundamentale Identität aller Wesen (Schopenhauer stellt das Mitleid in den Vordergrund seiner Ethik) erkennen lässt, sowie die Kunst, die uns ein wohltuendes Entkommen ermöglicht.

Die schlechteste aller möglichen Welten

Das Leben, so sagt Schopenhauer, schwingt wie ein Pendel zwischen dem Schmerz und der Langeweile hin und her. Der Gedankengang Leibniz' kehrt sich hier um: Eine schlechtere als die reale Welt wäre demnach unmöglich, weil sie nicht haltbar wäre. Hören wir einmal Schopenhauer selbst: »Sie [die Menschen] gleichen Uhrwerken, welche aufgezogen werden und gehen, ohne zu wissen, warum; und jedes Mal, dass ein Mensch gezeugt und geboren worden, ist die Uhr des Menschenlebens aufs Neue aufgezogen, um jetzt ihr schon zahllose Male abgespieltes Leierstück abermals zu wiederholen, Satz vor Satz und Takt vor Takt, mit unbedeutenden Variationen.«

Zwischen Glück und Unglück ist keine Symmetrie möglich. Das Glück ist unbewusst: Man wird sich immer erst hinterher klar darüber, wenn es schon wieder verschwunden ist. Doch das Unglück lässt sogleich seine Eisenhand spüren. Genauso verhält es sich mit dem Schmerz und dem Vergnügen, das doch recht schnell Langeweile hervorruft, wenn es länger dauern sollte.

Ein schwaches moralisches und ästhetisches Heil

Die Stimme Indiens

Schopenhauer war der erste Philosoph des Abendlandes, der in bestimmten indischen Schriften gemeinsame Bezugspunkte zu seiner eigenen Lehre erkannte. So verwendete er häufig den Sanskrit-Begriff *Maya (»Blendwerk«)*, um den illusorischen Charakter der Welt der Vorstellung zu bezeichnen, und sein Pessimismus erinnert an den des Buddhismus.

Der Philosoph war von der Formulierung *Tat tvam asi* (»Das bist du«) der *Upanischaden* geprägt, die das Überschreiten des Prinzips der Vereinzelung (des Ich, das sich isoliert glaubt) in der Erkenntnis einer grundsätzlichen Identität aller Lebewesen zum Ausdruck bringt. Das Mitleid stellt bei Schopenhauer deswegen das Herz des moralischen Denkens dar, weil es das Zeichen einer Anerkennung inmitten einer Gemeinschaft von Leiden ist – von der selbstverständlich auch die Tiere nicht ausgenommen wären.

Ich und der andere: weder zu nah noch zu entfernt

»Eine Gesellschaft Stachelschweine drängte sich an einem kalten Wintertag recht nahe zusammen, um, durch die gegenseitige Wärme, sich vor dem Erfrieren zu schützen. Jedoch bald empfanden sie die gegenseitigen Stacheln; welches sie dann wieder voneinander entfernte. Wenn nun das Bedürfnis der Erwärmung sie wieder näher zusammenbrachte, wiederholte sich jenes zweite Übel, so dass sie zwischen beiden Leiden hin und her geworfen wurden, bis sie eine mäßige Entfernung voneinander herausgefunden hatten, in der sie es am besten aushalten konnten.«

Mit dieser Fabel verdeutlicht Schopenhauer, dass das Bedürfnis nach Gesellschaft die Menschen zueinanderdrängt, doch dass ihr abstoßender Charakter und ihre unerträglichen Fehler sie auch wieder auseinandertreibt, bis sie endlich einen erträglichen Abstand zueinander gefunden haben.

Der Balsam der Kunst

Die Ästhetik stellt in Schopenhauers System kein einfaches Kapitel dar. In vielerlei Hinsicht bildet sie seine Krönung. Durch die Kunst befreit sich der Mensch aus dem Lebenwollen, das ihn an die Erde kettet wie einen Galeerensträfling an das Schiff. Die Kunst besitzt diese wundervolle Fähigkeit, den Schmerz in ein Ideal umzuwandeln.

Die große Originalität des ästhetischen Denkens bei Schopenhauer findet sich in dem Platz, den er der Musik zuweist, die ihm als die bedeutendste aller Künste gilt. Kant und Hegel hatten der Dichtung das Privileg zugesprochen, die Kunst par excellence zu sein, weil ihr Element die Sprache sei. Bei Schopenhauer jedoch übersteigt die Musik die Dichtung, gerade weil sie keine Worte benötigt, um sich verständlich zu machen. Die Musik ist die höchste Kunst, denn sie prägt sich nicht mehr in die Logik der Vorstellung ein, die jene der plastischen Künste bleibt.

Die Musik ist eine unmittelbar zum Ausdruck gebrachte Gegenwart, und deshalb *übersetzt* sie den Willen nicht mehr (wie es noch die Malerei und die Dichtung tun), sie ersetzt ihn buchstäblich. Daraus ergibt sich auch ihre einzigartige Macht der Befreiung.

Das Schicksal Schopenhauers

Am allerdeutlichsten macht sich zunächst bei Schriftstellern und Künstlern der Einfluss eines Philosophen bemerkbar. Richard Wagner glaubte, in den Schriften Schopenhauers den Ausdruck seiner ureigensten Gedanken wiederzuerkennen, und sein lyrisches Musikdrama *Tristan und Isolde* zeugt stark davon. Übrigens gab Schopenhauer – der dann jedoch schon einige Jahre tot (gestorben 1860) war – die Gelegenheit zu einem Treffen zwischen Wagner und Nietzsche. Schopenhauer war der starke Impuls für das Denken Nietzsches – dessen Begriff des *Willens zur Macht* natürlich vieles dem Willen im Sinne Schopenhauers verdankt.

Zahlreiche Schriftsteller, von Maupassant bis Proust, wurden nachhaltig von diesem Denken der Desillusionierung geprägt. Die Tatsache, dass Schopenhauer – was bei den deutschen Philosophen recht selten vorkommt – auch ein bemerkenswerter Schriftsteller war (dessen glänzender Stil selbst in den Übersetzungen noch durchscheint), förderte das sicherlich.

Ein Vorläufer der Psychoanalyse

Von allen Wirkungen, die der Philosoph des Willens haben konnte – vor allem auf die Generationen von 1880 bis 1910 – war die wichtigste wahrscheinlich diejenige, die er auf Freud und die Psychoanalyse ausübte. Freud, der schon immer große Vorurteile gegenüber der Philosophie hatte, bekannte mehr als einmal seine Schuld gegenüber dem Verfasser der *Welt als Wille und Vorstellung*. Er gab sogar zu, absichtlich darauf verzichtet zu haben, seine Lektüre Schopenhauers allzu weit zu treiben, weil er fürchtete, übermäßig beeinflusst zu werden, und zwar zu der Zeit, als er selbst gerade dabei war, die Psychoanalyse zu begründen. Die Seiten, die Schopenhauer der Sexualität als einer blinden Kraft widmet, die nur ihre Selbsterhaltung durch das Individuum und durch den Raum sucht und die sich in den ätherischsten Vorstellungen von Liebe manifestiert, sind von einer derartigen Klarheit, dass man darin viele Gemeinsamkeiten mit der Lehre Freuds über das Unterbewusstsein und über Verdrängung und Sublimierung feststellen wird.

Nietzsche, unser erster Zeitgenosse

23

In diesem Kapitel

- Die außergewöhnliche Hellsichtigkeit eines Philosophen, der in geistiger Umnachtung starb
- Gewisse Vorurteile werden geklärt
- Ein bestimmtes Weltverständnis

Also sprach Nietzsche

Riesenschnurrbärte und kleine Ohren

Die bekannteste Fotografie Nietzsches zeigt uns den Philosophen mit starrem Blick und einem extravaganten Schnauzbart, der fast sein ganzes Gesicht bedeckt.

Nietzsche war eine der pathetischsten Gestalten in der gesamten Geschichte der Philosophie. Einige Jahre seines gesellschaftlichen Lebens waren geprägt von der exaltierten Freundschaft zu Richard Wagner. Schon sehr früh trat er von der Professorenstelle an der Universität in Basel zurück, worauf ungefähr zwölf außergewöhnlich fruchtbare intellektuelle Jahre folgten, die jedoch von einer qualvollen Einsamkeit und andauernden körperlichen Beschwerden gekennzeichnet waren.

Zu Beginn des Jahres 1889 bricht Nietzsche in Turin zusammen, als er weinend ein Droschkenpferd umarmt, das von seinem Kutscher geschlagen wurde. Er war damals 45 Jahre alt. Seitdem schrieb er keine einzige Zeile mehr und verbrachte die letzten zehn Jahre seines kurzen Lebens (er starb 1900) mit Improvisationen am Klavier und mit Gesang.

Man soll vom Leben scheiden wie Odysseus von Nausikaa schied – mehr segnend als verliebt.

Nietzsche

Warum Aphorismen?

Nietzsche ist der erste Philosoph in der Geschichte, der sein Denken in Form kurzer oder poetischer Texte dargelegt hat. Im Unterschied zu den nachantiken klassischen Philosophen verfasste er keinen einzigen Traktat. Selbst seine ausgefeiltesten Werke (*Die Geburt der Tragödie, Also sprach Zarathustra, Zur Genealogie der Moral*) sind in recht kurze Kapitel und Abschnitte unterteilt.

Natürlich ist das fragmentarische Schreiben in der Philosophie keine absolute Novität. So gibt es das uralte Beispiel der Vorsokratiker oder auch, uns noch näher, die *Gedanken* Pascals. Doch der zersplitterte Charakter dieser Texte hat wohl mehr etwas mit äußeren Gegebenheiten zu tun, als dass er absichtlich geplant war: Die Fragmente der Vorsokratiker sind in Sicherheit gebrachte Überreste eines Schiffbruchs, während die *Gedanken* Pascals ihren verstreuten Charakter dem vorzeitigen Ableben ihres Verfassers verdanken. Bei Nietzsche sieht dies jedoch ganz anders aus, da er selbst die meisten seiner Aphorismen als Sammlungen publizierte.

Manche Fachleute führten für diese Art des Schreibens körperliche Ursachen an, und letztlich passt diese Hypothese auch ganz gut zu einer der zentralen Ideen Nietzsches selbst – dass nämlich das Denken der Ausdruck des Körpers sei. Nietzsches kaputter Körper musste ein wahres Martyrium durchleiden: Migräneanfälle, Übelkeit und Erbrechen begleiteten ihn Tag für Tag. Jede Stunde, die er von seinem Leiden befreit war, schien über sein Schicksal gesiegt zu haben. Ein solcher physiologischer Kontext hätte keine fortgesetzte Arbeit fördern können. Nietzsche schrieb beim Laufen viel auf Notizblöcke.

Doch auch wenn dies eine gewisse Rolle gespielt haben mag, muss hier noch etwas Grundlegenderes berücksichtigt werden: Wie Kierkegaard ist Nietzsche ein Philosoph, der gegen das System denkt. Auch wenn sein zersplittertes Schreiben eine psychosomatische Begründung findet, entspricht es doch auch der zersplitterten Konzeption der Wirklichkeit besonders gut, die Nietzsche in die Philosophie einführte und förderte.

Apollon und Dionysos, gegensätzliche Brüder der Kunst

Der erste große von Nietzsche veröffentlichte Text (er war damals erst 28 Jahre alt), *Die Geburt der Tragödie,* entstand als Synthese aus der bewundernden Besinnung auf die Griechen, der Lektüre Schopenhauers sowie dem Umgang mit Wagner. Die schopenhauersche Dualität des Willens und der Vorstellung wird in diesem Werk auf die mythologischen Figuren des Dionysos und des Apollon übertragen. Dionysos ist der Gott des Weines und der Trunkenheit, Apollon jener der Schönheit und des Gleichgewichtes. Die Musik ist dionysisch, das Bild apollonisch. Die griechische Tragödie – deren Renaissance sich im lyrischen Musikdrama Wagners vollzieht – stellt die Verbindung dieser beiden Kräfte dar und hilft dem Zuschauer dabei, heroisch das Leid des Daseins zu ertragen. Leonardo da Vinci sagte, die Kunst tröste uns über das Leben hinweg. Nietzsche geht noch weiter, wenn er behauptet, dass wir die Kunst deshalb hätten, um nicht durch die Wahrheit ums Leben zu kommen.

Schon bald wird Nietzsche den Pessimismus Schopenhauers und seine Mitleidsmoral ablehnen, und er wird mit einem Wagner brechen, der gerade durch den Erfolg in Bayreuth Schaden genommen hatte. Doch von Dionysos lässt er bis zum Ende seiner klaren Tage nicht ab. Eines seiner letzten handgeschriebenen Worte ist an Cosima adressiert, Wagners Frau: »Ariane, ich liebe Dich, gez. Dionysos« (»Ariane« war der Name, den Cosimas Freunde ihr gegeben hatten).

Dionysos gegen Christus

Wie Kierkegaard ist Nietzsche ein Philosoph, der eher in Figuren denn in Begriffen denkt. Dionysos ist die Gestalt des Antichristen: Der griechische Gott wird gegen den jüdisch-christlichen Gott ausgespielt. Er symbolisiert die vitale Kraft, die manchmal schmerzhaft sein kann, doch immer fröhlich und absolut unschuldig bleibt, denn das Gefühl der Sünde und das schlechte Gewissen ist Dionysos vollkommen fremd. Damit will Nietzsche nicht nur die Welt erfahrbar machen: Er führt einen Krieg gegen 2000 Jahre Geschichte.

Die Zerstörung der Tempel der Kultur

»Wie man mit dem Hammer philosophiert«: Hier haben wir es also mit einer Formulierung zu tun, die das genaue Gegenteil einer feinsinnigen und gewissenhaften Analyse darstellt. Nietzsche macht sie zu seiner Devise. Schon immer hat er sich über die lieben gelehrten Professoren lustig gemacht, die aus ihrem Geist lauter geniale Ideen herauskitzeln. Nietzsche übt radikale Kritik an den Werten und Vorstellungen, die den Sockel der abendländischen Kultur seit zwei Jahrtausenden bilden: am Glauben an ein von der Welt getrenntes Ideal, an die Vorstellung des Seelenheils, an das Gute und das Böse … Eines seiner letzten Bücher trägt den Titel *Götzendämmerung* – was ironisch auf die *Götterdämmerung* seines ehemaligen Freundes Wagner verweist. Götzen sind für Nietzsche Namen, aber auch Ideale, Werte, Worte, die noch nie hinterfragt wurden und deren Ende Nietzsche nun vorhersieht.

Der Philosoph Paul Ricœur erkannte in Nietzsche, Marx und Freud »drei große Denker des Misstrauens«, wobei das »Misstrauen« eben noch weiter als eine bloße Kritik geht: Es untergräbt die Grundlagen selbst, auf denen die Existenz des Menschen beruht.

»Gott ist tot«

So lautet die von Zarathustra aufgestellte Diagnose. Zarathustra ist der Prophet des Übermenschen, der Wortführer Nietzsches. Die Leute, die in den Tempel oder in die Kirche gehen, um dort zu beten, wissen nicht, dass Gott tot ist. Das ist die *gute Nachricht*, die man verkünden sollte und die dazu bestimmt ist, die andere gute Nachricht (»Evangelium« leitet sich aus dem Griechischen ab und bedeutet »gute Nachricht«) zu verdrängen.

»Gott ist tot« bedeutet nicht, dass niemand mehr an Gott glaubt. Es bedeutet noch nicht einmal, dass es keine Religion mehr gibt (oder geben wird). Sondern es bedeutet: Die Werte, auf denen von nun an unsere Kultur beruht, sind keine religiösen Werte mehr. Wer spricht denn beispielsweise heute noch von Sünde oder von Erlösung oder vom Seelenheil? Selbst die angeblich »Gläubigen« glauben nicht mehr daran. Auch wenn Nietzsche nicht der Erste war, der das diagnostizierte, was Max Weber später die »Entzauberung der Welt« nannte, war er doch der Erste, der daraus radikale Konsequenzen zog.

Warum Zarathustra?

Für sein philosophisches Gedicht *Also sprach Zarathustra* bediente sich Nietzsche des Propheten der mazdaistischen Religion, der im 7. Jahrhundert vor Christus zur Zeit der ersten Vorsokratiker in Persien lebte. Nietzsche, der die Umkehrungen liebte, nahm hierbei eine ironische Auswahl vor: Zarathustra (der auch unter dem Namen Zoroaster bekannt ist) ist derjenige, der als Erster in der Geschichte der Philosophie die Konfrontation von Gut und Böse dramatisierte, die in den beiden göttlichen Prinzipien der mazdaistischen Religion verkörpert und personifiziert sind. So geschah es, dass der Prophet der Dualität von Gut und Böse selbst die Ankunft eines Denkens und einer Existenz verkündete, die *Jenseits von Gut und Böse* (so der Titel einer Aphorismensammlung, die Nietzsche einige Zeit nach dem *Zarathustra* veröffentlichte) seien.

Atheismus ist nicht unbedingt ein gutes Zeichen

Wenn Gott nicht existierte, müsste man ihn erfinden, hatte Voltaire gesagt. Selbst wenn Gott existiert, müsste man ihn beseitigen, erwiderte Bakunin. Spinoza hingegen hatte, vielleicht unklugerweise, geschrieben, dass niemand Gott hassen könne. Tatsächlich gab es seit dem 18. Jahrhundert erklärte Feinde Gottes: De Sade, der nach Ansicht vieler Leute nur Sex im Kopf hatte, war diesbezüglich einer der entschiedendsten: Wenn Gott tot ist, dann ist er nicht in seinem Wolkenbett gestorben und auch nicht am Kreuz – man hat ihn wohl ermordet. Nietzsches Feststellung lautet: Der Mensch konnte diesen lästigen Zeugen seiner eigenen Mittelmäßigkeit nicht mehr ertragen.

Bei der Frage nach dem Unglauben bleibt Nietzsche vorsichtig. Er, der mit Dionysos unterschreibt und aus Jesus seinen persönlichen Feind macht, sagt außerdem, dass in seinen Adern das Blut Pascals (des christlichsten der Philosophen) ströme. Gewiss, der Mensch kann sich nicht selbst übersteigen, wenn er weiterhin an die lächerlichen Fabeln einer jenseitigen Welt glaubt. Doch der Unglaube kann auch kein so gutes Zeichen sein: Man kann schließlich auch deswegen nicht glauben, weil man gar nicht mehr die Kraft hat zu glauben, wie es der Fall beim Nihilismus ist, wie ihn Nietzsche diagnostiziert und prognostiziert.

Die Diagnostik und Prognostik des Nihilismus

Nietzsche übernimmt aus Russland diesen neuen Begriff des Nihilismus und gibt ihm einen anderen Bedeutungsinhalt. In Russland waren die Nihilisten die Anarchisten, die blutige Attentate gegen den Zaren organisierten (Albert Camus setzte sie in seinem Theaterstück *Die Gerechten* in Szene, und Dostojewski widmete ihnen seinen Roman *Die Besessenen*, den Nietzsche mit Begeisterung las). Im Grunde genommen glaubten die Nihilisten, entgegen der eigentlichen Wortbedeutung (*nihil* bedeutet im Lateinischen »nichts«), sehr wohl an etwas: Ihre Gewalt, so absurd sie auch war, gründete sich dennoch auf ein Ideal der Freiheit und Gerechtigkeit.

Nietzsche bezeichnet als Nihilismus den Zustand der Zivilisation, in dem die Vitalität auf ein so niedriges Niveau gesunken ist, dass die Menschen keine Kraft mehr haben, neue Werte anstelle der alten Werte zu erfinden. Der Nihilismus ist ein Symptom (deshalb die von Nietzsche aufgestellte Diagnoste) und eine Bedrohung (daher die Prognoste): Er bezeichnet den gegenwärtigen oder möglichen Zustand einer Menschheit, die nicht mehr die Kraft aufbringe, an etwas zu glauben – mit Ausnahme ihres eigenen Glücks (wenn man das Glück zu der einzigen Triebfeder seines Lebens machte, würde das nach Nietzsche wiederum bedeuten, in einem Zustand absoluter Ohnmacht zu sein).

Wie hätten Sie's denn gern?

Der Wille zur Macht ist überall

Die wichtigste Gemeinsamkeit zwischen dem schopenhauerschen Willen und dem nietzschen Willen zur Macht besteht in ihrem allgemeingültigen Charakter, der die menschliche Sphäre bei weitem überschreitet. Der Wille zur Macht ist nach Ansicht Nietzsches die Natur selbst der Dinge, angefangen bei der armseligsten Lebensform bis zur höchsten. In dieser Hinsicht ist der menschliche Wille zur Macht nur ein besonderer Fall, in dem sich ein wahres kosmisches Gesetz darstellt. Doch vor allem der Wille zur Macht ist dort, wo man ihn am wenigsten erwartet, nämlich in den reinsten Idealen, in den ätherischsten Glaubensvorstellungen.

Der Wille zur Macht ist keine Armee in Bewegung

Die nationalsozialistische Ideologie, die in Nietzsche einen ihrer Propheten sehen konnte (siehe das Ende dieses Kapitels), ließ einen der schlimmsten Verdachte auf ihn fallen, so dass viele rechtschaffene, unvoreingenommene Bürger hinter dem Willen zur Macht fast schon das furchtbare Gedröhne der Kettenpanzer der Wehrmacht hören. Läuft der Wille zur Macht direkt auf die Panzer hinaus?

Spinoza hatte das Verlangen (in dem er das Wesen des Menschen erkannte) als Anstrengung definiert, durch die der Mensch versucht, in seinem Sein zu beharren. Auch wenn es zwischen den beiden eine offensichtliche Verwandtschaft gibt (so sprach Gilles Deleuze von einer großen Identität zwischen beiden Denkern), wird man hierbei dennoch einen entscheidenden Unterschied feststellen: Für Nietzsche besteht der Wille zur Macht in dem Bestreben, die Macht auf unbestimmte Weise zu *vermehren,* und nicht darin, sie zu *erhalten.*

Die Physiologen sollten sich besinnen, den Selbsterhaltungstrieb als kardinalen Trieb eines organischen Wesens anzusetzen. Vor allem will etwas Lebendiges seine Kraft auslassen – Leben selbst ist Wille zur Macht –: Die Selbsterhaltung ist nur eine der indirekten und häufigsten Folgen davon.

Nietzsche

Macht und Macht sind nicht dasselbe

Was ist die Macht? Der Begriff suggeriert körperliche Kraft, ja sogar Gewalt. Es stimmt natürlich, dass Nietzsche in seinen Momenten intellektueller Trunkenheit, und dies nicht nur einmal, unkluge oder provokante Formulierungen gewählt hat – in der modernen Zeit treibt die Einsamkeit einen Denker immer stärker dazu, laut zu rufen, einfach um in der Wüste gehört zu werden. Es stimmt auch, dass Nietzsche mit Bewunderung von dem Cesare Borgia sprach, der einer der größten Schurken, Mörder und Blutschänder der italienischen Renaissance war. Doch der Wille zur Macht ist für ihn zunächst nicht die Stärke eines großen Mannes, denn das, was er als großen Eroberer bezeichnet, lässt sich nicht in Begriffen von Reichtum oder von Ländereien fassen. Auch wenn Nietzsche sich nicht mit der vagen und weichen Formulierung einer »Seelenstärke« der Idealisten aller Art begnügt, ist mit der Macht, dem Inhalt und dem Gegenstand des Willens, zunächst vor allem jene des Geistes gemeint.

Die beiden Willen zur Macht

Auch wenn der Wille zur Macht überall vorhanden ist, entspringt er nicht derselben Quelle und peilt auch nicht immer dasselbe Ziel an. Außer dem intrinsischen Charakter einer Mehrung, eines Zuwachses an Macht gibt es auch noch die andere Seite des Willens zu einer bejahenden Macht, die frei und fröhlich ist, zuversichtlich und schöpferisch, ein Aspekt, von dem die Kunst am besten Zeugnis ablegt. Ihr gegenüber steht der Wille zur negativen Macht, die traurig, verdrießlich und zerstörerisch ist, die nichts anderes als nur ihren eigenen Hass liebt. Die beiden stehen sich ebenso gegensätzlich gegenüber, wie es bei der Stärke und der Gewalt der Fall sein kann: Muss man nicht tatsächlich eher schwach sein, um Gewalt auszuüben oder um überhaupt von der Gewalt versucht zu werden? Der Mann, der seine Frau oder sein Kind schlägt, ist gewalttätig. Er ist schwach, denn er kann weder reden noch denken und benutzt seinen Arm als Waffe. Nietzsche bezeichnet den Ausdruck dieses Willens zur negativen Macht als *Ressentiment*.

Der Übermensch ist kein Supermann

Nietzsche nennt denjenigen einen Übermenschen, dessen Willen zu einer souverän bejahenden Macht es ihm ermöglichen wird, von den Trümmern des Nihilismus ausgehend, ohne jegliche Last in einer freien Selbstbestätigung zu existieren. Der Mensch, so diagnostiziert Nietzsche, ist ein Wesen, das einen Zustand der totalen Erschöpfung erreicht hat. Das demokratische Ideal, die Vollendung der christlichen Moral, läuft lediglich auf die Zusammenstellung einer riesigen Herde ohne Hirten hinaus. Der demokratische Mensch ist an einen Punkt der extremen Erschlaffung angelangt: Er will nur noch eine einzige Sache, die er das Glück nennt und die in Wirklichkeit eine Art Friede und damit Tod ist. Nietzsche nennt ihn in seinem *Zarathustra* den letzten der Menschen. Er stellt das genaue Gegenteil zum Übermenschen dar. Der letzte der Menschen mag den Krieg nicht, weil er nicht das mag, was seine noch nicht einmal tierische, allein vegetative Existenz stören könnte.

Doch ebenso wenig wie der Wille zur Macht die Gewalt des wilden Tieres ist, ist auch der Übermensch nicht der Supermann der Comics, der den Weltrekord im Gewichtheben brechen würde. Er ist auch nicht das posthumane Wesen, das die Doktoren Seltsam der Biotechnologie gerade in ihren Laboratorien ausbrüten. Der Übermensch ist ein Mensch, der aus seinen Gedanken und seinem Verhalten die Engstirnigkeit zu verbannen wusste, in die die Repräsentanten der Menschheit verfallen sind. Er ist also eine Art Mischung aus Heiligem, Held und Genie, jedoch ein laizistischer Heiliger, ein einsamer Held und ein Genie des Seins.

Das Geheimnis, um die größte Fruchtbarkeit und den größten Genuss vom Dasein einzuernten, heißt: gefährlich leben.

Nietzsche

Die ewige Wiederkehr ist nicht das Perpetuum mobile

Zarathustra ist der Verkünder des Übermenschen und der ewigen Wiederkehr. Das eine ist ohne das andere nicht denkbar: Die Zeit des Übermenschen ist die ewige Wiederkehr, und der Übermensch ist der Mensch dieser Zeit, die die Zeit überschreitet, indem sie sich eine Ewigkeit erfindet, die ihrer religiösen Dimension nichts mehr schuldet.

Angesichts einer Vorstellung der ewigen Wiederkehr waren die Kommentatoren ziemlich ratlos. Heraklit, die Stoiker, nun gut, das geht ja noch, das war in der Antike, man lebte noch im Mythos, aber Nietzsche? Wie kann ein Philosoph von 1880 noch an diese Legende glauben, während zur gleichen Zeit die Naturwissenschaft die Unmöglichkeit eines Perpetuum mobile beweist, dessen kosmische Anwendung ja die ewige Wiederkehr wäre? Der Fortschritt? Vielleicht. Die Dekadenz (in der Physik die Entropie)? Ganz gewiss. Aber die Rückkehr aller Dinge?

Da es nun also auch im Jahre 1880 nicht mehr vernünftig war, an diese Fiktion zu glauben, strengten sich die Nietzsche-Interpreten an zu zeigen, dass Nietzsche in Wirklichkeit nie an etwas anderes als an eine Art Fiktion des Geistes, eine Erfahrung des Denkens, geglaubt hatte. Auch wenn es tatsächlich so wäre, dass man die ewige Wiederkehr bei Nietzsche auf diese Weise verstehen muss, und sei es auch nur, um ihn zu retten, bleibt dennoch festzuhalten, dass der Philosoph zahlreiche Physikbücher las, um seiner Idee wissenschaftliches Gewicht zu verleihen.

Wörtlich genommen, scheint die ewige Wiederkehr in der Tat besonders schwer zu verdauen zu sein. Sie müssen sich einmal vorstellen, wie es wäre, wenn ich in der Zukunft unzählig viele Male diese *Geschichte der Philosophie für Dummies* schreiben und Sie dieses Buch unendlich oft lesen müssten! Stellen Sie sich vor, was eine unendliche absolut identische Wiederholung Ihrer persönlichen Niederlagen, Ihrer Irrtümer, Ihrer Enttäuschungen, Ihrer Leiden und Ihrer Krankheiten in einer Unendlichkeit zukünftiger Existenzen bedeuten würde! Das wäre doch ein unerträglicher Albtraum! Schon jetzt gibt es doch inmitten unseres einzigartigen Lebens derart viele schreckliche Wiederholungen! Die alten Griechen waren schon gut beraten, als sie aus ihrer Hölle einen Ort absurder Wiederholungen machten, die bis ins Unendliche reichten.

Auf dieser Stufe angelangt, sollten wir die Bedeutung der nietzscheschen Fiktion (nehmen wir sie als Fiktion, da wir davon ausgehen, dass es keine ewige Wiederkehr geben wird) ausfindig machen: Was muss sich ein Wille zur Macht ohne Negativität unter dem Leben vorstellen? Dass es ein Segen sei – selbst in seinen leidvollsten oder problematischsten Momenten. »Was für ein Hundeleben!«, mögen diejenigen klagen, die dem Leben im Allgemeinen böse sind. Die ewige Wiederkehr ist ein Test, eine Prüfung: Sie ist das, was der Übermensch anstrebt, und zwar in der gleichen Weise, so könnte man sagen, wie die Ewigkeit das war, was der Gläubige im Mittelalter ersehnen musste.

Also sprach Zarathustra ist nicht nur ein langes philosophisches Gedicht, aus dem Richard Strauss eine Tondichtung machen wird (dessen erste Takte die Zuschauer des Films *2001 – Odyssee im Weltraum* hören werden, welch Reise für den persischen Magier!). Nietzsches Werk ist zudem eine regelrechte Menagerie. Zunächst begegnet man dem Kamel und dem Löwen, den ersten beiden der drei »Verwandlungen des Geistes«. Das Kamel trägt die allerschwersten Lasten durch die Wüste: Es symbolisiert jene, die durch die alten Werte verunsichert sind (das sind die Gläubigen). Der Löwe verweist auf die gewaltsame Revolte jener, die dazu Nein sagen (die Jugendlichen und die Revolutionäre).

Dann gibt es noch die beiden Ehrentiere Zarathustras, den Adler und die Schlange, die jeweils gegen die beiden emblematischen Tiere des Christentums, gegen die Taube und das Lamm, auftreten. Der Adler ist stolz, die Schlange listig: Sie sind die Gegenspieler der Tugenden der Reinheit und Unschuld, die von der christlichen Moral gerühmt werden. Wie ein Collier um den Hals des Adlers eingerollt, symbolisiert die Schlange den Kreislauf der individuellen Existenz, der kreisende Flug des Adlers verweist auf das große kosmische Jahr.

Auch auf den Esel trifft man: Weil er das Tier der Demütigen ist und man ihn für dumm und einfältig hält, ist er *das* christliche Tier überhaupt. Sein »Iah« ist ein falsches Ja. Die Tarantel ist das Symbol für das Ressentiment, für den Racheinstinkt der Gleichheitsprediger.

»Zur Genealogie der Moral«

Nietzsches *Zur Genealogie der Moral* ist die Ausnahmeerscheinung in seinem Werk: Es ist das einzige Werk, dessen in drei Teile logisch aufgebaute Struktur an die Traktate der klassischen Philosophen denken lässt.

Nietzsche prangert hier das an, was der englische Philosoph Moore den naturalistischen Sophismus nennen wird: Es gibt, so sagt er, kein moralisches Phänomen, sondern nur eine moralische Interpretation bestimmter Phänomene. Ein Werturteil (wie »Wiese Handlung ist gut, weil sie durch Mitleid ausgelöst wurde«) kann man nicht auf dieselbe Stufe wie ein Faktenurteil (wie »Es hat geschneit, wir sollten den Gehweg schneefrei machen«) stellen. Eine Beurteilung ist nach Nietzsche der Ausdruck einer bestimmten Kraft, die je nach Ursprung, Zweck und Intensität variiert. Die *Genealogie der Moral* untersucht die Ursprünge der Kräfte, die die moralischen Urteile bewirken. Es wird der Wert des moralischen Wertes, der Wert des Werturteils, über Gut und Böse definiert.

Die erste Abhandlung fertigt eine historische und kritische Analyse der Umwertung der aristokratischen Werte (die der griechisch-römischen Antike) unter dem Einfluss des Christentums an: Das, was einst schwach und damit schlecht war, wurde gut, während das Starke, das gut war, zum Bösen wurde. Das, was mit dem Namen Moral bezeichnet wird, resultiert aus dieser Umkehrung der Werte.

Die zweite Abhandlung beschreibt die Verinnerlichung der Schuld: Damit wird das schlechte Gewissen geboren. Bei den Griechen wurde das Unglück einem äußeren Faktor (Schicksal, Götter) zugeschrieben. Durch das Christentum wird es in die Seele des Menschen selbst verlegt, der sich damit buchstäblich selbst vergiftet.

Die dritte Abhandlung analysiert die Auswirkungen eines schlechten Gewissens. Ich leide, ich bin also bestraft worden, daher bin ich schuldig und muss für meine Schuld bezahlen. So verläuft also die furchtbare unsichtbare Kettenreaktion, die von der Moral in Anspruch genommen wird, um die Menschen an sich gefesselt zu halten. Die Askese ist der Ausdruck des schlechten Gewissens, das sich nun gegen einen selbst richtet: Durch sie verschlimmert sich das Leiden am Sein (ich bringe mich selbst zum Leiden, um damit die Schuld zu sühnen, die mein Leiden bestimmt hat). Doch die Anklage kann sich auch nach außen hin, gegen andere richten: Das ist dann das Ressentiment (es ist deine Schuld, wenn ich hässlich, traurig, kleinlich oder unglücklich bin). Das Ressentiment ist die Stärke des Schwachen. Es ist die einzige Stärke, zu der der Schwache fähig ist. Denn der Schwache erträgt weder seine eigene Schwäche noch die Stärke desjenigen, der alleine durch sein Dasein von ihr kündet.

War Nietzsche ein Nazi?

Nietzsche sagte, sein Denken sei Dynamit. Er lebte nicht mehr lange genug bei klarem Bewusstsein, um noch zu erfahren, inwiefern sich seine einsamen und verkannten philosophischen Herausforderungen als wahr herausstellen sollten.

In den Jahren zwischen 1880 und 1900 entwickelten sich im Gefolge der Gründung des Deutschen Reiches (1871) eine pangermanische Ideologie und ein antisemitischer Rassismus. Elisabeth, Nietzsches Schwester, heiratete einen antisemitischen Agitator, der in Paraguay eine Art utopischer Kolonie gründete, deren Programm aus rassistischen Prinzipien bestand. Elisabeth lebte noch lange genug, um in den 20er Jahren des 20. Jahrhunderts den Aufstieg des Nationalsozialismus und schließlich seine Machtübernahme in den 30er Jahren zu erleben. Hitler, der in Nietzsche einen seiner Vorläufer sah, stattete ihr persönlich einen Besuch ab und bekam als Geschenk den Spazierstock des Philosophen. Wie unglaublich widersinnig: den Mann des Ressentiments (Hitler) mit dem Übermenschen zu verwechseln!

Während der Jahre, in denen die Nationalsozialisten in Deutschland an der Macht waren, waren die Werke Nietzsches weit verbreitet. Natürlich war der Verfasser des Zarathustra nie eine offizielle ideologische Referenz gewesen, wie Marx in der Sowjetunion, dennoch war er eine

Autorität, in der die Rohlinge, die die Macht übernommen hatten, einen gewissen intellektuellen Bezugspunkt erkannten.

Waren die Nazis so dumm, dass sie nichts von Nietzsche verstanden? Jedenfalls hört man das von vielen Fachgelehrten und Nietzsche-Kommentatoren, die leidenschaftlich mit ihm verbunden sind und nicht den geringsten Schatten auf der Statue ihres Idols ertragen können (womit sie sich übrigens selbst als wenig nietzscheanisch erweisen). Es ist eindeutig, dass es kein einfacher Zufall war, dass Nietzsche von Hitler geschätzt wurde. (Wenn sich auch nach dem Zweiten Weltkrieg herausstellte, dass Elisabeth Förster-Nietzsche als Leiterin des Weimarer Nietzsche-Archivs Schriften ihres Bruders im Sinne der Nazi-Ideologie verfälscht hatte.)

Doch auch wenn Nietzsche von den Nationalsozialisten instrumentalisiert wurde, auch wenn es bei ihm buchstäblich »Prä-Nazi«-Ideen gab, reicht dies natürlich nicht aus, um aus ihm einen nationalsozialistischen Denker zu machen. Es ist übrigens nicht allzu schwer, sich vorzustellen, wie die Reaktion des Philosophen angesichts seiner angeblichen Bewunderer ausgefallen wäre, wenn er das Glück gehabt hätte, so lange wie seine Schwester zu leben: Wie könnte man sich auch nur eine Sekunde lang vorstellen, dass derjenige, der sich schon über Bismarck (einen wirklich großen Staatsmann, ganz im Gegensatz zu Hitler) lustig machte, diese Bande von Trotteln einigermaßen wohlgesonnen betrachtet hätte, deren wichtigste, wenn nicht gar einzige Triebfeder ihr unvorstellbarer Hass gegenüber den Juden war? Wie kann man meinen, dass er beim Nationalsozialismus nicht den Triumph des Nihilismus diagnostiziert hätte, und zwar in allen Aspekten, die dieser Begriff überhaupt umfassen kann!

So ist Nietzsche ganz eindeutig nicht nur kein Nazi, sondern er ist sogar einer der wenigen modernen Philosophen, die uns von der Unmöglichkeit überzeugen, ein Nazi in philosophischer Hinsicht sein zu können.

Teil V

Die zeitgenössische Philosophie (20. bis 21. Jahrhundert)

In diesem Teil ...

werden Sie die Bekanntschaft von Zeitgenossen machen, denen Sie vielleicht schon einmal auf der Straße begegnet sind oder über die Sie schon einmal etwas in der Zeitung gelesen haben. Sie werden sehen, wie die Philosophie auch weiterhin denken und sich erneuern konnte in Zeiten, die doch recht chaotisch waren. Und da es, solange es Menschen gibt auch Philosophen geben wird, ist die Geschichte der Philosophie noch lange nicht zu Ende.

Die Abenteuer der Wahrheit

24

In diesem Kapitel

- War die schöne, nackte, junge Frau, die die Wahrheit symbolisierte, doch nur ein Traum?
- Ist sie nicht doch eher eine grässliche kleine Alte?
- Existiert die Wahrheit nun oder nicht?

Der Zweifel am Absolutheitsanspruch der Wahrheit

Das Ende des 19. Jahrhunderts und der Beginn des 20. Jahrhunderts waren das goldene Zeitalter des Glaubens an einen unvermeidbaren und äußerst angenehmen Fortschritt der Erkenntnisse. Damals gab es eine unbekümmerte Generation von Gelehrten, die innerlich davon überzeugt waren, dass die Wahrheit das endgültige Gütezeichen für die bewiesenen Theorien war. In der Hauptzahl materialistisch oder positivistisch eingestellt (manchmal sogar sowohl als auch), gingen einige dieser trunken gewordenen Gelehrten so weit zu behaupten, dass sich die Wissenschaft auf dem Wege ihrer Vollendung befinde: Nur noch zwei oder drei kleine Sachen müssten geregelt werden, und alles wäre fertig, die Physiker könnten sich dann zur Ruhe setzen. Einige Jahre nach diesem Hoffen auf eine schöne Zukunft brach alles in sich zusammen.

Die Schwierigkeiten mit der klassischen Wahrheitsdefinition

Im Buch der Definitionen eines jüdischen Philosophen aus Ägypten , Isaak Israeli (er lebte von etwa Mitte des 9. bis etwa Mitte des 10, Jahrhunderts), findet man die berühmte Formulierung, die in den folgenden Jahrhunderten von zahlreichen Philosophen wiederholt wurde: »Die Wahrheit ist die Entsprechung von Ding und Geist.« Am Beginn des klassischen Zeitalters ist Hobbes einer der Ersten, der die Wahrheit von der Ontologie, der Lehre vom Sein, löst und sie in eine Erkenntnistheorie einfügt. Wahr und falsch, sagt Hobbes, sind Attribute der Sprache, nicht der Dinge. Dort, wo es keine Sprache gibt, gibt es weder Wahrheit noch Falschheit. Daher kommt die Wahrheit nicht von Gott, sondern vom Menschen. Sie gehört nicht zum Geist der Dinge, sondern zu den Dingen des Geistes.

Doch von derselben Voraussetzung ausgehend, weichen die Meinungen der Philosophen über die Frage stark voneinander ab, nach welchem Kriterium man die Wahrheit erkennen kann. Manche, wie Descartes, gestehen der rationalen Evidenz den Vorrang zu, wie sie sich im Bereich der Mathematik manifestiert: Ideen, die so klar (in sich selbst) und verschieden (von anderen) sind, muss der Geist einfach als wahr anerkennen, er kann gar nicht anders. Was Leibniz, wie erwähnt, ja zu der ironischen Replik veranlasst, Descartes habe, wenn er die Wahrheit im Hotel der Evidenz untergebracht habe, vergessen, uns dessen Adresse zu geben. Wenn die Evidenz das Kriterium für die Wahrheit ist, woran erkennt man dann eine wahre Evidenz? Denn es ist doch klar, dass es zahlreiche, selbst vernünftige Evidenzen gibt, die uns täuschen.

Der Begriff der *Entsprechung* wirft keine geringeren Probleme auf. Denn was wollen wir eigentlich damit ausdrücken, wenn wir sagen, dass das wahre Urteil der Realität »entspricht«? Es kann sich dabei nicht um eine mathematische Gleichheit oder um eine geometrische Kongruenz handeln: Man legt doch keine Aussage, die aus Wörtern besteht, über eine Realität, die aus Dingen besteht. Die These, die besagt, dass die Sprache die Wirklichkeit widerspiegelt, ist natürlich die bequemste, will man sich über eine Vorstellung von der Wahrheit als einer Übersetzung des Seins klarwerden. Doch ist es unmöglich, sich ein Nachdenken über die Beziehungen zu sparen, die die Sprache selbst mit der Realität unterhalten kann. Daher sehen manche Philosophen in der Sprache eher ein bequemes Mittel der Konvention, das dazu dient, die Wirklichkeit zu erfassen, als dass sie aus ihr eine Art symbolischer Kopie der Welt machen.

Eine typisch amerikanische Philosophie: der Pragmatismus

Der Pragmatismus ist die Philosophie, die das Wahrheitskriterium nicht in der logischen Kohärenz, sondern in der praktischen Wirksamkeit erkennt. Der Beweis dafür, dass die Physik die Phänomene, die sie studiert, korrekt übersetzt, besteht darin, dass man dank ihrer Gesetze Geräte zum Messen und zur Beobachtung bauen kann, die auch funktionieren – so würde ein Pragmatiker argumentieren. Man braucht also keine Metaphysik der Wahrheit und der Sprache, Kriterien für die Gültigkeit einer Theorie sind ihre Produktivität und praktische Verwendbarkeit. Der Pragmatismus leitet sich vom Empirismus und vom Utilitarismus ab. Letztlich sind es die Dinge selbst, die das, was stichhaltig ist (das Wahre, das Wirksame), von dem trennen, was nicht stichhaltig ist (dem Falschen, dem Unwirksamen). Die Wahrheit ist kein Ideal, das in irgendeinem Himmel verlorengegangen ist, sondern einfach das Merkmal einer Idee, die den Prüfungen in der Wirklichkeit standhalten konnte. Und diese Prüfungen spielen letztendlich die Rolle des Beweises.

Die Stärke der pragmatischen Philosophie besteht zu einem guten Teil in der Verbindung, die sie zwischen Theorie und Praxis herstellt, das heißt zwischen der Theorie der Theorie und der Theorie der Praxis. Denn ebenso wie eine wahre Idee schließlich Erfolg hat (der Beweis dafür, dass die Berechnungen stimmen, liegt darin, dass die Mondfähre an der vorgesehenen Stelle aufsetzt), setzt sich eine richtige Idee letztlich durch. Die Pragmatiker meinen beispielsweise, dass die beste Widerlegung des Kommunismus durch sein wirtschaftliches Scheitern erbracht wird.

Die Krise der Grundlagen

Zu Beginn des 20. Jahrhunderts, im Gefolge einerseits des außergewöhnlichen Anwachsens der Erkenntnisse auf dem Gebiet der Mathematik und andererseits der Einführung der Mengenlehre Cantors, empfanden einige Mathematiker und Logiker das Bedürfnis, Ordnung in ihrem

Haus zu schaffen, wohl aus Angst, dass es aus Karten bestehen und zusammenfallen könnte. David Hilbert legte daher als Programm fest, die gesamte Mathematik auf die Grundlage der Regel der Axiomatik zu stellen.

Was ist eine Axiomatik?

Eine Axiomatik ist eine Gesamtheit von Axiomen – wobei Axiome Aussagen sind, die als wahr und gleichzeitig als unbeweisbar angesehen werden und die damit das Fundament bilden, von dem ausgehend man zu anderen, jetzt aber beweisbaren Aussagen gelangt. (In der Mathematik sind zum Beispiel $a = a$, $a + a = 2a$, $a \times a = a^2$ Axiome.) Der Begriff des Axioms ersetzte schließlich den des Postulats. Eine Axiomatik beruht auf folgenden Regeln:

- ✔ Sie darf sich nicht widersprechen (es ist ausgeschlossen, dass sich zwei Axiome innerhalb derselben Axiomatik widersprechen).
- ✔ Sie muss genügend Axiome enthalten (es sollen alle notwendigen Axiome enthalten sein).
- ✔ Sie soll nichtredundant sein (kein einziges Axiom kann aus einem anderen hervorgehen, weil es damit seinen prinzipiellen Charakter als Axiom verlieren würde).

Die Mathematiker zanken wie die Kesselflicker

Einem bewiesenen mathematischen Ergebnis stimmt natürlich jedermann zu. Diese Universalität, diese Allgemeingültigkeit, ist ein spezifisches Kennzeichen des Wissenschaftlichen: Die Philosophen jedoch streiten sich untereinander, weil letztlich keiner von ihnen absolut recht hat. Mathematiker hat man noch nicht um ein Theorem (Lehrsatz; Baustein einer Theorie) kämpfen sehen, und dass der geniale und unglückselige Évariste Galois mit 20 Jahren dummerweise bei einem Pistolenduell ums Leben kam, lag ja nun nicht daran, dass er seine Gruppentheorie verteidigen wollte.

Das heißt, seit es aber darum geht, die Natur der Mathematik, ihre Methoden und ihre Zwecke näher zu bestimmen, beziehungsweise seit es um die Frage nach einer mathematischen Philosophie oder einer mathematischen Erkenntnistheorie geht, balgen sich die Mathematiker wie gewöhnliche Philosophen! Bertrand Russell. der während dieser Krise der Grundlagen an vorderster Front stand, ging so weit zu behaupten, dass die Mathematik ein Bereich sei, in dem man nicht wisse, was man eigentlich tue, und auch nicht, ob das, was man sage, überhaupt wahr sei!

Daher gibt es also auch hier wie in der Philosophie voneinander abweichende Strömungen. Die Mathematiker verteilen sich auf drei Lager:

- ✔ **Die Realisten** (die man auch als *Platoniker* bezeichnet, weil ihre Vorstellung bis auf Platon zurückgeht) glauben, dass die mathematischen Wesen eine objektive Existenz wie die Sonne oder das Phosphoratom haben.

- **Die Intuitionisten** meinen, dass die mathematischen Objekte, egal, wie abstrakt sie auch seien, stets auf einem intuitiven Erfassen des Geistes beruhen.
- **Die Formalisten und die Konstruktivisten** glauben, dass die mathematischen Objekte konventioneller Natur (also Vereinbarungen) sind und dass sich die Mathematiker eine künstliche Sprache schaffen.

Gödel enttäuscht Hilbert

In den 30er Jahren des vergangenen Jahrhunderts zerstört ein Logiker namens Kurt Gödel endgültig die Hoffnung, die Hilbert in eine totale Neugrundlegung der Mathematik auf einem axiomatischen Fundament setzte. Er beweist mit Mitteln der Logik, dass ein formales System (wie die Arithmetik) mit seinen eigenen Mitteln nicht vollständig begründet (als nichtwidersprüchlich bestimmt) werden kann, sondern dass dazu leistungsfähigere Mittel (als Beispiel: die Algebra hinsichtlich der Arithmetik) notwendig seien. Mit anderen Worten: Kein System kann in sich selbst das auffinden, womit es seine eigene Kohärenz beweist. Die Theoreme Gödels übten einen beachtlichen Einfluss aus: Wenn schon die Mathematik selbst nicht auf das Absolute gegründet werden kann, wie kann man dann überhaupt noch an eine absolute Wahrheit glauben?

Zweites Erdbeben: die Quantenrevolution

Ein weiteres starkes Erdbeben (auch das Denken ist fruchtbare Erde) erschütterte den zweiten großen Kontinent der Wissenschaft: den der Physik. Seit Newton beruhten die physikalischen Wissenschaften auf Prinzipien, die genauso indiskutabel wie die Postulate der Geometrie waren. Die Begriffe von Masse und Energie, von Raum und Zeit besaßen die Festigkeit von Granit.

Die Relativitätstheorie Einsteins führt zu einem ersten Erdstoß. Doch auch wenn die Konzepte wankten, hielt das Gebäude doch noch stand. Einstein war ein konservativer Revolutionär. Er glaubte selbstbewusst an die objektive Ordnung der Naturphänomene. Doch die von ihm selbst mitaufgestellte Quantenmechanik machte seine Überzeugungen zunichte. Nach der heisenbergschen Unschärferelation gibt es eine objektive Unbestimmtheit bei den Dingen: Ort und Impuls eines Teilchens lassen sich nicht gleichzeitig genau bestimmen. Einstein lehnte diese Zufallsdimension ab: Gott ist schlau, aber er ist ehrlich, sagte er (die Gesetze der Natur sind zuweilen ein wenig kompliziert aufzustöbern, dennoch existieren sie); und: »Gott würfelt nicht.«

Die spätere Physik gibt Einstein nicht recht: Gott würfelt doch, er spielt kein Schach, und man kann sogar so weit gehen zu vermuten, dass er schummelt!

Die Restauratoren retten das Inventar

Wie haben die Philosophen auf diesen doppelten Schicksalsschlag reagiert? Nach einem Erdbeben sind ja drei Strategien möglich:

- ✔ Die Strategie der konservativen Fatalisten, die sich bemühen, die Ruinen wieder bewohnbar zu machen
- ✔ Die Strategie der Restauratoren, die versuchen, die Erscheinungsform des Ehemaligen wiederherzustellen, indem sie von dem ausgehen, was noch gerettet werden kann
- ✔ Die Strategie der Abbrucharbeiter, die die Zerstörung vollenden, indem sie all das niederreißen, was noch stehengeblieben ist

Für die Philosophie stellen die Gruppen der Restauratoren und der Abbrucharbeiter die interessantesten dar, weil sie vom Bedauern bzw. von der Verweigerung ausgehen.

Sich von neuem der Erkenntnis und der Wahrheit zuzuwenden, indem man sich die Fortschritte und die Umbrüche in der Wissenschaft vor Augen hält, einen Mittelweg zwischen einer engen (und damit despotischen) Sichtweise der Vernunft und einem desillusionierten Skeptizismus einzuschlagen – genau dies ist die Vorgehensweise der wiederaufbauenden Restauratoren.

Karl Popper: eine Erkenntnistheorie

Karl Popper besuchte den Wiener Kreis und teilte dessen Hauptpositionen: Ablehnung von Metaphysik und Pseudowissenschaften (insbesondere Marxismus und Psychoanalyse) sowie eine schlichte Vorstellung von der Wahrheit.

Das erkenntnistheoretische Hauptwerk Poppers, *Die Logik der Forschung,* geht von der Feststellung aus, dass es zwischen einer Bestätigung (eine Hypothese wird durch eine Beobachtung bestätigt) und einer Widerlegung (eine Hypothese wird durch ein Experiment für ungültig erklärt) keine Symmetrie gebe. Denn auch wenn eine Widerlegung oder Falsifizierung immer endgültig ist, so ist eine Bestätigung oder Verifizierung doch stets nur provisorisch. Man kann zwar Millionen schwarzer Amseln präsentieren, um die These zu unterstützen, dass alle Amseln schwarz seien, doch nichts sagt uns von vornherein, dass sich nicht noch irgendwo eine weiße Amsel versteckt hält, die ausreichen würde, um die ganze Hypothese umzustürzen.

Eine wahre Aussage ist demnach immer nur provisorisch (die Natur hat eben doch einige Tricks auf Lager). Außerdem kann eine Aussage nur dann für wahr erklärt werden, wenn sie erfolgreich die Erprobung im Experiment bestanden hat. Direkte Folge: Eine Theorie, die diese Prüfung (auf die Gefahr hin, widerlegt zu werden) nicht bestehen kann, kann weder als wahr noch als falsch bezeichnet werden. Sie ist dann ganz einfach nichtwissenschaftlicher Natur.

Thomas Kuhns Paradigmentheorie

Thomas Kuhn bezeichnet eine wissenschaftliche Theorie als Paradigma (»[Denk-]Muster«), wenn sie ein System bildet und im Laufe einer bestimmten Zeit fast die gesamte wissenschaftliche (Fach-)Gemeinschaft für sich gewinnen kann. So bildeten das heliozentrische Modell von

Kopernikus und die Physik Newtons Paradigmen jeweils für die Astronomie und die Physik. Nach Auffassung Kuhns sind Paradigmen miteinander inkommensurabel (»nicht vergleichbar«) – wie zum Beispiel das ptolemäische Weltbild und das kopernikanische Weltbild, die nicht ineinander »übersetzt« werden können.

Diese Theorie wirkt mit an dem Bestreben eines schlichten Wiederaufbaus, das den Umwälzungen der modernen Wissenschaft gefolgt ist: Die Wahrheit existiert zwar, doch sie bezieht sich auf das jeweilige System, dem sie angehört.

Kommunismus und Psychoanalyse bestehen die Feuerprobe nicht

Nach Ansicht Poppers gehören der Marxismus und die Psychoanalyse in die Kategorie der Pseudowissenschaften. Sie sind Theorien, die in sich selbst geschlossen und von totalitärer Struktur sind, da sie nicht nur ihre Widerlegung unmöglich machen (welches Experiment kann denn der Vorstellung vom Unbewussten oder der vom Klassenkampf entgegengestellt werden?), sondern sie sind auch so aufgebaut, dass der Widersprechende sofort in diesem selben Erklärungssystem gewissermaßen festklebt, ohne Hoffnung auf einen kritischen Ausstieg (so wird der Gegner des Marxismus auf seinen kleinbürgerlichen Ursprung verwiesen, während der am Unbewussten Zweifelnde unverzüglich für sexuell verklemmt erklärt wird).

Die Seite der Zerstörer

Zunächst gibt es da jene, die fröhlich in den Trümmern herumspazieren. Sie spielen Verstecken hinter den Wänden der eingestürzten Mauern. Der Palast der Erkenntnis ist zerstört – man erwarte von den Abrissarbeitern also keine Restaurationsarbeiten.

Ein dadaistischer Erkenntnistheoretiker: Paul Feyerabend

Nietzsche machte darauf aufmerksam, dass der Mythos einer selbstlosen Wissenschaft daher rührte, dass man nie nach der Tätigkeit der Wissenschaftler fragte. Man ließ uns zwar das fertige Produkt (das schöne Gebäude) bewundern, doch die Gipsspuren wurden abgewischt, und auch die Gerüste sind verschwunden.

Die Erkenntnissoziologie beobachtet die Arbeiter und ihre Werkzeuge in ihrem Arbeitsprozess selbst und nicht nur dann, wenn die Arbeit beendet ist. Die Philosophen des klassischen Zeitalters taten so, als sei die Erkenntnis eine exklusive Angelegenheit, die sich zwischen einem Geist und seinen Ideen abspielt. Geld, Intrigen, die Rolle von Einfluss und Macht (Erpressungs- und Einschüchterungsversuche), all das verschwand in der Versenkung. Die Wissenschaft galt als rein, denn sie war die ideale Wahrheit.

Feyerabend war einer derjenigen, die ein Geheimnis verrieten. Aus diesem Grund behandelten ihn viele Philosophen als einen Gauner – ein Titel, den er für seine dadaistische Erkenntnistheorie forderte, die sich bemühte, dem wilden Zufall und der dreisten Fantasie zu ihrem Recht zu verhelfen. »Anything goes« lautet sein Motto. Diesen Spruch hört man auch in den Denkfabriken gewisser Unternehmensberatungen. Man hatte aus der Erkenntnis das Ergebnis eines Programms von Technikern und Ingenieuren gemacht. Welch ein gelungener Streich! Die »Wahrheit« enthüllt sich der Wissenschaft auf gut Glück. Das berühmteste Werk Feyerabends heißt *Wider den Methodenzwang*. Der Methodenzwang ist eine neurophysiologische Kastration, die, indem sie Unfälle vermeiden will (unerwünschte Schwangerschaften), zur Impotenz führt.

Michel Foucault: Die Wahrheit ist eine Wirkung der Macht

Die Disziplinen, für die sich Michel Foucault interessierte, werden zu Recht als Disziplinen bezeichnet: Im Deutschen hat dieser Begriff die Bedeutung einer besonderen Erkenntnis (eine wissenschaftliche Disziplin) oder auch die Bedeutung der Kontrolle über sich selbst und die anderen (sich Disziplin auferlegen; die Disziplin in einer Klasse aufrechterhalten).

In dieser Hinsicht steht die Psychiatrie bis zur Karikatur für diese Verwirrung der einzelnen Gattungen: Ihr Konzept besteht seit ihrer Entstehung darin, Geisteskrankheiten als physikalische, natürliche und objektive Phänomene zu behandeln. Im Grunde genommen hat sie immer als eine Polizei des Körpers und des Geistes gewirkt, wobei es darauf ankam, physische und mentale Vorrichtungen zu analysieren. Foucault treibt den furchtbaren Verdacht bis auf die Spitze, den Nietzsche auf der Wahrheit lasten ließ und der sozusagen noch viel weiter geht als der skeptische Zweifel, der sich damit begnügt, sich irgendwann abzuwenden: Die Wahrheit ist die größte Lüge überhaupt.

Die Stärke der Analysen Foucaults liegt in der Vorstellung, dass die Wahrheit weder ein logischer Wert noch eine psychologische Handlung sei, sondern ein politisches Ergebnis, eine politische Wirkung (alles, was irgendeinen Bezug zur Macht in einer gegebenen Gesellschaft aufweist, ist politisch). Nun ist Politik jedoch nicht nur die Sache der Regierung allein. Auch die Macht ist keine Sache mehr – was uns ja die allgemeinen Redewendungen über Eroberung, Erhalt und Besitz der Macht glauben machen wollen. Die Macht ist so diffus wie die Sprache. Die im Staat Regierenden »besitzen« die Macht genauso wenig wie die Sprecher die Sprache.

Sex ist nicht die Wahrheit des Menschen

In seinen letzten Arbeiten, die durch seinen vorzeitigen Tod keinen Abschluss mehr fanden, beschäftigt sich Foucault mit der Geschichte der Sexualität im Abendland. Er bekräftigt darin, dass Sex nicht die »Wahrheit« des Menschen konstituiert, sondern eine seiner Dimensionen, die nur in den Diskursen, die man mit ihm führen kann, und den Eingeständnissen, die man ihm entlocken kann, auffindbar sei. Damit stellt er sich gegen die christliche Religion mit ihrer Beichtpraxis. Mit anderen Worten: Sex ist weniger eine Angelegenheit der Organe als vielmehr eine des Diskurses. Diese Denaturalisierung der Sexualität übte auf zahlreiche heutige Forscher, vor allem in den Vereinigten Staaten, einen großen Einfluss aus.

Die Hermeneutik: vom Genuss der Wahrheit zum Vergnügen am Sinn

Die Hermeneutik als Kunst oder »Wissenschaft« der Interpretation hat einen religiösen Ursprung. Die drei monotheistischen Religionen unterschieden bei einem heiligen Text mehrere Bedeutungsschichten und damit mehrere Lesarten. Als Spinoza in seinem *Theologisch-politischen Traktat* eine metaphorische Lektüre bei einigen Bibelpassagen vornimmt, handelt es sich dabei bereits um eine hermeneutische Arbeit. Trotzdem sagt man, dass die Hermeneutik im modernen Sinne des Begriffs erst mit dem deutschen Theologen und Philosophen Schleiermacher (1768–1834) beginnt, weil er der Erste war, der meinte, dass der Sinn, die Bedeutung, eines Textes sich erst durch den Leser erschließt und nicht durch den Text selbst.

Am Ende des 19. Jahrhunderts brachte William Dilthey die Arbeiten und Überlegungen der zeitgenössischen Hermeneutik in Gang, ausgehend von seiner zentralen Unterscheidung zwischen dem »Erklären« und dem »Verstehen«.

Diese Dualität zwischen zwei Arbeitsweisen des Geistes läuft auf eine rigorose Trennung zwischen den Naturwissenschaften auf der einen Seite und dem, was Dilthey als »Geisteswissenschaften« bezeichnet; auf der anderen Seite hinaus.

Eine Handlung, eine Rede oder ein Kunstwerk können daher nicht wie Dinge behandelt werden. Diese These löste am Ende des 19. Jahrhunderts in Deutschland einen »Methodenstreit« aus, bei dem die einen, die wie Dilthey glaubten, dass es einen unüberwindlichen Gegensatz zwischen den beiden Arten der Wissenschaft gebe, den anderen gegenüberstanden, die in der Nachfolge der Positivisten meinten, dass es nicht mehrere Formen der Wahrheit geben könne.

Im Unterschied zu einer Erklärung ist eine Interpretation tatsächlich niemals einzigartig: Auch wenn sich zwei Erklärungen widersprechen, so ist doch die eine mehr oder weniger falsch, während der Widerstreit der Interpretationen von dem Reichtum an Bedeutungen und Sinngebungen zeugt, der nicht so schnell ausgeschöpft ist.

Jacques Derrida, der erbauliche Dekonstruktivist

Die Philosophie Derridas wird mit einer Methode gleichgesetzt, deren doch recht rätselhafte Bezeichnung Dekonstruktion ihr als Motto wie auch als Leinwand, als Flagge und Leichentuch diente. Der Begriff ist eine wörtliche Übersetzung des deutschen Wortes Abbau, das Heidegger in seinem Meisterwerk Sein und Zeit verwendet.

Im Unterschied zur Analyse, die sich damit begnügt, ein Ensemble in seine konstituierenden Elemente zu zerlegen, und zur Kritik, die nur urteilt, ist die Dekonstruktion eine stichhaltige Demontage zu dem Zweck, das freizulegen, was in einem Gedanken oder in einem Text den blinden Fleck bildet, den ungedachten – auch dies ein Begriff, der von Heidegger stammt.

Der Einfluss der Dekonstruktionstheorie ist auch jenseits der Kreise zu spüren, die sich auf literarische und philosophische Disziplinen beschränken. In den Vereinigten Staaten versucht eine sogenannte dekonstruktivistische Schule eine entschieden zeitgenössische Architektur (ohne die Nostalgie der Postmodernen) zu fördern, die das Ende einer gewissen Kunst des Bauens zur Kenntnis nimmt, so wie Derrida vom Ende der Metaphysik Kenntnis genommen hat.

Ein nach-metaphysisches Denken

Durch Nietzsche wurde der Kern der Metaphysik als Ausdruck der Gegenüberstellung von täuschender Erscheinung und wahrheitsgemäßem Wesen zu Tage gefördert. Die Metaphysik abzulehnen bedeutet, alle Dualitäten, die von ihr ermittelt werden (Wesen/Erscheinung, Seele/Leib, Wahrheit/Irrtum usw.) zu umgehen. Derrida weist darauf hin, wie die Metaphysik auch weiterhin wirksam ist – ohne Wissen derjenigen, die meinen, über sie hinausgegangen zu sein (zum Beispiel die Strukturalisten). Im Grunde genommen bedeutet das Darüberhinausgehen ja, dass man sich auf demselben Weg befindet und in die gleiche Richtung geht. Eine Kritik möchte über ihren Gegenstand hinausgehen, die Dekonstruktion zielt demgegenüber darauf ab, ihn zu zersetzen.

Im Ursprung ist der Nichtsinn

Alle Texte, alle Traditionen wollen die Leere des Nichtsinns des Ursprungs zuspachteln und abdichten: Daher behaupten sie, sich auf das Wort eines Gottes zu beziehen oder auf das von einem Genie offenbarte Geheimnis. Im Ursprung gibt es keinen Sinn, und genau diese Abwesenheit von Sinn wird verdrängt. Doch weil keine einzige Grundlage die Rede von ihrer ewigen Gewissheit sicherstellt, zerstreut sich der Sinn immer weiter … in alle Richtungen. Und genau diesen Prozess bezeichnet Derrida als Ausstreuung, wobei er dies mit dem Ausstreuen von Samen vergleicht (was im Französischen, Derridas Muttersprache, noch besser zum Ausdruck kommt: dissémination). Der Samen ist die Bedeutungseinheit; und das deutsche Wort »Seminar« leitet sich übrigens vom lateinischen seminarium ab, was »Pflanzschule« bedeutet.

Mit Derrida wird die Hermeneutik selbst von der Unmöglichkeit heimgesucht. Der Sinn zerrinnt in einer Streuung, die kein Ziel hat. Doch er entfaltet sich auch in ihr: Die Unmöglichkeit der Hermeneutik macht die Notwendigkeit der Lektüre aus. Es bleibt der Rest – den Derrida als Spur bezeichnet, deren Anwesenheit die Schrift belegt.

Die Schrift geht dem Wort voran

Die Tradition, die Derrida nach Heidegger mit der gleichförmigen Bezeichnung Metaphysik benennt, stellte die Schrift als aus dem Wort hervorgegangen dar: Wie das Wort hängt sie vom Denken ab, die Schrift ist nicht mehr die Repräsentation einer Repräsentation oder Vorstellung.

Derrida stürzt diese Theorie um, um der Schrift ihre Präsenznatur zurückzugeben. Eine paradoxe Präsenz letztendlich, denn sie existiert ja vor dem Hintergrund der Abwesenheit: Niemand schreibt, alles ist schon geschrieben worden, derjenige, der schreibt, ist niemals da. Und dennoch ist er anwesend, eben durch das, was er geschrieben hat (eben weil er geschrieben hat). Können Sie folgen? Man versteht nun, dass mit Derrida die Literatur in Abgrenzung zur Wissenschaft (die von Platon bis Hegel über Descartes und Kant noch dominierte) zum Leitmodell der Philosophie wird.

Neue Wortschöpfungen

Derrida braucht und missbraucht die Wörter, wenn er sie miteinander verschränkt und ineinander verschachtelt wie in diesem von ihm geschaffenen Ausdruck circonfession, in dem er das französische Wort für »Beschneidung« mit dem für »Beichte« miteinander verschmelzen lässt. Diese letztlich völlig humorlose Praxis (dies sei nur am Rande erwähnt) ist recht weit entfernt von den Wortspielen, mit denen Lacan sich bemühte, die Arbeit des Unbewussten nachzuahmen. Dennoch besteht zwischen beiden Ansätzen eine Gemeinsamkeit: In beiden Fällen handelt es sich darum, die Vorstellung zu zerstören, dass es einen Sinn geben kann, der mit den Wörtern, den Dingen oder dem Denken verbunden ist, und dass man ihn nur wie einen in der Erde verborgenen Schatz oder wie das Mark im Knochen herauszuholen brauchte. Wenn man bei Derrida über einen Knochen stolpert, so enthält der kein Mark mehr.

Die Entdeckung des Unbewussten

25

In diesem Kapitel

- Freud, der einzige Nichtphilosoph, der wie ein Philosoph behandelt werden kann
- Die besondere Rolle der Sexualität
- Die Psychoanalyse

Die Entdeckungen Freuds

Die drei narzisstischen Wunden, die einen Menschen verletzen können

Anfangs traf Freud auf Feindseligkeit. So etwas kommt vor. Die Ablehnung der Psychoanalyse, die übrigens zu keinem Zeitpunkt verstummte, stützt sich auf mehrere Gründe und Argumente: Zunächst schockierte die Vorstellung, dass die Sexualität beim Menschen eine zentrale Rolle spiele. Außerdem ist für eine Biologie, die nur an Gehirnbereiche und chemische Substanzen glauben will, die Vorstellung eines Unbewussten wohl recht mysteriös. Obendrein lehnte man die Idee eines Determinismus ab, der paradoxerweise darauf hinauslief, aus der Kindheit die wichtigste Zeitspanne der menschlichen Existenz zu machen.

Freud selbst sagte, dass die Psychoanalyse die dritte narzisstische Wunde darstelle (die die Selbstachtung berühre), die dem Hochmut des Menschen zugefügt werde. Die erste Wunde ist die Folge der Entdeckungen in der Astronomie zur Zeit der Renaissance (Kopernikus): Die Erde hat ihre zentrale Stellung im Weltsystem verloren, sie wurde auf den Rang eines Planeten zurückgestuft. Damit hatte das Heim des Menschen keinerlei zentralen Platz mehr im Universum. Die zweite Wunde war die Evolutionstheorie (Darwin): Seit der Bibel stellte sich der Mensch vor, die Krone der Schöpfung zu sein und sich damit weit über den Tieren zu befinden. Die Naturgeschichte zeigt nunmehr die enge Verwandtschaft, die zwischen Tier und Mensch besteht, so dass aus dem Menschen selbst ein Tier geworden ist, dessen einziges Privileg darin besteht, etwas später als die anderen in der Entwicklungsgeschichte aufzutauchen.

Seiner zentralen Position im Universum und seines überlegenen Ranges in der belebten Schöpfung beraubt, tröstete sich der Mensch mit der Vorstellung, dass er ein Bewusstsein habe, dank dessen er nach Belieben bzw. nach seinem Willen erkennen und handeln könne. Oje!

Die Psychoanalyse dezentriert den Menschen, indem sie den herausragenden Einfluss des Unbewussten auf das Bewusstsein aufdeckt.

Was ist Psychoanalyse?

Etymologisch bedeutet »Psychoanalyse« die »Analyse der Seele«. Die Psychoanalyse umfasst wie jede medizinische Behandlung eine theoretische sowie eine praktische Dimension. Als Theorie ist sie diejenige Disziplin (für die Freud den Titel einer Wissenschaft beanspruchte), die die Psyche und das unbewusste Verhalten des Menschen als Gegenstand hat. In ihrer Praxis ist die Psychoanalyse eine Therapie, die sich bemüht, Neurosen und Psychosen zu mildern oder zu heilen.

Neurose und Psychose

Freud unterscheidet zwei große Kategorien psychischer Funktionsstörungen: die Neurosen und die Psychosen. *Neurosen* sind die Folge von Verdrängungen. Sie bringen das Individuum in eine schwierige Situation, die von großen Leiden begleitet sein kann. *Psychosen* sind sehr viel schlimmer, sie entsprechen dem, was in der Umgangssprache als »Wahnsinn« bezeichnet wird (Schizophrenie und Paranoia sind Psychosen). Die Psychoanalyse interpretiert die Psychosen nach der Logik des Unbewussten, das sie zu Tage fördert. Dagegen ist sie keinerlei Hilfe bei der Heilung. Die psychoanalytische Therapie beruht auf dem freien Sprechen des Patienten, was die Psychose ja gerade unmöglich macht.

Von der Hypnose zur Methode der freien Assoziation

Zu Beginn seiner Karriere als Arzt auf seinem Spezialgebiet, das man damals (Ende des 19. Jahrhunderts) »Nervenkrankheiten« nannte, praktizierte Freud – in der Nachfolge von Doktor Charcot, dessen Vorlesungen er im Krankenhaus von La Salpêtrière besucht hatte – die Hypnose: Während der Zeit seines künstlichen Schlafes traten die Störungen bei dem Patienten (meistens war es eine Patientin) nicht in Erscheinung.

Der Nachteil einer solchen Methode lag darin, dass die Symptome (Zittern, Lähmungen usw.) sofort wieder auftraten, nachdem die Hypnose beendet war. Entgegen der Meinung zahlreicher Mediziner seiner Zeit glaubte Freud nicht, dass er es mit lauter Simulanten zu tun hatte. Doch selbst ein eingebildeter Kranker müsste ernst genommen werden. Zunächst geht es darum anzuhören, was der Patient zu sagen hat. Deshalb führte maneben dieses Verfahren der sogenannten freien Assoziation ein, die in der berühmten Couch Gestalt angenommen hat: Ausgestreckt auf einem Sofa liegend, ohne dass er den Therapeuten sieht, erzählt der Patient nach Anleitung alles, was ihm durch den Kopf geht.

Das Rätsel der Hysterie

Alles fing an mit der Beobachtung von Hysteriefällen, die von der materialistischen Medizin des 19. Jahrhunderts entweder mit der Hypothese organischer Faktoren (verborgene körperliche Ursachen) oder mit dem Verdacht einer Verheimlichungsstrategie erklärt wurden. Freud entdeckte nach und nach, dass die Patientinnen mit ihrem Körper das zum Ausdruck brachten – in Form von Lähmungen, Erblindung usw. –, was sie nicht mit Worten ausdrücken konnten oder wollten. Das Unbewusste besitzt die Macht, die Worte beim Wort zu nehmen. Wenn wir sagen: »Ich möchte das nicht sehen!«, dann sind diese Begriffe für uns eine Art und Weise, bildlich zu sprechen. Der Hysteriker nimmt die Weigerung zu sehen ernst und wird damit blind, ohne dass irgendeine organische Ursache dafür festzustellen wäre.

Das Unbewusste, die andere innere Welt

Der Selbstzweifel, der durch den Traum übertragen wird

Freud hatte einen Traum, der ihn verwirrte: Beim Tod seines Vaters fühlte er sich fast schon glücklich und erleichtert, obwohl er davon gleichzeitig tief und aufrichtig berührt war. Wie kann man gleichzeitig solch gegensätzliche Gefühle empfinden? Normalerweise müssten sie sich ja ausschließen (Freude schließt Traurigkeit aus). Wichtigste Entdeckung dabei: Das Unbewusste kennt keinen Widerspruch. Der Widerspruch ist nur in der Betrachtung durch die bewusste Vernunft exklusiv oder ausschließend.

Um die irrationale Logik des Unbewussten zu veranschaulichen, die die Gegensätze in sich geradezu anhäuft statt sie auszuschließen, berichtet Freud folgende Geschichte:

Ein Bauer schleift seinen Nachbarn vor Gericht, weil dieser den Kessel durchlöchert hatte, den er sich ausgeborgt hatte. Der Angeklagte verteidigt sich vor dem Richter folgendermaßen: Erstens hat er sich niemals diesen Kessel ausgeliehen, zweitens hat er ihn unversehrt wieder zurückgegeben, und drittens war er bereits durchlöchert, als er ihn sich ausgeborgte.

Ich bin zwei

Das Unbewusste entspricht der Entdeckung des gespaltenen Charakters des Menschen. Das, was wir wollen, bemerkte schon der heilige Augustinus, wollen wir niemals mit unserer ganzen Willenskraft. Selbst unsere innigsten Wünsche, von denen wir glauben, dass ihre Verwirklichung uns glücklich machen würde, schleppen eine ganze Reihe von Einwendungen und Einschränkungen hinter sich her. Der christliche Philosoph erkannte darin das Zeichen des Bösen, der Erbsünde.

Das Beispiel des Champions

Stellen wir uns einen Athleten vor. In den Monaten vor den Olympischen Spielen absolviert er ein intensives Training. Sein ganzer bewusster Wille richtet sich auf den Sieg aus. Doch in den versteckten Winkeln seiner Psyche hat ihn niemals der geheime Wunsch zu verlieren verlassen. Gründe für diese scheinbare Unvernunft gibt es natürlich: eine zu große Bewunderung für den Hauptgegner (wie kann man denjenigen verlieren lassen, den man doch mag?), ein nicht ausreichend entwickeltes Aggressionsverhalten (siegen heißt töten), ein Gefühl der Unterlegenheit, ja selbst der Wunsch, gedemütigt zu werden. Damit klärt sich die Psychologie der ewigen Zweiten im Sport, bei denen der (bewusste) Wille zum Siegen weniger stark ist als der (unbewusste) Wunsch nach der Niederlage.

Das Beispiel vom Kandidaten

Das nächste Beispiel: der Examenskandidat. Auch er hat sich lange für seinen Abschlusserfolg vorbereitet. Er möchte es schaffen, und jeder in seiner Umgebung begleitet ihn in seinen Gedanken. Doch er wünscht sich auch zu versagen, und auch dafür gibt es Gründe als Auslöser: noch Kind zu bleiben, den Eintritt ins Berufsleben zu verzögern, nicht besser als der geliebte Bruder oder die geliebte Schwester zu sein, auch weiterhin von den Eltern umsorgt zu werden usw. Häufig entspricht das Prüfungsversagen in Wirklichkeit einem befriedigten, jedoch nicht eingestandenen Verlangen.

Das Beispiel des Kranken

Die Genesung ist das logische Ende der Krankheit, und um sie zu erreichen, wird – wie es scheint – alles getan. Doch man denkt nicht daran, dass es auch den unbewussten Wunsch gibt, krank zu bleiben. Auch hier fehlt es nicht an guten Gründen, angefangen von der Flucht vor der Arbeit und den Verantwortungen über den Wunsch, sich zu bestrafen, bis hin zum Vergnügen, gepflegt und verhätschelt zu werden. Kinder merken schon früh, dass sie mehr geliebt werden, wenn sie krank sind: Von nun an können einige Schmerzen und Unannehmlichkeiten durchaus der Preis sein, den man gerne bezahlt, um ein paar zusätzliche Küsse und Streicheleinheiten zu bekommen. Wenn Krankheit also nur Schäden mit sich brächte, würde man nicht so viele Leute sehen, die es sich dauerhaft mit ihr bequem machen.

Das Unbewusste hat seine Gründe, die die Vernunft nicht kennt

Für die Vernunft liegt es doch auf der Hand, dass ein Sieg einer Niederlage, der Erfolg dem Scheitern und die Heilung der Krankheit vorzuziehen sind. Nun haben Sieg, Erfolg und Heilung aber nicht nur Vorteile. Und ihre jeweiligen Gegensätze bieten nicht nur Nachteile. Es kann sich ein Kampf entwickeln, den sich der Wille und das Begehren, das Bewusstsein und das Unbewusste wie auf einem regelrechten Schlachtfeld miteinander liefern. Pascal sagte: Das Herz hat seine Gründe, die der Verstand nicht kennt. Ersetzen wir das Herz durch das Unbewusste, und wir haben die Psychoanalyse!

Weil uns die Vernunft um vielfältige Möglichkeiten des Vergnügens bringt, wird sie zu einem Feind, von dessen Joch wir uns mit Freude lösen.

Freud

Die zentrale Funktion des Ödipuskomplexes

Weshalb kann ein trauernder Erwachsener zugleich eine freudige Erleichterung in sich verspüren? Weil sich die Affekte seiner Existenz in ihm angehäuft haben, ohne sich gegenseitig aufzuheben. Stellen wir uns eine Stadt vor, die noch niemals zerstört wurde, zu der einfach immer nur neue Bauten hinzukamen. So ist es auch mit unserer Psyche. Unsere Kindheit ist nicht nur längst vergangene und fast vergessene Vergangenheit. Sie ist gleichzeitig eine Dimension unseres aktuellen Ich.

Die Geschichte von Ödipus ist die berühmteste, die das Schicksal und seine unvermeidbare Macht über die menschliche Existenz in Szene setzt.

Der Mythos vom fatalen Orakel

Diese Geschichte, die ursprünglich ein griechischer Mythos ist, wurde sehr häufig als Theaterstück adaptiert. Die einzelnen Versionen variieren von Autor zu Autor, doch die Rahmenhandlung bleibt immer die gleiche.

Laios, der König von Theben, ist aufs Tiefste betrübt, weil er keinen Sohn hat. So macht er sich auf nach Delphi, um Python zu befragen. Das Orakel warnt den König. Es sagt ihm, dass, wenn er einen Sohn habe, von diesem viele große Unglücke ausgehen würden: Er würde seinen Vater töten und seine Mutter heiraten. Dies sind die beiden grässlichsten Verbrechen, die ein Mann überhaupt begehen kann: Vatermord und Inzest. Jede Kultur, jede Zivilisation beruht auf diesen beiden Verboten, diesen beiden Tabus.

Trotz dieser fatalen Vorhersagen schenkt die Königin Jokaste einem Sohn das Leben. Doch da sie den Orakelspruch fürchtet, beschließt sie, ihr Neugeborenes loszuwerden, indem sie es im Kithairon-Gebirge aussetzt, nachdem sie ihm die Füße mit einer Nadel durchstochen und diese mit einer Kordel verbunden hat. Doch anstatt nun zu verhungern und zu verdursten oder von den wilden Tieren des Waldes aufgefressen zu werden, wird das Baby von einem Hirten gefunden und in Sicherheit gebracht. Dieser nannte ihn Ödipus, was im Griechischen »Schwellfuß« bedeutet.

Nun gibt es im Nachbarreich Korinth ebenfalls einen König, nämlich den König Polybos, der untröstlich darüber ist, keinen Sohn zu haben. Der Hirte, der zu arm ist, um den kleinen Jungen selbst großzuziehen, präsentiert ihn im Palast von Korinth, wo er mit Freude empfangen wird. Ödipus wird von Polybos adoptiert. Er wächst im Palast auf, weiß nichts von seinen wahren Geburtsumständen und glaubt, der richtige Sohn von Polybos und Merope, dem Königspaar von Korinth, zu sein.

Die Jahre vergehen. Ödipus ist ein junger Mann geworden. Eines Tages verrät ihm jemand, dass er nur ein Findelkind sei. Durch diese Enthüllung aufmerksam geworden, befragt Ödipus das Orakel von Delphi, das die schreckliche Vorhersage wiederholt, die es einst dem Laios verkündet hatte: »Du wirst deinen Vater töten und deine Mutter heiraten.« Die Macht des Schicksals schlägt zu: Bestürzt von dem, was er soeben erfahren hat, beschließt Ödipus, Korinth für immer zu verlassen und seine »Eltern« niemals mehr wiederzusehen. Damit, so meint er, würden die beiden vorhergesagten Verbrechen niemals geschehen können. Doch indem er seinem Schicksal zu entkommen glaubt, indem er jene verlässt, die er für seine Eltern hält, findet er seine wirklichen Eltern wieder. Man denke dabei an die Geschichte vom Rendezvous in Samarkand (Kapitel 9).

An einer Weggabelung im Gebirge, nicht weit von Delphi, gerät Ödipus, der von ungestümem Temperament ist, mit einem Unbekannten in Streit und tötet ihn. Damit erfüllt sich der erste Teil der Vorhersage. Der Unbekannte, Sie haben es sicher schon erraten, ist kein anderer als der König Laios, der wahre Vater des Ödipus. Ödipus setzt seine Reise fort und gelangt an die Pforten Thebens, wo er auf ein grässliches Monster mit dem Körper eines Löwen und dem Kopf einer Frau trifft: Die Sphinx erwürgt alle vorbeikommenden Reisenden, die auf das von ihr gestellte Rätsel keine Antwort geben können, und frisst sie auf.

Es ist schon interessant festzustellen, dass die Sphinx in der Ödipus-Legende in das Umland Thebens gesandt wurde, um diese Stadt für das Verbrechen zu bestrafen, das König Laios einst begangen hatte, als er nämlich einen jungen Mann entführt und ihn zu seinem Liebhaber gemacht hatte. So bezahlt Ödipus für die beiden Fehltritte seines Vaters: für den eben genannten als auch für den Ungehorsam gegenüber dem Orakel, das ihm ja eingeschärft hatte, keinen Sohn zu zeugen.

Das Rätsel nun, das die Sphinx stellt, ist dermaßen schwierig, dass niemand es lösen konnte, bis Ödipus die richtige Antwort auf die Frage gibt: Welches Lebewesen geht am Morgen auf vier Füßen, am Mittag auf zweien und am Abend auf dreien? Ödipus' Antwort lautet: der Mensch. Ein – anderes! – Orakel hatte der Sphinx vorhergesagt, dass sie an dem Tag sterben werde, an dem sie jemandem begegne, der ihr Rätsel lösen könne: Dieses Orakel sagt nicht nur, was geschehen wird, es lässt selbst die Dinge geschehen. Verzweifelt über die richtige Antwort des Ödipus, stürzt sich die Sphinx von ihrem Felsen und stirbt.

So ist das Land Theben also von dem Schrecken befreit, und Ödipus wird zum Helden. Der Thron Thebens ist vakant, wie auch das Bett der Königin, da Laios ja auf dem Land von einem Unbekannten getötet und Jokaste damit zur Witwe wurde. Ödipus wird in der Stadt als großer Wohltäter empfangen und steigt, ohne es zu wissen, auf den Thron seines Vaters und in das Bett seiner Mutter, womit nun der zweite Teil des Orakelspruchs in Erfüllung geht.

Die Jahre vergehen. Ödipus ist ein gerechter König. Er bekommt mit seiner Frau, die ja auch seine Mutter ist, vier Kinder, die seine Söhne und Halbbrüder, seine Töchter und Halbschwestern sind. Das charakteristische Kennzeichen des Inzestes ist es ja, die natürliche Ordnung der Generationen durcheinanderzubringen. Alle diese Kinder werden ein tragisches Schicksal erleiden (Antigone ist die berühmteste von ihnen): Das Schicksal wird genauso gewiss weitergegeben wie das genetische Erbgut.

Einige Jahre später wütet die Pest in Theben. In der Antike glaubte man, dass die Pest durch den Gott Apollon ausgelöst werde, um die Menschen für ein besonders schweres Verbrechen zu bestrafen. Infolgedessen machen sich die Thebaner auf den Weg zum Orakel, um es zu befragen. Das Urteil fällt: »Der Mörder des Laios muss aus der Stadt vertrieben werden.« Die Stadt Theben beherbergt in ihren Mauern also den Mörder des ehemaligen Königs, und dieses ungesühnte Verbrechen hat den Zorn des Gottes hervorgerufen. Ödipus, von dem man weiß, dass er gerecht ist, leistet den Schwur, dass der Verbrecher gefunden und bestraft wird, und er selbst leitet die Untersuchung, die ihn zu Fall bringen wird. Schon bald ermöglichen die Enthüllungen des Sehers Teiresias dem Helden, die furchtbare Wahrheit zu ahnen.

Aus Scham erhängt sich Jokaste. Zunächst will Ödipus sich das Leben nehmen. Doch als er daran denkt, dass dies eine Bestrafung wäre, die eigentlich viel zu mild im Hinblick auf die Schwere seiner Verbrechen wäre, sticht er sich die Augen mit der Anstecknadel seiner Mutter aus. Er wird aus Theben gejagt und irrt nun bettelnd in der Gegend umher, begleitet von seiner Tochter Antigone, der einzigen, die ihm treu geblieben ist. Am Ende seines Lebens findet der unglückselige Ödipus zunächst Asyl in Attika, dann in Kolonos, einem kleinen Ort in der Nähe Athens, und dort reißen die Erinnyen (als göttliche Mächte sind diese drei Frauen das Instrument der Rache der Götter) ihn in den Tod. Dennoch ordnet Theseus, der König von Athen, eine Grabstätte für dieses Opfer eines unsühnbaren Schicksals an, denn ihm wurde gesagt, dass das Grab Ödipus' später ein Unterpfand für den Sieg des Volkes von Athen sei.

Die Bedeutung des Mythos: nicht zu wissen, wer man ist

Die Geschichte des Ödipus ist eine Folge von Ereignissen, die in einer unvermeidbaren Ordnung miteinander verkettet sind. Sämtliche Personen sind blinde Spiel- oder Werkzeuge des Schicksals: der Vater, ohne den nichts von alledem eingetroffen wäre, der Hirte, denn wenn das Baby an den Abhängen des Gebirges den Tod gefunden hätte, wäre nichts geschehen, die Adoptiveltern, die den Fehler begingen, ihrem in den Bergen aufgefundenen Sohn nichts von seiner wahren Herkunft zu erzählen usw. Es gibt keine Freiheit, es gibt nur Rädchen in einem Räderwerk. Die Menschen führen Handlungen aus und glauben, das eine oder andere Ziel damit zu erreichen. In Wirklichkeit spielt sich ohne ihr Wissen etwas ganz anderes ab.

Die Episode mit der Sphinx ist von einer einzigartigen Tiefgründigkeit, die vielleicht sogar den Mittelpunkt, den Knoten der ganzen Geschichte bildet. Denn Ödipus weiß nichts von sich selbst, weder seinen Ursprung noch seinen richtigen Namen (Ödipus ist ja nur ein Spitzname). Alle Menschen können auf die einfachste Frage überhaupt eine Antwort geben: Wer bin ich? Wie heiße ich? Wer sind meine Eltern? Ödipus jedoch weiß das nicht. Doch vor ihm konnte kein anderer das Rätsel der Sphinx lösen, dessen Antwort ja gerade der *Mensch* ist. Bei Ödipus ist es also genau umgekehrt wie bei allen anderen Menschen: Diese wissen von ihrer Einzigartigkeit (Wer bin ich? Ich!), kennen aber nicht den allgemeinen Begriff (der Mensch). Ödipus zeigt jedoch, mit absoluter Blindheit hinsichtlich die Singularität seines Ich geschlagen, erkennt doch mit einzigartiger Klarsicht den allgemeinen Gattungsbegriff. Was eben auch bedeutet, dass diese Erkenntnis der allgemeinen Gattung nichts bringt, wenn das unmittelbare Wissen von sich selbst nicht vorhanden ist.

Jeder heißt Ödipus

Nun versteht man, warum Freud Ödipus als Bezeichnung und Symbol für den berühmten Komplex ausgewählt hat: nicht nur, weil der tragische Held die beiden Tabus des Vatermordes und des Inzestes verletzt, sondern auch, weil er genau der Held des Unbewussten, des personifizierten Unbewussten ist. Als Ödipus den Unbekannten an der Weggabelung tötet, weiß er nicht, dass es sich dabei um seinen Vater handelt, und als er das erste Mal mit der Königinwitwe schläft, weiß er nicht, dass es seine Mutter ist. Als er den Verbrecher suchen lässt, der den Zorn des Gottes erregt, weiß er nicht, dass er selbst es ist, den er sucht und den er schließlich auch finden wird.

Als Ödipuskomplex (dies ist übrigens der einzige Komplex, den Freud anerkannte, der berühmte Unterlegenheitskomplex stammt nicht von ihm, sondern von seinem »abtrünnigen« Schüler Alfred Adler) bezeichnete Freud die Einheit der beiden miteinander in Zusammenhang stehenden widersprüchlichen Begehren, die sich beim Kind etwa im Alter von fünf Jahren zeigen (Libido, die Mutter betreffend, und Tötungswunsch, den Vater betreffend, bei dem kleinen Jungen; Libido, den Vater betreffend, und Tötungswunsch, die Mutter betreffend, bei dem kleinen Mädchen – Carl Gustav Jung, auch ein »abtrünniger« Schüler Freuds, nannte den Ödipuskomplex bei Mädchen Elektrakomplex)..

Damit wird die Geschichte des Ödipus, die ja außergewöhnlich und bis zur Abscheulichkeit gesteigert erscheint, zur banalsten Geschichte überhaupt: Die scheinbare Ausnahme ist die Regel. Ödipus, das ist jeder von uns, als kleines Kind. Infolgedessen ist Ödipus der Held (und auch der Herold als Wortführer) des Unbewussten, im strengen Sinne des Wortes, denn er vollbringt in der Realität, in seinem Leben, das, was jeder von uns sich vor langer Zeit einmal heimlich vorgestellt hat. Man denke dabei an den Satz Platons, der hier seine eklatante Bestätigung findet: Der Unterschied zwischen einem ehrlichen Menschen und einem Verbrecher besteht darin, dass jener sich damit begnügt, von dem zu träumen, was dieser in der Realität ausführt.

Normalerweise wird der Ödipuskomplex im Laufe des Lebens »zerstört«: Beim Erwachsenwerden muss das Kind auf seine einstigen Begierden verzichten. Dennoch prägt der Ödipuskomplex auch weiterhin, mehr oder weniger stark, unsere Psyche: Freud erklärt damit die Homosexualität (die Bindung an Vater oder Mutter ist derart stark, dass sich jedes Gefühl gegenüber einer Person desselben Geschlechtes von vornherein verbietet) oder die Partnerwahl (wir werden unbewusst von Männern oder Frauen angezogen, die ähnliche Persönlichkeitszüge wie unser Vater oder unsere Mutter tragen); zumindest Freuds Erklärung der Homosexualität ist stark umstritten. Wir sind nicht freier als Ödipus in unserer Wahl: Wir glauben zwar, frei zu sein, weil wir uns der jeweiligen Wahl bewusst sind, kennen aber nicht die Gründe dafür.

Die Religion wäre die allgemein menschliche Zwangsneurose, wie die des Kindes stammte sie aus dem Ödipuskomplex, der Vaterbeziehung.

Freud

Die Manifestationen des Unbewussten

Woher kann man wissen, dass ein schwarzes Loch existiert, wenn es wegen seiner kolossalen Dichte das gefangene Licht zurückhält und es daran hindert, sich auszubreiten? Dadurch, dass man den Effekt um das schwarze Loch herum beobachten kann. Das Unbewusste ist ein psychisches schwarzes Loch. Es besitzt eine ungeheuere Schwere und kann nicht direkt beobachtet werden. Dennoch äußert sich seine Anwesenheit durch eine bestimmte Anzahl an Auswirkungen, an Effekten. Das Unbewusste ist die Hypothese, die von bestimmten menschlichen Verhaltensweisen aufgestellt wird, die ohne diese Hypothese unerklärlich blieben.

Das Unbewusste äußert (objektiviert) sich in vier Arten von Phänomenen, das sind:

- ✔ Träume
- ✔ Symptome der Unruhe und psychoneurotische Funktionsstörungen
- ✔ Fehlleistungen
- ✔ Witze

Der Traum: der Königsweg, auf dem man zum Unbewussten vordringt

Vor Freud deutete man Träume auf zwei unterschiedliche Weisen:

- ✔ Als warnende Träume, die aus dem Jenseits gesandt wurden, eben um die Menschen zu warnen
- ✔ Als Symptome körperlicher Beschwerden

Freud bezieht die Träume weder auf die Götter noch auf den Körper, sondern auf die Psyche. Der Schlüssel zum Traum liegt weder in der Zukunft noch in der Gegenwart, sondern in der Vergangenheit. Seine These ist, dass der Traum der Ausdruck eines wahrgenommenen Wunsches ist – angefangen bei dem Wunsch, schlafen zu wollen (dadurch, dass sich der Krach meines Weckers in die Glöckchen eines Pferdeschlittens verwandelt, gewinne ich noch einige zusätzliche Sekunden an Erholung und Schlaf).

Kinder haben ganz realistische Träume: Sie träumen etwa von einem Eis, das ihnen die Eltern verweigerten. Der Realismus der Träume verschwindet beim Erwachsenen nicht vollständig: So kann ich meine schöne Nachbarin in meinen Armen liegen »sehen«, obwohl ich es noch nie gewagt hatte, sie auch nur einmal anzusprechen. Doch meistens ist der Traum obskur und geheimnisvoll, verborgen hinter einer ganzen Reihe von Verzerrungen, die seine Interpretation schwierig gestalten. Und tatsächlich hört auch im Traum die Zensur, der das Individuum während des Lebens im Wachzustand unterliegt, nicht immer vollständig auf: Freud entdeckt ein ganzes Lexikon (eine Ansammlung von Zeichen, die eher symbolischer Natur sind) und eine Syntax (eine Ansammlung von Verbindungsregeln für diese Zeichen), kurz, eine Sprache. Der Traum ist die Sprache des Unbewussten, die, wie jede andere Sprache auch, ihre eigenen Wörter und ihre eigene Grammatik hat.

Der englische Dichter Coleridge fragte sich: Wenn ein Mann das Paradies in einem Traum durchquerte und man ihm eine Blume gäbe als Beweis dafür, dass er da gewesen ist, und wenn er dann beim Aufwachen diese Blume in seiner Hand finden würde ... was wäre dann? Der Dichter würde sagen, dass dieser Mann das Paradies gesehen habe. Der Psychoanalytiker würde meinen, dass dies die Blume sei, die der Träumer vor dem Traum oder während des Schlafes gepflückt habe und die die Bilder vom Paradies in ihm erzeugt habe.

Die nächste Vergangenheit ist die des Tages, der dem Traum vorangeht: Man entdeckt in ihm Spuren des vorhergehenden Tages (ein Wort, ein Lächeln, ein flüchtiger Eindruck). Doch es gibt in ihm auch die entfernteste Vergangenheit, die sogar bis in die früheste Kindheit zurückreichen kann. Das Unbewusste kennt keine Zeit, wie es auch nicht den Tod und die Verneinung kennt. Für das Unbewusste können 50 Jahre wie eine Stunde sein.

Und was ist mit Ihnen? Träumen Sie?

Experimente haben ausdrücklich bewiesen, dass Freud bei folgender Aussage recht hatte: Jeder träumt (sogar Katzen und Vögel), und jeder hat mehrere Träume während seines Schlafes. Die Frage, ob man träumt, hat keinen Sinn, weil es schwer ist, sich an seine Träume zu erinnern (und diejenigen, an die wir uns zu erinnern meinen, haben nur Bruchstücke in uns hinterlassen).

Die Sprache der Symptome

Die Hysterikerin spricht mit ihrem Körper. Sie wird blind, anstatt zu sagen: »Ich will das nicht mehr sehen«, sie übergibt sich, anstatt zu sagen: »Ich wünsche mir ein Kind«. Wie die Träume, so offenbaren auch die psychischen Symptome die spontan symbolische Natur des Unbewussten: Hinter dem feststellbaren physischen Phänomen (zum Beispiel der ständigen Angewohnheit, sich die Haare um die Finger zu wickeln) gibt es eine Bedeutung, die mit unseren, oftmals (aber nicht immer) sexuellen Begierden in Verbindung steht.

Der Traum der Vernunft gebiert Ungeheuer

Eine Radierung Goyas zeigt eine Person, die an einem Tisch sitzt und den Kopf auf die Arme legt, womöglich eingeschlafen über beschriebenem Papier; sie ist umgeben und umschwirrt von allerlei Getier, Eulen, Fledermäusen ... Der Titel des Bildes lautet: Der Traum der Vernunft gebiert Ungeheuer. Die Bilder des Traumes sind manchmal derart fantastisch und erschreckend, dass man gut verstehen kann, dass die Menschen früher nicht glauben konnten, ihre Träume kämen aus ihnen selbst. Das, was der Traum zum Ausdruck bringt, ist im Grunde genommen der geheimnisvolle Teil unseres Seins. In manchen unserer Träume sind wir gar nicht so weit von der Abscheulichkeit eines Massenmörders entfernt, den wir ansonsten kaum noch als unseren Bruder ansehen könnten.

Die Fehlleistungen sind nur für das Bewusstsein verfehlte Handlungen

In Zeitungen konnte man von Autofahrern lesen, die auf einem Autobahnrastplatz eine Großmutter oder ein Kind »vergaßen« und denen das erst viele Kilometer später bewusst wurde. Das Lächerliche und Groteske an dieser Situation soll nicht über ihre Dramatik hinwegtäuschen. Die Gesellschaft kann solche drastischen Wünsche nach dem Aussetzen eines Elternteiles oder eines Kindes (und damit Todeswünsche an die Adresse dieser Personen) natürlich nicht anerkennen – daher verfügt sie über dehnbare Alibis für solche Handlungen: Müdigkeit, Zerstreutheit oder Zufall. Ich habe diese Person angerempelt? Ach, das war aus lauter Müdigkeit. Ich habe eine Verabredung vergessen? Wie kann man nur so zerstreut sein! Ich habe diese Vase umgeworfen? Ach, so ein Pech aber auch! Dies sind drei Möglichkeiten, den psychologischen Sinn dieser Fehlleistungen beiseitezuschieben, von denen Freud sagte, dass sie nur für das Bewusstsein verfehlt seien, doch für das Unbewusste nur allzu geglückte Handlungen darstellten.

Wir sind in dem, was wir haben

Die Gegenstände sind die Geiseln unserer Wünsche. Außerhalb ihrer praktischen, nützlichen Funktion (eine Uhr dient dazu, die genaue Zeit zu erfahren, ein Mantel dient dazu, vor Kälte zu schützen) haftet ihnen eine symbolische Bedeutung an, die von der gefühlsmäßigen Beziehung zeugt, die wir zu ihnen unterhalten können. Wenn mir meine Armbanduhr von einem lieben Freund geschenkt wurde oder ich sie von meinem Vater geerbt habe, wird sie für mich sehr viel mehr als nur ein praktisches Mittel zur Zeitmessung sein: das Symbol für ein Gefühl, das man für die abwesende oder verstorbene Person hat. Deshalb wird ein Einbrecher auch niemals wissen, wie viel Schaden er tatsächlich anrichten kann: Er glaubt, nur Handelswerte mitzunehmen, doch mit ihnen verschwinden eben auch unersetzliche Zeichen, die er dem Geschädigten raubt. Diebstahl ist immer auch eine Vergewaltigung, denn es gibt keine einzige Versicherungsgesellschaft, die für die psychischen Schäden des Bestohlenen aufkommt.

Der andere spielt im Leben des Individuums stets die Rolle eines Vorbildes, eines Objektes, eines Verbündeten oder eines Gegners.

Freud

Die Witze

Wer hätte geglaubt, dass eine unschuldige komische Geschichte eine Analogie zum Traum, zum Symptom oder zur Fehlleistung darstelle? Ein Wunsch wurde verdrängt, er kommt dennoch indirekt zum Vorschein. Dadurch wird verständlich, weshalb komische Geschichten sich unablässig um zwei Pole drehen: um den Sex und um den Tod (sie sind mit Ängsten verknüpft, doch gleichzeitig auch Objekte der Verdrängung). Nun bietet das Unbewusste seine List an. Es ist immer einfacher, eine unanständige Geschichte zu erzählen, als selbst unanständig zu reden.

Die zweite Topik: die Triade des Ich, des Es und des Über-Ich

Freud hatte zunächst die Psyche in drei »Teile« gegliedert:

- ✔ Das Bewusstsein
- ✔ Das Unbewusste
- ✔ Das Vorbewusstsein (der Teil des Unbewussten, der bewusst werden kann)

Dies bezeichnet man als die erste Topik (abgeleitet vom griechischen topos, was »der Ort« bedeutet). Eine Topik ist eine Festlegung von Orten, hierbei handelt es sich um symbolische Orte der Psyche. Am Ende seines Lebens beschäftigt sich Freud mit einer weiteren Topik (der zweiten Topik):

- ✔ Das Ich
- ✔ Das Es
- ✔ Das Über-Ich

Das *Ich* ist die vordergründigste Schicht der Psyche. Es umfasst das Bewusstsein, aber auch unbewusste Bereiche (wie das Wunschbild des Ich, das das Subjekt ohne sein Wissen antreiben kann). Das *Es* ist der Sitz der Triebe. Es ist vollständig unbewusst. Das *Über-Ich* entspricht dem, was man das moralische Bewusstsein nannte – mit dem riesigen Unterschied, dass auch dieses vollständig unbewusst ist. Es stellt die Kraft der Zensur in uns dar.

Es wäre tatsächlich ein schwerer Irrtum zu glauben, dass die Kräfte des Vermeidens, die dem Menschen verbieten, seine Wünsche zu befriedigen und damit glücklich zu sein, unbedingt von außen kommen (der Gesellschaft, den Eltern, der Religion, dem Gesetz usw.). Meistens, zumindest in den demokratischen Gesellschaften, sitzt die strengste Polizei im Inneren des Individuums selbst.

Welche Stellung nimmt das Bewusstsein ein?

Das Bewusstsein herrscht, regiert aber nicht, wird Paul Valéry sagen. Bedeutet dies, dass das arme Ich, das von obskuren und widersprüchlichen Kräften hin und her geworfen wird, nun gar nichts mehr zu sagen hätte? Die Psychoanalyse ist ein Diskurs über das Unbewusste, doch es ist natürlich das Bewusstsein, das diesen führt. Die Seele denkt immer, sagte Descartes, und selbst dann, wenn sie denkt, dass sie nicht immer denkt, ist es doch immer noch sie, die dies denkt.

Woraus setzt sich das Unbewusste zusammen?

Es gibt den ursprünglichen, angeborenen Teil, der aus den Trieben besteht, und den erworbenen Teil, der aus den verdrängten Begierden gebildet wird.

Instinkte und Triebe

Die Triebe sind das, was im Menschen vielleicht am besten die Untrennbarkeit von Körper und Psyche kennzeichnet. Freud unterscheidet dabei zwei Triebe: die Libido (oder den Geschlechtstrieb) und den Todestrieb. Die menschlichen Triebe können an die Instinkte der Tiere erinnern – ihr Ursprung ist wahrscheinlich derselbe –, doch sie definieren sich zunächst erst einmal durch das, was sie eben nicht zu Instinkten macht.

Nach heutigem Stand der Wissenschaft kann man sagen: Der Mensch hat tatsächlich Triebe, aber keine Instinkte. Was ist ein Instinkt? Ein Verhaltensprogramm, das dazu bestimmt ist, das Leben oder das Überleben eines Individuums oder einer Art zu sichern. Programm kann man hierbei durchaus in einem informatischen Sinne nehmen: eine Einheit von Operationen, die eine genau festgelegte Zweckbestimmung haben. Es ist einfach zu erkennen, dass nichts, sowohl im individuellen als auch im sozialen Verhalten eines Menschen, dem Instinkt entspricht. Es ist kein Instinkt, der dem Menschen die Wahl seines Partners, seines Berufes oder seiner Vorlieben vorschreibt. Man hat vom Überlebensinstinkt gesprochen, doch wie lässt sich dann die Häufigkeit von Selbstmorden bei den Menschen erklären?

Der Trieb hat eine gewisse Leichtigkeit, die dem Instinkt fehlt, und die Vielfältigkeit der Arten zur Befriedigung des Triebes weicht von der Einfachheit der Möglichkeiten des Instinktes ab: Der Geschlechtsinstinkt des Tieres wird nur durch den Geschlechtsakt befriedigt, während der Sexualtrieb beim Menschen auf vielfältige Weise befriedigt werden kann, angefangen bei einer sexuellen Beziehung über die Lektüre von Büchern oder das Anschauen eines pornografischen Films bis hin zu einem Traum.

Dies führt uns zu einem weiteren wesentlichen Unterschied: Während der Instinkt auf eine bestimmte Art genetisch eingeschrieben und damit von ausschließlich biologischer Natur ist, existiert der Trieb nur durch eine unendliche Vielfältigkeit psychischer Repräsentanten. Beim Menschen gibt es keine reinen Bedürfnisse, das heißt biologischen Kräfte, die nur körperlich wären und die die Tätigkeit des Denkens übergehen würden: Selbst der schonungslos verspürte Trieb (Hunger, sexuelles Bedürfnis) läuft durch das Sieb einer ganzen Reihe von Vorstellungen. Der Vergewaltiger ist im Grunde genommen mehr das Opfer seiner Gedanken als seines Körpers.

Verdrängte Wünsche

Das Unbewusste setzt sich nicht nur aus den Trieben und den Wünschen zusammen, die ihre psychischen Repräsentanten sind (und die bewusst sein können). Es gibt auch verdrängte Wünsche. Ein nicht befriedigter Wunsch wird nicht wie durch Zauber vernichtet. Versenkt in der dunklen, unbekannten Seite des Ich, führt er dennoch ein Maulwurfdasein und taucht bei

Gelegenheit in Form eines Traumes, einer Fehlleistung oder eines Symptoms wieder auf. Was tut ein Kind, dem man seinen Wunsch verweigert hat, wenn es aufhört zu weinen? Es träumt, und sein Traum ist eine unbewusste Revanche gegenüber dem Leben. Aus diesem Blickwinkel betrachtet, gibt es keine Erwachsenen, die nicht Kinder geblieben sind.

Die Zurückweisung des Todestriebes

Für seine Ethik ging Aristoteles von dem Prinzip aus, dass alle Menschen glücklich sein wollen. Das hieße, den Todestrieb zu vergessen. Der Mensch ist, nach Freud, ein Schlachtfeld, auf dem zwei Triebe miteinander kämpfen, die Libido (der Geschlechtstrieb) und der Todestrieb. Mal stehen sich diese beiden Triebe gegenüber (wie sich das Leben dem Tod entgegenstellt und die Liebe dem Hass), mal arrangieren sie sich und werden zu Freunden.

Warum scheitern weltweit die die Kampagnen zur Prävention gegen Aids? Weil es weder die öffentliche Hand noch die privaten Organisationen wagen, die Menschen vor ihrem eigenen Todestrieb zu warnen: Das stillschweigende Postulat, auf dem unsere demokratischen Massengesellschaften beruhen, ist doch, dass alle Menschen leben, glücklich sein und bei jeder Gelegenheit den maximalen Vorteil suchen wollen. Ein fataler Irrtum.

Das Schicksal der Triebe

Wenn der Trieb unbewusst ist, dann ist der geäußerte Wunsch, der sich aus ihm ableitet, definitionsgemäß bewusst (das brauche ich wohl nicht extra zu betonen). Was geschieht nun mit dem Wunsch?

Eine erste Weggabelung bietet sich an: Entweder er wird befriedigt, oder er wird es nicht. Das sexuelle Verlangen beispielsweise wird durch den Geschlechtsakt befriedigt. Doch die Befriedigung ist immer nur kurzlebig und begrenzt. Bereits Beaumarchais hatte festgestellt, dass das, was den Menschen vom Tier unterscheidet, ist, ohne Durst zu trinken und jederzeit Liebe zu machen.

Der Mensch ist eine Schöpfung des Wunsches und nicht des Bedürfnisses, wird Gaston Bachelard sagen. Wenn das Bedürfnis sagt: »Es reicht!« (normalerweise trinkt man nicht mehr weiter, wenn man keinen Durst mehr hat), ruft das Verlangen: »Noch mehr!« So versteht man also, dass die Unbefriedigung die Regel und die Befriedigung die Ausnahme ist.

Was geschieht nun aber, wenn ein Wunsch nicht befriedigt wird? Es gibt zwei Möglichkeiten: Entweder wird der Wunsch verdrängt (denken wir nicht mehr daran, diese Frau ist nichts für mich), oder er wird sublimiert. Die Verdrängung ist ein Notbehelf, denn, wie wir gesehen haben, der auf diese Art gehemmte Wunsch kann in Form eines Symptoms wiederauftauchen. Die Sublimierung ist eine ideale Lösung in beiden Bedeutungen des Wortes, denn sie verlagert den Wunsch nach oben, indem sie ihn auf einer höheren Ebene befriedigt.

Das üblichste Mittel der Sublimierung stellt dabei die Arbeit dar, einfach durch den Aufwand an Energie, den man in sie investiert. Doch es gibt auch noch die Kunst oder die Religion als Sublimierungsmöglichkeiten … Der Maler Toulouse-Lautrec, der körperbehindert war, seit er sich in seiner Kindheit bei einem Treppensturz beide Beine gebrochen hatte, malte Akrobaten und Reiter: Die wirbelnde Welt des Zirkus und des Variétés verherrlichte all das, was er nicht machen konnte. Stendhal, der Komplexe wegen seines Aussehen und Unglück in der Liebe hatte, projiziert sich selbst in die jugendlichen und verführerischen Figuren seiner Helden: Julien und Fabrice sind seine anderen Ichs, die – dadurch, dass sie Stendhal selbst repräsentieren – eine imaginäre Revanche gegenüber dem realen Leben darstellen.

Das Herz ist eine Sublimierung des Sex

Dass die Liebe ein idealisierter Ausdruck der Sexualität ist, das weiß inzwischen jeder. Dagegen fertigt auch weiterhin jedermann in aller Unschuld »sentimentale« Zeichnungen an, ohne sich ihrer Obszönität bewusst zu sein. Wussten Sie, was ein von einem Pfeil durchbohrtes Herz (von denen es Tausende in Baumstämme eingeritzte oder auf Oberarmen tätowierte gibt) in Wirklichkeit bedeutet? Forschen Sie mal danach! Haben Sie schon einmal ein Herz gesehen? Welche Form hat es? Lesen Sie mal weiter unten nach, noch weiter unten, und dann werden Sie es schon finden. Was den Pfeil angeht, folgen Sie ihm einfach …

Ein Blick auf Freud und die Psychoanalyse

War Freud besessen?

Die breite Öffentlichkeit hat vor allem im Sinn behalten die Bedeutung , die die Psychoanalyse der Sexualität beimisst, und es stimmt schon, dass diese »Wissenschaft« durchaus viel zu dem Perspektivenwechsel beigetragen hat, den das 20. Jahrhundert im Hinblick auf diesen Bereich der menschlichen Existenz vollzogen hat. Dennoch wäre es ein großer Irrtum, sich vorzustellen, dass Freud nur eine Lehre vom Sex aufgestellt hat (die vorstehenden Abschnitte haben Sie bestimmt, so hoffe ich jedenfalls, davon überzeugt, dass dem nicht so ist).

Auf dieserlei Fragestellungen lastet ein Missverständnis. Indem Freud die hauptsächlich psychische Natur der Sexualität aufgezeigt hat, machte er aus ihr eine ganz menschliche Realität. Ein großer Teil des Anstoßes, der an der Psychoanalyse genommen wurde, rührt daher. Die Sexualität aus ihrem physiologischen Dunkel herausgeholt zu haben war eine große Tat, die viele noch immer nicht anerkennen.

Was ist eigentlich normal?

Freud wurde gefragt, was denn normal sei. Ohne sich davor zu drücken, antwortete er mit zwei einfachen Worten: zu lieben und zu arbeiten. Lieben, weil das die Beziehung zwischen den Menschen ist; arbeiten, weil dies die Beziehung zwischen dem Menschen und der Realität ist. Ein Neurotiker ist derjenige, der nur mit Schwierigkeiten lieben und arbeiten kann; ein Psychotiker ist derjenige, der weder mit anderen noch mit der alltäglichen Realität in Beziehung treten kann.

Der Ausbau der Psychoanalyse: Freuds Nachfolger

Seit ihrer Entstehung hat sich die Psychoanalyse in die verschiedensten Richtungen ausgeweitet und sich auf alle Bereiche erstreckt, bis sie manchmal schon als eine allgemeine Vorstellung vom Menschen erschien. Doch diese Ausweitung (auf das Kind, auf primitive Gesellschaften, auf die Kultur) ging auch mit einer gewissen Marginalisierung der Psychoanalyse einher: Viele psychologische Richtungen und viele Therapieformen, vor allem amerikanischen Ursprungs, wollen nichts von der Psychoanalyse und dem Unbewussten wissen.

Unter denen, die sich in der Psychoanalyse nach Freud einen Namen machten, war Jacques Lacan derjenige, der die Psychoanalyse am stärksten weiterentwickelte und für die Philosophie am interessantesten war.

War Lacan ein Scharlatan? Diese Frage beantworten viele Psychologen und Philosophen ohne Zögern mit Ja. Der Mann war in seiner Jugend durch den Surrealismus geprägt (Dalí kannte er gut): Sein Gebaren als Psychoanalytiker ist das eines Gurus, der nicht davor zurückschreckt, die seichtesten Mittel anzuwenden, um sein Publikum und seine Schüler zu faszinieren (mit einer wie ein Korkenzieher gedrehte, Zigarre im Mund; während der Seminare mit einer Fistelstimme sprechend; eine schwerverständlichen Sprache verwendend – letztendlich ist das Unverständliche für jemanden, der eine sexuelle Beziehung für unmöglich hält, wohl die normale Ausdrucksweise).

Doch von diesen Spielchen und Provokationen – die ja, nicht zu vergessen, eine mimetische, dramaturgische Funktion hatten: nämlich das Unbewusste und seine Ausformungen in Szene zu setzen – einmal abgesehen, war Lacan einer der außergewöhnlichsten Denker des Jahrhunderts. Es genügt, irgendeine Seite irgendeines seiner Seminare (das sind Mitschriften von Seminaren, die er gehalten hat, dort finden Sie einen einfacheren Zugang als über seine eigentlichen Schriften) aufzuschlagen, um sich davon unmittelbar zu überzeugen.

Das Unbewusste ist wie eine Sprache strukturiert

Lacan hat sich stets als treuer Fortsetzer Freuds präsentiert. Seine Theorie stellt in der Tat eine rigorose Reaktion auf die Verwässerung dar, die die Psychoanalyse jenseits des Atlantiks erlitt, wo sie zu einer Art Verwaltung des Ich geworden ist (diese Sucht, alles managen wollen). Im Grunde genommen war das, was bei bestimmten Strömungen der Psychoanalyse vergessen wurde, nicht mehr und nicht weniger als das Unbewusste.

Sein und denken

»Ich denke, also bin ich« (René Descartes). – »Ich ist ein anderer« (Arthur Rimbaud). – »Manchmal denke ich, und manchmal bin ich« (Paul Valéry). –»Ich bin, wo ich nicht denke, ich denke, wo ich nicht bin.« (Jacques Lacan).

Das Unbewusste entzieht sich uns so, wie die Sprache sich demjenigen entziehen kann, der spricht. Wer will denn beim Sprechen Grammatikregeln anwenden? Man spricht ja sogar im Schlaf, sogar im Zustand der Trunkenheit, was wohl ein Beweis dafür ist, dass sich dabei etwas abspielt, was stärker ist als wir. Wenn das Unbewusste wie eine Sprache strukturiert ist, bedeutet dies auch, dass es eine Sprache *ist*. Was ist ein Traum? Ein Sprachwesen. Was ist ein Symptom? Ein Sprachzeichen. Die Psychoanalyse Lacans ist die Anwendung des Strukturalismus auf die Philosophie des Unbewussten.

Was ist Strukturalismus?

Der Sprachwissenschaftler Ferdinand de Saussure vergleicht die strukturale Linguistik (Sprachwissenschaft), die er fördern möchte, mit dem Schachspiel. Man kann den aktuellen Zustand einer gerade gespielten Partie Schach verstehen, ohne die Einzelheiten der bereits seit Beginn gespielten Züge zu kennen: Es reicht dafür, die Spielregeln zu kennen. Dagegen wäre der Beobachter einer Partie Bridge, der erst im Laufe des Spiels dazukäme, nicht imstande, ihr zu folgen, da der gegenwärtige Spielstatus von sämtlichen Stichen abhängt, die seit dem Beginn des Spiels gemacht wurden.

Nach Ansicht Ferdinand de Saussures muss das wissenschaftliche Studium der Sprache sich mehr mit dem synchronischen Gesichtspunkt (das sind die momentanen strukturellen Beziehungen, siehe Schach) als mit dem diachronischen (mit der geschichtlichen Entwicklung von Sprache, siehe Bridge) befassen: So hängt die Funktion des Wortes »Vater« im Deutschen nach synchronischer Betrachtungsweise von der Relation zu den Wörtern »Mutter«, »Mann« und »Kind« ab und nicht (wie nach einer diachronischen Betrachtungsweise) von der Tatsache, dass es sich aus dem althochdeutschen Wort fater ableitet.

Die Struktur gegen das Subjekt

In den Geisteswissenschaften ist die Struktur eine zwingende objektive Realität, auf die das Bewusstsein des Subjekts keinen Einfluss hat. So wird verständlich, dass der Strukturalismus, philosophisch gesprochen, mit einem entschiedenen Antihumanismus einhergeht.

Ein radikaler Kritiker der Psychoanalyse: Gilles Deleuze

Gilles Deleuze teilt die Kritik, die Nietzsche an der Illusion der Identität übt: Die Philosophen meinen, mit ihren Begriffen stabile Essenzen zu besitzen, bei denen die Wörter die Etiketten sind. Nun setzen diese Essenzen jedoch die Identifizierung aller Unterschiede voraus: Vom Mann zu sprechen heißt beispielsweise, eine identische und stabile Natur über die Unterschiede hinaus vorauszusetzen. Wenn man nun aber in Betracht zieht, dass es genau diese Unterschiede oder Differenzen sind, die ebendie Natur der Lebewesen und der Dinge ausmachen, dann ist das, was mit dem Begriff verlorengeht, die Realität selbst.

Die Kritik ist alt: Sie bildet den Kern des mittelalterlichen Nominalismus, und die Megariker der Antike (siehe Kapitel 6) ließen sich ihre ausgefallensten Sophismen einfallen, indem sie die Gültigkeit des Identitätsprinzips leugneten.

Deleuze ist ein Philosoph des Lebens und des Wunsches, der im Rahmen der Philosophie nach einer Sprache sucht, die genau so stark wie die der Literatur ist und wie diese die Einzigartigkeit übersetzen kann. Denn dass eine Realität nicht auf einen allgemeinen Begriff reduzierbar sei, reiche nicht aus, um daraus zu schließen, dass sie schlechthin undenkbar sei. Es komme nur darauf an, einen anderen Gebrauch von den Begriffen zu machen.

Deleuze wirft der Psychoanalyse vor, die wahre Natur des Wunsches verkannt zu haben, nämlich seine unendliche Erfindungsgabe, seine stets neu gestaltete Struktur und seine buchstäblich poetische Erzeugung. Ausgehend von dem Postulat, dass der Wunsch Mangel sei (das Wunschobjekt ist für Freud immer schon verloren), lässt die Psychoanalyse lediglich die alten Zeiten des Platonismus und des Christentums wiederaufleben und damit auch die der Metaphysik und der Religion. Infolgedessen ist es auch nicht verwunderlich, dass sie wie eine repressive Maschine funktioniert, indem sie den Wunsch in das höllische Viereck des Pipi-Aa-Papa-Mama einschließt. Die Schizoanalyse in seinem Buch Anti-Ödipus, das er zusammen mit seinem Mitstreiter Félix Guattari geschrieben hat, ist eine subversive Psychoanalyse, die die Unterschiede noch verschärft, anstatt sie zu beseitigen (daher auch die Vorbildrolle der Schizophrenie als Verneinerin von Einheit).

Bewusstsein, Sein, Existenz

26

In diesem Kapitel

- Die Unabhängigkeit der Philosophie im Hinblick auf die triumphierenden Wissenschaften
- Bergson, der Philosoph der schöpferischen Dauer
- Husserl, der Begründer der Phänomenologie
- Heidegger, der Philosoph des Seins
- Sartre, der Lehrmeister des Existentialismus

Bergson, der Philosoph der schöpferischen Dauer

Die Philosophie Bergsons entstand als Reaktion auf die dominierende Tendenz der positivistischen und materialistischen Wissenschaften am Ende des 19. Jahrhunderts, die Phänomene des Lebens und des Bewusstseins wie physikalische Dinge zu behandeln. Weit entfernt davon, die Realität in ihrer Wahrheit zu erfassen, war die Objektivität, auf die sich die Wissenschaft berief, schließlich nicht mehr als ein Schema oder ein Modell, das sich nicht mit dem vergleichen lässt, was das Leben und das Bewusstsein im Wesentlichen besitzen: Bewegung und Kreativität.

Ein Vorläufer: Maine de Biran

Zu Beginn des 19. Jahrhunderts gab es einen französischen Philosophen, dessen Charakteristikum es war, sein gesamtes Denken ausgehend von der minutiösen Beobachtung seiner inneren Geisteszustände zu gestalten. Er war der Zeitgenosse von Ideologen, die eine wahre Wissenschaft der Ideen aufbauen wollten, bei der sie die Ideen wie Realitäten behandelten, die ebenso objektiv sein sollten wie der Fall von Äpfeln auf die Köpfe von Physikern. Maine de Biran war ihr genaues Gegenteil: Für ihn stellt die innere Welt etwas Besonderes gegenüber der äußeren Welt dar, eine Idee ist keine Sache.

Beim Sensualismus Condillacs seinen Ausgang nehmend, kam Maine de Biran durch seine Treue zur gelebten Erfahrung dazu, die Existenz des Ich als eine »hyperorganische« Kraft auszuweisen, das heißt, als eine Kraft, die dem Körper überlegen ist und die sich in der Anstrengung bei allen motorischen und psychischen Aktivitäten manifestiert. Außerdem wird das Ich nach Maine de Biran nicht in der abstrakten Bewegung des »Ich denke«, wie es von Descartes angeführt wurde, erfasst. Das Ich ist kein Denken, sondern der Ausdruck eines Gefühls, von dem das wichtigste in diesem Fall das der Anstrengung ist.

Genau diese Art von experimenteller Metaphysik ist es, die Bergson bei der Analyse unmittelbarer Bewusstseinsdaten ebenfalls findet, wenn er mit Hilfe der Kritik am psychophysiologischen Parallelismus (wie er von der Wissenschaft vorgebracht wird) zeigt, dass das Bewusstsein und das Gedächtnis gehaltvoller als der Körper sind, der sie konditioniert.

Die Wissenschaft zieht eine Show ab und drängt sie uns auf!

Wenn wir einen Film anschauen, dann vergessen wir nicht nur, dass es sich dabei um eine Fiktion handelt, sondern wir vergessen auch, dass es in Wirklichkeit nicht die auf dem Film festgehaltenen Bilder sind, die sich bewegen. Die Bewegung des Kinos ist tatsächlich eine Impression, ein Eindruck, eine Illusion, die von unserem Gehirn erzeugt wird durch den schnellen Ablauf von Bildern, die jeweils ein wenig unterschiedlich sind.

Die Illusion der Bewegung im Kino stammt von einem physiologischen Mechanismus, der als Nachbildwirkung bezeichnet wird: Wenn wir aufeinanderfolgende Szenen betrachten, behält unser Auge für den Bruchteil einer Sekunde die Erinnerung an das vorhergehende Bild. Daher schafft es spontan eine Verbindung zwischen den Bildern, die schnell aufeinanderfolgen. Wenn unser Gehirn diese Gedächtnisleistung nicht besäße, würden wir den Film so sehen, wie er materiell ist, nämlich als eine Abfolge stillstehender Bilder.

Bergson verwendet diesen Vergleich mit dem Kino (dessen Entstehung er miterlebt hat), um die Verschiebung zu veranschaulichen, die es zwischen der kontinuierlichen, bewegten Realität und ihrer statischen, diskontinuierlichen Übersetzung geben kann.

Auf eine allgemeine Weise ist die Realität in exakt dem gleichen Maß angeordnet, wie sie unser Denken ausfüllt. Die Ordnung ist daher ein gewisser Einklang zwischen Subjekt und Objekt. Es ist der Geist, der sich in den Dingen wiederfindet.

Bergson

Der stetige Fluss der Dinge des Lebens: eher eine Schlange als ein Vogel

William James sagte vom menschlichen Bewusstsein, dass es jenem eines Vogels ähnele: Mal fliegt es von Ast zu Ast, mal setzt es sich nieder.

Ein anderes Bild stellt den Gegensatz zwischen dem Kontinuierlichen und dem Diskontinuierlichen dar: die Spur einer Schlange im Sand und die eines Spatzen. Die Schlange ist gekrochen, der Spatz ist gehüpft (ein Physiker meinte einmal, dass die klassische Materie wie die Schlange kriecht, während das Quantenteilchen wie ein Spatz hüpft).

Bergson ist, genau wie Leibniz, ein Philosoph des Kontinuierlichen: Nichts in der natürlichen oder physikalischen Realität zeigt uns diese Leerstellen und Brüche, die die Intelligenz dort zu finden glaubt und die sie in Wirklichkeit selbst geschaffen hat.

Die Dauer widersetzt sich der Zeit wie die Intuition der Intelligenz

Weil die Zeit der Wissenschaft in den Uhren und Kalendern materialisiert vorliegt, wird sie sofort als die Zeit selbst angenommen – während sie doch nur eine Übersetzung, eine diskontinuierliche Objektivierung ist, so wie die Bilder des Kinos. Das Hin- und Herschwingen des Uhrenpendels, das Ticktack der Armbanduhr und heutzutage die schlagartige digitale Ersetzung einer Ziffer durch eine andere auf dem Display, all das erweckt in uns den Eindruck, dass die Zeit sich aneinanderreiht anstatt zu fließen.

Bergson bezeichnet als Dauer die konkrete, kontinuierliche Zeit des Lebens und des Denkens, im Gegensatz zur Zeit der Wissenschaft, die nur deren Projektion im Raum ist. Unsere Erkennung der skandierten Zeit durch die Zahlen entfaltet sich notwendigerweise im Raum: Selbst die Atomuhren (die Bergson natürlich noch nicht kannte) sind die Verräumlichung der Dauer.

Unsere Intelligenz wurde in die Gießform der Handlung gegossen.

Bergson

Wo man den alten Achilles und die nicht minder bejahrte Schildkröte wiederfindet

Die Argumentationen Zenons (siehe Kapitel 2) sind nach Ansicht Bergsons ganz charakteristisch für die Art und Weise, wie sich die Intelligenz von der Bewegung und damit von der Dauer zu Gunsten des bloßen Raums befreit. Die Paralogismen Zenons stammen in Wirklichkeit daher, dass der Lauf des Achilles und der Schildkröte nur in Raumintervalle übersetzt werden, die, davon ausgehend, bis ins Unendliche aufgeteilt werden können.

Die Dauer ist schöpferisch

Die Wissenschaft hat die Vorstellung durchgesetzt, dass die Zeit eine objektive Dimension sei, die sich indifferent den Ereignissen gegenüber verhalte, die in ihr stattfinden. Dieses Bild vom Stattfinden weist ganz gut darauf hin, an welchem Punkt die Zeit im Raum verändert wurde. Alles geschieht, als ob man sich die Zeit wie ein Behältnis vorstellte, wie eine Schachtel, in die sich die Ereignisse tatsächlich einordneten. Doch die Dauer ist schöpferisch, sei es die des Lebens der Spezies (eine neue Tierart ist nicht in der vorhergehenden enthalten, sie geht nicht aus ihr hervor), die des Bewusstseins oder die der Geschichte. Der von Bergson benutzte Begriff des élan vital hat die Aufgabe, die mechanische Vorstellung, die von der Biologie (die sie sich bei der Physik abgeschaut hatte) eingeführt worden war, zu beseitigen.

Ein Intellektueller, der im Stillen aktiv und politisch erfolgreich ist

Bergson, der auf Fotos immer wie ein kleiner, höflicher und unauffälliger Herr aussieht, bei dem man es sich nicht verkneifen kann, sich vorzustellen, dass er wohl recht langweilig sein muss, wurde während des Ersten Weltkrieges mit einem bedeutenden Auftrag betraut: Er sollte die Vereinigten Staaten davon überzeugen, auf Seiten der Alliierten am Krieg teilzunehmen. Im Rahmen dieser offiziellen Mission (die von Erfolg gekrönt war) war der Verfasser der *Schöpferischen Entwicklung* auch einer der Inspiratoren des Völkerbundes, dessen Ziel die Verhinderung des Krieges war.

Die Phänomenologie: die Rückkehr zu den Dingen selbst

Wenn böse Zungen das Motto der Phänomenologie, »Rückkehr zu den Dingen selbst«, entdecken, könnten sie vielleicht sagen: Es wurde auch Zeit!

Das Wort »Phänomen« ist griechischen Ursprungs und bedeutet »Sichtbares, Erscheinung«. Die Metaphysik neigte dazu, die Erscheinung als Anschein abzuwerten und damit als eine Art unbeständigen Schatten zu behandeln, weshalb es darauf ankomme, die wahre Realität außerhalb (oder jenseits) der Erscheinung zu suchen. »Phänomenologie« bedeutet »Lehre oder Studium der Phänomene« – dieser Begriff wurde bereits von Hegel verwendet (siehe Kapitel 20).

Was ist Phänomenologie?

Die Phänomenologie hat ihren Namen von ihrem Begründer Edmund Husserl, der aus der neuen Philosophie, zumindest zu Beginn, eine strenge Wissenschaft machen wollte. Sie beruht auf einer zweifachen Ablehnung:

- ✔ Ablehnung der natürlichen, empirischen und psychologischen Einstellung
- ✔ Ablehnung der kartesianischen, physikalistischen und objektivierenden Einstellung

Bei der Phänomenologie geht es darum, sich gleich weit entfernt von der Meinung und der Wissenschaft zu halten – was letztendlich ja auch die Stellung der Philosophie als Arbeit des Denkens ist.

Jeder, der ernstlich Philosoph werden will, muss sich einmal im Leben auf sich selbst zurückziehen und in sich den Umsturz aller vorgegebenen Wissenschaften und ihren Neubau versuchen.

Husserl

Jedes Bewusstsein ist Bewusstsein von etwas!

Husserl hat von Franz Brentano die Idee der Intentionalität (Zielgerichtetheit) des Bewusstseins übernommen. Jedes Bewusstsein ist Bewusstsein von etwas. Diese scheinbare Binsenweisheit muss folgendermaßen verstanden werden: Das Bewusstsein ist kein Ding, keine Substanz, sondern eine Aktivität, eine Dynamik. Brentano sagte, dass die Intentionalität das spezifische Kennzeichen der mentalen Aktivität darstellt: Alle mentalen Phänomene sind mit ihr ausgestattet, wohingegen kein einziges nichtmentales Phänomen von ihr begleitet wird (beim Hasen, der über die Wiese läuft, gibt es keine Intentionalität, ebenso wenig beim Vulkan, der gerade ausbricht).

Die Phänomenologie lehnt die grundlegenden Gegensätze der klassischen Metaphysik ab: das Subjekt und das Objekt, das Ich und die Welt. Sie ist weder realistisch (es gibt für sie keine Phänomene ohne Bewusstsein) noch idealistisch (die Phänomene sind für sich nicht reduzierbar auf die bloße Repräsentation). Doch man könnte ebenso gut sagen, dass die Phänomenologie realistisch (es gibt eine Welt, die kein einfaches Bild des Bewusstseins ist) wie auch idealistisch ist (es gibt nur für ein intentionales Bewusstsein Phänomene).

Das Erfassen der Essenzen

Wenn die Phänomenologie zu einer strengen Wissenschaft werden soll, dann darf sie sich weder mit empirischen Beschreibungen (dies ist Aufgabe der Literatur) noch mit logischen Kategorien begnügen. Wie kann man dann also die Welt philosophisch denken und erkennen, wenn man sich den Belanglosigkeiten der empirischen Psychologie und den Erfordernissen der mathematischen Logik entzieht? So lautet die schwierige Aufgabenstellung der Phänomenologie. Um dieses Programm zu verwirklichen, kommt es darauf an, eine zweifache Reduktion vorzunehmen.

Die eidetische Reduktion (eidos bedeutet im Griechischen »Form«, »Idee«, »Raum«, »Essenz«) ist der Vorgang, bei dem das Bewusstsein das Ding von seinen empirischen Elementen freimacht, um seine Essenz, sein Wesen herauszuarbeiten. Das Experiment mit dem Wachsstück bei Descartes (siehe Kapitel 11) ist eine eidetische Reduktion. Die Phänomenologie wird als eine Wissenschaft der Essenzen definiert.

Die *phänomenologische Reduktion* (Husserl verwendet auch den griechischen Begriff *épokhé*, was Urteilsenthaltung bedeutet) ist noch radikaler, weil sie die Welt in Klammern setzt (ohne jedoch im Geringsten an der Existenz der Welt zu zweifeln nach Art der Skeptiker), um das reine (das heißt nichtempirische) Subjekt freizulegen, das Husserl als *transzendentales Ego* bezeichnet (zur Bedeutung des Transzendentalen verweise ich die Überlebenden unter den Dummies auf das Kant gewidmete Kapitel).

»Die Erde bewegt sich nicht«!

So lautet der provokante Titel eines Textes Husserls. Bedeutet dies die Rückkehr zu Ptolemäus? Man wusste ja schon immer, dass die Philosophie reaktionär sein konnte, doch so sehr dann wohl auch wieder nicht.

Tatsächlich geht es hierbei nicht darum, die Entdeckungen der modernen Wissenschaft mit einem Federstrich auszulöschen, sondern darum, daran zu erinnern, dass die Welt, in der wir leben, nicht die ist, deren Bild uns die Wissenschaft vermittelt. Die Phänomenologie hat zu diesem Sinn der Welt gefunden, ohne den die menschliche Existenz ganz einfach undenkbar wäre.

Die dritte große (unvollendete) Unternehmung Husserls, Die Krisis der europäischen Wissenschaften und die transzendentale Phänomenologie, analysiert die Art und Weise, mit der die moderne Physik, ausgehend von Galilei, die Welt durch ein mathematisches Bild ersetzt hat, die sich zu ihr so verhält wie eine Zahl sich zu einer Sache verhalten kann. Indem uns die Phänomenologie den Sinn der Welt zurückgibt, kämpft sie gegen eine Sorglosigkeit und eine Vergessenheit an.

Es ist absurd, die Natur als in sich selbst dem Geist fremd zu betrachten und danach die Geisteswissenschaften auf dem Fundament der Naturwissenschaften zu errichten, mit dem Anspruch, daraus exakte Wissenschaften zu machen.

Husserl

Eine besonders kreative Schule des Denkens

Mit der analytischen Philosophie teilt sich die Phänomenologie den Ruhm, die einflussreichste Philosophie des 20. Jahrhunderts gewesen zu sein. Nicht nur auf die Philosophie übte sie ihren Einfluss aus, sondern auch auf die Literatur und die bildende Kunst.

Merleau-Ponty, der Philosoph des Fleisches der Dinge

Die zwei Hauptwerke von Maurice Merleau-Ponty, Phänomenologie der Wahrnehmung und Die Struktur des Verhaltens, verfolgen beide dasselbe Ziel: Man muss den Dichotomien ein Ende setzen, durch die die Philosophie, die von der Wissenschaft abgelöst wurde, glaubte, sich über die Phänomene im Klaren sein zu können. Es gibt nicht auf der einen Seite ein Auge, das wahrnimmt, und auf der anderen Seite ein wahrgenommenes Ding, die beide voneinander durch einen unüberwindlichen Abgrund getrennt wären – ebenso wie es nicht einerseits ein Lebewesen gibt und andererseits eine Umgebung, eine Umwelt, in der das Lebewesen sein Leben lebte. Es gibt nicht auf der einen Seite ein Bewusstsein, das als Einziges aktiv wäre, und auf der anderen Seite eine Welt, die passiv darauf wartete, vom Bewusstsein erfasst zu werden.

Als *Fleisch* bezeichnet Merleau-Ponty diese Realität der Einbeziehung, die weder vom Empirismus, der in der Materie festgefahren war, noch vom Intellektualismus, der sich in der Abstraktion verlor, übersetzt werden konnte (oder wollte). Die Wahrnehmung ist bereits eine Interpretation, das Verhalten schon eine Strategie. Beide sind (um einen Ausdruck von Heidegger aufzugreifen) Gestalter der Welt.

Paul Ricœur und das gut informierte Bewusstsein

Das Vorgehen Ricœurs während seiner langen Existenz als Philosoph ist kennzeichnend für die Art und Weise, in der sich in unserer Zeit die meisten Philosophien bilden: Es gibt keine geordnete Einheit von Thesen, die von Buch zu Buch weiterentwickelt werden, sondern eine geduldige, akribisch genaue Analyse von pointiert dargelegten Problemen, bei denen das eine aus dem anderen als Abfallprodukt hervorgeht – die Frage nach dem Willen führt dazu, eine weitere nach dem bösen Willen zu stellen und damit nach dem Bösen überhaupt und weiter nach dem Unbewussten, dieses Problem leitet dann über zur noch allgemeineren Frage nach dem Sinn und der Interpretation, und so geht es immer weiter.

Der von Ricœur geprägte bedeutende Begriff ist der der narrativen (erzählerischen) Identität: Das Individuum bildet seine Identität von dem ausgehend, was es in den Erzählungen artikuliert, mit denen es seine Erfahrungen ausdrückt – und in denen es auch von sich selbst erfährt; was für das Individuum gilt, gilt auch für die Gemeinschaft. Damit wird eine der wesentlichen Entdeckungen der Sprachphilosophie auf Bereiche angewendet, die ebenso gut zur individuellen Psychologie wie auch zu den Sozialwissenschaften gehören können.

Levinas: von der Phänomenologie zur Ethik

Das phänomenologische Bewusstsein ist im Gegensatz zum kartesischen Cogito nicht isoliert. Es steht inmitten der Anderen in der Welt. »Mitsein« ist eine Formulierung, die die Phänomenologen verwenden, um damit den hauptsächlich solidarischen Charakter des Lebens der Bewusstseine zum Ausdruck zu bringen.

Emmanuel Levinas hat der Beziehung zum Anderen einen neuen und radikalen Sinn verliehen. Sein Meisterwerk Totalität und Unendlichkeit spielt die Unendlichkeit (das ist der Andere, der nicht auf das Ich und auf den Begriff reduziert werden kann) gegen die Totalität (die umfassende identifikatorische Logik) aus und weist der Unendlichkeit eine unvergleichliche Überlegenheit gegenüber der Totalität zu. Die Philosophie hat sich seit den Griechen im Bereich der Totalität abgespielt: Ein System zielt darauf ab, die Totalität des Seins in einem Netz von Begriffen zu umspannen. Für Levinas lässt der Andere die Totalität zur Unmöglichkeit werden, denn sie öffnet an seiner Seite eine Wunde, die sich niemals wieder schließen können wird.

Levinas, ein in den Talmud-Wissenschaften bewanderter Gelehrter jüdisch-litauischer Herkunft, gehörte zu denen, die dem anderen Menschen *die* Transzendenz zuordneten, die traditionellerweise den einzigen Gott kennzeichnet. Damit erzeugt er eine recht außergewöhnliche Verbindung zwischen einerseits der Welt des Mythos, wie sie sich bei den biblischen Texten und ihren talmudischen Kommentatoren finden lässt, und andererseits der Phänomenologie, deren Sinn es ja ist – wie wir uns erinnern –, zu den Dingen selbst zurückzukehren, wie sie dem Bewusstsein erscheinen.

Eine Phänomenologie des Gesichtes

Nicht immer, aber manchmal erfindet ein Philosoph ein neues Wort oder gibt einem Wort eine neue Bedeutung, um einen neuen Begriff zu benennen. Wir haben dies soeben bei Merleau-Ponty gesehen, der den Ausdruck *Fleisch* verwendet, um ihm eine Bedeutung zu unterlegen, der von der Bedeutung in der Alltagssprache abweicht. Ebenso ist es mit dem *Antlitz*, von dem Levinas spricht, auch wenn hierbei die empirische, allgemeine Beziehung des Wortes nicht wie beim »Fleisch« verlorengegangen ist. Ein Antlitz ist kein (objektives) Gesicht. Es ist das, was – obwohl es ganz von mir stammt – mir nicht gehört (ich sehe mein Antlitz nicht unmittelbar), sondern es ist für den Anderen gedacht. Der Andere erscheint mir zunächst als ein Antlitz: Dieses ist das Zeichen einer einzigartigen Transzendenz (die Tiere, auch wenn sie uns vertraut sind, besitzen kein Antlitz), die unendlich und verwundbar zugleich ist. Der Sinn des Antlitzes besteht in einer *Weisung*, die ich nicht verkennen kann. Die erste aller Weisungen ist die des »Du sollst nicht töten«. Deshalb legt man dem zum Tod durch Erschießen Verurteilten eine schwarze Augenbinde an – als wenn er vor der tatsächlich ausgeführten Exekution schon ein erstes Mal auf der symbolischen Ebene hingerichtet worden wäre.

Heidegger: zunächst das Sein und dann nichts anderes

Die Philosophie Heideggers ist zwar aus der Phänomenologie hervorgegangen, setzt sich jedoch von ihr deutlich durch mehrere Wesenszüge ab: Die Intentionalität des Bewusstseins verschwindet, die Suche nach dem Sein ersetzt jene nach den Essenzen.

Die Grundthese von Heideggers Denken ist, dass die Philosophie sich seit den Vorsokratikern hat irreführen lassen, als sie ihren Bezug zum Sein zu Gunsten verschiedener besonderer Bereiche aufgegeben hat, wobei es sich bei diesen »Seienden« um Gott, die Welt und das Subjekt handelt. Heidegger sagt, dass die Metaphysik die Vergessenheit des Seins zu Gunsten der Seienden sei (dies ist die berühmte ontologische Differenz: der Unterschied zwischen dem Sein und dem Seienden). Man muss daher – über 2000 Jahre Denkgeschichte hinaus – zu diesem ursprüngliche Sinn des Seins zurückkehren, den die Vorsokratiker kultivieren und von dem die Dichter singen konnten.

Der Mensch ist der Hirte des Seins.

Heidegger

Die Dichtung wird gegen die Wissenschaft ausgespielt

Letztlich muss die Philosophie nach Ansicht Heideggers den Sinn des Seins wiederfinden, von dem uns die Dichter einen Vorgeschmack liefern, wenn durch die Worte eine Präsenz auftaucht, die bisher vor jeglicher Re-Präsentation verborgen war. Das Denkmodell, von dem er sich energisch absetzt, ist die Wissenschaft, die alles nur durch ihre eigene Brille sieht.

So muss man auch die berühmte These verstehen, die einen Skandal hervorgerufen hat: »Die Wissenschaft denkt nicht.« Heidegger möchte damit nicht sagen, dass die Wissenschaft dumm ist oder dass sie kein moralisches Gewissen hat – er möchte damit nur zum Ausdruck bringen, dass das Wissen den Sinn des Seins verliert, wenn es der Sprache eine rein instrumentale Funktion zuweist. Was einen Dichter von einem Politiker unterscheidet, ist, dass er die Sprache nicht als ein Werkzeug gebraucht, sondern als die Art und Weise der Erscheinung des Seins – denn durch die Worte des Gedichts sind die Quellen und die Wälder, der Himmel und das Bauernhaus. Die Sprache, sagt Heidegger, ist das Haus des Seins. Der Philosoph müsste ein Mann des Seins anstatt ein Mann der Buchstaben sein.

Die Wahrheit als Enthüllung

Wir sind sicher nicht erstaunt, wenn wir erfahren, dass Heidegger die in den modernen Erkenntnistheorien so angesehenen formalistischen und konstruktivistischen Vorstellungen von der Wahrheit ablehnt. Indem Heidegger auf die griechische Etymologie zurückgreift, definiert er die Wahrheit als *Enthüllung* des Seins. Es kann sich dabei natürlich nicht um eine Erfindung handeln: Die Wahrheit ist die *Entdeckung* selbst.

Das Bewusstsein verschwindet, das Dasein erscheint

Dasein ist in der deutschen Sprache ein geläufiger Ausdruck für »Existenz«.

In seinem großen Werk Sein und Zeit verwendet Heidegger weder den Begriff Mensch noch den des Bewusstseins: Stattdessen wird Dasein benutzt, doch meint dieser Ausdruck weder das Denken noch den Menschen. Dasein ist die besondere, einzigartige Beziehung, die dieses Seiende, der Mensch, mit dem Sein unterhält, denn auch wenn das Dasein nicht der Mensch ist, so könnte dieser Begriff doch niemals bezüglich eines anderen Seienden gebraucht werden.

Sein und Zeit analysiert die grundlegenden Strukturen des Daseins: Darin besteht die Existentialanalytik. Der Wortteil »Existential-« ist ein von Heidegger geschaffener Neologismus. Er steht im Gegensatz zum Existentiellen, das die empirische Existenz eines Individuums betrifft. Heidegger betont stets, dass sein Denken nicht existentialistisch ist und dass ihn die Existentialisten (Sartre als Erster) falsch verstanden haben, wenn sie sich auf ihn berufen. Das Existentielle gehört zur Ordnung des Erlebten, des Emotionalen, des Sentimentalen: Die Angst ist beispielsweise ein existentieller Zustand. Das Existential ist eine grundlegende Struktur, die auf den Bezug des Daseins auf das Nichts, diesen Mangel an Sein, aufmerksam macht. Während die Furcht immer Furcht vor etwas ist, hat die Angst kein anderes Objekt als den Bezug zum

Nichts. Heidegger warf Sartre vor, das, was er als das Existentiale verstehe, zu existentiellen Zuständen abgemildert zu haben.

Ein Beispiel für ein Existential: die Sorge

Ein Kind macht eine Prüfung. In Erwartung der Note empfinden die Eltern Sorge. Der Begriff verweist auf einen festgelegten existentiellen Zustand, der von den sensiblen Subjekten in einer ganz bestimmten Situation so empfunden wird. Wenn die Noten bekannt sind, egal, was dabei nun herausgekommen ist, wird die Sorge mit dem Wissen über das Ergebnis verschwinden, ebenso, wie das Lampenfieber des Schauspielers nur sol ange anhält, bis das Theaterstück endlich beginnt.

Die Sorge, die Heidegger in *Sein und Zeit* analysiert, geht weit darüber hinaus. Sie muss nicht durch ihr empirisches Objekt eingestuft werden – das natürlich je nach den entsprechenden Kriterien wechselt. Der Sinn der Sorge ist weder auf der Seite des Objekts noch auf der der Psychologie des Subjekts (von dem man weiß, dass es von Natur aus mehr oder weniger ängstlich und besorgt sein kann) zu suchen, sondern in dieser grundlegenden Gegebenheit, dass das *Dasein* (im Unterschied zum Stein oder zum Tier) in Bezug auf sich selbst – und damit in Bezug auf die Gegenwart – ständig verschoben wird. Diese Verschiebung stellt es manchmal voran und manchmal nach hinten. Das *Dasein* klebt nicht an sich selbst. Der Mensch ist das Sein der Weiten, sagt Heidegger.

Genau diese Ablösung in Bezug auf sich selbst drückt die von Heidegger verwendete kuriose Schreibweise »Ek-sistenz« aus, die aus der griechischen Etymologie des Wortes die Vorsilbe »ek-« (von den Lateinern zum »ex-« umgewandelt) hervortreten lässt, was so viel bedeutet wie »außerhalb von«. Das Dasein »ek-sistiert«, was buchstäblich heißen soll, dass es außerhalb seiner selbst ist. Man muss also gar keinen Wutanfall haben, um ganz außer sich zu sein!

Die Technik führt zum Triumph der Metaphysik!

Nach allgemeiner Ansicht gibt es eigentlich nichts, was gegensätzlicher und widersprüchlicher wäre als Metaphysik und Technik. Abstrakte Spekulation auf der einen, zweckorientiertes Handeln auf der anderen Seite. Was kann uns also sagen lassen, fragt Heidegger, dass die Technik die Vollendung der Metaphysik sei? Erinnern wir uns (das ist noch gar nicht so lange her): Die Metaphysik ist Seinsvergessenheit. All diejenigen, die wie Nietzsche behaupteten, sie hinter sich zu lassen oder sie umzustürzen, haben tatsächlich nur dafür gesorgt, dass sie weiterlebt. Was ist denn der Wille zur Macht in Wirklichkeit, wenn nicht ein Mittel, das Sein zu verabschieden, indem man vorgibt, der Totalität des Seienden einen Namen zu geben?

Die Technik hat nichts mehr mit dem Sein, sondern mit dem Seienden zu tun. Entgegen dem, was wir über den Glauben an die Identität des Namens meinen könnten, hat der Staudamm am Rhein nichts mit dem gleichen Fluss zu tun, für den der Dichter Hölderlin eine Hymne schrieb, ebenso wie der von Li Tai Po besungene Mond nicht derjenige ist, auf dem die Amerikaner eines Tages im Sommer landeten. Indem die Technik die Seienden instrumentalisiert, verschärft sie durch ihre Wucht noch das Vergessen des charakteristischen Seins der Metaphysik.

Ist die Philosophie Heideggers nationalsozialistisch?

Die Frage, ob Heidegger Nationalsozialist war, stellt sich nicht, denn die Antwort ist klar: Heidegger war nicht nur Mitglied der NSDAP, seine Verwicklung ging bis zu seinem Tod sehr viel weiter, als er dies wohl zugeben wollte, und vor allem auch viel weiter, als seine Schüler und Anhänger in Frankreich sich eingestehen wollten. Aus Frankreich kam dann auch tatsächlich die große Rehabilitationsbewegung, die nach 1945 darauf hinauslief, in dem politischen Engagement des Philosophen nur noch etwas zu sehen, das überhaupt nichts mit seiner Philosophie zu tun hätte.

Die nationalsozialistische Einstellung Heideggers ist altbekannt. Bereits 1944 wurde dem Existentialismus vorgeworfen, dass er sich von einem Nazi-Philosophen inspirieren ließ – worauf Sartre (wahrscheinlich ein wenig lustlos) antwortete, dass Heidegger zwar ein großer Philosoph sei, aber eben keinen Charakter besitze … Heute spaltet der Streit zwei extreme Lager: Auf der einen Seite sind die, die glauben, dass der Nationalsozialismus Heideggers etwas sei, das seiner Philosophie vollkommen fremd sei. Auch wenn der Mensch Heidegger Nazi gewesen sei, so sei seine Philosophie noch lange nicht faschistisch. Auf der anderen Seite stehen diejenigen, die umgekehrt meinen, die Philosophie Heideggers sei zutiefst nationalsozialistisch, faschistisch, und hinter diesen Abstraktionen des Seins, des Daseins usw. versteckten sich ideologische Nazi-Themen, die man anprangern müsse.

Eine vermittelnde Interpretation lehnt es ab, sowohl das nationalsozialistische Engagement des Philosophen zu vernachlässigen (oder zu unterschätzen) als auch das gesamte außergewöhnlich reichhaltige und komplexe Denken Heideggers auf eine Ideologie zu reduzieren, die ganz besonders von einer brutalen Dürftigkeit gekennzeichnet ist. Mit anderen Worten: Die Philosophie Heideggers lässt sich zwar nicht mit dem Nationalsozialismus vergleichen, trotzdem gibt es auf weiten Strecken ein geheimes Einverständnis und Übereinstimmungen.

Von diesen Übereinstimmungen könnte man den entschiedenen Antihumanismus des Philosophen herausstellen. Dies ist ein Punkt, der in Frankreich weitgehend kaschiert wurde, weil die meisten Philosophen, die seit den 60er Jahren gerade »in« waren, nicht aufhörten, sich selbst auch als Antihumanisten zu bezeichnen. Ihr eigener Antihumanismus hat ihnen buchstäblich untersagt einzugestehen, dass der Antihumanismus Heideggers die Verbindung mit dem Nationalsozialismus gewesen sein konnte. Diejenigen, die den Tod des Menschen oder seine Überschreitung besingen, sollten sich vielleicht etwas aufmerksamer ihre unheimlichen Bundesgenossen anschauen.

Jedenfalls scheint das Verbergen des Menschen in Heideggers Schriften zu Gunsten des Seins und des Daseins das philosophische Echo auf die Ausrottung von Menschen zu sein, die das nationalsozialistische Deutschland im Namen von Volk und Rasse systematisch betrieben hat.

Und schließlich ist das, was uns die nationalsozialistische Einstellung Heideggers als unfreiwillige Warnung lehren kann, die unglaubliche Schwäche der Philosophie und, darüber hinaus, die Ohnmacht einer Intelligenz ohne Moral. Dies ist wohl der Beweis dafür, dass die Philosophie einer einhelligen Bewunderung nicht würdig ist. Das Gleiche gilt auch für die Intelligenz: Man kann ein Genie und ein verachtenswerter Mistkerl zugleich sein.

Sartre: ein engagiertes Bewusstsein

Das philosophische Denken Sartres erwacht im Kontakt mit der deutschen Phänomenologie, die er schon früh, ab den 1930er Jahren, entdeckt, und die ihm die theoretischen Mittel an die Hand gibt, um die französische rationalistische und idealistische philosophische Tradition abzulehnen. Mit dem Zweiten Weltkrieg, der eine wichtige Wende im Leben des Philosophen kennzeichnet, stürmt die Geschichte mit all ihren Tragödien auf ihn ein. Das durchgängige Problem der Philosophie Sartres war es, die absolute Freiheit des Subjekts in den geschichtlichen Bedingungen zu denken, was durch den Begriff des Engagements, der durch ihn berühmt wurde, gut gefasst wurde. Sartre ist ein aufrührerischer Mensch, der sein ganzes Leben lang eine Revolution denkt, die letztlich nie stattfindet. Seine Philosophie der Freiheit ist nicht nur eine Philosophie, sie ist auch ein Existenzmodell – womit sie an diese vollständige Philosophie wieder anknüpft, wie sie die Philosophie der Antike war und wie sie von der universitären Praxis seit zwei Jahrhunderten schrittweise aus den Augen verloren worden war.

Wenn man sein Leben nicht für eine Sache hingibt, wird man es schließlich für nichts hingeben.

Sartre

Die Angst: die Bewährungsprobe der Freiheit, der Beweis der Freiheit

Die Vorstellung, dass die Angst das Zeichen für die Freiheit ist, stammt von Kierkegaard. Es war eine Revolution, die sich da in der Geschichte der Ideen abspielte, was nicht immer als solche erkannt wurde: Pathologischen Zustände hielten einen aufsehenerregenden Einzug in die moderne Philosophie. Damit war das Bewusstsein nicht länger mehr den Normen des Wohlbefindens unterworfen, die ihm doch seit den Griechen auferlegt waren.

Sartre dachte zunächst daran, einen seiner Romane nach dem berühmten Kupferstich Dürers *Melencolia (»Melancholie«)* zu betiteln, auf dem eine nachdenkliche weibliche Gestalt zu sehen ist, die unter anderem von Symbolen des Wissens umgeben ist. Sartres Verleger Gallimard hatte jedoch den epochemachenden Geistesblitz: Der Roman wird *Der Ekel* heißen. Er legt den Grundstein, von dem ausgehend Sartre in *Das Sein und das Nichts* seine Theorie entfalten kann: Die Existenz ist kontingent (zufällig; möglich, aber nicht notwendig), man kann das Bewusstsein und das Sein der Dinge nicht mit demselben Maßstab messen.

Gegenüber einem sterbenden Kind fällt Der Ekel *nicht ins Gewicht.*

Sartre

Das Bewusstsein ist kein Ding, sondern eine Handlung

Seit seinen ersten philosophischen Texten über die Einbildungskraft und über die Emotion definiert Sartre das Bewusstsein mit der von der Phänomenologie in den Vordergrund gerückten Intentionalität: Das Bewusstsein ist kein Ding oder Wesen, sondern eine Aktivität, die den Dingen der Welt ihren Sinn gibt, indem sie sich auf die eine oder andere Weise in diese hineinprojiziert. Etwas zu imaginieren, sich etwas einzubilden heißt nicht, als Zuschauer eine Art Film zu betrachten, sondern auf eine bestimmte Art zu existieren. Die Nichtung, das heißt die Fähigkeit des Bewusstseins, das Sein der Dinge durch die Leere zu durchlöchern, ist das deutlichste Zeichen für die Kraft dieses Bewusstseins: Die nahen Ferien zu imaginieren heißt seine aktuellen Sorgen zu nichten. Angesichts einer nahenden mündlichen Prüfung zu zittern heißt, andere, gegenwärtige Schwierigkeiten zu nichten usw. In Das Sein und das Nichts ist das Nichts das Bewusstsein (das von Sartre als Für-sich-Sein bezeichnet wird) der Sache gegenüber (dem An-sich-Sein). Existieren (hier greift Sartre auf Heidegger zurück) bedeutet, nicht das zu sein, was man ist, und das zu sein, was man nicht ist. Einzig der Mensch existiert, denn er ist das Sein, durch das das Nichts passiert.

Das Bewusstsein ist ein Sein, dem es in seinem Sein um sein Sein geht, insofern dieses Sein ein Anderssein als es selbst impliziert.

Sartre

(Diese Passage wurde jetzt nicht nur deshalb zitiert, um Sie zu ärgern, sondern um Ihnen ein Beispiel dafür zu geben, wozu ein Philosoph fähig ist, wenn er sich gehen lässt.)

Die Freiheit ohne Grenzen ist das Wesensmerkmal des Existierenden

Die Freiheit ist der positive Aspekt der Kontingenz: Im Unterschied zu einem hergestellten Gegenstand wurde der Mensch zunächst nicht durch einen Gestalter oder Schöpfer vorgedacht. Der sartresche Existentialismus schließt selbst die Möglichkeit eines Gottes aus, der die Synthese des An-sich-Seins (die Kompaktheit des Seins) und des Für-sich-Seins (des Auftauchens des Bewusstseins) wäre.

Die Philosophie Sartres ist nicht gegen Gott – was eine andere Art und Weise gewesen wäre, sich in Bezug auf ihn festzulegen –, sondern sie ist ohne Gott, was ja auch die richtige Definition des Atheismus darstellt. Dies soll auch der recht rätselhafte folgende Satz bedeuten: Die Existenz geht dem Wesen voran. (Siehe dazu die folgende Anmerkung.)

Jedes Sein besitzt zwei Dimensionen: Es existiert, und es hat eine bestimmte Natur. Zu jedem Sein kann man zwei Fragen stellen: Existiert es? Woraus besteht es? Dies sind also die Fragen nach der Existenz und nach dem Wesen (der Essenz). Wenn man sich im Rahmen des Monotheismus bewegt, so hat Gott den Menschen zunächst gedacht, bevor er ihn schuf: Das Wesen des Menschen (die Idee vom Menschen) erscheint im Intellekt Gottes, bevor der Mensch inkarniert, verkörpert wird – die Essenz geht der Existenz voran. Der Mensch befindet sich damit also in der Situation eines hergestellten Gegenstandes in Bezug zu seinem Hersteller: Zunächst muss man den Gegenstand denken, bevor man ihn verwirklicht. Die Essenz geht der Existenz voran. Doch wenn Gott nicht existiert, dann gibt es nirgendwo eine Idee vom Menschen, die der Existenz des Menschen vorausgehen und diese bestimmen könnte. Die Existenz geht also der Essenz voran.

Ertragen, was man tut

In *Die Fliegen* gibt Sartre dem, was zu einem Gemeinplatz werden wird, eine literarische und philosophische Form und übersteigt damit bei weitem den Rahmen dessen, was man gemeinhin den Existentialismus nennt: Frei zu sein bedeutet, sein Handeln als das eigene zu ertragen, als sei es ein wesentlicher und unwandelbarer Teil seiner selbst. Nachdem Orestes seinen Vater gerächt hatte, indem er seine Mutter getötet hatte, sagte er zu seiner Schwester Elektra: »Ich habe meine Tat vollbracht, und diese Tat war gut. Ich werde sie auf meinen Schultern tragen, wie man Reisende über einen Fluss trägt, ich werde sie ans andere Ufer bringen und mich dazu bekennen. Und je schwerer sie ist, desto mehr freue ich mich, denn meine Freiheit ist diese Tat. Gestern noch lief ich ziellos auf der Erde herum, und Tausende von Wegen flohen unter meinen Schritten, denn sie gehörten anderen. Heute gibt es nur einen, und Gott weiß, wohin der führt: Aber es ist mein Weg.«

Ertragen, was man geworden ist

Der Existentialismus ist eine Philosophie der Freiheit. Genau in dieser Spur verläuft auch das Denken Simone de Beauvoirs, der lebenslangen Weggenossin des Philosophen, sein lebendiges Gedächtnis und seine lebendige Kritik, die diesen unverschämten, doch zutiefst richtigen Satz schreiben wird, der zu ungeheuren kulturellen Verwicklungen führen wird: »Man wird nicht als Frau geboren, man wird zur Frau gemacht.«

Die Werke, die Sartre den Schriftstellern gewidmet hat, bemühen sich alle, auf die folgende Frage eine Antwort zu geben: Wie ist Mallarmé zu Mallarmé geworden, wie ist Genet zu Genet geworden, wie ist Flaubert zu Flaubert geworden? Sartre warf der Psychoanalyse stets vor, dass sie das Individuum in das Gefängnis der Festlegungen seiner Vergangenheit einsperre. Dies ist sein grundlegendes Konzept, welches das menschliche Existierende bestimmt – und nicht das Gewicht seiner Vergangenheit, die der Mensch sein ganzes Leben lang mit sich herumzuschleppen verurteilt wäre.

Der Mensch ist verurteilt, frei zu sein.

Sartre

Die Freiheit ist immer situationsbedingt

Heißt das, dass die Freiheit bedingungslos ist? Sartre kennt wohl am besten die Lasten der Umstände, doch diese üben für sich allein keine determinierende Macht aus. Den besten Beweis dafür liefert die Vielfalt an Existenzstrategien. Ein Kind wird geschlagen, ein Arbeiter wird ausgebeutet. Reagieren sie darauf mit Passivität (Fatalismus), mit Auflehnung oder mit der Flucht in eine Scheinwelt? Diese voneinander abweichenden Reaktionsweisen werden nicht durch den Kontext geliefert (auch wenn die dominierenden Angaben statistisch zu ermitteln sind), sondern ergeben sich aus der Art und Weise, wie sich das Bewusstsein diesem gegenüber verhält.

Der gekreuzte Blick

Der schielende Blick Sartres, der seine »Hässlichkeit« bedingte (wobei die Anführungszeichen nicht deshalb dastehen, damit sie das wieder neutralisieren, was der Begriff der Hässlichkeit an politisch Inkorrektem in sich tragen könnte, sondern einfach nur, weil sie ein Fragezeichen hinter die *Realität* selbst dieser Hässlichkeit setzen sollen), könnte als ein symbolisches Zeichen für sein Denken aufgefasst werden, das seit dem Krieg nicht aufhörte, das Bewusstsein im und durch das Kollektiv (Gruppe, Gesellschaft, Geschichte) und das Kollektiv im und durch das Bewusstsein zu betrachten. Alles in allem wird die Philosophie Sartres der Versuch sein, Hegel oder Marx mit Kierkegaard zusammenzudenken.

Die *Kritik der dialektischen Vernunft*, das zweite große philosophische Werk Sartres (das erste ist *Das Sein und das Nichts*), versucht, eine Antwort auf die schwierige Frage zu geben (was die Humanwissenschaften nicht geschafft haben): Wie kann man die Handelnden verstehen und zugleich ihre Akte erklären, wie kann man sich über eine Subjektivität und über ein Kollektiv im Klaren sein, die sich gegenseitig in einer einschließenden bzw. eingeschlossenen Situation befinden (das Individuum enthält die Gruppe, die Gruppe enthält das Individuum)?

Die Hölle, das sind die anderen

Das Theaterstück Geschlossene Gesellschaft setzt drei Figuren in Szene, die sich nach ihrem Tod in einem Hotelzimmer wiederfinden (die Hölle ohne Teufel und Höllenfeuer). Tot zu sein bedeutet, auf all das reduziert zu sein, was man einmal getan hat, ohne irgendetwas daran ändern zu können. Der Tod, so meint Malraux in ähnlicher Weise, macht das Leben zum Schicksal.

Der berühmte Satz: »Die Hölle, das sind die anderen«, der aus seinem Zusammenhang gerissen wurde, wurde auf folgende triviale Weise verstanden: »Das Leben mit meinem Mann ist zu einer wahren Hölle geworden!« Tatsächlich wollte Sartre damit jedoch aussagen, dass das Gedächtnis der Lebenden das einzige Jenseits der Toten sei (tot zu sein bedeutet, den Lebenden ausgeliefert zu sein, sagt er; tot zu sein bedeutet, nicht mehr in der Lage zu sein, dem, was man einmal gesagt oder getan hat oder was man einmal gewesen war, einen Sinn, einen anderen Sinn zu geben).

War Sartre nur Philosoph?

Der Ehrgeiz des jungen Sartre lief darauf hinaus, Spinoza und Stendhal zugleich zu sein, also Philosoph und Schriftsteller zugleich. Die Feinde Sartres, von denen es viele gibt (doch je näher uns ein Philosoph zeitlich ist, desto mehr Feinde hat er – Heraklit beispielsweise hat keinen einzigen Feind), meinen jedoch, dass er weder das eine noch das andere war.

Das Werk Sartres ist wahrhaft monumental und berührt alle möglichen Bereiche: Er schrieb Essays, wissenschaftliche Abhandlungen, Novellen, Romane, Theaterstücke und Artikel. In Sartres Denken existiert eine tiefe Einheit. Gerade darin, dass er nicht »nur« Philosoph war, erwies sich Sartre als einer und sogar als einer der größten: Saint Genet, Komödiant und Märtyrer und Der Idiot der Familie sind keine »Philosophie«-Bücher, doch enthalten diese Werke von verblüffendem Einfallsreichtum wohl mehr an Philosophie als das 60. Buch über die Ontologie Descartes'.

Hat sich Sartre mehr als andere geirrt?

Diese Frage wiederholte man – im Hinblick auf sein politisches Engagement,das ihn zu Beginn der 50er Jahre auch mit der Kommunistischen Partei zusammengebracht hatte – so lange, dass man sie schon nicht mehr hören konnte.

Sartre war voller Energie und Gewalt. Er nannte eine Katze eine Katze, und wie jedem Schriftsteller passierte es auch ihm, in ihr manchmal einen Tiger zu sehen. Es gibt nun einmal keine große Philosophie ohne Einbildungskraft und keine Einbildungskraft ohne Risiko. Sartre hat viel riskiert, indem er so viel schrieb.

Doch was bedeutet es eigentlich, sich in der Philosophie oder in der Politik »zu irren«? Etwas Falsches zu sagen? Das Denken verhält sich nur sehr selten mathematisch und bezieht sich oft nicht auf erwiesene Fakten. Etwas Böses zu sagen? Welches sind denn die Kriterien für das Gute und das Böse?

Wenn Sartre sagt: »In der Sowjetunion existiert absolute Meinungsfreiheit«, so äußert er damit eine Ungeheuerlichkeit, die weit über den Irrtum hinausgeht. Doch wenn er die Verteidigung des Kommunismus gegenüber der amerikanischen Politik während des Korea-Krieges übernimmt, hat es dann Sinn zu sagen, er habe sich geirrt? Der Linksextremismus kann als gefährlich, als idiotisch, als verrückt und als absurd bezeichnet werden, doch kann man ihn falsch nennen? Hat sich Sartre geirrt, als er sich 1968 mit den Studenten solidarisch erklärte? Hat er sich geirrt, als er, zusammen mit Bertrand Russell, 1966 das Russell-Tribunal ins Leben rief, das über die von den Amerikanern in Vietnam begangenen Kriegsverbrechen urteilen sollte, wobei er es bedauerte, dass sich der Nürnberger Gerichtshof nicht als ein permanentes Weltgewissen konstituiert hatte?

Der linguistic turn der analytischen Philosophie

27

In diesem Kapitel

- Erst reden, dann denken
- Ein Logikproblem, das die moderne Philosophie erneuert
- Wittgenstein und das Programm der Klärung von Problemen

Als analytische Philosophie bezeichnet man die Denkströmung, die aus den logischen und philosophischen Arbeiten Bertrand Russells und Ludwig Wittgensteins hervorgegangen ist. Warum *analytische* Philosophie? Aus Misstrauen gegenüber den großen Worten und Entitäten, aus denen uns nur unreflektierte leere Ideen entgegendröhnen.

Die Bezeichnung linguistic turn meint so etwas wie eine sprachliche und sprachwissenschaftliche Wende, sozusagen einen Dreh zur Sprache hin, die Hinwendung der philosophischen Aufmerksamkeit zur Sprache.

Man wechselt die Sprache nicht wie ein Hemd

Die Philosophen haben lange gebraucht, um zu erkennen, dass die Sprache nicht das Kleid, sondern der Körper des Denkens ist. Gewiss, der Moralist La Rochefoucauld hatte bereits im 17. Jahrhundert geschrieben, dass es Leute gebe, die niemals verliebt gewesen wären, wenn man ihnen nicht von der Liebe erzählt hätte – ein Beweis dafür, dass man genau wusste, was Worte alles anstellen können. Doch niemand hatte bisher eine allgemeine Konsequenz aus dieser Feststellung gezogen: Die Sprache ist kein offenes Fenster zur Welt, sondern eine Leinwand, auf die sich ihre eigenen Bilder projizieren. Aristoteles weiß nicht, dass er auf Griechisch redet und schreibt – von dieser Sprache wissen wir jedoch, dass ihre syntaktische Struktur zu einem guten Teil logisches Denken determiniert: Er weiß es nicht in dem Sinne, in dem er spontan und naiv an der griechischen Sprache haftet. Alle Griechen, selbst die gebildetsten unter ihnen, sind davon überzeugt, dass die Völker, die kein Griechisch sprechen, Barbaren sind.

Die Ordnung der Dinge, der Ideen und der Wörter

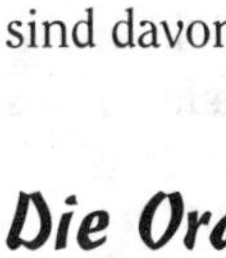

Bei einer harmonischen Vorstellung von der Wirklichkeit, wie wir sie bei den Pythagoreern, den Platonikern und den Stoikern vorfinden, später auch beim Christentum (das diese Wirklichkeit mit Gott, seinem Schöpfungsprinzip, verband), ist die Ordnung der Ideen ein Übersetzen, ein Spiegelbild, und die Wahrheit ist die Entsprechung mit dem Realen. Und da die Wörter zutreffende, korrekte

Repräsentanten der Ideen sind, kann die Ordnung der Wörter die reale Ordnung der Dinge übersetzen. Die Logik als Kunst des guten Denkens spiegelt das System der Natur wider, und die Grammatik als Kunst der guten Rede reflektiert das System der Logik. Beim Übergang von der einen zur anderen Ordnung bleibt weder etwas übrig noch kommt etwas dazu, es bleibt kein unübersetzbarer Rest, da ja die Ordnung der Dinge, die der Ideen und die der Wörter grundlegend von gleicher Ordnung sind, die letztlich die Ordnung der Natur oder die Ordnung Gottes ist.

Die zeitgenössische Philosophie fängt an, die symbolische Ordnung (Denken und Sprache) in ihrem Verhältnis zur Ordnung der Dinge eines nicht reduzierbaren Charakters zu verdächtigen. Nietzsche und Wittgenstein waren, mit unterschiedlichen Mitteln, Meister dieses Verdachts. (Zur Reduktion siehe unten.)

Hier ist der Feind: Hegel!

In England gab es am Ende des 19. Jahrhunderts eine ganze Strömung philosophischen Denkens, das als Reaktion auf den dominierenden Empirismus, Utilitarismus und Materialismus zu der großen Spekulation zurückkehrte, die durch Hegel verkörpert wurde. Diese sogenannte neuhegelianische Schule wurde im Wesentlichen von Francis Herbert Bradley und Bernard Bosanquet repräsentiert. Für Bradley ist wie für Hegel nur das Ganze das Wahre. Gegen diesen „Totalismus“ nun wendet sich Bertrand Russell mit ganzer Kraft.

Die Idee, nach der einzig das Element einer wenn nicht objektiven, so doch zumindest deutlichen Angabe entspricht, leitet sich aus dem Nominalismus ab. Eine Aussage hat ab dem Augenblick Sinn, indem jedes ihrer Elemente selbst einen Sinn besitzt. Die Frage, welchen Sinn eine globale Theorie, wie eine Religion oder eine Philosophie, haben könne, ist selbst vollkommen sinnlos.

Die Extension geht auf Kosten der Intension

Das die Konzeption der Wortdefinition beherrschende Prinzip ist der Vorrang der Analyse vor der Synthese.

Die Metaphysik seit Platon betrachtet ein allgemeines Wort als die Bezeichnung einer Essenz, einer Natur, eines Wesens: Ein Pferd oder die Gerechtigkeit zu definieren bedeutet, die Essenz des Pferdes, die Natur der Gerechtigkeit zu benennen. Diese Essenz bezeichnet man als Intension (hat nichts mit der Intention zu tun, die sich ja auch anders schreibt; die Intension eines Begriffs ist sein Inhalt, die Extension eines Begriffs ist seine Reichweite, also die Gesamtheit all dessen, was unter ihn fällt).

Als Hippias, der Sophist, über den sich Platon am meisten lustig macht, die Schönheit definiert, indem er sagt, dass sie ein schönes Mädchen sei, betrifft seine Definition bereits den Anwendungsbereich des Begriffs: Man sagt dann Extension dazu. Die Extension der Schönheit, das ist die Gesamtheit aller Dinge, die als schön bezeichnet werden können.

Die metaphysische, platonische Konzeption der Definition ist *intensionistisch* (sie sucht nach der Idee), während die analytische, logische Konzeption, die von Gottlob Frege stammt und von Bertrand Russell und seinen Nachfolgern wieder aufgegriffen wurde, *extensionistisch* ist (sie sucht nach den Gegenständen, auf die der Begriff angewendet werden kann).

Und genau hier setzt die berühmte Mengenlehre an, die von Georg Cantor in die Mathematik eingeführt wurde. Eine Menge ist ein logisches Objekt, das durch die Elemente definiert ist, die sie enthält, und durch die Beziehungen, die sie umfasst oder unterhält. Wenn die Schönheit einen Sinn hat, muss man die Menge der Objekte bestimmen können, auf die sich diese Eigenschaft anwenden lassen kann (daher gibt die analytische Philosophie Hippias gegenüber Platon recht). Die Essenz ist unbestimmt und vage, sie hängt von der Laune des Einzelnen ab. Wenn es sich mit dem Anwendungsbereich ebenso verhält, dann wird man als Leitfaden die allgemeingebräuchliche Verwendung nehmen (man wird sich beispielsweise fragen, was man in der Alltagssprache als »schön« bezeichnen kann und was auch wirklich so bezeichnet wird).

So können also die philosophischen Probleme zu Fragen der Logik zusammengefasst werden. Zumindest bestehen darin die Hoffnung und der Ehrgeiz Russells und seiner Nachfolger. Ein Problem, das sich diesem logischen Reduktionstest entziehen würde, könnte als sinnlos erklärt werden. Fallen dann in diese Kategorie die metaphysischen Probleme wie: Ist die Seele von Gott erschaffen oder von den Erzeugern des Kindes?

Probleme mit der Mengenlehre

Die Mengenlehre wäre demnach geeignet, einen logischen Rahmen zu bilden, um die Probleme der Begründung und der Wahrheit zu lösen, die seit jeher die Probleme der Philosophie sind.

Jedoch bereitet diese Mengenlehre, die ja auch als geeignet angesehen wird, die Mathematik zu vereinheitlichen, selbst einige Schwierigkeiten und weist logische Schwächen auf. Es war eine wichtige Entdeckung Russells, zeigen zu können, dass diese Lehre nicht vollständig sein konnte – das bedeutet, dass sie unter ihren Regeln eben nicht die Menge der möglichen Objekte zusammenzufassen kann. Die Mengenlehre stolpert im Endeffekt über das Paradox der Selbstbezüglichkeit. Das berühmte klassische Beispiel dafür ist das Paradox vom Lügner.

Es gibt Aussagen und Situationen, die die Vernunft völlig aus der Fassung bringen. Man bezeichnet sie als unentscheidbar. Die einfachste unentscheidbare Aussage lautet: »Ich lüge.« Denn wenn ich lüge, während ich sage: »Ich lüge«, sage ich ja die Wahrheit. Doch wenn ich die Wahrheit sage, dann lüge ich, weil ich ja gesagt habe: »Ich lüge.« Schlussfolgerung: Ich sage die Wahrheit, sofern ich sage: »Ich lüge«, und ich lüge, sofern ich die Wahrheit sage.

Wie kommt diese Aporie zustande? Durch die Verwechslung der beiden Ebenen des Ausgesagten (das, was gesagt wird) und der Aussage (die Handlung des Sagens). Zu sagen: »Ich lüge«, bedeutet ja nicht unbedingt zu lügen (ein Lügner lügt ja nicht ständig): Wenn ich also sage: »Ich lüge«, dann kann es sein, dass ich gerade nicht lüge. Das heißt, ich verfüge über keinerlei Kriterium, um zu wissen, ob jemand, der mit mir spricht, gerade in diesem Augenblick lügt oder nicht lügt.

Die größte der Mengen existiert gar nicht!

Bertrand Russell argumentiert folgendermaßen: Wenn die Mengenlehre vollständig und kohärent ist, müsste es eine Menge aller Mengen geben. Dann müssen wir uns fragen, ob diese Menge sich selbst enthält oder nicht. Man kann tatsächlich Mengen, die sich selbst enthalten (wie ein Buch, das seinen eigenen Titel in seinem Inhaltsverzeichnis enthält), und Mengen, die sich nicht selbst enthalten, voneinander unterscheiden. Die Menge aller Mengen müsste die Menge aller Mengen enthalten, die sich nicht selbst enthalten. Doch genau hier schleicht sich nun ein großer Fehler ein: Es wird für diese Menge unmöglich, sowohl sich selbst zu enthalten als sich nicht selbst zu enthalten. Wenn die Menge aller Mengen, die sich nicht selbst enthalten, sich tatsächlich selbst enthält, dann dürfte sie nicht sich selbst enthalten. Doch wenn sie sich nicht selbst enthält, dann müsste sie sich selbst enthalten, weil sie die Mengen enthält, die sich nicht selbst enthalten (siehe dazu auch das Paradox vom Barbier im Kapitel »Zehn Paradoxe«).

Wie zieht sich Russell nun aus der Affäre? Indem er festlegt, dass es keine Menge aller Mengen gibt, dass es sie gar nicht geben könne, dass dieses logische Monster gar nicht lebensfähig wäre. Stattdessen entwickelt er eine Typentheorie, eine Hierarchie der Mengen, um die Paradoxa der Selbstbezüglichkeit zu vermeiden. Nach dieser Theorie dürfen Mengen keine Glieder enthalten, die nur in Bezug auf diese Menge definierbar sind. Man verwechsle jetzt aber bitte nicht den Diskurs mit dem Diskurs über den Diskurs und auch nicht den Diskurs über den Diskurs mit dem Diskurs über den Diskurs über den Diskurs.

Keine Luftschlösser bauen!

Der Empirismus hegte schon immer ein extremes Misstrauen gegenüber der Induktion als einem Gedankengang, der aus einer unbedingt begrenzten Anzahl Einzelfälle auf ein allgemeines Gesetz schließen will. Es leuchtet ein, dass die Induktion nicht ohne Risiko ist. Im Grunde genommen ist es doch eine Wette, die die Vernunft abschließt, wenn sie ein allgemeingültiges Gesetz verfasst, eine Wette über die Kohärenz und die Homogenität des Wirklichen. Denn es ist ja im Universum immer möglich, dass die eine oder andere Angabe, die man nicht kannte, der eine oder andere Parameter, an den man nicht gedacht hatte, das ganze Kartenhaus zum Einsturz bringt. Es genügt also ein einziges Gegenbeispiel, um eine allgemeingültige Aussage zum Wanken zu bringen: Wir haben das bei den Milliarden schwarzer Amseln gesehen, deren Universalität durch eine einzige weiße Amsel beseitigt würde.

Um die Grenzen und die Risiken dieser Art der Beweisführung aufzuzeigen, sprach Russell von der Induktion, die ein Hühnchen ganz zu Recht durchführen könnte, das eine konstante Beziehung zwischen der Hand der Bäuerin und dem schönen, goldenen Korn entdeckt – jedoch nur bis zu dem Tag, an dem die nährende Hand ihm den Hals umdreht!

Killerbeispiel für eine Schlussfolgerung durch Rekursion

Man wird dies zwar für eine grausame Geschichte halten, doch sie veranschaulicht ganz wunderbar die Schlussfolgerung durch Rekursion. In Bagdad beschließt ein Sultan, der den Treuebruch einer seiner Geliebten entdeckte hat, alle untreuen Frauen aus seiner Stadt zu beseitigen. Daher wird allen betrogenen Ehemännern der Befehl erteilt, ihre Ehefrauen zu töten. Jeder Mann kennt die Treue oder Untreue aller Frauen Bagdads, mit Ausnahme seiner eigenen Frau (man geht idealerweise davon aus, dass alle Männer Bagdads monogam leben), dennoch hat nur er allein das Recht, im Falle der Untreue seine Frau zu töten. Außerdem verkündet jeden Abend ein Herold, ob es noch untreue Frauen in Bagdad gebe: Dieser Herold ist von allen Männern Bagdads der einzige, der die Treue oder Untreue aller Frauen kennt, und man setzt voraus, dass er nicht verheiratet ist.

An 82 aufeinanderfolgenden Abenden verkündet der Herold: »Es gibt noch immer untreue Frauen in Bagdad!« Doch am 83. Abend kann er ankündigen: »Es gibt keine untreuen Frauen mehr in Bagdad!« Die Frage ist nun, wie viele untreue Frauen es in Bagdad gegeben hat und was eigentlich passiert ist.

Um dieses Problem zu lösen, sollte man nach der Schlussfolgerung durch Rekursion vorgehen. Und daher mit der einfachsten Hypothese beginnen. Gehen wir also zum Anfang der Geschichte zurück und stellen uns vor, dass es nur eine einzige untreue Frau in Bagdad gebe. Alle Männer der Stadt kennen sie, mit Ausnahme des betrogenen Ehemannes. Als dieser nun am ersten Abend hört, dass es eine untreue Frau in Bagdad gebe, schließt der Mann daraus, dass es seine Frau sei, und tötet sie. So wird der Herold am zweiten Abend ausrufen können, dass es keine untreuen Frauen mehr in Bagdad gebe.

Stellen wir uns aber jetzt einmal vor, es gebe zwei untreue Frauen in Bagdad. Die Männer der Stadt kennen zwei untreue Frauen, mit Ausnahme der beiden betrogenen Ehemänner, die nur eine untreue Frau kennen, nämlich die des anderen betrogenen Mannes. Am ersten Abend sagt der Herold: »Es gibt untreue Frauen in Bagdad!« Jeder der beiden Ehemänner denkt dann: Wenn der betrogene Ehemann – der keine einzige untreue Frau kennt – das hört, wird er daraus schließen, dass seine Frau die treulose ist und sie töten. Deshalb geschieht am ersten Abend gar nichts. Doch als der Herold am zweiten Abend verkündet: »Es gibt noch untreue Frauen in Bagdad!«, wird sich jeder der beiden betrogenen Ehemänner sagen: Da der Ehemann der untreuen Frau, die ich kenne, diese nicht getötet hat, dann deshalb, weil er eine andere kennt, die ja nur die meine sein kann, weil ich keine andere untreue Frau kenne. Daher töten die beiden betrogenen Ehemänner am zweiten Abend ihre Gattinnen zur gleichen Zeit, und der Herold kann am dritten Abend verkünden, dass es keine untreuen Frauen mehr in Bagdad gebe.

Den gleichen Schluss kann man nun so oft ziehen, wie man nur möchte. Wenn der Herold am 83. Abend ankündigt, dass es keine untreuen Frauen mehr in Bagdad gebe, dann bedeutet das, dass am Vorabend 82 Ehemänner zur gleichen Zeit ihre unglückliche Frau getötet haben, und dies infolge einer einwandfrei logischen Schlussfolgerung.

Eine unsinnige Arbeit über den Sinn

Der Philosoph und Logiker Gottlob Frege war der erste moderne Gelehrte, der Ordnung in die recht verwickelte Frage nach dem Sinn brachte. Die Verwendungsmöglichkeiten dieses Begriffs in der Alltagssprache laufen auf Inkohärenzen hinaus. Frege bezeichnet mit dem *Sinn* die Art und Weise, wie wir einen Referenten, das heißt also einen Bezugspunkt, einen äußeren Gegenstand, bezeichnen. Zwei Ausdrücke können denselben Referenten, und damit dieselbe Bedeutung und gleichzeitig zwei unterschiedliche Arten von Sinn haben: Dies ist der Fall beim »Morgenstern« und beim »Abendstern«, die beide auf den gleichen Gegenstand verweisen, den Planeten Venus.

Absurd ist das, was – aufgrund einer inneren Zusammenhanglosigkeit oder einer Nichtentsprechung zwischen der Aussage und ihrem Referenten – den elementaren Regeln von Logik und Grammatik zuwiderläuft. »Morgen war ich tot«, »Der köstliche Leichnam trinkt den neuen Wein«, »Unfruchtbarkeit ist eine Krankheit, die vererbt wird«, »Der Erste, der schläft, weckt den anderen auf« sind absurde Aussagen (unter der Voraussetzung, dass beim letzten Satz derjenige, der schläft, nicht im Schlaf laut spricht). Bertrand Russell gibt für eine absurde Aussage das folgende Beispiel: »Der König von Frankreich ist kahl.« Diese Aussage ist tatsächlich nicht wahr, aber sie ist auch nicht falsch (das würde dann nämlich bedeuten, dass der König von Frankreich Haare auf dem Kopf hätte). Sie hat nun einmal keinen Sinn in der Wirklichkeit, wie sie tatsächlich ist, da sie keinen Referenten hat (es gab, als Russell diese Aussage aufstellte, keinen König mehr in Frankreich, und es gibt bis jetzt keinen). So ist es also in der Tat absurd, einem Subjekt, das gar nicht existiert, ein Prädikat zuzuweisen.

Dies brachte die Logiker der sogenannten Schule des logischen Empirismus dazu zu erklären, dass die metaphysischen Propositionen keinen Sinn hätten: »Gott hat den freien Menschen erschaffen« ist ein Urteil, das für die Anhänger dieser Schule eben keinen Sinn hat. Doch was bedeutet es eigentlich, »keinen Sinn zu haben«? Wenn wir Alice im Wunderland lesen, das von dem von der Logik besessenen Lewis Carroll geschrieben wurde, verstehen wir alle Sätze in diesem Buch: Das ist der Beweis dafür, dass es bereits einen grammatikalischen Zusammenhang gibt. Die Situationen und die Szenen in dieser Erzählung sind jedoch so unwahrscheinlich wie die Luftsprünge, die die Helden in den Zeichentrickfilmen ständig ausführen: Doch genau dieses Unmögliche ist es, das zum wesentlichen Sinn dieses Nichtsinns wird. Die Aussage »Der König von Frankreich ist kahl« hat zwar keinen Referenten, doch sie hat eine Bedeutung, während der Satz »Bademantel schimpft mit dem klein gefallenen Ludwig XIV.« keine hat.

Wittgenstein oder das Ende eines vornehmen Tons

Der Ausdruck »vornehmer Ton in der Philosophie« stammt von Kant und hatte all jene im Visier, die unter dem Deckmantel der Philosophie die Haltung eines Propheten einnahmen. Doch war dies nicht die Haltung aller Philosophen, Kant inbegriffen, denn der übermäßige Anspruch, der die Philosophie seit ihren Ursprüngen bis in die heutige Zeit antreibt, ist ja letztlich der, die Wahrheit aller Dinge zu finden und auszusprechen. Wittgensteins Eigentümlichkeit besteht unter anderem in Folgendem: Er ist der erste Philosoph, der ohne philosophischen Bezug denkt. Bei ihm spielt sich alles so ab, als gäbe es gar keine Geschichte der Philosophie.

Doch dieser Philosoph ohne Geschichte war dennoch kein Mann ohne Geschichten. Nach der Schule und bevor er an der Universität lehrte, zog sich Ludwig Wittgenstein – der einer sehr reichen österreichischen Familie entstammte – zeitweise in die Einsamkeit Norwegens zurück, betätigte sich als Mäzen brotloser Künstler, kämpfte während des Ersten Weltkrieges freiwillig auf österreichisch-ungarischer Seite, war Kriegsgefangener in Italien, Gärtner in einem Kloster, Volksschullehrer in den Dörfern Niederösterreichs, Architekt, Student (mit 40 Jahren), Kellner in einer Kantine, Pförtner, Sanitäter in einem Londoner Krankenhaus und Techniker in einem Labor für medizinische Analysen.

Von einer schweren Zwangsneurose geplagt, lebte Wittgenstein in einer Insektizidwolke und schrubbte die Fußböden mit Teeblättern. Groß und hager, wie er war, lief er mit einem derart schlaksigen Gang, dass er auf dem Land alle Leute beunruhigte. Als unglücklicher Homosexueller war er dem Wahlrecht für Frauen gegenüber feindlich eingestellt, was er damit begründete, dass sie alle dumm seien, und er dachte häufig an Selbstmord. Er sagte, dass man nicht Universitätsprofessor und gleichzeitig redlich oder ehrlich sein könne. Er brüstete sich damit, die Werke anderer Philosophen nicht gelesen zu haben. Und er stritt sich mit praktisch allen herum.

Lieber erhellen als klären

Die Philosophie ist ebenso wenig eine Wissenschaft, wie der Striptease eine Kunst ist. Sie enthüllt die Dinge, verleiht ihnen aber nicht die Wahrheit. Das Ziel der Philosophie ist nach Wittgenstein die logische Abklärung des Denkens. Die Philosophie ist keine Glaubenslehre, sondern eine Aktivität. Das Ergebnis der Philosophie besteht nicht in einer bestimmten Menge an Propositionen, sondern in der Tatsache, dass Propositionen erhellt werden.

Die richtige Methode der Philosophie: nichts zu sagen, es sei denn das, was sich sagen lässt. Die meisten der Propositionen und der Fragen, die über philosophische Themen verfasst wurden, sind nicht falsch, sondern haben einfach nur keinen Sinn. Es ist daher unmöglich, auf solcherlei Fragen zu antworten. Alles, was wir tun können, ist festzustellen, dass sie einfach keinen Sinn haben.

Was sich überhaupt sagen lässt, lässt sich klar sagen, und wovon man nicht sprechen kann, darüber muss man schweigen.

Wittgenstein

Die Frage nach dem zweiten Wittgenstein

In der Geschichte der Philosophie taucht immer wieder die folgende Frage auf: Soll man der Einheit, dem systematischen Zusammenhang eines Denkens den Vorzug geben oder den Akzent eher umgekehrt auf die Richtungs- bzw. Meinungswandel oder sogar auf die Zäsuren und Brüche im Denken legen? Muss man Heidegger aufs Wort glauben, wenn er angesichts seines Denkens nach *Sein und Zeit* von einer *Kehre* spricht? Hat der vorkritische Kant wirklich nichts mehr mit dem gereiften Kant zu tun?

Wittgenstein hat während seines ganzen Lebens nur ein einziges Buch veröffentlicht: den Tractatus logico-philosophicus. Alle später geschriebenen (und nach seinem Tod erschienenen) Texte scheinen einen Meinungswechsel anzudeuten. Während Wittgenstein im Tractatus noch über eine ideale Übereinstimmung zwischen den Wörtern und den Fakten reflektiert, macht er in seinen Philosophischen Untersuchungen die Alltagssprache, die gewöhnliche Sprache, zum Hauptgegenstand seiner Überlegungen. Ein großer Teil der Aussagen in der Alltagssprache besteht nicht in der Benennung von Gegenständen (Beispiele hierfür: »Geh weg!«, »Aua!«, »Hilfe!«, »Bitte etwas Pfeffer!«, »Toll!«). Die formal logischen Kriterien sind unwirksam, wenn es sich darum handelt, Aussagen einzuschätzen, die wohl eher auf Bedürfnisse, auf interpretierbare Forderungen im Lichte praktischer Kriterien antworten, die weder eindeutig noch allgemeingültig sind. Was hierbei auf dem Spiel steht, ist nicht mehr der Vorrang der Struktur oder der logischen Substanz der Sprache, sondern die Verwendung einer Welt in der Sprache, die ihr ihre Bedeutung gibt.

Im Übrigen kann man sich fragen, ob diese Kehre nicht, psychologisch betrachtet, eine Rückkehr zum Ausgangspunkt ist. Wittgenstein selbst teilte mit, dass die Taten in seiner Familie nur wenig bedeuteten: Sie hätten jemanden umbringen können, sagte er, das Einzige, was zählte, war die Art und Weise, darüber zu sprechen, oder die Tatsache, darüber zu reden oder eben nicht. Ist dies nicht die Botschaft dieser Philosophie?

Das Gefängnis der Sprache

Die Sprache stellt das dar, was Karl Jaspers als Umgreifendes bezeichnete: das, was jede Position im Außen unmöglich macht. Es ist nicht möglich, gegen die Sprache zu sein, denn derjenige, der einen langen Diskurs gegen die langen Diskurse verfasst, hält selbst einen lagen Diskurs. Die Stille selbst ist eine Wortfalle! Die Sprache zeichnet die Umrisse unserer Welt, als ob wir in ein sprachliches Gefängnis verfrachtet wären und damit in den Ausdruck unserer innersten Gefühle. Dies ist eine Situation, aus der wir uns dennoch zu befreien versuchen müssen, um das zu erreichen, was Wittgenstein Mystik nannte, die für ihn ebenso der Ethik wie auch der Ästhetik entsprach.

Die Folgen dieses Sprachdenkens

Ein logischer Empirismus

Von 1920 bis 1930 fanden sich in Wien (Wiener Kreis) und Berlin (Berliner Kreis) Logiker, Philosophen, Mathematiker und Physiker zusammen, die die gleichen Grundideen teilten, die sich aus den Arbeiten Bertrand Russells und Ludwig Wittgensteins ableiten ließen. Diese Strömung, die durch eine radikale Ablehnung der Metaphysik (als vollkommen sinnlos) gekennzeichnet ist, wird als Neopositivismus, als logischer Positivismus oder auch als logischer Empirismus bezeichnet. Ein weiteres Charakteristikum dieser Bewegung ist das Bestreben, das Wissenschaftssystem auf die einzigen beiden Fundamente wieder neu zu begründen, die von Hume und Condillac anerkannt wurden: den logischen Zusammenhang und die empirische Beobachtung – daher kommt auch die Bezeichnung des logischen Empirismus, die man dieser Denkschule gegeben hat, deren wichtigster und berühmtester Vertreter Rudolf Carnap war.

Die Erkenntnis wird nicht mehr als ein Bild der Realität, sondern als eine Komposition verstanden (das große Werk Carnaps heißt Der logische Aufbau der Welt). So erklärt sich auch die Aufmerksamkeit, die man der Logik und der Syntax (der Grammatik im enegeren Sinn) widmete, da es einen strengen Aufbau natürlich nicht ohne Regeln geben kann.

Die Macht der Sprache

Die analytische Philosophie ist eher ein vages Umfeld als eine Denkschule oder eine Denkströmung. Ihr Mittelpunkt wird von dem Interesse gebildet, das der Frage nach der Sprache entgegengebracht wird. Doch von diesem Zentrum ausgehend, findet man wirklich eine extreme Vielfalt an divergierenden Ansichten.

Unter den Arbeiten der Philosophen dieses Umfeldes hatten die Werke des englischen Linguisten John L. Austin einen bedeutenden Einfluss, besonders seine Vorlesungen, die unter dem Titel *How to do things with words* (Zur Theorie der Sprechakte) gesammelt und herausgegeben wurden. Austin unterscheidet darin zwischen performativen und konstativen Äußerungen.

Wenn ich sage »Das Wetter ist schön«, » Die Katze hat eine Taube gefangen« oder »Der Präsident von Brasilien heißt Lula«, dann begnüge ich mich damit festzustellen, was in der Welt existiert. Diese Äußerungen werden als *konstativ* bezeichnet. Wenn ich sage »Ich borge dir meinen Wagen«, »Ich gebe dir 50 Euro«, »Komm her!« oder »Scher dich zum Teufel!«, dann begnüge ich mich nicht zu sagen, was ist, sondern ich handle auf eine bestimmte Art (allein durch Worte) und ändere damit tatsächlich etwas an der Gestalt der Welt. Borgen, geben, befehlen oder beleidigen bedeutet also, etwas mit den Worten zu tun. Umgekehrt ist es auch nicht möglich, diese Handlungen ohne Worte auszuführen (ohne das Mittel der Sprache kann ich weder etwas verleihen noch etwas verschenken noch jemandem befehlen oder jemanden beleidigen). Austin nennt diese Äußerungen, die bestimmte Arten des Handelns sind, die die Realität beeinflussen, *performativ*.

Die Gestaltwechsel der Gerechtigkeit

28

In diesem Kapitel

- Philosophen, die nicht auf die Idee von der Gerechtigkeit verzichteten
- Hannah Arendt, eine der großen philosophischen Persönlichkeiten des Jahrhunderts
- Alle gemeinsam oder jeder für sich?

Die letzten Gefechte des Marxismus

Der Marxismus des 20. Jahrhunderts war nicht allein die Geschichte einer entsetzlichen Katastrophe, auch wenn man dies nicht vergessen kann (und sollte). Wie konnte der Traum zu einem Albtraum werden? Diese Frage ist nicht nur historischer, sondern auch philosophischer Natur. Soll man meinen, dass die Philosophen, die in einem theoretischen Rahmen des Marxismus gedacht haben, einfach blind für die Schrecken geworden sind, die sie legitimierten? Oder, noch radikaler gefragt: Soll man nun der Meinung sein, dass die Geschichte ein für alle Mal ihr Urteil gesprochen hat und dass der Klassenkampf, die Dialektik und der Kommunismus von keinerlei philosophischem Interesse seien? Damit würde man die Bedeutung einiger großer Geister, die leider vergessen sind, vernachlässigen, als da wären György Lukács (auch Georg Lukács), Ernst Bloch, Antonio Gramsci und Louis Althusser, um nur diese vier Namen zu nennen.

Der Ungar György Lukács war Hegelianer, bevor er Marxist wurde. Seine Arbeiten zur Ästhetik zählen zu den besten des Jahrhunderts. Der Deutsche Ernst Bloch versuchte in seinem Prinzip Hoffnung, das marxistische Gedankengut mit dem Geist zu Utopie zu versöhnen und erweiterte damit den Materialismus bis zu einem Horizont des Möglichen. Der Italiener Antonio Gramsci, der einzige bedeutende marxistische Intellektuelle, der in Westeuropa politische Verantwortung trug, räumte der Kultur eine entscheidende geschichtliche und gesellschaftliche Funktion ein.

Der Franzose Louis Althusser schließlich versuchte, einer Lehre wieder zu ihrem wohlverdienten Recht zu verhelfen, die einerseits durch die verkrustete Dogmatik des Stalinismus und andererseits durch den »bürgerlichen« Humanismus abgeschwächt und neutralisiert wurde. Seine erneute Lektüre marxscher Schriften – die oft mit einer erneuten Lektüre Freuds durch Lacan verglichen wurde – lief darauf hinaus, bei Marx deutlich eine durch Hegel geprägte Jugendperiode (man vergleiche Marx' Ökonomisch-philosophische Manuskripte aus dem Jahre 1844) von einer Reifeperiode zu trennen, in der Marx mit dem Humanismus gebrochen hatte, gegen den sich auch der Strukturalismus wie vehement auflehnt.

Von allen marxistischen Philosophen des 20. Jahrhunderts ist Althusser der pathetischste. Ohne dass man jetzt gleich willkürliche Vermutungen anstellen sollte, könnte man sich dennoch fragen, ob es nicht doch eine Verbindung zwischen den schweren psychischen Krisen, denen der Philosoph sein ganzes Leben lang ausgesetzt war – und die darin kulminierten, dass er 1980 seine geliebte Frau erwürgte –, und der ungeheuerlichen Depression gibt, in der der historische Marxismus schließlich unterging.

Die Frankfurter Schule, ein Zweig am Stamm des Marxismus

In Frankfurt bildete sich eine kleine Gruppe radikaler Denker, die sich um Theodor W. Adorno und Max Horkheimer scharten. Diese Gruppe versuchte, eine kritische Theorie der Geschichte und der Gesellschaft, ausgehend von Ergebnissen der Sozialwissenschaften und der Psychologie, zu entwickeln. Diese Schule nannte sich auch nach ihrer Schließung durch die an die Macht gekommenen Nationalsozialisten weiterhin Frankfurter Schule, auch dann noch, als die ihr angehörenden Philosophen nach der Emigration in die USA ihre Studien dort weiterbetrieben.

Das Wahre ist das Ganze, hatte Hegel gesagt. Das Ganze ist das Unwahre, entgegnete ihm Adorno. Die hegelianische Dialektik wird als Maschine, die alles rechtfertigt, in Frage gestellt. Die Schrecken der nationalsozialistischen Zeit und des Zweiten Weltkrieges bestärkten Adorno noch in seinem radikalen Pessimismus: Die Geschichte ist gewiss nicht diese Offenbarung des Guten und Gerechten, die uns seit zwei Jahrhunderten von der Vernunft versprochen wurde.

Das, was Adorno als *negative Dialektik* (so auch der Titel eines seiner Hauptwerke, 1966) bezeichnet, soll eine Wirklichkeit zerstückeln und ihr Raum geben, die gewiss keiner Rechtfertigung bedarf. Die Kritik, die Adorno gegen die mystifizierende Behauptung einer Totalität herausarbeitet, ist in dem Sinne radikal, als sie bis zu der Wurzel der Verhängnisse der Zeit zurückgeht, die seiner Ansicht nach nur die Vernunft der Aufklärung sein kann. Dadurch, dass die Vernunft ihre Ordnung als unbedingt notwendig, als naturgegeben und unvermeidbar durchsetzte, habe sie nur den modernen Militarismus und Despotismus vorbereitet, das heißt also, sie habe sich über den Weg der Wissenschaft und der Technik als Vorkämpferin für Sklavenschaft und Tod der Menschheit betätigt und ihr eigentliches Ziel, eben die Aufklärung, verfehlt.

Kann man beispielsweise nach Auschwitz noch Gedichte schreiben? Adorno verneinte dies. Dennoch gab es auch danach noch Dichter. Doch was bedeutet Poesie heutzutage? Eigentlich gibt es nur noch die Rapper, die auch weiterhin an die Tugend glatter (oder holpriger) Reime glauben.

Ist die Vernunft zum Schlimmsten fähig?

Wenn man jemanden zur Vernunft bringt, weist man ihn zurecht, die Vernunft hat also viel mit Macht und Gewalt zu tun, Gewalt, die man auf die Dinge der Natur, Gewalt, die man in der Welt der Menschen ausübt. Eine ganze Denkströmung der neueren Zeit klagt die Vernunft der schlimmsten Untaten an.

Um die Vernunft nun zu verteidigen – deren Schlaf Monster anlockt, wie wir wissen –, kommt es wahrscheinlich darauf an, sich an die vom Soziologen Max Weber festgelegte wichtige Unterscheidung zwischen der Vernünftigkeit der Mittel (das Vernunftgemäße in der Technik zum Beispiel) und der Vernünftigkeit der Zwecke (das Angemessene in der menschlichen Moral zum Beispiel) zu halten. Eine der Tragödien unserer Zeit kommt vom Auseinandertreten dieser beiden Vernünftigkeiten, das sich dann sogar bis zum Widerspruch zuspitzen kann: So kommt es, dass die wahnsinnigsten Menschheitsprojekte (die Verbrechen des Stalinismus, die Judenvernichtung der Nazis) mit Hilfe vernunftgemäßer Mittel ausgeführt wurden. Doch deren Gebrauch reicht (hoffentlich) nicht aus, um die Grundlagen der Rationalität im Allgemeinen zu zerstören.

Es gibt einen Unterschied zwischen Rationalität und Rationalität

Doch verwechseln wir nicht ein rationales mit einem systematischen Vorgehen. Eine durch Bomben systematisch ausgelöschte Stadt ist keine vernunftgemäß zerstörte Stadt. Man kann sagen: In gewisser Weise gibt es nichts Konsequenteres als den Wahn eines Paranoikers, was jedoch nicht verhindern mag, dass dieser den Gipfel der Unvernunft bildet. Der Grundriss der nationalsozialistischen Konzentrationslager war in einer vollkommenen Weise streng geometrisch ausgerichtet. All das, was rational ist, ist nicht unbedingt auch vernünftig.

Marcuse, der Philosoph vom 68er-Campus

Herbert Marcuse profitierte von seinem Ruf, an Universitäten von Berkley bis Nanterre einer der Inspiratoren der Studentenbewegungen von 1968 gewesen zu sein, aber er litt auch unter ihm. Wahrscheinlich ist dies jedoch übertrieben, denn in jener Zeit hatten nur wenige Studenten Triebstruktur und Gesellschaft oder Der eindimensionale Mensch gelesen. Doch es stimmt schon, dass Marcuse einer der ersten Denker war, die erkannten, was diese Herrschaft der Freiheit – als die sich die triumphierende westliche Demokratie im Kampf gegen den Totalitarismus rühmte – an tiefer Verfremdung in sich bergen konnte.

Nachdem Marcuse vor Hitler aus Deutschland in die Vereinigten Staaten geflohen war und sich dort niedergelassen hatte, analysierte er mit all seiner kritischen Kraft das, was er als repressive Desublimerung bezeichnet hatte und was man als eine andere Benennung verstehen kann für den von Nietzsche angekündigten und angezweifelten Nihilismus: Wenn man an nichts anderes mehr als sein eigenes Glück (die Konsumgesellschaft) glauben möchte, ist es noch nicht einmal so, dass man reif für die Sklaverei wäre, sondern man ist bereits Sklave.

Habermas, die Fackel des Universalen

Der Hauptvertreter der zweiten Frankfurter Schule, der eine Generation nach den Mitgliedern der ersten Frankfurter Schule geboren wurde, ist Jürgen Habermas. Er gehört zu jenen Philosophen, die nicht glauben, dass die Geschichte beendet sei oder ihr letztes Wort gesprochen habe, seitdem die schlimmste aller Katastrophen eingetreten war. Zu einer Zeit, die in der Versuchung stand, den Relativismus auf den Trümmern aller Ideale zu kultivieren, war Habermas einer der wenigen, die in der Nachkommenschaft des durch Kant aufgebrochenen Universalismus standen. Seine Theorie des kommunikativen Handelns, die reichlich Bezug nimmt auf Arbeiten der verschiedenen Sozialwissenschaften, erstellte eine Typologie der Handlungen mit dem Ziel, das Spezielle an diesem kommunikativen Handeln herauszuarbeiten, ohne das es keine gemeinsame Welt sowohl innerhalb einer Gesellschaft als auch, a fortiori, im Weltmaßstab geben kann.

Während eine kommunikative Handlung idealerweise durch die Gleichheit (Symmetrie in der gegenseitigen Anerkennung) der Gesprächspartner und durch die Forderung nach Wahrheit in den durch sie in Gang gesetzten Diskurse gekennzeichnet ist, setzen die strategische Handlung (die Propaganda ist dafür ein Beispiel) und die symbolische Handlung (etwa in einem Theaterstück) eine grundlegende Ungleichheit zwischen den Parteien voraus und auch eine gewisse Gleichgültigkeit, wenn nicht sogar – wie bei den Extremfällen der Werbung beispielsweise – eine offene Verachtung der Wahrheit.

Zum Abschluss noch eine kurze Bemerkung über etwas, was ansonsten selten vorkommt in der Philosophie: Nach den Attentaten vom 11. September 2001, die vielleicht eine Zeit des globalen nihilistischen Terrorismus einleiteten (der einzige Sinn dieser Art des Handelns besteht doch in der vollständigen Zerstörung der Welt), erklärte Habermas, dass er sich frage, ob seine ganze Theorie nicht gerade ins Lächerliche herabsinke. Welche Bedeutung kann eine Kommunikationstheorie in der Tat haben, die auf die gesamte Menschheit ausgedehnt wird, wenn eine extrem kleine Minderheit eine solche Kommunikation hasst und stattdessen von einer physischen Zerstörung der ganzen Welt träumt?

Hannah Arendt denkt den Totalitarismus

Die Ideengeschichte genießt in der Philosophie keinen guten Ruf: Man betrachtet sie dort gerne im besten Fall als eine Arbeit des Essayisten, im schlimmsten als ein Werk des Journalisten. Die Werke Hannah Arendts zeigen, dass das philosophische Verständnis ideengeschichtlicher Fragen nicht ohne einen gewissen historischen Tiefgang zu haben ist.

Die beiden dominierenden Strömungen der Philosophie im 20. Jahrhundert kultivierten eigentlich eher die historische Amnesie: Egal, ob man sich den Dingen selbst zuwendet (bei der Phänomenologie) oder der Art und Weise, wie man etwas sagt (bei der analytischen Philosophie), man braucht absolut nicht auf vergangene Zeiten zurückzugreifen. Man kann philosophieren, ohne ein einziges Buch von Hegel gelesen zu haben (so war es wahrscheinlich bei Husserl und bei Wittgenstein).

Paradoxerweise war der einzige Philosoph, der in unserer Zeit fast die gesamte Geschichte der Philosophie in seinem Geist parat hatte, Heidegger, der Philosoph des Seins.

Spinoza glaubte, dass im Politischen bereits sämtliche möglichen Herrschaftsformen verwirklicht worden waren und dass die griechische Dreiteilung in Monarchie/Aristokratie/Demokratie unüberschreitbar sei. Hannah Arendt war eine der Ersten, die begriff, dass mit dem Totalitarismus etwas vollkommen Neues in die Geschichte eingebrochen war.

Die politische Theorie verfügte über mehrere Begriffe zur Bezeichnung dessen, was man seit Platon als eine Korruption der monarchischen Staatsform interpretierte: Mal spricht man von der *Tyrannei*, mal von *Diktatur* und mal vom *Despotismus*. Auch der Begriff *Absolutismus* wurde erfunden zu dem Zweck, eine bestimmte Art der Monarchie zu bezeichnen, die im 17. und 18. Jahrhundert in Europa an der Macht war. Hannah Arendt verstand, dass wir es beim Nationalsozialismus und beim stalinistischen Kommunismus nicht nur mit einfachen Diktaturen zu tun hatten, die sich von denen der Antike nur graduell unterschieden, sondern wirklich mit einem vollkommen neuen Typus von Staatsform oder politischer Herrschaft, dessen Merkmale näher zu bestimmen sind.

Von Montesquieu inspiriert, der jede einzelne Staatsform durch ein spezielles Prinzip charakterisierte (die Ehre steht für die Monarchie, die Furcht für den Despotismus und die Tugend für die Republik), erkennt Hannah Arendt im Terror und noch genauer im fortgesetzten Terror das Prinzip, auf dem das totalitäre Regime beruht.

Natürlich ist der Terror nichts Neues in der Geschichte: Offensichtlich hat der Mensch nicht bis zum 20. Jahrhundert gewartet, um grausame Taten zu begehen. Der Begriff des Terrors hatte übrigens 1793 in Frankreich eine politische Bedeutung angenommen, als er von den Revolutionären eingefordert wurde, die darunter das Mittel verstanden, um »das Vaterland in Gefahr« zu verteidigen. Doch es gibt einen gewissen Unterschied im Ausmaß: Für Saint-Just und Robespierre war das Terrorrregime provisorisch als Ausnahmezustand konzipiert. Beim Totalitarismus jedoch wird der Terror zur normalen Machtausübung. Weit davon entfernt, eine triumphale Zuspitzung des Politischen zu sein, stellt der Totalitarismus seine radikalste Zerstörung dar.

Die Totalitarismusdebatte

Der Begriff des Totalitarismus wurde zum Gegenstand verschiedener kritischer Anfragen, zunächst seitens der Kommunisten, die es nicht akzeptierten, dass man ein Regime der Produktionsgemeinschaft (das sowjetische) und ein kapitalistisches Regime (das nationalsozialistische) in dieselbe Kategorie einordnen konnte und damit eben eine Macht, die auf einem Ideal der Gleichheit begründet ist, mit einer Macht, die auf dem Rassenhass beruht, in die gleiche Schublade einsortiert. Für diejenigen, die wie Hannah Arendt meinen, dass es eine objektive Wirksamkeit des Begriffs des Totalitarismus gibt, wiegen die Gemeinsamkeiten zwischen dem Deutschland Hitlers und der Sowjetunion Stalins (permanenter Terror, Herrschaft einer einzigen Partei, Führerkult, Zerstörung der persönlichen Existenz usw.) schwerer als die Unterschiede zwischen den beiden Regimes.

Auf liberaler Seite: der Triumph des Utilitarismus

Eigentlich ist es nicht übertrieben zu behaupten, dass die unsere Welt dominierende Philosophie der Utilitarismus ist. Der Utilitarismus genießt keinen guten Ruf bei jenen, die glauben, dass sich das Ideal unbedingt auf Seiten der Interesselosigkeit befinden muss.

Die großen Ideen Benthams

Im Gegensatz zu den Morallehren des Prinzips platonischer oder religiöser Provenienz (das Gute wird hier auf eine absolute Art an sich definiert oder durch einen höchsten Gott) ist der Utilitarismus eine konsequentialistische Moral, das heißt, sie definiert das Gute als das Gut und das Gut als das, was dem Individuum ein Maximum an Vorteilen einbringt. Das Prinzip der Nützlichkeit macht es möglich, jede Handlung entsprechend der Steigerung oder der Abnahme des Vergnügens zu beurteilen, das sie verschafft.

Der Utilitarismus leitet sich vom Empirismus ab. Nach ihm wird der Mensch naturgemäß durch die Lust beherrscht, die er zu befriedigen sucht, sowie durch den Schmerz, den er zu vermeiden sucht. Lust und Schmerz sind die beiden unfehlbaren Indikatoren unserer gegenwärtigen und zukünftigen Handlungen. So wird die Moral, wie sie Bentham konzipiert, mit einer Arithmetik der Vergnügen und der Leiden gleichgesetzt: Ein glückliches Leben ist jenes, das das Maximum an Vergnügen und das Minimum an Leiden bereithält.

Diese Arithmetik, die jedes Individuum zu einem Bankier seiner eigenen Existenz macht (es kommt darauf an, den größten Gewinn zu machen und Defizite zu vermeiden), findet politische Anwendung und Ausweitung, durch die der Utilitarismus mit dem Liberalismus zusammentrifft: Die beste Gesellschaft ist die glücklichste, und die glücklichste Gesellschaft ist diejenige, deren größtmögliche Anzahl an Bürgern glücklich ist und deren kleinstmögliche Anzahl an Bürgern unglücklich ist (Aristoteles hatte schon etwas Ähnliches gesagt). Der Utilitarismus hütet sich wie der Liberalismus vor großen Idealen, die er für abstrakt und – ohne Zwang – für undurchführbar hält: Deshalb richtete er sich mit großer Strenge von Anfang an gegen solche Abenteuer wie die Französische Revolution.

Jeremy Bentham (1748–1832), der Begründer des Utilitarismus, führte in die englische Alltagssprache viele Neologismen ein, die schließlich auch in anderen Sprachen zu geläufigen Ausdrücken wurden: Denken wir nur an das Wort »international«.

John Stuart Mill, ein beispielhafter Demokrat

Der zweite große Name, der mit dieser Philosophie verbunden ist, ist der des Philosophen John Stuart Mill (1806–1873), der als enzyklopädischer Geist durch den Positivismus und den Utilitarismus Benthams sowie durch seinen Vater James Mill – ebenfalls Philosoph – geprägt wurde. Er kann für sich die Ehre in Anspruch nehmen, der erste Philosoph überhaupt gewesen zu sein, der die Ausweitung des Wahlrechts auf die Frauen forderte! Der Utilitarismus Mills war weit davon entfernt, den Egoismus zu rechtfertigen, verteidigte jedoch das Ideal sozialer Gerechtigkeit und das Wohlergehen jedes Einzelnen, das zu einem guten Teil jeweils auch vom Wohlergehen der anderen abhängig ist.

Für jene, die sich darüber Sorgen machten, dass der Utilitarismus den Menschen auf die Stufe des Tieres zurücksetzen könnte, präzisierte John Stuart Mill, dass es besser sei, ein unzufriedener Mensch als ein zufriedenes Schwein oder lieber ein unglücklicher Sokrates als ein zufriedener Dummkopf zu sein. Und wenn der Dummkopf und das Schwein da anderer Meinung seien, dann deshalb, weil sie nur die eine Seite der Medaille kennen.

John Rawls begründet eine neue Gerechtigkeitstheorie

Die Gerechtigkeitstheorie von John Rawls (1921–2002) leitet sich größtenteils von einer Ablehnung des in der amerikanischen Gesellschaft und im amerikanischen Denken dominierenden Utilitarismus ab. Rawls wirft dem Utilitarismus vor, die Minderheit im Namen des Interesses der größtmöglichen Anzahl zu opfern. Das, was für das Individuum akzeptabel ist, kann nicht auf die gesamte Menschheit übertragen werden: So akzeptiert jeder von uns beispielsweise spontan, einen sofortigen Vorteil für einen größeren, der später eintreffen wird, zu opfern (es ist vernünftig, heute nicht ins Kino zu gehen und stattdessen sich noch einmal mit seiner Examensvorbereitung zu beschäftigen). Dagegen ist es, nach Ansicht Rawls' nicht hinnehmbar, dass das Interesse einiger weniger unter dem Vorwand, sie bildeten ja nur eine Minderheit, im Namen des Gemeinwohls geopfert werde.

Die Gerechtigkeitstheorie versucht, einen Mittelweg zwischen dem Liberalismus – der die Gesellschaft einzig den Regulierungen durch den Markt ausliefert (der Staat wird auf seine Polizeifunktion reduziert) – und dem Interventionismus keynesscher Prägung zu beschreiten. Keynes legte im Kielwasser der Krise der 1930er Jahre die vor allem wirtschaftswissenschaftliche Grundlage für den Wohlfahrtsstaat. Einerseits wird das Kollektiv dem Individuum geopfert, andererseits wird das Individuum dem Kollektiv geopfert. Die Gerechtigkeit, wie Rawls sie konzipiert, muss individuelle Freiheit mit sozialer Gerechtigkeit miteinander verbinden können. Diese Gerechtigkeit ist nicht egalitaristisch im kommunistischen Sinne des Begriffs (die Ungleichheit wird von Rawls nicht als an sich schlecht angesehen), und das gerechteste System ist dasjenige, das die Freiheit des Einzelnen absolut sicherstellt und gleichzeitig den Bedürftigsten Schutz garantiert.

Die Fiktion vom Schleier des Nichtwissens

Das Denken Rawls' erfolgt im Rahmen der Philosophietradition des Gesellschaftsvertrages: Die politische Ordnung ist kein spontaner Naturzustand, sondern das Resultat eines kollektiven Willens, auch wenn dieser nicht ausdrücklich formuliert wurde.

Der Schleier des Nichtwissens ist ein von Rawls angestelltes Gedankenexperiment und bezeichnet in seiner Vertragstheorie den Naturzustand. Unter diesem Schleier des Nichtwissens muss man sich einen ursprünglichen Zustand der Menschen vorstellen, die selbst nichts über ihre soziale Situation wissen (insbesondere wissen sie nicht, welcher gesellschaftlichen Schicht sie angehören), und nun Prinzipien des künftigen Zusammenlebens aufstellen sollen. In dieser Situation werden sie notwendigerweise, nach Auffassung Rawls, Gerechtigkeitsprinzipien auswählen, die sowohl allen die Freiheit als auch den Schutzbedürftigsten das beste Auskommen garantierten.

Die Kritik an der Gerechtigkeitstheorie

Eine Theorie der Gerechtigkeit (1971) von Rawls wurde innerhalb von 20 Jahren zum meistgelesenen Werk der Philosophie, und es war auch dasjenige, zu dem im 20. Jahrhundert die meisten Aufsätze geschrieben wurden.

Seit ihrer Erscheinung war diese Schrift vielfältigen Angriffen der Liberalen ausgesetzt, die der Meinung waren, Rawls rechtfertige die Macht des Staates gegen die Freiheit des Individuums, während ihm die Anhänger des Kommunitarismus den abstrakten Charakter seiner Theorie vorwarfen.

Für die Liberalen kann Gerechtigkeit nur aus dem freien Spiel der Privatinteressen hervorgehen: Jeder äußere Eingriff kann sich eigentlich nur tyrannisch auswirken. Die Liberalen spielen die Regel gegen das Gesetz aus, daher steht für sie der bilaterale Vertrag an allererster Stelle, sowohl bei den Privatangelegenheiten als auch bei den internationalen Beziehungen.

Für die Kommunitaristen (Anhänger einer am Gemeinsinn orientierten kaptitalismus- und liberalismuskritischen Strömung, die etwa 1980 als Reaktion auf Rawls entstand) ist ein Mensch, der weder durch sein Geschlecht noch durch sein Alter, seine Kultur, seine Religion, seine Bildung oder sein gesellschaftliches Milieu definiert ist, nur ein Phantom. Auch das Universale ist nur eine Idee ohne Inhalt, doch offen für alle möglichen despotischen Abwege. Michael Walzer hat, wie Rawls, versucht, einen Mittelweg zu finden zwischen einem Staat, der bemüht ist, das Gute für alle zu definieren, und einer Vielzahl von Individuen, die vereinzelt wie Atome leben und zwischen denen lediglich vertragliche Verbindungen bestehen. Nach Walzer gibt es keine allgemeine Gerechtigkeit (oder Gleichheit), sondern verschiedene Sphären der Gerechtigkeit, die in Bezug aufeinander weitgehend autonom sind. Die Arten der Gerechtigkeit sind weder objektiv noch subjektiv betrachtet gleichwertig: Nicht nur decken sich die Gleichheit der Chancen, die Gleichheit des Umgangs und die Gleichheit der Zufriedenstellung meistens nicht, sondern jede einzelne der drei Gleichheiten spielt gegen die beiden anderen. Deshalb kann es in der Gesellschaft nicht ein einzig gültiges System zur Verteilung der Güter geben.

Michael Walzer ließ sich durch Pascal inspirieren, der die Tyrannei als den Ausgriff einer Ordnung auf eine andere bezeichnete (Körper, Herz und Geist müssen autonom bleiben), und meint, dass sich die Gerechtigkeit nicht als gleiche Verteilung aller Güter definiert, sondern als die Bewahrung der Autonomie, sogar der Individualität in Bezug auf die verschiedenen Sphären untereinander.

Hans Jonas, der erste Philosoph der Ökologie

In seiner ersten großen philosophischen Abhandlung, die Hans Jonas der Gnosis widmete, zeigt er den Einfluss auf, den diese Denkströmung – die ja gerne auf die Stufe einer kurzlebigen anekdotenhaften Häresie gestellt wird – auf den Verlauf der Ideengeschichte nehmen konnte. Tatsächlich jedoch, so analysiert Jonas, beruht die Kultur des Abendlandes durch die Gewalt ihrer Technik auf der nicht reduzierbaren Dualität von Geist und Natur, wobei der Geist die Natur unterwerfen und einschränken muss. Die ungeteilte Dominanz des Menschen auf eine Umwelt, die als rein materiell, gleichgültig und leblos angesehen wird, ist die weitreichende Folge dieser desaströsen Haltung und muss zu einer globalen Katastrophe führen, wenn man sich dessen nicht bewusst wird und endlich Schluss damit macht. Als unmittelbarer Zeuge der politischen Apokalypsen verbindet sich der Name von Hans Jonas mit der Analyse einer weiteren Katastrophe, deren Gefahr nicht als minder einzustufen ist.

Als deutscher Jude verließ Jonas sein Land bei der »Machtergreifung« Hitlers. Sein antinationalsozialistisches Engagement brachte ihn dazu, Soldat zu werden und gegen sein eigenes Land zu kämpfen. Er gab damit ein Beispiel, über das man durchaus nachdenken kann und das ein Gegengewicht zu dem dummen angelsächsischen Motto bildet: »*Right or wrong, my country.*«

Das Prinzip Verantwortung

Jonas' bedeutendes Werk *Das Prinzip Verantwortung* (1979) bildet den ersten philosophischen Versuch von großer Tragweite (auch noch 30 Jahre später ist es das einzige Werk dieser Art, das zeigt wohl deutlich genug, wie sehr sich die Philosophen ihrer Welt bewusst sind …), die gegenwärtige Lage des Menschen zu überdenken, die so prekär ist wie noch nie. Die technische Macht, die der Mensch nunmehr erlangt hat, versetzt ihn in die Lage, sämtliche Umweltbedingungen umzustürzen, die noch bis vor kurzem als ewig angesehen wurden. Die Umwelt – die von den Wirtschaftswissenschaften vollkommen vernachlässigt wird – und der Mensch selbst können, zum zweiten Mal nun in der Geschichte (das erste Mal war die Erfindung der Atombombe), durch das Handeln des Menschen selbst radikal in Frage gestellt werden.

Hans Jonas war der Erste, der die theoretischen Grundlagen für das Prinzip des Umweltschutzes erarbeitete: Da wir vor der globalen Bedrohung stehen, dass die gegenwärtigen natürlichen Lebensumstände vernichtet werden, müssen wir der Umwelt zuliebe unbedingt darauf verzichten, das technisch Mögliche zu tun, nur weil es eben technisch möglich ist.

Denjenigen, die die Bedrohung herunterspielen wollen und auf günstigere Zukunftsprognosen verweisen, hält Jonas entgegen: »Der schlechten Prognose den Vorrang zu geben gegenüber der guten ist verantwortungsbewusstes Handeln im Hinblick auf zukünftige Generationen.« Allerdings sollte man vielleicht einschränken, dass das Prinzip des Vorranges der schlechten Prognose nur dort geltend gemacht werden sollte, wo die kollektive Existenz der Menschheit auf dem Spiel steht.

Die Heuristik der Furcht

Jonas ließ sich von einer Idee von Hobbes beeinflussen, der – anstatt nach den Voraussetzungen für die ideale Regierungsform zu suchen – zunächst feststellte, was eine politische Ordnung vorrangig beseitigen müsste (die Antwort des englischen Philosophen lautete: die Angst davor, getötet zu werden). Jonas sagt, dass wir im Augenblick der höchsten Gefahr wissen können, was für uns das Wichtigste sei. Heutzutage sind jedoch die natürliche Umwelt und die körperliche Unversehrtheit des Menschen bedroht. Die Umweltverschmutzung droht die Umwelt zu zerstören, und die Biotechnologien drohen den Menschen vollkommen zu verändern (Jonas war der erste Philosoph, der das Klonen zur Sprache brachte, zu einer Zeit, als noch kein Mensch davon redete). Obwohl die Furcht weit davon entfernt ist, eine blinde und irrationale Emotion zu sein, die lähmt oder verrückt macht, kann sie doch durchaus ein guter Ratgeber sein, auch wenn das Sprichwort etwas anderes aussagt (das Sprichwort lautet: »Angst ist ein schlechter Ratgeber«; aber wir haben ja in philosophischer Hinsicht zwischen »Angst« und »Furcht« unterschieden).

Die Notwendigkeit einer neuen Moral

Die klassische Moral, die religiöse des Christentums oder die philosophische Kants, war eine Moral des Nächsten: Sie betraf das unmittelbare Handeln hier und jetzt gegenüber einem anderen. Doch die technische Macht des modernen Menschen lässt nunmehr ihre Auswirkungen noch in einer weiten räumlichen Entfernung (beispielsweise nach einem nuklearen Unfall am »anderen Ende« der Erde oder in der gesamten Atmosphäre) und weit hinaus in die zukünftige Zeit spüren (Nuklearabfälle können noch Hunderttausende von Jahren radioaktiv bleiben), und sie kann außerdem auch Menschen betreffen, die noch gar nicht geboren sind oder von denen noch nicht einmal die Rede ist. Daher rührt die Notwendigkeit, unsere Verantwortlichkeit erneut zu überdenken. Zum ersten Mal in der Geschichte kann der Mensch Handlungen vollziehen, deren Auswirkungen sich fast völlig seiner Kenntnis entziehen.

Tod oder Verklärung: die Philosophie im 21. Jahrhundert

29

In diesem Kapitel

- Trümmerfeld oder eher Baustelle?
- Mögliche Richtungen des philosophischen Denkens in der Zukunft

Die Lage der Philosophie

Seit einem guten Jahrhundert verkünden die Philosophen eher das Ende als den Neuanfang. Die brutalen Schocks der Geschichte haben ihr dabei kräftig geholfen. So wurden nacheinander angekündigt: das Ende der Geschichte, der Tod der Kunst, das Ende der Ideale, das Ende der Ideologien, der Tod Gottes, das Ende des Subjekts, der Untergang des Menschen, das Ende der Menschheit. Kurz, das Ende der Fahnenstange ist erreicht und damit das Ende von allem.

Dennoch geht es auf allen Ebenen weiter. Es gibt noch immer Werke, Handlungen und Ereignisse. Es gibt noch immer Ideen und Bücher. Es gab sogar noch nie so viele wie heute!

Die Globalisierung der Philosophie

Die Globalisierung ist nicht nur eine Angelegenheit von Finanzfachleuten. Man sollte nicht vergessen, dass sie mit der Philosophie vor langer Zeit im antiken Griechenland begann. Was heute neu ist, ist die geografische und kulturelle Ausbreitung der Philosophen: Ebenso wie ein Athlet aus Korea oder aus Simbabwe heutzutage eine Goldmedaille bei einem Wettkampf der Olympischen Spiele (bei denen vor kurzem noch eine Handvoll Länder den Ton angaben) gewinnen kann, arbeiten Philosophen gegenwärtig eigentlich überall auf der Erde. Man kennt sie nur noch nicht, denn meistens übersetzt man sie nicht, doch immerhin existieren sie.

Das Internet als Informationsträger und Anzeichen einer Globalisierung zugleich verleiht der Philosophie eine öffentliche Präsenz, die sie noch nie zuvor besaß. Tausende anonymer Blogger schleudern ihre Ideen in diesen Ozean der Zeichen, versammeln sich in Diskussionsforen und tauschen ihre Argumente aus. Noch niemals hat man in vergangenen Geschichtsepochen so viel philosophiert wie heute.

Die Philosophie ist auch auf der Straße

Wenn die Geschichte der Philosophie uns etwas lehrt, dann ist es dies, dass diese Disziplin, die man seit Pythagoras als Philosophie bezeichnet, auf so unterschiedliche und so widersprüchliche Art und Weise ausgeübt wurde (man kann Philosophie betreiben als Prophet, als Weiser, als Dichter, als Schriftsteller, als Professor, als Laie, als Träumer, als Politiker ...), dass man kein einziges philosophisches Verfahren von vornherein für unmöglich halten kann. Dies ist wahrscheinlich auch einer der Gründe, warum sich die Philosophie ganz deutlich von Wissenschaft und Technik unterscheidet.

Deshalb ist es schon ganz witzig, wenn Kritiker mit einem Anflug ärgerlicher Verachtung nur mit den Schultern zucken, wenn sie von Philosophencafés hören – so als ob die Nacherzählung der Worte Plotins, die noch immer in den Amphitheatern und Hörsälen widerhallen, die einzige Art zu philosophieren sei!

Was wird wohl daraus werden?

Wie kann es mit dem Denken weitergehen?

Es ist schon außerordentlich paradox. Die Philosophen haben den Menschen fast immer durch das Denken definiert (der Mensch ist ein denkendes Tier, das Tier denkt nicht). Doch wahrscheinlich ist es doch der »tierische« Teil im Menschen, der gerade der menschlichste ist. Man hat Maschinen hergestellt, die rechnen, kombinieren und vergleichen, kurz: Maschinen, die denken. Das Schachspiel, das einhellig als reine Intelligenzleistung betrachtet wird, kann heutzutage weitaus erfolgreicher von einem Computer als von einem Gehirn gespielt werden. Was das Rechnen betrifft, darüber brauchen wir nicht weiter zu sprechen. Wenn also das Denken von einer Maschine geleistet werden kann, was ist denn dann noch menschlich, und zwar nichts als menschlich? Das Gefühl? Die Sexualität? Damit kommen wir dem Tier immer näher.

Die Unterscheidung zwischen Körper und Geist, zwischen Leib und Seele, gehört zu den allgemeinen Tatsachen. Das Strafrecht stellt einen Unterschied zwischen körperlicher Gewalt und seelischer Grausamkeit fest. Victor Hugo sagte, dass Beethoven der beste Beweis für die Existenz der Seele sei: Obwohl Beethoven taub war, konnte er dennoch seine Musik hören. Was lässt einen Wagen fahren? Der Motor oder der Wille des Fahrers? Offensichtlich doch beides. Obgleich sich materielle Ursache und menschliche Motivation auf unterschiedlichen Ebenen befinden, laufen sie trotzdem auf das gleiche Ziel hinaus. Weder allein der Motor noch allein der Wille könnten das Auto in Bewegung setzen. Der Zusammenhang von Körper und Geist kann in ähnlicher Weise verstanden werden.

Nimmt der Körper Einfluss auf den Geist? Nietzsche sagt vom Pessimismus, dass dieser eine Frage der Verdauung sei. Die Krankheit, das Altern: All das sind gewaltige Anschläge, so dass unser Körper, dieser Rammbock, an den Pforten unserer Seele anklopft. Wie viele glauben zu denken und können doch gerade nur den Zustand ihrer Drüsen und Nerven übersetzen! Wenn wir zu Kräften kommen oder uns im Zustand der Schwäche befinden, ist jeder Teil des Körpers so viel wert wie alle übrigen Teile: Die entstehende Glatze kann leichter verarbeitet werden, wenn sie nicht für denjenigen, der gerade unter ihr leidet, eine Kastrierung symbolisieren würde.

Umgekehrt scheint der Einfluss, den unsere Psyche auf unseren Körper ausüben kann, nicht minder stark zu sein. Davon zeugen die Placebos: Diese Heilmittel sind keine Medikamente, sie enthalten keinerlei aktive chemische Substanzen, sondern werden tatsächlich nur mit der Vorstellung geschluckt, es handle sich dabei um echte Medikamente. Trotzdem können diese Placebos höchst wirksam sein (man schätzt, in einem Drittel aller Fälle). Beim Placebo ist es die Vorstellung der Linderung, die tatsächlich lindert, die Vorstellung der Heilung, die heilt. Spinoza fragte: Wer weiß, was ein Körper vermag? Und wir fragen: Wer weiß, was das Denken vermag?

Das Leib-Seele-Problem: die Rückkehr zum Ausgangspunkt?

Ein kleines Wortspiel (zur Erinnerung: Mind heißt auch »Geist«, matter heißt auch »Materie«):

»What's the mind?«, fragt der Materialist.

»No matter!«, antwortet der Idealist.

»What's the matter?«, erwidert der Materialist.

»Never mind!«, entgegnet der Idealist.

Wie kann es mit der Gesellschaft weitergehen?

Vor 200 Jahren warnte Hölderlin: Immerhin hat das den Staat zur Hölle gemacht, dass ihn der Mensch zu seinem Himmel machen wollte. Nach dem historischen Zusammenbruch des Kommunismus wurde derjenige, der sich vornahm, die Gesellschaft zu verändern oder, schlimmer noch, eine ideale Gesellschaft zu begründen, unverzüglich (und vielleicht sogar ganz zu Recht) verdächtigt, mit dem Totalitarismus gemeinsame Sache zu machen. Die Gesellschaft wurde damit wieder zu dem, was sie, nach einer kurzen Phase einiger Jahrhunderte, schon immer gewesen war: eine faktische Gegebenheit wie auch ein Naturphänomen.

Seit dem Tod der letzten Dinosaurier der Soziologie (Pierre Bourdieu zum Beispiel, Niklas Luhmann) hat diese Disziplin ihre kleine Begleitmusik wieder aufgenommen: Heute ist ein Soziologe ein Fachmann, der bestätigt, inwiefern die Leute recht haben, sich so zu verhalten, wie sie es tun. Wer würde also behaupten, es gäbe keinen Stoff mehr für das Denken?

Wie kann es mit der Geschichte weitergehen?

Francis Fukuyama verursachte vor ungefähr 15 Jahren einigen Aufruhr, als er die Formulierung wieder aufgriff, die sich Alexandre Kojève ausgedacht hatte, um das Denken Hegels zu übersetzen, und vom Ende der Geschichte sprach. Nach dem Fall der Berliner Mauer, so glaubte

Fukuyama, hätten Marktwirtschaft und parlamentarische Demokratie keine Feinde mehr. Eine universale Weltordnung würde sich überall auf der Welt verbreiten. Tatsächlich hatte Hegel diese schwer zu widerlegende Idee schon einmal geäußert: Was könne man eigentlich noch jenseits der universalen Freiheit wollen?

Doch es gibt noch dieses riesengroße Problem: Es ist möglich, dass sich der Todestrieb schließlich durchsetzen wird. Der Mensch ist noch weit davon entfernt, alles erfunden zu haben, was es hinsichtlich des Schlimmsten noch geben kann. Und auch hierbei wäre es seltsam, mehr als seltsam, wenn die Philosophie dazu weiter schwiege. Wir leben in einer paradoxen Zeit, in der die Wahrheit relativ und das Böse absolut geworden ist.

Wie kann es mit Gott weitergehen?

Eine verrückte Inschrift aus dem Jahre 1968 lautet: »›Gott ist tot‹ (Nietzsche) – ›Nietzsche ist tot‹ (Gott).« Man hat uns von der Rückkehr der Religionen erzählt! Man hat Malraux den folgenden dummen Satz angedichtet (was ein Beweis dafür ist, dass er nicht von ihm stammt): Das 21. Jahrhundert wird religiös sein, oder es wird nicht sein.

Bei Dostojewski hatte eine seiner Romanfiguren gesagt: Wenn Gott nicht existiert, ist alles erlaubt. Viele Autoren sahen in diesem Satz die Kurzfassung des zeitgenössischen Nihilismus. Es ist die alte Furcht: Schon im 17. Jahrhundert hielt man eine Gesellschaft von Atheisten für unmöglich – und diejenigen, die eine solche fürchteten, sahen eine Gesellschaft von Mördern voraus. Heutzutage muss man wohl oder übel feststellen, dass man weiterhin im Namen eines mildtätigen und barmherzigen Gottes anderen die Kehle durchschneidet. Doch ändert dies etwas an der Diagnose Nietzsches?

Gott ist tot. Tot und begraben, gut und schön. Keiner der in unserer weltlichen Zivilisation vorherrschenden Werte (Nützlichkeit, Leistung, Geschwindigkeit, Leistungsfähigkeit, Genauigkeit) ist religiös. Man hält die Amerikaner für tiefgläubig, doch gibt es unter ihnen tatsächlich einen einzigen frommen christlichen Bankier, der es akzeptieren würde, dass man ihn erst im Jenseits bezahlte? Gibt es ein Kino der Seele? Man sieht dort nur Körper! Haben die Beichten im Fernsehen irgendetwas mit dem zu tun, was man einst darunter verstand? Gibt es eine sakrale Dimension beim Rap? Man hört bei dieser Musik doch nur Flüche und Verwünschungen. Die globalisierte Welt ist atheistisch, sie ist von Grund auf stillschweigend atheistisch, und genau das ist es, was einige Verrückte, die sich auf Allah berufen, so in Rage bringt. Da die Partie nunmehr für sie verloren ist, bleibt nur noch übrig, das Schachbrett zu zerstören. Hätte die Philosophie nicht auch hier etwas anzubieten, und sei es nur einen gewissen Widerstand?

Wie kann es mit dem Menschen weitergehen?

Der Mensch definiert sich traditionell im Gegensatz zu Gott und im Gegensatz zum Tier, er nimmt sozusagen eine Art Zwischenposition ein. Da Gott nunmehr vom Spiel ausgeschlossen ist und das Tier als Bruder anerkannt wird, taucht ein dritter Pol auf: die Maschine.

C. H. Turner beobachtete, dass diejenigen, die sich für Maschinen halten, als verrückt angesehen werden, während diejenigen, die sagen, dass der Mensch eine Maschine sei, als große Weise gelten. Die psychologische Krise des modernen Menschen ist noch viel schlimmer als die moralische Krise (im Endeffekt ist der moderne Mensch nicht wirklich schlimmer als sein Vorfahr, er verfügt lediglich über weitaus furchtbarere Mittel, um seine Dummheit und seine Bösartigkeit auszuleben). Immer mehr Menschen leiden unter psychischen Krankheiten, und allem Anschein nach werden die Dinge nur noch schlimmer. Angesichts dieser Herausforderung scheint die Pharmazie endgültig die Psychoanalyse besiegt zu haben: Die Tablette, die man schluckt, und die Worte, die man von sich gibt, lassen sich nicht mit demselben Maßstab messen.

Der Mensch ist müde, und er hat immer weniger Lust darauf, dass die Dinge so weiterlaufen. Abgesehen von einer jederzeit möglichen Apokalypse kann die unendliche Abfolge der Generationen nunmehr nicht mehr als gesichert angesehen werden. Daher beginnt der Mensch, sich einen Ausstieg zu erträumen, der jedoch keine illusorische Flucht in die Höhen der Transzendenz (die religiösen Glaubensvorstellungen) wäre. Wissenschaft und Technik schildern die Hoffnung eines posthumanen Menschen in den leuchtendsten Farben, der für uns das wäre, was wir für den Affen sind. Schon die Sportler, die mit Dopingmitteln bis ins Knochenmark abgefüllt sind, und die Schauspielerinnen, die von der Chirurgie von den Lippen bis zum Gesäß neu modelliert werden, zeigen uns den Weg, den wir zu verfolgen haben: Der Mensch, wie er ist, hat keine Gründe mehr, sich ausreichend zu lieben, um so unendlich weiterzuleben.

Die Vergangenheit ist keine Quelle der Bewunderung mehr (die Genies, die Helden und die Heiligen sind nicht mehr von unserer Welt), sondern der Anklage. Der Mensch, der gestorben ist, ist nicht mehr derjenige, dessen Totenschein Foucault am Ende seines Werkes Die Ordnung der Dinge mit Hochgenuss zur Schau stellt, nein, der Mensch, der gestorben ist, ist vielleicht diese physische Realität, die seit einer bestimmten Anzahl von Jahrtausenden den Planeten Erde bevölkert und sich gerade anschickt, endgültig die Partie aufzugeben.

Und jetzt, liebe Dummies: Wer von Euch würde es wohl noch wagen zu behaupten, dass die Philosophie zu Ende ist? Auf, auf, an Eure Tastaturen! Die Wirklichkeit hört nicht auf, sich unter unseren Augen zu verändern und sich neu zu erschaffen. Macht Euch ans Denken! Die Arbeit ist noch lange nicht beendet, und vielleicht besteht ja Handlungsbedarf!

Teil VI

Der Top-Ten-Teil

In diesem Teil ...

werden Sie einige lustige oder nervenaufreibende Geschichten lesen, deren Gemeinsamkeit darin besteht, Ihr Denken ein wenig herauszufordern und es dazu zu bringen, nicht einzuschlafen.

30

Zehn Sophismen

In diesem Kapitel

- Ein Krokodil und eine Ratte
- Ein Kahlkopf und ein Fauler
- Die Überlegungen eines Verrückten

Der Sophismus vom Krokodil

Das folgende Paradox wird uns von Quintilian – einem lateinischen Autor des 1. Jahrhunderts – in seiner Rhetorikabhandlung Institutio oratoria überliefert.

Ein Krokodil raubt ein Kind, das am Ufer eines Flusses spielt, und sagt zu dessen Mutter: »Wenn du erraten kannst, was ich tun werde, und dabei die Wahrheit sagst, dann gebe ich dir dein Kind zurück, doch wenn du etwas Falsches sagst, dann werde ich es dir nicht zurückgeben.« Die Mutter, eine geschickte Dialektikerin, bestraft das Krokodil, indem sie es in eine unmögliche Lage versetzt. Sie sagt zum Reptil: »Du wirst mir mein Kind nicht zurückgeben!«

Tatsächlich befindet sich das Krokodil nun in einer unmöglichen Situation, denn – egal, was es nun unternimmt – es verstrickt sich auf alle Fälle in Widersprüche. Denn wenn die Mutter die Wahrheit ausgesprochen hat, als sie sagte: »Du wirst mir mein Kind nicht zurückgeben!«, muss das Krokodil ihr dennoch das Kind zurückgeben, weil sie ja die Wahrheit sagte. Doch da sie ja sagte »Du wirst mir mein Kind nicht zurückgeben!«, sagte sie nicht die Wahrheit, und so müsste das Tier das Kind nicht zurückgeben. Doch wenn das Krokodil das Kind nicht zurückgäbe, dann verhält es sich ja so, dass die Mutter die Wahrheit gesagt hätte, also …

Der von der Mutter gesagte Satz wird als *unentscheidbar* bezeichnet. Er ist selbstfalsifikatorischer Art, das heißt, dass er seinen eigenen Wahrheitsbedingungen widerspricht: Er ist dann wahr, wenn er falsch ist, und dann falsch, wenn er wahr ist …

Der Sophismus vom Strohmann (Strohmann-Argument)

Ein Strohmann ist die Bezeichnung für einen Stellvertreter, dessen Name offiziell benutzt wird, damit undurchsichtige Aktionen durchgeführt werden können. Der Sophismus vom Strohmann (oder auch das Strohmann-Argument) ist nicht logischer Natur wie der Sophismus vom Krokodil, sondern pragmatischer Art. Er bezieht sich auf die praktischen Diskussionsbedingungen. Das Strohmann-Argument stellt die Überschreitung einer Regel dar, die für jede Kommunikation unter vernünftigen Menschen implizit gilt und die von einem moralischen Gesichtspunkt aus als intellektuelle Redlichkeit bezeichnet werden kann.

Der Sophismus vom Strohmann, wie er sehr häufig von verantwortlichen Politikern angewandt wird, besteht darin, eine These, die man dem Gegner unberechtigterweise unterstellt, zurückzuweisen. So hält man den Umweltschützern, die sich gegen gentechnisch veränderte Lebensmittel oder gegen Atomkraftwerke einsetzen, entgegen, dass sie wohl »ins Mittelalter zurückkehren« wollten.

Der Sophismus von den mehrfachen Fragen

Dieser Sophismus beruht darauf, in Form einer einzigen Frage gleich mehrere Fragen auf einmal zu stellen, so dass, wenn man auf die eine Frage antwortet, man gleichzeitig auch Antworten auf die unterschwelligen Fragen gibt.

Der Sophismus von den mehrfachen Fragen wurde in der griechischen Antike von den Megarikern erdacht. Das berühmteste Beispiel dafür ist das folgende: »Haben Sie aufgehört, Ihren Vater zu schlagen?« Wenn man diese Frage bejaht, dann gibt man implizit zu, dass man seinen Vater geschlagen hat, so dass jemand, der noch nie seinen Vater geschlagen hat, auf diese Frage gar nicht (weder mit Ja noch mit Nein) antworten kann.

Dieser Sophismus wird so häufig verwendet – wenn auch in etwas undeutlicherer und subtilerer Form –, dass man sich schon fast fragen kann, ob er nicht die Grundlage für Meinungsumfragen darstellt. Wenn man beispielsweise gefragt wird, ob man einen bestimmten Minister sympathisch findet, so setzt das bereits voraus, dass man damit einverstanden sei, darauf zu antworten, und dass die Frage überhaupt einen Sinn hat (welche Bedeutung kann es haben, dass ein Minister »sympathisch« oder »unsympathisch« ist?). Das ist ein wenig so, als ob man jemanden fragte, ob er gute Musik mache, während er eigentlich überhaupt keine Musik macht.

Der Sophismus vom Kahlköpfigen

Dieser Sophismus, erdacht vom Megariker Eubulides von Milet, ist so bekannt, dass man ihn einfach *Der Kahle* nennt.

Einem Mann reißt man ein Haar von seinem Kopf aus. Ist er damit kahlköpfig geworden? Natürlich nicht. Mutig geworden, reißt man ihm daher ein zweites Haar aus. Das reicht immer noch nicht aus, um den guten Mann kahlzumachen. Es wird also ein drittes Haar ausgerissen, und so geht es immer weiter und weiter. Ab welchem Moment kann man nun sagen, dass der Typ eine Glatze bekommt? Mann muss ja nicht bis zum allerletzten Haar warten, um sagen zu können, jetzt sei jemand glatzköpfig. Doch wenn man andererseits trotz einiger übriggebliebener Haare glatzköpfig ist, welches ist dann genau dasjenige Haar, das es ermöglicht, eine Unterscheidung zwischen einem Kahlköpfigen und einem Haarigen zu treffen? Wenn man beispielsweise sagt, dass man mit 25 Haaren behaart sei, doch mit 24 kahl, dann reicht also ein einziges ausgerissenes Haar (in unserem Beispiel das 25.), um jemanden kahlzumachen. Doch damit verwickelt man sich schon in einen

Widerspruch, denn gerade (das heißt, als wir mit dieser recht langweiligen und ziemlich grausamen Beschäftigung anfingen, Haare auszureißen) hatten wir doch festgestellt, dass ein einziges Haar nichts am Zustand des Kopfes ändere.

Der Sophismus vom Kahlköpfigen, der ganz besonders an den Haaren herbeigezogen zu sein scheint, zeigt sehr deutlich den Bruch und die Merkwürdigkeit auf, die zwischen dem Vokabular der Quantität (eins, zwei, drei …) und dem der Qualität (groß, klein, kahlköpfig, nichtkahlköpfig) besteht. Im Alltag bezeichnen wir wahrnehmbare Tatsachen mit einfachen Wörtern wie etwa: Der hier ist groß, der andere dort hat eine Glatze. Doch offenbar geraten wir ganz schön in Schwierigkeiten, wenn wir die genaue Grenze angeben sollten, die unserer Ansicht nach den Großen vom Kleinen trennt und den Glatzköpfigen vom Nichtglatzköpfigen. Dennoch muss es eine solche Trennungslinie geben.

Der Sophismus vom Gehörnten

Wie der Sophismus vom Kahlköpfigen wurde auch der Sophismus vom Gehörnten von den Megarikern erfunden, und auch er war unter einem einfachen Namen bekannt, nämlich unter der Bezeichnung *Der Gehörnte* (hat aber nichts mit einem betrogenen Ehemann zu tun). Er war noch berühmter als *Der Kahle*, so dass man ihn jahrhundertelang als Gattungsbegriff benutzte, um jede Art von Sophismus zu bezeichnen.

Dieser Sophismus präsentiert sich in Form einer deduktiven Argumentation: »Was du nicht verloren hast, das hast du noch. Hörner hast du nicht verloren. Daraus folgt: Du hast Hörner.«

Der possenhafte Charakter dieses Sophismus entsteht durch den intuitiven, jedoch falschen Charakter des Prinzips: »Was du nicht verloren hast, das hast du noch.« Denn wenn das stimmt, dass man alles, was man hat, definitionsgemäß *nicht verloren* hat, dann ist die Tatsache, etwas nicht verloren zu haben, nur eine notwendige (aber nicht hinreichende) Bedingung, um den Besitz zu beschreiben. Die zweite Aussage, »Hörner hast du nicht verloren«, hat nur Sinn für jemanden, der Hörner hat oder hatte. Der Verlust setzt einen gegenwärtigen oder vergangenen Besitz voraus: Man hat die Hörner genauso wenig verloren, wie man die Allmächtigkeit, das dritte Auge oder die Federn verloren hat.

Der Sophismus vom Spieler

Man nennt ihn auch den Paralogismus vom Spieler (ein Paralogismus ist wie der Sophismus falsch, doch im Unterschied zu diesem wird er dem Gesprächspartner nicht mit der Absicht, ihn zu täuschen, präsentiert) oder auch noch den Sophismus von Monte Carlo. Es handelt sich bei ihm um eine recht häufige Täuschung bei denjenigen, die Glücksspiele spielen, sich jedoch nicht damit abfinden wollen, dass einzig und allein der Zufall entscheidet und dass das Einzige, was wir in diesem Bereich kennen können, uns durch die Wahrscheinlichkeitsrechnung vorgegeben ist.

Nehmen wir einmal an, dass beim *Kopf-oder-Zahl*-Spiel fünfmal hintereinander die *Zahl* kommt. Viele Spieler meinen nun, dass beim sechsten Wurf die *Kopfseite* eine höhere Chance habe, geworfen zu werden, gerade so, als ob die *Zahl* nach einer Fünferserie ihre eigenen Chancen erschöpft hätte. Die Wahrscheinlichkeitsrechnung sagt uns aber, dass beim sechsten Wurf, selbst nach fünfmal *Zahl* (unter der Voraussetzung natürlich, dass die Münze nicht gezinkt ist), *Zahl* noch immer eine 50-prozentige Chance hat, geworfen zu werden, also keine höhere, aber auch keine niedrigere Chance als vorher.

Der Sophismus vom Spieler beruht darauf, sich unwissentlich eine Art Gedächtnis in der betreffenden Sache vorzustellen. Diese Täuschung ist weit verbreitet: Welcher Lottospieler würde es wagen, auf seinem Lottoschein dieselben Zahlen anzukreuzen, die in der letzten Woche gezogen wurden? Dennoch haben diese sechs Zahlen noch immer dieselbe Chance wie vorher, doch niemand, oder fast niemand, wird das glauben.

Der Sophismus von der Ratte

Zugegeben, dieser Sophismus ist recht kindisch: »›Ratte‹ besteht aus fünf Buchstaben. Die Ratte frisst den Käse. Also fressen fünf Buchstaben den Käse.«

Die lateinische Form dieses Schwachsinns ist etwas überzeugender, weil im Lateinischen keine Artikel existieren: Die Unklarheit zwischen dem Wort »Ratte« und dem Tier ist dann weniger an den Haaren herbeigezogen. Offenbar ließen sich vernünftige Leute anscheinend nicht so leicht in eine solch grobschlächtige Falle locken. Und dennoch veranschaulicht der Sophismus von der Ratte einen weitverbreiteten Irrtum: die symbolische Ordnung der Wörter und die reale Ordnung der Lebewesen und der Dinge gleichzusetzen. Ein ganz einfaches Beispiel: Der Leser eines Wörterbuchs vergisst, dass er Definitionen liest, das heißt Übersetzungen eines Wortes in andere Wörter, und glaubt dann, er hätte es mit den Darstellungen von Dingen zu tun. Doch nicht das reale Tier wird in dem Wörterbucheintrag »Wildesel: wilder Esel« definiert, sondern das Wort »Wildesel«, für das man das lexikalische Äquivalent »wilder Esel« vorschlägt.

Der Sophismus vom Haufen

Dieser Sophismus, auch er erdacht von den Megarikern, entspricht dem Sophismus vom Kahlköpfigen. Die Frage ist, ob ein Haufen Körner noch immer ein Haufen ist, wenn man ein Korn wegnimmt. Wenn man mit Ja antwortet, dann gibt man implizit zu, dass ein einziges Korn nicht ausreicht, um einen Unterschied zwischen einem Haufen und keinem Haufen zu machen. Man wiederholt also die Frage wie auch die Rechnung: Wenn man ein zweites Korn vom Haufen nimmt, ist es dann immer noch einer oder keiner mehr? Normalerweise müsste man ja bis zum letzten Korn zugestehen, dass wir noch immer einen Getreidehaufen hätten, da wir zu Beginn feststellten, dass ein einziges Korn nicht ausreiche, um einen Unterschied zwischen einem Haufen und keinem Haufen zu machen.

Wenn es jedoch andererseits ein Korn gäbe, das imstande wäre, den Unterschied zwischen einem Haufen und keinem Haufen zu schaffen, welches ist dann dieses Korn? Wo genau liegt es in der Zahlenreihe? Machen zwei Körner einen Haufen aus oder brauchen wir dazu drei oder vier? Wie der Sophismus vom Kahlköpfigen zeigt der Sophismus vom Haufen die Unmöglichkeit auf, qualitative Begriffe mit quantitativen Bezeichnungen zu analysieren. Ab wann führt eine graduelle Änderung (Quantität) zu einer Änderung der Natur (der Qualität)?

Tatsächlich löst die Physik heutzutage diese Art von Problemen mit dem Begriff des Schwellenwerts (der beispielsweise den Übergang vom flüssigen Zustand in den festen Zustand, etwa von Wasser in Eis, beschreibt). Die moderne Logik der Unschärfe befasst sich ebenfalls mit dieser Art von Paradoxa: Das Paradox vom Haufen ist ein Unschärfeparadox.

Der naturalistische Sophismus

Der vom englischen Philosophen G. E. Moore (1873–1958) im Bereich der Moralphilosophie aufgezeigte Fehlschluss ist eine Täuschung, nach der das Gute durch Attribute definierbar sei, als sei es ein Gegenstand: Die Moral zu »naturalisieren« bedeutet, dass man so tut, als sei sie von derselben Wirklichkeit wie ein körperlicher Gegenstand und als sei es möglich, von ihr in physikalistischen Begriffen zu sprechen. Die Moral zu naturalisieren hieße beispielsweise, so zu tun, als besäße eine rechtschaffene Handlung denselben Grad an Objektivität wie der Fall eines Apfels auf die Erde und als sei es möglich, eine rechtschaffene Handlung genauso präzise wie den Fall eines Apfels zu beschreiben. Indem Nietzsche feststellte, dass es keine moralischen Phänomene gebe, sondern nur moralische Interpretationen bestimmter Phänomene, prangerte er schon im Voraus den naturalistischen Sophismus an.

In einem weiter gefassten Sinn besteht der naturalistische Sophismus darin, von dem Sein ausgehend ein Seinsollen zu folgern, das heißt, aus natürlichen Eigenschaften auf bestimmte normative Eigenschaften zu schließen. Dies ist dann zum Beispiel der Fall, wenn man behauptet, dass es ganz normal sei, dass die Männer über ihre Frauen herrschen, weil sie es bisher in allen Gesellschaften so getan haben: Damit würde man eine Norm (»Es ist ganz normal, dass«) aus einer Feststellung (»Sie haben das bisher immer so getan«) folgern und damit ein Seinsollen (»Es ist richtig, dass es so ist«) aus einem Sein (»Das war schon immer so«). Der naturalistische Sophismus ignoriert das, was David Hume als die große Teilung bezeichnete, nämlich die Dualität des »Sollens« (im Englischen ought to) und des »Seins« (im Englischen to be).

Der faule Sophismus

Dies ist der Ausdruck, mit dem Leibniz folgende fatalistische Überlegung bezeichnet: Wenn ich krank bin, dann werde ich entweder gesund, oder ich werde nicht mehr gesund. Deshalb ist es unnötig, den Arzt kommen zu lassen, weil das überhaupt nichts an meinem Schicksal ändern würde.

Der faule Sophismus besteht darin, sich ein zukünftiges Ereignis als vorherbestimmt und damit als vollkommen unabhängig von unserem Handeln vorzustellen. Diejenigen, die heutzutage meinen, die Erderwärmung sei ein irreversibler und unvermeidbarer Prozess, der sich weiter verschlimmern wird, egal, was man auch dagegen tue, argumentieren auf diese Art und Weise: Wozu soll es schon gut sein, sich in Untergangsstimmung zu wiegen oder gegenwärtiger Annehmlichkeiten zu entbehren, wenn ja doch alles so kommen wird, wie es kommen muss?

Zehn Paradoxien

31

In diesem Kapitel

- Ist die Unendlichkeit ein sicherer Wert?
- Sein oder Nichtsein ...!
- Ein rasierender Barbier
- Jünger werden zwischen Berlin und New York

Das Paradox von der Größe: zwischen der Null und dem Unendlichen

Wenn man die Pluralität bedenkt, die eine Division mit sich bringt, dann sind die Elemente, zu denen die Division führt, entweder größenlos (wobei auch eine Summe von größenlosen Elementen selber keine Größe hätte, eine Addition von Nullen ergibt immer wieder null), oder diese Elemente besitzen eine Größe, und in diesem Fall – da sie bis ins Unendliche teilbar sind – sind sie unendliche Zahlen, und eine unendliche Reihe von Elementen muss dann eine unendlich große Summe ergeben. Wir haben es auf der einen Seite also mit dem Nichts und auf der anderen Seite mit dem Unendlichen zu tun.

Dieses Paradox, das von Zenon von Elea aufgedeckt wurde, womit er sowohl die Unmöglichkeit, die Pluralität zu denken, aufzeigen wollte als auch die Notwendigkeit, darüber nachzudenken, dass die Einheit der Hintergrund aller Dinge ist. Sobald sich die Einheit in die Pluralität aufsplittet, gelangt die Überlegung in diese Art von Sackgasse. Das Paradox von Achilles und der Schildkröte und das Paradox vom Pfeil (siehe Kapitel 2) illustrieren sehr schön dieses Paradox von der Größe.

Das Paradox von Sancho Pansa: eine Todesversicherung

Cervantes dachte sich in seinem großen Roman *Don Quichotte* das folgende Histörchen aus. Bei der Einreise in ein Land fragen Soldaten den Fremden: »Weshalb kommen Sie hierher?« Wenn er die Wahrheit sagt, darf er sich frei bewegen, doch wenn er lügt, wird er sogleich gehängt (ein Galgen ist an diesem unheimlichen Zollübergang schon aufgestellt).

Eines Tages erklärt ein besonders schlauer Reisender den Soldaten: »Ich komme her, um gehängt zu werden.« Die Soldaten schauen sich gegenseitig an, setzen ihren Helm ab und kratzen sich am Kopf: Was sollen sie mit dem Fremden tun? Denn wenn er die Wahrheit sagt, muss man ihn hängen, weil er ja gesagt hat: »Ich komme her, um gehängt zu werden.« Doch es werden ja nur die gehängt, die lügen. Wenn er lügt, dann muss er gehängt werden wie alle, die lügen. Wenn er allerdings gehängt wird, dann hat er ja die Wahrheit gesagt, als er sagte, dass er hergekommen sei, um gehängt zu werden …

Diese Art von Paradox ist wie das vom Lügner (siehe Kapitel 6) sowohl selbstbezüglich (die Aussage ist ihr eigener Bezugspunkt) als auch selbstfalsifikatorisch (sie selbst hebt die Bedingungen ihrer eigenen Wahrheit wieder auf). Die Aussage des Reisenden ist weder wahr noch falsch: Sie ist unentscheidbar. Dieses Beispiel beweist, dass es nicht stimmt, dass Aussagen entweder wahr oder falsch sein müssen. Es existiert eine ganze Kategorie von Aussagen, die weder als wahr noch als falsch bezeichnet werden können.

Das Paradox vom Schauspieler: Je weniger man fühlt, umso mehr lässt man andere fühlen

Diderot, der Erfinder dieses Paradoxons, nannte es »Paradox über den Schauspieler« (einer seiner Texte trägt diesen Titel). Dieses Paradox lässt sich auf den Kontrast zurückführen, der zwischen dem deutlichen Körperausdruck (Mimik, Gestik, Haltungen, die heftige Emotionen wie Liebe, Hass, Freude, Verzweiflung usw. zum Ausdruck bringen) und dem Fehlen von tatsächlich empfundenen Emotionen seitens des Schauspielers existiert. Denn dieser spielt ja Gefühle vor, ohne sie selbst zu empfinden. Er lacht, ohne fröhlich, er weint, ohne traurig zu sein. Er bedient sich seines Körpers, als wäre dieser ein Werkzeug. Das Paradox kann bis zu der Behauptung gehen, dass ein guter Schauspieler nur derjenige ist, der Emotionen ausdrücken kann, die er nicht fühlt. Diese Vorstellung ist genau jener diametral entgegengesetzt, die die dramatische Aktion für eine hysterische Identifikation hält (der Schauspieler macht mehr, als nur seine Rolle zu spielen, er besetzt sie, er lebt sie, er verkörpert sie). Im Grenzfall gibt es bei dieser Theorie gar kein Spiel mehr (das ja einen Abstand voraussetzt).

Das Paradox vom Schauspieler hebt den Abstand hervor, der zwischen dem Körper und der Psyche bestehen kann. Es dient den Gegnern der physiologischen Theorie der Emotionen, die in den Gefühlen, ausgehend von den objektiven Körperausdrücken, verspürte Eindrücke sehen, als Argument (so ist die Angst nach Ansicht William James', der ein Verteidiger dieser Theorie war, der Ausdruck, der auf eine bereits vom Körper angedeutete Flucht- oder Schutzbewegung folgt).

Das Paradox von der Wahl: denjenigen bevorzugen, den man am wenigsten mag, denjenigen ablehnen, den man bevorzugt!

Zu einer Wahl stellen sich drei Kandidaten. Nennen wir sie Meier, Müller und Schulz. Meinungsumfragen zeigen, dass Meier vor Müller liegt, Müller vor Schulz und Schulz vor Meier. Sie meinen, das sei unmöglich? Nein. Genau darin besteht nämlich das Paradox von der Wahl, das auch als Condorcet-Paradox bezeichnet wird (dieser Mathematiker und Philosoph hat es als Erster entdeckt).

Normalerweise sind die Vorlieben transitiv (ein Wort aus der Grammatik: transitive Verben; hier übersetzbar mit »durchgängig zielend«): Wenn ich Rembrandt Rubens vorziehe und Rubens Raffael vorziehe, dann ziehe ich ja auch Rembrandt Raffael vor. Auch das Gefüge der Macht ist transitiv: Wenn der Bundeskanzler die Autorität über den Minister hat und der Minister Autorität über den Staatssekretär, dann hat der Bundeskanzler auch die Autorität über den Staatssekretär. Diese einfache Logik der Transitivität ist auch eine Logik der Größen: Wenn A größer als B ist und B größer als C, dann folgt daraus, dass A größer als C ist. Doch es kommt vor, dass diese Ordnung durcheinandergerät. Man hat das beispielsweise bei bestimmten Beziehungen zwischen Tieren beobachtet. Eine dominante Henne hackt auf die herrschende Henne ein (ohne dass diese zurückhackt). Stellen wir uns drei Hennen vor: Laura hackt auf Lara ein, Lara hackt auf Lena ein. Doch Lena hackt auf Laura ein: Die Herrschaftsverhältnisse bilden hier also eine Schleife statt einer Kette, wie man es eigentlich zu erwarten hätte.

Condorcet entdeckte, dass man, wenn es bei einer Wahl mehr als zwei Möglichkeiten gibt, plötzlich vor folgendem paradoxen Ergebnis steht: Kandidat C rangiert vor A, während A vor B rangiert und B vor C. Ein einfaches Beispiel (am besten, Sie zeichnen sich eine Matrix auf): Nehmen wir drei Wähler, X, Y und Z, die über drei Kandidaten, A, B und C, abstimmen sollen. Und zwar sollen sie eine Rangfolge erstellen: Erstwunsch, Zweitwunsch, Drittwunsch (solche Art Wahlen kommen in der Praxis immer noch häufig vor, auch wenn man andere Wahlmethoden durchzusetzen versucht hat, siehe unten). X kreuzt nun auf seinem Stimmzettel folgendermaßen an: Erstwunsch A, Zweitwunsch B, Drittwunsch C. Y wählt die Rangfolge B, C, A. Und Y die Rangfolge C, A, B. Ergebnis: Bei X und Z rangiert A vor B; bei X und Y rangiert B vor C; bei Y und Z rangiert C vor A. Eine gemeinsame Rangliste ist damit unmöglich. In der Praxis folgen jetzt weitere Wahlgänge, die einem geschickten Wahlleiter sogar die Möglichkeit zur Manipulation eröffnen. Um so etwas nun zu vermeiden, haben sich die modernen Demokratien ihr Wahlrecht einfallen lassen (die Persönlichkeitswahl und die Verhältniswahl schieben dem Paradox von der Wahl einen Riegel vor).

Die Paradoxien des Unendlichen: Wir können damit rechnen

Wie viele Punkte gibt es auf der Strecke AB? Unendlich viele. Wie viele Punkte gibt es auf der Strecke CD, dem Zweifachen der vorhergehenden Strecke? Auch unendlich viele. Wie ist es möglich, dass bei zwei Größen dieselbe unendliche Zahl an Punkten existiert, wobei die eine Größe doch doppelt so groß ist wie die andere? Galilei schloss daraus, dass die Unendlichkeit kein mathematischer Gegenstand sei.

Das Verwirrendste an der Angelegenheit ist die Tatsache, dass man *beweisen* kann, dass es auf der Strecke AB genauso viele Punkte wie auf der Strecke CD, dem Zweifachen von AB, gibt. Von einem Scheitelpunkt O geht eine Halbgerade Ox aus, die die Endpunkte dieser beiden Strecken miteinander verbindet. Schwenken wir nun die Halbgerade Ox so, dass sie über die Gesamtheit der beiden Strecken hinweggleitet und die Endpunkte B und D miteinander verbindet. Alle Punkte von AB und alle Punkte von CD wurden somit durchlaufen. Jetzt kommt es noch besser oder eher noch schlimmer (denn genau darin besteht ja das Paradox): Jedem Punkt auf AB (a, b …) entspricht jeweils einer und nur einer auf CD (a', b' …) und umgekehrt. Heute sagt man dazu, dass dies eine bijektive Abbildung ist. Ox gleitet über gleich viele Punkte auf beiden Strecken hinweg, wobei die eine Strecke doppelt so lang wie die andere ist!

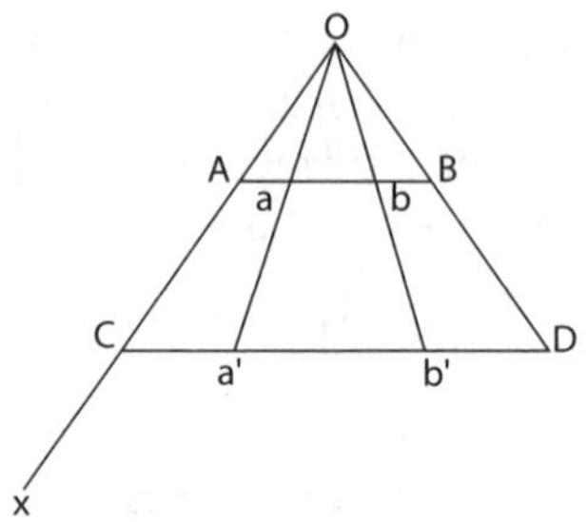

Abbildung 31.1: Die bijektive Abbildung

Gleiche Mengen, bei denen die eine doppelt so groß wie die andere ist: Das hat normalerweise nichts zu sagen. Jahrhundertelang ziehen die Mathematiker zwei Schlüsse daraus: Die Unendlichkeit ist keine Menge, und die Unendlichkeiten sind gleich.

Nehmen wir ein anderes Beispiel, das vom Halbkreis:

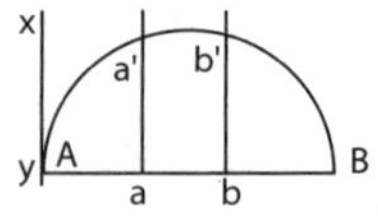

Abbildung 31.2: Die Gleichheit von Halbkreisumfang und Durchmesser

Der Halbkreisumfang eines Kreises ist $\pi/2$ mal größer als der Durchmesser dieses Kreises. Wenn jedoch eine zum Durchmesser senkrecht stehende Gerade XY diesen Durchmesser von A bis B durchläuft, dann lässt sie jedem Punkt dieses Durchmessers (a, b …) einen und nur einen Punkt (a', b' …) auf dem Halbkreisumfang entsprechen. Es gibt auf einer Gerade genau so viele Punkte wie auf einer Kurve.

Das Paradox des Unendlichen lässt sich auch arithmetisch veranschaulichen. Wir wissen, dass die Folge der ganzen positiven Zahlen unendlich ist: 1, 2, 3, 4, 5, …, n, n + 1. Die geraden Zahlen stellen nur die Hälfte dieser ganzen Zahlen dar. Man kann sie übrigens erhalten, indem man jede ganze Zahl verdoppelt: 1 entspricht der 2, 2 entspricht der 4, 3 entspricht der 6, 4 entspricht der 8. Doch da eben jeder ganzen Zahl, durch Bijektion, eine gerade Zahl entspricht, wird auch die Folge der geraden Zahlen unendlich sein. Auch hier haben wir folglich zwei gleiche Mengen, bei der die eine jedoch doppelt so groß ist wie die andere. Damit wird jedoch Euklids Axiom verletzt, wonach das Ganze notwendigerweise größer ist als der Teil: Es gibt also Teile, die dem Ganzen gleichzukommen scheinen!

Man musste bis zum 19. Jahrhundert auf Bolzano (der eine Arbeit über die Paradoxien des Unendlichen schrieb) und Cantor (den Schöpfer der Mengenlehre) warten, damit die Logik und die Mathematik damit einverstanden waren, die Unendlichkeit als ein vollgültiges Objekt zu betrachten.

Cantors Lehre hält folgende Lösungen für die Paradoxien des Unendlichen parat: Das Unendliche kann quantifiziert werden, es gibt eine Hierarchie der Unendlichkeiten, die durch ihre Mächtigkeit bestimmt ist (so ist die Unendlichkeit der reellen Zahlen von einer höheren Mächtigkeit als die Unendlichkeit der ganzen Zahlen). Was die Mathematiker bremste, da eine Unmöglichkeit (die Verletzung des euklidischen Axioms vom Ganzen und vom Teil) als charakteristisch für die unendliche Menge angesehen wird: Eine unendliche Menge ist diejenige, die eine bijektive Abbildung auf eines ihrer eigenen Teile sein kann (Theorem von Dedekind): Es gibt genauso viele gerade wie ganze Zahlen.

Das Unendliche bringt die Regeln elementarer Operationen durcheinander. Der Mathematiker David Hilbert hat sich, um dies zu veranschaulichen, ein unendliches Hotel vorgestellt, das eine unendliche Anzahl von Zimmern hat, die von 1 bis unendlich durchnummeriert sind. Sämtliche Zimmer sind belegt. Ein neuer Gast kommt an. Wird ihm der Empfangschef sagen, dass das Hotel voll ist? Nein, denn er kennt in groben Zügen die Mengenlehre Cantors. Alle Zimmer können so sehr belegt sein, wie sie wollen, trotzdem ist das unendliche Hotel nicht voll. Der Empfangschef bittet seine Gäste, einfach in ein anderes Zimmer zu ziehen: Jeder Gast logiert fortan in dem Zimmer, dessen Zimmernummer auf die Zimmernummer seines bisherigen Zimmers folgt. Der Gast von Zimmer Nr. 1 zieht in das Zimmer Nr. 2, der aus dem Zimmer Nr. 2 in das Zimmer Nr. 3, und so geht es immer weiter bis ins Unendliche. Alle Hotelgäste finden daher ein Zimmer, und das Zimmer Nr. 1 ist frei geworden, so dass der neu angekommene Reisende darin wohnen kann.

Doch es gibt noch mehr und noch Schlimmeres. Nun fährt nämlich der unendliche Bus vor, der eine unendliche Zahl an Passagieren transportiert. Der Reiseleiter fragt am Hotelempfang nach, ob es noch Platz für alle gebe. Der Empfangschef – als exzellenter Logiker – antwortet: »Aber selbstverständlich! Es ist noch genauso viel Platz, wie Sie brauchen!« Denn das unendliche Hotel kann so unendlich viele Gäste beherbergen, wie es nur will, es bleibt noch immer Platz für eine zweite Unendlichkeit an Gästen.

Die Lösung ist einfach: Jeder Hotelgast wechselt noch einmal das Zimmer, und fortan wird er das Zimmer belegen, dessen Nummer der doppelten Zahl seiner gegenwärtigen Zimmernummer entspricht: So wird der Gast vom Zimmer Nr. 1 in das Zimmer Nr. 2 ziehen, der Gast vom Zimmer Nr. 2 wird das Zimmer Nr. 4 belegen und so weiter bis ins Unendliche. So werden die Zimmer mit den ungeraden Zimmernummern (1, 3, 5, usw.) frei werden, die, wie wir ja nun schon wissen, ebenfalls unendlich sind. Die unendliche Anzahl der Neuankömmlinge wird dort ohne Schwierigkeiten unterkommen …

Die Mathematiker des Unendlichen haben einiges mit Slapstick- oder Zeichentrickfilmen gemeinsam: Was unmöglich scheint, ist Wirklichkeit.

Das Paradox vom Barbier

In Sevilla gibt es einen Barbier, der anders als die anderen ist: Er rasiert nur diejenigen, die sich nicht selbst rasieren, und er ist der Einzige, der dies tut. Daher müssen alle, die sich nicht selbst rasieren, zu diesem einen Barbier gehen. Die verwirrende Frage nun lautet: Kann sich dieser Barbier selbst rasieren?

Die erste Antwort lautet kategorisch: nein. Der Barbier von Sevilla kann sich aus dem einfachen Grund nicht selbst rasieren, weil er ja nur die rasiert, die sich nicht selbst rasieren. Wenn er sich selbst rasiert, gehört er jedoch nicht mehr in die Kategorie jener, die er rasieren muss.

Doch wenn sich der Barbier nicht rasiert, dann fällt er ja in die Kategorie derjenigen, die er rasieren muss. Die Schlussfolgerung lautet also: Der Barbier kann sich dann nicht selbst rasieren, wenn er sich selbst rasieren würde, und er müsste sich dann selbst rasieren, wenn er sich umgekehrt nicht selbst rasieren würde. (Für die Leser, die jetzt nichts mehr verstehen, ist leider keine Ruhepause vorgesehen.)

Von dieser anstrengenden Geschichte existieren auch noch einige Varianten. Nach dem Gewohnheitsrecht muss der Nachtwächter die Dorfbewohner aufwecken, die nicht selbst aufwachen, und er ist der Einzige, der dieses Recht hat. Außerdem darf der Wächter nicht diejenigen Bewohner aufwecken, die selbst aufwachen können. Das Problem besteht nun darin zu erfahren, was der Nachtwächter tun kann, denn ob er nun von selbst aufwacht oder nicht: Er befindet sich stets in einer unmöglichen Lage. Denn wenn er tatsächlich nicht selbst aufwacht, dann ist der Wächter gezwungen, sich zu wecken, da er ja dazu verpflichtet ist, all diejenigen aufzuwecken, die nicht von selbst aufwachen, doch wenn er sich selbst weckt, dann hat er ja nicht das Recht dazu, da er nur diejenigen aufwecken darf, die nicht von selbst aufwachen. Diese Geschichte geht Ihnen sicher schon auf den Wecker! Oder wollen Sie das erst einmal eine Nacht überschlafen?

Woher kommt nun dieses ganze Kuddelmuddel? Ein Paradox entsteht immer dann, wenn zwei Aussagen oder zwei Ereignisse aufeinandertreffen, die aus zwei verschiedenen Welten hervorgehen und sich normalerweise nie begegnet wären. Bertrand Russell, der englische Logikphilosoph, der sich die Geschichte vom Barbier ausdachte, hat damit auf einen Stolperstein der Mengenlehre aufmerksam gemacht und ihren unvollständigen Charakter bewiesen.

Wenn es eine Menge aller Mengen gibt, dann müsste diese Menge alle Mengen umfassen, die sich selbst umfassen, sowie die Mengen, die sich nicht selbst umfassen; das heißt also diejenigen, die sich selbst als Element umfassen (beispielsweise ein Bücherkatalog, der sich selbst als Buch erwähnt), sowie diejenigen, die sich nicht als Element umfassen (beispielsweise ein Bücherkatalog, der sich nicht selbst als Buch erwähnt).

Doch wie kann der logische Status der Menge aller Mengen sein, die sich nicht selbst umfassen: Umfasst sich diese Menge nun selbst oder nicht? Wenn sie sich selbst umfasst, dürfte sie es dennoch nicht, weil sie ja nur die Mengen umfasst, die sich nicht selbst umfassen. Und wenn sie sich nicht selbst umfasst, dann müsste sie sich trotzdem selbst umfassen. Die Paradoxien vom Barbier und vom Nachtwächter übertragen genau diese doppelte Unmöglichkeit in bilderreiche Geschichten.

Es ist nicht unmöglich, dass Bertrand Russell mit Humor an Ockhams Rasiermesser dachte und sich dabei seinen seltsamen Barbier einfallen ließ. Die Lösung, die er für dieses Paradox angibt, macht ein für alle Mal Schluss mit diesem Problem. Sie besteht darin zu sagen, dass alle Ausdrücke wie »Menge aller Mengen« oder »Menge der Mengen, die sich nicht selbst enthalten« tatsächlich keinen Sinn haben. Man kann nicht aus demselben logischen Objekt eine Menge und ein Element zugleich machen. Die Theorie, die sich damit befasst, ist die von Russell entwickelte Typentheorie.

Kommen wir zu unserem Barbier zurück: Er existiert tatsächlich nicht mehr als die Grinsekatze, die sich Lewis Carroll für sein Buch *Alice im Wunderland* ausdachte, er gehört keiner möglichen Welt an. Oder wir sagen, dass er nur als Figur in Russells Paradox existiert. Die Existenz ist in der Tat eher eine liebe Tochter, sie nimmt das Imaginäre freundlich auf, doch um es aufzuklären, muss man die Sphäre der bloßen Logik überschreiten.

Das Paradox von der Selbstbezüglichkeit: Es ist dasjenige, das sagt, dass es dies nicht ist

Wir erinnern uns an diesen unerträglichen Lügner, der dann nicht lügt, wenn er lügt, und der dann lügt, wenn er nicht lügt. Das Paradox Grellings ist, wie das vom Lügner, ein Paradox der Selbstbezüglichkeit, das daher rührt, dass eine Aussage sich selbst widerspricht, da sie zwischen zwei verschiedenen Ebenen angesiedelt ist.

Grelling teilt die Adjektive in autologische und heterologische Adjektive ein. Die autologischen Adjektive besitzen selbst die Eigenschaften, die sie beschreiben. So ist »kurz« selbst kurz, und das Wort »dreisilbig« hat drei Silben. Dagegen ist »lang« nicht lang, und »zweisilbig« besteht nicht aus zwei Silben. Diese Wörter bezeichnet man als heterologisch.

Jetzt stellt man sich die Frage, ob »heterologisch« autologisch oder heterologisch ist. Wenn »heterologisch« heterologisch ist, dann ist es autologisch, weil es selbst die Eigenschaft besitzt, die es beschreibt, doch wenn »heterologisch« autologisch ist, dann ist es heterologisch, weil es nicht die Eigenschaft besitzt, die es beschreibt. »Heterologisch« ist dann autologisch, wenn es heterologisch ist, und heterologisch dann, wenn es autologisch ist.

Versuchen wir nun nach all dem, ruhig einzuschlafen!

Das Paradox von den Zwillingen von Langevin

Wie kann man denjenigen einfach so alleine lassen, der seinen Geburtstag stets an demselben Tag wie man selbst feiert? Der Physiker Paul Langevin war einer der Ersten, der die Relativitätstheorie in Frankreich bekanntmachte. Eines der verblüffendsten Ergebnisse dieser Theorie ist, dass die Zeit von der Geschwindigkeit abhängig ist. In der klassischen Physik ist diese Aussage vollkommen sinnlos: Die Geschwindigkeit steht in Beziehung zur Zeit und zum Ort, wobei Zeit und Ort als absolute Größen gelten, nur ihre Maßeinheiten können als relativ bezeichnet werden. Die Theorie Einsteins stürzt diese Aussage um: Wenn ein Bezugssystem (ein Planet beispielsweise) sich im Verhältnis zu einem anderen Bezugssystem in einer sehr schnellen Bewegung (in einer Geschwindigkeit, die nahe der Lichtgeschwindigkeit ist) befindet, dann vergeht die Zeit für das erste Bezugssystem langsamer als für das zweite.

Langevin stellte sich folgende Geschichte vor. Ein Zwilling geht an Bord eines Raumschiffs und reist mit einer relativistischen Geschwindigkeit (nahe an der Lichtgeschwindigkeit). Mit sich führt er eine Uhr, die es ihm ermöglicht, die Dauer seiner Reise in Erdtagen zu zählen. Nach einem Jahr kehrt er zur Erde zurück. Sein Bruder ist schon vor langer Zeit hochbetagt gestorben, obwohl er doch an demselben Tag wie er geboren wurde. Die Zeit im Raumschiff verging langsamer als auf der Erde. Mathematisch kann man sich dieses Wunder durch eine einfache Gleichung klarmachen:

$$t = \frac{t^1}{1 - \sqrt{\frac{v^2}{c^2}}}$$

Dabei steht t für die Erdzeit, t' für die Zeit, die das Raumschiff unterwegs war, v für die Geschwindigkeit des Raumschiffs und c für die Lichtgeschwindigkeit.

Stellen wir uns nun vor, t' sei ein Jahr und v sei 9/10 der Lichtgeschwindigkeit. Wir hätten dann

$$t = \frac{1}{1 - \sqrt{\frac{(0,9)^2}{1^2}}}$$

gleich

$$t = \frac{1}{1 - 0,9} = \frac{1}{0,1} = 10$$

Während das Raumschiff nur ein Jahr lang auf der Reise gewesen wäre, wären auf der Erde zehn Jahre vergangen. Die Gleichung zeigt uns, dass, wenn v (die Geschwindigkeit des Raumschiffs) gegen c (Lichtgeschwindigkeit, die eine Konstante ist) geht,

$$\frac{1}{1 - \sqrt{\frac{v^2}{c^2}}}$$

gegen das Unendliche geht. Mit einer Geschwindigkeit von 99% der Lichtgeschwindigkeit entspräche ein Reisejahr hundert irdischen Jahren, bei einer Reisegeschwindigkeit von 99,9% der Lichtgeschwindigkeit entspräche ein Jahr der Reise 1000 Jahren auf der Erde usw.

Daher wird dieses Experiment aus physikalischen Gründen niemals realisiert werden – da sich die Masse mit zunehmender Geschwindigkeit vergrößert (das ist eine Relation, die von der Theorie vorhergesagt wird), bedürfte es einer ungeheuren Energie, um ein Raumschiff so zu beschleunigen, dass es eine Geschwindigkeit erreichte, die der Lichtgeschwindigkeit nahe käme. Natürlich könnte kein Astronaut eine solche Reise aushalten. Die Zwillinge von Langevin veranschaulichen also sehr gut das, was man als Gedankenexperiment bezeichnet: Ein Experiment, das man sich zwar vorstellen kann, das man jedoch nie konkret in die Tat umsetzen kann.

Daher bestätigt sich die Verlängerung der Zeit auch noch nicht einmal auf einer simplen Reise mit dem Flugzeug. Denn die Geschwindigkeit des Flugzeuges ist dermaßen gering im Verhältnis zur Lichtgeschwindigkeit (hunderttausendmal geringer), dass die Verlängerung der Zeit auf der Strecke Berlin – New York nur einen winzig kleinen Bruchteil einer Sekunde ausmacht. In diesem Bereich brauchen wir also gar nicht erst nach dem Geheimnis ewiger Jugend zu suchen …

Das Paradox von der Lotterie – oder: wie man die Risiken zu verlieren herabsetzen kann

Das Paradox beruht auf dem Kontrast zwischen der Gewinnwahrscheinlichkeit jedes einzelnen Loses (von einer großen Anzahl Lose), die annähernd null ist, und der Gewissheit, dass eines dieser Lose gewinnen wird. Hierbei sollten wir jedoch auch festhalten, dass Glücksspieler ihre Gewinnchancen ungemein überschätzen und damit dieses Paradox außer Kraft setzen. Wer von den Lottospielern weiß denn wirklich, dass er ein weitaus höheres Risiko hat, von einem Auto überfahren zu werden und dabei zu sterben, als die Chance, das große Los zu ziehen?

Die Unkenntnis über die Wahrscheinlichkeiten, die in der Öffentlichkeit herrscht, ist mit der Tatsache verbunden, dass viele Menschen es ablehnen, den Zufall als eine objektive Größe zu betrachten. Tatsächlich glauben die Leute nämlich nicht an den Zufall, und deshalb spielen sie beim Glücksspiel auch so gut wie nie aufs Geratewohl. Wer besäße schon den Mumm, die sechs ersten Kästchen (1, 2, 3, 4, 5, 6) auf einem Lottoschein anzukreuzen? Diese Kombination hat ebenso viele Chancen, die »richtige« zu sein, wie jede andere! Der Aberglaube ist eben eine magische Reaktion auf Risiken und den Zufall.

Man erzählt sich die folgende seltsame Geschichte. Vor ungefähr 20 Jahren, zu einer Zeit, als es eine Reihe von Flugzeugentführungen gab, entdeckte man an der Flughafenkontrolle einen Mann mit einer Bombe in seiner Reisetasche. Da er unter dem Verdacht stand, ein Attentat vorzubereiten, nahm man ihn fest. Doch bei dem anschließenden Verhör stellte sich zur Verblüffung der Polizei heraus, dass der Verdächtigte tatsächlich nichts mit Terrorismus zu tun hatte.

Er entwickelte, ganz im Gegenteil, eine solche Angst gegenüber dem Terrorismus, dass er folgende Überlegung anstellte: Die Wahrscheinlichkeit, dass ich mich mit Terroristen im gleichen Flugzeug befinde, ist zwar äußerst gering (jeden Tag verkehren Tausende von Flugzeugen), dennoch existiert sie, und bei *dem* Glück, das ich sonst immer habe, gerate ich bestimmt in eine solche Situation. Die Wahrscheinlichkeit dagegen, dass *zwei* Bomben an Bord des Flugzeuges sind, ist noch sehr viel geringer – wenn beim Würfelspiel eine Chance von 1 zu 6 besteht, dass die Sechs gewürfelt wird, dann beträgt die Chance für zwei Sechsen 1 zu 36 (nämlich 6 mal 6). Daher ist das Risiko, dass sich in demselben Flugzeug gleich zwei Bomben befinden, äußerst gering. Unser Mann hatte also eine Bombe mit ins Reisegepäck genommen, als ob diese eine eventuelle Bombe von Terroristen verhindern könnte!

Das Paradox von der Verletzung des inneren Gesetzes

Eine bekannte Formulierung dieses Paradoxons findet sich in einem Sponti-Spruch im Gefolge der »68er Jahre«: »Es ist verboten zu verbieten.« Hier haben wir also ein Gesetz (»Es ist verboten«), dessen Inhalt ihm widerspricht (»zu verbieten«). Diese Art von Paradox wird als selbstfalsifikatorisch bezeichnet, denn wenn es verboten ist zu verbieten, müsste es logischerweise verboten sein zu sagen, es sei verboten zu verbieten.

Ein weiteres Beispiel: »Alle Verallgemeinerungen sind falsch.« Doch diese Aussage präsentiert sich selbst in der Form einer Verallgemeinerung. Daher ist die Aussage »Alle Verallgemeinerungen sind falsch« als Verallgemeinerung falsch. Ein letztes Beispiel: »Ich befehle Ihnen, nicht zu gehorchen!« Damit fordert man den anderen auf, einem Befehl zum Ungehorsam zu folgen. Doch wenn er gehorcht, dann ist er dem Befehl zum Ungehorsam ungehorsam gegenüber, doch wenn er diesem Befehl nicht gehorcht, dann gehorcht er ja doch, weil der Befehl ihm sagt, nicht zu gehorchen.

Wie macht man die Leute verrückt?

Amerikanische Psychologen der Schule von Palo Alto (Kalifornien) untersuchten den Einfluss der Probleme, denen die Kinder in ihrer familiären Umgebung ausgesetzt waren, wenn man sie mit diesem zweifachen Zwang konfrontierte (im Englischen bezeichnet man das als *double bind*). »Sei frei!« ist ebenso widersprüchlich wie »Sei ungehorsam!«, denn ein Kind dazu anzustacheln, frei zu sein, heißt, es anzuketten, während man es doch gleichzeitig von seinen Fesseln befreien möchte. Über dieses logische Spiel hinaus ist dieses Paradox von der Verletzung des inneren Gesetzes durchaus viel weiter verbreitet, als man gemeinhin annimmt. Wiederholte Aufrufe in den heutigen demokratischen Gesellschaften zu Freiheit und Verantwortung versetzen die Menschen in eine unmögliche Lage: Eine Gesellschaft, die einerseits voll der Versuchungen und andererseits voll der Fürsorge für ihre Bürger ist, bittet, ja fleht die Menschen regelrecht an, frei und verantwortlich zu sein, doch genau diese Verlockung und diese Fürsorge machen diese Freiheit und diese Verantwortung geradezu zu einer Unmöglichkeit. Es gibt übrigens auch eine Theorie, die die Entstehung von Schizophrenie duch double bind erklärt (siehe Bateson, Watzlawick und andere). Ein Beispiel für eine Double-Bind-Botschaft (die wörtliche Übersetzung, Doppelbindungsbotschaft, trifft die Sache nicht so recht), die nach dieser Theorie bei regelmäßigem und häufigem Auftreten zu Problemen führt, wäre: Eine Mutter sendet an ihr Kind sich widersprechende Botschaften aus, indem sie einerseits auf der verbalen Ebene einen Gutenachtkuss wünscht, auf der Ebene der Körpersprache aber Ablehnung signalisiert.

Stichwortverzeichnis

B

C

D

E

F

G

H

L

M

N

Q

R

S

W

X

Z